U0561557

宋协立 著

理性的光辉

The Radiance of Reason

欧洲文明概观

A Survey of European Civilization

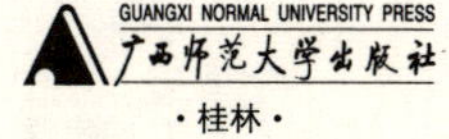
GUANGXI NORMAL UNIVERSITY PRESS
广西师范大学出版社
·桂林·

理性的光辉：欧洲文明概观

LIXING DE GUANGHUI: OUZHOU WENMING GAIGUAN

图书在版编目（CIP）数据

理性的光辉 ：欧洲文明概观 / 宋协立著．--桂林 ：广西师范大学出版社，2023.12

ISBN 978-7-5598-6402-4

Ⅰ．①理… Ⅱ．①宋… Ⅲ．①文化史－欧洲 Ⅳ．①K500.3

中国国家版本馆 CIP 数据核字（2023）第 188057 号

广西师范大学出版社出版发行

广西桂林市五里店路 9 号　邮政编码：541004

网址：http://www.bbtpress.com

出版人：黄轩庄

全国新华书店经销

广西民族印刷包装集团有限公司印刷

南宁市高新区高新三路 1 号　邮政编码：530007

开本：940 mm × 1 230 mm　1/32

印张：23.625　　字数：520 千

2023 年 12 月第 1 版　　2023 年 12 月第 1 次印刷

印数：0 001~6 000 册　　定价：92.00 元

序

这部近五十万言的大书让人着迷。我从书中看到的内容及知识如此深邃广博。以往散泛漫长的关于西方文明史之类的认识，常常化为碎片在脑海里闪烁跳动，而现在却得到一次回忆和打捞、确定和连缀。这是一场宏阔浩渺的文明观览，更是难得的补习和提示，我必须说，自己在内心里十分感谢作者提供的这次阅读机会。

著者长期沉浸于西方文明的研究，并有过西方国家生活学习的宝贵体验，且得益于一些严谨的异国师友的援助。这对于目前所形成的不可多得的学术价值，起到了相当关键的作用。可见这是浩繁的汇集和总结，要有大量资料的消化研究以及萃取，经历了持久的劳动，付出了极大的精力。作为一项大工作的内在推动力，最重要的，也还是来自一个学者对于真理的执着，他的信念，他对生活不倦的热情。这些都化为一种人性的温度，在看似平静客观的学术概说中，持续不断地烘烤着读者。

这部书命名“概观”，却并非是关于西方文明的粗线条勾勒，不是泛泛介绍，也不是简单的汇总和通览，而是一部经过重重反拨与鉴别、强调与发现，最终变成应对当下时空的智慧文字。“科学”与“民主”，对于一个民族走入现代道路之决定意义不需赘言，关于它们的最基本的“通识”与“共识”，却往往会因为一些特殊的历史际遇而被遗忘、忽略和覆盖。有些话题必须一再重复和强化，并提醒读者在这个过程中加入个人的生存体验，做出深入反思。此书之紧要处和不可替代处，即在这一方面。一般的知识连缀和堆积并不难，难的是于一次概述中、于整合归置与提炼中，突出一种文明发展过程中的主干与链条、一些关节的意义，让其变得愈加清晰和简要。

一个族群苦苦追求应用技术，竞逐现代科技，心心念念，汲汲于此，就必须拥有根本性的学习和借鉴，有更为深沉的自省和反思。要远溯来路与去路，寻找事物的渊源。万丈高楼，根基为本；科学之精神，文明之培植，人文之蓄积，一切盖有源路。此书即在这样的意义上，为我们提供了一个纵向的线索，并有横向断面的开展，概括精准，勒紧内质，要言不烦，每每给人痛快击节之慨。这看似常识性的介绍，实则潜有一等学问的特质：于常识的普及和娓娓道来中，深刻影响读者的心灵。

作为一个植根于东方文化的著作者，既为言说西学，也就不可避免地带有地域性的打量，这就带来一种亲切的阅读感受。最为难能可贵的是，这里没有狭隘的思维方式，没有惯性和庸俗的功利主义，更无地缘偏见，而是崇尚治学的公允客观和情怀气度。事实上，任何一位著作者都有视野和境界的问题，这将在很大程度上铸定得失高下：既与学问见识有关，也与立场和价值观有关。褊狭和媚俗情态一旦参与学术，再多的知识都难以补救。急切的现实主义性格也会造成目光短浅，与可怕的民族主义和故步自封结为一体。而此书恰在破除类似痼疾。

深入了解西方科学与民主之漫漫长路，进一步打开眼界，在今天绝非老生常谈，而是至为切要和正当其时。对一般读者来说，已有的西方文明之识既可能是繁杂琐屑的，也可能是零散浅淡的，而且极易形成笼统的概念化认知。我们迫切需要一次又一次系统地梳理和贯通，做好基本和基础性的工作，就此而言，本书为我们提供了一个极为周备的范本。它既可作为一部工具书置于案头，随时查询鉴览，又可将我们的触角牵引到更远、更深的空间。书中谈到的一些概念，如“实用主义”“实证主义”“经验主义”，它们的区别与抵近的部分、它们之间的联系；又如“现代性与现代科学技术”“科学精神”之于欧洲文明……此外，文中涉及的大量人物与著述，不同的知识系统，等等，这些即便稍做一点深细涉猎，都意味着要耗去大把光阴。本书将把我们探究的目光引向局部和深处，从而避免洋洋自得和鼠目寸光。

我们对于自己的传统文化自豪久矣，这当然具有充分的理由，但这并不妨碍我们更加努力地学习西方文化，甚至促使我们一次又一次地从头开始，对其他民族做出深切细致的了解，并在此基础上予以理解。对比而言，我们的文化中似乎存在更多模糊的感性，并常常以审美的意义替代理性追究，既不长于形式逻辑，又缺少实验科学，而这二者却是科学发生、发展的基石。

西方文明中的追问、认真、专注、理性，在这部“概观”中体现得繁富而凿实。我甚至想，如果更多的家庭能拥有类似的一部读物，并在阅读基础上养成谦逊而持久的学习的耐心，我们的民族将会变得多么有力和自信，我们的现代化进程又将会迈出怎样坚实的步伐，我们的族群会呈现出何等坚卓的精神风貌。

张炜

2021 年 4 月 6 日

自 序

欧洲文明，除欧洲本土外，还包括南北美洲和英国的自治领文明——英国数学家和哲学家伯特兰·罗素这样界定欧洲文明。

本书不是严格意义上的欧洲文明史。上篇“哲学和社会思潮”，是对欧洲文明发展历程中重要思想家的思想、社会思潮、文化运动、社会变革等的概括论述，其中弥漫自然科学发生、发展的社会背景和历史渊源；下篇“科学和科学方法”，是欧洲从古代至20世纪前期科学和科学方法发生、发展的梗概。

一种事物的性质只有从其与其他事物的关系中才能被认识和理解；研究工作所涉及的事件和问题，应与整体历史进程相衔接，事件和问题的价值及意义才得以彰明。也因为问题的存在需要发现，发现需要敏锐的思维，而敏锐的思维需要众多背景知识予以弥补才能形成。书中对思想家的思想以及社会思潮、文化运动的论述交相出现。这些社会思潮及其政治脉络是不同时代思想家思想发生、发展的历史环境。

欧洲文明史上，民主与科学几乎是与其文明同时形成的两种古老而久远的传统。有一种观点认为，对于欧洲国家，如果没有古代希腊历史上民主与科学古老规范的存在，就可能不会出现中世纪后的文艺复兴和启蒙运动，从而欧洲近代资本主义的历史也许不会发生。因此，欧洲国家的现代化渊源在于古代希腊民主与科学规范的古代文明。雅典城邦的民主政治深深融入欧洲人的观念，直接激发了文艺复兴以后资产阶级人文主义的形成和发展，由此揭开了欧洲现代历史的序幕。

一般认为，欧洲文明的现代性由现代科学技术、民族国家、资本主义、代议制政府等基本要素构成，而科学与科学精神是欧洲文明之魂。现代性虽然首先在欧洲得以确立，但其中的普遍原则属于全人类。科学精神是人们在长期科学实践中形成的共同信念、价值标准和行动规范。自 20 世纪 80 年代，一些欧美国家相继推出科学史、科学哲学和社会学教育，旨在让学生和社会大众通过这些学科的学习促进科学教育，普及科学知识，在大众中形成尊重科学、热爱科学的社会风气。将这些学科引入教育体系，是将科学看作一种文化，以科学史为代表的科学教育，展示了科学的文化价值和精神价值。美国哲学家约翰·杜威说："科学不仅是将技术运用于提高物质生产力，而且也以理性精神感染个体的心灵。"英国作家查尔斯·斯诺说："科学是人类智力的最高表现形式，对科学的无知就是对现代社会的无知。"

作为英语教师，科研课题大多是语言学、翻译理论等。笔者对语言学理论缺乏兴趣，为此常有一种困惑：与大多数人逆向而动是不务正业？ 1922 年 8 月，梁启超先生应邀到南京东南大学的暑期学校讲学，有一讲题为《学问之趣味》。其中提及"必须常常生活在趣味之中，生活才有价值。读书、学问以趣味始、以趣味终"。曾执教常春藤名校的巴勒斯坦文学家和文化批评家爱德华·萨义德，在《知识分子论》一书中称，"不为利益或奖赏所动，只是为了喜爱和不可抹杀的兴趣”而从事学术研究。

笔者一向敬重科学家和从事科学事业的人士，认为他们的工作最有价值，令人尊敬。英国哲学家弗朗西斯·培根说，科学工作是为人类造福，其视科学家为“光明的使者”。笔者因自身能力有限而与科学无缘；虽不能至，然心向往之。在美国学习期间，笔者选择哲学系，侧重学习西方哲学史和科学哲学，希望完善自己的知识结构。

俄国的普列汉诺夫说，从事学术一事，必须勤于收集材料，才能言必有据，才能旁征博引，才能使自己的论点得到充分的论证。以傅斯年先生为代表的史料学派很重视材料收集：“上穷碧落下黄泉，动手动脚找材料。”笔者在美学习期间，注意积累学习资料，向有关学科教授、学者请教，得益匪浅。

本书内容有历史也有理论，但笔者更重视理论的价值而尽量减少对历史事件的铺陈，意在压缩叙述的篇幅，这是笔者在写作过程中铭记于心的原则。亚里士多德说，理论是观念的载体，理论和观念本身不能撼动任何东西，然而它们却是人们做出选择和决策的必要先导。观念和理论一旦成功地激发人们的想象和情感浪潮，它们将产生实际效果。观念或理论是行动的一种形式，而任何行动都预示着一种观念或理论。理论是对不同实践的概括和综合，每一次有效的实践都蕴涵潜在的理论、观念和规则。

承蒙中国作家协会张炜副主席在百忙中为本书写序，令作者感动；山东省社科联党组书记、副主席刘致福先生对本书的盛情推荐；山东省区域文化产业研究院执行院长邵速女士代表作者协调处理有关本书的出版事宜。在此，作者表达衷心的感谢。本书出版过程中，广西师范大学出版社精心策划，编辑同志对书稿多次审读，提出许多宝贵修改意见；版式设计以及所有为本书付出辛劳的同志，作者谨向诸位深表谢忱。

美国新墨西哥大学哲学系亚历山大·迈尔斯教授和唐纳德·李教授在本书写作过程中给予作者大量、真诚的帮助，在此致以由衷的谢意。

一个自然科学的热爱者并非专业，作者在此奢谈科学与科学方法，实属不自量力，其中的谬误在所难免。当然这不是说除此之外的部分都已妥善，书中取材是否有失偏颇，置评是否得当，作者将欣然接受专家、读者的批评指正。

宋协立

2018 年 8 月于西安

目　录

导言（章节提要）

上篇

哲学和社会思潮

下篇

科学和科学方法

导言（章节提要）

上篇　哲学和社会思潮

第 1 章　古希腊哲学和社会思潮

公元前 5 世纪，雅典城邦兴起的智者派告诉人们，人生来是平等的。智者派反对古希腊的奴隶制度，其平均主义的政治观点是：大自然同样看待每一个人，社会制度应建立在自然法则的基础上。雅典城邦的智者运动推动了雅典民主制度的产生和发展，也是后来斯多亚主义普天之下皆兄弟、人人平等思想的渊源。

苏格拉底、柏拉图和亚里士多德被称为古希腊三大哲人，他们共同奠定了欧洲文化的哲学基础。苏格拉底全心关注对人性的认识，对他而言，科学就是伦理学，科学研究的主题是人的行为。苏格拉底的名言是：美德即知识，美德促使人成为好人，知识教导人们行善。善来自知识，恶出自无知，无知是灾难之源。

柏拉图继承其老师苏格拉底的哲学目标，认为善是一种理性的生活方式。一个人欲望的冲动是其面临的危险，必须以理性节制欲念，一个真正的人不会刻意追求享乐。在《理想国》中，柏拉图提出，公平是国家管理中的最高目标，公平是人类伟大而高尚的品质和基本的德行，对权力的贪婪必将产生腐败和弊害。

亚里士多德的思想为经验论科学的发展奠定了基础。他认为，自然界的事物时刻都处于变化之中，每一种事物都是一种历史事件——其中包含过去、当今和未来的历史过程。自然界的发展和变化是形式（结构）在物质中形成的过程，一切事物的发展自始至终依循形式形成的内在规律。物质有一种趋向于形式形成的动力，促使物质进入形式形成的过程。

斯多亚哲学是一种折中主义学派，其中充斥许多自相矛盾的悖论。但斯多亚哲学关于人在宇宙中地位的概念，却是斯多亚派哲学家开拓的新的领域——人人平等的伟大思想，一种新的理性和道德力量。在人类历史上，怀疑主义对认知和知识的获得起到积极的作用：迫使独断论者必须寻求理论的更坚实的基础，敦促人们不断地检验以往的知识。

第 2 章　基督教和基督教哲学

早期基督教

亚里士多德之后的 300 年间，欧洲社会出现明显的趋势是怀疑主义和折中主义的盛行。欧洲大地上弥漫着一种悲观情绪，人们的怀疑态度表现在对人生的绝望。早期基督教徒大多是贫民和奴隶，他们具有强烈的反民族压迫和社会压迫的倾向，他们盼望弥赛亚（耶稣）降临，毁灭邪恶和伸张正义。早期基督教是以利他主义的爱组成大家庭式的教会，在教会内部，教徒的地位是基本平等的。

基督教哲学：对造物主的膜拜和对基督教教会的赞颂

欧洲中世纪哲学围绕“共相”（普遍性）展开了唯实论和唯名论的论争。基督教会坚持，个别与共相都具有实在性，共相决定个别的性状。由此，越是普遍的越具有真理性和实在性。实际上，这是基督教神学家利用共相牵强附会地为造物主的存在和教会的权威营造理论依据。唯名论对个别事物的强调，引导人们将注意力集中于对感性经验世界知识的追求。 唯名论奠定了现代科学经验主义方法论的基础，意味着中世纪权威主义的崩溃和现代科学方法的发端。

托马斯·阿奎那宣称，一切个别事物都是从共同的本原或真理推导而来的，本原就是造物主。理性不能把握造物主的意义，而信仰对于认识普遍真理是最重要和不可或缺的。理性可被用于对物质对象的研究，理性所展示的真理与信仰体现的真理并行不悖。这种将信仰和理性分离的二元论，最终导致欧洲中世纪后期神学与科学分道扬镳，其客观效果是为科学研究扫除了宗教神学设置的障碍。随着时间的推移，现代社会和新兴自然科学的曙光在欧洲大地升起。

第 3 章　文艺复兴运动

文艺复兴时期的欧洲社会特征，是发现人和发现世界；禁欲主义让位于纵欲主义；探求知识的实验方法取代传统主义和蒙昧主义。但文艺复兴精神不是与中世纪观念截然不同的文化形态。新的起点总是在往昔的怀抱中逐渐形成的，因此，文艺复兴不是与往昔文化突然断裂的时代。文艺复兴只是一个探索的时代，在探索和发现中形成的新观念同过去接受的观念存在差异。

商业革命和资产阶级的崛起动摇了教会的权威，摧毁了教会对知识阶层和意识形态领域全面而持久的控制。与此同时，商业资本家和银行家取代贵族和主教进入权力领域，出现了新的统治集团。文艺复兴时期出现的有益于科学实验精神兴起的历史条件，同样来自商业革命。

文艺复兴时期没有发生现代意义的科学革命，但产生了伽利略—牛顿的现代科学，新毕达哥拉斯主义的数学完善论和阿基米德精神的复兴。在伦理学领域，文艺复兴时期没有出现积极的理论成就，但中世纪的伦理观遭到强烈的挑战，为伦理学向现代的整体变革打下了基础。文艺复兴运动的真正成就在于摧毁了以造物主为中心的伦理学，人的观念摆脱了同神和造物主的纠缠。文艺复兴时期发生了摧毁封建社会的商业革命，出现了一个控制欧洲社会发展方向的阶级——资产阶级；出现了一种新的社会建制——民族国家。民族国家替代了教会的地位，出现了动态阶级结构，取代中世纪世袭的等级制度。文艺复兴人文主义，高扬人性和个人价值，以人性反抗神权。民族国家、个人主义、世俗化潮流在人文主义运动和新教改革运动推动下萌芽、成长。文艺复兴时期的人文主义者，是新教运动的中坚，也是启蒙运动的先驱。

第 4 章　新教运动和天赋人权理论

新教运动

基督教新教运动瓦解了基督教教会体系，摧毁了基督教的超自然基础，是对欧洲中世纪思维的全面颠覆，从而确立了长期以来在艰难中形成的世俗文明。德国思想家歌德曾将新教改革运动比作法国大革命：它阻遏了黑暗的中世纪社会继续前行。新教运动为欧洲现代文明的诞生开辟了道路。新教运动将国家从各种宗教统治集团的附属品中解放了出来，推动国家体制和法规的形成。加尔文教采取对贵族阶层进行限制和约束的政策，实行代表制度，通过选举以精英人物组成的集体实施国家的管理。加尔文教关于自然法的观念将国家契约思想纳入其教义之中，为民主精神的形成和发展铺平了道路。

加尔文主义是欧洲资本主义发生、发展的基础。加尔文教的清教徒，用以职业概念为基础的理性行为抵制世俗享乐的诱惑。新教禁欲主义把劳作本身作为人生的目的，劳作不是为了享受，而是为了资金的不断积累。寻找“天国”的热忱被追求经济利益的期求取代。这种禁欲主义最终导致与其性质完全相反的一种体系——资本主义——的兴起。

天赋人权理论

张扬理性的 17 世纪是斯多亚主义复兴的社会基础。理性使人们认识到不平等的阶级社会的原始性、野蛮性；理性推动人们走向文明社会的步伐；理性的光辉使人们看到斯多亚主义人人平等的理想是人类社会进步的方向。这一过程始于意大利，又从意大利传播到法国、荷兰、英国和整个欧洲大陆，成为天赋人权理论的奠基石。

天赋人权观念的产生是人类尊严和道德力量的胜利。人性尊严的学说是一种有价值的道德力量，它在一定程度上改变了人类的道德观念。至 17 世纪后期和 18 世纪，人权运动遮蔽了一切政治的和伦理的斗争而成为时代进步潮流的前导，成为资产阶级反对君主专制的国家经济、政治和意识形态革命运动的核心，在神权和人权之间布下了一道厮杀的战场。

习惯性思维成为正确的思维，人们的生活方式将产生习惯性利益追求。围绕利益而产生人们满意的道德规范，这些道德规范将转换为对种种权利的期待。风俗在很大程度上是变动社会环境中的群体行为，而社会风俗、惯例和人的行为准则产生于不同的群体利益。生活方式也将导致利益性质的改变，不存在静态中的社会利益和价值。权利是关于个体和群体的一种现象，权利和责任是在社会发展过程中逐步形成的。正确的东西由一个民族的社会理想所决定，在追求理想时，人们必然希望获得某些权利和相应的责任。如果一个民族的社会理想出现变化，权利的概念必然发生相应的变化。

第5章 欧洲现代哲学

文艺复兴之后，欧洲现代哲学的历史，是对中世纪理想和知识结构反叛的历史，对欧洲传统哲学整个体系提出了异议和质疑。怀疑主义在欧洲现代哲学中扮演着主要角色，是区分现代精神和中世纪理想的重要标志。在中世纪，信仰压倒一切，作为思维的一种逻辑体系的怀疑主义实际上是不存在的。但约翰·杜威认为，现代西方哲学思维在很大程度上依然处于前科学阶段。哲学应具有科学的品格，哲学家的使命首先是要认识到，科学方法已为世界带来了一场革命，哲学必须与时俱进。

强调实验的重要性和数学的有效性的新逻辑学，构成对轻视经验事实和数学功能的中世纪思维模式的有力冲击。建立在科学结论基础上新的形而上学概念，取代了中世纪以神学为基础的形而上学概念。随着知识在18世纪更为复杂化和学术化，以及科学的发展和进步，对思想家的形而上学倾向的批判精神成为大势所趋。关于知识科学的认识论逐渐扮演着主要角色，约翰·洛克和戴维·休谟是其中的代表，他们的主要兴趣在于对知识原理的探讨和研究。

这一运动至康德达到了巅峰，康德的《纯粹理性批判》给传统形而上学思维以致命打击。康德提出人是目的，他的存在即是目的本身。在封建统治阶级把下层人民视为草芥、工具的历史背景下，康德提出人是目的，实际上是追求人权、平等、自由、民主的资产阶级革命的呼声。康德的目的没有完全达到，因为随后一些思想家，如费希特、谢林和黑格尔等，再次复活哲学中古老的本体论概念，但这些思想家的努力只构成旧的形而上学时代的黄昏蒙影。

休谟关于因果关系的解释，标志着 18 世纪欧洲形而上学领域的一场深刻变革。休谟将因果关系视为一种信念，这种信念是人们的经验和惯性思维的结果。休谟从因果论走向怀疑主义。因果关系的主观性和基于人的思维习惯而排除其自身规律，即原因与结果之间的关系不是由理性发现，而是建立在心理的基础之上，是不同的客观事件被人的思维运作习惯所联结，是通过经验获得对它们的认识。于是，我们不再需要经院哲学家们宣扬的来自造物主的第一原因。这样，休谟的因果论瓦解了造物主存在的本体论证据，同时也限制了理性力量所能达到的认识范围。

第 6 章　启蒙运动和法国大革命

启蒙运动

在文艺复兴人文主义运动和新教改革运动的发展轨迹中，出现了 18 世纪的启蒙运动。启蒙运动的思想家们不承认外界的任何权威，宗教、社会、国家制度，都受到了无情的批判；一切都必须在理性的法庭面前为自己辩护，或者放弃存在的权利。启蒙运动的宗旨是：高举理性和自由大旗，扫除宗教愚昧；推翻封建专制；推动社会变革。

启蒙运动典型地表达了现代文明的核心精神，欧洲现代社会和现代文明的形象是由启蒙运动塑造的。启蒙运动是一场深刻的意识形态革命，它打破了基督教在欧洲长期以来一统天下的局面；用自由和平等的政治观念粉碎了封建制度的等级观念；用理性的批判精神取代了信仰和迷信；用人类的光明前景烛照中世纪的漫长黑夜。启蒙运动体现了现代人的两种理想：要获得永恒的真理和达到普遍的人类解放。

启蒙运动一般指的是法国启蒙运动。法国启蒙运动的领导者是一些革命者、社会改造者。他们关心的是政治生活而不是政治理论，是行动而不是观念；他们将观念“铸造”成为政治斗争的武器。启蒙运动的思想家们不接受理论与实践分离的观点。欧洲历史上从未有过像 18 世纪那种崇尚理论与实践、观念与生活完全统一的原则：一切思想很快成为行动（实践），一切行动都从属于某种原则和理论。启蒙运动思想家们接受的是此后康德提出的“实践理性第一”原则。

法国大革命

在法国人民的革命运动中，许多人无私地献出了生命，表现了人类具有的追求理想的道德责任，显示了人类历史和道德的不断进步。法国大革命是道德原则的实现，法国人民的革命行动将在人类历史上永远被铭记。

卢梭是法国大革命的宣传鼓动者，是 18 世纪欧洲政治哲学通往 19 世纪的桥梁。不同的理论在卢梭这里汇聚，又从他这里分流。有两种基本困境困扰卢梭的理论，即个人与集体的关系和个人与政府的关系。卢梭的政治哲学坚持个人属于其所在的集体，个体与集体的基本事实产生一种具有统一性特征的道德集体。正是这种统一，被卢梭称为“主权”，它是规范和约束每一个人的意志力量。因此，个人在任何情况下都必须无条件地服从政府——不论是何种形式的政府。卢梭的民主学说没有揭示民主的实质，忽略了民主的价值论基础——人道主义原则。卢梭提出的“公意”可以成为独裁者铲除异己的合法借口。

卢梭的忠实信徒、雅各宾派的领袖罗伯斯比尔，继承和实践了卢梭的学说。雅各宾派完全否定社会意志的多元表达，他们自命为“公意”的化身。他们将宪法束之高阁，借助恐怖镇压“人民的敌人”。他们镇压了吉伦特派、丹东派，却激起了资产阶级的反抗；他们镇压了埃贝尔派，却失去了下层群众。雅各宾派因排他而制造恐怖，因制造恐怖而丧失社会基础，自己架空了自己。罗伯斯比尔的思想基础和革命理论正是来自卢梭的著作，因此有人认为，卢梭应为大革命中极端恐怖行为承担责任。

第 7 章　保守主义思潮和浪漫主义运动

保守主义思潮

在欧洲历史上，保守主义思潮和浪漫主义运动的兴起始于 18 世纪 90 年代，而且两种社会思潮都持续至 19 世纪中叶。两种意识形态领域的思潮在时间上的一致性也许不是一种巧合。实际上，启蒙运动和在启蒙运动推动下发生的法国大革命，导致保守主义思潮的发生。保守主义者反对一切新的事物，对违反传统的事物抱持怀疑态度和拒斥的冲动。

保守主义思潮的主要目标是攻击法国大革命，而法国大革命是在启蒙运动的推动下发生的，其宗旨和目标与启蒙运动具有某种一致性。启蒙运动的宗旨是普及科学、提倡科学精神和科学方法；颠覆教会权威；推翻专制统治；高举民主、人权、自由、平等的旗帜，从旧社会的桎梏中解放劳苦大众。由此可见，保守主义可以视作抵制启蒙运动的反动思潮。保守主义思潮是 18 世纪末和 19 世纪上半叶出现在欧洲的时代逆流。

浪漫主义运动

浪漫主义运动同样是一种时代逆流。浪漫主义运动虽然在部分领域企图复活中世纪精神，但主要是一种反对启蒙运动的所谓“唯理智论”，诋毁启蒙运动推动的科学进步所取得的成就，而且在某种程度上，反对 17 世纪风起云涌的科学革命。

浪漫主义形式多样，它们唯一的共通点是用主体的激情，取代启蒙运动至高无上的理性。这些形形色色的浪漫主义，要么希望去到远离尘嚣的田园乡村，要么亲近泛神论者心目中的大自然，要么希望回到往昔的宗教神秘主义，要么经历一场非凡的冒险。浪漫主义者留恋往昔，反对启蒙运动对未来的向往；浪漫主义者颂扬既存的事物，反对启蒙运动反宗教、反权威的反叛思想；浪漫主义者希图复活崇拜造物主的宗教信仰，反对启蒙运动理性时代的怀疑主义；等等。应该说，没有单独一个人拥有全部这些浪漫主义的观念，应将浪漫主义运动看作是一种社会风气，一种非人为组织的、非意识指向的社会运动。在这一方面，浪漫主义运动与在伏尔泰、狄德罗等一批启蒙思想家引导下，高举理性和自由大旗、扫除宗教蒙昧、普及牛顿科学思想的启蒙运动，迥然不同。

德国是浪漫主义运动的策源地。其主要特征：向往历史，视历史为最高境界的理想之一，将历史理想化和赋予历史以精神意义；敬畏神话，神话被认为是人类文化发展的主要动因之一，神话成为哲学的起源。英国浪漫主义主要是反理性、反科学、反工业革命和新兴资本主义。法国浪漫主义是在大革命最终造成的令人沮丧的政治环境下，激进的大革命参与者感到失望和理想的破灭，使他们沉浸于强烈的幻灭感中，希望从现实逃遁，转向潜意识的幻想，转向原始蛮荒的大自然，转向乌托邦。

第 8 章　自由主义思潮

欧洲自由主义最初是一种革命思潮和理论。严格意义上的自由主义运动始于 17 世纪的英国革命，中间经过 18 世纪的美国独立战争和法国大革命，至 19 世纪最终成为一股世界性思潮。自由主义的核心观念是强调以理性为基础的个人自由，反对一切形式的专制主义；主张代议制民主，通过温和的社会变革实现社会进步；提出天赋人权理论，倡导宗教自由和宗教宽容，以及自由放任的经济政策。

自由主义曾是欧洲新兴资产阶级反抗封建专制和宗教控制的意识形态武器。自由主义的历史不仅是欧洲文化自身的演进，也标志着资产阶级力量的逐渐壮大，对欧洲既存的社会、经济制度、立法权威提出挑战和向封建贵族夺权。自由主义运动对欧洲社会进步和现代文明做出了不可磨灭的贡献。

然而，在历史进程中，自由的内涵发生了质的变化。至 19 世纪中叶，自由主义者为之奋斗的社会和经济革命基本上已经完成，他们自己也成为既得利益者。自由主义者以蛮横的个人主义招牌结成所谓自由联盟，来维护他们的既得利益的永恒性。这些自由主义者曾经是政治独裁主义的死敌，但他们最终也成为自己建立的社会体制下的独裁主义者，这是历史的悲剧。自由主义各种原则在被视为永恒真理之后，就成为抵制进一步社会变革的既得利益集团谋取更大利益的工具、一种空洞的口头禅——这是历史的倒退。自由主义者已经背叛了其赖以建国的自由主义原则而成为扼杀自由、民主的力量。

于是，平民大众发现一种现象：一个人自由与否取决于他是否能赚到更多的钱和拥有更多的财富。有了更多的钱，就会有更多的自由和机会；财富分配不均，平民大众失去了自由和人间平等。争取自由所带来的结果仅仅是将他们暴露在强者的权力之下。当代西方资产阶级所信奉的自由原理是：有了金钱和财富的人，就有了他们为所欲为的自由。

第 9 章　存在主义思潮

存在主义无疑是对欧洲现代文化影响最大的社会思潮之一。某种意义上，存在主义的兴起标志着欧洲现代以来人们观念的一种时代特征。

资本主义促进了欧洲科学的发展，与其相伴随的是理性主义和经验主义哲学的出现，它们都从根本上动摇了欧洲人基督教信仰的基础。代之而起的是对科学、理性和物质文明的迷信，使欧洲人几乎失去了往昔赖以生存的一切信仰。这种现代性运动的重要特征是向群体社会的漂移，而这种高度集体化的群体社会，同时也意味着个人的死亡。面对传统价值的荒凉废墟，人们苦闷彷徨、无所适从。欧洲人情感和精神生活的焦虑、空虚、人与人之间关系的疏离，最终导致个人的绝望以及自身的异化。存在主义在两次世界大战之间和战后风行欧洲的事实，正是欧洲人对资本主义和技术理性所带来的自我失落及对生存意义的反思过程。

德国哲学家谢林说，人不仅被理性所决定，也被污浊的天然冲动所左右。这一见解后来被评价为理解人的现实的一种积极尝试。丹麦宗教哲学家克尔恺郭尔从其老师谢林的观点中得到启示，发表《哲学性片段》等著作，被认为是存在主义的独立宣言。

第10章 民主的现代再生

17和18世纪的欧洲出现一系列社会倾向的组合，颠覆并重构西欧传统社会模式，从而为一种新的政府权力机构的形成提供了条件。回顾欧洲历史，我们观察到下面一些促成民主制度形成的因素：宗教改革运动对教会世俗权力腐败的揭露和反抗；科学实验和理性探索精神导致人们对基督教教义、传统道德和政治独断论的怀疑；新的经济活动机会产生了新的财富，从而要求新型国家体制；权力得到加强的国王们利用封建贵族之间的矛盾，建立起中央集权政府，而国王独裁政府的倒行逆施又激起民众的反抗。所有这一切都直接或间接地导致政治领域前所未有的局面。

在欧洲历史上，个人的价值在艰难曲折的历史进程中次第显现，对民主的再生具有重要意义。欧洲文明要进步，必须把人们从封建枷锁和古老基督教教义束缚中解放出来。这就意味着反叛：欧洲历史上规模巨大的反叛运动被称为文艺复兴、启蒙运动等不同领域的反叛运动。这些反叛运动的目的往往不是为了争取民主，但它们都有助于推动民主运动的进程。由于再建社会秩序的需要，个人走上了历史舞台，个人价值逐渐绽露在欧洲地平线上。

民主是历史范畴和历史过程，其内涵要随着时代的发展而发展。从世界政治史可以引出一条人们深信不疑的教训：为解决某些现存的问题所采取的政策，往往成为后来需要解决的困难之源——一代人运用的疗法可能演变为下一代人需要进行医治的疾病。西方民主的弊端已显而易见，一人一票广泛参与的民主只关注利益，不是产生真理的机制。没有原则和理想，没有社会责任和公共利益，只有自我和私利的一人一票式民主，往往被投机政客所利用：以民粹主义煽动民众拥戴某一政客上台，一旦权力在手，便摇身一变成为民主的终结者。

下篇　科学和科学方法

第 11 章　欧洲科学的渊源

古希腊科学

古希腊人探索自然界的奥秘，就是我们今天所说的自然规律，这是理论科学形成的渊源。伊利亚学派提出一种理论：实在是不变的和永恒的。赫拉克利特提出相反的观点：实在处于永恒的流变中，变化构成宇宙的真正生命。一种东西变成另一种东西，每一种东西都是这样变成其对立面。对立统一产生和谐；没有目的、对立、运动和变化，就不会有事物的秩序。对立统一的理论成为一切科学的基础——自然界的同一原则和能量守恒原理的建立。现代物理学中的测不准原理、原子量、量子论等是对赫拉克利特理论的支持。

毕达哥拉斯学派关于数的理论凸显一种神秘主义观念：世界上一切物体的深处隐藏着客观实在的原型。这是毕达哥拉斯学派坚信的以数所表征的自然秩序。把数看得比形更重要，把观念的对象看得比感官的对象更真实的倾向，实际上蹈入了一种神秘主义泥淖。这种思想直接影响了苏格拉底和柏拉图，使他们拒绝实验科学而建立心灵先于物质的思想原则，使科学脱离了泰勒斯开辟的道路。这种倾向也导致形而上学和神学的产生，并且蕴含着中世纪基督教神学关于造物主存在和灵魂不朽的一系列逻辑证明。与此同时，也培养了欧洲人重视逻辑和事物本质的传统观念：预先假定现象中存在严格的秩序和结构，追求揭示深层结构的认识论倾向。

希腊半岛上的米利都派哲学家，总结出关于哲学—科学研究的四种重要原则：一致性原则、简洁原则、进化原则和从虚无中不能产生实在之物。最后一种原则的相反形式表明，一切实在之物不能成为非实在之物，这已经成为现代科学的一种重要观念：物质不灭和能量守恒定律。古希腊哲学家提出对形式和内容的区分和放弃先验假想而转向对事物的观察，都是对希腊科学的重大贡献。

古罗马科学

托密勒二世在亚历山大城建立的博学院，是欧洲古代最大的学术中心。在这里，欧几里得建立其几何体系，阿里斯塔克是提出地球有自转和绕日公转的第一人，阿基米德是杰出的数学家和物理学家，喜帕恰斯建立了理论天文学，其学术的权威性持续了2000多年。

卢克莱修《物性论》所表达的思想被认为是现代科学观念的先驱。卢克莱修创造性地阐述了伊壁鸠鲁的哲学思想。伊壁鸠鲁哲学体系由物理学、伦理学和认识论构成，是以唯物论、机械论和原子论为基础的科学假说。伊壁鸠鲁哲学坚持物质是处于永恒运动的原子构成的，原子的产生是自然现象而无造物主意志的介入，使希腊的唯心主义让位于有科学倾向的经验主义。《物性论》推动了具有创新品格的 16—17 世纪欧洲科学思想的形成，为牛顿科学提供了重要激励和知识背景。《物性论》也是现代进化观念的源头，是从拉马克到查尔斯·达尔文欧洲进化论的真正渊源和理论背景。

科学和科学研究在欧洲古代经历的最后一次打击，来自亚历山大城发展起来的新柏拉图主义哲学。这种哲学主要衍生于柏拉图哲学，在新柏拉图主义哲学中，物质被认为是由柏拉图的理念所控制的，正如灵魂控制躯体。这种逆流导致科学误入神秘主义的迷惘。新柏拉图主义哲学通过奥古斯丁的著作进入基督教哲学。随着基督教哲学的兴起，欧洲古典科学和哲学消失了，人们将一切智慧都投入对神学的研究。

第 12 章　从理性主义到实验主义：中世纪欧洲科学

在所谓“黑暗时期”的欧洲中世纪，人们主要关心的是收集和保存古典时期积累的经验和事实，而不是试图对自然进行创造性的解释。然而在这一时期却出现了一种新的倾向——行为主义，从而开创了一个技术发明的时代。尤其中世纪末期，是欧洲技术进步和各种技术发明迅速发展的时期。当哲学家和数学家的思辨理性同手工艺人的操作结合时，是科学发展的最佳时机。

欧洲中世纪后期，自然主义的兴起朝着两个方向发展：新的实验精神和新的空间观念。13 世纪末，一种关于空间和运动的具有革命性的研究方法开始出现。古代希腊数学家曾建立一种“静态数学”，而静力学在 13 世纪有重要发展。至 14 世纪，数学家们首先试图建立一种“动态数学”。在关于新的动力学的种种要素中，空间是无限的和虚空的，以及宇宙没有中心等概念，破除了亚里士多德关于宇宙的理论，也导致相对运动概念的诞生。关于运动，出现了新的“动量”概念，动量理论可用以解释许多现象，例如，抛物运动和落体运动、跃动的球、钟表的摆动和天体或球体的运转等。

在欧洲中世纪，隐修院文化的实践精神也促进了科学与技术的结合。古代希腊人偏重于理论，而中世纪隐修院更重视实践，重视平凡事物的科学意义。大学是欧洲中世纪“黑暗时期”萌生的一朵娇艳、绚丽之花，在人类历史上闪烁着耀眼的光芒。大学的诞生推动欧洲现代自然科学进入一个新的时代。13—14 世纪的牛津学派和巴黎的奥卡姆学派，是欧洲现代自然科学的源头。

第 13 章　科学革命：16—17 世纪欧洲科学

一般认为，欧洲早期科学革命始于 1543 年哥白尼发表《天体运行论》，至 1687 年牛顿在《自然哲学的数学原理》这一宏伟综合中完成。

欧洲 16—17 世纪科学革命的例子如：以太阳为中心的理论替代以地球为中心的理论；以原子论反对亚里士多德的自然物质由土、水、火和大气四种要素构成的学说；伽利略关于落体的加速度与其重量不成比例的理论，推翻亚里士多德关于落体的速度和重量成正比例的学说；牛顿提出的三大运动定律和引力定律；威廉·哈维关于血液从动脉到静脉的循环是处于不断运行过程的观点，替代盖伦静脉和动脉是两种独立体系的学说，等等。

欧洲现代科学的渊源可追溯至 13 世纪，在文艺复兴运动推动下，从 16 世纪末，现代科学的发展加快了速度。数学和新的实验手段开阔了科学家的视野。商业革命、清教运动和资产阶级的崛起，是推动欧洲科学革命的重要力量。科学革命不仅使经院哲学黯然失色，也使亚里士多德物理学遭到毁灭性打击。科学革命既是现代世界的曙光，也是现代意识的发端。欧洲现代科学的曙光从中世纪世界升起，促进这一革命运动的，有两位没有进行过科学实验的哲学家，他们是勒内·笛卡尔和弗朗西斯·培根。培根疾呼必须摒弃以传统为依据的研究方法，提倡科学研究的新方法。培根提出知识是力量的真正宝库，知识的获得主要来自观察和实验，科学知识的运用将产生最高价值的实际效果。知识必须向大众普及，学术研究的目的不是为了少数人的利益，而是为了所有人的幸福。科学事业是为人类造福，科学家是光明的使者。

第 14 章　从世界机器到进化论：18—20 世纪早期欧美科学

将世界描述为一台机器，意味着一切目的和价值的根源是自然界，而不是基督教宣扬的造物主。这种观点产生于 17 世纪末和 18 世纪欧洲出现的一种哲学观点——自然神论。自然神论主张，造物主创造世界后不再干预自然进程和人类行为，听凭自然规律支配一切。自然神论从牛顿物理学中得到反抗传统宗教的力量，实际上自然神论是资产阶级反对封建制度的一种理论武器，是无神论在当时的一种隐蔽形式。

查尔斯·达尔文提出进化论是 19 世纪欧洲最重要的科学事件之一。是 19 世纪自然科学三大发现（能量守恒和转换定律、细胞学、进化论）之一。达尔文进化论主要包括四个方面：变异、遗传、生存竞争和自然选择，这些方面构成达尔文对物种起源解释的基础。在进化范围内，仅有变异和遗传是没有意义的，除非变异和遗传是在竞争和通过竞争导致自然选择过程中发生的。达尔文自己也坦然承认，他的进化论主要是一种没有经过实验证实的假说。达尔文进化论不是全面和完整的理论，它没有解释生物的变异是如何发生的。孟德尔以严格设计的科学实验程序对植物进行杂交研究。孟德尔遗传学说逐步发展成为现代基因遗传理论，成为探索生命演化内在动力的出发点。

达尔文的《物种起源》出版后，引起巨大社会反响和强烈抵制，抵制首先来自宗教界，其次是坚持传统道德观和价值观的人群。对《物种起源》的批评之一，认为这一理论是建立在假说而不是事实基础上，没有经过实验的证实；批评达尔文抛弃了由弗朗西斯·培根开启、牛顿完善的不列颠优秀科学传统，是对不列颠科学事业的背叛。

维多利亚时代中期，英国经验论者同唯心论者之间在科学哲学领域展开的讨论，表面上是关于科学理论的争论，双方的动机却出于意识形态领域的深层矛盾和斗争；以其不同宗教信仰所体现的不同价值观，是不同社会群体之间的根本矛盾所在。达尔文进化论导致这种潜在矛盾的表面化。

第 15 章　实证主义和实用主义

实证主义

奥古斯特·孔德被认为是实证主义学派的创始人。他的哲学观点是在法国大革命期间出现的各种社会现象影响下形成的，就是说，实证主义的问题意识源自对启蒙运动和法国大革命的反思。孔德的基本指导思想是为再建秩序寻找一种新的和稳固的基础。

孔德设计了所谓“社会静力学”，对某一时期或地域人类社会进行研究。通过历史发展进程研究社会，他称为“社会动力学”。社会动力学表明，每一种社会功能都与其他功能紧密关联，各种功能的协调一致将为社会的存在和发展形成必要的合力。社会动力学的基本原则是社会进步，所谓社会进步并不单纯意味着社会状况的改善，而是在于不同发展阶段的进行状况：过程是自然界的基本特点，也是历史的基本特征。过程所表现的状况，是决定社会发展和进步的轨迹和方向。发展和进步是历史的产物：历史的积淀是社会发展的基础。

英国实证主义的代表是约翰·穆勒。穆勒和孔德都坚持经验主义方法论，对形而上学抱持怀疑态度，将知识限制在现象领域的观点。科学方法的种种假说是指导科学研究的必要过程，假说的主要方面是因果关系和自然界同一性原则。穆勒承认在过去知识基础上预测未来的必要性，但同时也承认这种以既有知识进行推理、归纳的局限性。但因果关系和自然界同一性原则，能够建立起不容置疑的原理和规则。经验论实证主义的重要观点是，知识必须源自经验材料，这些经验材料是科学知识的唯一源泉。

实用主义

现代实用主义是一种20世纪哲学—科学运动。如果说查尔斯·皮尔斯创立了实用主义方法论，威廉·詹姆斯建立了实用主义的真理观，约翰·杜威则是实用主义的集大成者。现代实用主义首先由皮尔斯于19世纪70年代提出。皮尔斯实用主义的要点是，任何陈述必须具有事实基础上的意义内涵，其原则是，实验和实践是检验一个命题的标准。

皮尔斯和詹姆斯的实用主义理论的区别在于：皮尔斯是从数学进入哲学，而詹姆斯是从心理学进入哲学。皮尔斯是一位典型的物理学家，而詹姆斯是唯名论心理学家，但他们都强调或然性和非决定论。

皮尔斯反对一切形式的决定论：虽然宇宙事物展现出不同程度的常态，但宇宙没有展现决定论者宣扬的规律性、必然性和因果关系制约性。自发性和不确定性是自然界的常态。实用主义者反对一切抽象概念、先验理论、含糊的表述、一切不变的原理、封闭的特性和故弄玄虚的绝对理念；实用主义者面向事物的具体性和明确性，他们重视事实、行动和功效；没有永恒的真理，真理是人类在实践中创造的方法或手段。

实用主义反对笛卡尔主义：笛卡尔所追求的确实性是堂吉诃德式的愚妄，不存在绝对确凿或不可变更的对世界的解释或判断。实用主义者反对笛卡尔将哲学凌驾于科学之上的高傲态度，鼓动哲学家为科学制定规范和盲目的方法：哲学家没有资格为科学立法和制定标准。实用主义者继承康德哲学，改造经验主义。实用主义者从康德的名言“没有概念的直觉是盲目的”得到启示，提出心灵的感知过程包涵主动性和目的性、感知就是分析和解释、观察负载理论。在对实在的观察过程中必然有概念和描述参与其中。经验主义虽然是实用主义的理论基础，但实用主义反对经验主义关于心灵功能只是白板或暗室的被动接纳理论。

第16章　科学精神和科学方法

科学精神

科学精神是一种包含价值理性和工具理性的现代理性主义精神；科学精神本身具有价值，是一种人类完善自身的价值理性，而不仅仅是只有手段意义的工具理性。真正的科学或科学理论不再是被界定为确实无误或不容置疑的真理。牛顿引力理论（光线只能沿直线传播）

被认为是不容置疑的伟大理论和真理，却被爱因斯坦广义相对论（光线行经太阳附近时发生偏转）所纠正，这说明科学理论毕竟是一些认识或判断。对知识的探索是一种险途，也是无止境的，不存在最终的确凿的知识。科学工作者是易错者，而非永无错误者，对知识和真理的探索应抱持一种谦逊和试探的态度，一种自我批判和自我修正的态度，以及永不满足的怀疑精神，随时准备修正错误，敬畏真理。

科学精神是一种思维探索精神。科学的新生在于科学家审慎而坚忍的意志和努力；在于科学家以清晰的、逻辑的和系统的思维进行工作；在于科学家坚定不移地以实验检验结论。所谓科学，就是对这种思维的记录。科学精神有以下五种特点：对事实的激情；审慎的陈述；清晰的想象；对不同事物相关性的敏感；对任何问题的研究，做出的结论必须是审慎的和试探性的。

科学方法

科学的本质在于方法，科学方法或科学研究的方法是科学的灵魂。科学一词既包含大量科学研究的结论，也包括科学思维和科学探索的方法。科学和科学研究是对人类经验艰辛而系统的建构，人类经验建立在对环境中各种事物或事件的观察基础上，然后对观察的事物或事件及其相互关系进行解释。

科学是批判的、系统的和综合的知识，科学家将事实和数据系统化，从中得出自己的结论，形成综合或公式。科学方法的实施过程涉及提出假说，从假说导出符合逻辑的预测，然后在预测基础上进行试验，以便判断初始预测是否正确。虽然科学方法往往被表述为种种固定的步骤和程序，但最好将它们作为一些基本原则，而不应将一切科学研究领域的所有程序视为固定不变的原则。在科学研究中，每一程序都需要科学家的才华和创造。

第 17 章　欧洲科学方法论史略

本章除由欧洲历史上不同时期的 20 多位科学家、哲学家和科学哲学家关于研究方法的论述外，重点阐述科学怀疑主义方法论对研究工作的重要性。

科学研究工作自始至终要对观察，以及对观察的描述和归纳进行不断的修正。坚持对每一项科学研究内容的表述进行反复地验证，是对人类感知能力的一种怀疑。这种谨慎甚至怀疑的态度是一切科学研究不可缺少的。在没有经过实验证实之前，一切理论表述都不过是假说而已。任何知识都必须经过验证，清除一切怀疑，才能被接受为真实的知识。科学方法就是逐步清除怀疑的手段，这种持续不断的怀疑过程是激励科学研究的动力。

科学发现的逻辑根植于一种理论前提：未知领域的性质和结构将与已知世界非常不同，科学发现总是希望发现与我们预料中不同的事实。对未知领域有目的地探索将发现新的事实，这些新的事实必将改变以往的理论架构，因此，科学发现的航程只有在怀疑主义的激励下才能不断前行。科学是扩大和延伸“知识边界”的事业，它暗示我们，当前有限的知识不是永久性的；我们不能期待今天的科学信念能被明天的信念所取代，但至少要被改变或修正。因此，知识的相对确凿和对它们的怀疑是并存的。对于科学怀疑主义，怀疑是用以达到知识确凿性的方法或手段，怀疑是为信念的真理性服务的。科学研究的目的是希望得到不容置疑的知识，然而，这一期望将被无限期地迁延。因为宇宙的奥秘是深不可测的，未来事件将对今天科学成就的光辉洒下重重阴影。科学怀疑方法论蔑视独断论和形而上学思辨，它们所谓的“永恒真理”只是宗教信仰的“真理”。综上所述，在科学研究中，怀疑的普遍性可谓显而易见。

第18章 科学哲学

20世纪30年代，科学哲学在欧美诞生。科学哲学的诞生大致有以下几种原因：首先，人们认识到科学与哲学之间出现的对立，但又必须调和这种对立局面；其次，科学自身出现的某些问题迫使科学家们认识到，许多科学问题需要从哲学的角度进行思考。同时，科学哲学的问世彰显了科学以其知识权威的姿态为一切生命立法的使命感。

本章论述的关于科学发现的逻辑，是科学哲学讨论的内容之一。

自然界不同事物和事件之间总是呈现大致的同一性，重复着相关性和复现性特征。用符号表述这种相关性就是规律。一般而言，任何一种事件都与另一种事件相关联：春天的到来与知更鸟的出现相关联；一个三角形的角是相同的，必定有相同的边长；等等。因此我们往往可以从一种事件推想到另一种事件。没有事物性质的某种相关性，我们便没有知识、方法和目的性去预见和探知未知事物。

然而事实告诉我们，未被探知的自然现象不可能与已知的现象完全相同。科学研究中的事实还告诉我们，只有有准备的想象才可能有预见性，这就是建立在努力占有决定创造性洞见的一切相关事实基础上的想象。由此可见，科学发现的逻辑只有在有限的意义上才是可能的；它不能提供预见的具体而确切的方法和规则，但它确实能够为创造形成有准备的想象的条件。这种有准备的心灵是科学发现所具有的重要特征。

归根结底，我们能够预见未知现象，只是因为预先知道未知现象的实例。一种未知现象的实例意味着一种概念，可以通过实验验证它与已知的一致性和相似性。于是，先前正确的预见就成为新的预见的基础。但未知现象的实例不能提供这种基础，因为我们不能设想各处的自然现象都是相似的。自然界的相似性被认为是预见未来的基础，但这并不意味着自然界的事物处处都是相似的，而只是其基本结构的重复性和普遍性。不同事件的结构具有恒定不变的性质，而不是其内涵都是相似的。因此，相似性原则只允许我们推断当前已知和未知之间、过去已知和未知之间的相似性。这就意味着预见原则的范围是非常有限的。

上 篇

哲学和社会思潮

第1章

古希腊哲学和社会思潮

第 1 节　智者运动和苏格拉底

一、智者派的兴起

1. 智者运动推动古希腊社会的进步

在古代希腊，智者（Sophists）是一些教师和研究实际问题的哲学家，他们主要生活在公元前 5 世纪。当时的希腊哲学和社会环境是促成智者派兴起的两种因素。至公元前 5 世纪中叶，希腊不同哲学学派呈现严重分歧局面。首先，对自然界实在本质的探讨是超越一切其他事物的形而上学问题。其次，希腊早期大多数思想家认为，要获得关于实在的真正知识，必须运用理性而不是感性经验。他们说，经验证明感性认识难免发生错误，是人类许多幻觉和错误的根源。感性认识不能作为追求真理的指导原则。另一方面，理性认识能够克服感性认识的缺陷，如果运用得当，就能成为真正知识之源。智者们同意先辈们关于感性认识的缺陷，但同时也意识到在实践中把握理性标准的困难。如果理性是关于自然界真理之源，那么不同的哲学家在运用理性过程中却对自然实在的本质得出截然不同的解释。那些哲学大师相互争论不休，他们以同一理性标准却得出自然界的本质是数、流变或原子的不同结论。他们似乎没有一种共同的判断标准和基础。

随着智者派对理性标准的批评，对自然界研究成果的怀疑论在当时的希腊社会广为流传。智者派认为，不存在认识自然界真正本质的方法和手段。宇宙是隐于感性经验面纱背后的东西，人类的智慧无法窥探它的真实面目，对实在问题的研究不会得出真正的结果。

值得注意的是，随着对哲学问题的批评而兴起的智者运动，对希腊的社会、政治和经济产生了很大的影响。随着时间的推移，许多人认识到知识对他们的重要性，尤其是在科学、法律和政治领域，知识是人们提升社会地位和权力所必需的。在这种社会环境下，智者们承担起传授知识的任务。公元前 5 世纪的希腊社会出现了另一种现象：人们的忧虑和不满情绪不断增长，对传统的希腊社会制度提出批评，而智者成为这种社会批判热情的支持者和引导者。

在智者派兴起之前的希腊，是听不到批评声音和强调群体道德的社会，人们尊重传统和习俗，对法律奉若神明。随着公元前 7—前 5 世纪新的自治城邦的建立，越来越多的法律不再适应新的社会生活。在这种情况下，智者派告诉人们，人生来是平等的，法律是根据人们的意志制定的，是可以改变的；盲目地遵守法律是无益的，只能给自己招致损害。智者们还对自然法则和传统法或习惯法做了区分。他们告诉人们，必须对现实处境和应有处境进行区别，并提出人们的出身和制定法律的目的等问题。与自然法则不同，人间法律是人制定的，而且是为了服从人的目的而制定。智者们提出，这些法律都是为法律制定者服务的，而且每当他们的利益同传统法相矛盾，与他们的欲望相抵触，就企图避开它们。智者认为这些法律不合自然规律。有的智者还提出政治制度和法律可以由人们的协约公议产生，有的则反对当时希腊的奴隶制。

对于法律的怀疑态度很快导致伦理上的怀疑主义，而道德标准却是社会政治体制的基础。道德标准的有效性被否定，使人们的道德观念和行为造成混乱。没有绝对的道德准则，人们的行为被个人利益驱使；好与坏、正确与错误，都按照个人的判断而定，一切价值都成为主观的东西。智者派的代表人物普罗塔哥拉的一句名言很好地表达了这种观点：人是万物的尺度。就是说，人以自己为准则。这种理论上的怀疑主义导致在行为上人以自己的意志为准则的观点，没有公认的是非标准。

智者运动是古代希腊尤其是雅典民主的重要推动力量。历史表明，公元前 5 世纪晚期，雅典人建立的是一种绝对民主形式的政府。法律的制定和案件的审理都是在所有公民组成的立法会议主持下进行的。公民根据自己的理性判断和情感倾向投票选举立法会议成员，从最高层到最低层的官员都是由公民定期选举而定。

2. 普罗塔哥拉：智者派代表人物

普罗塔哥拉（Protagoras，前 481—约前 411）是著名的智者派哲学家之一。他出身底层，曾做过搬运工人，青年时自学文化。他写出大量作品，但他的著作大都散失，很可能是政府下令销毁的。一些历史学家和哲学家认为，普罗塔哥拉是雅典人褊狭心态的牺牲品。他因在《论神》中对神表示不可知论的态度而被控以不信神之罪，著作被焚，其人被逐出雅典，在去往西西里岛途中船毁遇难。在他著作的残篇中有这样的结论：关于诸神一事，我不能肯定他们有或者没有，也不知他们的形象如何，因为有许多因素妨碍我们获得这种知识。这些因素如这一主题的隐蔽性和人类生命的短暂。

普罗塔哥拉认为，感觉是知识的唯一源泉，个人的感觉不能判断绝对的真与假，每个人的经验是具有个人色彩的，自然界的真实本质是无法探明的，唯一研究的对象是人自身，研究的目的在于如何谨慎行事，对人们的行为给予指导。

普罗塔哥拉的政治观点倾向于平均主义。他说，大自然对所有人同样看待，同情和尊重每一个人。因此，社会制度应建立在自然法则基础之上。一切旨在造成阶级区别和特权，以及对平等设置障碍的法律都是不公平的。柏拉图在《普罗塔哥拉篇》中赞扬普罗塔哥拉，在对话中将他描述为雅典习俗道德的诚挚倡导者。普罗塔哥拉的名言是：人是万物的尺度，是存在事物的尺度，也是不存在事物的尺度。这后来被称为“普罗塔哥拉命题”。

3. 智者派的贡献

虽然智者派的许多观点是错误的，但他们对未来思想界做出了实际贡献。首先，他们促使后来的哲学家对知识问题进行考察时，必须对智者派的怀疑主义和主观主义进行批判。智者派宣称知识的唯一来源是感觉，否定真理的客观标准，促使人类历史上伦理领域伟大的思想家苏格拉底的出现。苏格拉底起而捍卫真理的客观标准，智者派从反面促成了一种伟大的哲学体系的诞生。

其次，通过智者运动，人们提出了关于法律的起源、种类和有效性问题，以及关于对法律的服从和为什么服从法律等问题。法律的目的是什么？法律的制定和实施对社会和人民的意义何在？

最后，智者派挑战正确与错误的区别，从而呼唤人们必须寻找区别正确与错误的合理基础。智者派对自然和传统的明确区分，强化了人们对一切社会常规合理性的重视。智者派宣称，只有自然规律是应该遵守的，按照自然规律，通过智者的管理而达到社会进步。这样，他们对道德理论家们的智慧提出了挑战：对道德准则纯粹建立在生物学基础上所进行的解释。智者派批评国家和国家法律，必然促使国家理论的发展。因此，古罗马政治家西塞罗说，智者派将哲学从天上带到人间，使人们的注意力从自然界转向人自身。

总之，智者派的贡献主要可以表述为三个方面。首先，他们提出并澄清人性和人类行为方面的一些具有深远意义的问题。其次，他们提出的问题激发人们进行更加深入的思考。智者派出现之前，人们总是以粗暴的态度对待怀疑主义、个人主义和主观主义，而智者派的相对主义观点引起致力于社会稳定的人们极大的不安。苏格拉底就是这样一位思想家。最后，智者派平均主义的政治观点，如大自然同等看待每一个人，社会制度应建立在自然法则基础之上。这些观点推动了古代希腊民主制度的产生，也是后来斯多亚主义普天之下皆兄弟、人人平等思想的渊源。

二、苏格拉底：美德即知识

1. 对智者派道德相对主义的批判

苏格拉底（Socrates，前 469—前 399）被认为是古希腊三大哲人的第一位，他和柏拉图、亚里士多德共同奠定了欧洲文化的哲学基础。苏格拉底生活在伯罗奔尼撒战争混乱时期，彼时，道德价值遭到腐蚀，他认为必须劝导人们认识自己，探索道德和人道的含义，维护当时希腊社会生活中伦理局面的稳定。

苏格拉底公开反对智者派关于一切知识属于个人而没有客观真理标准的假说。他说，如果通往真理的途径只有感性认识，没有客观的和共同的标准，就不能有真实的知识。他认为，一切真实的知识是概念性的，而感性知识只能运用理性才能获得。感官只能认识个别事物，而概念能够深入认识事物的本质，从而发现不同事物的共性。每一种个别事物都将展示其与别的事物不同的特点，其中一些特点是与其他事物共有的。正是因为不同事物的这些共同特点是可被认识的，才使我们能对不同事物进行大致的分类；而分类是人类认识世界事物必须经历的第一步。不同事物之间的共同要素构成知识的主体，而知识的确定性则来自这些不同特点的稳定性，因为任何事物的特性是不会消失的。苏格拉底说，科学所探寻的就是这种知识。

苏格拉底全心关注对人性的认识，对他而言，科学就是伦理学，科学研究的主题是人的行为。苏格拉底认为，他一生的使命是提高雅典人的素质水平。他试图让雅典市民更好地理解友谊、虔诚、勇敢和公正的意义。在同人们的辩论和对话中，苏格拉底常常运用反讽；在赞赏其反对者智慧时，苏格拉底表现出向对方学习的态度。但在对方的所谓智慧被揭露为无知时，他的反讽往往成为尖刻的讽刺和挖苦。

苏格拉底说，认识到自己的无知是一个人道德形成过程的第一步。一个人必须摆脱错误见解和迷信，才能经由理性分析获得真实的知识。他指出，智者派关于人的行为没有固定标准的结论是完全错误的。清除智者派散布的偏见和错误言论，任重道远。

苏格拉底将清除雅典市民的误解和无知看作是他的责任。他的著名格言是：美德即知识，美德促使人们成为好人，知识教导人们行善。美德本身不是目的，而是达到目的的手段——使一个人成为好人。知识支配人的意志，使人认识到什么行为是善的行为，从而激励人们的善行。善来自知识，恶出自无知，无知是灾难之源。只有使人们有智慧，深刻和正确认识自己以及人与人之间的关系，才能有美德。

2. 审判苏格拉底

苏格拉底在雅典市场和大街上的辩论中树立了许多敌人。公元前 399 年，雅典民主派控告他对公共道德造成了危险的影响。崇拜他的两位学生色诺芬（Xenophon，约前 430—约前 355 或前 354）和柏拉图记述了法庭对苏格拉底的审判和定罪过程。柏拉图曾亲临法庭，大多数文献学者认为，柏拉图在《辩解篇》中对苏格拉底受审过程的记述是相当真实的。控告的理由是苏格拉底是一个腐蚀青年、行为恶劣的人，他藐视城邦信仰的诸神而崇拜别的神灵。这一控告由三人提出：诗人梅勒图斯、修辞学家莱肯和民主派重要人物阿尼图斯。审判中没有提供任何证据和证人。经过苏格拉底不服申辩后，法庭以微弱多数判处苏格拉底死刑。友人劝他逃跑，但被他拒绝，理由是判决虽然违反事实，但这是合法法庭的判决，必须服从。

对苏格拉底的审判实际上是一种迫害，再次表明雅典民主派的无知和褊狭心态。具有讽刺意味的是，通过对苏格拉底的审判，这个所谓黄金时代的女神城邦也许是希腊所有城邦中最反动的。苏格拉底没有著作流传于世，关于他的人格和学说，主要见于柏拉图的《对话录》和色诺芬的《回忆录》。

三、智者运动是雅典城邦民主的重要推动力量

智者派告诉人们，人生来是平等的，政治制度和法律可以由人们

的协约公议产生。智者派反对古希腊的奴隶制度，其平均主义的政治观点是，大自然同样看待每一个人，社会制度应建立在自然法则基础之上。这些观点推动了古代希腊民主制度的产生。

公元前5世纪，从雅典城邦人民首次讨论开始，民主经过不同阶段的发展和变迁，表现出不同的形态。有人将民主看作是对既存政体权威和既得利益集团的挑战，是人民反抗统治集团、争取自由解放的象征，是对特权阶级的无情打击。也有人认为，民主制度是一种异想天开的东西。从古希腊民主衰亡后，经过漫长的不同历史时期，到了17世纪和18世纪，民主才有了再生的机遇。至19世纪和20世纪，民主成为世界潮流。两次世界大战期间和战后，为民主理想而战成为强大的世界之音。民主的敌人包括欧洲中世纪贵族及其后代、寡头政治集团、16世纪和17世纪的专制帝王、宗教组织高层的大多数人，以及现代独裁者。民主的基本目的是追求一种道德理想和道德目标。民主制度是通过政治活动为人类文明进步做出贡献。民主政府的使命是促进人类社会更加文明。

1. 雅典城邦的民主

民主（democracy）一词是希腊语。民主所描述的制度，其成熟期出现于公元前6世纪和公元前4世纪之间强盛的雅典城邦。在希罗多德和修昔底德的历史著作，在众多剧作家的戏剧著作和哲学家们的哲学著作中，都有关于民主制度的记载和描述。雅典是民主制度的诞生地。从梭伦的时代，到狄摩西尼作为雅典民主派领袖期间，雅典人不仅建立了民主政府，并以民主制度管理城邦事务。

梭伦（Solon，约前638—约前559）作为政治改革家和立法者，关注社会正义和人道。他首先解除穷人的债务负担，释放被奴役的公民。他的新宪法废除了世袭贵族的垄断，而由富裕的公民组成政府。所有公民都有资格参加公民大会，都有根据法律选举官员的权利。梭伦的政治改革和制定的法典，为雅典未来民主制度的建立奠定了基础。在 17 世纪之前，雅典是世界上唯一实行民主制度的地方，雅典人发明了民主制度，并以理论阐述民主制度的各种原则。他们为希腊民主制度创造了原型，树立了榜样。

公元前 431 年，雅典政治家伯里克利（Periclēs，约前 495—前 429），在为民主而献身的信徒们举行的城邦葬礼上发表颂词说，他们为城邦的伟大事业而献身，他们的民主理想丰富了他们的生命。“我们的政治制度，不是用来与我们邻邦的法律进行比赛。我们没有模仿别人而是为邻邦做出榜样。我们的制度叫作民主，因为它是多数人而非少数人管理城邦事务。我们的法律保证所有人的平等权利。”（修昔底德：《伯罗奔尼撒战争史》，英文版，第二卷。）

雅典的知识阶层和政治家们关于民主的价值发生了严重分歧。他们对民主的赞扬和谴责、热情和恐惧，表达了各自的观点和理由。这一持久的讨论成为雅典城邦生活的中心问题。在对民主的辩论中，雅典人得到关于人生的教育。伯里克利说，经过这次辩论，他们的城邦成为希腊的教师。如果对雅典民主进行全面审视，在许多细节上，其原则都与现代民主精神一致。

2. 雅典民主的原则

雅典民主大致有以下三个方面：①社会政策：穷人管理城邦事务，均富济贫；解除穷人和奴隶的债务，废除以财产作为官职的标准；不以家庭背景和财产而是根据才能为个人提供发展机会。②政府体制：由全体公民协商做出决定，通过抽签选出组成政府的工作人员；全体官员负责制；由公民组成庞大的评审团。③政治理想：追求平等，言论自由；拒绝愚昧无知的言论；倡导自由，实行多元主义；反对极端自由主义和无秩序状态；服从法律和公选官员；鼓励公民积极参与社会活动。

正如历史学家希罗多德所说，民主意味着权利平等，民主也被认为应为自由做出贡献，这样就对雅典民主提出一些难题。首先，如果说雅典民主中的自由主要涉及对奴隶的解放和废除奴隶制，但在雅典城邦实行民主制度的整个历史时期，奴隶制一直在延续，雅典城邦经济是建立在奴隶劳动的基础上。在此期间，没有进行严肃而切实的废除奴隶制的革命运动。包括修昔底德和希罗多德、柏拉图和亚里士多德在内的历史学家和哲学家，都没有明确表示反对雅典的奴隶制度。这是所谓希腊启蒙运动的一大盲点。其次，上述雅典民主中存在一种潜在的矛盾。雅典民主原则比较明确的是公民对法律的服从，这是伯里克利所强调的雅典城邦生活值得赞扬的方面。

但是，被人们反复使用的“法治”一词却充斥着模糊性，法治并非等于事实上的真正民主。赞赏法治政府而非人治政府的传统理论，听起来两者似乎是对立的，事实上问题远非如此简单。法律是要人裁定、解释和执行的，即使一个没有民主制度的君主制或独裁集团控制政治权力的国家，其统治者却被严格的监督和约束，这样的政府事实上也具备了某些民主要素。就是说，每一种制度只要其统治者被置于某种法律的约束和监督之下，它就具有某种程度的民主性质。而任何其内容、宗旨不具民主精神的法律不会产生民主的效果。法律既可被暴政用来造成社会的不平等，也可由正义势力用以推动人类平等事业。仅仅满足于法律的约束力是远远不够的，某些法律内容必须与时俱进地得到更新和充实。只有一些勇敢和具有时代进步意识的人敢于奋起对既存法律进行挑战。遗憾的是，在古代雅典民主制的历史进程中，没有发现对奴隶制提出挑战的思想家。

3. 雅典民主的衰落

伯里克利死后，雅典城邦领导层的智慧和品格出现天壤之别。修昔底德在其著作中，通过一系列事件记述了一些领导人如克里昂、亚西比德等人在城邦之间战争中的言论和劣迹，四分之一世纪的连年战争将雅典拖入衰落的深渊。雅典城邦的衰败在很大程度上是由于雅典人的内讧而非外敌力量的强大。在为生存而战的过程中，雅典人傲慢地夸耀自身力量而将谨慎抛入九霄云外，他们自己颠覆了其霸权的道德基础。民主的反对派乘机对雅典民主的缺点进行攻击，拒绝民主派一切民主制度的理想。民主被谴责为无法无天和对愚昧的崇拜。奴隶和居住在雅典的外来人，也不服管理和不安于所处的地位；穷人仗恃人多势众向富人高额征税，掠夺他们的财产。穷人还过分利用平等观念，希望每个人都能参与政府事务，每个人都要站出来发表自己的意见。在外敌入侵和内乱中，伯里克利终生为之奋斗的理想——民主制度——走向衰败。

在马其顿人入侵雅典的过程中，雅典民主派领袖狄摩西尼领导雅典人民进行了近 30 年反马其顿侵略的斗争。狄摩西尼号召雅典人，以保卫雅典民主自由这一崇高而正义事业为己任。经过艰难曲折的斗争，狄摩西尼在同马其顿帝国和雅典内奸的斗争中，被迫服毒自尽，标志着雅典民主政治的最终衰落。马其顿的征服彻底摧毁了雅典城邦的独立，使其成为马其顿王国的一个地方行政区，实现军事—君主专制，雅典民主制度从此销声匿迹。

第2节 柏拉图：理念论

一、实在论：实在的理念世界和非实在的现象世界

在所有苏格拉底的敬慕者中，最具独创性的是欧洲思想史上称为柏拉图的人。以对话形式出现的柏拉图著作是其对老师苏格拉底的纪念。他以苏格拉底的生活和思想为依据，建立起博大精深的哲学体系。20世纪，英国数学家和哲学家阿尔弗雷德·怀特海说："如果为欧洲整个哲学传统的特征做一种最稳妥的概括，那就是，它不过是对柏拉图哲学的一系列注脚。"（《简明不列颠百科全书》，第二卷，中国大百科全书出版社，1986年8月，第29页。）

1. 自然界：非实在的世界

在柏拉图（Plato，前427—前347）所有的前辈中，苏格拉底对柏拉图思想的启迪是最重要的。柏拉图的许多思想来自苏格拉底——虽然对柏拉图而言，有些观点需要澄清、补充和修正。需要修正的观点主要是苏格拉底对概念性质的解释。由于苏格拉底不是一位形而上学哲学家，这种情况是不足为奇的。对苏格拉底而言，概念只是思想的对象；而在柏拉图那里，概念成为形而上学实在。苏格拉底的反个人主义思想在柏拉图的政治哲学中有所拓展，而苏格拉底的伦理学和认识论都需要进一步澄清和阐述。苏格拉底关于存在绝对道德原则的思想，以及他孜孜不倦对智慧的探讨，都在他这位继承者的著作中再次展开。美德与知识的必然联系，智慧是人类的最高成就，这些思想

都是柏拉图著作中所探讨的主题。以对话的形式表达的思想，是柏拉图在大约 8 年期间从苏格拉底口中亲耳听到的。

在其早年的学术思想发展中，两种信念对柏拉图产生的影响是根深蒂固的。它们成为柏拉图思想的基本原则，确定其形而上学和认识论的范围和边界。其中之一是伊利亚学派哲学的实在论。伊利亚学派的重要命题是，不论实在是什么，它必定是永恒的、持久的、不可变易的和毋庸置疑的。柏拉图比起任何前辈更加强调实在的不可置疑的特点，这一思想也许能追溯至苏格拉底关于道德即善的知识的结论。对柏拉图而言，在探讨实在理论时，认为宇宙的终极本质具有不稳定性或变易性是荒谬的。面对这种缺乏可靠根基的问题，既不能引用绝对确凿的知识予以证实，也没有任何原理作为可靠规准。然而柏拉图关于实在的理论，必须建立在合乎逻辑的认识论和正确的伦理学基础之上。唯一可能的是寻找体现明智和恰当行为基础的确凿真理。

柏拉图第二种信念是，他所相信的真正实在不能在自然界找到。如果自然物是真实的，它们都不具有永久性。赫拉克利特对自然界的描述是一切皆变，宇宙处于永不止息的变化状态中，怀疑事物的实在性。巴门尼德接受这一理论。赫拉克利特甚至提出，应从持续流变背后探寻永远变易的宇宙秩序。柏拉图接受上述二人的观点，但提出自己的一些修正。柏拉图认为，自然界是一个非实在的世界，它是一种影像，一种超越真实存在世界瞬间即逝的意象。柏拉图说，为认识自然界的奥秘，必须由爱智慧的人专心致志进行探索，才能获得真正的知识。在探求真实知识方面，必须重视以自然界为研究对象的自然科学家，自然科学是探索实在终极真理的重要途径。

2. 永恒的理念和变易的现象

为更清楚地理解柏拉图关于实在论的思路，需要再次回顾苏格拉底哲学。我们发现，苏格拉底最关心的是寻找关于道德概念的恰切定义。苏格拉底的原则是，道德概念的定义其普遍性应能涵盖一切行为现象和运用于所有特殊情节。与智者派的道德相对主义观点相反，苏格拉底提出，通过对各类行为中许多特殊情节的认真研究，能够发现判断行为的绝对原则。每一种行为与一切其他同类行为都有所不同。但他强调，除了这些不同特点外，还有一些特点是一切同类行为具有的共性。苏格拉底生前致力于思考其同时代雅典人行为的共性。柏拉图从这里开始其工作。

柏拉图认为，这种共性不能从众多个别中发现，任何真实的东西都不能从变化的世界中找到。在变易频仍的世界里，任何东西都不能持久，任何时刻的事物都不是其固有自身。所有事物的特性都将在衰败和退化中完全泯灭、消失。许多美丽的花朵和绚丽的夕阳都终将消失，但美和美的事物不会永远消失，而是不断出现和再次消失。正义同样如此，正当的行为可能不再出现，但正义却不会因此被肃清。柏拉图认为，这种分析思路也适用于整个经验领域。在任何情况下，真实行为的基本要素似乎能够超越其个别现象的归宿。平等的概念比均等的事物更持久，虔诚的品德比虔诚的行为更具永恒性。一般经验只能让我们认识个别事物或行为，但它们不是我们的最终目的。我们将超越感性认识，在普遍规律或分类规则指引下对感性认识进行组构和加工，由此得到的认识是抽象、概括，即思维活动的结果。柏拉图认为，这种认识的持久性，其意义远远超过一般的经验，它们是思维的真正对象，而对个别事物的感知则是由感官完成的。

如果说存在普遍性，但普遍性不能从自然界发现。那么从哪里去寻找呢？柏拉图的回答是，它们存在于一个既不能确定的空间，也无法界定的时间。这种回答似乎与常理相悖谬，但这正是苏格拉底的概念之源。柏拉图将这一永恒本质领域称为实在。他将这种实在称为理念（Ideas）。美、正义、平等、人类、树木、椅子……我们以普通名词命名的任何事物，柏拉图都称为理念。理念既不是精神的，也不是物质的存在物，它们不是表示心灵内涵的该词通常意义观念（ideas）。柏拉图的理念不是来自造物主或者人的心灵，它们不是有形物体存在于空间和时间的世界里，因而能够描述其具体的时空位置。它们具有原生意义，类似于人创造的具有半神半人的原型。柏拉图在《提麦奥斯篇》中描述的宇宙中对其进行了概述，它们类似哲学中传统上被称为实体或本质的东西，它们不依赖于他物，其本身是一切事物的原因或本质。由此可见，柏拉图的实在论带有明显的先验色彩。

柏拉图将宇宙解释为分离的两个部分，一部分是真实的，另一部分是非真实的。他认为，自然界不是真实的，因而处于次要地位。虽然理念超越自然，但两者之间存在一种微妙的关系。虽然两者的性质不同，但它们之间存在这种关系，否则自然界就没有意义、秩序和目的。只有发现两者的这种关系，才能获得真正的认知。个别事物和理念，正如模仿和原型的关系，一方面是永恒、先验的实在理念世界，另一方面是现象的世界，其意义来自对理念的模仿。柏拉图说，成为感性经验奴隶的人往往将现象世界误认为是真实的，他所得到的充其量是错误的或不确实的知识。有智慧的人不会被事物的表面现象所蒙蔽，而是努力去发现真实的知识，从而更接近实在。这种真实的知识就是理念而无个别事物参与其中。理念境界的形成必须由不断地概括与综合才能达到。

除了坚持越是具有持久性的实体，其实在的要素越丰盈的观点外，柏拉图倾向于认为，人们日常的观念与其感知的外界事物之间有一种亲和关系。一种真实的观念必然是与自然界中某种客观物相契合，如对苏格拉底的感性认识与苏格拉底这个人是一致的，对奥林匹斯山的感性认识与这座真实的山是一致的。一些观念看起来与物质对象相契合，然而这些客观对象在柏拉图的思路中却不具有持久性，因而与我们称为概念或普遍概念的另一些实体如美、平等相比是不真实的。普遍概念比感性观念更重要，因为与概念相对应的实体比个别事物更真实——这就是柏拉图的结论。

从理性对个别事物的研究到对理念的认识过程，被柏拉图称为辩证法。柏拉图的辩证法的另一种表述是相关性理念（Correlating Ideas）之学。柏拉图在《会饮篇》的对话中简述了其辩证法的内涵。柏拉图用美这一概念说明他的理论。柏拉图描述的获得美的知识的途径也可作为对任何理念的认知方法。他将这一过程作为培养理想国中哲学国王的重要方法。他说，没有智慧的人必须经过多年学术上的训练，其研究工作必须从简单的自然科学知识开始，进而把握一切科学的科学，即普遍原理的辩证法。虽然由于感性世界的非真实性而被弃置，但它们同时是获得真理不可缺少的一步，是通往以实在为基础的更高真理境界的阶梯。

二、伦理学：善是理性的生活方式

某种意义上，柏拉图一生的工作基本上是关于伦理方面的探索和研究。他的形而上学是一种伦理目的论，他的一切学说都是从这种形而上学出发的。这一特征与其敬慕的老师苏格拉底的哲学目标是一致的。

柏拉图反对昔兰尼学派（Syrenaics）的道德哲学。昔兰尼学派创立于公元前 5 世纪古希腊北非殖民地城邦昔兰尼（今利比亚格林纳）。昔兰尼学派信徒认为，当前的快乐就是善的标准，美好的生活在于合理地应对环境，以期达到享乐主义的目的，知识不过是寻求欢乐的工具。而柏拉图主张，人最高尚的善不能从昔兰尼学派所倡导的愉悦生活中找到，也不能从世俗权力或财富中获得。善是一种“理性的生活方式”。唯有理性才能作为选择的正确指南，理性的发挥促使一个人表现其善良的本性。人生目标是个性的充分发展和自我的全面实现，自我实现意味着成为一个真正的人。有许多类型的自我不值得去实现，唯一有价值的自我是成为一个善良的人。

心灵是决定人的高尚生活的主要因素，人在各种诱惑面前产生的矛盾、斗争心态和如何实践道德原则，促使柏拉图对人的心灵进行研究。柏拉图认为，人的心灵有三种功能。人的本性有一种追求满足躯体欲望、沉溺于世俗愉悦的不良倾向。各种欲念冲动常常被理性的高尚力量所阻遏；理性警示人们，欲望的冲动是面临的危险，必须克己自制，以理性节制欲望。处于欲望与理性之间是心灵的第三种功能，这就是魄力或强健的意志力。

在柏拉图对心灵的分析中，将美德区分为四种不同类型：节制、勇气、智慧和公正。由理性支配的心灵如同一个秩序井然的国家，将展现所有这些基本美德。当一个人生物性的盲目纵情被理性所控制，这是节制发挥作用的结果。如果意志力倾听理性的声音阻遏情欲的冲动，必须要有勇气才能规避邪恶的诱惑而向善。智慧属于理性范畴，公正来自心灵三种功能的和谐运作，其中理性是引导力量。一个正直的人是真正聪慧和克己自制的人，一个进入伦理理想境界的人。

一个完善的人其心灵不只是具备任何一种或两种功能，而是具备三种功能，而且其不同功能处于适当的状态。如果一个人的伦理认知不能影响其行为向善，他就不是一个完善的人。没有正确原则引导的意志，必将误入歧途。一个完善的人是拥有三种心灵功能和谐运作的人，就是说，三种心灵功能中欲望是在理性的指引下，而理性又得到强健意志力的支撑。这就是一个真正的人的形象，其心灵的三种功能处于和谐发挥的状态，其中任何一种功能的过度发挥都将颠覆这种平衡。一个真正的人不会刻意追逐享乐，尽管他能得到生活的欢乐，但欢乐不是他刻意追求的目的。正如柏拉图在《斐多篇》中所表述的，驭车夫必须能够驾驭其任性的马，理性必须能够控制欲望和激情。向善的生活只有在一种努力实现理性完全控制欲念的人生价值观的指导下才能实现。善是一种理性的生活方式。

三、政治学

公元前 5 世纪的希腊，关于政治的种种问题是知识界关注的中心问题，越来越多的智慧被用于政治问题上。著名的智者认为，他们的政治理论是社会生活不可缺少的。

1. 论公平

古希腊人是理性思维的开拓者，而古希腊文化一切理性发展趋势几乎都体现在柏拉图哲学中。但这已不是其本来的形态，而是柏拉图智慧的改造成为新的形式。柏拉图是苏格拉底忠实的追随者，他接受了老师的哲学方法和基本的伦理观。苏格拉底使他深信哲学首先是研究人的问题，研究人的政治和社会生活。这一原则成为柏拉图《理想国》的出发点。

柏拉图的伦理学和政治学原则指导他抵制了神秘主义，使他永远背弃“天国”而走向人间俗世。正是他对秩序和适度的追求，决定了柏拉图对待神秘主义的态度。柏拉图在《高尔吉亚篇》中清晰表述了这一基本思想取向。柏拉图指出，理性、秩序与合法性是自然界和人类伦理的首要原则，它们构成美、真理和道德三位一体，它们出现在艺术、政治、科学和哲学中。如果它们出现在人体中，我们称为健康和力量；如果它们出现在灵魂里，我们称为节制或合理。这种普遍秩序原则清晰出现在几何学中，表现在构成几何体各种要素之间正确比例的几何等式概念中。

公元前 5 世纪的希腊，关于政治的种种问题是知识界关注的中心问题，越来越多的智慧被用于政治问题上。几乎所有著名的智者都认为，他们的政治理论是社会生活不可缺少的。

关于最好国家的概念，在柏拉图之前就是人们经常讨论的问题，但柏拉图提出的是理想的国家。这是两种根本不同的概念，是柏拉图知识理论坚持经验真理与理想真理根本区别的重要原则之一。经验提供的至多是关于事物的正确判断，但不是真正的知识。事实是可变和具有偶然性的，而真理是不易变更和具有必然性的。

柏拉图从对公平概念的分析与界定开始对社会秩序的研究，他认为，公平是国家管理中的最高目标。在柏拉图的语言中，“公平”一词与一般话语中的意义不同，它具有更为深刻和广泛的内涵。公平不像刚勇、节制等其他人类节操，而是一种具有特殊性质的人类价值。公平属于秩序、规则、统一与合法性的一种普遍原则。在个体生活中，这种合法性将显现人类心灵不同力量的和谐与融通；在国家事务中，公平将呈现不同阶级之间如同几何比例的平衡，每一社会个体能以合作姿态保持社会的正常秩序。由于对公平概念的倡导，柏拉图成为法治国家观念的奠基人和首位维护者。古罗马政治家西塞罗在《论共和国》中说，公平和公正是法治社会和有组织社会的基础，没有公平的地方，就没有共和国，没有真正的共和国。

2. 冲破传统观念，抵制权力对政治的腐蚀

柏拉图背弃神话诸神而建立的理想国家理论所面临的巨大困难，是要失去社会生活的基础——传统。在一切人类早期社会，传统是神圣不可侵犯的最高法律，神话思维不承认任何其他和任何更高的权威。用德国戏剧家席勒在剧作《华伦斯坦》(1800)中的话说，传统是永恒的昨天。几千年来，传统社会的存在价值在于它对维护君权神授、实施道德教化和确定集体认同具有重要作用。在古希腊或者其后的古罗马及中世纪的欧洲人，不仅从传统中得到他们生存所依的安全感，也将传统视作解释其当下遇到的任何事物的依据。要冲破永恒昨天的阻力，是柏拉图政治理论面临的艰巨任务之一，而且他必须克服这一强大阻力。甚至在现代理性主义取得伟大胜利的背景下，民众依然被告知，风俗和习惯是政治生活不可缺少的组成部分。黑格尔在对天赋权利的论述中说，关于道德，古代智者的言论是唯一正确的——有道德意味着按照国家的道德传统去生活。按照这一标准，我们就不能把柏拉图视为古代最有智慧的人，因为他坚定不移地拒绝和抨击这种固守传统的观点。他宣称，将道德和政治生活建立在传统基础上就是建立在移动的沙滩上。柏拉图在《费德鲁斯篇》中说，那些全然信仰传统力量的人，只从实用出发，他们的行动如盲人探路。

在建立法治国家理论之前，柏拉图必须克服的障碍不仅是传统的阻力，还必须同拒绝一切传统规则、建立全新的社会政治制度的企图进行斗争。同时，一种强权政治和强权国家观念弥漫于当时一切诡辩

学派的理论中。人们往往不是公开承认和维护这种理论，但有默许这种理论的普遍情感和心态。所谓权力即正确的观点，是最露骨和最极端的口号。这种观点不仅在那些智者中间十分流行，也吸引着雅典政治界的领袖们。同这种观点进行斗争和肃清其影响是柏拉图理论关注的重要问题。

柏拉图首先在《高尔吉亚篇》（苏格拉底同卡利克莱斯的对话）、第二次在《理想国》（苏格拉底与斯拉西马丘斯的对话）中对上述论点进行了抨击。柏拉图说，人们对权力的欲望是无止境和无法满足的。这种永无止境的欲望超越和破坏了一切限度。柏拉图始终坚持适当的限度和正确的比例，是个人和公共生活健康的准则和保证。同样，对权力的过度追求必然导致腐败和毁灭。公平和追求权力的意志在柏拉图伦理学和哲学中是水火不相容的。公平是包括一切人类精神伟大而高尚品质的最基本德行，对权力的贪婪必然产生各种腐败和弊害。

3.《理想国》所表达的法治国家观念对欧洲的影响

即使是柏拉图哲学的推崇者也认为，《理想国》所表达的思想是一种政治乌托邦。显然，《理想国》被人们视为政治思想的古典典范，但它似乎对现实政治生活没有任何实际价值。然而，如果我们对后世欧洲公共和社会生活进行考察，就会发现这种观点应该改变。柏拉图法治国家的观念成为欧洲一种真实和积极的社会力量：它不仅是影响人们思想的活力，也成为推动人们行动的强大动力。国家的首要使命是维护公平和公正的观点，成为欧洲政治理论的焦点。这种观点几乎被所有欧洲思想家所接受，而且进入了欧洲文明的各个领域。

柏拉图关于社会公平和公正的思想，在其后的岁月里发生了一个伟大的转折，赋予其一种全新的概念：人人平等的伟大思想。这就是斯多亚哲学中出现的一种新的理性和道德力量。

四、结语

在《菲利布斯篇》对话中，柏拉图指出，一切事物都是由两种不同和对立因素构成的，即有限和无限。辩证法将这两种因素联结起来，使无限进入确定的限度，为无边际确定边际。众所周知，古代希腊是弥漫各种神话的社会，神话对人们的观念和行为影响很大。因此，我们就会理解柏拉图为什么把神话排除于他的《理想国》之外，也就是将神话排除于他的教育体系之外。世界上的一切事物中，神话是最无约束和最无节制的东西，神话可以超越和蔑视一切限制。从人类世界和政治领域排除这种放荡不羁的力量是《理想国》的主要目标之一。

基督教神学认为，作为自然生命，作为自然的组成部分，人不能不具有有限性。任何事物若不有所限制，便不能存在。有限性是一切存在物的构成要素，人当然也不例外。因此，有限性本身并不是缺憾。人作为一种独特的生物被赋予自由，自由是局限的对立面。凭着自由，人可以超越局限；但自由既可以使人超越，又可以使人堕落。滥用自由做出错误的选择，选择毁灭而不选择创造，就是堕落，就是罪恶，就是苦难之源。

柏拉图的逻辑和辩证法告诉我们，如何对我们的观点进行分类和系统化，如何对事物做出正确的分类和区分。柏拉图说，辩证法是按照不同事物的自然结合点对它们进行分类的艺术。伦理学向我们表明如何控制自己的情感，如何以理性和自制来节制情感。政治是统一和组织人们的行动并指导人们向着共同目标前行的艺术。因此，柏拉图将人的个体精神同国家精神置于同一层面不仅仅是一种比喻，这是柏拉图根本意向的表述，体现了柏拉图希望将人们心灵的混乱状态、欲望和激情，以及政治生活导入秩序与和谐的愿望。

第 3 节　亚里士多德：形式的形成是事物发展的内在动力

一、发展论：生长和发展意味着本质在个别实体中的形成

亚里士多德（Aristotle，前 384—前 322）是欧洲哲学史上实在论哲学学派的最杰出代表。他的思想对欧洲文化的基本倾向有重大影响，他的哲学体系是中世纪基督教和伊斯兰教经院哲学的支柱。作为百科全书式的思想家，他对许多学科都有贡献，为经验科学的发展奠定了基础。

1. 每一种事物都包含过去、当今和未来的历史过程

亚里士多德关于实在问题的论点与柏拉图的显著差异在于：亚里士多德希望规避涉及任何先验要素，而将实在完全局限于自然界中。为实在论建立一种可靠的基础，亚里士多德提出直觉是实在论的第一本原。他认为，正如在数学中，为确保可靠性，必须以直觉为基础。矛盾律作为第一原则，一切事物的变易现象也被认为是原初的客观规则，但它们是不可解释的。除矛盾和变易外，亚里士多德认为，还有

一种重要原则，那就是实在涵盖的实体展现在大量个别事物中。他说，每一种事物都是独立于外部时空和各自分离而独特的。各种事物或事件的性质属于它们作为事物或事件自身，就是说其性质或特点存在于展现其自身的个别实体中，这样的思维方式才是理性的、合乎逻辑的，也是不证自明的。

事实上，通过经验永远不能感知某些性质不是某种事物的特性。我们应该接受关于实体的多样性理论，这就涉及矛盾律。如果自然界事物的不同性质之间是不相容的，就是说，如果这些性质不能同时展现，就不能认为这些性质存在于同一种实体中。如果一种事物不能在同一时刻既是红色也是绿色，这些性质必然来自不同的实体，因此表明存在多种相互矛盾的不同性质。亚里士多德的解释是，自然界中的每一种事物时刻都处于变化之中；在变化过程中，实体的性质在不断地变易，每一种事物都是一种历史事件：处于辨析中的将然存在（becoming，未来事件）应被视为包含过去、当今和未来的历史过程。

2. 形式即本质，是真正的认知对象

在提出实体的多样性和个别事物的实在性的同时，基于分析的目的，可将由个别体现的类从个别中分离出来——从个别的树到类的树，但实际上，类正是个别的本质。亚里士多德称这种本质为形式、结构（form），形式是真正的认知对象。亚里士多德说，只有个别才能被感知，只有共性或本质才能被认识。理性发现的是缊涵于个别中的本质特性，或称形式。这种本质特性与个别同样是真实的。

以上论述涉及这样的观点：形式是固有的而非先验的，物质被认为是真实的而非虚无的。这一思想来自亚里士多德对柏拉图关于理念世界的形而上学的批判。柏拉图的理念不能对解释自然有所帮助，反

而使对问题的解释复杂化。在事物发展过程中，亚里士多德的形式和柏拉图的理念都有合理的方面。亚里士多德的形式来自个别，而柏拉图宣称个别仅仅是对理念的复制。对亚里士多德而言，不存在先验的实体，形式不能与其本源的物质分离开来。

3. 形式的形成是事物发展的内在动力

亚里士多德说，一种事物中的形式要素越多，意味着这一事物越完善。每一物体都是一种潜在的形式，也是进一步发展的物质。自然界的发展和变化是形式从物质中形成的过程。一切事物的发展自始至终遵循形式形成的内在规律。这种发展的内在动力被亚里士多德称为生机（entelechy）。亚里士多德坚持一种信念：自然界生发的一切事或物都是先前已经存在于自然界的某处，只有在宇宙间已经存在某种事或物的端倪，才可能经由转化过程成为真实的客观存在，正如橡树潜在于橡子中，婴儿来自卵细胞。事实上，如果情况不是这样，就不会有活力、生机和发展等这些概念的形成。生成和发展对亚里士多德意味着本质在个别实体或物质中的呈现和形成过程。

在上述发展过程中，形式是其动力之源。亚里士多德似乎认为，物质有一种取向于形成形式的动力，但这种动力不是存在于物质本身，而是形式具有一种激发物质的力，促使物质进入形式形成的过程。

4. 事物的四种原因

亚里士多德提出关于事物的四种原因，将物质视为事物的材料原因，它是形式的对立面。亚里士多德说，形式本身是不变的，通过物质可对具有相同特性的不同物体进行区分。首先，每一种物体都有某种确定的形态，从而与其他物体相区别。原初物质（primary matter）是没有确定形态的，仅仅是一种潜在的可能性。其次，物质本身不是以实体而存在的，实体至少必须具有某种形态，而物质没有这一特点。然后，物质是混沌杂沓之物，是不能被认识的。认识一种事物就是把握其本质，即形式——形式是将一种个别事物与宇宙一切其他事物区别开来的独特本质。因此，没有形式或本质的物质是不能被认识的。只有形式可被认识，但形式只能显现于物质中，物质是生成形式的条件。最后，物质不是形式的前提，用亚里士多德的话说，物质只有一种转化为其他东西的可能性或潜在性，犹如沙子和胶泥是混凝土的来源。

除物质原因之外，亚里士多德还提出其他三种原因：效力原因、形式原因和终极原因。当我们将这些原因用于描述人造物时，它们的意义比较易于理解。我们可以选择木匠制作桌子为例。木匠将其精力用于改变木料（物质原因）的原初形态而成为精致的产品，在这一例子中，效力原因是作用于物质从而使其成为一定形式的力，其中的物质是木材。形式原因可被描述为木匠心中的计划，计划使他制作这种形式而非另一种形式的桌子。根据其计划，他设计出这张桌子的明确形态。与这一例子有关的终极原因在于桌子最终的用途或最终目的。于是，桌子制作过程中所体现的四种原因是：物质原因（使用某种物质材料——木材）；效力原因（木匠制作桌子所付出的精力）；形式原因（木匠计划中桌子的明确形式）；终极原因（桌子有其特定的用途或最终目的）。

当这些原因用于对自然界的解释时，效力原因和终极原因将从属于形式原因。因而只有两种原因：形式原因和物质原因用于对自然界的解释。产生于物质的形式是由于自然界发展或变化的固有规律而形成，物质则是这种发展、变化发生的媒介或基质，它们被认为是真实的，并且同时发生。不存在没有物质基础的形式。

在关于形式和物质的关系和功能的论述中，产生了亚里士多德的发展理论。任何特定时间的任何个别事物都应被视为形式和物质的结合。一端是处于无确定形态的物质，另一端是没有物质参与其中的形式。在这两端之间是大量蕴含不同程度的形式和物质的个别事物。以木匠和他制作的桌子为例，树林中的树是木匠使用的木材来源，木材对于树是其形式。但木材与制作的桌子相比是其原料，桌子对于木材又是形式。因而在任何时间，木材既是形式又是物质。从树的角度看，木材是形式；而从桌子的角度看，它又是物质。

亚里士多德关于事物的四种原因说，虽然被现代科学所抛弃，但却是 2000 多年来欧洲人对科学的解释的基础，是欧洲古代、中世纪和文艺复兴时期对科学理论解释的指导思想。

二、实践伦理学：道德规范应适应变化的社会环境

亚里士多德的基本观点是，伦理原则是一个社会形成的关于人们生活实践的一些行为规范。这些行为规范没有柏拉图所谓的先验根源，而是人类经验的产物，其目的显然是为了让人们通过遵守道德规范和谐相处，生活安宁。这些道德原则的具体阐述和国家的法律是一致的。道德规范在执行中的约束力来自社会成员价值观的认可和支持。道德规范起到保护个人和财产权利的作用，规范的推行也是政府的职责和施政目的。人的本性是希望在有秩序的群体中追求实现其最大利益。道德规范的特点及其执行的效率是与人们不同的生活经历相关联。由于这种原因，必须承认道德规范的灵活性，应根据社会环

境进行调整。道德规范必须适应变化的社会环境，坚持道德原则不可变更的理论是不足取的。依据这种理论对人类行为进行分析将导致错误，研究道德问题必须考虑人性和人类行为轨迹，要知道什么应该做，必须知道什么可能做，必须了解什么是人性中决定其行为最重要的方面。人性的分析对伦理原则的研究至关重要。

亚里士多德似乎十分清楚，人的一切行为都有一种目的或者是达到目的的手段。目的或手段都取向于指导行为去实现某种最终目标或目的。一切生物都有与其他生物不同的行为或本能，为实现其目的，它们将发挥其最大潜能。人类同样如此。亚里士多德说，为达到生存的最终目的，人类将充分发挥其才能。

三、对逻辑学的贡献

亚里士多德一直被认为是演绎逻辑之父。是否是演绎逻辑之父姑且不论，至少他是使演绎逻辑体系化的逻辑学家。在亚里士多德之前，逻辑思维或称清晰思维已被许多思想家提出，但从来没有人试图将其归结为思维的规则。亚里士多德最终将逻辑视为一切学术必须研究的基础学科。他认为，所有学者应首先把握思维的规则，把握逻辑这一支配思维的规则体系，才能正确而有效地思考问题。

1. 直接推理

亚里士多德十分关注的一种思维过程，一般称为直接推理（Immediate inference）。直接推理提出的问题是：什么是一个命题的内涵？它是对任何一种判断的分析，从而确定其中的意义。关于直接推理的不同形式，其中最主要的也许是对偶推理（Inference by opposition）。例如命题：所有瓦片都是红色的。那么，如何判断下面这些命题的真实性：没有瓦片是红色的、有些瓦片是红色的和有些瓦片不是红色的。就是说，假如任何一种命题都是正确的，那么，如何判断每一个命题不同的对立或相反的命题？柏拉图及其以前的思想家对这里涉及的方法一无所知。柏拉图曾错误地认为，由于一切知识来自感性经验的命题是错误的，所以没有知识是来自经验的命题就是正确的，它们都是先验的。只有亚里士多德指出，共相命题并不意味着其相反命题是正确的，两者都可能是错误的。

亚里士多德以前的另一种概念混乱被他称为命题换位，尤其是共相肯定语换位中存在的混乱现象。这种情况称为 A 命题。一个 A 命题表述的是一切 A 都是 B，不加鉴别的思维方式可能认为，如果一切 A 都是 B，那么，一切 B 都是 A。亚里士多德指出，在他的逻辑理论中，A 命题只能在有限的情况下换位。就是说，如果 A 是 B，你只能说有些 B 是 A；你不能说因为蚱蜢都厌恶烟草汁，就认为所有厌恶烟草汁的都是蚱蜢。

2. 三段论

比直接推理更具重要意义的也许是亚里士多德提出的三段论。三段论的目的是为减少对一种简单形式的复杂推理，从而对真理或有效性进行检验。其程序要排除一切无关的或描述性的内容，从而将判断建立在严密的基础之上，其论点将反映结论的精确性。亚里士多德认为，三段论推理是获得普遍性知识的一种有效手段，它是从一般概念推究与个别实例之间真正关系的工作。就是说，找出由感性领悟的个别是否需要遵循理性所表达的普遍原则。亚里士多德关于三段论或演绎推理可以产生新的真理的论点或许过于乐观，其真正功能在于上面所描述的思维条理和程序。

三段论的形式设定三个命题。从两个命题中导出第三个命题，导出的第三个命题称为结论。两个支撑结论的命题称为前提，一组三段论包括两个前提（大前提和小前提）和结论。大前提或者由一个人已经掌握的确凿知识构成，或者由至少是正确论点支撑的命题构成。小前提通常表述一个别案例是由大前提界定的类别中的一例，结论能够表述小前提具有大前提所界定的类别的特点。使用三段论在性质上属于演绎法，亚里士多德最常用的三段论例子是：

所有人都会死的。

苏格拉底是人。

所以苏格拉底是会死的。

第一个命题，即大前提，提出一个普遍性判断。前提：苏格拉底是人，表述苏格拉底属于人的类别，随后得出结论。

3. 亚里士多德的演绎法存在严重的困境

英国哲学家费迪南·席勒在其《形式逻辑》一书中指出，亚里士多德的演绎法包含一种严重困境。可用这种方式予以表述：如果结论只包含在前提（这种推论形式所必须具备的条件）中，那么，其结论是空洞的，就是说，它只表述了前提中提供的内容。如果它所包含的不是前提中的内容，它就是错误的，或者是没有根据和正当理由的，因为这种结论在前提中没有根基。由于这种结论必须包含在前提中，否则就不是正确的结论。 因此，结论或者是空洞的，或者是错误的。用亚里士多德的例子来具体说明，苏格拉底是人这一命题，不可能知道所有的人都会死的，因为苏格拉底这个人依然活着。所以大前提必须表述有些人或所有人最终是会死的。不论其结论是空洞的或是错误的，都表明这种推理是无效的。

第 4 节　斯多亚主义：一种新的理性和道德力量

马其顿国王亚历山大（Aléxandros 或 Alexander，前 356—前 323）在其父腓力二世（Philippos Ⅱ，前 382—前 336）于公元前 336 年被暗杀后，起兵征服了希腊半岛。亚历山大把自己看作希腊文化的使者，将希腊文化带到所有他征服的地方。于是，希腊文化同其影响所达的地区的多种不同文化相融合。历史上一般将早期纯粹希腊文化同后来的希腊文化，即类似希腊文化区别开来，这就是希腊化文化。希腊化文化跨越从公元前 323 年亚历山大逝世，至公元前 146 年罗马征服科林斯这一时期。希腊化文化是希腊本土文化同近东、北非、西西里和意大利文化的综合。因此，它与希腊文化之间的区别不是截然不同，而是以希腊文化为传统和在传统基础上的变异。

一、斯多亚主义：人人平等的伟大思想

希腊化文化时期出现的主要社会思潮，有强调幸福或快乐是人生最高的善，而痛苦和悲伤是最大不幸的伊壁鸠鲁哲学和强调世界秩序与天赋人权的斯多亚主义，以及怀疑主义和折中主义。

斯多亚哲学的创始人是芝诺（Zeno，约前 490—约前 430）。有一

种说法，芝诺第一次来到雅典，是因为他乘坐的船在海岸遇险，这一偶然的事故使他得到在雅典接受教育的机会。此后，他在亚里士多德莱森学园的泰奥菲拉克塔斯、犬儒学派的克拉特斯、欧几里得所建美加拉学派的斯提尔波和柏拉图学园第三代领导人波莱莫等不同学派门下学习。结束学业后，芝诺在雅典建立了自己的学派。芝诺讲学的内容大都来自他从不同学派学到的，因此，芝诺首先建立的和此后他的继承者主持的斯多亚学派，其性质是一个典型的折中主义学派，其哲学充斥许多自相矛盾的悖论。对该学派的主要影响无疑来自犬儒主义学派，但斯多亚哲学是对犬儒主义更为复杂和更具理性基础的解释。

从理论角度，斯多亚哲学没有其自身的创造性。在物理学、逻辑学和辩证法方面，斯多亚学派都从其他哲学理论中借鉴许多。但关于人和人在宇宙中地位的概念，却是斯多亚派哲学家们开辟的新的领域。他们在这一方面提出的原则是人类伦理史、政治史和宗教史上的一个伟大转折点，为柏拉图和亚里士多德的公平思想补充了一种全新的概念：人人平等的伟大思想。这是斯多亚哲学中出现的一种新的理性和道德力量。从历史上看，我们可以将这一概念追溯至公元前5世纪希腊智者派思想家的观点，但它的真正意义直到斯多亚派思想家出现后才产生了实际影响。

芝诺认为，人类是其创造者以世界之魂的形象所塑造。他把人类看作是一个民族，每一个体都是这个世界之魂中的一分子，他们是遵从普遍法则生活在和谐中的伙伴。斯多亚学派的主要伦理诉求是人与自然共生。他们提出的自然法是一种道德法则而非自然法则。斯多亚学派从未否认，在身心方面不同的人之间存在差别：出身、阶级、性情、知识结构等差异。但从伦理角度，所有这些差异都不应考虑。在伦理方面，人是没有区别的，因此所有这些差异都不能影响人们的生活方式和生活状态。唯一重要和决定一个人人格的不是上述差别本身，而是一个人对事物的判断；他们判断事物的观点不应被任何传统标准所束缚，而是要尊重他们创造自己世界的自由行动。

斯多亚学派关于世界王国、关于同大自然建立一种和谐关系、普天之下皆兄弟，以及世界公民等思想，后来在罗马人的观念中找到了生长发展的肥沃土壤。斯多亚学派认为，人负有正直和仁爱的责任，人类社会只有一种法律，即天赋的法律。天赋的权利在大同的国家里，道德是区别公民的唯一尺度、唯一标准。

斯多亚学派的伦理哲学在看待人本身的价值方面，甚至超过柏拉图和亚里士多德的伦理哲学。这两位道德学家受到民族偏见的影响，他们维护奴隶制，把所谓野蛮人看作劣等民族，认为奴隶制是自然而合理的制度。他们没有四海之内皆兄弟和人人平等的理想，他们心中的公民是有智慧的、自由的古希腊人。一直到古希腊丧失独立、亚历山大征服所谓野蛮人以后，有些人头脑中才开始出现一切有理性的人权利平等的思想。斯多亚学派倡扬了这种理想，他们发展了关于人的尊严的观念，一切有理性的人都具有同样的权利和同样的职责，受制于同样的法律，拥有同样的真理和同样的理性。人的价值不在于财富、地位和阶级，而在于道德价值和良好的意志。在德行方面不能轻视任何人，无论是古希腊人或野蛮人，男人或女人，富人或穷人，自由人或奴隶，聪明人或无知的人，健康人或残疾人。品格是衡量人的最高标准，没有人能够授予或剥夺。

斯多亚学派的上述思想在阐述现代政府和国家体制的政治与社会理论领域，占有重要地位。从约翰·洛克和孟德斯鸠建立天赋人权的社会理论中，可以明显看到斯多亚学派思想的影响。

伯特兰·罗素在《西方哲学史》中说，斯多亚学派学说的重点在于伦理方面，其自然律和天赋人权学说在后世产生了巨大影响。他说："16、17 和 18 世纪所出现的天赋人权学说，是斯多亚学派学说的复活，尽管有许多重要修正。斯多亚学派认为一切人天生都是平等的。马尔库斯·奥勒留在他的《沉思录》一书里拥护一种能使一切人都有同一法律的政体，一种能依据平等的权利与平等的言论而治国的政体，一种最能尊敬被统治者的自由的君主政府。这是一种在罗马帝国不可能彻底实现的理想，但是它却影响了立法，特别是改善了妇女与奴隶的地位。基督教在接受斯多亚学派的许多东西的同时，也接受了斯多亚学派学说中的这一部分。最后到了 17 世纪，向专制主义进行有效斗争的时机终于到来了，于是斯多亚学派关于自然法与天赋平等的学说就披上基督教的外衣，并且获得了在古代甚至是一个皇帝也不能给予它的那种实际力量。"（罗素：《西方哲学史》，上卷，商务印书馆，1963 年 8 月，第 341—342 页。）

二、斯多亚主义与政治的结合所产生的社会效应

斯多亚主义如果不能同政治结合是很难完成其历史使命的。斯多亚哲学对罗马共和国社会生活的影响很早就已经显现。我们可将这种影响追溯至罗马共和国的繁盛时期，当时有许多政治领袖接受了斯多亚思想。身为共和国执政官的小西庇阿（Scipio Aemiliannus，约前 185—前 129）是斯多亚哲学家帕奈提奥斯（Panaetius，约前 180—前 109）的门徒，他同他的战友当时正在为罗马共和国的伟大声誉和军事荣耀而战斗，同时他们开始有一种不仅关于国家而且面向世界的新的理想。学者们在研究古代希腊伦理学时，发现其中有关于不同节操，如宽厚、自制、公平、果敢和磊落、慷慨等高尚行为的系统分析，

但没有发现关于“仁爱”（humanitas）这一普通节操的论述。仁爱这一概念蕴含人人平等、博爱的思想，这一概念首先在罗马文化中形成，尤其是以小西庇阿为首的贵族集团给予这一概念在罗马文化中一种稳固地位，并成为罗马个人和公共生活中的积极力量。仁爱不仅是一种道德理想，也是审美理想。仁爱是一种对个人生活品格的要求，成为对人们生活方式的重要影响力，不仅影响着人们的道德行为，也影响着人们的语言、文学风格和审美情趣。此后通过作家西塞罗和塞内加的著作，这种仁爱理想在罗马哲学和拉丁文学中建立起稳固的地位。这种现象是斯多亚主义对罗马文化影响的结果。

人类平等观念涉及一个非常重要和现实的社会问题，这就是当时希腊的奴隶制度。斯多亚思想家们不能接受亚里士多德关于奴隶天生就是奴隶的观点。天生（nature）意味着伦理上的自由，而不是社会禁锢和奴役。不是天生而是命运使人成为奴隶。斯多亚主义关于人的概念成为古代思想与中世纪思想之间的坚固纽带，这一纽带甚至比中世纪思想同希腊哲学之间的联系更加牢固。中世纪早期欧洲人很少了解柏拉图和亚里士多德的著作。奥古斯丁所知道的亚里士多德著作只有拉丁文译本《工具论》，但他自己说对西塞罗《霍尔廷西斯乌》的研究给了他非常深刻的影响。正是在这部作品中，他发现了斯多亚哲学家们的这一伟大理想。斯多亚学派关于人人平等的基本原则很容易被广泛接受，成为欧洲中世纪社会伦理学的主要原则。这一理论不仅让基督教神父们在传教中广为传播，也被罗马法理学家写进法规汇编中。在这一点上，中世纪不同思潮和哲学学派之间几乎不存在任何分歧，这是中世纪神学和法理学共同接受的一种原则：根据天性和事物的本来规则，所有的人都是自由和平等的。

斯多亚学派关于所有人都是自由的概念的合理性，在于他们都具有相同的理性；神学的解释是，这种理性正是造物主意志的显现。奥古斯丁在《造物主之城》中宣称，造物主让人成为动物的主人，但没有给他们权力高踞于别的人之上。任何试图盗用这种权力将是不能容忍的狂妄和傲慢。奥古斯丁引述了斯多亚学派的思想说，每一个人都是自己权利的主人，不能失去或放弃与生俱来的自由权利。

第 5 节　怀疑主义

在人类历史上，许多认识论是在维护或反对怀疑主义的背景下产生的，因此，我们可以通过对怀疑主义的态度来对关于知识的理论进行分类。例如，理性论者对来自经验的知识持怀疑态度，而确信先验知识的可能性；但经验论者则对先验知识采取怀疑态度，只承认来自经验的知识。

一般而言，怀疑主义是对某种假定或推理的知识或信念持一种质疑的态度。这种质疑态度通常是针对如超自然的、道德的、宗教的（关于造物主的存在），以及知识的可能性或确凿性等问题。在欧洲古代，怀疑主义主要是一种哲学学派，尤其是关于认识论领域的怀疑主义。

哲学怀疑主义有不同的形式，极端形式的怀疑主义否认知识或理性信念的可能性，并警示人们对许多或一切存在争议的问题要搁置判断。比较温和的怀疑主义只宣称人类对一切事物不可能有确切无误的知识，或者说我们对生活中的重大问题知之甚少或一无所知。这些重大问题如造物主是否存在、是否有来世等。宗教怀疑主义是对关于基督教原则（如永生、天启等问题）的怀疑；科学怀疑主义是运用科学方法对信念、假说或结论的可靠性进行系统的实验，以便检验它们所具有的事实和经验依据。科学怀疑主义实际上是一种科学方法（见本书第 17 章“科学怀疑主义方法论”）。

欧洲怀疑主义发展梗概

1. 高尔吉亚

作为一种哲学学派或思潮，欧洲怀疑主义兴起于古代希腊。许多古代希腊智者持怀疑主义观点，一个典型的例子是高尔吉亚（Gorgias，约前 483—前 375）。高尔吉亚的著名观点是：一切都不存在；即使有某种存在，我们也无法认识它；即使可以认识某物，也不能将其告诉别人；即使能够告诉别人，也不会被别人所理解。因为告诉别人时使用的信号是语言，而语言与存在物是不同的东西，告诉别人的只是语言而非存在物。高尔吉亚这种辩论方法是典型的智者诡辩术，也是极端怀疑主义或虚无主义（Nihilism）。

高尔吉亚的辩论方法成为古希腊晚期以皮浪为代表的怀疑主义学派的重要思想来源。高尔吉亚的思想从否定的角度，提出对人类认识史上具有积极意义的问题。他对存在与非存在的论证，批判了爱利亚学派只承认存在而否认非存在的形而上学错误，揭示了存在与非存在的辩证关系，包括存在与非存在对立统一的辩证思想。他提出语言是异于被表述物的观点，阐发了思维与存在、概念与存在物之间的差异。这些问题对后来欧洲哲学的发展有一定影响。

高尔吉亚的著作《论自然与非存在》已经散失，只能从后来的塞克斯都·恩披里柯和另一位佚名作者的著作中得悉部分内容。

2. 皮浪

在古代希腊和罗马世界，主要有两个怀疑主义学派：皮浪怀疑主义，由皮浪（Pyrrho，约前 365—约前 275）建立；学园派怀疑主义，之所以称为学园派是因为它的两位辩护人阿凯西劳斯和卡涅阿德斯是柏拉图学园的领导人。学园派怀疑主义是一种极端怀疑主义学派，他们否认任何区分真理和谬误的标准，认为一切事物都不可认识，对于知识只能建立推理的与或然的标准。

皮浪怀疑学派于亚里士多德死后不久在雅典建立。皮浪曾随亚历山大大帝的军队前往古印度，在古印度曾向朝拜初生基督的三贤人和裸体苦行者学习。皮浪怀疑论思想不是皮浪的创造，而是从其前辈和当代思想家那里汇集而来的，高尔吉亚的怀疑论是皮浪主义的重要源头。皮浪将追求真理视为一种徒劳的尝试，他的结论是：人们必须对感觉的可靠性搁置判断，不要介入人是否有能力确切认识实在的争论，主张采取中立的态度，按照事物显现的样态去接受它们，无须做进一步的探讨和分析。皮浪及其追随者怀疑感性认识的真实性与可靠性，怀疑任何判别真理的标准。他们对知识的可能性既不肯定也不否定，认为在搁置判断的状态中可以保持心灵的平静。

3. 埃奈西德穆

古希腊皮浪主义哲学家埃奈西德穆（Aenesidemus，约前 100—前 40）生于克里特岛的克诺索斯。埃奈西德穆曾是柏拉图学园成员，但因与学园其他成员在学术理论上发生分歧而脱离柏拉图学园，信奉皮浪主义，后来他恢复并重建皮浪主义学派。埃奈西德穆的著作早已散失，后世人通过拜占庭教会君士坦丁堡牧首弗提乌和塞克斯都·恩披里柯的著作得悉他著作的部分内容。

埃奈西德穆的主要著作《皮浪语录》（*Pyrrhonian Discourse*）（8篇）主要阐明，由于人类认识的局限性而必须对事物的认识搁置判断的理由。他归纳出 10 组搁置判断的理由：

①对于不同种类的动物，相同的事物不能产生相同的感觉印象。

②对于不同的人类群体，相同的事物不能产生相同的感觉印象。

③由于感觉器官的不同，相同的事物不能产生相同的感觉印象。

④环境、条件和人的性情不同，同样的事物将显示不同的样态。

⑤由于不同的位置、距离或地点，同样的事物会表现不同。

⑥我们对事物的感知是间接的，空气、湿度、温度等媒介将影响感知的真实性。

⑦一切事物总是处于不断的变化中，没有固定的样态和性质。

⑧一切感觉印象都是相对的，而且它们时刻都在相互影响而发生变化。

⑨由于习惯和天长日久的反复，我们的感觉会变得迟钝而影响对事物的感受。

⑩所有的人都是在不同的法律、社会环境和意识形态下生活和成长，他们对同一事物的认识是不同的。

4. 塞克斯都 · 恩披里柯

古代怀疑论著作几乎全都散失，今天人们所知的怀疑主义理论，大都来自生活于公元 2 世纪或 3 世纪初的一位皮浪主义者塞克斯都 · 恩披里柯（Sextus Empiricus，约 160—210）的著作。恩披里柯是古罗马医生和哲学家，他的主要著作《皮浪学说纲要》（*Outlines of Pyrrhonism*）对欧洲古代怀疑论的思想原则做出全面而深入的阐述。

至17世纪，怀疑主义学派又从寂静主义教派的伦理态度得到启发。寂静主义（Quietism）是17世纪兴起的一种基督教神秘主义教派，主张纯真在于灵魂的沉静无为，人应当抑制个人的努力，因为世界和人生的复杂性将阻遏人认识其最佳作为；对人而言，不存在预见其行动结局的可能性，这种不确定性足以成为沉静无为的理由。至此，早期怀疑主义逐渐发展成为一种更具理论色彩的伦理态度。它指出，科学事业是研究自然和世界的结构，从而试图发现真实发生的事情。怀疑主义者指出，要获得关于自然界的真理是不可能的，科学的目标是一种不可能达到的幻想。

恩披里柯在《皮浪学说纲要》中对归纳法的可靠性与有效性提出质疑。恩披里柯的怀疑论比大名鼎鼎的戴维·休谟的怀疑论早了1500年。恩披里柯反对一切形式的推理判断，他说，那些宣称能够判断真理的人，必定拥有一种关于真理的标准，而这种标准要么没有被判断者所证实，要么已经被证实。但是，没有被证实的真理标准，这样的真理能被认为是真理吗？没有经过证实的判断都是不可信的。恩披里柯指出，认为科学能够发现运作于不同现象之间的种种原因，更是无稽之谈。他说，可以观察到的只是呈现于人们感官的各种现象发生的序列而已。换言之，人们可能看到的只是各种事件的连续发生，在这一过程中，没有任何东西可被称为具有确定性的原因。

由于获得真实信念存在上述和其他一些障碍，恩披里柯提出，我们应搁置对一切信念的判断，就是说，我们既不否认信念的真实性，也不排除其虚妄性，这是皮浪怀疑主义的核心思想。所以，皮浪主义与否认一切知识的学园派怀疑主义有所不同。皮浪主义者恩披里柯不否认获得知识的可能性，他批评学园派怀疑论所宣称的任何确定性信念都是不可知的观点。恩披里柯鼓吹放弃信念，搁置关于任何事物是否可知的判断，我们才能得到一种淡然平和的心境。恩披里柯认为，世界和人生的复杂性将阻遏人认识其最佳作为，因此对人而言，不存在预见其行为结局的可能性。这种不确定性足以成为沉静无为的理由。

理论怀疑主义形成的根源在于对科学提出的两种认知方式——感性认识和理性认识——的怀疑。怀疑主义的论点是，这两种认知方式都不能达到科学的目的。哲学家们关于理性的大量相互矛盾的观点，足以证实理性不可能对实在给出令人满意的解释。从哲学产生之日起，哲学家们就对感性认识发现真理的可能性持怀疑态度。毕达哥拉斯学派曾反复告诉人们，感性认识不能提供客观真理。该学派还清楚表明，理性不能完全纠正感性经验从而发现真理，并指出不同风习和不同信仰的人类群体对同一事物的认识是不同的。不同个人的感性认识也是不同的，甚至同一个人在不同时间，由于体质条件和精神状态，以及处于感受者与被感受对象之间种种媒介和环境的不同，都可能产生不同的认识。

古代怀疑主义在罗马帝国后期消失，尤其是奥古斯丁在其著作《驳学园派》(386)中对怀疑主义进行驳斥后，怀疑主义几近销声匿迹。在欧洲中世纪基督教世界，人们对古代怀疑主义知之甚少。直至文艺复兴和启蒙运动时期，尤其是塞克斯都·恩披里柯的著作于 1562 年被译成拉丁文出版后，人们对怀疑主义的兴趣重新活跃。对古典时期怀疑主义的辩论迅速成为欧洲思想界的时代潮流，也对欧洲 17 世纪及此后现代哲学产生深刻影响。

5. 弗朗西斯科·桑切斯

17 世纪，一些天主教学者和作家，运用古代怀疑主义理论维护适度的怀疑主义，为信仰进行辩护，认为信仰而非理性是通向真理的规准。法兰西医生和哲学家弗朗西斯科·桑切斯（Francisco Sanches，约 1550—1623）是首先试图改变获得知识的方法尤其是科学知识方法的哲学家。桑切斯对亚里士多德及其追随者的认知方法论持怀疑态度。当他在罗马接受医学训练（1571—1573）期间，就开始了对认知方法的探索历程。他认为三段论法的错误在于其循环推理。他说，亚里士多德的形式逻辑在中世纪没有展现其实用价值，而且至今依然不能成为寻求真知的可靠方法。他认为亚里士多德的认识论是虚妄的。

桑切斯在一篇著名的怀疑论论文《为什么人们不能真实认识任何事物》中解释说，人的感官的能力是不可靠的，不可能接触到事物的真正本质，所以真正的认识是不可能的。世界处于不断运动中，并由于各种事物之间是相互关联的，如果不理解所有其他事物、这些事物的原因，以及它们的原因的原因，就无法真正理解任何事物，可靠的知识只属造物主。桑切斯在对亚里士多德认识论的批评基础上形成其怀疑主义理论，并非属于人类历史上认知理论的幼稚和缺陷。桑切斯对亚里士多德的批评至少对科学方法的完善和发展是有益的。

恩披里柯的《皮浪学说纲要》于 16 世纪中叶重新刊印后，成为 16 世纪、17 世纪和 18 世纪欧洲的畅销书，重新激发人们对怀疑主义的关注。桑切斯对怀疑论的阐释是其中的著名例子，并对其他哲学家产生了深刻影响。

6. 皮埃尔·培尔

法国思想家皮埃尔·培尔（Pierre Bayle，1647—1706）在《历史和批判辞典》（1696）中，以皮浪怀疑主义为武器，袒护无神论，批判经院哲学，揭露天主教的虚伪性。他说，如果这个世界的一切都是神选定的最好的世界，那么，世界上的无数罪恶又是从何而来？他说，道德与信仰无关，信仰天主教的人仍然可以是坏人；相反，不相信它的人也有许多是好人，一个无神论者完全可以是道德高尚的人。他还设想由无神论者组成的社会是可能的，而且这种社会将是一种最文明的社会。培尔的理论为法国启蒙运动提供了思想准备。

培尔的这部百科全书式的著作不是一般意义的辞典。其中关于宗教、哲学和历史的条目只不过是扼要的说明，辞典的主要部分是引语、轶事、注释，而条目中对所谓正统的东西都被弥漫渊博知识的注释巧妙地批驳得体无完肤。其中涉及的历史、神学、文学批评、罪恶问题、淫荡的轶事、伤风败俗的社会恶习，以及对宽容的哲学论述和认识论问题，等等，大都对欧洲传统社会具有颠覆性效应。法国作家伏尔泰称其为伟大而博学的培尔，认为这是一部辩论大师的著作，一切传统体制都将被瓦解。

马克思和恩格斯在《神圣家族》中，高度赞扬皮埃尔·培尔用怀疑论摧毁了宗教形而上学，从而为法国唯物主义和启蒙运动打下了思想基础。

7. 戴维·休谟

18 世纪，一种影响深远的新形式的怀疑主义理论由英国哲学家戴维·休谟提出。戴维·休谟（David Hume，1711—1776）是一位经验论哲学家，他宣称一切正确的观点都能追溯至感觉的初始印象或反思意识。从经验论的角度，相信造物主、灵魂不死、无偏见道德观、因果宿命论和归纳推理，都是缺乏理性的表现。休谟认为，人们信仰的真正基础不是理性，而是风俗或习惯。人们有一种相信自己记忆或归纳推理的天赋本能，任何有力的怀疑主义论据也难以驱除这种信念。

因此，休谟主张一种温和的怀疑主义，而拒绝极端的学园派以及皮浪怀疑主义。他认为，皮浪怀疑主义既是不切实际的，在心理学上也是不可能的。

休谟是培尔思想的主要继承者。他认为，知识只包含直观的、明显的而不包括经验以外的任何事物。人们不能揭示不同经验的必然联系，也不可能揭示经验的任何根本原因。人们对于世界的信念并非根据理性或证据，而仅仅是以习惯为基础。人们对外在世界的信念不能得到适当的证明，在认识论上是可疑的。

休谟的怀疑论激发了许多引人瞩目的反响。与休谟为同时代人的托马斯·里德对休谟严格的经验论提出挑战。他说，接受常识性的信念是人们各种感觉可靠的基础，也是人们的理性、记忆和归纳推理的依据——即使它们是不能被证实的。

在休谟辞世不久后，德国哲学家伊曼努尔·康德意识到休谟的怀疑论是对人类一切知识提出的根本性挑战。要回答休谟提出的问题，必须说明知识是如何产生的。康德提出一种论点，即必须具备某些普遍而必需的条件，才可能取得关于经验范畴的知识。康德说，除非人们拒绝休谟关于造物主存在、灵魂不死、自由意志和来世生活的怀疑主义结论，否则人们的道德意识就是没有意义的。康德的意思是，休谟认为，人们不能知道上述这些东西，他的结论是正确的，但人类的道德经验却使其相信它们的存在。

怀疑论提出了如何区别真实与虚假，以及它们的标准是什么等基本认识论问题，向人们暗示在确信拥有知识之前必须解决的问题，也就是接受的信息必须是真实的而不是虚假的。怀疑论在人类历史上对认知和知识的获得起到能动和积极的作用，它迫使独断论者必须回应怀疑论者的攻击而寻求理论的更坚实的基础；也迫使人们不断地检验以往的知识，敦促思想家们在提出新的理论时，必须考虑如何面对怀疑论者的质疑，从而有效地制止轻率的思辨。当代大多数思想家都认识到怀疑主义对认识论领域的建设性效应。在今天，怀疑论依然是西方思想家们热烈争论的问题。

第 6 节　折中主义

斯多亚哲学面临的窘况，导致该学派后来的一些服膺者将与其学派体系原则不相容的观念纳入其中。形而上学一元论和伦理观二元论的基本困境，是该学派面临的困难局面。这种困难局面必然导致对其截然不同的解释。其他学派思想家也面临同样的问题：当一种体系不能完全适应其需要，势必将其他不同学派的观念纳入其思想体系。这种从不同源流哲学思想进行的选择被称为折中主义（Eclecticism）。这一选择过程的结果不是一种哲学体系，而是一种形式的哲学方法。折中主义倾向甚至在亚里士多德莱森学园尤其是柏拉图学园时期已经出现。

某种意义上，折中主义与怀疑主义是紧密关联的。怀疑主义者认为，一种观点或体系不可能对哲学中缤纷杂陈的种种问题给予适当和满意的回答。解决的办法是通过从与选择者观点相近的不同哲学体系中进行选择。折中主义面临的困难，是选择的许多部分不可避免地无法形成逻辑上具有一致性的观念体系，不同观念之间甚至产生相互矛盾和冲突。但折中主义者却对此不以为然，而且认为这种大杂烩式的东西似乎能够符合其特殊的兴趣和信念。从严格的哲学角度，这种折中主义是以情感而牺牲逻辑。

在欧洲古代这一特殊历史时期，折中主义的流行反映了知识阶层的一种疑虑和不安心态。这种现象可能出现在思想史上的任何一个时期，其主流哲学思想似乎不能满足人们的需要而出现一种惶惑情绪，而且伴随着对形而上本原的怀疑态度。正是在这一伦理时期出现的折中主义思潮的上升趋势，推动了强烈的宗教意识的迅速形成，从而遮蔽了哲学对人们心灵的影响力。在此之后，出现了长达 1000 多年基督教控制欧洲的时期。

第2章

基督教和基督教哲学

亚里士多德于公元前322年辞世，古希腊哲学成就的高峰期随之结束。与前一时期相比，此后一段时期的欧洲哲学，很少可被称为具有独创性思维成果出现。在柏拉图和亚里士多德的后继者指导下的学园继续存在，但其学术内容主要是阐述或评论两位大师的作品。

这一时期通常被称为古希腊—罗马时期，从亚里士多德去世至大约公元430年，即古罗马基督教神父奥古斯丁去世，这一时期比古希腊哲学高峰期要长得多，习惯上将这一时期分为两部分：前300年为伦理时期，其后的430年为宗教时期。

由于欧洲社会出现动荡和混乱局面，这一时期的早期，传统宗教已经丧失其威望和声誉。但随着时间的推移，人们的宗教热情甚至比以前更加高涨。这种宗教情感最终迎来了基督教进入欧洲的曙光，基督教逐渐成为古希腊—罗马世界的主流社会力量。

第 1 节　早期基督教

一、宗教观念产生的社会背景

1. 寻求超自然力的救助，希望得到精神的慰藉

希腊化时代的初期，欧洲社会出现混乱局面，各种传统宗教在人民大众中失去了信誉。随着时间的推移，人们对宗教和超自然问题的兴趣逐渐复兴。出现这种情况大约有两种原因。首先与这一时期伦理哲学的内在特点有关；其次是基督教时代到来之前，各种新的宗教信仰纷纷进入古希腊—罗马世界的缘故。对于这一时期的欧洲人，斯多亚主义、伊壁鸠鲁哲学、怀疑主义，抑或是折中主义各派哲学观点，都不能使人们满意和对生活有安全感。这些学派都自信地告诉人们应该如何对待生活，但都让他们感到困惑和失望。在骚乱和动荡的年代，人们急需某种精神上的帮助和慰藉。人们逐渐相信，他们自己无法摆脱人类生存环境给他们带来的苦难，只好祈求于超自然力的救助。对哲学越来越强烈的怀疑态度，导致人们对宗教兴趣的复兴。

这种新的社会发展趋势，还由于这一时期的一些学派学说中包含许多宗教因素。伊壁鸠鲁学派对宗教信仰和宗教观念采取完全敌视的态度，这是敌视宗教信仰的唯一学派。怀疑主义既不否认也不承认造物主的存在，怀疑主义者认为，造物主是否存在是超越人类认识能力的。但斯多亚学派的观点中存在明显的宗教因素，在某种意义上，可以说斯多亚学派是在古希腊人多神教基础上发展起来的，它们甚至用宗教语言称世界即造物主。这一学派告诉人们，所有人的灵魂全部来

自造物主之魂。柏拉图学派关于现象世界的二元论和理念世界，保留着柏拉图学园时期的学说，强调理念的心灵世界与宗教信仰和彼岸是同一性质。亚里士多德哲学同样有利于宗教观念的兴起，亚里士多德曾谈论关于完美的造物主或纯粹精神，宇宙的推动者是造物主，等等。

亚里士多德之后的300年间，欧洲社会出现一些明显的趋势，即怀疑主义和折中主义的盛行。在哲学无法兑现对人们的允诺时，欧洲大地上弥漫着一种悲观情绪，人们的怀疑态度表现在对人生的绝望中。人们关心的有三个基本问题：第一，探究大自然实在的形而上学问题；第二，什么是善的伦理问题；第三，寻求和发现指导人们行为的实际问题。这三个问题的答案分别是：我们不能发现实在的本质；无人知晓善是什么；人们对应该做的事感到茫然。

罗马帝国崩溃后，欧洲大陆实际上陷入一种无政府状态。人们对永久平和的生活完全失去信心。甚至异教哲学的最后堡垒新柏拉图主义也拒绝自然世界，而向往真正存在的上界。当基督教开始进入欧洲大地，人们在各种宗教信仰的洪流中抓到了救命稻草。

2. 希腊化文化的宗教化倾向的影响

希腊化时期，希腊哲学传播到近东和北非地区，不可避免地接受了这些地区不同民族的文化要素，某种程度上改变了希腊民族特有的思辨精神、理性冥思和超脱静观的思维特征，而融进了中亚民族的宗教精神与实用态度。这些因素造成了希腊哲学的宗教化倾向。宗教化哲学表达了人们期待安宁与幸福生活的社会心态。一旦哲学不能满足大众的道德追求，就会面临精神的全面崩溃。事实表明，面临社会环境的变化和怀疑精神的冲击与破坏，古希腊哲学已不能作为独立的意识形态而存在，必须被吸收到另一种观念形态中，才能保持自身的价值。历史证明，这种观念形态就是新兴的基督教。

二、早期基督教徒大多是贫民和奴隶

1. 以利他主义的爱组成大家庭式的教会

由于早期基督教徒大多是贫民和奴隶，他们具有较为强烈的反民族压迫和社会压迫倾向，他们盼望弥赛亚（这里弥赛亚指耶稣）来临，毁灭邪恶和伸张正义。基督教与希腊哲学本来是分属两种文化传统的不同文化类型。然而早期基督教在希腊化地区传播的过程中，融合为一种新型的文化形态。基督教希望以造物主的名义取消人在本性上和道德方面的不平等，提出人的本性有共同的来源。基督教道德的基本要求是利他主义的爱。爱把教徒组织为大家庭式的组织——教会。从原则上讲，教徒在教会内的地位是平等的。在早期教会中，教徒的地位事实上也是基本平等的。

基督教教义及其实践与贵族化的个人主义的古希腊道德哲学格格不入。古希腊哲学家一般认为，德性是人性的实现，他们的人性观是一种自然主义的天赋论。古希腊哲学总的倾向是个人主义，道德的基本要求是关心个人本性，而不是他人利益。但是，基督教徒对个人拯救的关切亦可作为个人主义的理解。人在本性和道德上的平等，并不意味着政治和社会地位的平等；而政治和社会地位的不平等，又反过来否定了人在本性和道德上的平等。因此，虽然欧洲中世纪人们的生活以集体主义为特征，但基督教伦理仍然保留了希腊文化的个人主义传统。

2. 从非法宗教到官方宗教

罗马帝国早期的基督教，是对人们许诺来世美好生活的许多神秘宗教之一，后来基督教是唯一流传下来的宗教。早期基督教的皈依者大多是那些被蹂躏的穷苦大众（尽管也有一些贵族和知识阶层人士被吸引入教）。基督教会接受奴隶和妇女入教，对欧洲社会的伦理道德和社会进步具有重要意义。

由于基督教教义主张和平和以善意待人，大多数教徒拒绝对皇帝唯命是从，而且拒绝为帝国军队服役，其结果是他们时常在不同皇帝的政治高压下遭到迫害。为了遏制其臣民的反抗浪潮，古罗马皇帝戴克里先于公元 303 年发动了官方对基督教徒的最后一次镇压。但入会大众的规模反而逐渐扩大，使罗马帝国官方被迫认识到它的力量。仅仅 10 年之后，戴克里先的继承者君士坦丁发布《米兰赦令》，对基督教由迫害转为宽容和利用，承认基督教为国家官方宗教。至此，基督教徒从地下活动转而可以公开举行宗教仪式。

三、基督教隐修院：中世纪欧洲的文化中心

从中世纪早期开始，欧洲大地上最具时代特征的组织形式是基督教隐修院。隐修院是此世生活的圣所和庇护所，是通往彼岸“天国”的前奏曲。这种隐修院生活逐渐形成一种社会潮流，随着这一时代潮流的发展，分布于欧洲各地以隐修院形式出现的社会群落，成为众多的文化中心。由于城乡经济凋敝，没有强大的中央政府对社会安全的保证，促使人们到隐修院内去寻找一种心灵平静的生活，将隐修院作为逃避混乱社会环境中的“天国”。这些远离尘嚣的微型世界，是这一时期人们生活的一个横断面。除了作为朝圣者崇敬的宗教圣地之

外，隐修院还是本地区农业、制造业和学术中心，促进了宗教和世俗学术机构的建立和发展，并推动了商品、技艺和某些专业知识的传播。隐修院内建有图书馆、学校和医院，这些文化中心为传播知识做出贡献的同时，也对建筑、音乐和雕刻艺术的形式进行研究和创新。

在欧洲中世纪的许多隐修院里，修士们还从事对大量古代学术手稿的抄写、整理、描摹和书籍装帧活动，为保存古代文化典籍做出了不可磨灭的贡献。例如，11世纪建成的法国克吕尼隐修院的摹写家们，以书写工整、准确而闻名。克吕尼隐修院是这一时期摹写彩饰真迹写本的一个重要中心，这里的修士们抄写在羊皮纸上的真迹写本很精致，这种描摹抄本艺术向奢华方向发展的趋势，似乎是隐修院简朴宗教生活的一种补充。基督教隐修院对女性的教育和对女性提供社会活动空间的实际行动，对打破男性控制的欧洲中世纪封建社会常规、推动欧洲社会进步，具有重要意义。

7—8世纪，可能是西欧文明最黑暗的年代，一个极为愚昧和野蛮的时期，往昔古典时期文学艺术的成就在普遍覆灭中，行将凋零殆尽。在这荒凉的时代，隐修院不仅是被迫害者的避难处，也是被轻蔑和被忽视的文学、艺术与科学的庇护所。在隐修院里，凡是文学、艺术和科学中留传下来的成果，在这里被保存下来并进行研究。

隐修院的生活方式要求与凡俗社会隔离，以便逃避尘世的烦恼。由于修士们把这种生活作为进入彼岸世界的阶石，所以他们必须过着艰苦的生活。这种与世隔绝的生活，一般而言将为文化、艺术与科学的发展提供极为贫瘠的土壤；然而正是因为排除了一切外部社会的喧嚣和干扰，才使一种丰富的内心生活得以形成——贫穷、慈善和谦恭这些节操是一些基本的道德规范。但正是由于隐修生活的简朴，却培育了修士们丰富的想象，而个体的克己和自我牺牲则阻滞了集体激情的泛滥。由此看来，禁欲主义的最终效应是提高了精神生活的强度，使修士们以极大的热情投入对古代文化、艺术和科学成果的保护和整理的艰辛工作中。

四、方济各运动和方济各人道主义

14 世纪，欧洲受到新的社会、政治、宗教和文化的冲击。前一时期的社会矛盾和各种敌对势力在经院哲学逻辑的调和下，曾处于骚动然而暂时的平衡中。这种局面终于被打破，社会冲突开始公开化。因此可以说，14 世纪是一个景象万千的万花筒般的世纪，而不是一个和谐的时代。这一时代是处于逐渐消退的中世纪寒冬和正在来临的文艺复兴的春天之间，一个充满矛盾和斗争的时代。一种势力消亡，另一种势力崛起。意大利被卷入吉伯林保皇派和居尔弗教皇派斗争风云中。这里有异教“邪说”与正统教义抗争的旋风，也有人文主义世界观的和风细雨。

从教堂的讲坛上，可以听到地狱之火之类说法和告诫人们进行忏悔的洪亮声音，与方济各（Francis of Assisi，Saint，1181—1226）那令人感到安慰和温暖的道德寓言混杂在一起。今天，人们被告谕有一位可畏的复仇的造物主，明天又被告知去爱一位仁慈的造物主。大学仍在为一种深奥的唯理智论经院哲学争论不休，而方济各的门徒们却用简单的真理去劝诫那些纯朴的农民。欧洲大地上的人们都在疑虑，他们所生活的这个世界是魔鬼设置的、用来诱惑那些疏忽轻率的人们的一个道德陷阱，还是仁慈的造物主创造的供他们享乐的地方？许多人从乡下进入城市，逐渐兴起的商人势力同牢固的拥有大量土地的贵族势力之间的斗争日趋尖锐。一些新的隐修会的信徒们，如多明我修会和方济各修会的信徒，不再居守于他们的隐修院内，而是走上大道和小路，去召集人们聆听他们的传教。

方济各生于意大利一个富商家庭，其父是呢绒商人。方济各放弃财产和家庭，到阿西西城外苏巴西奥山林过着清贫的隐修生活。方济各本能地认识到，社会上各种传教组织形式的瞬变性和教堂内枯燥的说教使人们感到厌恶。他和他的信徒们用简单温和的道德寓言告诫人们，用他们简朴的生活去感染人们。方济各的壮年时期是在 13 世纪，但欧洲掀起的方济各运动发展的盛期，以及把他描述为一位神话式人物的故事，严格地说却出现于 14 世纪。由于经过大学培养的教师和修士们组成的那些充满学术气氛的修士会的影响，从来没有真正达到广泛的社会基层，但是方济各修会的教义，却通过其教徒们自己的语言和最简单的比喻，进入了广大民众的心灵，而且更多的是在乡村的广场上而不是教堂的讲坛上听到他们的声音。

方济各宗教运动促使欧洲基督教隐修制度产生了根本性的变革。方济各不是把修士们关在隐修院内，而是作为传教士把他们送往各地。福音传教士固守贫穷、谦恭和对人类之爱的思想，通过与普通大众共同生活和劳作的过程，表达和传播他们的思想，其结果是方济各宗教思想同社会的结合，而不是与社会的分离。方济各修会的修士们不是逃避社会，他们追求的恰恰是世俗的目标。英国哲学家吉尔伯特·切斯特顿描述了这种人生态度的转变，他的大意是，本尼狄克（Benedict，约 480—约 547，欧洲隐修制度创始人）储存起来的东西被方济各分散一空。恰当地说，本尼狄克创立的隐修制度是一种秩序，一种具有严格等级观念的组织形式。相反，方济各修会却是一种社会运动。因此，方济各运动对欧洲基督教的发展具有革命性意义。

13—14 世纪兴起的方济各宗教运动及其表现的方济各人道主义，

是斯多亚主义普天之下皆兄弟、人人平等观念的复兴，也是在意识形态领域出现的人文主义思潮的表现，是欧洲历史上伟大的文艺复兴人文主义的前奏和先声。

第 2 节　基督教哲学：对造物主的膜拜和对基督教教会的赞颂

一、一般特征

在野蛮部族蜂拥而至入侵罗马帝国后，基督教教会逐渐接管了帝国的组织形式，成为国家权力的执行者。直至罗马帝国最终崩溃，教会成为欧洲古代文化的唯一承载者和社会秩序的维持者。入侵者虽然缺乏文化，但却表现出对教会原则的尊重，入侵部族及其首领也逐渐信仰基督教。至 10—11 世纪，基督教教义和基督教神学成为哲学研究的前提和出发点。欧洲思想史上的中世纪哲学——经院哲学，开始步入历史舞台。

欧洲中世纪一直被人们指为由一种庞大的偏见体系所主宰的历史时期。一切知识和人们的生活都浸透着浓重的宗教色彩，一切学术研究都笼罩在狂热的宗教激情中。基督教哲学家们宣称，哲学与宗教目的的一致性将两者融为一体，并遵循奥古斯丁的神学理论，将经院哲学的宗旨规定为对神学的探讨。

奥古斯丁（Aurelius Augustinus，354—430）是罗马帝国非洲领地希波（今阿尔及利亚安纳巴）主教，是最早的基督教思想家。他阐述了一种基督教世界观，成为此后几个世纪基督教哲学的指南。奥古斯丁说，值得拥有的知识是关于造物主和自我的知识。人类最高的目标是同造物主融合，这种融合在不完善的世界里不能实现，只能实现于来世。尘世生活无非是参拜造物主的旅程，我们以爱同造物主融合，爱是最高德行，是所有德行的源泉。节制和克己源于自爱，即爱造物主；爱造物主是爱己和爱人的基础。我们所相信的一切事物，必须以造物主在人间的代表即教会的权威为准则，来接受信仰的真理。奥古斯丁的上述观点成为整个基督教时代精神的特征，也是经院哲学的指南。

在基督教兴起的过程中，改变了希腊哲学的本来面貌。奥古斯丁向往的是远远超越古希腊理性文明的另一个世界，即使在柏拉图描述的理想国，奥古斯丁也找不到一处恬适之地。基督教徒们期待的唯一安适之地是造物主的“天国”。奥古斯丁在《忏悔录》中说，不幸的是那些知道天地间一切事物却不知造物主的人们，而幸福的人才是知道造物主的人们，虽然他们不知道别的东西。柏拉图在《理想国》中说，要达到善的境界和理解善的内涵，人们必须经历漫长之路：从算数到几何学，从几何学到天文学、和声学和辩证法。奥古斯丁拒绝这条漫长而迂回的道路。基督的启示教导他有一条更好更稳妥的道路。他说，通往心灵所追求的善不是由不着边际的判断，而是由爱开辟的路径，这就是通往造物主的“天国”。（奥古斯丁：《独白》，第四章。）

某种意义上，奥古斯丁的这些话，正是中世纪欧洲哲学的主要方向。在古代希腊，哲学的意思是爱智慧，但在中世纪，爱智慧和爱造物主两种不同的爱并行不悖：对造物主的敬畏是智慧的开始。从理论上讲，欧洲中世纪基督教思想家们依然是希腊思想的继承者，但他们却没有从希腊传统中得到启示。他们的哲学概念和宗教理想其深层渊源来自犹太民族的一神教。由古代希腊思想家发展起来的伦理体系有一种共同特点，它们表达了与希腊哲学相同的唯理智论内涵。正是理性观念构成了古希腊哲学关于人的行为道德标准，只有理性能够赋予道德标准以权威。同古希腊哲学的唯理智论相反，犹太先知宗教具有深远和坚定的唯意志论特征。造物主具有人格性——这意味着一种意志：造物主对人世间传授种种戒律；造物主是智慧之光和道德法规之源。古希腊思想家描述的造物主是理性世界的巅峰，是知识的最高目标，是对善的追求；而在基督教那里，人们必须遵从造物主的意志去辨别善与恶。

奥古斯丁之前的时代，哲学家们忙于学派理论的构建；奥古斯丁的时代是建立教父哲学体系的时代。而其后的经院哲学承继了奥古斯丁的学说，并努力将基督教教义同哲学相融合。从此，知识逐渐被限制在教会教义的框架之内，个人对传统的质疑和追求新知识的主动精神遭到挫折。任何有悖于基督教教义传统的观点，都被认为是“异端”，必须受到基督教规的惩罚。在许多情况下，所谓异端并非同基督教教义相抵触的事实或行为，而仅仅是对教义的冷淡或视为无足轻重的态度。不鼓励从事科学探索，那被认为是浪费时光，不如把时间用于对造物主的膜拜和对教会的赞颂。

二、造物主存在问题

1. 奥古斯丁为造物主的存在寻找“证据”

教会哲学家或经院哲学家坚持唯实论的基本信条。他们以正统的姿态宣称，宇宙万物是实在的和完美的。最具普遍性的“共相”被认为是造物主，造物主是整个宇宙的创造者。这种宗教—形而上学体系采用演绎逻辑为其辩护工具。从具有普遍性的命题或它们揭示的所谓“真理”到信仰，一切确凿知识的获得都应经过三段论的推理过程，因而是最正确的。逻辑被用来使神学教条成为科学的工具，从而使造物主担保普遍命题成为可信的演绎逻辑的基本前提。

显然，上述策划希图将造物主存在的信条建立在真实的基础上。如果可以表明造物主的存在是无可置疑的，经院哲学所要进行的工作只剩下演绎逻辑的程序，从而说服那些怀疑者相信造物主的真实存在。实际上，那些皈依基督教的信徒们几乎没有人怀疑造物主的存在，但从理论的角度，最理想的是提出一种令人们信服的证据作为同基督教的反对者进行斗争的工具。所以，经院哲学家们竭智尽虑地证实造物主的存在。

奥古斯丁是经院哲学出现之前几个世纪的神学家，他是提出这种“证据”的第一位基督教思想家。他说，少只能来自多，而多永远不能来自少。因此，一个有限的心灵不可能是如此崇高的造物主所拥有的绝对美和善的根源。绝对的真、善、美的观念是超越主观创造范畴的，它们不可能来自个人经验，在自然界不可能发现这些观念的存在。它们只能来自造物主，造物主的存在是体现真、善、美的根源所在。

2. 安塞姆：造物主存在的“本体论论据”

英国经院哲学家安塞姆（Anselm of Canterbury，1033—1109）于12 世纪提出关于造物主存在的一种“证据”，后来被称为“本体论论据”。其论据与近 800 年前奥古斯丁的论点在实质上是相同的。论据的主要区别也许在于他的特殊表述方式。对于这位坎特伯雷主教而言，奥古斯丁的论点似乎更多地依赖于主观情感。为了完成与其先辈相同的使命，安塞姆为其论据寻找一种客观形而上学基础，希望能够经得起逻辑分析的检验。安塞姆说，没有比造物主的存在更真实的存在。造物主这一完美的实在必须被认为是存在的，否则造物主的名称就会被用于一种低下的存在物。就是说，造物主的概念本身就意味着一种客观对象，即使傻瓜心里也存在一个伟大的造物主。作为最完美实在的造物主必然是存在的，造物主不存在的观念仅仅是一种个人意识。

法国哲学史学家威廉·文德尔班说："安塞姆所证实的仅仅是，如果造物主被认为是最完美的存在，那么，他必然会被认为是真实的和存在的，而不能被认为是不存在的。"安塞姆认为，他的推理是有说服力的，无疑也是对他灵魂的一种慰藉。他身后的传统和他所受的教育为他提供一种冲动：一想到造物主，造物主必然被认为是真实存在的，但这不等于别的人都有与他同样的冲动。

对安塞姆论证造物主存在的批评迅速而至。其中最著名的批评之一来自其同时代的一位法兰西隐修士戈尼罗。戈尼罗指出，安塞姆的论点证实了太多的东西，其论点显然也可用来证实想象中一座迷人的岛屿的存在。其次，如果造物主被认为是仅有的存在，那么，傻瓜或怀疑者如何会以为他是不存在的呢？再次，安塞姆以为他提出了关于造物主的一种清晰而完整的理论，但事实上，造物主的存在仍然是不可思议的。

安塞姆对戈尼罗的质疑做出了回答。他宣称，他的论点也许可以用来证明一种魔术或者一座岛的存在，但这种存在并不必然表明岛的存在状态。一座完美的岛其性质是从属的，是由条件而定，或因情况而异的，但造物主是独立的和绝对的。因此，想到一座岛必须同时考虑到它存在的性质，但造物主却是完全不同的。在回答第二个质疑时，安塞姆说，傻瓜或怀疑者的混乱观念，是因为傻瓜以为造物主是有名无实的。一个人可能想象火是冰冷的，水是干燥的，但他不能想到真实存在的水和火分别是冰冷的和干燥的。回答第三种质疑时，安塞姆说，如果造物主是完全不可思议的，那么人们就没有理由认同傻瓜否定造物主存在观点，因为他说，造物主是不可想象的。由此可见，经院哲学家关于造物主存在的所谓“理论”，完全是牵强附会的诡辩。

三、共相问题：唯实论和唯名论

1. 共相

从欧洲历史上看，首先提出共相（普遍性）问题的，一般认为是苏格拉底，他曾对个别事物所呈示的共同特征进行过探讨。他对一组具有差异的事物进行观察和研究，希望了解它们之间的关系。经过不懈努力，苏格拉底最终得出结论：不同事物之间所存在的共同要素是一切知识之源，它们是知识的基础。柏拉图进一步发展了苏格拉底的观点，柏拉图说，在苏格拉底的探索中，客观实在全被归属于这些意义明确的概念中，特殊性被认为包含着实在的不同层面。犬儒学派的代表人物第欧根尼，曾经指出这种唯实论观点所面临的困境。他对柏拉图说，我可以看到这匹马或那匹马，但看不到马的性质，而性质却被说成是真实的实在。柏拉图回答说，第欧根尼的困境是他只用眼睛看，而没有用智力去理解的缘故。这是将与感性相关的个别同理性纠缠一起的错误。柏拉图认为，理性而不是感性能够把握共相或概念。亚里士多德继承了上述传统，但修改了柏拉图的重要理论基础，这就是既承认共相的实际存在，也承认被柏拉图轻视的个别的实在性。基督教兴起之前的哲学，对于这一问题的探讨没有超过亚里士多德。

亚里士多德讨论的形式的实在问题，或者柏拉图语言中的理念，通过古代留下的有限知识被中世纪学者继承下来。这些知识主要来自一些学者对亚里士多德逻辑学的翻译和评论，尤其是古罗马哲学家波伊提乌斯的翻译和评论。到了中世纪，这一问题更加复杂化。基督教教会坚持，个别与共相都具有实在性。基督教非常强调个体人的灵魂，教会把个人的重要性界定为人格。这种对个体人格的强调将人的重要性置于显著地位。然而，经院哲学认为，只有一个教会和一种信仰才能拯救人类，只有通过教会才能得到通往“天国”的钥匙。基督教还坚持，亚当的子孙们都是原始罪孽的参与者，他们只有分享体现于基督自身的造物主所具有的共性，才能获得救赎。造物主按照一种模式创世，造物主的观念决定着一切个别的属性。造物主就是运用这些共相概念赋予世界以实际形态。按照基督教教会的理论，共相决定个别的性状。由此，越是普遍的越是具有真理性和实在性，越是普遍的就更为完美。实际上，这是基督教神学家利用共相牵强附会为造物主的存在和教会的权威，营造理论上的依据。

2. 不同形态的唯实论和唯名论

在欧洲中世纪，关于共相问题的解释经过几个不同的阶段。最早也是最极端的一种解释是由爱尔兰神学家约翰·埃里金纳提出的，被称为实体唯实论（Subsistant Realism）。埃里金纳宣称，共相独立于并先于个别，共相的存在被认为是先于个别事物的自然秩序，共相是宇宙创生所依据的原型或图样。即使宇宙被毁灭，共相将依然存在，因为共相在宇宙创生之前就已经存在，因此共相是超越时一空世界局限的。作为最具普遍性的共相，能够超越一切事物而存在。

与这种唯实论相反的观点是一种极端的唯名论，其主要倡导者是法兰西哲学家洛色林，他说，只有个别的实体存在，普遍性概念只是用以指称一些个别事物的声音或词语。根据这种观点，共相不具有实在性状。

一种变异形式的唯名论，抑或说试图调和上述两种极端观点的唯名论，是法兰西逻辑学家阿伯拉尔（Pierre Abélard，1079—1142）提出的。阿伯拉尔反对洛色林的观点，认为普遍性概念不仅仅是各种名称，因为这样就会排除分类原则的重要性，而对事物的分类显然是不可缺少的。阿伯拉尔也反对埃里金纳的观点，他说，没有足够的证据证实共相的绝对优先；他的分析表明，个别是实在的，但性质相似或相同的事物要求人们将它们划归不同的类别，这种情况也是客观现实。阿伯拉尔认为，事物在性质上的相似，其原因是造物主按照其心中的原型创造世界。这种原型的要素已经进入各种事物而成为它们的一部分。不同事物的共相与个别事物不同，但至少它们的许多特性是相似的。人们在研究个别事物时心中也有普遍性概念，他们从个别事物的经验中获得关于这些事物属性的观念。阿伯拉尔的解释，期望纠正唯实论和唯名论两者的极端性，从而使其相互妥协创造条件。

3. 奥卡姆唯名论：现代科学原则的先驱

到了14世纪，英国哲学家奥卡姆（William of Ockham，约1285—约1349）复活了唯名论。这时，人们对现象世界或者说对科学的兴趣越来越大，因而更加重视客观世界的个别事物。奥卡姆提出，只有个别的东西存在，人类的一切知识都从个别的东西开始。因此，直观或直觉很重要，通过知觉我们观察事物的存在，并在做出判断时予以表达。从个别对象中抽绎出共有的性质，从而形成概念或共相。但是，共相只是存在于头脑中的概念，可用文字或惯用的符号予以表述，它们标志着众多个别相同或类似的事物。经验是知识的源泉，超越经验的一切知识都不过是信仰而已，不可能从本体论或根据经验来论证造物主的存在。根据经验的方法只能得出或然性的知识，因为它运用的一切原则都是未经证明的假定。站在唯物论的立场上，造物主的存在仍然是或然的，不能使这种信条为理性所理解，不可能对基督教教义做理论上的说明，我们所能做的只是信仰那些教义。因此，没有科学的神学这种东西。关于宗教真理的确实性，完全依赖于造物主的启示（revelation）。科学甚至哲学，同神学互不相干。

奥卡姆提出，不必关心普遍性概念是否实在，否则将问题复杂化，只有个别事物才是科学探索的对象，从而也是理性关注实体的全部内容。这就是著名的“奥卡姆剃刀”，用以削除经院哲学家所构想的许多解释实体的原则。奥卡姆的理论可被认为是现代科学所遵循的节俭或简洁原则的先驱，这就是，对于一切现象的解释都要坚持尽可能简洁的原则。简洁是真理之魂。

4. 唯名论瓦解了中世纪的权威主义，奠定了现代科学方法论的基础

唯名论者将经院式的思维过程从根本上颠倒过来，他们认为普遍性建立在众多个别现象的基础上；而经院哲学从假设命题或永恒的柏拉图理念，开始推导出现象世界的事实。经院哲学家运用他们自己学究式的语言推论出先验判断，而唯名论者则以他们的方式从特殊的经验出发归纳出普遍的规律。一方是以假设为前提，一方是以事实为依据，这两种思想体系之间的差异近似演绎逻辑与归纳逻辑之间的区别，后者构成了现代科学中实验主义方法论的基础。

唯名论对个别事物的强调，直接摆脱了神学所讨论的传统问题，而引导人们将注意力集中于对感性经验世界知识的追求上。到了13世纪，具有科学传统的唯名论开始呈现出显著的生命活力，出现了与传统神学截然不同的各种知识体系的建立和社会进步趋势。唯名论激励了那些追求以理性力量将超自然与自然截然分离的人们，当这一任务完成后，他们就能全力以赴去认识人类居住的世界，而抛弃对那个神启天国进行冥思和颂扬。唯名论奠定了现代科学中经验主义方法论的基础，意味着中世纪权威主义的崩溃和现代科学方法的发端。

四、信仰和理性

1. 欧洲中世纪：理性是信仰的奴仆

欧洲中世纪中期，理性是信仰的恭顺奴仆，宗教信仰被认为是终极真理的标准，而理性只是作为具有理性的人把握这种“天启真理”（revealed truth）的一种形式。最早表述理性与信仰之间关系的学者之一，是生于迦太基的古罗马基督教神学家德尔图良。德尔图良和许多人的基本观点一致，即理性可以作为真理标准的一种依据，但这一标准对信仰而言完全是多余的。如果理性可以用来提升教会教义的声誉，那当然很好，但理性对于心灵不是一种不可或缺的东西，因为基督教真理是建立在信仰基础之上。

在经院哲学的整个发展过程中，可以经常看到信仰与理性，或称神学家们和辩证家们之间的斗争。两种力量之间的斗争似乎没有和解与调停的可能。在中世纪的欧洲，一直存在抵制理性的宗教信仰狂热，拒绝和斥逐一切理性活动。11世纪意大利的彼得鲁斯·达米亚尼是神学界的极端分子之一，他以极为轻蔑的语言对理性进行攻击。

他宣称，理性是宗教真正危险的敌人，一旦接受理性，就必然放弃信仰。逻辑只能用于人间俗世，不能用于神圣事务。我们不能通过演绎法去感知造物主，造物主不能被人间逻辑规则所束缚。只有圣者的单纯、信仰的单纯才能拯救我们于理性的谬误和陷阱之中。达米亚尼的这些话充分说明他畏惧理性和逻辑。

对于理性价值和功用的重视和承认，来自斯科塔斯·埃里金纳。埃里金纳认为，虽然基督教会的基本教义来自造物主的启示，但教会所用以表述这些教义的比喻性语言，迫使其对它们的解释必须运用理性。根据埃里金纳的观点，理性大致上依然是信仰的婢女，但理性的这种运用就会造成意义的广延。因而信仰和理性就将并行而无冲突或矛盾。

早在埃里金纳时代之前，大多数基督教教士都清楚地认识到，用意义明确的语言和理性的分析解释启示一类问题，其效果往往适得其反。于是，宗教会议决定采用一些特定解释方式。埃里金纳认为，他对信仰的解释同其他任何人的表述都没有不同之处，然而教会却对他的理论进行了谴责。将理性置于如此显著的地位对教会教义是一种危险信号，而承认个人对启示的解释权同样是危险的。在这种背景下，加上当时的一种泛神论宗教哲学的兴起，招致教会对埃里金纳的愤怒而对他进行严厉的谴责。有人这样形容当时的情景：埃里金纳的理论恰如黑夜里的一盏明灯，在基督教会的高压下熄灭了。

2. 阿伯拉尔：理性是检验信仰的标准

直至 12 世纪，没有人敢于宣称在对教会教义的分析中，给予理性和信仰以同等地位。作为一名教士，彼得·阿伯拉尔从他个人的人生准则和学术方向来看，都是中世纪时期一位令人瞩目的人物。他早期关于信仰和理性问题的论述表明，他是一个传统经院哲学坚持的理性从属信仰理论的同情者。但他反对神学界的极端分子对理性的攻击，阿伯拉尔说，否认和降低理性的价值意味着剥夺了信仰最重要的支撑力量，理性不仅不是信仰的危险和障碍，而且是真正宗教不可缺少的组成部分。在其早期关于“三位一体”理论的著作中，他引用了格里高利的话表明他的立场：信仰不存在功过是非，人类理性是检验信仰的标准。他解释其理论的目的时补充说，只能用反对信仰者所运用的同样方式反击他们对信仰的攻击。在他的一生中，他的批判冲动使他远离其原来所坚持的传统态度。他指出被基督教会当作真理代代相传的信仰存在许多矛盾，并表示他的怀疑主义态度。最终他被带到苏瓦松和桑斯（均在今法国境内）的宗教会议上，陈述和解释他关于理性的异端观点，遭到教会的强烈谴责。

需要说明的是，这里所说的理性，是一种辩证的思维。在欧洲中世纪社会体系背景下，现代理性，即以笛卡尔、莱布尼茨或18世纪哲学家们为代表的理性主义思潮是不可能存在的。经院哲学家从未对启示真理的绝对权威表示怀疑。理性的自治对欧洲中世纪思潮是格格不入的，理性不能发出自身之光。奥古斯丁曾引用以赛亚的话说，如果没有信仰，你将不能理解任何东西。这句话成为欧洲中世纪知识理论的基石，理性必须由信仰引导和启迪，信仰的权威必须永远高踞理性之上。

在阿伯拉尔的理论中，理性最终似乎变成信仰的法官，但理性不否认信仰应有的位置。造物主以基督的肉身显示自己的道成肉身、耶稣复活，以及其他一些事件。对基督教基本教义的解释，从理性的角度，认为这是一些体现具有价值的道德教育的寓言故事。但是从字面意义去接受这些故事的真实性显然是牵强附会的。对于教会而言，这种态度是极其危险的。这些具有历史权威的关于基督教的解释曾经为人们广泛接受，如果这种历史权威一旦被怀疑，将对基督教的信仰构成严重威胁，而有利于“异端”的传播。为了教会的安全，必须对阿伯拉尔进行审判。

五、亚里士多德哲学成为基督教教义的理论力量

至 12 世纪晚期和 13 世纪初期，随着阿伯拉尔对理性意义新的解释，更多关于亚里士多德的著作呈现于欧洲人的面前。亚里士多德的著述主要是由阿拉伯人的翻译和评论进入中世纪欧洲人的视野，然而基督教会在开始时将来自阿拉伯人的理论谴责为泛神论的陷阱。随着更多的古代希腊原著的出现，人们发现不必关注泛神论对基督教教义的影响。随着时间的推移，亚里士多德哲学逐渐被用来作为加强基督教会的一种理论力量。亚里士多德对理性知识力量的强调，迫使教会给予理性更重要的作用。哲学不可能在一切方面都与宗教相吻合，于是又迫使教会去寻找同亚里士多德哲学调和的途径，即寻找科学的权威同基督教信仰权威之间的调和。这项工作主要是由基督教博士托马斯·阿奎那（Tommaso d'Aquino，约 1225—1274）完成的。托马斯·阿奎那将宗教和自然两个截然不同领域的理论合并在一起，形成他的双重真理学说。

在众多古代思想家，如毕达哥拉斯、柏拉图、阿基米德和亚里士多德的思想中，基督教神学家为何只选择亚里士多德哲学为尊崇的对象？亚里士多德哲学是一个完整的思想体系，是古希腊最高智慧的标志，因而受到经院哲学家们的青睐，以便用来加强经院哲学为基督教服务的力量。亚里士多德学说本身有许多内容符合经院哲学的要求，

但同时又与基督教哲学有严重分歧。亚里士多德宣扬宇宙的永恒性，基督教会则声称造物主从无中创世；亚里士多德不认为个人灵魂不死，但这却是基督教会的观点；亚里士多德的伦理学是自然主义的，基督教会的伦理学则是超自然主义的。但是，只要有分歧和矛盾，经院哲学家就加以融合、调和、修改或补充，以适应其需要。例如，亚里士多德物理学的一项基本原理，是宇宙间物体的运动必须有外力的推动，但从时间上追寻这种初始的第一动力却遇到了困难。这一观念可能被基督教同造物主创世说联系起来：基督教神学告诉人们，造物主是从虚无中创造了一个有秩序的世界及其中的运动现象。亚里士多德物理学中运动现象所追寻的第一动力被基督教神学所利用：所谓初始的第一动力来自造物主。

六、信仰与理性的分离，导致神学与科学分道扬镳

托马斯·阿奎那坚持的观点是，只存在造物主所启示的真理，但这种真理具有多个方面。真理的一些方面可由理性去理解，另一些方面只能以信仰予以理解。信仰和理性关注的是两个不同的领域，两种真理各有自己的标准，没有从属关系。理性关注的是自然领域，而信仰关心的是造物主之爱。亚里士多德说，知识来自以演绎的方法，经过从个别到一般的推理过程。于是，托马斯宣称，一切个别事物都是从共同的本原或真理推导而来，本原就是造物主。他说，理性不能把握造物主的意义，而信仰对于认识普遍真理是最重要和不可或缺的。理性真理的获得必须经过艰苦的智力活动，是大多数人的能力所不及的。但是超度的真理也是最重要的真理，通过信仰可以进入人的心灵。如果超度和关于造物主的知识只依赖于理性，那么很少人能够

获得救赎。托马斯说，如果把理性正确运用于对物质对象的研究，理性所展示的真理就会与信仰所体现的真理并行不悖。这是因为作为造物主创造物一部分的大自然将向人们展示其真理。只要理性不敢擅自成为信仰的立法者，对它的评判标准是有效的；但是，同信仰真理相比，理性的普遍性是有局限的，而且对于人生的重要性也次于信仰。

将信仰和理性分离和将信仰和理性归属于不同的领域，最终导致欧洲中世纪后期神学与科学分道扬镳。这种分离背后的初始目的，在于通过将理性限制在探索自然事物的方面，从而确保宗教的安全，运用理性理解和探索自然和接受神学教义的信仰各行其是互不伤害。这种双重真理学说甚至在相互矛盾的解释中也互不干涉。在这种情况下，那些敌视教会、运用理性原则推动科学事业的人，就可以得到进行科学观察、发表理论的机会。他们的理论可能与宗教相抵触，对于宗教信仰可能是谬误，但只要不伤及宗教信仰的要害，宗教人士将睁一只眼闭一只眼不予重视。在这种微妙的背景下，没有宗教色彩的科学知识逐渐增多。大多数具有自由倾向的人，虽然是一些虔诚的基督教徒，但不满教会对他们的限制。随着时间的迁移，当理性和信仰两种标准之间出现矛盾，他们中越来越多的人倾向于接受理性的真理而抛弃信仰的虚伪。到了中世纪晚期，越来越多的人拒绝托马斯的信条，他们认为托马斯的所谓“真理”是强加于人们的信仰。当古代希腊科学被介绍而进入中世纪，很快激起人们对科学的兴趣，科学事业开始呈现前所未有的发展趋势。

在古希腊科学进入中世纪之后的一段时间里，宗教和科学之间的裂隙似乎由世界性宗教观念所维系于一体。为了其教义不被“玷污”，基督教会甚至越来越认为必须将自然真理和圣经所阐述的真理区别开来，不容混淆。虽然认为两者之间不存在真正矛盾的信念广为流传，但企望掩盖两者之间的表面分歧和矛盾的勉强解释越来越困难了。信仰和理性两种对真理的权威标准被迫走向分离。教会继续坚持，某些真理是超越理性范围而必须从信仰的角度去接受它们。献身于探索自然界奥秘的人越来越多，他们对人类社会的贡献也被更多的人所认识。随着这种社会趋势的发展，教会人士和哲学家—科学家之间形成的对立局面是不可避免的。在随后的斗争中，教会逐渐处于劣势，现代社会和新兴自然科学的曙光在欧洲大地升起。

第3章

文艺复兴运动

一、中世纪文化的衰落

至1350年，欧洲中世纪基督教教会已经失去其绝对权威的地位。在宗教派别和异教分立及民族国家力量崛起的情势下，教会对西欧的控制力逐渐衰弱。民族主义精神缓慢但将必然替代教会的教谕。在经济上，封建体制正在崩溃，蓬勃发展的资本主义经济逐步替代了僵滞的封建经济，商业的发展使中产阶级力量逐渐强大。伴随火药的传入和新武器技术的发展，骑士已经不能适应新的战争形势。中世纪表现来世生活题材的艺术作品，已经失去其生命力而成为陈腐的东西。这些古老的艺术作品，已不能满足追求奢华的意大利城邦人民的需求。

从知识角度，经院哲学的衰落是最重要的特征。这种衰落和变化的原因是什么？首先，一种新型学术研究已经出现。必须注意的是，大部分中世纪学者生活在隐修院内，他们的学术兴趣是深居隐修院中沉思冥想而不是去探索大自然，传统支配着他们的思维。这种情况已使青年学者感到厌倦，因为科学的新发现和世俗主义精神强烈吸引着他们。其次，中世纪经院哲学的研究方法已经过时。建立在推论式基础上的亚里士多德逻辑，不能有效地运用于科学研究。当时典型的科学家伽利略及其有科学思想的哲学家弗朗西斯·培根认识到，演绎的思维方法将进入绝境，不会取得任何成果。文艺复兴时期的青年学者开始摈弃这种古老的思维方式，他们希望对宇宙进行卓有成效的解释，而不想重复陈腐的经院哲学理论。第三，经院哲学已经成为一种复杂的教条，只有少数人能够理解。邓斯·司各托将经院哲学的学术术语变得极端繁复，使其成为一种晦涩和深奥的笑柄。经院哲学在大学里成为学生激烈排斥的课程。文艺复兴时期，学生们感兴趣的是阅读荷兰人文主义者伊拉斯谟和意大利哲学家布鲁诺通过观察写下的学术著作。他们的著作是对古老体制的揭露和唾弃。第四，经院哲学内部出现不同的声音。柏拉图主义者和亚里士多德学派之间、唯实论者和唯名论者之间、多明我修会和方济各修会之间，以及那些提倡信仰和相信理性的人之间的分歧和斗争，在中世纪没有得到解决。至13世纪，他们之间曾根据托马斯·阿奎那的体系寻求一种综合，但这种综合不久被瓦解。新旧思想之间的斗争越来越激烈，向往学术自由的倾向越来越强烈。至弗朗西斯·培根的时代，神学和科学之间彻底决裂。

二、基督教教会权威的坍塌

中世纪的欧洲是一个属于造物主的世界，人人都是造物主的孩子。对于那些皈依基督教的人，一切都是稳定的，一切都不能超越信仰的藩篱。如果有奇迹出现，那一定是造物主的奇迹。人在地球上的生活同未来彼世的生活相比，是微不足道的。最有意义的事是加速人的灵魂进入“天国”的历程。对于所有这些问题的答案，早已被官方教会以固定的方式提供给人们。造物主的真理是完美无缺的，容不得任何批评。在这个世界里，对于一切事物的判断都要以时下教会的观点作为根本的标准。每一个普通人都只能满足于基督教对于人与人之间和人与造物主之间关系的解释，因为据说这种观点将为人们提供世界上最优惠的地位，允诺人们所希望得到的命运——来世进入幸福的“天国”。

虽然这是当时普通欧洲人抱持的一种典型的生活态度，但许多社会现实促使人们产生不同或相反的思想倾向，他们对教会的思想控制开始产生不满。抵制根深蒂固的传统力量和争取思想自由的斗争历程充满艰难和曲折。至文艺复兴时期的来临，争取自由的力量逐渐形成一种主流力量，许多世纪形成的天主教控制欧洲的局面逐渐被打破。

在漫长的中世纪历史时期，维系欧洲人于一体的强大力量是一种共同语言。这种共同语言使人们的交往和交流变得简单和便捷。拉丁语的使用使不同民族和不同背景的人们很容易融为一体，基督教教义也很容易进行传播和推广。虽然拉丁语直至文艺复兴之后的几十年间，依然是欧洲从教会到国家的官方语言，但它却不是所有人普遍使用的语言。各种地方俗语逐渐在欧洲不同地区流行，俗语首先是在穷苦大众中使用，后来逐渐进入知识阶层。在这一方面，值得注意的是，但丁的《神曲》是用意大利语而不是拉丁语写成的。彼得拉克和薄伽丘都是用人民自己的语言写作。这种使用俗语趋势的逐渐加强，打破了基督教教会的统一权威，也是欧洲民族国家兴起的一种极为重要的因素。15 世纪中叶，印刷技术的发明为新思想的传播提供了及时的手段，传播新思想的印刷物大都是用地方俗语撰写。

正如今天我们所知，国家主义是与欧洲地方俗语的流行同时出现。虽然俗语运动至少早在 7 世纪就开始了，但直至马基雅弗利极富影响力的哲学—政治学著作面世后，欧洲的俗语运动才进入了具有里程碑意义的时期。马基雅弗利认为，国家力量的崛起及其对人类社会重要性的彰显，首先必须使国家与教会的权威分离。马基雅弗利把自己标榜为第一个国家主义者，他是政府事务中目的决定手段行事方式的鼓吹者。

欧洲中世纪的社会状况，逐步朝着世俗事务与基督教权威分离的方向发展。13 世纪中叶，凌驾于政治机构之上的教会权威是绝对的，在意大利籍教皇英诺森三世时期，教皇权力达到了巅峰。但在此之后，法国国王腓力四世不仅能够藐视教会权威，而且于 1309 年将教皇逐出其世袭的罗马教廷，主要是到法国南部的阿维农。这一历时 70 年，历史上被称为“巴比伦囚虏”的阿维农教廷，不仅标志着教会控制政治事务权威的坍塌，也成为分裂教会权威自身的工具。新教改革运动得到欧洲正在崛起的国家领导者不同程度的支持和保护。宗教改革的呼声使教会内部的改革随之发生。

三、对文艺复兴时期文化的曲解：强调变迁而忽视时代的连续性

许多学者认为，文艺复兴（Renaissance）一词用以表示 14—16 世纪欧洲文化发展的一个阶段，往往潜伏一种任意性的危险。首先，该词所表达的内涵与事实不完全相符；其次，它将一个时期和另一时期截然分开是与历史事实相悖谬。用这样一个词来表示欧洲几百年的历史特征，其意义显得太狭窄，它不能说明历史真相。

该词是意大利画家、建筑师和艺术史学家乔治·瓦萨里用来赞美优越的古典文化的复兴，意大利语 rirascita，意思是“再生”。后来一些法国历史学家使用该词表述一个历史时期，并赋予该词以更为广

泛的含义。这种后果也许是不幸的，因为即使是用来说明艺术和建筑有限范围内的情况，这种突然复兴的观念也是一种神话和妄断。然而这一概念在长期使用过程中，逐渐获得约定俗成的稳固效果而难以改变。它似乎赋予一个时代一种特殊魅力而受到人们的青睐。欧洲许多历史学家发现，12 世纪和 13 世纪的欧洲，同样出现某些文化复兴现象，他们也看到 15 世纪、16 世纪和 17 世纪更为明显和更加成熟的文化复兴特征。

当历史被认为主要是文化史和政治史，当历史学家将人文主义者创造的概念信以为真，一些学者就把这一历史时期的欧洲社会文化归结为几种典型特征：发现人和发现世界；再兴享乐生活态度；禁欲主义和象征主义让位于纵欲主义和自然主义；探求知识的实验方法替代传统主义和蒙昧主义。

这些表述在某种程度上都是正确的，但它们强调的是变迁而忽视了时代的连续性。新的起点总是在往昔的怀抱中逐渐形成的。例如，在建筑领域，北欧哥特式建筑风格的伟大成就被文艺复兴概念所遮蔽。自 12 世纪出现的哥特式教堂建筑，强调结构的坚固性和解决建筑高度的先进技术，那高耸入云的宏伟形象体现了一种向上奋争之力，创造了拥抱无限的伟大形象和高扬北欧人民的独立精神和宗教热忱。哥特式建筑是欧洲中世纪文化伟大成就的代表。中世纪是欧洲文明发展的重要环节，不是文明的断裂代，而是欧洲文明传承、变革和发展不可忽视的时代。研究文艺复兴的历史学家们，往往低估了中世纪的时代活力和变迁，天真地将文艺复兴新的时代特征与完美相认同。一些西方学者从现代欧洲发生的多次浩劫中清醒起来，对文艺复兴的乐观态度逐渐消失。他们自始至终认为，这是一个错综复杂的时代，一个经历种种波折和充斥变幻无常道德遗产的时代。

亚里士多德的自然论和柏拉图的理念论，都是15世纪早期和16世纪科学思想的源头。毕达哥拉斯关于数的学说导致数的神秘主义的泛滥，这一古典遗产除培养了现代科学外，也派生出形形色色的迷信和邪说。如果说科学领域的成就出现于17世纪，其基础是在文艺复兴时期建立起来的。一种技术的出现和发展必须经过复杂的实验过程。伽利略于1609年“发明”的望远镜，实际上是在早先许多人实验的基础上进行改进的。在伽利略之前，格罗斯泰斯特和罗吉尔·培根等人早已开始对透镜和光学进行研究。

总之，文艺复兴不是与往昔文化突然断裂的时代，文艺复兴时期人们并不拒绝过去的观念。文艺复兴发现和倡扬古典学术和艺术，是一个探索和发现的时代，在探索和发现中形成的新观念同过去接受的观念出现差异。例如，哥白尼的理论导致人们对托勒密的地球中心说产生怀疑；教会反对哥白尼假说不是直接对科学的抵制，它反对的是可能导致宗教异端自然哲学的出现。托勒密天文学体系与基督教神学关于地球和宇宙的理论是一致的。如果太阳而不是地球是宇宙的中心，这种理论必将威胁教会的权威。这些新理论和新事物，导致人们从以往关注宗教信仰而逐渐转移到关注现代社会的世俗事件。对古代希腊学术的发现、城市的出现和发展、科学的不断进步、文学和艺术领域的人文主义运动、印刷技术的发展、新的商贸路线和商业市场的开禁——所有这些以及其他一些变化，都使人们对过去和未来社会文明的观念产生变更。古老文化开始失去其存在的基础，不是因为旧文化被推翻，而是因为人们不再喜欢它而导致其注意力发生转向。

正是人们在对新事物的追求中产生的新观念建立之后，其与传统信念形成鲜明的对立。文艺复兴运动既不是对既定体系的征服，也不是对旧秩序进行破坏的革命运动。中世纪文化没有像社会和政治体系那样从外部打垮或从内部瓦解。罗马帝国的衰亡是在蛮族入侵之前；法兰西古老帝国是在市民的革命浪潮中被推翻的；而中世纪教会权威地位的丧失与此不同。在现代的早期，欧洲社会的统治权和传统的权威依然被教会控制。对教会权威的削弱和教会失去对人们心灵的控制力，来自人们兴趣和观念的深刻转变。不是人们对中世纪传统的直接反对，而是不再坚守这些传统。新的事业往往被纳入一种旧的文化结构中，或者使既定体系适应新的发展趋势，但文化本身的连续性没有出现断裂。如果这种适应不能出现，旧的东西就可能自然被淘汰，而新的信仰和观念就会在与以往不同的追求中逐渐形成。这样，新的观念就同依然存在的古老观念形成对立和冲突。

17世纪和18世纪出现的社会和政治信仰，是在文艺复兴这一过渡时期产生的。文艺复兴时期人们兴趣的转变，最终导致信仰和观念的变更，从而形成与传统观念所追求目标的不同而被认为属于一个新的时代。在19世纪，许多欧洲学者有一种习惯，就是强调文艺复兴的特殊意义。例如，瑞士文化史学家雅各布·布克哈特在《意大利文艺复兴时期的文化》一书中认为，文艺复兴文化似乎与中世纪文化截然不同。英国身兼诗人和传记作家的约翰·西蒙兹著有七卷本的《意大利文艺复兴》一书，也论述了文艺复兴精神与中世纪观念形态的明显区别。在这些著作之后，许多对文艺复兴更为广泛和正确理解的著作面世。这些著作的作者，如德国历史学家路德维希·格奥尔格、法国学者埃米尔·格布哈特等，都强调文艺复兴不是一个与中世纪截然不同的时代，而是从中世纪缓慢和逐渐演变过程中的一个阶段，文艺复兴文化是建立在中世纪成就基础之上的。在许多方面，中世纪人们的思维模式依然是文艺复兴时期的主流思维模式。如果说文艺复兴是一个取得显著文化成就的时期，而中世纪仅代表一个文化衰退的时代，从历史的角度看既会产生误解，也是不真实的。

可以从两个方面看待文艺复兴的时代特征：首先，从古代希腊和罗马文化的角度，中世纪文化是落后的。许多人文主义者尤其是伊拉斯谟，认为希腊文化是欧洲文明的最高成就。其次，文艺复兴确实具有进步的方面，强调俗世人生，强调人的尊严和倡扬理性，文艺复兴时期的学者是朝着一个新的科学时代前进，他们开拓了走向现代的道路。但文艺复兴时期出现的时代特征是在中世纪文化基础上的变迁，而不是与中世纪文化的突然断裂。

四、意大利文艺复兴的社会基础

1. 商业革命催生新的统治集团

文艺复兴时期，欧洲的学术复兴首先在意大利形成。历史学家称为商业革命的一系列深刻革命，也是于几个世纪之前始于意大利。这些变革首先从小规模和地方商业组织开始，向规模相对较大、经过长途运输的商品交易发展，从而逐步出现专门从事商业活动的商人阶层。商业的发展首先出现于沿海地区，因为在当时唯一方便的运输工具是船只，而且在不同沿海地区，商业活动首先出现在具有海上屏障的水域，这些水域的海港风浪和缓，很早就建立起稳定的航线。这些地区人们的航海知识和技术条件都比较先进，欧洲早期的商业革命首先始于内海地区，这就是地中海。

一系列历史事件有益于海上贸易的发展，尤其是这一时期意大利境内一些主要城市的贸易。这些事件中，首先是十字军运动，虽然在十字军运动之前，意大利境内几个城邦的海外贸易已有很大发展，但像十字军这样的宗教冒险事件还是对欧洲早期海外贸易的发展带来巨大的影响。当十字军接近和进入圣地，其物资供应几乎完全用船只越过东地中海运往那里。威尼斯和热那亚海外贸易的发展，尤其得益于当时十字军所需物品从这些地区的大量运输。在这一军事需要之后，接着是对贸易的永久性要求，如富有阶级对奢侈品的需求。而这些奢侈品大都来自近东地区——这些商品中有的是当地生产，有的是从远东地区进口：香料、绸缎、水果以及棉织品。这种对奢侈品的需求当然不仅限于意大利，当十字军返回欧洲后，对奢侈品需求的地域范围扩大至北欧。北欧人也开始同意大利城邦往来，欧洲商贸活动逐渐扩大。至 15 世纪，威尼斯已经定期向北方远至英国和荷兰派出保护商船的护航船队。

除此之外，当时的教皇统治制度促使意大利境内各城邦之间产生激烈竞争。城邦之间的竞争有益于培养商贸发展的历史环境，城邦之间竞争的自然趋势是促进各沿海城市的长距离贸易。这种教皇统治政策也促成了新的知识阶层的兴起。意大利不同的城邦中怀有远大志向的政治家，都希望通过对艺术家和人文主义者的保护和资助来提高自身的社会地位。教皇政策同上述现象殊途同归，间接和潜在地促成了相同的社会效果。通过助长城邦之间的分歧，促使独立城邦的增加和挑拨不同政治派别之间的矛盾和冲突，教皇的政策在无意中鼓舞许多新的人物走上政治舞台，渴望获得政治权力。在这种情势下，世袭贵族不再高枕无忧，他们的地位不再是稳固的、安全的。而政治冒险家们却发现了崛起的种种机会，一种通向政治权力的新的途径随之出现——这就是财产和财富。首先是船只、商品和金钱，而不是世袭的土地和庄园。这些财富和财产可用不同的职务及其提供的成果取得，如建筑师、艺术家、文学家和他们的创作成果。财富可直接地提升所有者的政治地位和权力。人们可以通过市政管理获得在公众中的声誉和支持，为了迅速获得财富，人们沉溺于长途贸易投机和金融投机。

在意大利，通过商业革命进入权力领域的阶级——商业资本家、投机银行家、冒险家这些社会势力，很快成功地进入统治阶层，并迅速将自身认同为统治阶级，从而替代了往昔的统治阶级。至文艺复兴时期，原来的封建贵族阶级已几乎全部被通过商业革命和货币借贷获得财富的新一代资产者所替代。古老社会体系中的领主、贵族和主教们发现，他们向新兴商人和银行家借来的大量高利贷款最后无力偿还。不久，这些富豪家族提出为出生于帝王家族的人发放津贴。在同古老贵族的斗争中，美第奇家族的科西莫是一些野心勃勃家族的领袖，最终成为佛罗伦萨的权力精英。

2. 商业革命促进学术的复兴

上述这些现象是促进意大利商业革命的重要因素。新的统治集团在成功地替代古老的贵族阶层、控制了教会和城邦的同时，关心学术和艺术的复兴。新的统治集团抛弃了古老的经院哲学，科西莫·美第奇在佛罗伦萨建立了一所柏拉图学园，是一种明显的对柏拉图哲学的复兴，得到人文主义者的支持。

伴随意大利出现的学术复兴，一个新的知识阶层——人文主义者——开始兴起。人文主义者是一群具有自我意识、充满自信的知识分子，他们是由一种新的社会建制、新兴商业城市背景所支持的一批先知先觉的知识群体。他们往往得到某一政治独裁者的保护，或者某一地方统治集团的支持和资助。这种社会潮流在教皇利奥十世统治时期达到了巅峰。意大利新兴商界——王公统治集团，不仅慷慨资助学术和艺术的发展，同时他们自己也积极参与学术和艺术事业，他们自己也成为学者、艺术家和人文主义者。洛伦佐·美第奇就是一位诗人、哲学家和人文主义者。

应该注意的是，人文主义者对物理学、对希腊和罗马古典学术尤其是柏拉图和毕达哥拉斯传统的敬重所创造的社会氛围是十分明显的。这应该是 16 世纪在意大利各所大学出现的数学和毕达哥拉斯学说悄然复兴的一种合乎逻辑的解释。如果说意大利境内的大学在很大程度上已经明显地成为与人文主义相同的时代进步的象征，那么，人文主义者和新兴的大学都得到新兴的社会建制——商业城邦和商业资本家组成的统治集团的支持。据说博洛尼亚市政府将每年总收入的一半用于博洛尼亚大学的办学费用。哥白尼就是在其博洛尼亚大学的老师纳瓦拉的影响下，接受了新毕达哥拉斯学说。伽利略的母校和他于 16 世纪末任教的比萨大学，是由佛罗伦萨美第奇政府资助的。在这一方面，意大利的各所大学与巴黎大学截然不同。此时的巴黎大学仍然完全处于教会的控制之下，而且依然是亚里士多德主义盛行的中心。

在这种情况下，我们谨慎地提出下面这些结论：哥白尼和开普勒著作中明确揭示的令当时世人惊异然而是他们经过审慎思考的学说，是与中世纪物理学常识的基础完全对立的，而他们的学说是在文艺复兴的背景下产生的。因此，人文主义者为它们学说的产生创造了有益的社会氛围和社会环境；而学术上的这种变革，是在一种新的社会建制和新的社会阶层，即区域较小的城邦及其商人—王公组成的统治集团悄然崛起的基础上发生的。城邦及其统治集团是在持续发展的商业革命的孕育中发展起来，它们的崛起注定要摧毁教会对知识阶层和意识形态领域全面而持久的控制。至此，我们能够信心十足地说，文艺复兴时期出现的有益于伟大科学革命的历史条件，同样来自商业革命。这里所谓科学革命指的主要是科学实验精神的兴起。

五、文艺复兴：挑战中世纪伦理观的文学运动

就物理学而言，虽然文艺复兴时期没有发生现代意义的科学革命，但是产生了伽利略—牛顿的现代科学。一方面是新毕达哥拉斯主义的数学完善论和阿基米德精神的复兴，另一方面是工程师和航海家在实践中实验精神的诞生和成长。同时我们发现伦理学领域出现的类似现象。在伦理学领域，文艺复兴时期没有出现积极的理论成就，但正是在这一时期，中世纪的伦理观遭遇强烈挑战，在某些方面为伦理学向现代的整体变革打下了基础。

中世纪伦理学中的唯意志论和理性论都属于神学范畴。在这种伦理学中，关于造物主的观念——造物主意志、造物主智慧、造物主本质——是其中的议题。唯意志论的极端形式将道德中的善界定为造物主的意愿。理性论主张，对造物主的认识是道德大厦的拱顶石，人生整个过程中能够做出的最崇高业绩只能在其彼岸世界完成。文艺复兴的真正成就在于摧毁了这种以造物主为中心的伦理学，人的观念及其幸福感完全摆脱了同神的纠缠。

文艺复兴时期发生了摧毁封建社会的伟大商业革命。商业革命进程中，出现了一个控制欧洲社会发展方向的阶级——商业资产阶级。这个阶级从王公和牧师手中夺取了统治权。商业革命进程中，出现了一种新的社会建制——民族国家，民族国家取代了教会的地位。商业革命进程中，逐渐涌现出具有竞争意识的个人和个人主义，出现一种动态阶级结构，取代了中世纪世袭的等级制度。商业革命进程中，出现了前所未有的地理探险和一系列新的发现，从而不仅开阔了人们的地理视域，而且鼓励人们向新的知识领域进行探索。地处遥远民族的奇异风习和道德观念给西欧的伦理观带来巨大影响。更为重要的是，

现代科学的崛起，对欧洲社会各个领域构成了前所未有的挑战。

文艺复兴运动仅仅是一个过渡时期，许多古老的制度和规则依然存在，但神学伦理学逐渐让位于人文主义伦理学。美好的人生不再是圣徒学者所描述的来世天堂和对造物主专一的敬仰，而是对艺术的鉴赏和资助。当然这是有文化的上层人士表现出的人生美德，也是人的最高才干的表现和人生的最高成就。幸福生活成为人们此生此世追求的中心目标，而生活的幸福主要在于对情感和躯体的满足感。圣者的生活是拒绝世俗欲望，其严酷与苛刻令人们感到寒峭而却步。于是隐修生活和禁欲主义的邪恶遭到广泛的批评和谴责。

也许可以说，文艺复兴时期的伦理观念是理性的。人文主义者认为，托马斯·阿奎那的抽象理性是令人厌恶的，但是阿奎那相信，美好人生不是由某种专横指令规定的，而是建立在人性之上；美好的人生是人类发展的最高境界。人文主义者弃绝修士们对造物主智慧的专一敬仰，他们将人作为智慧的生命，并满足其生命必要的欲望。当时有文化的上层人士的理想，是直接而积极地参与到社会事务中去。

1. 彼特拉克：充盈人类柔情的抒情诗

文艺复兴人文主义运动，在很大程度上是一场文学运动，一场挑战中世纪伦理观的文学运动，而不是观念的革新运动，其影响直接所达主要在于文学和修辞，而不是关于意识形态的严峻论辩。事实上，这一反叛经院哲学的运动针对的是其晦涩的写作风格。在这一文学运动中，一位诗人的创作经历及其成就受到人们的热情颂扬，赞扬他敏锐的洞察力、尊重普通人的胸怀和同情他们艰辛度日的生活窘况。

生活在 14 世纪的意大利诗人彼特拉克（Petrach，1304—1374）是人们经常提到的伟大诗人。他不应被称为一位伦理学家，但在宽泛的意义上，他却是文艺复兴时期伦理思想的真正代表。他努力复兴一个没有基督教信仰的古代，在那个时代，文化人和诗人用他们自己的智慧描绘出人类的愿望和理想。彼特拉克弃绝中世纪经院学者晦涩而枯燥的学术考辨，成功地复兴和向大众传播罗马古典文学，其代表人物有贺拉斯、维吉尔和西塞罗。罗马古典文学的复兴激起了文学史学家们自身固有的兴趣，它预示了伦理观念的一种变革，不再是亚里士多德体系式的枯燥分析。美好的人生不再是由理性推理描述的那样，而是由充盈人类感情的、具有古典风格的美文展示在人们面前。

彼特拉克不是试图为人们开掘往昔风貌的历史学家，他是一位人文主义者，希望复兴传统的美好人生。这种美好人生出现在他的诗歌创作中，他那描写对劳拉深切怀念的十四行诗中。这些作品不是装腔作势宣示某些观念，而是充满真挚情感和描写细致入微情爱的抒情诗。诗中描写的是一种新的生活——不是圣徒和经院学者们在孤寂中寻求与造物主融合的生活，而是充盈人类柔情的诗人生活。然而这种新生活却与往昔古人的生活有许多共同之处。显然，这种生活只是富有的和拥有权力的少数人，及其扈从者作家和艺术家们的生活，与生计艰辛的普通大众毫无关联。

2. 薄伽丘：挑战中世纪意识形态领域的伪善与丑恶

薄伽丘（Giovanni Boccaccio，1313—1375）是14世纪另一位意大利作家。他的《十日谈》不是歌颂伤感柔情的作品，而是颂扬对欲望全心全意的追逐。薄伽丘的理想与中世纪圣徒理想之间的差异是显而易见的。《十日谈》里充斥大量牧师和修士们道德败坏、伤风败俗的故事。薄伽丘显然希望告诉人们，圣徒们放弃肉体欲望的满足去追求神圣的理想是超越人性的奢望，完全是空想的。虽然薄伽丘从未试图讥讽“造物主之人”的淫荡好色和彻头彻尾的愚蠢，但是我们不禁会想到，他是一位不折不扣的讽刺作家。薄伽丘毫不掩饰地对纵欲的描写，表明他不是一位时俗改革者。将文学作品惯用的夸张手法搁置不论，我们似乎发现薄伽丘的确相信美好生活是一种对肉体欲望的最大满足。希望与造物主融为一体的冥思和屈从于他的意志的生活，对人生目标的奋斗毫无意义。

薄伽丘追求的只是少数人沉溺于情欲中的悠闲生活。这种生活是远离广大民众命运中无法逃避的辛苦、单调的生活；正如《十日谈》里反复描述的那些幸运的少数人，千方百计逃离黑死病肆虐的可怕现实。薄伽丘称不上是理论家，然而他的目的却是严肃地挑战和鞭打当时弥漫于欧洲中世纪现实社会意识形态领域的伪善与丑恶。

3. 伊拉斯谟：揭露基督教虚伪礼仪面纱下的罪恶

同薄伽丘的纵欲主义相反，我们看到 15 世纪末和 16 世纪初，尼德兰学者伊拉斯谟（Desiderius Erasmus，约 1466—1536）倡扬的清教人文主义。同所有人文主义者一样，伊拉斯谟对古典文学有浓厚的兴趣。他的兴趣尤其在于校勘希腊文和拉丁文手稿的《圣经·新约全书》。作为一个基督教徒，伊拉斯谟欣然承担一种使命，希望将一个空有其名的基督教世界，恢复到耶稣及其早期门徒们所建立的基督教精神伦理观的世界。他看到周围的世界沉浸于盲目的宗教仪式中，在基督教虚伪的面纱下形形色色的罪恶，以及那些耀武扬威的宗教领袖们的愚蠢和无知。于是，他在《基督教武士手册》中呼吁人们从盲目的形式主义，回归耶稣所倡导的简朴伦理规范的宗教仪式。

伊拉斯谟信念的力量清晰体现在他那辛辣的讽刺作品《愚人颂》中。我们从这本献给托马斯·莫尔的书中发现下面的句子：以轻浮的举动对待严肃的问题，是最无聊的轻浮；因为以一种轻浮的方式对待无聊的琐事，是最可笑的。在描写愚人时，宣称他笔下人物的忠诚与顺从，这些人物是腐败的基督教教会会众，狭隘、吝啬的神学家，堕落的修士，迂腐的经院哲学家，以及所有那些为私利进行交易的盲目轻信的普通人。书中愚人的子女们的自我赞扬为伊拉斯谟提供了表现其诙谐的一个极好的媒介，然而这正是他为实现自己的革新愿望而对丑陋时俗的谴责。这里至少是以暗示的方式告诉人们，神圣的理想超越了人性的极限，这种神圣理想必将成为毫无意义的东西。同薄伽丘毫不掩饰的纵欲主义相比，伊拉斯谟的作品中出现的是早期基督教式的爱和谦恭。

伊拉斯谟似乎希望，将只有少数人献身的、在对造物主的冥思默想中达到的神圣理想，改变成为广大民众的谦恭和善良的人生态度。如果是这样，我们会被他的这种理想主义深深吸引。然而，伊拉斯谟的理想主义在当时下层人民中存在的实际问题面前，比如，为推翻奴隶制而发生的农民战争，以及他们贫穷、悲惨的生存状态，必将面临彻底破灭的命运。同所有人文主义者一样，伊拉斯谟没有认真对这些基本的问题进行深入的思考：什么是善？什么是鉴别善行与劣迹的标准？伊拉斯谟回避了这些问题而简单地致力于复兴一个伟大的传统——伊拉斯谟的美好愿望是一种不切实际的乌托邦理想。

4. 拉伯雷：对中世纪人们腐朽、愚蠢言行的辛辣讽刺

生活于16世纪前半叶的拉伯雷（Fransois Rebelais，约1494—1553）也许是文艺复兴时期最著名的法国人文主义者。拉伯雷青年时就对隐修院的教育产生反感而改习医学，在医学领域似乎成为成功人物，获得蒙特利埃大学硕士和博士学位，并在那里任职。他曾校勘几

部医学著作，其中包括希波克拉底和盖伦的作品，但他的名声主要来自他的文学作品。同所有讽刺作品一样，拉伯雷的作品也蕴含道德启示。拉伯雷约于 1521 年受神职，接触并熟练掌握希腊语和拉丁语，这为他后来研究古典作品提供了方便，也为他的文学创作创造了条件，使他成为学识渊博的人文主义者。

拉伯雷的作品对欧洲中世纪人们的腐朽观点和愚蠢行为给予了辛辣的讽刺，其代表作是闻名遐迩的四卷本《卡冈都亚和庞大古埃》（中译本名《巨人传》）。卡冈都亚和庞大古埃都是来自一个巨人族的巨人。这部长篇小说取材于通俗传奇文学、笑剧、骑士故事及意大利古典文学作品，其中有粗俗的戏谑和讽刺喜剧成分，内容涉及法律、医学、政治、宗教、哲学、伦理等方面的知识。但是，这些故事中淫秽下流、粗俗幽默的内容，以及作者对生活中那些放纵热情的描述，往往遮蔽或冲淡了他主要关心的政治、教育和哲学的一些严肃主题。他的真正目的是要把当时社会上的男男女女从愚昧中解放出来，使他们认识到人类所具有的更高层次的潜能。

文艺复兴人文主义者，对欧洲社会伦理思想的发展起到非常重要的作用。他们没有像启蒙运动的自然主义者那样，希望使伦理学成为研究人类行为的科学，他们只希望为那些幸运者构设一种生活理想。他们在谴责当时所谓“造物主之徒”的生活的同时，批判中世纪伦理所倡扬的理想。

5. 蒙田：对中世纪信念的怀疑主义

16 世纪法国随笔作家迈克尔·蒙田（Michel Eyquem de Montaigne，1533—1592）是文艺复兴时期典型的怀疑主义者。蒙田对一切知识，不论是自然的或超自然的知识的确实性和必然性，坚持一种怀疑态度。他说，如果我们不能断然否定造物主的存在，就应该认识到造物主是一种不可理喻的力量。同样，我们应该回避一切独断论的神学，谴责宗教人士那些不可容忍的作为。他说，我们必须记住，所有设想中的知识只是人们的信念，而人是最容易犯错误的。蒙田的这种怀疑态度不仅针对超自然的“天启”，而且涉及人的感觉和智力。

这样看来就不存在任何不容置疑的伦理基础了。不同的人有不同的伦理标准，道德似乎是随时代和地域的不同而有不同的标准。但是当我们进一步阅读蒙田的作品，就会发现蒙田不是一个道德相对主义者，更不是主张没有“善”这一概念的伦理怀疑主义者。蒙田反复问道：“假如我们连自己都不知道，我们还能知道什么呢？”他的怀疑论便由此导向自我探索，他研究自己比对任何其他主题都更为关心。因为这样做，人就能更好地约束自己的行为：自我研究是培养人性的学校。他不断剖析自我，检验自我，将自我研究扩大到对人的研究，认为每个人都体现人类的整体形象和特性。人的最高智慧莫过于认识对他人和对自己负有的责任。自我反省和自我克制能使人在精神上获得独立，我们的命运好与坏，仅仅取决于我们自己。

蒙田的自我研究和自然而独立的道德观使人们感动，他的作品于1603年问世，其思想和观点立即被弗朗西斯·培根、莎士比亚、拜伦、爱默生等人采纳。20世纪以来，蒙田被公认为是伟大的作家，他的读者遍及全世界，人们将他视为良师益友。

六、人文主义的兴起

意大利文艺复兴时期最重要的时代特征是人文主义精神。文艺复兴人文主义代表一种对人的信念，一种追求知识的热忱和强调学术严谨的时代风貌。人文主义者认为，理性比信仰更重要，他们向往古代希腊和罗马的学术和文化。人文主义精神不仅限于学术领域，而且弥漫于社会的各个方面。文艺复兴基本上是一种贵族阶层的运动，普通大众依然过着贫困的生活而与这一运动无关，但人文主义运动最终促成一种更为宽容和富有人道情怀的社会风气。

1. 古希腊人本主义传统

关于人文主义（Humanism）一词，没有人能够给出人人都满意的定义，即使在人文主义的发源地西方世界，该词也含义多变，在不同时代和不同地域，不同的人会做出不同的阐释。至于在其传入中国之初，由于文化传统的差异和语言的隔阂，以及由此造成的翻译上的困难和局限，人们不仅对人文主义一词的内涵没有一致的认识，而且在译名上也出现了混乱，对该词的译名有人本主义、人文主义、人道主义，甚至人性主义等。如果说上述不同译名，都是人文主义在不同历史时期和不同状况下的表现，那么出现不同译名自然是无可厚非的。如人道主义本来是人文主义在一定历史条件下产生的新的内涵，但根据中国的特殊文化背景，却具有了独立存在的含义，甚至衍生出与人文主义大相径庭的意义。

古代希腊的人本主义是希腊文化的重要组成部分，古希腊哲学家普罗塔哥拉提出，人是万物的尺度，这事实上是人本主义的内在本质。古希腊时期最吸引人的思想之一，是以人为中心，而不是以造物主为中心。当时的人本主义者反复强调，哲学要成为人生的学校，致力于解决人类的共同问题。在古希腊时期，人们就试图通过哲学、历史、艺术教育来体现对人的关怀。古代希腊人认为，教育是可以塑造人性的。正如柏拉图在《理想国》中说，节奏与和谐进入人的灵魂深处，它们同灵魂融为一体，赋予人以美德，使他们成为有教养的人。上述这一历史行为为欧洲中世纪大学教育的建立打下了根基。

在这种关怀人的成长的人本主义社会氛围中，古代希腊人认为，此时此地，生活是令人愉快和向往的。这种人生态度同中世纪的禁欲主义完全相反。中世纪的禁欲主义认为，只有来世的生活才是真正美好的生活，而追求享受现实生活的欢乐被认为是魔鬼的诱惑。对于古代希腊人而言，艺术的主题和研究对象是人及其环境。古希腊建筑将人类对空间的体验予以人格化，因而古希腊建筑避免显得太庞杂和太宏伟而使人的心灵无从充分把握它们。古希腊建筑的简朴总是给人以一目了然的印象，通过将无限空间规范于人类理性的把握之中这一过程，使建筑物体现了人本主义的特征。这样，作为一座整体的古希腊建筑，赋予混乱状态中的空间以秩序，使空间成为可被人类心灵理解的东西。

这种人本主义思想尤其体现在神像的雕刻艺术上。古希腊人也敬神，但他们的多神教是根据人的生活和需要建立的。因而这种对神的崇拜不排斥人的需要和对现世幸福的追求，他们在敬神的同时对人进行赞颂。古希腊宗教的人格化特征还体现在将众神作为理想的人这一观念中。这种理想的人的形象排除了普通人所具有的局限性。阿波罗和雅典娜等众神，都是以理想的男性和女性之美的形象出现。古希腊人对想象中众神认同的同时，也提升了他们自己的自尊意识，就像一句俗语说的那样：众神越是像人，人就更加高尚。

戏剧是古希腊文化的重要组成部分。古希腊戏剧对不同人类典型的创造，对于人类面对的社会和道德问题的关怀，体现了浓郁的人本主义精神。古希腊悲剧作家总是在剧中人物经历的情感历程、在戏剧情节展开过程中探索人生命运的大起大落，人物往往从荣耀的巅峰跌入命运的深渊。古希腊悲剧作家将崇高的主题建立在人类命运所经历的历史进程基础之上，从宇宙中不可抗拒的道德规范去观察人的命运历程。亚里士多德赞扬伟大的古希腊悲剧，理由在于其崇高的观念和情节不容变更的逻辑性，在于其对人类命运的由衷关怀，体现了强烈的人本主义情怀。

2. 文艺复兴人文主义：高扬人性和个人价值，以人性反抗神权

在西方世界，文艺复兴向来而且将继续是欧洲近代史领域争论最激烈的主题之一：文艺复兴是否是一场革命？它主要是中世纪的继续还是其衰微，抑或是现代的开端？文艺复兴基本上是反基督教的，或者依然属于基督教范畴？学者们对上述问题尽管言人人殊，但文艺复兴同人文主义的观念和人生态度联系在一起，却是无人质疑的。尽管人文主义的含义复杂，但其中心内涵是一种关于人的哲学。这种人的哲学是一种不成文的哲学，是意大利文艺复兴早期大多数知识分子所服膺的流行观念的基础。这些流行观念是：个人的尊严，对个人价值、人生目的的尊重，以及对个人能力和创造力的关注。19 世纪历史学家雅各布 · 布克哈特有一句名言，用以概括意大利文艺复兴是发现世界和发现人——前者是探索外部世界，后者是探索人的个性。

对人的尊严的关注正是文艺复兴为现代世界留下的主要遗产。文艺复兴为持续至今的欧洲人文主义传统的延续和发展建立了规准和方向。意大利文艺复兴虽然主要是一种文化、文学和教育运动，是对古典文化、古代希腊语和拉丁语文学的模仿和研究，但它对当时的哲学观念和社会思潮影响深远。文艺复兴早期学者继承了古代希腊的遗产，以教育体现对人的道德、价值的关注和提升，在古希腊和文艺复兴人文主义者的观念中是一脉相通的。他们认为人之所以为人，就

在于他脱离了原始状态而不断趋向普遍性，从而不断使个人从“所是的人变为应是的人”。教育是一种人性的自我完善，不断塑造更美好的自我形象，使自身成为有价值从而有尊严的个体。对人和个人价值的关注就必须唤醒个人和开发其能力。要达到这一目的的手段就是教育。人文主义者认为，教育是把人从自然状态脱离出来和发现其人性的过程。他们用语法、修辞、诗歌、历史及道德哲学等人文学科作为提升人的素质和价值的教育手段。他们相信人文学科教育可以培养出理想的人。这些学科的教师被称为人文主义者。人文学科（humanities）和人文主义者（humanists）两个术语在文艺复兴时期已经出现，而人文主义（humanism）这一称谓则是 19 世纪史学家们用来描述文艺复兴这一古典文化复兴运动的。

意大利文艺复兴人文主义兴起的直接原因，大致有三个方面。首先是意大利中世纪的修辞传统，这种修辞传统是作为书信、档案和讲演词写作技巧而延续下来。其次是对古典拉丁语诗歌和其他文学作品的模仿和研究，这一状况在 12 世纪的法国尤其流行，至 13 世纪末传入意大利的学校，同这里的修辞学传统结合，被认为是写作和讲演训练的最好途径。第三种因素是在 14 世纪后半叶发展起来的对希腊古典文学的研究，这是几个世纪以来从东方拜占庭帝国发展起来的，通过频繁的政治、宗教和学术交流传入意大利。这些学术成果的结合最终成为意大利人文主义学术的主题。大学和中学里所有上述学科都由人文主义者执教，其培养的文化力量遂成为文艺复兴运动的中坚。

人文主义是从外部间接对诸如自然哲学、神学、法律、医学以及数学施加影响，然而这种影响在许多方面往往是非常重要的；尤其对这一时期哲学思想的影响是巨大的，它为包括哲学家在内的知识阶层提供了新的文学和社会批评的标准。虽然人文主义不是一种独立的哲学，但其自身要旨却涵盖了对文艺复兴运动具有伟大而深远意义的一些普遍观念。这些观念之一是人文主义者所倡导的历史观和他们对历史的评价。他们认为，古典时期许多方面都是一个接近完美的时代，其后出现了长期衰退时期，即所谓“黑暗”的中世纪。他们自己时代的使命是完成对古典时代的复兴，复兴古典学术、艺术和科学。

对个人命运、价值和尊严的关注，成为文艺复兴时期人文主义者最基本的信念。这种信念在他们的著作中表现得非常明确。例如，被称为文艺复兴时期第一位人文主义者的彼特拉克，曾在他描述旺图山旅行的信中表述，他为山峰奇异的景象所折服。他随手取出奥古斯丁的《忏悔录》，读到下列句子：人们赞美高山的壮丽、大海的汹涌、江河之源、海滨风光和星辰运转之轨，却完全忽略了他们自己。这时彼特拉克说：“我对自己感到愤怒，因为我依然在赞美地上的事物，虽然我早已从非基督教哲学家那里知道，没有比人的灵魂更伟大和更值得赞美。”接着彼特拉克表达了他的信念：人和人的灵魂是人的真正标准。这一观念被柏拉图主义哲学家、人文主义者皮科·米兰多拉（Giovanni Pico della Mirandola，1463—1494）进一步发挥。在著名的《论人的尊严》（1486）中，米兰多拉强调人选择自己生活方式的自由，人不再是处于社会等级中任何固定地位的人，个人将完全摆脱等级制度的桎梏而拥有自己的世界。

欧洲文艺复兴将人推到了历史的前台。人们开始相信，是人而非造物主在书写历史。人文主义者对此世的热情，虽然不排斥信仰，但决不被信仰所笼罩。世俗的丰功伟业斩断了同“天国”的牵连。马基雅弗利将这种观点创造性地加以发挥：人可以通过手段和技术达成自己的目标。被认为是现代社会学开拓者的马基雅弗利的人文主义思想，集中于政治行动的核心问题上，即权力和良心之间、力量和美德之间、目的和手段之间的关系。他认为，基督教教义鼓吹的是错误的价值观，因为它把谦卑、克制和轻视世俗事务认为是人类最高的品德，颂扬谦卑和隐退的人生信条，结果导致了国家（社会）的腐败。

文艺复兴人文主义者不仅高扬人性，尊重个人价值和人生目标，他们还尖锐地批判经院哲学的逻辑范畴和形而上学，抨击经院哲学家脱离人的日常生活而对造物主的存在进行抽象的推理和论证。彼特拉克指责经院哲学只关注那些对于丰富人的生活没有任何贡献的东西，而对人的本性、我们生命的目的以及我们将走向哪里，这些至关重要的问题却不予理会。布克哈特说，文艺复兴人文主义运动驱散了中世纪人们在观察世界和认识自己时，由信仰、幻想和先入为主的成见形成的迷雾，在这层迷雾下，人类只能把自己定义为种族、党派、家庭或团体（如教会）中的一员。

文艺复兴人文主义运动虽然是一场文化、教育运动，但实际上是在意识形态领域，用人文主义思想反抗封建神学，以理性为武器批判封建特权和等级制度，用人性反抗神权，用个性解放反抗禁欲主义，用理性反抗蒙昧主义。于是，人从中世纪神学的桎梏中苏醒而成为独立自由的人，这是欧洲文艺复兴人文主义者推翻封建神学统治的结果。文艺复兴人文主义运动引发了欧洲社会多方面空前的深刻变革，使欧洲历史从古代朝着现代的方向迈进。历史在长时期的暴风雨之后，终于迎来了黎明的曙光——现代社会的曙光。

3. 人文主义者：新教改革的中坚，启蒙运动的先驱

文艺复兴的人文主义传统是宗教改革运动最重要的源泉之一，孕育于基督教内部的人文主义是宗教改革的思想基础，这种情况尤其出现在北欧。许多基督教人文主义者如马丁·路德和伊拉斯谟等人，发

起对基督教的改革运动，反对到处滋生腐败的教会和神职人员的中间角色，而坚持个人通过祈祷与造物主对话。个人的内心和造物主有了直接的精神联系，个人可以决定自己对《圣经》的选择性理解。在同造物主交流的时候，每个人都是独立而平等的，神学中的等级制度逐渐趋于结束。新教改革将个人和造物主联系起来，其后果与其说是突出了造物主，不如说是让个人主义的背影从欧洲地平线上缓缓浮现。于是新教改革同样奏响了个人主义的序曲，并和人文主义遥相呼应。如果教廷的权力衰微，君主的权力就会加强，这又激发和配合了日后民族国家的兴起。教会及其体制的衰败，使整个社会烦琐的宗教生活色彩淡化，从教规束缚中解放而形成的世俗化潮流将不可遏制。个人主义、民族国家、世俗化潮流在人文主义运动和新教改革运动的推动下萌芽、成长。文艺复兴时期的人文主义者，是新教运动的中坚，也是启蒙运动的先驱。

文艺复兴时期的人文主义重视人的本性再现，是一个人性张扬的时代。然而过于强调人的自然本性，显然就易于丢弃本属人的社会属性。人文主义排斥造物主，削弱了造物主的作用，人们就会抛弃信仰，世俗之欲以至于纵欲，酝酿着现代文明的危机。马基雅弗利在《君主论》中一方面鼓吹世俗权力和教会权力分治，另一方面鼓励人们追逐权力的欲望，体现了强烈的人本意识。然而国王和其他权力实践者可以不讲道义、不择手段地实现自己的政治目的，显然是政治的一种异化。以上状况都从根本上违背了重视个人道德情操的人文主义品格和价值追求。

在文艺复兴以后人文主义的发展轨迹中，出现了 18 世纪的启蒙运动。就是说，文艺复兴和启蒙运动之间，欧洲社会、文化的主要特征是人文主义传统的连续性。当然这是一种连续性而不是同一性。文艺复兴以后，传统性向现代性的突破，导致社会秩序和文化内涵发生了深远变化，人的价值和意义在不同领域得到充分重视。在这一背景下，出现了许多启蒙运动时期的人文主义思想家，诞生了休谟和康德的人性哲学。以理性为导向，以人为主体，以科学方法为手段，是休谟和康德哲学的重要标志。

七、社会进步观念的形成

1. 历史循环论

古代人类通过占卜或对星宿进行观察，试图预测未来某些事件的发生与结局。在今天，人们所采取的方法一般是依据对过去的观察与思考，从而希望未来的走向将遵循历史的发展轨迹。在试图利用过去的记录预测未来时，人们总是希望以历史形成的一般原则去规范未来事件的秩序，期望未来将建立在以往发现的规律之上。我们不能预言将要发生的事物的许多细节，但历史可能显现其发展的某种模式。这些模式对指导人们认识历史是有价值的。关于历史模式的观点对人类思想产生了巨大影响，这种思想在一定程度上支配着人们的想象和指导他们的行为，成为历史循环论的基础。

柏拉图的著作中描述的世界是一个完美的世界，但这个世界不是永恒的，其中蕴含着衰退的种子。在时间的推移中，如果造物主不加干预和再次启动一个循环周期，世界将完全衰退以至消亡。循环的第一阶段是传说中的黄金时代，但古希腊人认为，他们已是处于逐渐消亡的民族。这种观点与古希腊人的人生态度是一致的，即对人生的一种怀疑主义和悲观主义态度。这种悲观态度不仅在古希腊哲学中有所表述，在古希腊悲剧诗人、剧作家的作品中有更为清晰的表达。

柏拉图的历史循环论成为古代希腊人关于历史的正统理论，而且从古希腊人那里传给古罗马人。毕达哥拉斯的一些信徒认为，历史循环的每一周期将重复前一周期事件的最小部分。这一理论又被斯多亚学派所采纳，也出现在罗马皇帝马可·奥勒留的《沉思录》中。他说，理性的灵魂冥思自然的伟大循环和宇宙的毁灭与再生，历史的进程始终如一，40 岁的人能够知晓过去和未来的一切。

在罗马人统治下的欧洲体制，丝毫没有让人们感到人类处境会有改善与进步的可能性。罗马帝国的经济基础是不稳固的，其政府是一个极权主义的专制政府。随着基督教的兴起，出现了一种关于人类历史的新观念，即地球上的生命正处于终止的边缘。对奥古斯丁以及这一时期他的信徒们，如果世界在他们的有生之年进入毁灭期，历史的进程将令其满意地终止。基督教会作为耶稣门徒的一个群体，准备等待他们领袖的回归。早期基督教正统理论认为，其圣主的二次回归是任何时候都可期盼的。

2. 社会进步观念在历史的雾霭中逐渐显现

至 16 世纪晚期和 17 世纪早期，在文艺复兴运动推动下，历史循环论开始逐渐退出历史舞台。社会进步观念是早期资本主义经济与科学技术兴起的需要。弗朗西斯·培根为知识的伟大创新拟定了一个雄心勃勃的计划，他的观点是，通过实验能够揭示大自然的奥秘，科学和技术的价值在于对人类社会的实用性，人类知识的真正目的在于对人类生活条件的改善。为了这一目的，培根发现有组织的科学研究——对过去知识的学习及通过直接观察和实验对知识的拓展——必将导致人类社会的重大发展和进步。几百年来，培根的许多思想一直受到人们的关注，但他关于合作促进科学进步的观念在当时并未引起太多注意。

进步观念业已出现于培根之前的16世纪的实用数学、航海学和制图学文献中。培根可能没有读过当时关于度量仪器的有关著作，他对数学和定量研究没有表现出兴趣，真正重要的是培根思想的社会学价值。培根将其前辈的进步观念作为一种武器去打击经院哲学和人文主义的传统堡垒，从而首先为进步观念建立起哲学和文化内涵。科学进步观念出现在培根之前，而文明进步观念却始于培根。在对科学知识的掌握方面，培根明显落后于当时的军事工程师和制图师们。

科学进步观念得到笛卡尔哲学的支持，笛卡尔说，自然规律的永恒性和理性的逻辑结论，扬弃了基督教哲学家关于造物主的学说。笛卡尔在其《方法论》（1637）中阐述了科学进步对社会文明进步的推动作用，这时培根已去世11年。笛卡尔说，他为什么发表他的微小发现，因为他希望引导那些有智慧的人根据自己的爱好与能力，通过必要的实验，将他们的发现公之于众，从而为科学进步做出贡献。现代哲学史教科书往往忽略了笛卡尔对培根关于科学进步观念的进一步阐发。

在培根提出知识进步和科学发现逐渐增多之后，进步观念成为欧洲历史理论的重要方面。英国历史学家约翰·伯里对整个17世纪和18世纪欧洲进步观念的形成和发展，做了比较全面的阐述。进步观念还体现在康德哲学和孔德的实证哲学中，也是赫伯特·斯宾塞哲学的基础。法国数学家和哲学家孔多塞的《人类精神进步史纲》（1795）是关于进步观念的重要著作。孔多塞阐述了人类在接近完善的道路上不断进步的观点。他说，特权导致财富分配不均和教育机会不平等，这种情况如果不能彻底清除，必须逐渐减少。为达到这一目标，必须消除社会的贫富两极分化现象。

在整个 18 世纪，最伟大的思想文化运动是启蒙运动。启蒙运动的锋芒直指宗教迷信和封建专制主义，其历史使命在于教育大众、传播知识、开发愚昧、启迪理性。启蒙运动通过理性与进步观念联系在一起：坚信人类理性的力量；探索客观对象本质；弘扬科学理性精神；构筑历史进化图景；揭示社会进步实质。在理性主义和乐观主义思想基础上，进步观念从此逐渐成为一种制约人们的思维方式，并贯穿于全部社会科学中的核心概念，成为人们了解自身、社会与世界时必不可少的观念。科学的发展是理性主义进步观念的主要源泉。工业革命的兴起与生产力的发展，以及在科学推动下宗教文化的演变，都促成了进步观念的形成；在进步观念激励下，增强了人们追求真理的信心。真理的到来虽然缓慢，但历史给人以智慧，理性给人以力量，时间给人以希望，人类终归会通过亲身实践和独立思考，不断挣脱各种谬见的束缚，推动社会文明的进步。

3. 结语

尽管理性主义进步观念已深入人心，但古希腊人坚持的历史循环论没有在现代完全退出历史舞台。到了 18 世纪，意大利哲学家詹巴蒂斯塔·维科又将柏拉图等人的历史循环论加以详细论述。美国历史学家布鲁克斯·亚当斯在《文明衰退的规律》(1899) 中，对人类历史和人性怀有一种深重的悲观主义观点。他以恐惧和贪婪为人类两大动因的心理学为基础，阐明他关于历史的学说。亚当斯说，这两种动因在历史进程中交替出现，人类社会首先以恐惧为主导的时期。在这一时期，社会财富有所积累，社会被中央集权所控制。这种中央集权制社会将以恐惧为主要动因的军事国家，转变为以贪婪和经济为中心的国家。在这种资本主义社会，个人贪婪的结果将导致国家生产力的衰退，因而必将出现军事扩张。这些侵略者经历繁荣期，其后又衰弱直至消亡，这样的国家历史表现出一种历史循环论者所阐述的历史状态。

德国哲学家奥斯瓦尔德·施本格勒在其著名的《西方的没落》中，将历史表现为若干各自独立的文化形态循环交替的过程，任何一种文化形态都像生物有机体一样要经过青年期、壮年期以至衰老消亡。施本格勒将这种思想类推至个人，他认为，拿破仑·波拿巴是与亚历山大大帝相对应的人物。

施本格勒将每一种文化形态和每一个历史细节再现于每一个循环周期，这种情况显然不是历史真实，这种循环是不可能出现的。为表明历史的循环，仅仅指出某些相似的历史现象是没有意义的，不能说明历史的循环。施本格勒显然不了解英国考古学家、埃及学家弗林德斯·皮特里的著作。皮特里对田野考古技术和方法有卓越的贡献，他发明的地层断代法可以从古文化遗迹中复原历史。施本格勒著作的流行也许是因为他所宣扬的对未来的预言。即使历史发展的一般模式出现某种重复现象，那重复的事物也不可能完全相同，以至于人们能够预言未来，这不过是一种神话而已。

阿尔弗雷德·怀特海说："没有任何东西会把一切细节完全重现出来。任何两天或两个冬季都不会完全相同。已经过去的事物是永远消逝了，因此，人类的实用哲学只是预见大体上的重复现象，而把那些细节看成是超越了理性的范围，从神妙莫测的事物深处发出来的。人们可以预期太阳东升，但风却可以随心所欲地刮。"（怀特海：《科学与近代世界》，商务印书馆，1989，第5页。）

美国历史学家查尔斯·比尔德在为约翰·伯里《进步的观念》一书所写的前言中指出，现代文明的基础是技术，技术是征服自然的最有效手段。技术不仅涉及已有的各种机械和工作程序，而且更重要的是，它是与科学方法和科学精神相关联的体系。技术具有普遍性价值，适用于一切民族和影响一切社会阶层的生存状态，技术是社会进步的基础和源头。人类不仅从原始文化发展而来，而且为未来的继续发展和进步总结工作方法。当下的文明将再次出现循环，回到野蛮的社会状态，不啻痴人说梦。

八、马基雅弗利：文艺复兴时代精神的代表

1.《君主论》的写作背景

文艺复兴是一个过渡时期，其时代意义在于对整个中世纪观念提出挑战，从而为 17 世纪欧洲社会各个领域向现代的发展铺平道路。

尼科洛·马基雅弗利（Niccolò Machiavelli，1469—1527）在许多方面都是文艺复兴精神的最好代表。由于马基雅弗利对当时欧洲政治生活的真实描述，其在几个世纪以来一直被斥为玩世不恭的思想家。人们不喜欢以坦率和无情的方式谈论人间事件，史学家们往往用一些动听的语言掩饰政客们的自私行为，而马基雅弗利式的人生态度和行为准则，被认为是狡诈的和不道德的。但是，这种对马基雅弗利的否定却忽略了他伟大的智慧和可敬的诚实，以及他作为现代政治学奠基人的历史地位。他是一位不同寻常的敏锐观察者，他对其时代政治生活的描述表明，他是一位目光锐利的现实主义者，一位对当时社会及其经济状况具有深刻认识的人。

马基雅弗利生活在 15 世纪末和 16 世纪初的意大利。这一时期是君主专制政体在抵制旧体制和建立统一的新型国家方面取得巨大成就的时期。这些专制君主包括西班牙的费迪南德和伊莎贝拉，英国都铎

王朝的亨利七世和亨利八世，法国的路易十一世和弗朗西斯一世。在意大利，虽然在政治、宗教和文化方面都有往昔的荣耀，但国家依然处于分裂状态。这时的意大利好像是被许多国家踢来踢去的球。虽然也出现一些统一的迹象，但在马基雅弗利的时代，这个国家依然分裂为五个城邦。形成这种情势主要有两种原因。首先，随着商业革命的发展，西方世界的中心逐步从地中海沿岸向北大西洋沿岸转移，意大利已经达到其财富和国力的巅峰而开始走向衰落。其次，教皇实行暗地纵容和支持一些国家入侵意大利的政策，其目的是要确保这些国家对他的忠诚，但主要是想削弱意大利境内分立的城邦，从而加强教皇的地位和权威。

马基雅弗利在《君主论》中提出希望建立健全的法律体系和巩固强势的权谋在国家治理中的地位，他说，对他重要的问题是，一切国家的主要基础，是健全的法律和强势的权谋；一个国家没有强势的权谋，就不会有健全的法律。他不想讨论法律，只想讨论权谋。

有一种观点认为马基雅弗利是第一位现实主义者，他放弃关于理想的公平问题的思考，而倾向于对人们现实中政治行为的观察。他不是从观察的现象中发现其中严密的相关性和一致性，而是向人们展示政府官员追逐名利、精明老练的粗俗规则。马基雅弗利曾是佛罗伦萨共和国秘书，负责外交和国防，后被美第奇家族投入监狱。实际上，《君主论》是专为取得佛罗伦萨统治权后的洛伦佐·美第奇（Lorenzo de Medici，1449—1492）写的一本“实用诡计手册”。该书是作者希望得到君主青睐的敲门砖，在给洛伦佐·美第奇的赠书上，马基雅弗利写下这样的话：“如能得到陛下伟大胸怀关照，你将看到在下蒙受的不虞厄运。”人们也应认识到，马基雅弗利撰写《君主论》的另一非常现实和容易理解的目的——希望一位强硬和诡诈的君主统一意大利。在该书最后一章中，作者表达了他的愿望：劝勉君主将意大利从野蛮人的占领中拯救出来。

尽管《君主论》是在特殊情势下写的一本实践手册，但其中有对政治的深刻认识，对那些专制君主的统治实践产生过很大影响，也在某种程度上对让·博丹和霍布斯的政治专制主义理论产生了影响。书中阐述的一种为了成功可以采取任何手段的人生态度。马基雅弗利也不是在任何情况下都鼓吹采用口是心非、忘恩负义和心狠手辣的手段。他承认，这种不择手段的行为是不道德的。他说，一个成功的君主应该知道何时使用诡计，何时应该诚实、仁爱和以礼待人。实际上，马基雅弗利重视的不是邪恶的手段，而是成功的结局。一位君主做的每一件事都应是成功的，无论从任何好的动机或原则而导致失败，都将使他的统治无效。实际上，马基雅弗利并没有这样直说，而是《君主论》中弥漫着这种精神。马基雅弗利所说的成功是：战争的胜利和夺取新的领土，当然还有消除已有领土上人们的一切不满和不服。

2.《君主论》所表达的主要思想

马基雅弗利使政治学理论进入一个新的阶段。政治中关于“统治”的概念不再是人们追求的抽象理想和目的，而是成为权势者们达到目标的手段和技巧。《君主论》自问世直至今日，几乎成为西方世界从政者和政治观察家们的必读书。

马基雅弗利的写作不是从亚里士多德或柏拉图那里寻找依据，而是从当时实际的政治斗争中进行观察和总结。那是一个缤纷多彩的时代，变幻无常是其时代的显著特征，意大利各个城邦的政体和法规都处于迅速的变革之中。君主政体正在被民主政体所取代，内战是许多城邦面临的持续的危险。外国侵略军，尤其是法国和西班牙，不断威胁着马基雅弗利的祖国意大利的安全。敌国军队正在对意大利各个城邦进行掠夺。

马基雅弗利不是把人看作造物主之子，而是由自我利益支配的人。在佛罗伦萨为自由而战的背后，在所有爱国主义空话的背后，马基雅弗利看到了人们维护自我利益的种种丑态。他把人看成是非理性的和情感变化无常的。他宣称："当一位王子在做一件将违背他自己利益的事时，他不必保持忠诚。"但他指出，"人民的声音是造物主的声音"。马基雅弗利像一位科学家，他在书中删除一切次要枝节，言简意赅地陈述他的主题。在实践方面，他主张政治与伦理、宗教分离。马基雅弗利是一个实用主义者，他主张在权力、政治游戏中，一切达到目的的行为都是好的，一切性质的失败都是坏的。马基雅弗利的著作是用优美的古典韵文写成的，他以亚里士多德一句名言"人是政治的动物"作为开篇首句。从他作为其家乡佛罗伦萨外交官的经历和他那敏锐的观察力出发，他得出的结论是，人主要是自我利益的追求者，且基本上是邪恶的、堕落的，其情感是变化无常的。在国家事务中，他主张结果规定着手段的正义性，道德上的正派和邪恶与此毫不相干。他认为，一位统治者必须像一只狐狸一样狡诈，像狮子那样凶狠："最知道玩弄狐狸之术的人会得到最好的结果，但他必须是充分懂得如何掩饰自己的人。头脑简单的人是那些被即刻之需所控制的人。一名善于欺骗的王子总是会找到那些让他们自己受骗的人。"马基雅弗利劝告说："一个使人恐惧的王子要比一个受人爱戴的王子更安全——如果他必须是其中的一个失败者的话。"

马基雅弗利说，在任何一个国家里，如果要保持国内的和平与稳定，人民享有的权利是至关重要的。但是，当出现政见不同者，只有懂得如何争取不同派别以利于自己的、头脑清醒的统治者，才能取得大多数人民的拥护。离间和征服是他的指导原则。马基雅弗利还认为，王子们应有符合自己身份和地位的风度。

马基雅弗利懂得统治者的心理，他说，统治者不希望自己的周围出现竞争对手，独裁者不喜欢身边出现有能力的强人。虽然他相信自己的地位是稳固的，但他们的自我中心本性不希望受到挑战。社会现实往往证实了马基雅弗利的洞见：政府聘用平庸之辈的现象不只限于极权主义国家，在某些民主国家里同样是一种常见的现象。

马基雅弗利告诫统治者要警惕贿赂，但许多处在权力核心的人很难不为权力所迷惑，而在周围人员的面前保持自己的尊严。马基雅弗利同时敦促统治者，鼓励那些正直的政治家进入他的政府。

马基雅弗利认为，聪明的宣传家应运用爱国主义作为其达到目的的工具。马基雅弗利充分理解这一现代人信仰的含义。爱国主义作为借口，统治者就能掩饰其种种恶劣行为，蒙蔽和欺骗大众。如果一个人因为自己的经济利益杀死自己的邻居，他将被悔恨折磨；但是如果他声称其行为是维护国家利益，那么他会感到自己是一名英雄。借助爱国主义，统治者能够达到统一国人意志的目的；当公众陶醉于某种事业时，很多人不去密切关注统治者的行为。马基雅弗利继续说，运用爱国主义的关键在于对大众圣战式讨伐热情的理解，而大众往往不理解政治和经济领域斗争的复杂性。爱国主义能够使问题简单化，调和某些截然对立的矛盾，在公众中造成统治者的正确印象而得到拥护。

马基雅弗利认为，军事机器是国家主权不可缺少的部分。他早年曾撰写关于战争艺术的论文，但对战争的科学性贡献不大。然而马基雅弗利却成为公民军队理论的先行者，公民军队从那时起就成为国家政策的重要内容。公民士兵比雇佣兵有更大的爱国热忱为国家而战。

马基雅弗利的公民军队理论，促使后世几乎所有国家都开始建立自己的军队，不仅为了对外扩张，更重要的是保卫自己的国家。

3. 对马基雅弗利和《君主论》的攻击

在整个欧洲文献史上，马基雅弗利《君主论》的命运极好地说明了这样的真理：一本书的命运在于其读者的多少。《君主论》的声誉在历史上可谓史无前例，该书不仅引得学者们纷纷进行研究和评论，许多人出于好奇也争相阅读。《君主论》问世后，其内容即刻被作为有力武器用于世界政治斗争实践中。从一个世纪到另一个世纪，从一代人到另一代人，我们不仅发现对该书的评价有所不同，而且存在完全相反的评价。对马基雅弗利的人品，有人赞赏有人憎恶，因而往往很难认识在这些不同评价背后隐藏的，关于作者及其著作主题的真正面目。

英国政治家、历史学家托马斯·麦考利在一篇论文开始就以一种恐惧感评论马基雅弗利，他说："我们怀疑，在文献史上是否有如此令人憎恶的人和著作。他所描述的东西似乎要告诉人们，他就是那个魔鬼，有着邪恶的本质；他是野心和复仇的发明者，伪证的原创者。在他那该死的论君主的书出版前，从未有过这样的伪君子和叛徒；他的姓是流氓的形容词，他的教名是魔鬼的同义语。"后来这一评价被完全颠覆。一个时期，这种极端的谴责又变成极端的赞扬，排斥和谴责变成尊崇和敬仰。马基雅弗利，这位暴君的顾问又成为一名自由的烈士，魔鬼的化身成为一名英雄，甚至几乎成为圣人。

对马基雅弗利的谴责和赞扬两种极端态度将导致误解。不应从道德的角度阅读和评价《君主论》。面对这样一本具有道德影响力的著作，纯粹的排斥和赞扬、谴责与喝彩都是无益的。斯宾诺莎有一句名言：“不要嘲笑，不要悲观，也不要咒骂，而是要理解。”在对马基雅弗利及其著作进行评价之前，重要的是理解。对马基雅弗利憎恶的情绪首先产生于 16 世纪的英国。不仅政治家和哲学家，甚至一些英国诗人和作家几乎都提到马基雅弗利的名字和评论他的政治理论。在他们的作品中，马基雅弗利主义意味着狡诈、伪善、残酷和犯罪，马基雅弗利这一名字的意义总是与仇恨、恶魔纠缠在一起。

4. 从魔鬼到英雄

马基雅弗利的理论从未失去其社会基础，成为欧洲社会大众关注的政治理论。令人不解的是，马基雅弗利最坚定的敌人和批评者，往往是对马基雅弗利主义在社会上影响力做出很大贡献的人。他们对马基雅弗利主义的厌恶中总是夹杂着赞赏和推重。反对马基雅弗利政治理论的人，同时又不得不敬佩他的政治天才。在这一方面，马基雅弗利的追随者和他最强烈的反对者，几乎没有不同之处。这种奇异的共同点，成为马基雅弗利主义在欧洲现代政治思想界影响力持久不衰的原因之一。马基雅弗利死了，但他的理论的影响力却依然彰明较著。英国戏剧家克里斯托弗·马洛在《马耳他岛的犹太人》序幕中提到马基雅弗利，他说：

> 虽然马基雅弗利已经死去，
> 他的灵魂却越过阿尔卑斯山；
> 来到了法兰西，欣赏这片大地，
> 同他的朋友们嬉戏。
> 也许有人讨厌我的名字，
> 这是对我的爱慕和怜惜；

让他们知道我是马基雅弗利。
对人的评价不能看人的言语，
钦佩我的是那些最恨我的虚伪之徒。
虽然他们公开诋毁我的著述，
他们却会去阅读；
因为他们注视着彼得的交椅：
当他们丢弃我时，
却成了被我毒害的攀爬信徒。

经历了漫长的岁月之后，17 世纪的哲学家首先批判对马基雅弗利魔鬼般的舆论判断。弗朗西斯·培根从马基雅弗利身上发现一种人类同源精神，认为他是一位冲破一切经院哲学樊篱的哲学家，试图以经验主义方法研究政治学。培根在《论科学》中说："我们非常感激马基雅弗利和与他相同的思想家，他们坦然而毫不伪装地披露和描述人们的行为和他们应该做的。"

斯宾诺莎希望改变对马基雅弗利的评价和清洗人们加于他的耻辱和污名。他将马基雅弗利看作是一位自由战士，但依然认为他是一个伪善和狡诈的人。卡西尔说，这种判断是不符合历史事实的，马基雅弗利从来不是一个伪善者。当我们阅读他的书信时，会惊讶地发现他完全不同于传统观念和偏见所描述的那样。这是一个直言不讳、心胸开阔和性格率真的人。他的为人和写作《君主论》的作者是一样的。马基雅弗利从不掩饰自己和隐瞒自己的见解，对他而言，最坦率的语言是最能表达其心声的语言。在任何情况下，他都不含糊其词和模棱两可，他的语言总是准确、清晰、明白无误。

18 世纪的哲学家和启蒙运动思想家们，认识到马基雅弗利思想的伟大光辉。某种意义上，马基雅弗利似乎是他们的天然盟友。当伏尔泰抨击罗马教会时，他认为是在继续马基雅弗利的事业。马基雅弗利宣称，罗马教会要为意大利的一切灾难负有主要责任，罗马教会及其教士们对意大利人民欠下了罪恶的债务，使意大利处于四分五裂的状态。这些话给了伏尔泰极大的启发。德国哲学家约翰·赫尔德在《关于人性的通信》中说，将马基雅弗利的《君主论》看作一本政治讽刺或有害作品，或者是两者的结合是错误的。他认为，马基雅弗利是一位诚实的爱国者，他书中任何地方都不能表明他是一个人类事业的背叛者。他的书之所以让世人产生错觉，在于人们没有从正确的时代背景理解它。该书既不是讽刺作品，也不是道德教科书，而是马基雅弗利为其同代人写的一部政治学杰作。马基雅弗利从未试图完成一本政治学总论，他仅仅描述了其时代的风习、人们的思维和行为方式。赫尔德对马基雅弗利的上述评价被黑格尔接受，而且他以明确的态度肯定这一评价，遂成为马基雅弗利的颂扬者。

黑格尔研究马基雅弗利的政治理论是在一种特殊历史条件下，即拿破仑发动的战争时期——弗兰茨二世放弃德国皇位。当时德国在政治上的失败似乎成为一种不可逆转的事实。在 1801 年撰写但没有发表的《德国政体》中，黑格尔用这样的话开篇：德意志已不再是一个国家。在这种心情下，在完全失望的政治环境中，黑格尔读到马基雅弗利的《君主论》。他似乎从这本被人们既谴责又赞扬的书中得到某种启示。他在 19 世纪的德国公共生活和马基雅弗利时代的意大利国家生活之间，发现一种极其相似的现象。黑格尔说，人们必须根据马基雅弗利之前一个世纪和意大利当时的历史条件和环境阅读《君主论》。这本书的内容不仅是正确的，而且是反映一位伟大、高尚政治天才真实思想的书。

对马基雅弗利作品的上述解释成为19世纪的主流观点。从此以后，马基雅弗利的名字从以前被辱骂变成被颂扬。理性和社会现实两种力量对这种变化产生了影响。在19世纪的欧洲文明中，历史开始起到主导作用，就是说，尊重历史的社会潮流成为主流意识形态。从这种新的观点出发，以往对马基雅弗利《君主论》的评价不再被人们接受，因为它完全脱离了该书产生的历史背景。另一方面，自19世纪初以降，民族主义成为欧洲最强大的社会潮流，成为推动政治和社会生活的重要力量。上述两种社会潮流对马基雅弗利理论的评价产生了深刻影响。意大利的爱国者总是以高度的热情讴歌马基雅弗利的《君主论》。通过戏剧和抒情诗，促进意大利民族精神复兴的悲剧诗人维托里奥·阿尔菲耶里在《君主与文学》中，毫不犹豫地称“神圣的马基雅弗利”。用马基雅弗利的名言，告诫他的同胞从愚昧中解放出来。

5. 马基雅弗利：文艺复兴时代精神的代表

虽然西方社会对马基雅弗利的著作及其为人有截然不同的评价，但有一点人们的意见是完全一致的：马基雅弗利是其时代之子，是文艺复兴的真正见证人。20世纪以来，雅各布·布克哈特对意大利文艺复兴文化的描述，遭到许多学者的批评，他们甚至反对使用文艺复兴这一术语。林恩·桑代克在讨论这一主题时说，从未有人证实也无人真正试图去证实它（文艺复兴）的存在。如果认为文艺复兴运动是从某一具体时间开始或结束，显然是荒谬的。但是，这一术语对应一个真实的历史时期，却是不能否认的。有两本著作可以证实这一事实，这就是伽利略的《关于两种新科学的对话》和马基雅弗利的《君主论》。乍看之下，要将这两本著作联系起来确实有很大的随意性。它们讨论的是完全不同的主题，属于不同的世纪，而且其作者在思想、科学兴趣、天赋和品格等方面差别很大。尽管如此，两本书却有某些共同性。两部著作所代表的思想倾向标志着欧洲现代文明史中的两种重要事件。20 世纪以来的研究表明，伽利略和马基雅弗利思想的产生有其历史和时代背景。他们的著作不可能是从作者头脑里自行产生，而是在时代文化和社会环境的作用下，经过长期酝酿和准备过程而形成的。伽利略在《对话》和马基雅弗利在《君主论》中所阐述的都是真正的新科学。正如伽利略的动力学成为现代自然科学的基础，马基雅弗利为政治学开辟了新的道路。某种意义上，伽利略和马基雅弗利的著作和思想，代表着文艺复兴的时代精神。

欧洲现代哲学史教科书一般没有论述马基雅弗利的章节，这是可以理解和无可非议的。从欧洲古典和中世纪的观点，马基雅弗利不是一位哲学家，他的著作不构成思辨体系，甚至不是一种政治学体系。但他的著作对欧洲现代哲学思想的发展，却具有非常强烈和直接的影响。这是因为，马基雅弗利首先果断而明确地冲破整个经院哲学传统，摧毁了经院哲学传统的基石——僧侣统治下的等级制度。欧洲中世纪哲学家们曾反复引述圣保罗的名言：一切权力归造物主。国家的神圣起源说被普遍承认。现代世界出现初期，这种原则和理论依然处于优势地位，甚至一些为世俗国家争取独立和主权的坚定战士，也往往不敢公开否认这种神学原则。但马基雅弗利不仅抨击这种原则，而且根本对它不予理睬。他从自身的政治经历发表自己的观点，经验告诉他，权力，真正的政治权力本身就是神圣的。他亲自看到那些新公国建立者的行为，并认真研究他们的政治手段和政治路径。如果说这些新公国的统治权是来自造物主，不仅荒唐无稽，而且是对权力的亵渎。作为政治现实主义者，马基雅弗利完全摈弃中世纪政治制度的基础。对他而言，权力来自造物主说的虚伪性一目了然，完全是一种异想天开的东西，是想象而不是政治思维的产物。一个世纪之后，马基雅弗利用伽利略研究落体运动规律同样的精神，研究和分析政治运动，他成为一种新型静态兼动态政治学的奠基人。

第4章

新教运动和天赋人权理论

第1节　新教运动

一、新教运动推动欧洲现代文明的诞生

基督教新教运动促成了欧洲现代文明的产生，是一种历史事实。问题在于学者们对新教运动在形成欧洲现代文明中与其他因素所占比重有不同观点，而且在不同文明领域其影响也是不同的。因此，这是一个复杂和不易做出明确判断的问题。

考察欧洲宗教改革运动的各种因素，可以发现新教运动只是间接地为欧洲现代文明的产生开辟了道路。作为对基督教文化主导理想的一种改造，新教运动是对欧洲中世纪思维的全面颠覆，从而确立了长期以来在艰难中形成的自由的世俗文明。德国思想家歌德，曾将新教改革运动比作法国大革命：它阻遏了那个冷寂社会继续前行的步伐。除此之外，新教运动也刺激了天主教观念某种程度的改革。人们通常认为，文艺复兴运动普及的观念和思维方式，标志着欧洲现代文明的开端，但是许多学者如欧内斯特·特洛尔奇却认为，在文艺复兴运动后，欧洲必须再经历两个世纪，中世纪精神对人们的控制才被解除而步入现代世界。当然，还要从不同角度认识这一问题。从政治史和经济史的角度对欧洲社会进行考察，人们可能会接受文艺复兴是欧洲现代文明开端的观点，因为在这些领域的革新运动，从中世纪晚期开始后从未间断。而且在这一过程中，新教改革运动起到主要作用。但是从宗教史、社会伦理和科学史进行考察，必将得出这样的结论：只有在 17 世纪末开始直至 18 世纪为自由而进行的伟大斗争中，才真正导致中世纪的最终结束。

然而，这样一来提出一个更为紧迫的问题：新教运动如何能在促进欧洲现代世界产生过程中起到引人注目的作用？新教运动在打破天主教独裁统治的同时，也瓦解了基督教文化的权威。16 世纪和 17 世纪不再是中世纪，但这两个世纪仍然缺乏现代的时代特征，而应是欧洲历史上的所谓忏悔时期，也是一个过渡时期。另一方面，新教运动瓦解了基督教教会体系，摧毁了基督教的超自然基础，这是完全违背其宗教宗旨的。教会的分裂和不同教派之间的激烈斗争过程中，形成了众多自由主义者和中立主义者，这些从基督教阵营分离出来的社会群体，扩大了推动欧洲从中世纪向现代转移的社会力量。

二、世俗国家和现代国家

世俗国家和现代国家概念，以及独立的政治伦理不是新教的直接产物。但新教运动将国家从各种宗教统治集团的附属品中解放了出来，却是不可否认的事实。它告诉人们，世俗职业是对造物主的直接功德和修行，而不需要通过中间角色的服务。这种情况在形式和理论上都预示了国家的独立性，但这依然不同于现代的国家概念。因为新教制度将国家视为一种宗教性质的机构，把国家的目的看作是保护基督教联合体及其道德法规的机构。

新教运动在促成国家发展过程中，其方向是追求自治，并大大推进了其自治地位。尤其是建立了作为造物主任命的天职为特征的世俗官员制度。这种状况在执行造物主神圣意志中发挥了重要作用，并赋予新的中央集权制以强大伦理权威，同时直接激励了国家机构以基督教联合体利益为前提，推进精神和物质文明进步而工作。鼓励世俗政府制定广泛的社会文明建设目标，将教育、道德、法规、食物供应和监督，以及精神和伦理事业全部纳入政府责任范围之内。这种状况与作为社会机构的现代国家概念仍然有所不同，因为这种国家体制是与其精神权威基督教共同行使国家权力。但是经过社会文明逐步与基督教脱离的过程，国家也逐渐全面掌握了世俗权力，作为世俗权力机构的现代国家从此产生。

三、加尔文主义推动欧洲民主化进程

在上述整个过程中，新教运动对已经出现的社会现象给予促进和激励，其中明显的是对国家体制和法规的影响。在这一方面，主要是加尔文教的影响；加尔文教和路德教两个教派在这一方面有根本的区别。路德教派关于自然法的观念具有极为保守的性质。所谓自然法（Law of Nature）通常被认为是宇宙间自然存在、普遍适用和永恒不变的规则，它同实在法（Positive Law），包括成文法和习惯法等形成对照。自然法高于实在法，并指导实在法，不因时代、国度而异，为一切民族共同遵守。

一般认为，自然法最早由早期斯多亚学派做了比较系统的论述。他们认为，理性是人类共有的一种属性，遵循理性生活方式就是遵循自然法则生活规律。理性是各种国度人民所共有，因而自然法是普遍存在的。进入中世纪以后，天主教会谋求法律理论适应其宗教的需要，将古代自然法和造物主意志调和起来，将自然法和《圣经》新、旧约全书的“天启法”等同起来。托马斯·阿奎那在造物主的永恒法、自然法和人类法之间发现系统的相互关系。于是一切权力和权威直接或间接地都来自造物主，人们必须无条件地服从。路德教派遵循并借助造物主神意与自然法的结合，促进国家从法规制定向领土专制主义过渡；同时掌握教会的权威，从而极大地扩大了极权主义的范围。

加尔文主义政治精神的发展取向有很大不同。一般而言，加尔文主义在自然法适应国家需要方面，虽然有自由选择和形成新的权威的可能性，本质上也是保守的，但加尔文主义偏向于对贵族阶层进行限制和约束的方针。从日内瓦共和国的有关政策可以看出，加尔文教在这一方面的政治倾向。在与完全以造物主意志进行统治的天主教会斗争中，包括与胡格诺教派、荷兰教派、苏格兰教派和英格兰教派的斗争，加尔文教对自然法进行了相当彻底的修改和发展，并成功地建立起与天主教抗争的权力原则。这就是以造物主之言行使世俗的权威。如果这种权力没有得到实施，甚至可由某一特殊个人来实施，而且个人谋杀暴君也是被允许的。雅埃尔和赛塞拉案件就是这种例子。

加尔文主义在自然法方面这种激进的观念有一种进步倾向，一种重构国家管理体制的世俗品格，因而也彰显了国家改革和重构的思想。这种重构的基层单位是改革长老制和宗教会议的教会体制，其中包括代表制度。因此，按照事物的自然发展过程，政府应该而且必须沿着代表制度的方向进行改革和重组，通过选举以精英人物组成的集体实施国家的管理工作。在这些思想影响下，加尔文主义关于自然法的观念，将国家契约思想纳入其教义之中。遵循事物的自然逻辑，这种自然法观念，将导致一种建立在契约基础上的法规和权威选择原则的诞生。

现代世界民主化取向的形成，不应全然归于加尔文教的宗教实践。与宗教原因无关并诉求于自然法的民族主义，对现代民主进程具有更为重大的意义，但加尔文教在民主精神的形成和发展铺平道路中所发挥的作用，是不争的事实。

四、加尔文主义是欧洲资本主义发生、发展的基础

当我们转向经济生活和经济思想的发展时，再次发现新教运动对这一领域的影响。新教运动对欧洲经济尤其是对资本主义兴起的影响，主要来自加尔文教。如同在政治领域，加尔文教对资本主义形成的影响，使欧洲社会开始进入现代世界。人们历来强调加尔文教拒绝教会法禁止人们获取利润的规定，要求取消对投资所设下的限制和障碍。在古老行会支持下，日内瓦建立了一家银行和引进工业项目，加尔文教国家和部落村镇到处表现出工业和资本主义繁荣景象。在对欧洲经济史上这一重大问题的研究中，德国社会学家、政治经济学家马克斯·韦伯在对资本主义的特征和发生根源的研究中提出，这一事业背后存在一种精神、伦理及哲学思考一系列问题。他认为，没有一种明确的精神和观念背景，这种经济体系不可能成为一种社会主导潮流。除了外部环境、外因诱导和刺激外，在资本主义支持者或者至少在那些资本主义事业实践者的观念里，必然有一种明确的发展经济的

态度和心理基础。

我们应从资本主义体系中辨别这种资本主义精神，没有这种资本主义精神，资本主义体系也许永远不能对人们的心灵施加如此巨大的推动力。这种资本主义精神表现出一种无限的、不屈不挠的毅力，而不是满足于现状的清闲和享受。这种精神激励人们努力工作从而达到其目的，使人们成为工作的奴隶；把整个生命投入理性化和有条不紊、精打细算的工作中；为达到目的充分利用每一分钟，采取种种手段，使用各种力量和资源，包括科学技术。韦伯写到，这种精神不能自然发生，它不能伴随工业发明、创造和商业利益必然而至。这种精神没有伴随银行业发生于欧洲中世纪晚期，没有发生在文艺复兴的资本主义萌芽时期，也没有发生在西班牙拓展海外殖民地时期。资本主义精神的产生必须同敌对观念、同天主教信条熏陶下的良知进行斗争，它不得不被迫做出某些让步与妥协。沿着这一思路，韦伯从资本主义在加尔文教盛行的土地上繁荣的事实中，得出的结论是，加尔文主义宗教伦理对资本主义的形成，具有一种特殊意义。正是加尔文教在广大范围内激励从而形成资本主义精神的禁欲主义，成为资本主义发生、发展的基础。这种禁欲主义产生的心理基础，最终形成与其性质完全相反的一种体系——资本主义。

形成基督教新教教徒潜意识中的禁欲主义观念，使他们全身心投入工作去获取利益，是在宗教动机激励下履行天职的产物。这种天职精神成为不知疲倦的劳作精神的源泉，为劳作而劳作，为身体经受苦行而劳作；劳作不是为了享受，而是为了资金的不断积累。由于在命定论激励下的进取伦理观念，促使这些造物主选民充分享用造物主给予他们可能被选的权利。寻找“天国”的热忱开始被审慎的对经济利益的追求所取代；宗教的根系慢慢枯萎，最终为功利主义的世俗精神所取代。抛弃一切安逸和享受的动机，禁欲苦行成为人们面临的现实。劳作的果实不是个人追求的目标，而是为了社会的普遍幸福。超越个人生活合理的物质回报，被认为是对更多享用的一种刺激，其结果将导致无法满足的贪婪和堕落。正是在这种禁欲主义和资金积累的思想基础上，产生了胡格教派、荷兰教派、英格兰教派和美洲清教的早期资本主义精神。

加尔文教的清教徒以职业概念为基础的理性行为，来抵制世俗享乐的诱惑——日常生活的艰苦劳作才是抵制世俗诱惑的手段。新教禁欲主义把劳作本身作为人生的目的，这是造物主的圣训。这样，劳作既能抵制欲望而且还是天职，不倦的劳作是获得造物主恩宠的唯一手段，是对造物主应尽的责任，同时也表达了清教徒的重生和真诚的信念。新教伦理的禁欲主义关上了身后隐修院的大门，大步跨入了市场生活，开始用它的条理和秩序向日常生活渗透，把它塑造成为一种既不为今天所有，也不为今世所享的尘世生活。财富可以被合理地获取和积累，但它不能被享乐主义的奢侈消费。大量获利而又十分地节俭，结果就是资本的积累。

于是，宗教的根慢慢枯死，让位于世俗的功利主义。新教伦理在世俗化过程中，既创造了功利主义的条件，也促成了资本主义精神。新教教徒由于淡化了信仰，解除了教会的束缚而置身于尘世，成为现代资产阶级的先驱。新教运动对欧洲现代经济的发展做出的贡献，只是间接的和不自觉的。然而欧洲现代资本主义大规模的扩张，其精打细算的冷漠和无情，不择手段追逐利益的贪婪和激烈无情的竞争，已完全失去往昔新教的伦理基础而成为与其直接对立的一种社会力量。

五、新教运动为欧洲个人主义的形成创造了条件

新教运动对欧洲社会结构和阶级构成的影响，也是间接的和不自觉的。新教运动关于个人与群体之间关系的根本宗旨，远非排斥权威的自由放任主义。相反，在一些主要方面，新教运动所坚持的宗旨是相当保守的。除了激进的再洗礼教派外，其他新教教派不承认平等观念，不提倡以个人观点宣扬某种社会形态。然而新教运动对欧洲社会伦理观念、社会与个人、群体与自由精神的影响，却是显而易见的。新教运动曾被人们以或谴责或赞扬的态度，描述为现代西方社会主要特征的个人主义之源。这是一个十分复杂的问题。

新教运动所具有的个人主义性质，是欧洲中世纪晚期基督教特征的一种延续。马丁·路德的"因信称义"说认为，基督在十字架上的祭献，人神阻隔已被排除，故信徒凭借信仰可直接与造物主交往，无须以教皇为首的教阶制度（包括主教、神父）作为中介。因信称义说否定了教皇及天主教会的权威，也否定了教会存在的基础，成为16世纪宗教改革运动的思想武器。因信称义说赋予人们的内心信仰以神圣的、独立于外界的性质，使人具有一种不承认《圣经》以外的任何外在权威的力量，使人们的精神在信仰领域获得最大限度的自由，对西方现代个人主义的兴起产生了重要影响。控制当时整个欧洲的罗马教会的权威被推翻，同时摧毁了欧洲社会由教会权威统一模式的生存观念，为个人主义和自由意志的形成和发展，创造了条件和客观环境。而个人主义和个人价值观念的形成，是天赋人权理论的产生和欧洲民主的现代再生的重要条件和基础。（详见本书第10章。）

第 2 节　天赋人权理论

阿尔弗雷德·怀特海说：“关于人类基本权利的概念，其来源是人类的道德精神。这一观念的滋生是人类观念史上一个引人注目的范例。这一观念的形成及其有效传播，可以被看作是文明的胜利——一种经过波折的胜利。”（怀特海：《观念的历险》，麦克米兰出版公司，1933，第 21 页。）

一、斯多亚主义的近代复兴

1. 科学理性是斯多亚主义复兴的基础

伯特兰·罗素在《西方哲学史》中说，16 世纪、17 世纪和 18 世纪出现的天赋人权理论，是斯多亚主义的复兴。斯多亚主义认为，一切人天生都是平等的。到了 17 世纪，向专制主义进行斗争的时机到来了，于是，斯多亚学派关于人人平等的学说就披上了基督教的外衣，并获得了在古代甚至一个皇帝也不能给予它的那种力量。

15—16 世纪是欧洲现代世界的产前阵痛期。在宗教、艺术、哲学等人类文化的各个领域，一种新的精神开始出现，并在社会生活中显现其力量。但这种精神尚处于一种混乱状态。文艺复兴时期，哲学对人们有新的鼓舞力量，但也充满各种矛盾。现代思想开始出现，但人们尚不能解释其意义。伴随而来的是一种对事物的观察和实验精神，各种“神秘科学”像雨后春笋出现。魔术、炼金术、占星术得到人们的高度敬佩。例如，乔尔丹诺·布鲁诺是首位哥白尼体系的哲学代言人，他通常被认为是现代科学的殉难者之一。但如果我们对他的著作进行研究，就会发现他对魔术有坚定的信念。文艺复兴时期在各方面都呈现一种不稳定状态，各种哲学思想歧见纷呈，乱象环生。

17 世纪一些伟大科学家和哲学家，在他们的著作中逐步改变了这种混乱现象，他们的贡献主要集中在两个人——伽利略和笛卡尔——身上。伽利略从科学和哲学角度开始对自然现象进行研究。他宣称，自然界是可以被认识的，人类必须学会如何解读和解释用数学语言写成的关于宇宙的大书。其中不是一般的感性知识，而是关于几何图形的知识。如果我们不能掌握这些几何语言，就不能理解自然界这本书。笛卡尔的物理学关于运动规律的总体概念与伽利略的观点不同，但他们的理论属于同一哲学精神的产物。笛卡尔被认为是将欧洲哲学从传统的经院哲学束缚中解放出来的第一人。他认为科学以现实世界的绝对确实性为基础。他的怀疑主义是对方法论的普遍怀疑，而不是不可知论，笛卡尔的怀疑主义方法论为科学奠定了基础。

随着笛卡尔和伽利略著作的问世，出现一种概念清晰与明确的时代。在伽利略以数学与实验为基础的新科学和笛卡尔几何学与逻辑分析清晰而明澈的智慧之光映照下，文艺复兴时期的“神秘科学”逐渐隐退。现代精神意识到自身的创造活力，并开始理解自身的价值。文艺复兴时期形形色色的社会趋向，由一种强势理性力量所规范。这些不同的趋势不再呈现孤立和分散状态，而是趋向一种共同目标。在笛卡尔哲学中，现代精神渐趋成熟，并建立起稳固的基础，在与各种传统价值观念和权威斗争中，捍卫自身的存在价值。莱布尼茨说，我们所要做的是驱散至今依然遮蔽理性明朗之光的云翳——忘却我们的一切先入之见，理性具有其特殊力量，照亮自身及其对立物，从而发现真理和认识谬误。

张扬理性的 17 世纪是斯多亚主义复兴的社会基础。理性使人们认识到不平等的阶级社会的原始性、野蛮性；理性推动人们走向文明社会的步伐；理性的光辉促使人们看到，斯多亚主义人人平等的理想是人类社会进步的方向。这一过程始于意大利，不久从意大利传播到法国，再从法国传到荷兰、英国和整个欧洲大陆，以及美洲殖民地。

这一时期一些著名的政治方面的书籍，表达了一种明确的斯多亚主义特征。例如，法国思想家纪尧姆·韦尔的《论国家灾难中的坚贞与安抚》（1593）成为当时大众伦理知识的必读书。纪尧姆·韦尔在其著作中提出斯多亚主义与基督教合流的主张，目的在于号召因内战而处于分裂状态的法国人民应有所觉悟，他的著作对 17 世纪法国的道德传统影响很大。这些思想家的著作，甚至影响到欧洲现实中的政治事务，欧洲各种对皇族王子和公主的教育所使用的中世纪论著如《论摄政与政体》《论王室制度》等，被上述这些近代著作所代替。

当托马斯·杰斐逊于 1776 年应他的朋友们所邀起草美国《独立宣言》时，他以下面著名的句子开篇："我们主张，所有的人生而平等；造物主赋予他们不可剥夺的权利；这就是生存、自由和追求幸福的权利，这是不证自明的真理。为确保这些权利的实现，人们建立政府，政府的合法权力来自人民。"当杰斐逊写下这些句子时，他也许不知道，他使用的是斯多亚哲学中的语言。这些语言所表达的，被认为是理所当然的真理。自利普修斯和格劳秀斯（荷兰人文主义者）的时代以降，这些语言已成为所有进步政治家们的常识。这些思想被认为是不需分析和论证的基本原则，因为它们表达了人的本质和人类理性的基本特征。在美国《独立宣言》发表之前，已经有同样的事件为此做了准备，这就是 17 世纪一些神学家发表的理性独立宣言。正是在这一宣言中，理性首次宣告其力量及其支配人类社会生活的诉求，理性已将自身从神学的"监护"中解放出来，坚定地站立起来了。

2. 斯多亚主义新生的社会观念形态基础

2000 多年前出现的斯多亚主义所表达的人生而平等和自由的观念，在漫长的历史进程中被人们讨论、阐述和赞赏。然而为什么直至 17 世纪，这一思想才突然放射出异彩光芒？ 2000 多年来，斯多亚主义的影响没有在欧洲文明中间断；对此，我们可以追溯至罗马法和经院哲学。然而在这一切方面，只有理论的阐述而无直接的实际效果。直至 17 世纪和 18 世纪，这一伟大思想的实际意义才开始彰显于欧洲大地。自此，天赋人权理论不再是一种抽象伦理教条，而成为政治行为的主要动力之一。这种变化如何发生？是什么因素给予古老的斯多亚主义以新生和前所未有的力量？是什么因素使现代人和现代世界意识到斯多亚主义对他们的重要性？

17 世纪是一个彰显理性精神和理性激进思潮的时代。笛卡尔哲学塑造了这一时代的一般特征，在笛卡尔哲学的启示下，一个人在其一生中应忘却他以前知道的东西：蔑视传统力量和拒绝一切权威。笛卡尔主义导致一种新的逻辑学和认识论，新的数学模式和形而上学，以及新的物理学和宇宙论的出现。但从表面上看，17 世纪的政治思想似乎没有被笛卡尔主义新的理想触动，在政治领域似乎依然延续着自古以来的传统。然而，实际上 17 世纪欧洲文明的总体背景与古希腊—罗马文化的背景是不同的。经过文艺复兴运动和新教改革运动洗礼的欧洲，反映在政治、法律、道德、哲学、宗教等形式中的观念形态发生了变化；两个时代的知识、宗教、道德，以及社会和经济环境明显不同。而社会观念形态对社会群体起到巨大能动作用，它在某种程度上决定着人们的政治态度和道德选择取向。在这种社会环境下，人们不能以 2000 年前的观念和思维方式，试图思考和解决当代问题。

另一方面，重要的不是斯多亚主义理论的内容，而是这一理论在 17 世纪以后的现代社会伦理和政治矛盾中所能发挥的作用。为理解斯多亚主义在现代社会中的功能，我们必须回顾文艺复兴和宗教改革运动所形成的新的社会环境。文艺复兴和宗教改革导致不可否认的欧洲社会进步，但也产生了严重和不可弥补的损失，这就是中世纪文化的统一性和内部的稳定状态消失了。当然，欧洲中世纪社会并不是没有矛盾和冲突，基督教教会和国家之间的斗争一直在持续。在中世纪，唯实论和唯名论、理性主义和神秘主义、哲学家和神学家之间，有一种共同的道德基础。至 15 世纪和 16 世纪以降，这种道德基础被动摇，从此，中世纪文化很难恢复往昔的稳定状态。形成中世纪社会稳定秩序的等级制度被摧毁，日心说体系剥夺了人类在宇宙中的特权地位，人似乎变成了无限宇宙中的流浪者。

教会中出现的分裂和派别，瓦解了基督教教义的基础。宗教界和伦理领域似乎没有一种中心思想。在 17 世纪，神学家和哲学家希望再次寻找一种社会伦理观念中心。莱布尼茨曾孜孜不倦地寻找基督教不同教派之间联合的途径，但所有这些努力最终成为泡影。显然，在基督教会内部，往昔的宽容已不复存在。如果说存在一种伦理的或宗教的普适体系，这种普适体系必须建立在每一国家、每一教派和每一种信仰都可接受的原则基础之上，而斯多亚主义似乎是唯一能够胜任这一使命的思想体系。斯多亚主义成为自然宗教和自然法则的共同基础。斯多亚哲学不能帮助人们解决关于宇宙的种种形而上之谜，但它包含一种更伟大和更重要的允诺和希望，这就是帮助人类恢复其伦理尊严。据说这种尊严不可丧失——不能期望这种尊严来自独断论信条或任何外来启示，而只能来自人的道德意志——来自人赋予自身的价值。

17 世纪，欧洲思想家们接受了斯多亚主义人类理性自给自足的原则。理性是自主的和依靠自身的力量；理性不需要任何外部力量的支撑；理性必须寻找自己的道路并相信自身的力量；这一原则成为天赋人权理论的奠基石。胡果·格劳秀斯在他的著作《战争与和平法》前言中，以古典方式表达了这些原则。格劳秀斯说，即使是万能的造物主，也不能改变这些道德原则，或废除由自然法所保证的基本权利。在 17 世纪，表达天赋人权理论的国家契约，已成为不证自明的政治思想原则。

二、权利概念的历史沿革

人权理论在欧洲文化中有深远的根基，但直至 16 世纪才有许多人开始自觉提出个人权利问题。在此之前，权利被认为具有集体性质，属于某一社会群体，个人权利由他 / 她在群体、行会或社会中的地位所决定，但不属于个人。农奴有农奴的权利，贵族有贵族的权利。英、美自由主义者开始提出个人的宗教信仰权和政治权利，并致力于对个人权利的维护。维护和扩大人权范围是英国、美国和法国革命的基本目标。国家和政府的目的是保护人民和维护他们的各种权益、制定宪法和如何使宪法体现和保护人民的基本价值观，是英、美自由主义者追求的目标。

什么是权利？这是西方世界 300 多年来一直存在严重分歧的问题。人们要求的权利主要有两种。首先是被允许做某事，如言论自由、参与政治、选择信仰，或过一种自我做主的生活；重要的是任何人不应干涉人们行使自己的权利。其次，人们有要求为他们提供某些服务的权利、经济和社会权利，如健康关怀、社会安全等属于这类权利。直至 20 世纪，大部分自由主义者只承认第一类权利，但许多改革自由主义者将权利概念扩大至提供各种服务方面。即使在同意上述一类或两类权利的情况下，自由主义者在关于权利的许多细节上仍然存在种种分歧。

关于权利的分析还要求我们不能将权利和权利的合法性混淆。在关于人民为什么拥有权利问题上确实存在许多混乱和意见分歧。我们可以将道德权利和绝对权利区分开来——虽然两者有时指的是相同的权利。人们要求建立在社会契约、公共福利、社会习俗、自然法、心理和宗教基础上的道德权利，但是一些人认为只有讨论那些成文法规定的权利，即某一国家法律所保证的权利才具有意义。如果是这样，除了成文法中规定的权利，人们不能拥有更多的权利，但这种观点没有得到所有自由主义者的支持。

还需考虑各种权利适用的区域或范围。许多古典自由主义者和当代保守主义者认为，人民的权利只限于古典的政治所规定的自由和参政权，但自 18 世纪晚期，越来越多的自由主义者（托马斯·潘恩是其中的代表）认为，人民的权利还包括社会和经济权利。在今天，这些权利包括对失业者提供生活保障和保证人们最低水平的生活福利。

所谓保障，是谁向什么人保障什么？许多古典自由主义者只强调政府对公民个人和个人财产的保护。然而人的权利不仅针对政府而言，同时也适用于个人与集团之间。自约翰·穆勒和他提出多数人的暴政之后，自由主义者越来越关注人们工作、生活和学习的条件，以及与他人之间的种种关系问题。如果在这些方面人们不能向某些独断独行的个人或集团势力提出权利诉求，他们就不会有真正的自由。

其次，是谁拥有权利，集体还是个人？正如上述，在中世纪，权利是与人的社会地位联系在一起。英、美自由主义者认为，作为个体的个人拥有权利，虽然他们在权利的内容和来源方面存在某些分歧。权利与地位、阶级、种族等无关，权利只属于群体中的个人。在这一意义上，权利具有普遍性。但欧洲大陆的许多自由主义者和传统保守主义者坚持认为，人们的权利仅仅是其地位、民族或国家赋予他们的那些权利，这样一来，就不存在普遍性权利。

三、天赋人权观念的早期形态

随着对政治事务越来越多的关注，人们首先对现存的各种法律采取一种理性的怀疑态度。古希腊智者派思想家将自然与社会体制进行比较，他们把自然作为一种标准，谴责社会体制是人为的、无常的和充满矛盾的。他们将矛盾的、无常的人间法律同永恒、和谐的自然规律相比，对法律的不公平提出批评。他们认为自然规律是永恒的和谐的，而人间法律和人权却具有主观性、传统性和变化无常。

苏格拉底首先对当时变化的和充满矛盾的法律提出挑战。他认为道德原则应具有普遍性，提出人必须享有永恒的权利。第欧根尼把犬儒学派的主张推向极端，揭露传统信条的虚伪性，号召人们无视常规社会的法律和风习。他的言行表现出对文明社会的肤浅和奢靡的反抗意识。第欧根尼的言行使人们想到卢梭的观点。

古代希腊人主要分为两个阶级：古希腊人和非希腊人，即自由民和野蛮人或奴隶。亚里士多德认为，人的能力生来就是不同的，他是主张在天赋能力基础上区分不同人的代表人物。有人认为，奴隶是被征服和被俘虏的人，是在偶然事件中造成他们的奴隶地位。亚里士多德反对这种观点，他认为，人生来就是不平等的，不同的人不能享有平等的权利；奴隶和自由民本质上是不同的。亚里士多德的观点与智者派的极端个人主义形成鲜明的对照。

政府应承认在自然基础上建立普遍权利观念，是斯多亚学派的伟大贡献。古代希腊伦理和政治哲学只是偶尔涉及自然，但在斯多亚哲学中自然却居于中心地位。斯多亚学派认为，人应顺应自然，从自然界获得力量，因为自然具有双重意义：它既代表一切存在的整体，又意味着人们膜拜的对象——造物主。这样，顺应自然也就是遵从造物主和遵守神圣的自然法则，服从自然的意向和神意。

斯多亚主义倡导超然独居，不参与实际政治事务。作为宇宙的一部分，一个人应忠诚于自己的国家，但也应是世界公民。斯多亚学派主张所有的人都是平等的，因而他们摈弃希腊人与野蛮人之间的阶级区分。奴隶制被谴责为违反自然的、人为的制度，一切权利的不平等现象被宣布为纯粹阶级的产物。斯多亚学派主张，不论人们的阶级、种族或者国家，普天之下皆兄弟。对人类和睦相处的肯定、坚持不同个体人性内在价值的平等、人要服从神的意志、人超越于一切实际事物之上，以及人道之爱，这些斯多亚主义精神对欧洲社会观念形态的发展趋向，发挥着持久的影响。

四、斯多亚主义对罗马法哲学的影响

斯多亚主义对罗马人思想的影响，首先表现在罗马法哲学的发展中，这种影响又首先表现在西塞罗的著作中。西塞罗试图说服罗马人回归正在分裂的共和国的理想，用斯多亚学派理论和雄辩的语言去征服罗马人民。他认为，永恒的法规和权利的普遍原则是所有人生来享有的。但是罪恶的习俗遮蔽了这些原则和人们的愿望。西塞罗声言，自然法则高于天赋人权，后者应服从前者。虽然群落民法和人类共同法在很大程度上与自然法则是一致的，但不同的历史背景和发展源流将导致其法律内容产生很大差异，这些差异不应造成法律和权利基本原则的不一致，因为这些基本原则是永恒的和普遍适用的。

斯多亚学派的世界主义是在一种政治分裂的时代形成的，西塞罗对此做了某些变更，成为罗马世界王国官方哲学。西塞罗认为，罗马成文法最接近自然法，因此，罗马世界王国的历史使命被认为是遵从世界和神圣法律的宗旨。虽然西塞罗的思想实际上没有对当时罗马帝国的政治产生影响，但他的观点确实融入了罗马人的法律思想，从而影响了许多罗马法典和法规。

对罗马法理学家或执政官而言，天赋人权观念比自然法更为重要。虽然在罗马法制定早期，义务观念比权利观念更为明显，但在时间的推移中，对天赋人权的内容和特征规定了更多细节。这种情况完全超越了古典时期希腊法律条文的抽象性。执政官的职位是公元前4世纪国家管理职能细分过程中的产物，执政官负责行使法律权力，对法律在发布和运用中的需要所进行的解释逐渐成为惯例，而且罗马法哲学及其实践又逐渐扩大了其运用的范围。

一位著名的罗马帝国执政官乌尔比安（Domitius Ulpianus，约170—223），其主要贡献是指出了自然法和国民法之间的不同。他保留了自然法的普遍性和永恒性的一般概念，这也是希腊的传统，但增添了另外一种特征，即原始状态。自然法运用于所有植物和动物，而国民法只用于人类范围。在这种情况下，在自然法和国民法基础上，奴隶制被谴责为违反自然，永远成为人制造的不平等现象。对奴隶制的谴责是建立在人类法律的公正基础之上。这一立论逐渐形成自然法和国民法的相互认同——虽然自然法依然是一切法律的基础。于是，国民法最终意味着自然法，后者的魅力全然成为前者的魅力。

国民法的概念可用以提高执政官在判定是非问题上的权力，而与国民法相反，惯例的运用是固定不变的。这种情况的必然结果是，作为法律的一种普遍体系，国民法是由自然法所承认，从而逐渐代替了民法，而公正和权利的种种原则也随之由理性和执政官的常情所确认。后来在罗马帝国时期，执政官被赋予在帝国任何地方回答一切法律诉讼问题的权力，他们的回答具有法律效力。法理学家从大量的法律细节中认真建立起一种具有科学性的法学体系，这一法学体系融入了查士丁尼的《学说汇编》。这样，罗马法成为这个世界性国家政府的法律。

斯多亚学派的理论虽然没有对政治产生直接影响，但确实构成了罗马法的基础，为天赋人权观念增添了力量。斯多亚学派关于所有人共享的永恒和永不变更的天赋人权观念，没有改变罗马奴隶制的存在条件，虽然实行了某些改革措施，企图阻止越来越高涨的奴隶反抗运动，但这些改革都是肤浅的。殖民措施的推行也没有对阻止奴隶的反抗斗争有所帮助，实际上这是一种类似农奴制的新型奴隶制。穷人们也举行零散的起义，但他们同奴隶一样处于完全无望、悲惨和饥寒交迫的境地。上层阶级的精神状态同样低落，随着奴隶经济和罗马帝国的日趋崩溃，上层阶级人士也精疲力竭、颓靡不振。

到了中世纪时期，自然法以及人权和社会公正逐渐对政治和法律理论施加影响。自然和理性开始与神性认同，自然法则和天赋人权被解释为神意的表现。自然法被认为是永恒、不可变更的原则，其中散发着神的意志，而神意可以通过理性被人们理解。自然法也准确地体现在教会法中，其中包括教皇的教令或宗教法规，这也是“神启”的确切源头。

五、天赋人权理论产生的时代背景：资产阶级的崛起

天赋人权观念的产生是人类尊严和道德力量的胜利。阿尔弗雷德·怀特海说："关于人性尊严的学说是一种有价值的道德力量，600年间，关于人类灵魂的智力和道德的辉煌理想盘旋在古老的地中海世界。它在一定程度上改变了当时人类的道德观念，它重新调整了宗教，它是一种新生活制度的微弱曙光。"（怀特海：《观念的历险》，麦克米兰出版公司，1933，第22—23页。）

随着中世纪社会秩序的崩溃，天赋人权理论逐渐融入正在兴起的经济理论和宗教个人主义运动。以17世纪和18世纪各种革命为高潮的这一运动，与资产阶级的崛起和壮大紧密关联。从罗马帝国的衰亡到大约17世纪，实际上不存在资产阶级。欧洲人的生活来源主要是农业，人们的物品交换是直接的。完全可将这种封建时代描述为一种"霍布斯式"的自然状态。人们的生活状况是痛苦的、恶劣的，生活用品极端短缺。封建主义制度的形成，在某种意义上是罗马帝国经济崩溃的产物。

在罗马帝国后期，小土地拥有者和中产阶级实际上已经消失，他们中许多人被迫在大庄园劳作，有些人因为债务，另外许多人为生活所迫自愿来到这里。这一时期，殖民政策也经历了改革。从前的自由佃户在国家试图进行社会分层时期变为半奴隶性的劳动者，与中世纪的农奴非常相似。但最重要的是所谓保护制度和安全制度的实施。保护制度基本上是破产的自由民和大土地拥有者之间的一种关系。自由民为了得到生活必需品，必须保证为土地拥有者提供一定的劳动服务。安全制度与土地有关，小土地拥有者把地契交给大土地拥有者，从而得到后者的帮助而不受野蛮人或强盗的袭扰。这两种制度是欧洲

封建社会的基础。

欧洲中世纪时期，现代意义上的立法实际上是不存在的。法律不被认为是人类意志的一种创造，而是习惯的汇总，或者是对政府管理体制腐败的惩治措施。教会掌握着一切行政权力，而且试图使天主教会的权力超越司法体系。托马斯·阿奎那坚定地主张私有财产权，他说，公共财产权是建立在自然法基础上的，而个人财产权的基础是成文人权法。但伴随财产所有权的是要承担公众福利的社会责任。私有财产是个体和社会利益的先决条件。后世的神学家们遵循阿奎那的观点，认为私有财产权是经济制度的基础。

教会对一切商业活动的谴责态度逐渐有所改变，最终认为，虽然商业活动不道德的动机可能产生罪恶，但商业本身基本上是一种无害的活动。教会的让步为一种新兴阶级的产生提供了条件，在时间的推移中，这一新兴阶级彻底推翻了封建的经济基础和意识形态秩序。这种新兴阶级即资产阶级。

欧洲中世纪资产阶级斗争的环境，是与贵族庄园在历史上相对立的城镇。中世纪早期，商业活动没有完全停止，到 11 世纪初，作为商业和工业中心的城镇开始兴起。这一时期人口的增长和由于经济状况的日趋困难，封建领主允许农奴通过赎买获得自由。农奴对封建领主的忠诚，在城镇变成了对各自所属群体的忠诚，民族主义和爱国主义情感强化了群体内部的团结。

早在 11 世纪，不断发展中的城镇商人组织起来成立他们的各种行会。这种直至 14 世纪充满活力的行会，垄断了所有商品交易，行会的活动使城镇具有一种城邦的特点。然而在 14 世纪及之后，由于外贸商人控制着商品交易，中间商的重要性逐渐增大，以及民族主义运动和手工业行会力量的崛起，各种商业行会的力量不断衰落。许多世纪以来与商业行会并存的手工业行会出现于12世纪，其中既是地区商业行会成员的商人，又是手工业行会成员的手工艺人双重身份的人很多。这些手工艺人的活动是欧洲早期资本主义产生的渊源。

封建庄园内部从事农业和军事活动的一些人，是经营商业的手工业艺人。根据身份制度，这些人的后代继承同样的职业，对他们的事业越来越精通，并走向专业化。他们中一些人通过赎买得到自由，成为流动的手工业艺人。随着城镇的发展，许多这种流动手工业艺人在城镇定居，建立起小型工业作坊，并从事商业活动。在这里，这些工匠等待他们的顾客，他们不能为订货商预先生产产品。其生计是困难的，他们中越来越多的人像商人那样组织起来，他们的商业活动依然以个人的方式进行，与庄园内面对面的交易相似。然而作为商人，一种新的关系替代了古老的关系：这是一种市民之间的关系。契约代替了身份，人们的权利表现在层层叠叠的纸页上。在时间的进程中，这些权利越来越成为天然的和不可剥夺的。经过5个世纪的时间历程，拥有这些权利的近代资产阶级发出了他们的呐喊，在新兴科学声望的支持下，推翻了君主专制体制和官方建立的经济个人主义王国。

六、人民主权观念的产生

随着民族主义君主制国家的兴起，欧洲进入越来越艰难的岁月；教会与国家之间和教会本身矛盾重重。在14世纪，巴黎大学校长（任期为1312—1314）马尔西利奥（Marsiglio of Padua，约1275—1343）果断与传统决裂，在巴伐利亚的路易斯和阿维农的十三世教皇约翰之间的不睦中为前者辩护。马尔西利奥以批判教会的观念开始，以谴责整个教会制度结束。马尔西利奥被认为是首先宣示人民主权的人。他的著作《和平保卫者》是中世纪政治理论方面最有特色的著作之一，这一著作极大地影响了欧洲的国家观念。有人认为马尔西利奥是新教改革运动的先驱，是现代民主制度的缔造者之一，是马基雅弗利式国家的设计者。马尔西利奥说，不论是关于人的事务还是神圣的法律，唯一有资格的监护者首先是国家的人民，其次是教会的民众。马尔西利奥蔑视教会统治集团，因为教会僭越了人民的主权，教会是高踞人民之上的贵族集团，教会无耻地篡夺了造物主的权力。在这个地球上，国家处于最高地位，教皇无权干涉国家事务。

奥卡姆和马尔西利奥是同代人，奥卡姆虽然是经院哲学家，但他对信仰和理性的区分为宗教改革开辟了道路，也是宗教与国家分离的倡导者之一。他同马尔西利奥区分了国家和教会的不同职能，在他的政治著作中提出了大量问题，但对许多问题没有给予回答。马尔西利奥对宗教界提出许多供人们辩论的问题。阿奎那关于法律的许多观念被他的追随者改造，在神意和自然法以及天赋人权之间形成一种二元论。教会拥有大量地产和资金，教皇拥有强大的权力，教皇的腐朽、牧师的堕落和道德败坏，而他们的罪恶却不受国家法律的惩处。到中世纪晚期，在宗教改革的先驱、英格兰神学家威克里夫和捷克宗教改革家胡斯学说的影响下，知识分子控制天主教的局面最终基本上被打破。教会对国家事务的干预受到社会各界的强烈批评。

经历了 16 世纪和 17 世纪一系列王朝的、殖民的、宗教的和各国内部的战争，一种个人主义—民族主义和以获利为目的的经济活动，逐步摆脱了教会的控制，出现在一些民族主义的王国里。这种民族国家的主权被人们接受；天主教会的权力陷入瘫痪；理论上所谓神圣罗马帝国被彻底摧毁。但是在业已建立的经济中存在许多矛盾。经济活动中的个人主义和民族主义与经济扩张时期的政策难以同时存在。虽然农奴制和奴隶制度在西欧已经消失，但封建制度的许多残余依然存在。正是在新兴资产阶级反对新的世俗王权、争取彻底的经济个人主义的斗争中，国家权力理论获得了革命性意义。

正是在那个国内战争和国际战争频仍的时代，人们第一次感到需要一部国际法。资产阶级也希望和平，战争正在削弱国家经济。近代国际法的基础是罗马国民法。虽然国民法意味着全人类的共同法律，但可能而且已被错误地解释为国家法。随着这种思潮的出现，一种现实主义的理论由一位意大利新教避难者、牛津大学罗马法讲座教授阿尔贝里库·真蒂利提出。为适应当时的世俗运动，他将自然法看作是现存的一种自然状态法。他的主要著作《战争法三集》反映了时代精神。他更多地关注战争的法则而不是和平，保持对和平可能性的一种半信半疑的态度。他的最引人注目的理论是建议组成国际联合国，由其中的多数国家制定决议。荷兰法学家格劳秀斯在其名著《战争与和平法》中广泛引用真蒂利的著作。

格劳秀斯（Hugo Grotius，1583—1645）在国际法和自然法方面做出了更重要的贡献。格劳秀斯生活在内战和国际间战争频繁的年代。在他出生时，80 年战争正在进行，而在他去世时 80 年战争和 30 年战争都在进行中。格劳秀斯的《战争与和平法》出版于 1625 年，虽然这部著作中引证了大量《旧约全书》里的话，但作者的目的及其影响都指向世俗社会。他认为，当人类共同生活在自然状态中，这种自然状态类似伊甸园。人们尚未以领土或政治的概念组成群体，但由于其社会聚居特性，人类逐渐组成国家。首先以契约的形式进入国家状态，这是其他一切契约的基础。通过人们自愿放弃他们的天赋权利和绝对自由而遵从国家的统一和规则，伴随契约在人们中逐渐形成对善良精神的信仰。格劳秀斯认为，这种类似契约的精神，是形成人们之间一切关系的必要前提，违背了这种前提就将导致战争。

作为道德、理想和现存法律基础的自然法植根于人类的社会和理性本质。自然法是永恒和不可变更的，造物主也不能改变它，否则造物主就违背了其本性。值得注意的是，即使当时的主流思潮是世俗的，但人们不可能在一夜之间摆脱教会观念形态的束缚，格劳秀斯的格言是，造物主不能改变自然法和天赋人权原则。这种不管造物主是否赞同，自然法和天赋人权都能存在的观念，与造物主造人的古老观念和谐并存，这是一种具有革命性的观念。所有的人都必须服从自然法，这是人性使然。虽然某些具体制度可能不包含自然法的要素，但自然法能为人的行为提供指导。

上述关于格劳秀斯对自然法的解释也可作为他对天赋人权的解释，因为两者的意义有相同之处。这种情况不仅出现在格劳秀斯的著作中，古代、中世纪和现代早期，大多数欧洲思想家都是如此。格劳秀斯认为，天赋人权只用于人类，在于人类的理性而不是“神启”。这样，格劳秀斯巧妙地排除了教会的权威，从而坚持了宗教和国家在权力领域的分立。采取这种方式是出于避开当时社会矛盾和斗争的一种理性考虑，也是一种无奈之举。格劳秀斯说，任何有利于社会的行为都是天赋人权所赋予的，这一前提有助于他对人类天赋人权进行具体阐述和用于国际法领域。

格劳秀斯认为，成文法是为了反对暴力而制定的一种措施，而和平是人类希望的自然和常规状态。自然法在理论上渊源于人类意志，国际法的基础是自然法。然而实际上，格劳秀斯也将国民法等同于自然法。在他关于天赋人权的描述中，显示了商人阶层的现实需要影响着他的法学理论。在一切情况下进行商业活动的权利、一个国家领土不容另一国家侵占的权利、对奴隶制的制裁权、私有财产权，以及处于战争期间一个国家的军队应该被允许通过邻国的权利，这些都在他的著作中予以描述。格劳秀斯在其著作中对和平的呼吁、其理性的和资产阶级倾向、其现实性和广泛性、将社会向善理念作为天赋人权的基础，以及将天赋人权用于国际法，都对欧洲人的思想施加了强大的影响力。

越来越多的人呼吁的各种权利获得了天赋的声誉。到了 17 世纪中叶，这种天赋权利具有了正当、必然、固有、普遍、理性、永恒、不可变更、来自神意等内涵。自然法和天赋人权被认为是人与人之间关系和自然界各种事物之间的自然规律，处于同等地位。两者都被认为是永恒、不可变更和不以人的意志为转移的体系，是人类凭借理性可以发现的真理。人们观念中的种种习俗是不变的，是一代代留传下来的：个人主义、财产权利、节俭和勤勉等；另外再加上人类自由的情感以及对理性的信念和为人善良的本性。资产阶级高涨的革命热情鼓舞了农民和工人涌向战争前线，以不自由宁可死的精神为天赋人权而战。至 17 世纪后期和整个 18 世纪，人权运动遮蔽了一切政治的和伦理的斗争而成为时代进步潮流的前导。人权原则成为资产阶级反对君主专政国家陈腐的经济、政治和意识形态一切革命活动的核心，在神权和天赋人权之间布下一道厮杀的战场。

七、英国平均派推动人权理论的发展

英国革命首先在斯图亚特王朝统治时期爆发。詹姆斯一世为摆脱经济困境和增加收入，向进口商征收高额税，同时采取其他措施压制商业发展。查理一世比其父詹姆斯一世更加奢侈，继续推行压制商业的政策。1628 年，国会向他提出《权利请愿书》，要求国王承认四项原则：不经国会批准不得征税；不得无故监禁臣民；军人不得住宿民家；和平时期不得实行军事管制。查理被迫表示同意。1629 年，他宣布解散国会，接着又专断独行直至 1640 年，斗争随即展开。查理卷入同苏格兰的宗教战争，他意欲得到国会的支持，但国会提出更大范围的社会自由要求。查理与国会之间的内战爆发（1642—1646）。英格兰北部和西部的封建势力支持查理，其中包括富有的贵族、高层宗教人士和穷苦农民。居住在东部和南部新兴工业中心的中产阶级和工业无产阶级支持国会的主张。由克伦威尔领导的国会军队取得战争胜利。1649 年，查理一世以叛国罪被处死。

从 1649—1658 年，克伦威尔控制着所谓共和政体，但实际上他的统治是一种军事独裁（1653—1658）。这一时期的一切诉讼和立法都对商人阶层有利。克伦威尔死后，其子理查德继承护国公职位，但不到一年让位。新国会将查理二世扶上王位。大多数人对清教徒们暴虐、狂热的手段感到厌倦，对斯图亚特家族的再次出现感到一些宽慰。然而查理二世比其父更加肆无忌惮，在他统治时期，国教教会再次成为最高权威。通过《人身保护法》，辉格党和托利党成立。1689 年，《权利法案》通过，同年通过对持异议者采取宽容态度的《宽容法案》。资产阶级与某些贵族成员联合完成“光荣革命”后，实行君主立宪制，人权被写进英国成文法。由此，为商业和工业革命的发展开辟了道路。

追溯天赋人权理论的发展过程，可以看到天赋人权概念逐渐与神的意志分离，并使其建立在自然界规律和人类理性基础之上。天赋人权成为一种自然法则，与客观现象的自然规律处于同等地位。在英国，这种观点首先表现在激进的平均派的理论中。平均派的权利理论反映了阿奎那的观点，即成文法中的人权条款应与自然法一致：天然的就是向善的。

英国平均派发起的社会运动产生于17世纪的圈地运动时期，这一名称的由来是他们试图破除围墙、篱笆，平均或重新分配土地。在这一革命时期的后期，平均派的阶级特征变为小资产阶级。平均派中脱离国教的成员是该派两个派别中更为激进的一派。他们提出的包括政治、经济和宗教内容的要求表述在《人民公约》中：组成全权国会，重新分配国会代表名额，宗教和国家地位分立，取消强制借贷和义务兵役制，铲除君主专制。激进的清教徒是构成军队中的大多数，他们的宗旨是反对暴政和争取宗教信仰自由。他们中的许多人是优秀的小册子撰写者，其观点在社会上产生了广泛影响。他们的许多观点同洛克的观点相似（或者说是受到洛克理论的影响），而且美国人显然也赞同他们的观点。他们在《军队的初步提案》中要求重新分配国会代表名额，国会代表要介绍其财产状况，以及实行君主立宪制。这一提案被克伦威尔压制，但它的内容彰显了天赋人权精神。

平均派要求政治自由作为宗教自由和个人主义的先决条件。他们经常提出宗教宽容和信仰自由，在他们的天赋人权概念中有古代也有近代的内容；所有人都是自由的和平等的；他们都是亚当和夏娃的后代，普天之下皆兄弟。人生来就有不可剥夺的权利，国家有责任保护他们的权利，这就是生存、自由、财产、政治平等、信仰自由、不受暴政压迫等天赋权利。国家是建立在人们赞同的基础之上，不论是君主还是国会成员都是人民的公仆。

在整个17世纪和18世纪，天赋人权理论以不同的形式表述了上述这些基本内容。重新分配国会代表的要求只能在一些新兴城镇地区实行。到了19世纪，有更多地区的人们提出这种要求。他们提出的天赋自由和人人平等是个人主义观念的先导，多人利益构成了群体利益，因此，一个人追求自己的利益就意味着对集体福利的增加。

八、人权理论在北美大陆：美国宪法是维护有产阶级财产、阻止下层人民参政的宪法

美国革命是一个半世纪宗主国与其殖民地之间经济和政治斗争的巅峰。同英国革命相似但不同于法国大革命，美国革命是只限于其人口中很少一部分人的革命运动，其中很少听到穷苦大众的声音，主要是殖民地新兴商人阶层反抗英国商业政策的运动。英国的商业政策是1763 年之前推行的政策，实际上没有在北美殖民地严格执行。殖民主义者一直进行走私活动，随意违反有关法律，限制殖民地商业和工业的发展。随着同法国和印度的战争于 1763 年结束，英国开始关注在北美殖民地的事务。英国在北美殖民地实施其商业政策的企图遭到抵制，催生了美国自由和人权理论。

托马斯·杰斐逊将天赋人权理论融入了美国《独立宣言》。在对起义的辩护中，人权理论发挥了重要作用。但他认为，革命不必是暴力的，多数人的统治和政治平等能够改变现实社会，法治能够代替暴力改变社会契约的性质。在杰斐逊关于宪法的论述中，他写道："我当然不提倡对法律和宪法进行频繁的修改。我认为，最好容忍那些适度的不完善事物，因为我们一旦认识了这些事物，就将适应它们从而寻求改变其不良影响的途径。"

这些理论虽然具有理想和抽象的特征，但它们对当时的革命运动起到了实际的指导作用。在商人阶层反对英国皇家对商业和工业发展的限制中，天赋人权理论赋予他们以道德力量去争取自由的权利，而人民大众所要求的同样权利，却被认为是对他们的威胁而处处提防。

当商人阶层获得权利之后，所谓普遍人权的伪装就被轻易抛弃。

1776年的美国《独立宣言》受国会委托由杰斐逊起草。宣言卓越地集中体现了18世纪自然法理论的原则。美国革命是由资产阶级发动和进行的以其阶级利益为目的的革命，它与法国大革命的性质完全不同。在革命队伍中，采取严格措施限制和压制无产阶级的参与和可能出现的激烈倾向。这种为多数人不解的方针，甚至在革命胜利后被写进了宪法。实际上，当时北美人口中的大多数人忙于从对自然资源的掠夺中获得利益，而对反抗英国殖民者的运动无动于衷。

美国宪法没有体现革命的激情和反叛精神，而是表现出一种从容和沉着的心理状态。这部宪法起草于1789年而不是1776年。宪法起草的代表经过认真的选择，其中的大多数来自保守的有产阶级，他们一半以上的人都受过高等教育。北方的代表是商人、银行家、船主、地主和律师，南方的代表是奴隶主、农场主和律师。革命中的激进者如杰斐逊、潘恩、萨谬尔·亚当斯和帕特里克·亨利，没有参与宪法的制定。潘恩和杰斐逊当时在法国，其他人表明了他们对这次制宪会议目的的憎恶和抵制。

制宪会议是在秘密中进行的。经过种种妥协和讨价还价，宪法最终达成协议。59名代表中的39名在宪法上签名。主张奴隶贩卖的人做了妥协，但仅仅是名义上的妥协。这种妥协成为1861年冲突的序曲，问题再次集中于人的天赋权利。众所周知，这部宪法是人口中少数人制定和认可的一部保守主义宪法。对此，美国历史学家哈里·巴恩斯说："美国宪法最独特的一面是这样的事实：这是专为维护有产阶级财产而阻止下层人民参与政治的第一部重要宪法。"（哈里·巴恩斯：《西方文明史》，第二卷。）

这样，对有产阶级财产的保护是在天赋人权理论的辩护下进行的。美国宪法中所建立的基本理论赋予美国革命以合法性，其中所宣扬的权利仅仅是资产阶级的生存所必需的权利。

上述三国的革命都取得重要成果，那就是不同的宣言、宪法和法案。它们建立的基本理论赋予这些社会运动以合法性，其中所宣称的权利是资产阶级的生存所必需的权利。资产阶级的哲学家们热衷于宣传所谓普遍天赋人权，但是，拥护这种理论的阶级一旦取得权力，就开始运用其权力镇压反对他们的任何企图。产生于英国辉格党革命的主要文件是 1689 年的《权利法案》。这一法案中的主要原则与 1215 年的《大宪章》、1679 年的《人身保护法》等法案是一致的——它们都是维护资产阶级利益的法案。

九、对天赋人权理论的反动

1. 英国：埃德蒙 · 伯克的攻击

资产阶级哲学家们热衷于宣传所谓天赋人权的普遍性，然而事实是，拥护这种理论的阶级一旦取得权力，便开始运用权力压制反对他们的任何企图。天赋人权理论被资产阶级用来控制或者至少是影响国家事务。这种目的达到后，对普遍人权的颂词就成为一个阶级取得和保持权力的意识形态武器。这并不是说某些宣言或法案不具民主价值，而是说在对它们的实际运用中，几乎不能称其为具有民主的意图。当革命完成后，资产阶级并不对民主感兴趣。

这种二重性首先表现在法国大革命中。在所有出现人民起义的国家里，不可剥夺的天赋人权原则和执行民法与刑法之间，总是存在差异。对此，美国历史学家克兰 · 布林顿在《天赋人权》中说："对生活舒适的大多数中产阶级而言，各种宣言和法案与现行法律之间的差距，并不比讲坛上的讲道和教徒私下布道之间的差距更重要。”

对天赋人权理论提出异议的先行者是英国的埃德蒙·伯克。他对天赋人权的批评，是由于法国大革命中的种种事件和革命者的宗旨引起他的震惊。他使用了他能够找到的一切手段诽谤法国革命者。他把1789年《宣言》叫作“关于人权的毫无价值和被玷污的一张废纸”，把1791年《宪法》称为一部“无政府主义的汇编”。他认为，政府是一个持续发展的有机体，因此，完全抛弃以往的政府而建立新政府是违反自然的。人们生活在一个政府的管辖下而不必得到他们的同意，他们应该对一切制度和宪法有敬畏感。一部宪法一旦制定就不能推翻。他肯定了1688年辉格党革命的合法性，因为它没有推翻而是恢复原有宪法，并且保持政府的稳定性。

伯克批评了天赋人权理论、政治平等、大众主权和革命权利所造成的必然结果。他认为，在国家管理中，责任与权利一样重要。多数人和少数人都无权改变国家的性质。一个人出生在他的祖国，他有义务遵守国家的一切制度和服从国家的权威。国家的存在不是保证国人的权利，而是为他们提供物质所需。

伯克在批评天赋人权理论的同时，对其种种论点进行了阐述，其中一种明显的倾向是以公民权替代天赋人权，而不同人的公民权是不同的。国家的功能应限制在维持社会秩序和阻止犯罪上，政府没有能力帮助穷人，实际上政府也不应这样做。伯克认为，穷人的命运是低下的，他们没有财产，不应在国会内有发言权，有产阶级应有管理国家事务的合法权。实际上，在18世纪末叶和19世纪，对无产阶级的歧视弥漫于英国上层社会和政治学领域。

2. 美国：联邦主义使人权理论成为资产阶级压制人民大众的武器

在美国，对天赋人权的反动，主要表现在联邦主义运动的理论中（1787—1788 年间论述美国新宪法及共和政体性质的理论）。文章大部分出自汉密尔顿之手，这是北美 18 世纪后期政治思想的突出主题。这种理论抛弃天赋人权理论，代之以社会稳定和经济增长为目标的方针，实际上这是一种漂亮的说辞和欺骗社会大众所伪装的借口。德国政治学家卡尔·贝克在《论独立宣言》中说，天赋人权理论“成为那些既不想成为反动者也不想成为革命者的人、那些生活在变动社会里却衷心祈求社会不要变得太快的自由主义者—保守主义者和保守主义者—自由主义者所接受的信条”。要阻止世界变化太快，最有效的办法是带着羡慕的心态回到过去。

在欧洲，中产阶级的性质正在发生变化。老牌资产阶级逐渐替代贵族成为社会的最高层。生活条件使那些以天赋人权和社会契约起家的革命资产阶级变质了，天赋人权理论成为过时的教条。以前，天赋人权理论是资产阶级反对压制人民大众的陈腐国家制度的武器，现在变成了权力在握的资产阶级压制工人大众和广大平民的武器，成为对人民大众社会立法诉求的一纸空头支票。神圣的财产权被宣称为高于一切国家事务的权利，伤害了财产权就摧毁了资产阶级的国家机器。法律面前人人平等，已成为代表资产阶级利益的政客们搪塞工人、工会组织的空洞说教，成为资产阶级进行社会控制的美丽口号。因此，天赋人权理论已超越社会调节和改善功能而成为资产阶级维持现状的智力投资的一个项目。

3. 法国：无政府主义的歪曲

19 世纪法国政治理论最显著的特点之一，是这些理论不是来自象牙塔里的大学教授们，而主要是来自积极参与政治和经济斗争的人们。相当数量的不同社会理论不断涌现，它们抨击现存的社会制度并提出社会改革的种种建议。在这些理论中，乌托邦社会主义代表一种抵制正在崛起的工业经济秩序的人道主义倾向。大多数法国乌托邦社会主义者出身于中产阶级，是怀有幻灭感的知识分子。法国大革命后急剧的社会变化所带来的影响，引起他们的关注，他们对资本主义社会制度进行无情的抨击，承担起政治上尚未成熟和经济上一贫如洗的平民大众的事业。一些乌托邦社会主义者认为，理想的社会变革不能来自孤弱的无产阶级，只能依靠开明和慈善的资本家群体。通过所谓理性的宣传，希望寄托于富人们的善意和通情达理，变革现存的社会制度为全人类的福祉做出贡献。

其中比较激进的是一些无政府主义者，他们用一种由不同天赋人权理论拼凑的大杂烩，阐述个人自由的合理性。大权在握的资产阶级驳斥了无政府主义者关于社会契约与个人自由的观念，并以资产阶级国家公民权替代在风雨中奋争的天赋人权。无政府主义者认为，人的天赋权利享有无限的自由和平等，资产阶级私有财产的神圣权利必须被否定，理由是他们的财产来自劳动者的血汗，是腐败和剥削的结果。

无政府主义是否定一切国家政权、反对一切权威的小资产阶级社会政治思潮。他们宣称一切权力是“屠杀人类智慧与心灵的罪恶”，国家是产生一切罪恶的根源。极端个人主义是无政府主义世界观的基础。无政府主义者对资产阶级和私有财产的批判和攻击，无助于天赋人权理论发挥其积极的社会效应，反而成为资产阶级扼杀天赋人权理论的借口。

4. 功利主义的冲击

19 世纪的英国政治理论，主要代表工业资产阶级的政治愿望，其中涉及由于工人无产阶级的出现所导致的一些问题。一个完全被剥夺生产工具的无产阶级和一个充分发育并携带某些贵族习气和无政府主义的小资产阶级，组成了一系列不同形式的联盟，他们怀着一种混杂的政治诉求走上历史舞台。英国无政府主义思潮的代表是威廉·戈德温和托马斯·霍德斯金。戈德温的论著将 18 世纪自然法理论与柏拉图和托马斯·莫尔的乌托邦理论，以及当时英国流行的个人主义和功利主义混合一起。戈德温认为，传统政府在行使权力过程中必然出现堕落、腐败和残暴。财产的分配不均是社会的最大罪恶，他提出建立小规模自给自足的公社代替传统政府。有人认为他的著作为无政府主义学说奠定了基础。霍德斯金受亚当·斯密的影响很大，他把一个人的劳动所获看作是天赋权利。

英国资产阶级意识形态的发展可分为四个阶段，在某种意义上，下一阶段是上一阶段的补充和修正，每一阶段都体现了资产阶级的力量及其利益。①倡导天赋人权。在这一过程中，资产阶级使成文法不承认的某些权利合法化，以作为反抗君主政体限制的武器。②用资产阶级的反动理论（与贵族的反动思想不同）否定天赋人权理论中的激进内容，以防止被富于战斗精神的无产阶级所利用。另一方面，接受不损害资产阶级根本利益的某些政策。③提出自由放任政策，倡导经济个人主义，实行有利于工厂主事业发展的方针。④提出功利主义理论，为资产阶级取得政权开辟道路。

我们可以将功利主义追溯至古代希腊。公元前 5 世纪的亚里斯提卜和公元前 4 世纪的伊壁鸠鲁，及其追随者的伦理学中，都有功利主义所倡导的享乐主义人生价值论，他们是古代功利主义的先驱。但作为一种具有政治意义的理论体系，功利主义主要是由英国边沁和约翰·穆勒提出。据边沁说，他从戴维·休谟等许多人的著作中，都发现了功利原则。功利主义的基本原则是：一切行为如果有助于增进人的幸福，则是正确的；如果导致与幸福相反的结果，则是错误的。同实证主义相似，功利主义关心的是具体和直接的现实，而不是意义模糊的天赋人权形而上概念。好的制度不是由被承认的天赋权利数量的多少来衡量，而是由大众幸福感的实际效果所决定。边沁认为，各种权利只限于成文法中所规定，所谓权利先于法律的说法是荒谬的。他指出，正如休谟所言，“天然”这一词语是一个比喻的表现方式，其意义含混、空泛。如果用其字面意则可能引起危及社会的暴力，但用以对政治问题的解释只能引起混乱。然而尽管天赋人权有神秘主义之嫌，其中却包含道德意义和公民权利的价值内涵。边沁说，权利不是天然的和不可剥夺的，权利是与责任不可分离的；权利不是目的而是达到目的——大众幸福——的手段。我们的权利必须有助于保证公众福利，我们的责任是以有益于人类事业为指归。

5. 政治民主理论的干扰

在资产阶级崛起的背景下，无产阶级在同贵族地主和保守主义政客阴谋的斗争中，走上了政治舞台。天赋人权理论的普遍性，使统治阶级出于狭隘的阶级意识极力维持其统治地位，并出现各种不同形态的不可剥夺的天赋人权理论，它们仅仅是为保守和反动的资产阶级利益服务。一些自由主义者和形形色色的反动学者拒绝天赋人权理论，因为他们害怕其中可能出现的无政府主义因素，被正在兴起的无产阶级所利用。天赋人权理论的重要意义不容否认，但资产阶级的经济利益却先于或高于国家立法。公民权利被容忍，但只限制在不威胁资产阶级的生产规则及其利益的范围之内。在工业革命早期，在天赋人权和“造物主仁慈之手”的名义下，英国工人阶级被剥夺了一切生产工具，被大批驱至工厂。他们受到的剥削比罗马的奴隶还要凄惨，他们的身体和心灵受到摧残，有的甚至被监禁、处死或流放。

天赋人权理论曾被资产阶级用来取得了国家政权。一旦取得政权和贸易自由，天赋人权理论的革命意义就在立法过程中被取消。天赋人权概念实际上是为资产阶级利益经济而宣扬，但不是普遍福利的象征。面对这种局面，无产阶级不得不为参政权而进行斗争，其中涉及建立政治民主的理论。这种政治民主是经过大约一个世纪的斗争而获得，是值得珍惜的。工业资产阶级和小资产阶级不遗余力维护其既得利益体系。尽管人民大众在产品相对丰富的背景下，并没有全部走出贫困；尽管民主只不过是一种抽象之物，然而他们毕竟看到一线希望。在这种背景下，他们已无暇顾及——或者说，天赋人权概念已在他们的意识中淡化。

6. 法学理论家们的攻击

最后攻击天赋人权理论的是 19 世纪不同法理学派的理论家们。其中首先向天赋人权理论挑战的是“分析学派”，其创始人是英国法学家约翰·奥斯丁。这一学派对实证主义的基本要素和功利主义思想，以及其他哲学家如让·博丹、霍布斯和斯宾诺莎的理论进行综合。奥斯丁宣称，经过缓慢的发展过程，国家发展成为现代的形式；国家形成的基础不是尚无社会契约时代的大众所赞同，而是习俗、情感和国民对国家效用的认同。国家的根本特性是最高和绝对主权，法律是主权者承认和强制执行的规则或命令，这是一切合法权利和公民自由的源泉。所有这些规则和命令，全然是一些风俗、习惯或者道德常规。

对法学和伦理学两个领域的区分必须认真对待。法学是对现存成文法的审视或者分析，而关于公正和法律的哲学问题必须归于伦理学。因此，他声言法律体系内的各种权利，包括天赋人权高于主权者承认的权利，是没有根据的。在政治生活中，每一种法定权利都伴随相应的强制性法律责任，正如每一种政治自由都伴随相应的义务约束。强调前者而排除后者，强调权利或自由而排除责任和约束，必将导致无政府主义。

分析学派的目的是将现代成文法作为一种静态法令进行分析，而历史学派运用遗传学方法研究法律。这一学派的主要成员是弗雷德里希·萨维尼。萨维尼是现代德意志法律体系的创始人，他所著七卷本《中世纪罗马法史》（1815—1831）是近代研究中世纪法律的基础。萨维尼说，历史的经验表明，匆忙编纂的法典是无用的，法律的内容必须和民族精神相吻合，不符合民族精神的法律必将失去效用。因此，他认为习惯是法律的主要表现。主权者的责任就是发现并促成体现一个民族传统、风俗和习惯的法律合法化。权利不是来自抽象的人性，而是来自一个民族不断变化的集体意识、社会习俗、道德惯例及其成文法，即执行中的法律体系。

这一学派具有重要意义的理论是，他们坚持，当社会体制发生变革时，权利的内容必然发生变化，权利与历史发展相协调；同时，摈弃关于权利的普遍性和绝对性理论。然而由于这一学派的一些成员接受黑格尔的观点，他们有为历史和现状辩护的倾向，因而反对法律体系的改革。在这一方面，这一学派与倡导历史方法的埃德蒙·伯克的观点相似，伯克将传统置于圣坛之上，阻遏社会和立法体系的变革。但是，到了19世纪中叶以后，历史学派在社会理论方面，开始承认社会的变革和取向于相对主义而抛弃绝对主义。

一些政治学和法学思想家不同形式的对天赋人权理论的攻击，是 19 世纪出现的一种反动文化潮流。这种潮流已如上述表现在历史学派、实证主义、功利主义以及其他思想体系的理论中。对天赋人权理论的抨击还可从李嘉图地租理论、马尔萨斯人口理论以及达尔文进化论中发现。他们将 19 世纪天赋人权理论批判为“天赋的先入之见”，是神学和形而上学的混合体。

达尔文进化论有一种完全否认天赋人权理论的哲学内涵。达尔文以生存的自然竞争概念替代权利与自然和谐的假说。仁慈的、人性化的和有目的的自然观被摈弃，代之以一种冷酷、机械和无目的的自然观。人不再被看作是接近完美的造物主的臣民，而是处于进化阶段中的生物。以往被认为人具有的永恒和不可变更的优越地位已被否认，自然界处于无目的的持续演变过程中。达尔文进化论进入政治领域，推动了天赋人权理论的革命——在变化的自然界面前，不存在永恒的天赋权利。

十、结语

到了现代，在不同领域科学知识广泛传播的背景下，人们越来越认识到，一切事物都处于持续变化之中。因此，停滞不变的观念或传统规则都很难被人们接受。今天，普遍性概念涉及的范围很小，而且往往由于其抽象性而失去实际用途。在伦理学方面，主要倾向是摈弃所谓固有权利概念而倾向于认为权利是社会关系的产物，其功能是改善社会状况的手段。因此，各种权利已经失去曾被广泛认为具有天然基础的特征。今天，大多数欧、美思想家认为，绝对权利不仅没有意义，而且更重要的是，这种观念不利于争取大众福利。

西方心理学和逻辑学的许多研究成果，削弱了以往人们广泛接受的关于人类理性的信念。如果理性具有某种意义，它意味着在人的行为中表现为一种能力。但实际上在人的行为中，理性与非理性往往难以区分。天赋人权概念的提出不再被认为是造物主意志的启示；而人权概念与社会生活无关的观点，已被心理学和社会学理论所否定——如果离开了社会因素，所谓固有权利的基础就将被瓦解。习惯这个巨大的社会飞轮给了我们认识信念内涵的知识。习惯性思维就成为正确的思维，生活方式产生习惯性利益追求，围绕利益而产生习惯性和人们满意的道德规范，这些道德规范将转换为对种种权利的期待；这样，习惯使风俗成为永恒的东西。

但是，风俗在很大程度上是变动社会环境中的群体行为。社会中形成不同的阶级、社会机构和社会群体，社会风俗、惯例和人类行为准则产生于不同的群体利益。在社会认可的习俗、惯例和人类行为准则基础上，形成了权利概念。但产生利益追求的生活方式也将导致利益性质的改变，不仅人们的利益追求本身会有改变，在不同群体相互竞争过程中也将出现其利益的变化。不存在处于静态中的社会利益和价值，在一个变动不居的世界里，不可能有绝对的社会理想。

天赋人权理论被形形色色的自由主义者、保守主义者，以及反动学者用来为个人意图辩护而不断提出和修正。不可否认，20 世纪许多西方政治学、社会学和法学领域的著名思想家，越来越认识到自然法概念的社会内涵，这种观点在理论界并不是一种新的现象，而是现在更为明确和普遍。如果确实存在天赋人权，那么，它们存在于社会结构中而不是生物或自然领域，权利是关于社会个体和群体的一种现象。社会产生的基础不是预先存在的权利，权利和责任是在社会发展过程中逐步形成，它们是人们未来幸福的基础。作为理想，权利在任何一个民族的社会里都应占有重要位置。权利是人们努力争取和维护而且也是值得不断提高的东西。

正确的东西是由一个民族的社会理想所决定的。在追求实现理想时，人们必然希望获得某些权利和相应的责任。如果一个文明民族的社会理想出现变化，或者说，如果条件使其理想不可能得到实现，权利的概念必然发生相应的变化。即使在有利的环境下，实现理想的手段也必须不断改变。在这种情况下，认为权利是永恒不变的，显然是一种非理性的态度。在变化的社会背景下，往昔可以作为一种基点，但不能成为当今和未来发展的阻力。

第5章

欧洲现代哲学

第1节　绪论

一、欧洲现代哲学精神

1. 对中世纪思维的反叛

这里所谓欧洲现代哲学，始于文艺复兴时期。现代不同流派哲学的历史，是相继出现的对欧洲中世纪理想和知识结构反叛的历史；这种反叛至20世纪已达到高峰，对欧洲传统哲学整个体系的一切方面都提出异议和质疑。怀疑主义在欧洲现代哲学扮演着主要角色，是区分现代精神和中世纪理想的重要标志。在中世纪，信仰观念压倒一切，而作为思维的一种逻辑体系的怀疑主义，实际上是不存在的。

一些哲学家认为，对中世纪思维的反叛，是其全面崩解和衰亡的过程。法国天主教哲学家、中世纪哲学史家埃蒂纳·吉尔松在《中世纪哲学精神》一书中说，中世纪观念的同一性、凝聚力和等级秩序，完全由现代思维中的混乱、分裂和无政府状态所替代。但那些坚持科学方法的思想家如约翰·杜威和伯特兰·罗素，将中世纪看作一个停滞的时代，一个基督教偶像崇拜的时代。他们希望将现代人从中世纪思维模式的桎梏中解放出来。在不同体系的哲学中，杜威尤其重视柏拉图哲学，但不是柏拉图的独断理念论，而是《理想国》，这表明杜威对社会问题的关注。在 20 世纪现代哲学的改造运动中，杜威是重要的推动者，其影响除哲学外，还涉及政治、教育、宗教和艺术。在所有这些领域，杜威始终站在进步事业一面，同独断论和独裁主义进行斗争。

在著名的《哲学的改造》中，杜威提出哲学思维的新方向。从欧洲中世纪经院哲学到黑格尔的绝对理性主义，哲学家的使命既是探索宇宙的隐秘、追求所谓永恒的真理，也是充当宗教和政治体制的辩护者。杜威说，这些不是哲学的功能，哲学家无法承担这一宏伟任务。哲学的任务主要是关注当今时代的社会问题，放弃对世界本质的探讨。杜威强烈抨击理性主义，空泛的理性主义不是哲学家追寻的目标。理性主义相信独断论的规则和不变的标准，我们必须将哲学从理性主义独断论的桎梏中解放出来。

杜威赞赏弗朗西斯·培根的哲学洞见。培根不是现代科学精神的奠基者，但他是科学的开拓者，是科学领域的哥伦布。他勇敢地将科学研究的大船驶向新的海洋，开拓了一个科学研究的新时代。但现代哲学思维在很大程度上依然处于前科学阶段，依然处于为陈旧的社会、政治和宗教体系辩护的阶段。哲学应具有科学的品格，哲学家要向科学家学习研究方法，这就是实验的方法，以试探的态度从事研究而拒绝一蹴而就，得出似是而非的结论。学术理论必须面对时代变迁和事物变易的客观事实，学术理论与科学假说一样必须准备经受时间和现实的验证。哲学家不能忽视现代科学所取得的伟大成就，哲学家要认识到科学方法已为世界带来一场革命。因此，哲学必须与时俱进。

2. 改变中的权威观念

欧洲现代哲学最显著的特征是对权威的质疑。在中世纪，学术思想几乎全被《圣经》和亚里士多德哲学控制。哲学中的正确论点总是那些能够引证的最权威的论点。尤其是在13世纪，亚里士多德在学术界的地位几乎与造物主齐肩。引证亚里士多德的言论就是引证一位大师永远正确的认知，因为亚里士多德是一位了解科学基本知识、形而上学种种原理和神学一切范畴的思想家。对亚里士多德的崇拜不仅限于西欧，而且蔓延至阿拉伯和犹太世界。

随着现代哲学的发展，亚里士多德的影响逐渐衰微，但这种变化的过程是漫长的，传统的惰性是根深蒂固的。经过几个世纪，亚里士多德的权威逐步发生动摇；然而直至20世纪，仍有许多思想家认为，哲学的一切智慧依然可从亚里士多德和其他古希腊思想家那里发现。他们是不同哲学学派中希望复兴古代哲学、排斥当代学术进步的代表。

显然，西方哲学领域对权威的崇拜将永远不会完全消失。为什么有些思想家执拗地坚守古代的种种理论？对其原因没有现成的回答。在时时处处充满流变和更替的时代，人们似乎希望得到一种稳定感和安全感，促使他们倾向于从过去的成就中获得安抚和慰藉。另外，对往昔的研究显然可能回避一些矛盾和争议，在某种程度上有较少的风险。然而随着现代哲学的发展，被人们接受的结论往往建立在试探性的基础之上，变化和革新将受到欢迎，而终极的结论将不被采纳。

3. 变化中的哲学主题

新的逻辑和新的方法论的出现加快了哲学前进的步伐。这种进步和成就在伽利略、弗朗西斯·培根和笛卡尔等人的推动下，出现于文艺复兴时期。强调实验的重要性和数学的有效性的新逻辑学，构成对轻视经验事实和数学功能的中世纪思维模式的有力冲击。形而上学概念的变革促使更为周密的方法论的发展达到了巅峰，而关于本体论概念的变更尤其重要。建立在各种科学结论基础上新的形而上学概念，替代了中世纪以神学为基础的形而上学概念。随着知识在 18 世纪更为复杂化和学术化，以及新科学的发展和进步，对思想家的形而上学倾向的批判精神成为大势所趋，关于知识科学的认识论逐渐扮演着主要角色。约翰洛克和戴维·休谟是这一时期的代表，他们的主要兴趣在于对知识原理的探讨和研究。这一运动至伊曼努尔·康德达到了巅峰。康德的著作《纯粹理性批判》给传统形而上学思维以致命打击。康德的目的没有完全达到，随后一些思想家如费希特、谢林和黑格尔等再次复活哲学中古老的本体论概念。但这些思想家的努力只构成旧的形而上学时代的黄昏蒙影。当 19 世纪来临之际，哲学变得更加富有批判精神，而这种批判精神在 20 世纪又得到加强。

19 世纪中叶，伦理问题逐渐成为一种引人瞩目的问题。这种情况主要由于叔本华和尼采哲学对伦理问题的关注。叔本华对生命意志的强调几乎接近一种佛教徒式关于生命的观念。尼采提出，历史进程是强力意志实现其自身的过程，人生的目的在于发挥强力、扩张自我，即一种对价值观的重新判断。卡尔·马克思以对历史的经济学解释，及其对不同时期决定历史发展的社会生产体系的现实主义研究成果，丰富了伦理学的理论内涵。

二、科学革命对哲学的影响

在整个现代时期，欧洲哲学一直反映着科学革命的进程。在16世纪和17世纪，哲学受到自然科学发展的深刻影响。新的天文学和新的数学体系，不仅培育了科学家们与以往不同的观念，同时也改变了哲学家们的世界观。在当时，日心说哲学成为真正意义上的哲学，其中，布鲁诺的哲学，是日心说哲学的代表。这意味着哲学试图把握整体的客观实在。

在18世纪，社会科学，尤其是历史学、法学和经济学，改变了思想家们的世界观。18世纪哲学家们的乐观主义，建立在这样的信念基础之上：通过使世界更具有理性，废除陈旧的传统和清除偏见，从而取得社会进步。

在19世纪，新的生物学观念的形成激发了哲学家的思维，虽然生物学领域的种种结论不能令人满意，但达尔文主义的杰出阐释者赫伯特·斯宾塞相信，如果科学能够进入一切领域，一个更加美好和更有理性的社会文化体系将有可能实现。斯宾塞认为，在这种情况下，社会进步将是确定无疑的。然而，尽管对达尔文理论不怀同情，但其哲学却以达尔文主义为基础的尼采，显然遵循一种丛林伦理理论。尼采坚持一种为权力而进行残酷斗争的人生哲学，尼采哲学与基督教传统价值观格格不入。

18世纪欧洲人的各种乐观主义理想，为后来的物理学和心理学理论所动摇。量子物理学、爱因斯坦相对论、海森堡测不准原理——这些物理学理论摧毁了18世纪的理性观念。 当哲学家们谈论关于人是理性动物，并用诸如“纯粹理性”来描述其知识理论时，弗洛维德发出了冷笑。许多心理学家将理性看作是一种无用的东西，他们强调的是人性的欲念。

三、现代哲学的地位

纵观西方现代哲学的发展，我们发现其主题范围比以往狭窄了。越来越多以往属于哲学范畴的科学学科，已经成为独立的学科。例如，数学和物理学在文艺复兴时期仍被认为是哲学的一部分。今天，没有科学家将它们视为哲学的分支学科。这一分离导致新科学与哲学之间出现一种冲突。许多自然科学家认为，哲学家依然是由传统所控制，哲学没有自然科学的地位重要。如实证主义创始人奥古斯特·孔德等宣称，哲学基本上是一种形而上学的学术辩论——抽象的、空泛的议论和充斥绝对的独断论。

在 20 世纪的西方世界，公众对哲学的尊重无疑处于下降趋势。其中原因之一是人们所重视的主要是实用和实实在在的事物。另一种原因是哲学已变得太学术化，往往脱离了人们的不同理想和普通大众所关心的事物。还有一种情况，哲学领域常常出现大量反复现象：一种体系之后又有另一种体系相继出现；今天一位哲学家很时髦，明天就可能销声匿迹。这种情况可能反映出西方文化规则的快速变革，或者表明某些哲学体系内涵的肤浅。现代西方哲学最显著的特征，也许是其对不同社会和政治体制的依附，哲学家往往是其所拥护的政治和社会体制的代言人。

第 2 节　现代早期哲学家

弗朗西斯·培根是欧洲进入现代时期的重要哲学家，是欧洲 17 世纪科学革命的重要推动者，其学术贡献主要在于新科学方法论。关于培根的论述将在下篇“科学革命”一章展开。

托马斯·霍布斯：中央集权制的鼓吹者

1. 功利主义学派的先驱

托马斯·霍布斯（Thomas Hobbes，1588—1670）是欧洲现代社会运动最勇敢和始终如一的代表之一。同所有革新者一样，他同过去决裂。与弗朗西斯·培根一样，他重视科学的实际效用：知识就是力量。他完全否定神学的科学性：没有关于造物主的科学，没有关于天使的真实学说，他排斥关于灵魂的唯灵论。他的这些思想是他的同代人、大名鼎鼎的法国理性主义者勒内·笛卡尔的基本思想。他采纳哥白尼、伽利略和威廉·哈维的新科学，他将这些人视为科学的创始者。他大胆地在他的唯物主义哲学中推演出机械论的结果。霍布斯研究过数学，肯定几何学的方法是唯一可以给我们以确实和普遍知识的方法。他认为，政治和历史知识只是经验，而单纯的经验不是科学，没有经过逻辑推理的过程。他的唯物主义知识论同伽利略和笛卡尔的观点是一致的，而在知识起源的理论方面，他与弗朗西斯·培根一样，是经验主义者。

霍布斯的著作代表着弗朗西斯·培根及伽利略建立的科学方法发展的下一个阶段。其中，将数学分析用于一切领域的研究，包括对人类行为的研究。这种将数学用于对一切领域事物的研究方法，使我们联想到古代思想家德谟克利特的理论。同笛卡尔相比，霍布斯是一位朴素理性主义者。数学可广泛用于力学研究，因此他认为数学也可用于对人类行为的研究。这应该说是一种令人感到惊讶的天真的观点。霍布斯企图用数学方法分析人类的行为和经验，不论这种行为和经验多么具有个体特征的特殊性，都可从外部动因导致内部动机的角度进行分析。笛卡尔意识到这种假说将会导致种种问题和困难，却被霍布斯忽略，抑或说完全没有被认识到。在这一方面，笛卡尔的哲学体系明显走在霍布斯哲学的前面。

霍布斯曾几次出游欧洲大陆，有机会学习古代经典著作，开阔了眼界，增长了知识。在一次旅法途中，他会见了笛卡尔，不久又在佛罗伦萨会见了伽利略。伽利略给霍布斯留下深刻印象。欧洲大陆的游历经历使这位思想家开始同情那里反叛经院哲学的社会运动。霍布斯的《论物体》是一部关于自然科学的著作，其中，他以自己的观点论述了机械运行和物质交换定律。在《人性论》中，他论述了人类生理和心理活动。他的《论社会》是现代社会学和心理学领域最早的著作之一。他的名著是《利维坦》，其中包括“论人”“论国家”“论基督教国家”和“论黑暗王国”四个部分。作为思想家，霍布斯主要因对人的哲学做出贡献而闻名。他提出利己主义心理学，一般认为他是功利主义学派的先驱。

2. 唯物主义世界观

关于宇宙的论述，霍布斯认为，一切存在都是物体的存在，一切都处于运动之中。一切实在都是物质的，非物质的东西是一种奇想的怪物。只有物质的世界才是科学探索的对象。造物主创造的东西属于信仰范畴的宗教问题，不是哲学和科学研究的主题。宇宙的秘密是超越人类自身范围之外的，是不可知的。科学研究完全是一种命名过程，是从物体的不同运动状态对其命名、界定和分类的过程。没有运动就不会有感觉、经验、知识，也就没有科学。

霍布斯认为，感觉是一个物体受另一物体运动的感应而产生的运动组合。感觉只是一种感受体诸多要素的运动状态。意识源于大脑中一种感受体某些部分的运动。运动而不是意识是真实的；意识只是我们感受运动的一种方式。因此，一切精神活动都是运动或运动结果的表象。愉悦感是心脏运动的结果，而观念是大脑运动的结果。

霍布斯的观点显然是接受了被称为感性认识的主观性理论，这种理论与他的同代人如伽利略、笛卡尔和皮埃尔·伽桑狄的理论是一致的。客观世界是真实的存在，但我们无法认识它。人类对客观事物的认识有限，似乎永远无法了解事物的产生及其发展趋势。就是说，客观世界是由运动中的物体构成的，但这些不同形式的运动不能进入我们的经验。科学不能用于不存在的抽象物的研究，科学中的种种符号是用来代表实在物体的不同运动状态。科学从原因探求结果，是定量分析和数学表述的过程。霍布斯比弗朗西斯·培根更重视演绎法在科学中的重要性，他认为欧几里得的数学演绎能够使知识和真理的表述系统化。数学是科学精密化和组织经验材料的基础。

总体而言，弗朗西斯·培根和霍布斯的理论中，将文艺复兴时期流行的几种重要假说和指导性理论，从现代欧洲传统思想领域排除了。培根的理论中没有目的论的位置，他将目的论归于危险的“部族谬误”。霍布斯的唯物主义哲学同样排除了目的论、炼金术、占星术等伪科学，精英统治、无前因现象都被认为是无益的、虚伪的和欺骗性的观念而被抛弃。异质性被同一性所代替，他们不再追随新柏拉图主义关于宇宙是由不同质量的众多天体构成的理论，而是认为宇宙的一切都按照因果律，由同一的自然规律所支配。培根由于对人类谬误产生原因的深入分析和呼吁人们在对人类问题的研究中，坚持严格的客观态度和实验方法，而赢得他在现代哲学领域的持久声誉。霍布斯以其经验主义方法对政治哲学做出了突出贡献。他们的思想从中世纪观念的束缚中得到解放，向着现代思潮迈进一大步——虽然他们的理论尚未完全摆脱经院哲学的羁绊。

3.《利维坦》：政治专制主义和国家至上理论

早期英国哲学家的突出特点，是他们对社会事件的关注。与 19 世纪晚期和 20 世纪初期的英国哲学家不同，他们中许多人都是政治家。有些人如托马斯 · 洛克和约翰 · 洛克，对英国政治的走向产生了重大影响。他们的哲学理论具有明显的实用性色彩，与欧洲大陆思想家的著作相比少了学术性和理论的复杂性。霍布斯的著作《利维坦》（1651），其中概括了霍布斯的政治专制主义和国家至上理论。他在关于主权论中提出了这种极权主义理论，成为后来政治学中激烈讨论的问题。

霍布斯生活在英国历史上持续动乱、人民希望生活安定的时代。对霍布斯而言，政治事务中的无政府状态是最大的罪恶。他认为，只有通过中央政府的强大权威才能实现国家的和平与安定。作为贵族的一员，霍布斯对清教徒炽热的信仰和清规戒律感到厌恶而持轻蔑态度，认为清教徒主张自我管理的观念对叛乱具有煽动性。民主政府对他而言只是不同派别相互争辩的场所，是毫无作为的政府。所以，他是一个君主政体的狂热鼓吹者和民主政治的反对者。他认为民主制度的要害在于其连绵不断的争吵，是发生在国会制度中经年不绝的执政轮换和变更的根源。他说，民主制度只能在很小的国家建立，因为在小国能够推行直接代表制。他试图证明当时的议会议员，大都是一些被私利所支配而无视公众福利的政客，而且他们往往是制造混乱和罪恶的不轨者。他蔑视议会政府听取舆论，认为统治者应自己做出决策，不需要听取公众意见，不应被不同党派的喧嚷左右。

霍布斯说，社会契约建立在妥协的基础上，人们必须遵守联邦的各种法律。人们相互之间权利的转让，其目的在于追求和平。这种契约一旦建立就成为一种绝对义务。社会契约将一切权力赋予国家元首，国家元首是契约的实施者，也是法律的最终裁决者和一切权威之源。至于所谓人民至高无上的地位，则是一种荒谬的观念。社会契约一旦议定，任何形式的民主必将被废止。霍布斯解释说，这将对普通大众有好处，民主是最坏的制度之一。

霍布斯分析了一个联邦存在的六种弱点。①当一个国家的统治者没有绝对的权力，如果统治者仅仅满足于相对的权力，就会出现持续混乱的危险，就不能维护国家的安全。②当每一个公民都有自己判定善行与劣迹的信念和标准；善行与劣迹应由国家来确定。③相信个人的道德、良心，而非国家法律。尤其是清教徒建立他们自己的是非标准，来对抗政府的法令。（拥护民主政治的人认为，清教徒是正确的，他们应从专权统治中解放现代人。但霍布斯相信的是权威，认为清教徒的民主思想是造成国家混乱的无政府状态的根源。）④当国家元首要服从法律的限制和约束。国家元首必须超越法律，他的意志是绝对的，不受任何法律的约束和限制。⑤每个人都有支配自己物质资产的绝对权利。（这也是约翰·洛克后来提出的著名观点。）国家元首的权力可以延伸至控制人们的财产权，正如控制人们的思想和信念。⑥国家混乱的根源在于权力分散。当几个集团为争夺权力而斗争时，内战的爆发是不可避免的。（霍布斯一再申明，如果要保持国家的强大并使其富有活力，必须有一个国民共尊的、坚强的权威中央政府。）

在许多方面，霍布斯让我们联想到意大利政治家马基雅弗利。从马基雅弗利那里可以发现与霍布斯同样的现实主义思想，同样对权力的重视，同样强调强大的中央集权的政治倾向，以及同样的反宗教思想。我们可以批判霍布斯关于权力的观念，可以将这种权力观念视为有害的，但我们仍然不应忽视其中的某些真知灼见。霍布斯对国际关系的未来持悲观态度。他指出，国家之间总是处于持续不断的战争中，没有军事实力而只有条约是危险的。他说，只有词语写下的协议和条约而没有剑，就没有力量保卫国家及其人民。他的《利维坦》几乎成为 20 世纪某些国家的治国蓝图。

第 3 节　理性论哲学

一、勒内 · 笛卡尔：我思，故我在

1. 将欧洲哲学从经院哲学桎梏中解放出来的第一人

当欧洲进入现代时期，首先出现的哲学体系是法国笛卡尔哲学。黑格尔等人称笛卡尔（Rene Descartes，1596—1650）为西方现代哲学之父，笛卡尔被认为是将欧洲哲学从传统的经院哲学束缚中解放出来的第一人。他的哲学思想被认为与其前辈和同代人相比更接近真理。霍布斯著作中关于政府和人类行为的理论往往引起争议，而且具有较少的学术性哲学内涵。而笛卡尔哲学更多关注的是形而上学和认

识论问题。

在此后的历史时期，笛卡尔哲学涉及的问题成为西方哲学中重要的内容。笛卡尔哲学体系在某种程度上成为西方现代哲学发展的基础和出发点。进入现代时期，西方伦理学、政治哲学、认识论和形而上学领域的一些基本概念，大都可以追溯到霍布斯与笛卡尔的成就。霍布斯主要对经验论做出了贡献，而笛卡尔的成就在于对理性主义的发展。文艺复兴以降，笛卡尔哲学在欧洲社会思潮的发展中比霍布斯哲学更具重要性。除了对哲学做出贡献，笛卡尔还是解析几何学的创立者、代数学符号论者和光学科学的建立者之一。

2. 心灵与物质二元论

在笛卡尔的理论中，一方面是可以认知、想象、表达意志和情感的心灵，另一方面是可由理性认识的广袤物质世界。但必须警惕的是，不能将心灵中观念所反映的物质世界特征与客观实在混为一谈。虽然可以说客观物体诱使心灵产生某些观念，但却不能因此认为心灵的本质与客观实在的本质是相同的，也不能因此认为心灵所反映的景象是客观实在的真实再现。对心灵的研究表明，它所提供的景象与物质世界的实在完全不同，它们之间没有共同之处。

在对物质世界真实性和感性认识的不确定性的认识过程中，人类试图进入感性表象内部去发现隐藏的真理。借助理性发现物体的固有特性是可能的，但不能将多变现象的表面价值视为实在的本质。在表象的深层是实在的本质，而本质的特点是不变的。

这一过程揭示了物体本质的一种基本属性：外延。同时也说明这样的事实：外延的每一变化都伴随着感性经验的变化。物体的某些性质，如颜色、气味，显然不是物体存在本身的基本要素，而是由物体主要属性变化所决定的次要性质。理性可以发现一切存在物，如颜色、气味或声响等，即一般感性特征，它们属于感性器官的偶然或主观经验，而不是物质实在的真正属性。它们是物体主要特性对感受者产生影响的不同途径。运用理性的人必须经常警惕，不要错误地混淆不同类型的外延，就是说，要认清经验所反映的不同性质的外延。

笛卡尔认为，具有属性外延及不同形态、长度、位置等的物质，没有运动或变化的任何内在性能，它完全处于一种被动状态。各种物体本身不能产生运动，但由不同物质构成的世界是运动的，这是确实无疑的。这是外因加于物体的运动，所谓外因即造物主。不存在空无一物的空间，这是因为没有物体就不存在外延，同样，没有外延就不存在物质。物质的宇宙是一个充满无限外延的空间。在笛卡尔对运动的解释中还有一种蕴含：根据机械的运动规律，外延本身具有无限可变性，这是物理学发现和综合的任务。

3. 发现自我

作为彻底的二元论者，笛卡尔明确地将心灵与肉体区分开来。心灵的作用正如其著名命题所表述的：我思，故我在。在这一方面，笛卡尔是在纯粹机械论原则基础上提出全面解释的第一人。我思，故我在，不是来自经验原则演绎的推断或结论，而是一种纯粹的直觉，一种不需要任何要素支撑而自身明确的事实，一种清晰、明确和不证自明的概念，它迫使一切怀疑行为必须接受的观念。在这一基本原则形成过程中，发现一种思维实体的存在。笛卡尔相信，在他作为思维实体这一意义上，他证实了自己的存在。然而这不等于完成了自我的继续存在，只有思维在持续进行，自我存在的立论才是实在的和确实的。但是独立存在于思维之外的客观世界依然是一种假说而处于不明确和不可靠的状态。尽管如此，怀疑一切的目的已经达到，探讨哲学问题的正确方法的基础业已建立起来。

4. 真理的可能性

追求真理的道路是艰辛和曲折的。为了解释这种现象，笛卡尔转向对人的认识能力的考察。他发现，人的不同思维器官常常不能紧密合作而导致错误发生。缺乏坚忍的意志、智力迟钝和缺乏条理，常常造成错误和追求真理的困难。所以人自己是造成错误的根源。人的意志在许多情况下是盲目地遵从感性经验解释事物和认识事物，而只有理性才能透过感性经验所把握的表面现象认识真理。

思维能够不断扩大和发展知识。知识是由不同概念和观念组成，对不同概念和观念进行分析是揭示真理的过程。对客观事物的观察是对形成概念的三种不同根源进行考察。对于事物不同根源的考察，为我们提供区分一般知识所具有的不同程度的真理性。

知识或概念的一种来源是自然现象世界，即世界万物。通过感性认识所捕捉的现象世界被认为是自然界的真实景象。来源于现象的概念，提供的是对我们周围世界的常识性解释，这些概念来自人们对于个别事物的经验。而知识的明晰性和真理性具有理性特征。

人的某些思维活动，例如想象力，同自然界事物之间没有明显关联。除非那些天真的人，才相信想象中的美人鱼和金山是真实存在的，或者认为这些概念具有真理的特征。这些概念不可能归于知识的领域。

第三种概念不是来自自然界，也不是心灵想象的结果。这是一种最重要的概念，它是一切真理之源。这些概念被称为先天的或先验的，是人类从其本原继承而来的。如果它们不能追溯至思维活动或者自然界，那么一定是来自两者之外。按照笛卡尔的解释，它们来自造物主。构成这些概念的原则和特征是清晰明确的，它们是不证自明的。几何学的推理能够清楚地证明它们的内涵和意义。这些不同的概念是演绎过程的基础，是建立知识体系不可置疑的真理的基础。这是这位理性主义者理想中的纲领。笛卡尔的第一原理是先验的，他的方法是演绎的。

5. 哲学方法论

笛卡尔认识到，将数学原则用于一切知识领域，必将带来前所未有的成效；但他又认为，首先必须发现完成这一任务所遵循的方法。笛卡尔逐渐产生了一种信念：如果要获得确实的真理，首先在通过自明的事实树立确信之前，对一切公认的观念和知识必须持怀疑态度。真理必须是清晰和明确无疑的，必须有如公理或几何原理那样的自明之理。因此，他的注意力集中于对往昔思维方式所形成但未经证实的知识的批判。他以批判的态度对待一切陈旧观念，拒绝一切可被怀疑的知识。只有清除了一切虚假的残余而成为清晰和自明的观念或真理，才能予以接受。

笛卡尔提出四项方法原则：①没有排除一切可疑之点、含糊不清的任何观念，都不能认为是真实的。这样才能确保不会由于轻率的判断而导致种种偏见。②将在对问题的观察中出现的困难分离为许多部分，从而使其简单明确，以便一一进行解决。这是方法论中的分析部分。将复杂现象分离成为众多部分，意味着对构成整体的不同要素进行观察和认识，而当某种现象处于整体状态时往往无法实现这一观察和认识过程。人们对于一种简单事物的理解，总是比对复杂事物的认识更为容易和更加透彻。③首先从认识最简单和最容易理解的对象开始，然后逐步掌握更为复杂的知识。遵循从调查分析到综合认识的过程，解剖或分析旨在获得更为清晰的理解。④对于每一案例都要进行详细而全面的阐述和检查，不忽视所有相关方面。这是提醒人们在对事物调查研究过程中，必须做到彻底和详尽。借助这些准则和认识程序，从而达到拒绝可疑知识的目的。笛卡尔从观念源于感知的原则，并运用上述方法准则开始他的研究工作。

二、莱布尼茨：单子论形而上学和先验真理认识论

1. 在哲学界的地位

莱布尼茨（Gottfried Leibnitz，1646—1716）是德国自然科学家、数学家和哲学家。他渊博的知识涉及数学、力学、地质学、逻辑学、法学等广泛领域。在 17 世纪晚期和 18 世纪早期的德国知识界占有主导地位，其科学思想和智慧的力量，在 20 世纪初叶和 70 年代再次被人们关注。他对人类事务的密切关注、用理性解释自然和人类问题，都表明他是启蒙运动的先驱。启蒙运动从根本上是以人为中心的伟大运动。启蒙运动从表面迹象一般认为始于 1690 年约翰·洛克的《人类理解论》问世。莱布尼茨在洛克的著作发表大约 25 年后去世，因此他的人生处于人类思想史上这一伟大时代的早期。

莱布尼茨的著作对他那个时代一切冲突和问题几乎都有所反映，他对古代希腊、中世纪及其当代哲学、宗教和科学思想都很熟悉。他希望寻找一种共同基础，将不同领域的理论统一成为对人类生存具有实际价值的理论。遵循这一基本思想，他认为目的论和机械论两种对立的理论，以及宗教与科学之间的争端亟须认真分析和逐步综合。他希望深入研究科学机械论，但又努力在机械论中为目的论寻找一席

之地。他的这种努力导致其预定的宇宙和谐形而上学的诞生。他以当时的科学机械论解释宇宙，但又认为宇宙现象的深层存在一种宗教目的论。

莱布尼茨追寻宇宙普遍性的努力和他渊博的知识，往往使他的世界观出现一些不协调之处——虽然他具有非凡的洞察力。他坚持对不能相容的假说进行调和，其结果不可避免地出现一些理论上的薄弱之处，这通常是调和与折中所带来的难以避免的现象。也许可以说，正是莱布尼茨丰富的知识，才是他的机械论中弱点的主要根源。某种意义上，知识渊博的莱布尼茨，几乎可以说是他那个时代的亚里士多德。

2. 单子论形而上学

莱布尼茨关于客观实在的理论是在其前辈和同代人尤其是笛卡尔、斯宾诺莎，以及偶因论（Occasionalism，亦译机缘论，与笛卡尔二元论相关联的一种关于心身关系的臆说）两者不同观点基础上发展起来的。莱布尼茨认为，他们没有对实在的本质提出正确的解释。他同意笛卡尔和斯宾诺莎将自明真理作为探求实在的科学基础和方法。但他认为，笛卡尔将实在解释为一种双重实体是欠缺的，因为这种广延概念使世界成为一个被动的、没有生气的东西，而事实上世界万物的本质却是充满活力的。偶因论者的实在观在很大程度上建立在完美造物主观念的基础上，必须由造物主经常干预自然界的进程。莱布尼茨以动态的、处于永恒运动中的实在，替代笛卡尔等人对实在的解释，他说，宇宙是由不同的力构成的体系。

莱布尼茨说，广延不是物体的本质，各种物体是力的实体构成，与毫无生气的广延恰恰相反。他认为，阻力是物体所具有的基本属性，阻力应被解释为作用力的产物，是物体内部各种力活跃的结果。莱布尼茨说，他的这些前辈对实在事物中各种力所呈示的现象做出了错误的解释，必须予以纠正。正是力使物体具备了可被观察的客观效应。莱布尼茨根据古代人的理论，认为一个不可分割的实体没有广延，他同意笛卡尔的观点，宇宙是完全充实的，但其中充盈着力的单元，他称为“单子”（monads）。显然这一术语来自布鲁诺。

莱布尼茨认为，宇宙的运动来自单子所产生的能量，外部的力不对自然过程的组构和绵延产生任何作用。单子不能对任何其他单子的状态产生影响。每一单子都是绝对独立的，不同的力在宇宙中发挥其各自的作用。这里没有所谓不同物体相互的机械作用，因此莱布尼茨批判笛卡尔以“台球式”物理学解释物体运动的观点。笛卡尔认为，运动永远不会消失。而莱布尼茨说，力永远不会消失。莱布尼茨以力的守恒替代笛卡尔的运动守恒。

不同的物体由不同的单子构成，一些单子被称为优势单子，它们是生机、灵魂和精神之源。接着而来的问题是，这些不同的单子如何形成不同的物体？答案是，这种形成的组构过程是预定的，是自然界事物固有的属性，不是单子之间的活动相互影响的结果。只有人类不仅有感觉和记忆，而且有自我意识，莱布尼茨称为 apperception ，意思是“触类旁通”：借助往昔的经验理解新的概念。动物没有这种触类旁通的能力，只有感觉、记忆和不同程度的意识。

总之，莱布尼茨认为，自然界是由不同层次的单子构成，所有单子都是相互独立的。单子的形成和构成不同物体和事物的原因来自造物主，造物主创造了单子和安排单子构成不同物体和事物的过程。

3. 认识论：一切知识都是先天的

莱布尼茨关于知识的理论是试图调和经验主义和理性主义。首先，他相信获得绝对真理的可能性；他还认为，只从经验不能获得真理。永久的和不容争议的知识必定是来自理性，因而具有先验的特征。就是说，真理与感觉无涉，例如来自数学的真理。但真理不仅限于来自数学，还可来自逻辑学、伦理学和法学。他提出两种真理：①必然真理，指的是具有逻辑必然性，根据矛盾律而确立的真理，如 2+2=4 等逻辑和数学的一切真理，这种真理是以心灵为其源泉。②偶然真理，亦称事实真理，是用经验方法，根据理由充足律而确定的真理。这种真理是对事实的判断，其中包括自然科学真理。

莱布尼茨说，无可置疑，我们必须接受科学的成果，但在科学发现的深层存在最根本的知识体系，哲学必须去发现这种知识体系。在莱布尼茨的机械论和科学理论的深层，潜在一种目的论，这种目的论的功用体现于有形的现象世界。科学的原则就是对现象世界的描述和探索。感觉所感受的事物不是其真实的本质，它们可能是别的东西。对这些东西进行机械性的解释永远不会澄清问题的真相。只有对潜在的目的进行研究，才能发现特定环境下事物发生的真正缘由。经验知识必须经过不受条件限制、不证自明的基本原理的纠正、澄清或拓展，才能用于对世界事物的解释。单凭经验知识不能构建关于世界的真正知识。经验主义和理性主义都是探求知识的途径，但终极真理是具有理性特征的。

虽然莱布尼茨似乎也承认感觉的存在，但这不是经验主义者所描述的感觉。莱布尼茨的形而上学不承认经验主义关于感觉的意义的一般阐述，人的心灵不是空白的“平板”接受客观对象或外界运动的影响而产生某种印象。他在单子论中已经阐明，每一单子都是完全独立的，感觉和理性属于不同的认识范畴。

莱布尼茨说，理性认识和感性认识的区别在于认识程度的不同。来自感性认识的观念是模糊的和混乱的，而来自理性认识的观念则具有清晰和条理的特征。感性认识能够激发理性，从而使理性认识辩清停留在感性认识阶段含混而无条理的知识。这一过程并不能生发任何新的观念或概念，只是有助于将固有观念导入意识的关注焦点。

莱布尼茨的上述理论显然是一种彻底的先天知识论，一种极端形式的理性主义认识论。笛卡尔认为，只有某些真理是先天的，这些少数真理是依据固有前提、经过演绎过程而构建的。莱布尼茨自始至终坚持，不是少数真理，实际上一切真理都是先验的。为了调和经验主义和理性主义的知识论，莱布尼茨对感性认识过程进行了重新界定。由此可见，莱布尼茨的知识论与英国经验论学派的知识论，是完全对立的。

4. 莱布尼茨对启蒙运动和浪漫主义运动的影响

（1）莱布尼茨—沃尔夫学派

莱布尼茨为18世纪德国的启蒙运动奠定了基础，他的理性论在当时的哲学界影响很大。他因数学方面的天赋在18世纪的欧洲声震遐迩，左右着自然科学界。他的关于个人和个性的理论最终进入歌德和席勒的时代，在德国文学中得到进一步发挥。莱布尼茨用法语和拉丁语撰写的作品被译成德语，这些工作主要由克里斯蒂安·沃尔夫（Christian Wolff，1679—1754）在哈雷大学完成。沃尔夫是莱布尼茨的学生，1707年，莱布尼茨推荐沃尔夫任哈雷大学数学教授，后应普鲁士国王腓特烈二世之邀任哈雷大学校长。沃尔夫建立了德国第一个现代哲学学派，他借助英、法启蒙运动时期，以及莱布尼茨和笛卡尔的理性主义，阐述自己的哲学体系，即沃尔夫哲学。理性主义和数学方法论是这一哲学的精髓所在。沃尔夫把莱布尼茨哲学看作是他的最高典范，但他在对莱布尼茨哲学的阐释中遗漏了其中的许多重要方面，而不是对莱布尼茨哲学完整和忠实的解释。然而被称为莱布尼茨—沃尔夫学派运动，对德国的未来社会思潮产生了巨大影响。沃尔夫撰写的教科书和他的学生遍布德国大学校园。康德自 1740 年进入柯尼斯堡大学起，就接受了这一传统教育。这一运动在德国声势浩大，直至 18 世纪晚期被康德的影响取代。

沃尔夫哲学的中心议题是认识论而不是形而上学。莱布尼茨在关于实在的单子论基础上构建了他的知识论，单子论比他的知识论更重要。沃尔夫的认识论对理性真理和经验真理进行了区分，但没有努力去调和两者。他的缺乏深入分析导致他不能在自己的研究中发现问题。沃尔夫既相信关于实在的先验理性真理，也相信从经验中归纳的真理。他认为两者都可对人和宇宙进行解释，最终两者不存在矛盾和对立，其结果是绝对知识具有概念和原理的性质，而另外一些知识则具有偶然、相对和感性特征。沃尔夫欣然承认知识的经验要素，促使该学派的年轻一代将洛克的经验论介绍到德国。这有助于对休谟和康德的著作中对理性论和经验论讨论的议题进行集中研究和探讨。沃尔夫从逻辑和认识论，进入形而上学的学术道路，为未来的学术思潮开辟了先例，从而使这一思想倾向贯穿于德国理性主义传统的整个发展历程。

（2）莱布尼茨：德国浪漫主义运动的始祖

莱辛（Gotthold Lessing，1729—1781）翻译（从拉丁语译成德语）了莱布尼茨于 1765 年出版的《新随笔集》。莱布尼茨的思想中强烈震撼了莱辛的是，他关于个人灵魂从潜意识的黑暗深渊向意识的光明奋争过程的论述。从此以后，德国文学界开始关注个人的命运，关注个人的希望、理想、情感、奋斗、失败和成功。个人命运主题成为浪漫主义运动的重要推动力。主要是在莱布尼茨的影响下，莱辛成为浪漫主义运动的重要推动者，随后在德国兴起抵制启蒙运动的所谓“唯理智论”的时代逆流。

有些人认为，莱辛是德国启蒙运动中最伟大的哲学家，但更多的人认为，他不是哲学家，而主要是一位文学批评家和戏剧家，他的哲学思想是通过他的文学作品表达的。作为德国现代文学前辈，莱辛的影响是深远的。人们往往说，莱辛没有提出支持某种哲学思想，但无可置疑的是，他反对严格意义上的理性主义。他坚信，奋斗是理解人类历史的最好途径。每一个时代的人们都有不同的目标和人生结局，但每一个时代都展现了个人的奋斗和努力去实现其天赋的才能。历史就是宏观世界中人的竞争、奋斗的微观世界的一场戏剧。人类个体的人生不是世界整体事物的孤立现象，而是自然界进化、发展过程中的重要组成部分。人类历史表明，要达到理想的绝对理性知识是不可能的，而绝对的谬误同样是不能成立的。知识与时代息息相关，与人类社会发展的不同阶段是分不开的，莱辛的文学著作在题材和风格方面都体现了他与过去的决裂。以上所述表明莱辛反唯理智论的思想倾向，而这种反唯理智论思潮正是浪漫主义运动的重要特征。

莱辛有深厚的宗教情感，他的关于宗教最终目的的观念，表现了他对斯宾诺莎比莱布尼茨更多的同情。众所周知，许多研究斯宾诺莎的西方学者认为，斯宾诺莎是一位宗教家。斯宾诺莎的全部哲学精神是宗教的，甚至是神秘主义的。自然界到处都是造物主的观念，是浪漫主义运动的显著特征。莱辛认为，要证明关于造物主的任何特质或者宇宙形成的原因是不可能的；将来有一天人类可能知道这一切，但要经过无数年代之后，造物主将逐渐在自然界和人类精神生活中显现自身。人类情感中的造物主是同宇宙不可分割的；宗教必须满足人们情感的而不是理性的需求。莱辛说，由于这一原则，不应把造物主解释为宇宙之外的存在，其是与宇宙不可分离的，否则就排除了宗教的温情而将人们的心灵投入理性的冷酷之中。如果将不同的宗教从其所属的时代和客观效果进行考察，就可发现宗教对社会的积极效应。

从莱布尼茨到康德的时代，有两种力量影响着德国知识界。一种被称为启蒙运动，另一种是浪漫主义运动。这两种力量都影响着德国理性主义的发展。费希特、谢林和叔本华都具有一种明显的浪漫主义气质。莱布尼茨启动和沃尔夫承继的理性主义思潮，为德国启蒙运动打下了基础，而莱辛在莱布尼茨和斯宾诺莎影响下，又推动了反理性主义思潮，从而开启了通往关于存在问题的讨论，也导致欧洲文学传统从古典文学向浪漫主义文学的嬗变。

第 4 节 经验论哲学

一、约翰·洛克：经验主义认识论的奠基人、“光荣革命”的思想代表

1. 知识论

关于人类对实在的理解问题，约翰·洛克（John Lole，1632—1704）决心完成三个方面的理论构想。首先，他希望弄清人类所有观念的来源；其次，表明人类知识的确实性及其证据和范围；第三，通过对人类智力局限性的分析和界定，促使哲学放弃超越人类理解力问

题的讨论。这是洛克哲学发展的主要线索。

（1）观念的来源

为了发现人类观念的源头，洛克认为首先必须批判当时广为流传的知识是人类心灵先天固有的理论，即必须批判笛卡尔、英国新柏拉图主义者和莱布尼茨坚持的先天观念论。洛克的批判对象主要是他的英国同代人，以拉尔夫·卡德沃思为代表的知识论。卡德沃思等人认为，观念是心灵在其不知不觉的情况下产生的。洛克说，所谓“无意识的观念”是自相矛盾和毫无意义的。他说，理解意味着被心灵所理解或领悟，先于意识而存在的未知先天固有观念，其意义是自相矛盾的。有些人并没有诸如存在、实体、同一性、因果关系等这些人类心灵具有的先天观念，这些人如新生婴儿、傻瓜、白痴、未开化的人等。如果说他们拥有这些观念，但他们没有意识到这些观念，这是毫无意义的陈述。即使有些观念具有普遍性，仍然不能说它们是先天的，因为诸如火、水和太阳是人类都有的普遍观念，也显然是来自经验。

洛克认为，观念的获得是一种渐进的教育过程，也就是经验的积累。同样，不存在新柏拉图主义者所宣扬的先天道德原则或道德观念。随便考察一下不同国家或民族的道德准则就会发现，不同群体的人民几乎没有完全相同的道德规范。基督教徒和非基督教徒都否认他们的道德原则是先天固有的。基督教坚持的原则是，法律由造物主制定，造物主要求教徒们遵守法律，违法者要受到惩罚。非基督教徒认为，为人必须遵守法律的约束，如遵守契约，违约是不道德的。这里没有任何先验原则的迹象，而只有对神灵的服从和对为人人格的敬重，以及对法律权威的敬畏。

洛克的结论是，人类心灵的初始状态完全是一块没有任何内容的“白板”，经验是我们所有观念的来源，因而是所有知识的基础。一切知识都是通过经验的获得过程而形成，没有先天的甚至是造物主给予的知识或概念。

心灵从两种经验的积累中形成观念：感觉给予我们关于周围世界事物的知识，然后经过心灵的思考过程形成观念。感觉和思考是我们知识的两个来源。新生婴儿只有感觉为其观念的形成提供内容和材料，当婴儿成长过程中逐渐学会思考，这时感觉材料被整理而形成观念。在知识材料积累过程中，理解完全处于一种被动状态。正如一张照相底片经过各种感光途径接受外界影像，感受力“迫使”心灵对客观物体产生印象从而形成观念。

（2）观念的种类

洛克提出，构成理解力内容的观念有两种，即简单观念和复杂观念。当心灵处于被动状态所发生的观念是简单观念；心灵处于主动状态发生的观念是复杂观念；心灵接受某些简单观念后经过构建成为复杂观念。简单观念一旦形成就被解释、合并，改变原来序列，然后进行重组。这种情况即所谓思考或沉思过程，但心灵没有任何创生简单观念的能力。简单观念可通过四种途径发生，简单观念的发生源于简单感觉，这些观念如颜色、味道、气味、声响，还有经常发生的固态或硬度感，这是由于触摸所产生的观念。简单观念的第二来源是多种感觉产生的，如视觉和触觉混合而产生的空间、广延、形状、静止和运动等观念。第三，简单观念可产生于沉思，这些观念如思考、想象以及心灵功能对感觉材料自然产生的意识。最后，简单观念也可来自感觉和沉思的结合，这种观念如痛苦、疲惫、和睦、差异等。

洛克列出关于理解力的一些活动，如抽象、悟性、辨别、记忆、知觉等。这些不同的观念形成过程产生形形色色的复杂观念。心灵将简单观念组合起来构成复杂观念，或者通过感觉和思考将复杂观念再次进行组合。通过对不同观念的比较但不进行组合，心灵就可能获得关于不同观念之间某些关系所具有的属性或特征的观念。通过分离某些观念或其他一些观念的某些方面，心灵也可能获得某种抽象观念或者普遍观念。

心灵在对不同观念的比较过程或进行的建构活动中，能够获得或产生关于不同关系的一些观念。这种观念可以涉及几乎无限广大的范围，但是它们中最重要的是因果关系观念，这是一种既来自感觉也来自思考的观念。我们往往感到，有些观念是由另外一些观念产生的，抑或说是另外一些观念的变异，即一种观念是另外一些观念产生的原因。这种观念和其他同类观念，如同一、差异、空间、时间、广延，以及道德原则等，它们是心灵通过对不同观念的比较而形成的，其发生之源不是所谓先天的或先验的。上述这些观念都来自经验，而不是理性主义者所说的先天观念。一切观念都来自两种经验：感觉和思考。

（3）知识的类别与构成

上述立论有一种含义：知识只限于观念所能达到的范围。洛克提出，直觉为我们提供立刻就能领悟的自明之理；论证借助中介或其他观念，从一种真理获得另一种真理。知觉使我们相信客观独立存在的物体，这种知识可称为感性知识或或然性知识。直觉类知识是所有知识中最可靠的知识，但直觉不能为我们提供不同观念之间相关性的细节。由论证而获得的知识通过中介观念拓展直觉知识，从而使我们从简单观念进入对更为复杂关系的理解。知觉为我们提供关于外部世界的一些观念，但这种知识的确实性范围要比其他两类知识更狭窄。直觉、知觉和论证是我们所有知识的三种来源。

2. 政治理论

（1）反对任何形式的极权主义

在《关于政府的两篇论文》（1690）中，洛克抨击罗伯特·菲尔默关于国家政府的观点。菲尔默在其著作《族长》中说，国家是一个家族，国王是一家之长，服从族长的权威是履行政治责任的关键。他牵强附会地解释《圣经》，认为亚当就是第一个国王，查理一世作为亚当长子统治英格兰。国王的地位是造物主赐予的。洛克在政论中将菲尔默的言论斥为“自圆其说的胡言乱语”。国王神圣权力与洛克自由主义政治观格格不入，在洛克的政治著述中，他高举立法权威的旗帜，态度鲜明地反对专权和独裁；而这种专权政治理论在殖民主义者中非常流行。他们认为，面对人类固有的罪恶，管理者必须拥有绝对的权威。

洛克政治理论的出发点是他关于自然国家的观点。洛克认为，生活在自然状态中的人及其财产是不安全的。人们虽然有生存权和财产权，但他们的权利往往被别人剥夺。为获得稳定的生活资料，这些自由民之间必须制定相互遵守的协议，以便保护其自然权利，由此产生了社会契约理论。社会契约不是从人民手中夺走权利，而是为限制施政者的权力而在立法基础上建立政府。自由权利是统治者和被统治者之间契约议定的前提。

人们选出能够代表他们意志的人，这些人在契约的规范下完成政府的各项使命。政府必须保护人民的安全和维护他们的福利。政府工作人员必须对其工作的失职负责。如果政府不能保证人民的安全和维护他们的利益，人民有权改组原来的政府，或者建立一种不同形式的新政府。洛克坚决反对任何形式的极权主义政府，他说，极权主义政府必然破坏社会契约而撒下政治崩解的种子。霍布斯说，社会契约一旦议定，革命就是非法的。洛克抨击霍布斯的这种理论，洛克说，对专横势力必须以强力回应，英国人民反抗詹姆斯二世的独裁政治，建立英国新型政府是完全合法的。

洛克的经济理论是彻底的资本主义经济理论，他所维护的是工业资本家的利益。他说，每个人都有享受自己辛勤劳动成果的权利，每个人只应拥有其能够耕种和收获的一份土地。这种信念似乎与他的其他理论相抵触，并使他关于经济的观点带有浓重的社会主义色彩。然而，洛克是一位贵族土地特权的反对者，他维护的是英格兰商业阶层的利益，他是英国辉格党的代言人，当他提到财产时，他所考虑的是货币资产而非土地利益。

（2）政府理论的核心：权力分散理论

洛克政府理论的重要组成部分，是政府不同机构之间的权力分散，其目的在于阻止权力集中于少数人手中，成为他们谋取私利的手段。洛克说，国家的灵魂是立法者，而选举立法者的权力在于人民，立法者代表人民。制定法律者不应兼有执行法律的权力。政府的另一机构负责实施法律法规。第三种机构是对法律法规的实施进行指导、监督和检查。这种权力的分散在美国历史上体现得尤为典型。显然，洛克关于政府的态度大体上是否定的，建立在对权力腐败而担忧的基础上，因而赋予司法机构以最高权力，以防止专制主义和权力滥用。在洛克的政治理论中，司法机构成为人民权利和自由的“看门狗”。

洛克提出，自然人应享有天赋权利，任何人和传统机构无权剥夺这种权利。保证和维护公民的天赋权利是政府的责任。关于人权问题，洛克实际上是继承了始于古代希腊智者派等许多思想家所坚持的悠久传统。洛克区分了自然法和人立法之间的不同，坚持前者优先于后者的原则。至洛克的时代，在不危及他人利益的情况下，追求个人利益的合法权利不应受到阻遏。当然，理论上的人权和社会实践中的人权状况则另当别论。社会契约理论经过霍布斯、斯宾诺莎、洛克、卢梭、康德等人的倡扬，其影响遍布世界。然而，社会契约理论的基本概念也被许多思想家诟病，尤其是个人拥有不受社会组织约束的特权，显然是不具任何积极意义的。

洛克的政治思想在今天的西方世界十分活跃。尤其在美国，洛克对中产阶级及个人财产的维护得到人们的高度评价。但在许多欧洲国家，洛克的自由主义理论被认为是过时的，并由更为激进的经济和政治理论所代替。

二、戴维·休谟：从因果论到怀疑主义；因果论瓦解了造物主存在的本体论

1. 知识论—因果论

（1）印象和观念

戴维·休谟是一个彻底的感知论者。他同其前辈洛克一样，认为心灵的内涵完全是经验的产物；心灵的构成机制与先验因素无涉。休谟用知觉来说明心灵的内涵，并认为知觉由印象和观念构成。印象和观念都依据其构成状况分为简单的和复杂的。许多观念是在复杂知觉印象基础上通过想象构建的。这种观念如美人鱼、独角兽、金山、原动力等，显然不是来自简单的印象，而是由几种简单观念或印象合并而成。

关于印象和观念在心灵出现的次序，休谟说，印象总是先于观念，观念是印象的结果，这些印象都是简单的。但是休谟进一步说，有些印象也可以由观念形成，就是说，有些知觉印象本身能够引起另

一些印象，而这些印象又可产生一系列其他印象。这一过程可能以一种相当复杂的方式继续下去。这些由观念产生的印象最终可被追溯至某些来自经验的基础印象。为进一步澄清问题，就应该对源于知觉的印象和来自思考的印象进行区分。

我们一般将情感、情绪、欲望和厌恶等归为经过思考产生的印象，而将诸如声响、味道、气味、颜色等看作是通过知觉来自外部世界的印象。所有源于印象的观念是一些比较模糊、暗淡和不太活跃的观念。观念是构成思考和理智的材料。

（2）不同观念的相关性：相似、邻接和因果关系

休谟对心灵将简单知觉印象合并而形成新印象或新观念的活动，进行了详细的分析和论述，但是关于心灵的本质或特性没有做出明晰的结论。然而，经验告诉我们关于心灵的一些活动机制。我们逐渐认识到，复杂观念是心灵在空间和时间背景下对简单观念进行组合的结果，而不是来自经验的知觉印象的原型。想象具有分离简单观念从而在某些条件的限制下对其进行重组的能力。印象和观念之间存在一种类似“强制力”的机制，“迫使”一些观念以某种有规律的方式同某些印象进行合并。知觉印象的形成也不是毫无规律和定序的，这一事实无疑为不同观念之间的相关性提供了更有说服力的解释。经验显示，某些观念总是在一些复杂观念之后出现。这种现象表明，如果不同观念之间完全处于松散状态和没有任何相关性，就不会出现上述情况。不同观念之间出现的这种规律性，只能以它们之间的关系存在或多或少的普遍规则予以解释。有时想象显然并不遵循这种规则，但在大多数情况下，这些规则作为一种“亲和力”发挥它们的作用。这些规则往往在不同观念之间产生一种相关性，从而使一种观念的出现，自然产生另一种与前者在时间与空间相近、具有相关性的类似观念。休

谟以不同观念之间出现的三种联系的普遍规则，来解释心灵的运作机制：①相似性；②邻接性；③因果关系。

（3）对不同观念相关性的解释

休谟认为，由于不同观念之间的联系规则而出现相似性的观念，这一问题不必进行详细解释。人的思维总是趋向于对不同观念相似性的认同，这似乎是显而易见的。如果一种观念和另一种观念相似，这两种观念就会很容易在我们的思维中连接起来，即使在某种情况下它们可能只单独出现。其次，邻接原则也可用同样简洁的语言予以描述。每当几种观念同时重复出现于我们的思维过程中，不管它们是否有相似性，我们总是期待一种观念接续另一种观念相继出现。在相邻空间出现的不同事件，总是“迫使”我们的思维从关于一个事件的观念平稳地进入关于另一个事件的观念。第三，因果关系是不同观念之间相关性原则中最重要的方面，休谟用大量精力阐明其起因和功能。因果关系是将不同观念连接在一起最稳固和最可靠的纽带。几个世纪以来，人们将一种事物是另一种事物的原因或结果这一命题，视为确切和明晰知识的标志。因果关系体现了不同观念之间最紧密的关系和联系，也是最能让人们从一种观念联想到另一种观念的决定因素。休谟坚信关于因果关系的两个命题：①事物本身是有因果关系的；②未来的联系与过去的联系情况相同。休谟所要证明的是，它们既不能通过经验观察，又不能通过理性（无论是直觉的还是推论的）来获得和阐明。他否认的不是对关于上述命题的确信，而是对它们的证明。这是休谟的怀疑主义的一个方面。休谟在《人性论》中提出，这种情况可能是由于人类的原始本性所决定，但他并不妄想去理解它们。

休谟关于不同观念之间的联系或相关性的解释，基于他的一种信念：一切理性仅仅在于对各种观念的比较，知识的确实性必须建立在对不同观念之间联系方式的发现和认识基础之上。休谟又说，因果关系来自不同事物之间的某种关联方式，而不决定于构成事物的任何特质。在事物的各种关系中，特别重要的关系是空间和时间的邻接关系。在因果关系中，原因和结果至少在空间上应出现于一处。因果关系的另一种特点是，在时间上原因总是在结果之前。坚持原因和结果同时出现或者结果在原因之前，以及只有结果没有原因的立论，都应予以拒绝，因为它们都是与经验相悖谬的。

原因导致相应的结果，因果关系成为一种信念，休谟将这种信念界定为一种与当前印象相关联的观念。休谟认为，所有这类信念都来自经验的惯性思维结果。就观念而言，不可能从当前的观念去预见未来的观念。在现实面前，我们不得不将知识局限于当前所有的印象和来自印象的观念。假如我们推断某些未来事件即将发生，但对未来事件发生的确凿性却无法做出判断。经验表明，现实生活中的迫切需要，使我们常常做出对未来事件的推测。但是，这种预见和推测是超越经验的常规限度的，而我们的预见仅仅具有一种盖然性。希图从未来事件的原因确定其绝对确实的结果，是毫无意义的。经验一再告诉我们，确信未来事件的真实结果充其量是惯性思维的产物。我们不可能真正理解任何一种事件为什么必然发生；我们知道的只是过去频频发生的有关事件，习惯性思维驱使我们预测未来可能再次发生。从心理上我们可能对事件的来龙去脉有所认识，但是，当我们要预见是否会发生不以我们的思维为转移的客观事物的真实性时，我们将处于完全的茫然之中。在大多数情况下，遵循一般的不同印象之间的相关性规律，我们可以获得种种印象和观念，这几乎是不可否认的。但至于说什么是这些经验的原因，我们却完全不知。

（4）记忆：自我概念之源

休谟说，“自我”这一概念的意义不过是处于不断变动、相互接续的一组不同知觉而已。我们为什么有一种不间断的存在意识？对这一问题的答案是，记忆使我们进入过去的一系列经历，因而我们能够将过去的经历同当下的经历进行比较，其结果使我们形成一种信念：在时间进程中，我们获得的过去印象与当下印象是相似的。正是记忆赋予我们在时间进程中持续存在的自我认同感。如果没有记忆，就不会有自我的概念。如果我们永远被局限于当下的经验而不能追溯过去的经验，我们就不可能有自我持续存在的概念和意识。

2. 休谟因果论瓦解了造物主存在的本体论

因果关系问题是休谟哲学最重要的部分。因果概念曾被中世纪经院哲学家视为一种绝对现象。对因果关系比较科学的理解和解释，由斯宾诺莎和莱布尼茨提出；他们认为，因果关系是思维与客观实在之间的一种同一性现象。休谟对因果关系概念进行了更加深入和透彻的分析。正如上述，休谟认为，原因与结果是建立在心理因素基础上的，人的思维具有一种从原因感知和分析结果的习惯，因而不同的客观事件被人的思维这种运作习惯所联结，而这种联结是以自然界的同一性为基础。

休谟将一切推理区分为两类：关于不同观念之间关系的可证性推理（demonstrative reasoning）和关于存在的盖然性推理（moral reasoning）。自然界同一性规律决定可证性推理的可能性，数学是论证的方法和手段。但在讨论存在问题时，我们只能得到盖然性结果。一切关于存在的观点都是建立在因果关系之上；我们对这种关系的知识完全来自经验；我们关于未来与往昔事物相似性的认识，完全是一种推测，是在经验的基础上做出的结论。所以，休谟说，哲学推理实际上意味着对于自然界同一性的一种信念。一切来自经验的观点都建立在自然界事物的相似性基础之上。这种相似性使我们期望未来发现的这种事物具有同样的性质。只有傻瓜或疯子才会否认经验的权威性而拒绝经验对人类认识事物的指导作用。经验使哲学家能从自然对不同事物“安排”的相似性特征得到启示，从事物的各种原因的相似性期望得到相似的结果。

由此可见，休谟关于因果关系的主观性和基于人的思维习惯，而排除其自身规律的观点，标志着 18 世纪欧洲形而上学领域的一种深刻变革。就是说，原因与结果之间的关系不是由理性发现的，而是建立在心理因素基础之上，是不同的客观事件被人的思维运作习惯所联结，是通过经验获得对它们的认识。于是，我们不再需要经院哲学家们宣扬的来自造物主的第一原因。这样，休谟因果论瓦解了关于造物主存在的本体论证据，同时也限制了理性力量所能达到的认知范围。

3. 从因果论到怀疑主义

休谟说，如果没有证据能够支持一种物质或精神实体的存在，如何解释我们坚信存在一种独立于感觉主体的客观物质世界？我们的思维和实践活动都预感到这样一个世界的存在，理由是这是造物主创造的体系。但休谟批判和拒绝了贝克莱立论的前提，同时也怀疑这一客观世界的存在。休谟的怀疑论的最终表述是：因为感知和经验告诉我们，使我们相信一个独立的客观世界的存在，但我们却永远无法证实它的存在。

休谟说，经验“迫使”我们承认客观世界的存在，这是一个显而易见的事实。客观物体不过是通过知觉获得的质量组合。对于客观对象持续存在这种观念的根源，休谟解释说，最重要的是这种观念所具有的恒定性和相关性，使我们形成一种信念，相信一个真实的世界的持续存在。然而这种关于外部世界确实存在的心理解释，不应同追求证实这种存在的讨论相混淆。休谟在任何时候都没有企图否认客观世界的存在。因此，休谟的问题有两个方面：首先，表明客观世界存在的论点是没有证据的；其次，为相信世界存在的根源提供解释。

休谟对客观世界认识的论述表明，他坚持的是怀疑主义的观点。然而他没有因为找不到证实客观体系的证据而采取一种彻底的怀疑态度。因为实践中的事实是，怀疑主义必须让步于由习惯和信念支持的实践经验。休谟顽强地遵循经验论的逻辑，他说，关于对自我或物体的彻底认识是不存在的；没有证实独立存在的客观世界的证据；知觉所获得的知识是有限的，知觉的起因依然是一个秘密。各种知觉规律性的缘起和它们之间相关性的生成不得而知。一切超越即刻经验的事物，必须在信念和习惯的基础上去接受。

休谟的怀疑主义还有另一个方面，这就是他看到欧洲传统形而上学领域到处充斥独断论的幽灵。他说，欧洲传统形而上学是人们宣示虚荣和装腔作势的产物。休谟的怀疑论和因果关系论对康德产生了直接影响，启发康德建立其批判哲学。休谟也推动了奥古斯特·孔德建立了他的实证哲学。在英国，休谟是一位既有人赞扬、也有人贬斥的哲学家。自 20 世纪中叶，休谟又开始受到尊重。一些拒斥形而上学的思想家认为，休谟是欧洲历史上值得研究的少数哲学家之一。

三、伊曼努尔·康德：批判哲学

伊曼努尔·康德（Immanuel Kant，1724—1804）生活的时代正

是德国启蒙运动蓬勃发展的时代。康德像一位巨人耸立于其同时代人中，而且随着时间的推移，康德的声誉从未减弱。西方世界有一种观点，认为康德的唯心论哲学是通往西方现代哲学的大门。如果不能理解康德哲学的种种原理及其意义，几乎可以说不能理解西方现代思潮的基本精神。

1. 尊重普通大众的高尚品格，严格自律的伟大心灵

康德的一生是平静的，是讲堂与书斋的一生。他一生都在东普鲁士的哥尼斯堡度过。他很少外出旅行，从未有过爱情事件。他不是卢梭那样的“怪人”，而是一位模范市民。康德出生于贫寒的家庭，他的少年时代生计艰难，深深懂得勤奋和节俭的意义。康德于 16 岁进入哥尼斯堡大学，在这里，他珍惜每一刻时光。他没有娱乐的机会，他必须节省每一分钱。他吃得很少，他的衣服往往破烂不堪。

大学毕业后，康德成为一名私人家庭教师，但他希望继续到大学从事学术研究。1775 年，他回到哥尼斯堡大学做一名讲师，然而职务的提升非常缓慢，直到 15 年后才被任命为教授。1797 年，他从大学退休。他的晚年虽然身体衰弱，但思想依然闪烁智慧的光芒。这时他已在德国遐迩闻名，来访者络绎不绝，从各地来到哥尼斯堡，聆听这位著名哲学家的高见，但康德一如既往持续着他的旧有习惯，那就是终生不变的勤恳、冷静、稳重和谦逊。

康德的习惯之一是有如钟表般遵守时间，每天早晨 5 时起床，下午 1 时在饭厅就餐，4 时坚持他每天的散步。他的男仆曾在军队服役，每到就餐时间，他像值班的哨兵迈进主人的房间，用军人的口气高声喊：“教授先生，时间到了。”每当此时，康德总是毫不迟疑地服从“命令”。康德的守时成为哥尼斯堡市民的一桩乐事，他们通过康德走

出家门的时间来校正时钟。在散步时，康德几乎完全沉浸在哲学冥思中而不同别人交谈。

康德的哲学研究总是关注和努力发现人类经验的终极意义。他是一位具有高度苏格拉底精神的思想家，质疑每一种结论，验证每一种观点，不知疲倦地去揭露一切迷信和盲目的偏见。1767 年，他在写给赫尔德的信中说："我不墨守任何东西，不管是我自己的意见或是他人的观点。我没有偏见，对一切问题从不同角度去进行研究，希望最终发现一种描述真理的方法。"

有一种说法，黑格尔感兴趣的主要是他的结论，康德关注的是他的问题。两种陈述，至少后者毫无疑问是对康德的真实描述。康德总是对轻易相信别的思想家认为满意或必然的结论表示怀疑，他清醒地认识到人类知识的局限性。对康德而言，相信理性的力量能够最终发现实在深层秘密的观点，正是对人类知识局限性轻率的盲目性。康德讲授过大量自然科学和哲学课程，包括数学、理论物理学、地质学、地理学、矿物学等。康德虽然在讲堂和书斋度过一生，却一直是当时世界形势和社会斗争的密切关注者。他的主要著作《纯粹理性批判》反映了他所处的那个动荡的时代，那个近代自然科学取得重大进展的年代和法国大革命暴风雨即将来临的年代。

康德哲学是在多种因素影响下形成的。注重修养和责任感的普鲁士精神在康德的伦理体系中得到体现。普鲁士人维护法律和忠诚厚道的为人品格，都体现在康德的为人和学术道德上。康德从他的父母那里受到基督教虔信派的信仰教育，但在某种意义上，他反其道而行之：他不虔信基督教正统教义，但他从未脱离宗教信仰的基本伦理规范，赋予宗教信仰以伦理精神意义。

卢梭对康德的影响是对情感的信念。卢梭强调人的尊严；卢梭倡导的是情感宗教，而非冷酷的理性信仰；卢梭提出人是目的而非手段，猛烈挑战18世纪贵族文化。正如欧内斯特·卡西尔指出的，卢梭是康德景仰的人物，卢梭的画像成为康德客厅里唯一的装饰。康德说："曾有一个时期……我轻视无知的大众，卢梭纠正了我。我意想的优越消失了，我学会了尊重人，认为自己远不如寻常劳动者有用，除非我的哲学能替一切人恢复其为人的共有的权利。"从上述康德的自述，我们看到一种尊重他人，尤其是尊重和同情普通大众的高尚品格，看到一颗善良、严格自律的伟大心灵。

2. 康德哲学的主题

（1）对普遍真理的探索构成康德哲学认识论的基础

康德学术生涯的前期是以自然科学为主。1755年，他发表《自然通史和天体论》，提出关于太阳起源的星云假说。牛顿的思想在康德哲学中占据重要地位，康德希望将牛顿在物理学中展示的关于事物的规律性引入哲学思维。

对康德思想的决定性影响也许来自戴维·休谟，休谟将康德从独断论的迷梦中唤醒。正是休谟关于因果关系的分析，使康德形成对独断论进行批判的信念和决心。他不再接受莱布尼茨—沃尔夫理性主义的教条，也不相信本体论哲学的格言，回答休谟提出的质疑成为康德哲学思考的主要目标。康德的著作在理论上以严格的结构为特点，它们让人想到哥特式大教堂，其令人敬畏的形象激励着读者的想象，然而其中缺乏的似乎是人类的柔情。从康德的著作中，我们发现的是冷静的态度和客观精神。康德不想在人们中引发争议；他从不试图改变任何人的观念或信仰；他只是对永恒的原理进行发掘和阐释，从中得出他的结论。对普遍真理的探索构成康德哲学认识论的基础。

康德在其著作中不是单纯为了构建理论，而是怀着一种现实目的。哲学既回答知识的问题，也要关注社会道德现状的需要。康德首先提出三个问题：①我能够知道什么？ ②我应做什么？③我希望可以获得什么？康德试图在《纯粹理性批判》中回答第一个问题，在《实践理性批判》中回答第二个问题，在《判断力批判》中回答第三个问题。

（2）批判理性主义独断论

在哲学史上，康德是最早对终极实在的虚幻性进行揭露和批判的哲学家之一。他将自己的哲学称为"批判哲学"。所谓批判，即审视之意。为此，哲学要建立一所法庭，来保证理性合法的要求而驳回一切无根据的僭越。其所用的方法并不是独断论的命令而是依据理性的永恒不变的规律。康德之前的基督教经院哲学家和形而上学家们把造物主、自由和灵魂不死视为哲学的永恒主题，把绝对本体无条件地视为哲学追求的最高目标，并认为理性拥有通向这些绝对本体的无条件的能力。康德把这种形而上学称为独断论。批判哲学就是要对这种独断形而上学无条件的理性进行审视和反思，对其合法性进行清理和批判。

康德的主观意图并不在于摧毁正统基督教体系，他的目的是审视知识的有效性和确定知识的局限性。因此，康德扭转了现代哲学的发展方向和发展历程。在康德之前，理性主义的独断哲学以所谓清楚、明晰作为真理的标准，将感性认识看作是模糊的观念，主张真理在于理性，来推导出所有知识，但实际上已超越经验范畴。而经验论由感性出发，反对有普遍必然的客观真理，从而否定了科学知识。康德认为，理性主义独断哲学将造物主、灵魂、自由也作为认识的范围和认识对象，与经验科学等同起来，超越了人类可能认识的界限和范围，得出许多不可证实和不能成立的结论。另一方面，经验论对人可能认识范围之内的科学真理也加以怀疑和否定，就从根本上取消了科学知识的可能。理性主义和经验主义各持一端，使哲学陷入困境。

康德提出，虽然我们的知识都从经验开始，但并不能说一切知识都来自经验。就是说，知识离不开感性经验，但不能归结为感性经验。知识必须是先验（先于经验）知性改造、作用于感性材料的结果。康德相信数学及欧几里得几何学和牛顿力学都具有普遍必然的客观有效的，但这种普遍必然的真理不是来自经验的综合判断，而是一种非经验的构造，即先于经验的“先验综合判断”（Synthetic a priori judgments）。康德非常重视数学，认为以数学表述的自然科学才是真正的科学，数学就是先验综合判断，或称先天综合判断。

总之，康德认为，一方面人的认识必须由感性开始，必须由客观对象提供感性材料；但另一方面，在经验的感性直观中，必须由主体心灵先验认识形式（结构）对经验材料进行组构，使感性认识具有普遍必然的客观有效性质。因此康德说，客观真理不在消极的感知反映中，而在思维的能动构造中。感性本身不能保证认识的客观性，这种客观性必须由理性作用于感性材料才可能获得。就是说，真理的客观性来自以知性综合为特征的人类认识的能动性，因此，康德哲学最终宣布了理性主义和经验主义各自的局限性。

（3）先验论

先验（a priori）和后验（a posteriori，由经验归纳）的区别在于：所谓后验判断是基于经验或观察的判断，只能给我们提供或然性知识。英国经验论者坚持认为，哲学主要关注的是关于来自经验的知识问题。与此相反的是不依赖于经验的先验判断，如“每一种结果都有其原因”。康德认为，具有普遍必然性的科学知识有赖于先验综合判断。

观念本身不能称为知识，观念只有同某些关系结合才能成为知识，这种情况称为命题或判断。一个判断不过是将两个或更多观念相联结，从而揭示它们之间某些具有意义的关系。在众多判断中，有两种基本形式，这就是分析判断和综合判断。分析判断一般用以阐明已经隐含在主项中的意义。康德将分析判断分为两类，一是同义反复，即述项是主项的一部分，如“圆是圆形的”，或“三角形有三个角”。就是说，圆形包含在圆的概念中，三个角包含在三角形概念中。另一类是述项进一步说明或澄清主项，如“玫瑰花是红的”，或“百合花是一种植物”。在这里，述项和主项是不同的述项，对主项增添了新的内容。但是，分析判断不能对知识进行大量的延展与扩充，因而对知识的形成有其局限性，分析只能使概念清楚。但综合判断能够制造明确的概念，所以康德在认识论和方法论上都十分重视思维、逻辑的综合功能。解释康德所提出的综合判断，成为了解康德哲学认识论的一大关键。综合判断“显然是科学上正确的方法”。(卡尔·马克思)综合判断之所以比分析判断更为重要，原因在于它能够在实践中改造对象，打破旧关系，建立新关系，造成“由简单到复杂的历史行程”。就是说，“抽象的规定在思维行程中导致具体的再现”。(《政治经济学批判》导言，《马克思恩格斯选集》，第二卷上，人民出版社，1972，第 103 页。) 综合判断能够不断在现实中获得新知识，扩大知识的基础。

康德用简单的例子说明先天综合判断在数学、物理学以及形而上学中的重要功能。例如在数学中，3+4=7。我们如何知道这一结论呢？不是通过经验而是先验知识。另外，普遍必然知识来自先天综合判断。以往的知识表明，3+4=7，我们可以断言，将来肯定也能得出同样的结果。同样，物理学中的重要概念因果律，就是建立在先天综合判断之上，因为物理学定律不可能产生于偶然现象基础上，它们的确立只能是由先验综合判断才能解释的永恒结构所决定的。先验综合判断在形而上学领域具有重要意义。这里所谓形而上学是指诸如造物主、自由等问题。我们当然无法体验造物主的存在和永生的可能性，这种形上之学的建立只能使用先天综合判断。然而康德警告说，先天综合判断不能像用于数学和物理学中那样有效地用于形而上学。先天综合判断只能用于现象领域，而不能无条件地用于超越现象的其他领域。由此，康德试图回答休谟的问题，他试图提出对数学和物理学更为恰当的理解。自然界不是以一种支离破碎、毫无条件的方式呈现于我们面前，而是以一种明确、清晰和稳定常态出现。然而我们无法获得关于超越经验的种种事物的绝对知识。这样，康德同信心满怀、声言人类能够掌握一切绝对知识的理性主义者产生了直接矛盾。

3. 先验感性论

（1）感知是心灵对感性经验组构的主动过程

康德从未怀疑和否认科学真理，如数学和物理学领域的真理。康德关注的是解释这些真理如何可能。换言之，康德要阐述的是在何种条件下才能获得这些真理，获得这些真理的条件是什么，先验综合判断如何可能，这是康德在《纯粹理性批判》中回答的重要问题。

人类在认识过程中，首先是由感觉提供知识所需要的材料。心灵活动过程对感性经验材料进行组织、整理和建构。康德的这一观点是对休谟的一种重要偏离的纠正。康德的认识论意味着感知活动不是一种被动过程，而是心灵赋予感性材料以一种初步形式（结构）。心灵在确定其感知内容性质过程中，不是完全依赖于外力的一个接受平板。在认知过程，心灵至少部分地确定了其认识内容的特性。康德说，所有感知都有两种要素：后验（经验）材料和先验形式。感知的先验形式也有两种：外感知形式——空间，内感知形式——时间，康德称为感性直观形式。空间和时间不是从经验得来，恰恰相反，经验本身和由经验感知的任何事物都必须以时空为前提才有可能。就是说，时空是形成现象可能性的条件；经验对象依赖于空间和时间才能被感知，但空间和时间却不需依赖任何经验。空间和时间不像一般事物是通过经验而被发现，在没有感知者的情况下，空间和时间将即刻消失。空间和时间是获得关于事物的观念所必需的条件；它们不是来自经验而是先验的感性直观，因而它们使先验综合命题成为可能。

（2）空间和时间：先验感性直观形式

空间和时间是先验的感性直观形式，对此康德以数学和几何学作为重要证据。数学真理是不容置疑的，其特点具有绝对普遍和必然的性质。数学真理不可能来自经验，因为来自经验的归纳是不完备的、有局限性和缺乏普遍性的。从经验可能得出“两点之间只有一条直线”的具有普遍意义的命题。作为描述序列事件的科学，算术涉及感知主体自身的内感觉形式——时间。时间使事件的连续性成为可能，而几何学是空间科学，数学和几何学都是精确的科学真理。几何学中的空间理论显然是基于先验的感性真理，一切几何学命题都具有普遍必然的性质，它们不能来自经验判断。将几何学解释为经验科学，必将遭到淘汰。

在感性的本质特征促使下，我们必然依上述两种知识形式为准则去感知外在事物。这些先验形式的科学能够产生普遍必然的真理，这些真理经得起今天的考验，也经得起历史的考验，而且也将能够经受未来岁月的考验。实际上，任何科学都仅仅限于对现象的探索，而不能用于探索现象背后的东西；就是说，不能用于“物自体”（things-in-themselves）。数学和几何学真理的有效性，在于它们来自对各种现象之间实际关系探索的结果，同时，它们也是先验感性形式的功能所在。

先验感性所导致的结果是什么？在感性认识状态下，科学、知识、先验综合判断都是可能的。这就意味着，如果不存在感性认识的各种条件，就不会有科学；但是，科学的存在，就意味着这些条件必然存在。康德说，这是几何学成为可被理解的唯一解释，而几何学则是先验综合知识的一种载体。但是，通过这一途径获得的真理只限于现象世界。空间—时间的先验感性直观不能用于物自体。空间和时间仅仅构成知识材料或内容来源的途径，明确和绝对的知识只能来自现象世界。在这一意义上，知识可被称为关于现象或表象的知识，而不是关于本体的知识。康德的这一结论同休谟的结论有相似之处。休谟认为，我们可能获得的只是关于不同观念之间相关性的真理，但他就此为止。休谟愿意接受来自外在源头的观念，但拒绝来自自我主观印象的任何观念。

空间和时间是先验的感性直观，具有主观性质；但是从另一角度看，它们可被认为有客观特征，因为它们是一切经验的条件。如果像经验论者声称的那样，心灵完全是被动的，那么，我们将会被主观性所困扰；就是说，一种知识将会在不同的个体里出现无限多种变异。但是人类的心灵是能动的，每个人的心灵结构都是相同的，在空间和时间的背景下，就能形成经验的客观性，从而阻遏主观的相对性对知识载体的侵扰。

爱因斯坦相对论的时空观推翻了牛顿古典物理学的时空观，因而在一定程度上改变了我们关于外部世界的观念。心理学家可能反对康德的时空理论，认为我们关于空间的概念赖于我们心灵的发展历程，因而空间概念具有一种历史意义，是建立在经验积累的基础之上的。如果说空间是一种先验感性形式，这是非科学的。但是，必须牢记的是，康德主要关注的是建立空间的先验本质和特性，没有空间的先验本质，几何学等科学将无法解释。康德的基本观点不会在新的科学进步背景下被改变。

4. 先验分析论

（1）判断与范畴

感性只是认知过程的初级阶段。从感性阶段，心灵很快进入组构和整理分散的感性要素的综合阶段，使其成为各种判断。综合阶段涉及先验原则和形成认知过程的部分功能，是将感性材料组构成为概念的一种活动。对这一过程的分析称为先验分析。感性材料缺乏清晰性和条理性，还不能称为知识，康德对它们称为“盲”。在认识活动这一发展阶段，感性材料进入条理化而呈现一种明确和有秩序的状态。经验论者曾企图以所谓“观念的联合过程”来解释这一组构现象。这一联合过程被认为心灵可以容纳任何认识内容，至休谟的经验论学派关于这一分析的结论，否定了经验能够产生任何真理，充其量是一些不同形式的或然性知识。在康德哲学中，这些知识被称为是后验的，因而缺乏知识所必需的普遍必然的性质，康德认为，这种后验知识确实存在，但它们没有普遍必然的品格。经验主义者十分强调感性的力量；而另一方面，理性主义者尤其是莱布尼茨，则极力张扬知性（understanding）的力量。但康德认为，感性和知性是平等的，没有优劣之分。

康德说，并不是只有后验是可能的。有些判断明确表明，知识的某些因素远远超越了经验的范围，而且能在人类从未经过的情景中适用和有效。例如，人类心灵能够对超越人类视域的星宿等的存在做出具有真理性质的判断。人类能够掌握这类知识的事实证明，我们有些知识超越了经验，因而这些知识是先验的。康德进一步表明，感性材料如何在空间—时间形式的组构中，知性的十二个范畴进入了秩序井然的状态。这些范畴（思维对客观事物普遍本质的概括和反映，是人们在实践基础上概括的科学成果；以范畴为思维工具揭示事物的本质和规律）都是知性的先验形式。

康德认为，真理性的知识是可能的。这是因为，先验知性有组构、合并感性材料的几种方法。康德通过对知性本身功能的分割，规定了组构感性材料的多种原则。这一工作揭示了知性功能的基本特征，这就是统一和整理感性材料的特殊性，从而成为概念的能动功能。心灵的统一、整理活动的产物一般称为判断。因此，知性可被认为是一种判断功能。对判断功能的深入分析将揭示不同类型判断的特点。范畴的数量可由不同类型判断的数量确定，而判断是在对知性的“分割”中发现。

总之，康德认为，知性的功能在于综合直观表象以构成各种判断，从而产生各种判断形式；而判断的形式等于判断的功能。这些知性的纯粹形式是各种逻辑判断的前提和基础，是使判断所以能够进行的范畴，是关于思维的认识论范畴，为研究人类认识的能动性开辟了道路。

康德遵循传统逻辑方法，最终列出 12 种判断：

①表述量：全称判断；特称判断；单称判断。

②表述质：肯定判断；否定判断；无限判断。

③表述关系：直言判断；假言判断；选言判断。

④表述模态：或然判断；断然判断；必然判断。

同上述各种判断相对应的是同样数量的范畴：

①量的范畴：统一；多数；总体。

②质的范畴：实在；否定；限制。

③关系范畴：属性与实体；根源与从属（原因与结果）；相关性（能动与被动之间的交互作用）。

④模态范畴：可能—不可能；存在—不存在；必然—偶然。

（2）人类心灵赋予自然界以规律性

康德最重视的范畴是关系和模态（modality），而关系范畴尤其重要，因为原因与结果对科学具有重要意义。而康德的分析论对我们关于自然界的解释同样具有非常重要的意义。康德说，我们所了解的自然界是我们自己通过认知活动而产生或规定的世界。这一观点显然与通常的观点截然不同。人们通常认为，有限范围内的自然界是在偶然的情况下进入我们的经验，这一过程决定了我们的经验与自然界本身的特征相认同。康德批判了这种观点。他说，自然界的任何特征都是在空间和时间中展开的有规律的事件序列，这种有规律的事件序列在人的认知过程中产生；自然界的规律是由人类心灵赋予的；现象世界只存在于感知者的心灵中。康德的这一观点与贝克莱的观点有某种相似之处，贝克莱说，主体的存在意即感知，客体的存在意即被感知；存在由心灵过程所决定。然而康德和贝克莱都超越了这一观点而分道走向截然不同的方向。贝克莱乞灵于造物主的感召力，使其理论获得某种权威性而避免人类经验的相对性。贝克莱希望通过造物主凸显自然界的客观性，但康德体系的客观要素不靠乞求任何全能的神。康德说，这种神的概念已经超越人类理性力量的范围；对知识的客观性和永恒性、确定性和普遍性的追求，在于人类共有的理性力量。

然而在这种情况下，似乎很难解释在不同人中产生对事物的不同判断。如果人们都有相同的理性和运用同样的知性范畴，而不同的人如何会获得不同的知识？但这只是一种表面现象。实际上这正是普遍必然知识可能性的一种途径。假如人类没有共同的理性综合能力，正如经验论者所表明的那样，每个人都有各自不同的经验，人们之间的共同性就会是或然性的。人们之间的差异是由于经验的不同而造成其感性认识的不同，而不同人之间知识的相似性只能追溯到认知结构的一致性。有些知识由于它们具有普遍必然的性质，为所有人认同。康德认为，这一事实表明，人类具有组构知识的共同条件和基础。在这一方面，康德提到科学中的因果关系问题，涉及数学、逻辑学和物理学所归纳的一些原则和原理。人类心灵的综合能力越高，其普遍有效性知识的总量就会越大。因此，知识的深度与广度不依赖于个别人，而在于人类集体的认识力量，在于每一认知者将其先验认知能力用于认知的过程。

（3）人类知性不能认识物自体

康德在先验分析论中给出以下重要结论，从几种范畴推论出四条原则。首先，量的范畴意味着，所有现象都有一种固定的外延，这使原子成为不可论证的概念。其次，康德认为，每一种现象都有确定的内容，由此，我们不能接受宇宙间存在一种绝对空虚的空间的观点。第三，每一种现象都被因果关系所联结，没有无因之果，也没有无果之因。不存在任意性的偶然事件，这一事实排除了任何关于偶然性的理论，我们不能以独断的神意或天道解释物质世界。因果关系不能表明命运的有效性。因果关系蕴含着相关性、互易性、交互作用和相互依存。第四，康德强调，必须尊重各种科学定律。在对模态范畴的阐述中，康德提出一些经验中的自明之理，这些自明之理全被排除了奇迹的存在。我们的思想不能改变物质世界的结构，人类思维的有效性只能同我们在自然科学中观察和归纳的规则和规律相一致。

这一结论特别重要，因为它改变了形而上学的基础。理性主义者，尤其是沃尔夫曾毫不迟疑地将抽象的本体归于范畴领域，大谈所谓本体论“科学”，以及纯粹的存在。但是，康德坚持的是，这种科学是不可能的。对康德而言，区别现象和本体是一个非常重要的问题。他说，我们只能认识种种现象或表象，我们不能认识本体自身。假如我们能够认识本体，那么，我们将有一种完全不同的认识过程，即我们必须有像神一样的心灵。总之，对人类而言，本体是一种限制概念：它遏制着人类理性狂热的自负和虚荣。

在对待物自体问题上，康德的某些追随者没有像《纯粹理性批判》的作者那样谦虚。康德从未怀疑物自体的存在，但是他毫不含糊地表明，物自体不能成为人类可靠知识的对象。他说，我们不仅要承认无知，而且必须表明，人类的知性没有认识物自体的有效性。康德的这种态度有些像神秘主义者在面对造物主问题时的态度：我们只能用否定的表述；我们只能说，我们不知道，肯定的断言是不可能的。

5. 先验辩证论

二律背反（antinomies）：传统形而上学给理性思维制造的陷阱。康德说，感性的统一来自知性；知性的统一来自理性；理性理念和先验理想（造物主）成了真理的最后标准和认识的永恒趋向。

在先验辩证中，可以发现康德哲学最深刻的方面。正如知性通过范畴阐述物质世界，纯粹理性将理性概念用于对形而上学领域的解释。这样，先验辩证法导致一系列形而上学幻象，康德揭露了这些幻象。这种幻象在西方哲学史上犯下种种错误，因此康德试图纠正这些错误。我们的知性往往只有某种主观有效性，然而人们却将这些知识引申而用于客观性的形而上学领域。人类常常将主观认定的事实与客观上的需要相混淆。

灵魂、宇宙和造物主代表理性的三种先验理念。康德认为，这些理念不是知性的认识对象。我们没有关于造物主、灵魂或者整体宇宙的经验。因此，这三种理念仅仅是人们想象中的东西，它们只有一种范导价值。如果认为它们是真实的存在，必将导致幻象的发生。这三种理念涉及三种辩证关系。首先是关于灵魂的论证。当我们将主体认同于永恒的实体，我们就犯了康德称为“先验谬误”推理的错误，得出了关于灵魂的错误结论。其次，当我们把宇宙作为整体认识对象，就会引致一系列无法解决的矛盾，这就产生了二律背反（矛盾对立）。第三，当我们将三种先验理念推论为形而上存在时，我们运用的是纯粹理性的先验理想，这就是希图在理论上建立造物主存在的理想。

独断论哲学认为，所有这些想象中的存在：造物主、灵魂、宇宙，都可表现为具有明确特征的认识对象，它们是构成哲学的重要基础。对此，康德予以否定。独断论哲学，尤其是理性主义形而上学认为，人类可以获得的最真实和最确定的真理同自我与造物主有关。康德批判了笛卡尔的心理学和他所声称的对自我和造物主的论据。笛卡尔关于人性具有物质基础的思想也受到批判。康德说，这是不可能证实的，因为理性不能从除现象以外的任何东西中得到真理。一切关于宗教的判断，如灵魂不朽，都不可能是真理，而是一些假说或者信仰领域的最高规范。任何将整个宇宙作为一种科学对象的企图，其结果在理论上必将自相矛盾，不能证明是正确的，但同时也不能证明是不正确的。这是传统形而上学思维给理性制造的陷阱和不能自拔的矛盾，康德对此称为二律背反。一项二律背反包含正题和反题，正题和反题的表述是对立的或相反的。由于二者都无法将对方否定而处于平等的地位，在这种困境面前，理性是无能为力的。康德在《纯粹理性批判》中讨论了四项二律背反，分别对应四种范畴。例如，从量的角度：宇宙在空间和时间上是有限的，宇宙在空间和时间上是无限的；从模态的角度：二律背反大都进入宗教领域，世界或世界之外存在必然和绝对的宇宙起因，世界和世界之外不存在必然和绝对的宇宙起因。在讨论此项二律背反时，康德同时批判了关于证明造物主的传统理论。他发现，传统理论中的本体论、宇宙论、目的论等，都是论证造物主存在的不同分支。

理性的二律背反是西方哲学出现的一种基本矛盾。康德认为，理性企图对人类全部经验予以综合，这是不可能的，即使是关于现象世界经验的全部综合也是不可能的。康德说，我们永远无法对那些形而上学问题给予满意的解决。在挑战理性主义教条过程中，康德为人类理性设置了一些重要限制。承认人类理性企图改变现象世界和将秩序和同一性加于现象世界的狂妄和无效，具有重要意义。因为将不存在的东西人为地制造出来是反科学的，对人类事业无益而有害。康德明确表示，我们的思维与现实存在之间横亘着深深的鸿沟，两者之间的隔阂使理性只有一种范导价值，而不能成为客观规律的构成要素。

6. 简短的归纳

（1）在康德看来，理性论者和经验论者都既有正确的一面，也有错误的一面。他们关于人类知识的阐述都有所贡献，但他们的理论中都包含一些混乱成分。通过选择他们中某些适当内容，以互相补充为目的而使其超越各自的局限性，我们能够对人的认知过程和认知成果得到一种比较充分的理解。应该保留的理性主义成分是先验论概念，它是超越经验的认识真理的形式（结构），承认其在推理过程中的能动构造功能。至于经验主义，应该保留的部分是其关于知识的内容全部来自经验的立论。理性主义的错误在于不承认知识的内容仅仅来自经验，而经验主义的错误则是否认认识结构的存在，从而否认理性组织和建构知识总体的能动作用。

（2）必须承认，知识并不能完全归结为所谓实在。不论首先产生感觉的源头是什么，这里没有涉及认识的途径。在这种情况下，理性认识过程本身是与知识的最终内容相分离。物自体必然永远超越理性的力量，是理性无法认识的领域。因此，真理只能通过认知过程对现象世界或实在领域的组构和转换才能获得。因此，真理的可能性只涉及现象世界，任何声称对本体（noumena）特性的洞察都与真理无关。

（3）作为一种具有能动力的人类心灵，为探寻真理的可能性提供了必要的先验要素。知识的客观性和普遍性是由于所有认知者共有的理性品格。客观世界以及关于客观世界知识的普遍性形态，应以认识者本能的共同认知能力予以解释。应该牢记的是，不论自然界具有何种秩序或规律，这些秩序或规律是人类心灵活动的结果。就是说，自然界的秩序和规律不是人类通过经验所发现，而是人类认知活动本身赋予自然界的。自然界本身是有规律的，这些规律是人类认知过程赋予自然界的。人类的知识是自然规律的体现，因为知识必须遵循规律井然的自然界的各种运行模式。这正是康德所称其理论体系是哲学领域的哥白尼式革命的中心意义所在。

（4）康德在《纯粹理性批判》中关于理性的分析，规定了人类知识的范围和局限性。传统学派哲学所关注的诸如造物主、自我和所谓赎罪等观念，都是超越人类知识范围的领域。康德希望表明，如果哲学研究的目标在于追求真理，那么独断论形而上学将永远与真理背道而驰。理由是，知识只限于认知活动对实体事物的认知过程而不能超越这一领域。诸如造物主、自我和宇宙的实质等概念均属于物自体。正如《纯粹理性批判》所表明的那样，对属于物自体范畴的造物主、自我和宇宙的实质等概念的探求，必将导致理性的混乱而陷入二律背反的深渊。

（5）康德之后的一些哲学家，对待康德关于理性及谬误推理等问题的态度各有不同。有的完全摈弃而走上传统神学或者传统理性主义的道路；另有一些人声言，依据因果关系理论，我们不能有灵魂的观念，但我们能以直觉直接感受它的存在。事实表明，人类观念的改变是缓慢的，传统观念永远不能一蹴而就全部被放弃，它们总是反复出现在人们的意识中。传统观念可能被一位思想家彻底批判或摧毁，但往往会很快被另外一些人恢复。为什么关于灵魂不朽的理论信仰如此顽固而受到许多人的青睐？答案是：观念服务于某种实际需要。正如美国实用主义哲学家威廉·詹姆斯说，人们常常为自己创造验证事物的标准。真理不仅要根据它们与科学规律的关系和明确的认识论准则去理解，而且往往根据其实际需要予以识别和评价。在人们意识里，由来已久的信仰总是先于知识，其结果是，信仰比知识对人们有更大的吸引力。

7. 对道德力量的敬畏

《纯粹理性批判》中蕴含作者的无神论和不可知论思想。在这部伟大作品中，康德表明理性不能获得关于外在事物真实特征的知识，并建立了世界是我们认识过程所塑造和限定的著名理论。康德还苦心孤诣地表明，理性不可能建立造物主存在的真理性。康德的批判哲学向企图将宗教信仰建立在理性基础上的一切传统理论，投下了怀疑的阴影。他说，企图解决这一问题的一切理论都将卷入自相矛盾的泥淖。他还进一步对关于自由、灵魂的理论表示明确的怀疑态度。

然而他所接受的教育和个人性情，都和构成他哲学思想的无神论和不可知论相背离。理性主义学派对他的熏陶使他深谙造物主、自由、灵魂的重要意义。这些信仰是在他哲学思想形成之前、处于虔诚宗教信仰的青年时期形成的。康德在《纯粹理性批判》中否认了理性认识本体的力量之后，进入他所谓实践理性的领域。在这里，通过情感、意志和实践理性，造物主、灵魂和自由得到合理的归宿。康德认为，包括这些本体在内的本体世界的属性是道德律令所需要的条件。即使在《纯粹理性批判》中，康德已经提到，虽然本体世界和现象世界之间的关系不能以决定论的观点所严格限定，就是说，现象世界的序列无例外地被因果关系所规定，但序列事件中第一事件的原因很可能与其他事件不同。处于我们经验世界之外的本体世界，自由可能是其重要特征。尽管在《纯粹理性批判》中，康德认为这只是一种可能性，但在《实践理性批判》中他进一步表明，本体世界存在信仰的理性内涵，而且证明至少某些人类经验需要本体体系的基本属性。

为更好地把握这一理论，我们尤其需要关注康德的伦理观念。在他的早年哲学生涯，康德对他的道德理想有一段著名的表述，他说："两种东西使我的心灵充满逐日常新、不断增强的赞叹和敬畏之情——这就是头上的星空和心中的道德律令。"对康德而言，在面对道德抉择之际，灿烂星体的客观性及其运行的必然规律，与责任或义务的指令那咄咄逼人的道德力量，令人感到震撼和敬畏。在爱因斯坦心目中，康德不仅是德意志民族智慧的代表，而且也是这个智慧民族道德和良心的象征。

我们从经验中可以得到这样的启示：如果我们希望在从事某种事

业时获得期望中的结果，那么就必须使自己的行为沿着成规的道路去努力，才能达到目的。康德称这种情况是逻辑中的假言命题。具体地说，假如是 A，然后就是 B（A 作为 B 的原因）。康德称这是假言命令（规则）的来源。康德认为，这种来自经验的规则不能作为伦理体系的全部依据，因为它们缺少普遍性和必然性，而普遍性和必然性是构成伦理范导的基本原则所在。假言命令仅仅意味着，假如一个人希望得到某种结果，就必须采取一些具体措施去达到目的，这里根本没有“应该”达到目的的意思。康德追求的是，这些规则是包罗一切、具有普遍性和必然性从而能够作为人们行为的基本规范。这样的规则才能具有道德内涵。康德是通过对他自己的道德经验的分析发现了这一原则。康德将道德规范称为绝对律令（categorical imperative），绝对律令对一切行为者是无条件的或绝对的道德律，这一道德律的正确性和对一个人的要求不以任何动机或目的而转移。对此的另一种表述就是：一个人的行为应被规范在所有人都遵守的节操范围之内，而且他的行为是他永远情愿的。

8. 善意是决定道德行为的唯一标准

道德准则的另一种表现形式是善意（goodwill）。康德认为，在这个世界和任何其他世界，唯一绝对的善是善意。从这一论点出发，接下来的问题是，如果善意是决定道德行为的唯一标准，就不会考量关于我们行为结果或后果的最终意义。就是说，我们最终不是针对事件评价行为的善或者不善，而是评价行为本身的性质是否恰当或正确。如果行为是善意的或者说是出于善的目的，即使出现不好的后果，也不应受到谴责。这样，道德价值最终完全属于一种内在性质的，即以善意而不是以行为本身作为判断标准。从行为后果评价行为的工具主义价值观，其意义具有局限性，不能成为终极的善。例如，说真话永远是一种好的行为，它体现了一个心灵的可贵品格。但在某种环境下，吐露真情可能招致不幸；这并不重要，重要的是行为本身，而不是行为的后果。

另外，一个人必须以“应当”为指令使自己的行为成为有道德的行为。一个人按其习惯行动，实际上不是有道德的行为。当然，这并不是说他的行为是不道德的，康德决不会认为个体教育中不应培养对环境正当反应的种种习惯，他只是说，从伦理的角度而言，不应将这些行为归于道德范畴。一种行为必须从应当的角度去考量，必须是毫无私心，不考虑个人未来能否获得任何好处，不考虑这种行为是否能为自己赢得幸福或达到其他任何目的。决定道德行为的唯一要素是有善良的意图，而不是行为本身。

康德的道德观是以行为的形式决定道德的价值，其伦理标准的形式原则是应该为了责任去履行责任。这种伦理原则排除了一个人的行为只为自己达到其希望达到的目的而导致道德的堕落。在这种情况下，为了某种目的的强烈欲望可能导致在道德抉择之际，人们的无动于衷和无恻隐之心。以后果为导向的伦理原则，可能造成道德观念的主观性和实用主义倾向，而缺少正确道德观所要求的普遍性和必然性。只有行为的形式而无视其一切内容，才是绝对的和无条件的善行。康德所追求的伦理观，警告那些企图将道德理论建立在权宜之计、社会风习、功利主义或者享乐主义基础上的伦理学家们，要保持沉默。

康德的道德观是古典主义和现代形式主义道德理论的典范。伦理学中的形式主义，关注的不是道德行为的结果或者后果，而是行为本身。形式主义道德理论认为，必须从行为本身评价道德价值。换言之，形式主义伦理观是反目的论的，它追求的是具有普遍性和必然性的道德标准。康德提出的绝对律令（规则）就是这种普遍化道德理论。这种伦理观同《纯粹理性批判》中建立的理论精神是完全一致的，这就是说，真理不能来自经验。这一论点在《纯粹理性批判》中被反复表述，基本和终极的道德真理不可能来自经验，它必须具有一种先验的、非经验的基础。但是，康德对情感的强调并不能被认为道德行为的基础没有理性的参与。道德行为是来自实践的理性行为，它不是在这一领域建立真理的纯粹理性，而是以意志表达的理性。

9. 人是目的——对人的尊重

康德赋予道德准则的意义，彰显了他对人的尊重。康德认为，每一个人都有其内在价值，任何人都不应擅自利用他人作为获得利益的工具。在《伦理形而上学的基本原则》中，他说："人，一般而言，任何有理性的人，其本身都是作为目的而存在，而不能被任何人任意作为工具；在任何情况下，无论是对自己或对别人，必须永远将人视为目的。导源于绝对律令的这种伦理实践规则所表述的是，这样行动，无论是对你自己或对别人，在任何情况下把人当作目的，决不是当作工具。"从这里看康德的道德观，就会清楚地理解，他为什么那样热衷于当时国内外兴起的争取自由的社会运动。

10. 将外在权威变为内心信仰律令；把宗教教义变为道德教义

康德哲学中出现了绝对律令。这种无条件的律令是一种对自由的可能性的表述。如果这种律令是依据一种原则发出的行为准则，这就意味着，人们的行为也可以不遵守这种准则。这样，对康德而言，道德律令的特点似乎蕴含一种人类自由。但这并不意味着理性允许自由的存在，而是情感需要这一信念。由于在《纯粹理性批判》中已经表明人类是现象世界的居民，又因为在《实践理性批判》中对道德律令的分析业已建立了自由的必要性，康德认为，应该对本体世界的实际情况予以阐述——尽管我们对此一无所知。如果说自由不是现象世界的根本特征，但绝对律令隐含着自由的存在。因此，自由必然属于物自体世界，即本体范畴。上述也可这样表述：我们不能通过理性验证自由的现实性，只好相信通过情感获得自由。

由此，迫使我们相信灵魂不朽的存在，因为理性认为，这个世界是唯一的世界，对人类的一切报偿只有在这个世界才有可能，这是令人失望和厌恶的。在 18 世纪的欧洲世界里有太多的苦难，太多的罪恶。在这个世界里，到处弥漫着无耻的、肆无忌惮的行径和无道德的现象；在这个世界里，人们最终得到的报偿在很多情况下是贫穷和不幸。因此，我们被迫假定和想象一种未来的生活，希望得到酬劳和奖赏。在未来的世界里，人们有一种做好事的心灵期待而无视不幸的后果，即使丧失一切俗世财产也期望获得命运的报偿。任何对这种报偿的正确考量，任何对这种自由和灵魂的描述，都要求人们接受造物主是真实存在的观念。

虽然在《纯粹理性批判》中，康德否定了理性证明造物主存在的能力，但是他明确表示理性也无法证明造物主不存在。理性给予我们相信或不相信造物主存在的自由。康德提出的结论是，纯粹理性在这些事情上没有权威性。因此我们拥有判定道德律令内涵的自由权利。就是说，我们可以相信，在现象世界之彼有一位主宰一切、善良和正直的神，一位奖掖道德、善行的神。人们此生此世的善行没有得到应有的报偿和幸福，他们希望到了来世这些报偿将会来临。而且，这位神祇将保证人类自由的实现。于是，在现象世界和本体世界之间架起了一座桥梁。

在这里，康德一方面对宗教采取了调和、退让的态度，把宗教归结为道德；另一方面又把道德等同于宗教，对传统基督教进行了改良和修正。他说，置信仰于道德之上，是迷信而非宗教；德行屈从于对造物主的崇拜，造物主便成了偶像，宗教变成了盲目崇拜。康德在道德宗教的旗号下，反对种种宗教有神论，否定造物主的存在；反对宗教强迫人们屈从于绝对权威，而将外在的权威变为内心的信仰律令，把宗教教义变为道德教义。康德的宗教观和伦理观表现了对长期统治中世纪欧洲的基督教教会和神学的叛离和反抗，是法国大革命的时代号角。

《康德：生平和学说》的作者鲍尔生说，在某种意义上，康德是路德改革的完成者。路德进行的宗教改革是用内心信仰代替外界教会。康德进一步，用纯粹的道德律令来代替基督教义。理性不能在其他任何地方找到造物主，造物主和神学只在道德行为中。康德的所谓造物主，不过是道德的化身，所有宗教不过是把道德义务当作一种神意而已。康德说："造物主并非在我之外的存在，而是在我内心的一种观念。造物主是自我立法的道德实践理性。"

11. 结语

（1）康德提出的知性范畴、先验综合判断等这些不是来自经验的先验概念，以及他认为知识是先验知性改造、作用于感性材料的结果等理论，究竟是否可能？

马克思主义的观点是，社会实践是观察认识问题的基础；观念的东西不外是移入人头脑中并在人的头脑中改造过的物质的东西。列宁在《哲学笔记》中曾以概括的语言，揭示出实践的逻辑内化为思维逻辑的机制和途径。他说:“人的实践经过千百万次的重复,才有着先入之见的巩固性和公理的性质。”正是千百万次的重复,是客观必然的逻辑转换为人的思维逻辑,是理性思维形成过程的概括和总结。人类思维由具体到抽象、由个别到一般的演进,正是通过无数次实践活动所积淀下来的普遍形式实现的。这种普遍形式(动作规律或范式)一方面转换为主体活动的技巧,另一方面积淀为主体的思维结构。皮亚杰继承了康德只有认识对象不能产生认识,还必须由主观因素即认识结构在认识过程中的能动作用的观点。不同的是,康德认为认识结构是先天具有的,而皮亚杰说,没有结构的发生和没有发生的结构,都是错误的;应从人的后天发展中解释认识结构的发生和发展。(皮亚杰:《发生认识论·序言》,商务印书馆,1990。)这为认识的发生提供了唯物主义的基础。

当代大多数科学哲学家在不同程度上接受“观察渗透着理论”的观点,观察中已经采纳了以往的理论框架。这一命题似乎把我们带回了康德那里。进化论的伟大成就也使我们对这种先天认识结构的产生做出了合理的、唯物主义的解释。

实际上,自从进化论出现之后,从生物进化过程说明人的认识结构,也就是为康德的先验范畴寻找后验解释,已为许多哲学家和科学家所尝试。早期进化论者赫伯特·斯宾塞是首先阐述这种思想的英国哲学家。他的主要思想是:在个体的本性中,有一种先天的因素,它是由其祖先遗传下来的。但它最初来源于经验,不断重复的外部世界的齐一性在种族中产生了稳定的思维的必然形式。这些思维形式代表着无数世代经验积淀的结果。因此,个体具有了这些构成普遍必然(真理)基础的心理结构。对于个体是先天的,对于种族却是后天获得的。

奥地利动物学家康拉德·洛伦兹（Konrad Lorenz，1903—1989）于 1941 年发表的《当代生物学光芒下的康德先验学说》一文，成为进化认识论（Evolutionary Epistemology）的经典之作。洛伦兹认为，人的认识能力（结构）来自生物进化，即来自人类在长期进化中对环境的适应过程和选择过程。这是反复尝试—消除错误的过程，也是人的感觉和思维器官按照自身规则选择、组织、整理和加工感性材料的过程。进化认识论认为，在个体发生上是先验的，在系统发生上则是后验的（从经验中获得）。这一基本思想的延伸所得出的结论是：康德的先天综合判断和知性范畴等概念是人类进化的产物，从而为康德的先验论提供了唯物主义的基础。

（2）值得注意的一个事实是，自 19 世纪初康德去世至第二次世界大战前，德国国土上犹如群星灿烂相继涌现出一大群杰出的自然科学家。阅读这些科学家的传记，我们发现一个发人深思的共同之处，即在他们的早年，几乎都或多或少地研读过康德的论著，康德哲学对他们的整个科学生涯产生了直接或间接的影响。可以说，德国自然科学优秀传统的特色之一，是具有康德哲学精神。

相对论和量子力学是 20 世纪最伟大的科学成就，而它们的主要部分是由德国科学家完成的。这标志着世界科学的中心从英国转移到了德国。当时的德国不是经济最发达的国家，德国经历了第一次世界大战失败后经济困难时期，德国科学家的生活和工作条件并不好。除了其他一些因素外，尤其重要的是，康德哲学在认识论领域的突破及其指导对科学发展的推动作用。在相对论和量子力学突破的过程中，应该说康德哲学起到了很重要的作用。牛顿力学出现后，机械论和绝对论在科学界成为一种统治思想。康德在哲学上率先脱离机械论和绝对论的束缚，发展了辩证法和唯物论。德国科学家都有很高的哲学素养，在发现相对论和量子力学的过程中都涉及对认识论的哲学讨论。

康德哲学对科学研究的价值，在于它开阔人们的思维，拓宽人们认识事物的视野；在于启发科学家对事物作多层次、多角度和种种可能性的思考。德国数学家希尔伯特晚年在哥尼斯堡自然科学家大会上做了一次有关数学、自然科学和哲学基本问题的著名讲演，题为《认识自然与逻辑》。他说："我以为，在本质上，康德认识论的基本思想也体现在我对数学原理的研究中。"1918 年，刚刚完成广义相对论的爱因斯坦写信给丹麦物理学家玻尔，陈述他研读康德著作的体会："我在攻读康德的《导言》，并开始理解这个人发散的那种发人深思的力量。"所谓《导言》是康德对《纯粹理性批判》所做的解释。爱因斯坦说："康德哲学中最重要的东西，是他所说的先验论思想。依照它，某些概念是预先存在于我们意识中的。在我们还未能在事物中发现形式之前，人的头脑中应当先独立地把形式构造出来……借助思维，我们的全部感觉经验就能够整理出秩序来，这是使我们叹服的事实，但却是一个我们永远无法理解的事实。"

（3）康德的伦理学倡扬人只服从自己立法的道德，人是自由的，人是目的而不是任何人的工具，包括不是造物主的工具。康德的伦理观和宗教观表现了对长期统治中世纪欧洲的基督教教会和神学的叛离和反抗。康德哲学体现了法国大革命时期资产阶级追求科学、民主与自由的时代精神。在法国发生政治革命的同时，在德国发生了哲学革命，这就是康德发动的对传统形而上学和论证造物主存在的神学的革命。马克思说，康德哲学是"法国革命的德国理论"，正是说明康德哲学表现的法国大革命的时代精神。诗人海涅在《德国宗教和哲学的历史》一书中，将康德的《纯粹理性批判》比作法国大革命的国民议会。海涅说，罗伯斯比尔把法国国王路易十六送上了断头台，康德把造物主送到同一场所。从此以后，企图论证造物主存在的任何理论便完蛋了。康德说，企图论证造物主存在根本不能证实，这纯然是一种主观信仰。康德将造物主逐出认识领域，客观上便削弱了人们对造物主的信仰。

（4）康德同情和支持法国人民的革命运动，许多人在革命中无私的牺牲，在康德看来是表现了人类具有的追求理想的道德职责，显示了人类历史、道德的不断进步。他把法国大革命看作是道德原则的实现，法国人民的革命行动将在人类历史上永远被铭记。因此，康德曾被人们看作是激进的雅各宾派。但是，他的政治思想恰恰是反对雅各宾派的革命专政，他在理论上不主张革命，而主张用进化代替革命。与当时许多德国进步人士一样，康德开始同情法国革命，后来被雅各宾派的革命专政吓倒了。

（5）康德哲学扭转了欧洲现代哲学的发展方向，成为欧洲现代哲学史上的转折点。在康德以前，本体论是西方哲学的主要内容，而后现代西方哲学的中心由本体论转向认识论。康德的批判哲学否定了传统形而上学本体论，宣告了认识论的独立。英国经验论者虽然在康德之前指出了形而上学的局限性，然而是康德哲学给予传统形而上学和经院哲学以致命的打击。直至今日，康德提出的许多问题，例如，康德区分现象世界和本体世界的二元论，依然是西方哲学家长期争论的问题。许多人认为物自体是能够认识的。然而到了 20 世纪，对这一问题的怀疑论占了上风，而且现象的相对性强调的正是物自体的不可知性。

（6）人们往往指责康德是不可知论者，似乎他否定了一切科学知识。这应该是对康德哲学的一种误解。事实上，康德认为不可知的，不过是超越经验的物自体如造物主、灵魂等。康德强调这些不可知对象，就是宣布传统形而上学和经院哲学都是毫无意义的妄说。从这里反而可以看出深隐于康德哲学内部的那种革命性、批判性和时代的进步性，从而发现康德不但不否认科学和科学知识，恰恰相反，康德的所谓不可知论正是为了维护科学知识，为科学的发展开辟道路。康德以二律背反的尖锐形式暴露了形而上学独断论的片面性。仅仅这一问题的提出，就足以使康德以前和同时代的许多哲学家黯然失色。

也许，有人认为康德哲学是唯心主义的。在世界上的某些地方，人们似乎视唯心主义是不屑一顾甚至是反动的东西，是应该摈弃的。然而，正是唯心主义先验论才是康德哲学的独特贡献。这一贡献在现代自然科学和社会科学的检验下，仍不断发出科学和真理的光辉。“康德主义衰落了，但康德仍然是问题与思想的无穷无尽的源泉；他与柏拉图、亚里士多德并列，成为西方哲学思想的三巨擘。”（《简明不列颠百科全书》，第四卷，中国大百科全书出版社，1986 年 8 月，第 630 页。）

四、亚瑟·叔本华：悲观主义哲学

1. 叔本华悲观主义哲学产生的背景

亚瑟·叔本华（Arthur Schopenhauer，1788—1860）生于但泽（今属波兰），5 岁时全家迁往汉堡。叔本华幼年时由祖母抚养，缺少母爱；祖母去世后，他极度悲伤。其父属于商业富豪阶层，对儿子的教育目标是继承他的事业，然而青年叔本华对其父为他安排的人生道路产生反感，而醉心于学业。在其父死后（可能是自杀），叔本华同其母移居魏玛。得到母亲的同意，他得以继续其学业。在他母亲的知识沙龙上，叔本华遇到歌德，他们在讨论学术问题过程中产生分歧，但叔本华给歌德留下深刻印象，歌德是最早发现叔本华才华的人士之一。据说歌德对叔本华的赞赏不仅无助于修好叔本华与其母亲本来不好的关系，反而使他的母亲产生妒忌心态，这是令人难以理喻的母子关系 。

叔本华的母亲性格易怒，富有才华，是当时有名气的小说家，曾出版小说、传记文学等作品二十四卷。在魏玛，她极不严谨的道德行为使叔本华感到震惊和愤怒。叔本华与其母频繁而激烈的争吵，发展成为母子之间的嫉恨和怨尤。不久，叔本华离开魏玛，自此，在其母亲生命的最后 24 年间，二人从未见面和交往 。

1809 年，叔本华进入格丁根大学，师从怀疑论哲学家戈特洛布·舒尔茨（Gottlob Schulze，1761—1833）。舒尔茨建议叔本华，只要精心研读柏拉图和康德哲学，其他所有哲学家都可以忽略。舒尔茨的建议影响了叔本华一生的哲学生涯。2 年后叔本华进入柏林大学，从 1811—1813 年，他在柏林大学的老师有费希特、施莱尔马赫等。年轻的叔本华激烈反对费希特的观点，他认为，费希特误解了康德的批判哲学，后来他做出结论：他自己对康德哲学的解释是当时唯一正确的，而且认为，自康德以降至他自己的时代，所有德国哲学家中没有出现真正理解康德哲学的人。叔本华的哲学正是在反对德国当时流行的哲学思想中成熟起来的。凭借他广泛而深厚的自然科学知识，叔本华发现了当时德国哲学偶像们的弱点。

在格丁根大学和柏林大学，叔本华学习的课程包括物理学、心理学、天文学、动物学、考古学、生理学、历史学、文学和诗学。但在 1813 年，叔本华向耶拿大学提交其博士论文《论充足理由律的四重根》，得到哲学博士学位。这是他首次系统地讨论康德认识论问题。此后，叔本华继续致力于柏拉图和康德哲学的研究，接受先验论观点，反对黑格尔的绝对唯心主义。1819年《世界即意志和表象》出版后，在社会上没有引起任何反响和关注，这种情况进一步形成叔本华内向和抑郁的性格。

柏拉图和康德都对现象的世界和实在的世界做出区分，这是形成叔本华思想的核心，而且成为他自己形而上学的主题。对于柏拉图，存在现象世界和理念世界；对于康德，存在现象世界和物自体；对于叔本华，存在现象世界与其背后的意志世界。影响叔本华的第三种思想来自他对梵文著作的阅读，尤其是《奥义书》（*Upanishads*）及对它的评论。在这些著述中，叔本华发现其中人们熟知的关于道德和物质的罪恶发人深思的阐述。

形成叔本华悲观主义世界观的因素，不能不涉及当时欧洲的政治和经济环境。那是在拿破仑时代之后，拿破仑被放逐厄尔巴岛，欧洲形势处于混乱状态。在法国，波旁王朝复辟，贵族回到并重新霸占其世袭的土地；在德国，广大平民处于饥寒交迫的境地，千千万万的人们在战争中失去生命，整个欧洲大地上到处是灾难。处于灾难中的人们无心阅读像《世界即意志和表象》这样的书，这种情况使叔本华的悲观心境雪上加霜。

1822年，叔本华被聘为柏林大学讲师，他对《世界即意志和表象》满怀信心，为他的知识和对世界的解释而自豪。黑格尔当时在学术界已遐迩闻名，被认为是德国首席哲学家。以其素有的鲁莽性格，叔本华选择与他认为是沽名钓誉的诡辩家黑格尔同一时间授课，意在同他对抗，结果叔本华只得面对教室内的空板凳。作为一名讲师，叔本华失败了，凄凉地离开了柏林大学。这一事实印证了他自己的观点：真正有智慧的人得不到重视。有人说，叔本华上述举动是傲慢无礼的，但也有人认为，这种观点散发着欧洲中世纪权威崇拜的腐朽气息，年轻的叔本华敢于挑战权威的胆识难能可贵，值得点赞。

1831 年，柏林暴发霍乱，叔本华逃往法兰克福，在这里度过他的余生。严酷的挫折和失望加重了他固有的消沉和沮丧，使他越来越不愿与人接触。他一生不得志，过着寂寞的隐居生活。在他生命的后 30 年，维持其生活的费用来自其父为他留下的财产。他一个人住在一所公寓里，陪伴他的是被村民们称作“小叔本华”的狗。

尽管因受到同时代人的冷遇而感到失望，但叔本华坚信真理的最后胜利。他说，真理是可以等到的，因为它长久存在。无声的愤慨之后，叔本华于 1836 年发表论文《论自然的意志》。其中以自然科学的新发现证实他的思想。在前言中，他公开对“骗子”黑格尔及其学派予以激烈抨击。1839 年，他发表论文《论人类意志的自由》，获得挪威皇家科学院嘉奖。 直至 1851 年，他完成了对《世界即意志和表象》的补充和说明，这篇以格言写成的《附录与补遗》立刻成为畅销书，使他获得了声誉，瞬间成为名人。此后有人评论他是具有世界意义的思想家，叔本华的哲学才为世界所重视。叔本华声名鹊起之后，1852 年被邀到柏林大学讲课。然而一些事件激怒了他而放弃邀请，这就是他对控制德国哲学界的费希特、谢林和黑格尔哲学，以及他们在德国所有大学的追随者们的蔑视和憎恶。叔本华认为，他对宇宙的解释比黑格尔之流更正确，为维护其受到伤害的自尊，他不齿于同他们论争。

应该提及的是，叔本华晚年曾名噪一时还有另外的客观原因，这就是当时黑格尔学派分裂为左、右两派。这种情况伴随一个回归康德原著的运动，从而导致人们关注叔本华对康德哲学的阐发。在“回到康德”的普遍呼声中，出现了一股“叔本华热”。在叔本华生命的最后岁月，他的名字频频出现在德国的许多报纸和杂志上。于是，长期被压抑的叔本华自我中心之火，热烈燃烧起来了。

2. 充足理由律

《论充足理由律的四重根》是叔本华哲学的出发点，是他批判那些“骗子”、当时德国哲学界处于统治地位的唯心主义哲学家、他以前的老师费希特，以及谢林和黑格尔的主要论据。

许多哲学家向来认为，宇宙是完全可被认识的。实际上《论充足理由律的四重根》是以批判的态度考察“理性的即真实的”认知观点。一个世纪前，莱布尼茨在《单子论》(1724)中曾对充足理由律(规则)这一假说做出界定：任何事实或真理都不能缺少为什么应该如此而不是与此不同的充足理由。例如，物质世界不是在某一时间被创造，因为没有充足的理由说明世界为什么是在这一时间而非另一时间被创造，因为一切时间的性质都是相同的。另外，假如充足理由律适用的范围是无限的，那么，对下面的问题就没有一个确定的答案：为什么世界上存在一些物体，而不是空无一物？叔本华认同充足理由律的普遍性，主要在于他对康德哲学的倡扬：人类理性缺乏回答形而上问题的能力，因为我们组构感知材料的能力是有限的，致使我们的知识被局限于狭小的范围之内。

叔本华说，充足理由律的基本条件是，我们必须提出需要解决的某种或某些具体事物。我们的认知基础必须有认识的主体和被解释的客体。对主体和客体的区分在康德《纯粹理性批判》中，是关于人类认知条件的理论之源，也是康德认识论的基础。

在亚里士多德关于事物的四种原因理论的启示下，叔本华提出四种需要解释的对象：物质事物、抽象概念、数学和几何学结构，以及心理动力。叔本华从物质事物与因果关系、抽象概念与逻辑、数学和几何学结构与数和空间、心理动力与意图或道德的不同角度对它们进行讨论。

充足理由律的四种表现形式也可称为生成充足理由律、认知充足理由律、存在充足理由律和行为充足理由律。前三项曾在克里斯蒂安·沃尔夫哲学中出现，第四项是叔本华自己的贡献。

生成充足理由律涉及因果律。叔本华用下面的句子予以表述：物质世界的每一种变化之所以发生，是因为另一种变化已在其前发生。原因在时间上自然是在结果之前。不存在第一原因，如同物质的原初状态或时间的开始都是不可想象的。因果律是我们所感知的物质客体在时间推移中一切变化的调节者。因果律不能因故消失，因为它是世界自身的先验形式。

因果律不能用来解释自然力，我们不能去追寻引力或电力的原因。自然力是普遍存在和不能改变的，自然力出现在一切地域和时间。只能用形而上学的语言解释自然力，而不能用科学定律归纳各种自然力的内在本质。叔本华示意人们注意法国经验论哲学家曼恩·比朗著作中混淆力与原因两种概念的错误。因果律也不能用于对物质的解释，因为只有物质的形式是变化的，而物质本身则永远是相同的。所以，因果律有两种必然结果：惯性定律和物质守恒定律，这两种定律不是来自经验，它们表现为一种逻辑上的先验知识。

物质的消灭是不可理喻的，虽然物质的形式和性质是可被消灭的。物质存在于一切维度的空间和永恒的时间里，空间和时间构成物质的真实状态。物质具有无限可分性，物质既不能产生也不能消灭，因而其质量也不能增加或减少。

因果律以三种形式出现于自然界。①作为狭义的原因，出现于无机界的变化以及物理学和化学领域。在这些领域，原因被理解为机械的作用力和反作用力。②当我们转向有机生命时，我们将面临某种不同形式的新的存在状态。在这里，因果律表现为“刺激”形式，适用于植物生长和动物体发育的变化。但动物生命不完全由刺激因素所控制，刺激一般适用于低等动物生命。③动机，适用于复杂的生命形式。它支配动物生存的一切有意识行为。动机的媒介是知识，动机的不同是由选择能力所决定，其中包括人类伦理原则和道德理想的基本内容。我们必须对动机和刺激进行严格区分，不能将它们混淆。这样，叔本华避免了达尔文及其追随者提出的许多轻率的归纳和概括。叔本华关于进化的观点同20世纪科学研究的成果更为接近。

认知充足理由律。表现为四种形式的充足理由律是以某些原则为基础的，这些规则构成我们进行判断的条件。首先，一种判断可能涉及另一种判断，在这种情况下，判断具有逻辑或形式真理。我们的大部分思维都是演绎性的，是依据逻辑的原则进行的。这一过程通常在我们大脑中以没有清晰的逻辑推理进行。因为在比较不同判断和对其系统化过程中，我们总是认为先前建立的判断具有理所当然的正确性。

其次，与由形式内涵决定真理的判断不同，在感性认识基础上的判断只有经验性的真理。在这种判断中，不同事实之间的一致性是由感官感知及其产生的判断，决定这种判断的真理性。这一过程的特征不是推理，而是正确的感知。

存在充足理由律涉及空间和时间的关系。空间和时间都是认知的必要形式，没有空间和时间，我们不能有条理地认识现象世界。如果我们的认识形式只有时间，就不会有共存、永恒和持续概念，而空间和时间的融合才能形成上述这些概念。在时空的融合中，空间构成并置关系，时间则构成持续概念。算数学建立在时间范畴的基础上，而几何学则由空间所限定。

空间和时间具有无限可分性，空间是无限的，时间同样没有起始和终结。叔本华赞赏康德关于空间和时间是先验的、感性直观形式的理论。他试图驳斥洛克和休谟将我们对空间和时间的感知基于经验因素的观点。如同康德，叔本华强调空间和时间不是来自经验，而是经验的条件。没有空间和时间，现象世界对我们只是一片混沌，也就不存在因果律。

行为充足因果律涉及行为原则，即意志的原则。人们对自我的观察和分析表明，意志是我们生命的基本内涵，从模糊的愿望到强烈的感情，我们情感的一切表现都来自意志。“我”一字同时暗示意愿和认知对象之间的认同，这种认同关系是超越人类理性能力而最终是无法解释的，因为我们只能认识不同客体之间的关系，而不能理解主体和客体是如何认同的。就是说，我们对作为体现意志的认识者和被认识者的融合点，不能做出判断。事实上，我们在这里面临一个宇宙间的难题，一种我们难以破解的奥秘。

意志是我们最熟知的一种心理状态，为达到某种目的的动机和行为，是人类心灵中呈现的因果关系，一种给予我们生存的驱动力量，因此，意志是人自我认同的主导因素。

3. 现象与实在

1819 年，叔本华发表其名著《世界即意志和表象》（*Die Welt als Wille und Vorstellung*）（初版为一卷本。第二版，二卷本，1844；第三版，二卷本，1859）。该书共分四部分，其中包括认识论、自然科学、美学和伦理学。从研究康德哲学开始，该书是叔本华先验唯心论哲学的主要著作。德语 Vorstellung 一词译为“表象”。《现代汉语词典》对“表象”的解释是:“经过感知的客观事物在(人)脑中再现的形象。”叔本华说，世界有两个方面：意志和表象；不是意志引起我们的表象，而是意志和表象可从不同角度视为一种相同的实在。它们之间的关系可比作一种力与其表现之间的关系(如电与其发出的电火花，而电火花也是电)。不是说物自体引起我们的感觉，就好像多米诺骨牌现象。叔本华的观点是，物自体与我们的感觉之间的关系更像一枚硬币的两面。主体和客体两者是同时存在的，没有主体也就无所谓客体，反之亦然。客体的形式是空间和时间，就是说，世界是相对于我们(主体)而存在的。

叔本华在《世界即意志和表象》一书的开头说：

> 世界是我的表象。这是对所有有生命和知觉的生物都适用的一条真理——虽然只有人类才能对世界进行省思而将其形成抽象意识。如果一个人真正能做到这一点，他就会获得哲学的智慧。由此，他肯定会很清楚，他所知道的不是那个太阳和地球本身，而只是他看到太阳的眼睛和触摸到地球的手。就是说，他周围的世界只是一种表象：只有相对于某种别的东西，意识才可能彰显自身。(叔本华:《世界即意志和表象》，英文版，1949。)

康德对人们所知的世界和实在的世界本身的区分，也就是叔本华在此分析的两种世界。在物自体和知识之间是其自身具有认知先验规则的认知心灵；心灵决定着自然的特性，自然的特性只是由认知者所规范和限定。自然界归属现象领域，但对认知者而言，自然是观念的范畴，是自然界在我们脑中再现的形象，即表象。各种现象是在空间和时间中被我们所感知。各种不同现象总是呈现相互关联的状态，这是因为我们心灵的构成是如此规定和规范着各种现象的状态。正是因为认知心灵的这种特性，才使我们获得如此的经验。假如我们的认知心灵具有不同的构成特征，那么，我们所获得的经验将必然是不同的。因此，我们所知的世界正是依赖于认知者的认知方式。

由于我们周围的世界完全由偶然性的规则所规定，科学研究能够以其常规的方式在对不同现象相互关系的考察中，发现对各种现象普遍适用的稳固形式和规则。在科学研究中，根据唯物主义观点提出的各种假说，已经获得许多科学成果，但作为对实在的描述却是不确切的。既然自然是心灵的产物，是自然在人脑中形成的表象而非物质，因此，归根结底实在既不是纯粹的观念，也非纯粹的物质；叔本华说，这是动态的意志力。当人类将研究和认识现象世界的方法试图认识整体的自然结构的内在基础时，这些方法就成为无用和毫无意义的。作为认知者，人类只能认识现象世界，但人类却有强烈的意志企望去追寻现象背后的实在。

叔本华说，如果对人的行为进行全面的研究，就会发现其最重要的行为不是认知，而是意志的表现和发挥。认识人的本性可以为理解自然提供启示，从而认识客观实在的本质。人的本质和自然的本质之间有相似性：人有现象的一面，也有与自然界相同的物自体，这就是存在于我们生命中的意志。我们的一切行为，包括智力活动，都依意志为基础；我们的全部行为是接受来自意志的推动力。情感、需求、愿望、恐惧、痛苦、爱情等都是意志的表现；意志是一种宇宙之力，是现象世界潜在的物自体。

4. 生存的意志

叔本华说，生存意味着奋斗、竞争、需求、艰难和痛苦。生物学的研究和发展表明，意志的表现层次越高，引致的痛苦越大。植物生命中几乎没有知觉，因而没有或几乎没有痛苦。在最低等动物中，它们的痛苦很少。在脊椎动物神经系统的发展过程中逐步形成痛苦感。一般而言，在高等动物中开始出现更为明显的痛苦感，因为它们有更高的智力。当意识出现在动物生命中，痛苦感随之增加，而人类则有最强烈的痛苦感。在人类中，智商越高的人其痛苦感越强烈。在到处充斥生存竞争的世界里，人们几乎没有绝对的幸福感，只有时刻处于阴郁状态的持续不断的苦楚。这是叔本华从其所处的 19 世纪欧洲和个人境遇所得出的结论。

然而叔本华表达了其思想的另一面。他说，聪明的人不专注追求欢乐，而是追寻走出烦恼的路径。那些不聪明的人才不断地追求对欲望和需求的满足，但每一次欲望的满足都会增加他更大的欲望和更多的需求；而且他发现这种满足不能同以前的需求相适应，需求和欲望的满足反而使他更加痛苦。叔本华说，财富犹如海水，喝的越多就会越渴。甚至当我们得到某种程度的满足，反而对自己的境况产生厌倦，从而去追求新的愉悦而产生新的需求和新的痛苦。没有正当的需求，就不会有真正的愉悦。由意志所驱使的人的欲望和需求是永无止境的，随着我们在生存竞争中的不断努力，意志所驱动的欲望也随之越来越强烈：每一次成功都是欲望的根源。

5. 遏制盲目的意志，摆脱人生苦恼

人的意志往往是盲目的，它是一种生存的冲动。叔本华说，盲目的意志是痛苦之源，任凭意志的驱使去追逐欲念的满足的行为，必须加以遏制，才能消除人生的烦恼和痛苦。

人生理想的目标可通过道德的培养部分地达到，这是叔本华思想

的重要方面。他说，同情心和怜悯之情是人类最高尚的品德，是一切真正道德行为的渊源，也是基督教尤其是初期基督教所鼓励和践行的人与人之间相处的美德。某种程度上，人们的同情是对自私和利己主义的否定与遏制，同情心也将促使克己自律和自我牺牲精神的形成。所有的人都是来自同源的自然界现象；人们之间的不同只是一种现象差异，因而是不重要的。由于这种原因，我作为一个人，不应只为自己而排斥他人。同情心就是对其同类的认同，就会对他人产生一种伙伴情感。对人类共同命运的这一事实的认同，就会阻遏利己主义的泛滥，这是道德和道义原则所做出的贡献。

叔本华认为，拯救沉溺于欲望中人们的另一途径是理智和知识。理智和知识是意志的产物，但理智和知识能够发现意志的特性，认识盲目的冲动及其后果，从而克服其盲目性。知识可以抑制意志的冲动，认识到我们生活其中的世界和各种事件之间的关系，就可能限制我们非理性的行为。人们生活在这个世界上，其生存状态主要由自己所决定，而不能依赖他人。有一句俗语：需要时的朋友是真正的朋友；但叔本华说，需要时的朋友只是借钱给你的人。在这个世界上，悲伤和痛苦往往把个人与其同类隔离开来，这就是那个古老主题的变异——如果你笑，世界同你一起笑；如果你哭，只有你独自一人哭。生活在一个混乱和看不到希望的世界里，我们必须靠自己。有人帮你，是你的幸运；无人帮你，是公正的命运。没有人该为你做什么，因为生命是你自己的，你得为自己负责。叔本华希冀人们有更多的同情心。

大多数人热衷于追逐金钱和财富，认为金钱是获得人生成功和幸福最有价值的手段。但专注这种追求的人通常缺少对财富真正用途的洞见。叔本华说，财富的真正用途是使人们获得文化和智慧，智慧可以击退盲目意志对人们理智的冲击。一个人的道德品行比他的财富更重要。人们向往新的冒险经历，冒险经历的满足导致更多的冒险欲望。只有文化和知识才能使人处于宁静和从容的心境，而意志只能挑动人们卷入争夺的漩涡。人们应借助知识摆脱对物质的认识能力，跳出个人利益的泥淖。当一个人从一切奢求和欲望中解放出来，他就会获得一种平静而鲜有痛苦和压抑的人生境界。叔本华如是说。

6. 对叔本华哲学的误解

从许多方面都可称叔本华是康德主义者，但他对康德论点的许多细节提出不同意见。正如叔本华在格丁根大学的老师戈特洛布·舒尔茨在 1792 年出版的《阿奈西德穆》（*Aenesidemus*）（公元 1 世纪怀疑论哲学家）中对康德提出许多批评，叔本华也对康德提出自己的批评。如康德说物自体是我们的感知在因果关系概念基础上形成的。叔本华说，这是自相矛盾的，因为按照康德自己的观点，因果关系概念只能用于经验领域的认知，而不能用于对超越经验之外事物的认知。因此，叔本华否定我们能够感知那些独立于我们感知能力的物自体；所谓物自体概念是凭空想象出来的。如果物自体是独立于心灵之物，那么，我们必然能够感知它的存在，而不必乞灵于因果关系。叔本华还对康德关于人类思维的认识范畴等提出不同见解。

当一位哲学家的思想十分流行时，他的思想中最重要的方面往往被人们忽视，或者被误解。一个突出的例子是，叔本华对尼采的影响被今天许多人误解了他的哲学原则。尼采将叔本华视为导师和哲学上的楷模，尼采曾撰写《作为教育家的叔本华》一书纪念叔本华。但尼采轻蔑弱者和不信仰基督教，宣扬精英主义和鼓吹强权是推动历史发展的动力……将所有这一切归属于叔本华的理论，显然是对叔本华哲学片面、虚妄的阐释，是对叔本华思想的歪曲和玷污。不喜欢民主和社会主义、反对肤浅的理性主义是叔本华和尼采的共同特点。但在叔本华的许多结论中，我们可以发现他对圣徒的尊重和敬意，对意志和欲望的完全拒绝。叔本华说，善是对意志的拒绝，邪恶是对意志的放纵。而尼采宣扬英雄人物的意志是推动历史发展的力量。叔本华渴望人世间有更多的同情心和怜悯情怀。他说，同情心是一切道德行为之源。

叔本华赞赏康德关于道德的学说，认为康德为道德提供了正确的基础。康德强调道德领域的责任感和绝对律令，这种绝对律令对一切行为者是无条件的和绝对的道德律。但尼采反对一切先验的伦理标准，认为建立绝对的道德律令是不可能的。他说，康德的伦理观是一种基督教奴性道德观在哲学中的反映。他宣称，那些讨论道德律令的人颠覆了生存的真理。尼采厌弃一切形式的怜悯与同情、一切形式的谦恭与宽让和一切形式的禁欲主义。在尼采的伦理学体系中，决断和生存的强力意志是最重要的。他说，我们的行动必须由直觉指引而非道德说教，谋取强权的意志是善的表现。

尼采认为，叔本华肯定一切道德渊源的恻隐之心是有害的，这会使强者和弱者都成为脆弱者，从而削弱了一个民族的力量。尼采摈弃怜悯之心和对欲念的克制，而推崇谋取强权的意志。尼采鼓吹贵族道德观念，将贵族的道德原则与下层阶级的道德原则，做出严格区分：贵族必须以荣誉和勇气作为行动准则，而下层阶级应以服从为圭臬。

7. 叔本华哲学的影响

叔本华的著作，虽然在他生前没有引起人们的关注，但在其死后却在哲学、文学、艺术界得到广泛重视。尤其在美学、伦理学和心理学方面的著作，对 19 世纪和 20 世纪的许多思想家产生了重要影响。

叔本华将柏拉图和康德哲学发展成为一种禁欲主义的人生观，强调世界充满无止境的竞争和倾轧。在这个世界里，人们应遏制自己的种种欲望，从而获得一种宁静的心境和对人慈善的性情。通常被认为是典型的悲观主义者，实际上叔本华倡导通过艺术、道德和禁欲主义的深刻省思，去征服那种充满挫折和痛苦的人生际遇。他的哲学思想对那些为人生意义所困扰的文学家、哲学家、画家和音乐家们，产生了强烈的吸引力。

叔本华哲学所产生的广泛影响，也由于他认同传统的道德价值；而另一方面，他也认为通过经验人类能够获得绝对的知识。在叔本华著作中，还显示一种向科学垄断的唯科学论挑战的思想。叔本华认为，世界基本上是一个非理性的地方，这种思想被 20 世纪许多思想家理解为引导人类行为的一种非理性力量。

叔本华哲学在 20 世纪非常流行，这种情况还可能与他对人性和世态炎凉的悲观主义态度有关。悲观主义正是 20 世纪欧洲人的情绪特征。与生活在 19 世纪的人不同，20 世纪欧洲人往往怀着一种怀疑和幻灭的心态面对人生和社会文明。人们希望过一种有尊严的生活，但社会环境却不允许他们怀有这种奢望。20 世纪的许多欧洲人抛弃了他们的宗教信仰，揭穿了以往他们认为生活中最神圣的事物的虚伪性，结果使他们在孤独的生活奋斗中缺少心灵上的支撑力量。20 世纪欧洲人的悲观主义的人生态度和叔本华哲学的流行，还可能由于他们经历的两次世界大战、时而发生的经济危机的威胁、劳工和资本家之间的斗争、极权主义的出现，以及其他许多难以解决的社会问题所导致。

叔本华在哲学、文学、艺术界的影响是广泛而深远的，其追随者包括诗人、剧作家、小说家、哲学家和作曲家。法国小说家莫泊桑说：“今天，那些诅咒他（叔本华）的人，在他们的灵魂里也携带着他思想的一些内容。”（莫泊桑：《在叔本华墓旁》）列夫·托尔斯泰阅读叔本华的哲学著作后说：“我相信，在当今，叔本华是人类最伟大的天才，他的思想在世界上是无与伦比的清澈和美。”托尔斯泰说，他在《战争与和平》中写下的，也是叔本华在《世界即意志和表象》里说过的。卡尔·汤姆森在《爱因斯坦生平》中说，爱因斯坦称叔本华是一个天才，在他柏林的书房墙壁上有三个人的肖像：法拉第、麦克斯韦和叔本华。

受到叔本华影响的代表人物包括：

法国诗人查尔斯·波德莱尔、斯特凡·马拉美；小说家莫泊桑、普鲁斯特、埃米尔·左拉；散文作家安德烈·纪德；哲学家亨利·柏格森。

英国小说家托马斯·哈代、H. D. 劳伦斯、约瑟夫·康拉德、乔治·吉辛。

爱尔兰诗人威廉·叶芝；小说家塞缪尔·贝克特；剧作家伯纳德·萧伯纳。

德国小说家欧内斯特·荣格尔、托马斯·曼、阿诺尔·施密特；剧作家格哈德·豪普特曼、弗里德里希·黑贝尔、弗兰克·韦德金德；哲学家尤里乌斯·巴恩森、爱德华·哈特曼、汉斯·费英格、保罗·多伊森、卡尔·哈特曼；作曲家汉斯·普菲茨纳、理查德·瓦格纳。瓦格纳将他的歌剧《尼伯龙根的指环》献给叔本华。

奥地利小说家托马斯·伯恩哈德、罗伯特·穆西尔；剧作家弗朗茨·格里帕尔泽；心理学家奥托·兰克；哲学家奥托·韦宁格；作家、记者卡尔·克劳斯；画家欧内斯特·林德纳；作曲家阿诺尔德·勋伯格、古斯塔夫·马勒。

俄国小说家托尔斯泰、屠格涅夫；哲学家弗拉基米尔·索洛维约夫；作曲家谢尔盖·普罗科菲耶夫、尼古拉·里姆斯基-科尔萨科夫。

美国小说家托马斯·曼、赫尔曼·梅尔维尔、埃德加·爱伦·坡；哲学家苏珊·朗格；神话理论家约瑟夫·坎贝尔。

意大利诗人莱奥帕尔迪；小说家伊塔洛·斯韦沃。

中国国学大师王国维。

巴西诗人、小说家马里亚·阿西斯。

瑞典小说家奥古斯特·斯特林贝。

捷克作曲家安东尼·德沃夏克等。

第6章

启蒙运动和法国大革命

18世纪欧洲启蒙运动的价值及其倡导的理性，与现代性的价值和理性是一致的。启蒙运动典型地表达了现代文明的核心精神。某种意义上，现代性、现代化和现代文明都是启蒙运动的结果，现代社会和现代文明的形象是启蒙运动塑造的。启蒙运动是一场深刻的意识形态革命，它打破了基督教在欧洲长期以来一统天下的局面，用自由和平等的政治观念粉碎了封建制度的等级观念，用理性的批判精神取代了信仰和迷信，用人类的光明前景映照中世纪的漫长黑暗。启蒙运动体现了现代人的两种理想：要获得永恒的真理和达到普遍的人类解放。

恩格斯说，启蒙运动的学者“不承认任何外界的权威，不管这种权威是什么样的。宗教、自由观、社会、国家制度，一切都受到了最无情的批判；一切都必须在理性的法庭面前为自己的存在做辩护或者放弃存在的权利。思维着的知性成了衡量一切的唯一尺度”。“理性法庭”非常形象地概括了启蒙理性具有的至上裁判地位。

一、启蒙运动的历史背景

18世纪，欧洲思想家们投入从陈旧体制和古老迷信解放人类的启蒙运动。启蒙运动不只是一场文化运动，它的影响延伸至政治、经济和宗教领域。当时亚洲文化尤其是中国文化的影响动摇了欧洲的地方主义观念，孔子的道德体系对18世纪欧洲许多思想家产生了深刻影响，尤其是法国作家伏尔泰和德国哲学家克里斯蒂安·沃尔夫。世界主义成为知识界的主流观念，学者中兴起到不同国家旅行观光的风尚。英国和法国之间的思想交流尤其十分活跃。国家主义尚未成为欧洲人的主流情感。

当时欧洲的少数君主、帝王，如普鲁士国王腓特烈二世和俄国沙皇彼得大帝一世，他们实行鼓励科学和艺术的进步政策。他们开明的宗教和伦理观念，有助于启蒙运动的形成和发展。英国和法国社会经济繁荣，产生了一个有闲阶级，能够资助哲学和科学的发展。许多新的思维产生于乡间贵族和有闲阶层人士。

宗教界尤其受到新时代精神的冲击。基督教面临广大会众重新审视古老教义的现实局面。尤其是“三位一体”教义遭到猛烈批评，到处出现简化基督教教义的呼声。思想家们越来越认识到，教会已从使徒的清贫之路堕入歧途而强调盲目信仰和狂热的宗教精神。

牛顿的机械宇宙论及其绝对时空理论，替代了笛卡尔世界观。伏尔泰将牛顿的哲学思想介绍到法国，也对德国产生了广泛影响。在18世纪，牛顿哲学的权威如同爱因斯坦相对论对20世纪的影响。虽然牛顿本人是一位对造物主怀有虔诚情感的人士，但他的追随者们忽略了其宗教精神，只关注他的哲学思想和他运用数学对世界做出的阐释。

牛顿相信世界是由造物主精心设计的，他试图清晰证明造物主的存在，造物主是一切知识和存在之源。然而对许多英国和法国哲学家而言，牛顿的物理学理论阐述的宇宙结构恰好揭露了所谓宗教真谛的虚伪性。科学的成就使人们产生了世界进步的坚定信念，理性将改变社会的一切方面。战争、疾病和贫困将被彻底消除。大多数哲学家不赞成暴力革命，他们认为具有哲学家素质的国王或将出现，一个公平、自由和社会进步的新时代即将到来。

二、法国启蒙运动的社会基础

1. 新知识分子阶层的崛起

欧洲历史上的启蒙运动一般指的是法国启蒙运动。法国启蒙运动思想家们的直接贡献是推动了 1789 年的大革命。

在法国，18 世纪是一个与传统宗教决裂的时代。法国启蒙运动中的许多思想家，都是一些怀疑论者和无神论者。但如果没有一个从对教会和贵族依附中解放出来的新知识分子阶层的崛起，启蒙运动很难形成，并在传统势力重重围剿中蓬勃发展。科学知识的普及在大部分地区不能直接由科学家们自己去进行，他们必须在文化人、哲学家和专业作家的支持下推广和普及科学知识。尤其在法国，这些专业作家成为新科学的代言人。

在科学革命的早期，这一新兴知识阶层曾经历了十分艰难的岁月，他们甚至无法维持生计。教会有产阶级和贵族的联合形成一种巨大的社会力量，成为君主政体的强大后盾，处心积虑镇压这一危险的新兴知识阶层。同情科学世界观的职业作家们是否能使他们的观点让广大民众所理解，依然是一种不确定因素。如果没有印刷业的进步，出版物的价格不能降低，能够阅读的大众人群不能增加，他们的观点很难让更广大的民众了解。

当时有许多独立作家，依靠其作品进入大众读者群体来支撑其生计的现象，是欧洲历史上首次出现的现实，他们使文化直接与民意沟通。这一时代趋势还由于在该世纪出现的作家版权保护法，成为对作家的物质支撑力量。面对广大民众的读物，其语言必须是通俗的。作家必须用简单的语言和清晰的文体写作，而且作品的内容要有趣味性，引人入胜。这是吸引更大范围大众读者的必要写作手法。

2. 新科学和新教运动是推动启蒙运动的重要力量

面对由沉重赋税支撑的衰老而奢靡的宫廷统治下的民族，教会极力劝诫人们必须接受此世的命运，而且还要感激教会在来世对他们的拯救。人们对这种说教已经感到怀疑。

在这种背景下，启蒙思想家们所宣传的宗旨使他们看到了希望，对他们有很大的吸引力。

与此同时，法国新教进行的宗教改革，虽然其本身并无益于新科学的发展，也对宗教宽容和知识阶层的自由不予关注，但宗教改革必然使大众认识到，新教运动向天主教会及其教义进行挑战是可能的，而且也有成功的希望。教会以其自身权力制造的宗教狂热和对人类自由的血腥镇压，成为对理性与科学的极大讽刺。人们最终认识到，把自己的思想、信仰，连同自己的生命和幸福都交给了这样一个毫无同情心的教会，是十分愚蠢的。为什么不在科学的指导下运用自己的理性？于是，中世纪精神和信仰在法国逐渐淡化和消失：18 世纪启蒙运动精神占领了法兰西广大民众的心灵。

三、法国启蒙运动的宗旨：高举理性和自由的旗帜，扫除宗教愚昧；推翻封建专制；推动社会变革

启蒙运动是 18 世纪法国思想运动的一个重要历史时期。这一历史时期的特点是，在社会和科学领域强调理性主义，倡扬个人价值观，每一个人都有施展其生命价值的机会和权利；博学广识的人生才是健全的和充实的。人们推崇的箴言是弗朗西斯·培根的名言：知识就是力量。人的理性和科学技术将为人类社会开启广阔的前景。人们相信理性的力量将在不久的未来为人类社会进步做出伟大的贡献；认为人类已经站在一个新时代的边缘——一个光辉灿烂的智慧的时代。这是法国启蒙运动早期文化领域出现的一种乐观主义思潮。这一时期的代表人物有伏尔泰、孟德斯鸠、卢梭、狄德罗、达朗贝尔、孔狄亚克、皮埃尔·培尔、孔多塞、杜尔哥等。

18 世纪法国启蒙运动中，这些革命者被称为 Les philosophes，有人将其译为“哲学家”是不确切的，因为他们中许多人不是哲学家。他们是一批文学家、科学家及思想家。美国有学者建议将其译为“科学普及者”或“自由思想家”。总之，他们是一些革命者、社会改造者。他们虽然在其他方面个人观点有所不同，但他们都是科学的倡导者；相信人类理性的卓越性和有效性，倡导社会、政治和经济改革。

启蒙运动精神在很大程度上体现在反对一切形式的迷信的勇士们毫不妥协的坚定态度。这一时期出现一种强大的社会力量，其目标是在大众中铲除一切错误信仰和神权崇拜。革命者认为，基督教教会必须为充斥法国各地的种种罪恶负责，教会成为他们攻击的主要对象。他们相信，理性作为学术领域最高裁判者的时代已经到来，一切明智的人们在接受信仰时必须运用理性进行判断。信仰必须建立在理性基

础上是启蒙运动思想家们的共识。18 世纪早期的思想家们普遍认为，理性的力量将为人类生活建立无限功绩。

达朗贝尔于 1751 年发表的《百科全书》第一卷《序言》中说，经过 20 年的发展历程，启蒙运动的宗旨发生了变化。启蒙运动在 18 世纪上半叶对个人理性生活的强调，到 1750 年至 1770 年间开始转变为对社会问题的重视。如果个人将自身利益与集体利益结合在一起，个人利益将达到最佳状态，个人在生活上将获得更为久远的安全感。然而启蒙运动的基本目的——将人们从迷信的枷锁中解放出来——依然是最重要的目标。扫除旧社会的罪恶依然是启蒙运动的基本精神。因此，18 世纪下半叶的启蒙运动，将其重点从个人转移到社会问题，抨击的对象从教会转移到国家。

应该提及的是，这一时期启蒙运动在意识形态方面的总体变化。狄德罗和达朗贝尔通过对知识的认真分析，对运动早期关于理性力量洞察大自然秘密的信心，进行了反思和检查。在洛克关于人类理解力的局限性理论的启发下，他们的结论是，理性最终不能解决各种形而上学问题。他们说，人的知识被自身的局限性困扰，掌握知识的人必须满足于知觉为其提供的认知材料。达朗贝尔甚至说，一切知识都具有或然性和假说的性质。于是，运动的发展甚至出现一种反“唯理智论”的倾向。如果理性不能获得终极真理，达到真理的途径也许是直觉或者情感。选择这一途径的人中，最著名的是卢梭。

四、实践理性第一：法国启蒙运动的重要特征

18 世纪启蒙运动时期，是欧洲政治思想蓬勃发展的时期。在欧洲历史上，政治哲学从未像在 18 世纪发挥如此重要和决定性作用。政

治学不再被认为是一个特殊学科，而是成为一切文化运动的焦点，其他领域的一切理论都以政治为最终目的。卢梭在《忏悔录》中写道："我长期思考并以最大兴趣和终生精力去完成的是政治制度方面的著作，我逐渐认识到，一切都和政治联系在一起。"

然而，尽管人们对政治问题如此关注，启蒙运动时期却没有出现一种新的政治哲学。从 18 世纪一些有影响的政治思想家的著作中，很难发现任何新理论，而是对既有思想的重复。卢梭关于政治哲学的目的和方法，关于人不可剥夺的权利理论中，几乎无不来自约翰·洛克、格劳秀斯或普芬道夫的著作。卢梭及其同代人的功绩在于其他方面：他们更关心的是政治生活而不是政治理论。他们不是要论证人的社会生活基本原则，而是将这些原则付诸实践。在政治学方面，18 世纪欧洲思想家们不关心理论的创新，实际上他们认为政治学领域的创新是值得怀疑的。18 世纪的时代代言人、法国百科全书派的思想家们一贯反对他们所谓的"体系精神"。他们没有效仿 17 世纪如笛卡尔、斯宾诺莎或莱布尼茨哲学体系的雄心。欧洲 17 世纪是一个形而上学盛行的世纪，创立了自然形而上学和道德形而上学。启蒙运动时期的思想家们对形而上学思辨失去兴趣，他们的精力集中于另一个方面：不是思想而是行动。观念不再被认为是一种抽象的东西，他们将观念"铸造"成为政治斗争的武器。因此，问题不在于这些武器是否是新的，重要的是它们的有效性。而且在大多数情况下，经过考验的古老武器往往是最好的和最有力的武器。

《百科全书》的编纂者和美国民主的开拓者如达朗贝尔、狄德罗和杰斐逊等人，他们几乎从不关心他们的思想是否是新的，他们相信，在某种意义上，这些思想同世界的历史一样古老，它们被认为在任何时代和任何地域都是普遍正确的。杰斐逊于 1825 年 5 月 8 日在一封信中说："独立宣言的目的不是发现某种新的原则或新的观点，从未想到涉及以前没有的事物；而是以简明的语言将人们认同的常识置于人类面前……既不在于原则或情感的新颖，也不从以前任何著作中抄袭。独立宣言要表达的是美国人民的心声。"

然而，美国《独立宣言》和法国《人权和公民权利宣言》，绝不仅仅反映了一种普遍的情感。某种意义上，它们所表达的不只是18世纪欧洲文化内在统一的特点，更在于它们反映了该世纪最杰出思想家所坚持的相同原则：由《纯粹理性批判》所倡导的原则。

康德是法国大革命的热烈赞扬者和支持者。当法国大革命遭到挫折之际，康德没有改变他对这场大革命的判断，这是康德思想和品格力量的伟大之处。康德坚定不移地相信，法国人权宣言所表达的思想包含伟大的伦理价值。他说：

> 这一事件不涉及人们行为善与恶的问题。由此，人间曾经伟大的变为渺小的；或者说，曾经渺小的变成伟大的。而且，古老而光辉灿烂的政治大厦消失了，代替它的是从大地生长的新的东西……我们看到，一个具有创造性的民族所发动的革命可能成功或者失败，它可能遭受暴虐和灾难。一个正义的民族即使她能够幸运地将革命进行到底，也永远不会重复如此高昂代价的实验。尽管如此，这一革命在所有正义的旁观者心中赢得了同情……在人类历史上，这一现象将永远不会被遗忘，因为它证实了这样的真理：人性中存在一种向善的气质和倾向，这是任何政治家都无法通过总结以往事件过程所能预料的。（欧内斯特·卡西尔：《康德作品集》，德文版，第七卷，第401页。）

18 世纪精神通常被描述为一种唯理智论精神。但是，如果唯理智论意味着一种冷静和审慎的抽象态度，一种对待社会和政治生活实际问题的超然态度，那么，这一描述是极不恰当和令人误解的。这种态度与启蒙运动思想家们的思想格格不入。启蒙运动思想家们接受的是此后康德提出的实践理性第一（primary of practical reason）原则；他们从不接受理论与实践理性截然分离的观点。也许可以说，欧洲历史上从未有过像 18 世纪欧洲那种崇尚理论与实践、思想与生活完全统一的原则。在 18 世纪的欧洲，一切思想很快成为行动，一切行动都从属于某些一般原则和依据某些理论标准进行判断。正是这种特点赋予 18 世纪欧洲文化以力量和内在的统一。文学和艺术、科学和哲学有一种共同的中心目标，并以这种同一目标相互协调。为此，人们以极大的热情为这一时代所发生的种种伟大政治事件而欢呼。

五、伏尔泰：中产阶级的代言人

法国启蒙运动期间，英国传统尤其是洛克的思想，主要通过伏尔泰和孔狄拉克的著作介绍到法国。伏尔泰重点介绍洛克的经验论，而孔狄拉克则试图系统地对洛克的感知理论进行解释。

伏尔泰（Voltaire，1694—1778）青年时对英国的访问使他对该国的情况十分熟悉，尤其英国的政治制度给他留下深刻印象。在英国，他熟悉了洛克的著作，后来又读了其他经验论者如贝克莱和休谟的著作，以及一些伦理学家的著作。但洛克的思想是伏尔泰学术生涯中各个阶段新的灵感和洞察力的主要来源。

从英国回到法国后，伏尔泰于 1732 年出版他的著作《旅英书简》。他热烈赞扬英国和尖锐抨击法国的政治制度，一些法国人把他看作叛徒，认为他的书对法国公民的爱国主义教育是有害的。伏尔泰虽然被认定为叛徒，他的文学作品被焚烧，但他的思想却没有成为灰烬。伏尔泰将英国人的思想介绍到法国，而且成为法国人民抵抗旧传统的启蒙运动的思想领袖。这一运动从反宗教信条逐步扩展为反叛旧的政治、经济和社会制度的伟大运动。

一般认为伏尔泰不是具有独创性的思想家，而主要是一位新思想的宣传者，至少在当时的法国这是一些新的思想。伏尔泰对这种意见不表异议，他曾不止一次地说自己是“学识浅薄的哲学家”。然而作为新思想的宣传者，伏尔泰具有简洁阐述和解释这些思想的突出才能，使这些新思想对法国人民产生了强烈的吸引力。伏尔泰把这些复杂和枯燥的理论转换为有趣和易懂的道理。他的作品引起如此巨大反响的原因之一，是他对一切事物的那种敏锐的怀疑精神，以及他能够将一切主题写得趣味盎然的才能，从而使他赢得大量读者的喜爱。

伏尔泰在《哲学书简》中再次将英国的制度和习俗同法国相比较，其宗旨总是试图揭露法国政治制度的缺陷。他将英国的议会政府同法国的君主政体进行比较，又把英国的自然宗教同法国的天主教做比较。在哲学方面，他对英国经验论传统和法国产生于笛卡尔著作的理性主义传统进行比较，抨击笛卡尔是无据空论。他认为，如果法国通过启蒙运动能够取得进步，必须彻底改革过去的制度而接受英国哲学和推行英国的政治制度。

1758 年，伏尔泰发表哲理小说《老实人》，他以极大的热情引导法国人民关注当时一种乐观主义世界观的荒谬与可笑。实际上他是要提醒人们认识生活中黑暗的、令人悲观的现实。法国人遭受苦难的同时，许多人却歪曲事实，说这是一个美好的世界。伏尔泰对当时一些乐观主义哲学家、诗人和作家如莱布尼茨、亚历山大·蒲柏等表示愤慨。他们说，世界上的一切都是美好的，人的状况处于最佳时期，这种论调与事实和经验相背离。

关于人的悲惨命运及所处世界性质的思考，自然引发伏尔泰关于宗教问题的许多论述。他说，基督教的造物主是一个虚假的神；假如造物主是全能的，世界将不会如此凄惨。人类到处遭受的苦难证明乐观主义者鼓吹造物主万能的论调是荒谬的。伏尔泰对基督教的憎恨和对天主教的猛烈谴责，使公众认为他是一个无神论者。其实他并不排斥一切宗教，而是倡导自然宗教。他不否认造物主的存在，而是否认基督教传统所接受的造物主；他认为宗教徒不应对造物主祈祷膜拜，这种崇拜是迷信；宗教本质上是对人的一种道德训练；应鼓励人们去改造他们堕落腐败的政府和社会制度，祈求造物主永远无法达到这一目的。伏尔泰乐观地认为，发动一场铲除危害人类文明的一切偏见的运动，其时机已经到来。在排除迷信干扰和宗教对人们思想束缚的基础上，理性和知识能够推动人类社会进入一个新的、秩序井然的世界。

与其说伏尔泰是人类平等信念的信奉者，不如说他尊重的是商人平等的自由贸易权、商品所有权和维护他们在法律面前人人平等的权利。他的平等概念不是参加革命运动的大众所要求的经济上的平等。他看不起贫穷阶层的人们，对他们的能力抱怀疑态度。也许他感到积累起来的人民大众的愤怒一旦在革命中爆发，将摧毁他所钟爱的秩序和财产。他所希望的社会改革应由开明君主们或中产阶级而非人民大众来完成。但是，伏尔泰九十卷著作对人民大众有很大影响。当 1777 年，伏尔泰从英国返回巴黎，在巴黎的大街上人们夹道欢迎他。一年之后的 1778 年，当他的灵柩经过巴黎大街时，一万名护卫队员和六十万送葬的人群向他致哀。送葬车上写着："他给人们以巨大鼓舞；他为我们开辟了走向自由的道路。"

六、百科全书派

1. 狄德罗：强调知识的实用性

狄德罗（Denis Diderot，1713—1784）的一生及其思想，是与著名的包罗当时所有重要知识的《百科全书》分不开的。《百科全书》是一项巨大工程，这一成就主要应归功于主编狄德罗不知疲倦的工作，以及他广博的知识。18 世纪的许多重要思想家为《百科全书》撰写了各方面的文稿，其中弥漫着明显的自由主义思想。伏尔泰、孟德斯鸠、达朗贝尔、卢梭、爱尔维修，以及一些重农主义者都是全书的撰稿人。许多关于工业和形而上学问题的文稿是狄德罗自己撰写的。狄德罗《百科全书》的贡献在于适应当时法国日益高涨的革命运动，是点燃人们思想的火花。这是启蒙运动思想家，这些献身科学、信仰自由和人道主义的先驱们所编纂的主要著作之一。这部《百科全书》汇聚了当时各种新思潮代表人物的思想，因而它成为批判各种传统制度与意识形态的坚强力量。《百科全书》适应当时法国人民日益高涨的革命精神和革命热情，毫无疑问，它为 1789 年法国大革命烈火添柴加薪。

狄德罗对当时存在争议的问题具有一种特殊的洞察力，能够从这些问题中发现其内在本质，然后以适当的文体向大众对它们进行中肯的阐述。他并不以创新型观点而著称，而且他的思想往往缺乏连贯性。但他追求知识的热情和博学广识对他的上述缺点有所弥补。他的大部分哲学观点来自莱布尼茨、洛克和沙夫茨伯里，以及自然科学发展的成就。狄德罗坚持 20 余年辛勤劳动，直至《百科全书》的完成。狄德罗认为，由于人类认知能力的缺陷，其知识必然是有限的。追求知识的唯一理由是为了实用。狄德罗和他的同事们坚持认为，不论知识如何重要，最根本的是对待知识的正确态度和正确对知识进行解释。追求知识的正确态度是应该认识到，我们只能认识人的能力所能认识的事物。人的认识能力是有限的，理性必须遵循这一客观事实。形而上学讨论的终极问题，其意义是微不足道的，把时间和精力投入这些问题的研究在大多数情况下是无益的。我们可以从上述观点看到一种趋势的端倪，这就是其后出现的实证主义哲学。

狄德罗对西方思想史的主要贡献，也许是他成功地对人们迫切需要的一些思想观念进行了澄清和传播，而且在人民大众中产生了强烈影响。在这一过程中，他自始至终坚持反对和抨击天主教会，以及教会和教士阶层支持的一切社会组织对大众的蛊惑。他认为，最终和持久的知识必须来自科学，而科学知识必将革新人们的思想和改造社会制度。

《百科全书》的编纂工作改变了当时出版物的性质，成为传播各门知识、反对教会及国家反动势力、宣传革命思想的重要阵地。《百科全书》的出版从 1751 年到 1772 年持续了 21 年，其间屡遭政府的干预和禁止，狄德罗始终坚持工作。《百科全书》是一部包括文字十七卷、图片十一卷的巨著。此书的出版使狄德罗分文不名，为使他摆脱经济上的困境，俄国女皇叶卡捷琳娜赐给他一份终身年金。狄德罗于 1773 年前往圣彼得堡向女皇表示谢意，并希望她能成为开明君主，进行政治改革。在逗留 5 个月之后，幻想破灭而归。

2. 达朗贝尔：拒斥形而上学

应狄德罗之邀，数学家达朗贝尔（Jean Le Rond d'Alembert，1717—1783）撰写了一篇概括《百科全书》内容的文章，这就是著名的《百科全书》第一卷的序文，首先将这一伟大工程介绍给法国读书界。该文被认为给《百科全书》带来了积极影响。如果该文由狄德罗亲自撰写,《百科全书》甚至可能立即遭到激烈的抵制，因为狄德罗主张彻底铲除宗教的名声在社会上早已人所共知。

达朗贝尔认为，知识的唯一来源是科学，关于知识的最好论证不是以先验形式出现。各种知识都是在感知活动中建构而成的。达朗贝尔用以支持其立论的观点与约翰·穆勒解释数学本质的观点是相似的。各种数学真理属于假说范畴，它们是来自归纳的结果。然而数学真理具有广泛用途，是一切知识中最可靠的。达朗贝尔甚至比狄德罗更加强烈地反对形而上学，他认为形而上学完全是空谈，其结论是虚伪的做作，不可能有任何成果。形而上学的东西不应推荐给严肃追求知识的人们。他说，洛克在《人类理解论》中的观点，是对待认识论和形而上学的正确观点。知觉是为我们提供一切有用知识的源头，超越知觉认识论而进入思辨的形而上学领域，是一种不结果实的歧途。达朗贝尔认为，一切知识都来自经验，即使道德也没有绝对的原则，伦理规则也具有假说的性质，将在不同背景下发展和变更。

作为当时欧洲最著名的数学家之一的达朗贝尔，为《百科全书》撰写了许多条目，这些条目超越了数学领域而涉及其他许多学科。

3. 霍尔巴赫：唯物主义者和彻底的反宗教立场

霍尔巴赫（Paul Henri Thiry d'Holbach，1723—1789）的文章常常引起争议和异议。他是医生和唯物主义哲学家拉美特利的追随者。拉美特利对精神现象所做的唯物主义解释，为行为主义的发展奠定了基础，在现代唯物主义历史上起到重要作用。霍尔巴赫完全接受拉美特利的唯物主义观点。在这一基础上，他反对一切形式的宗教，他抨击的宗教包括自然神论和一神论。他说这些宗教都毫无用途，其中充斥形形色色的迷信和自相矛盾的东西，是压迫和苦难的根源。他说，宗教必须与科学截然分离，对自然界的科学研究绝对不能与宗教毫无根据的妄言相混淆。最可靠的知识来自科学，所谓宗教真理完全是骗人的东西。宗教扰乱了人们的思维，宗教将人压迫人的制度引入人类社会。相反，科学知识将人类从宗教的迷信中解放出来。

霍尔巴赫的唯物主义和反宗教的不妥协立场，招致伏尔泰、达朗贝尔以及正统教派神学家们的强烈反对。他的观点在百科全书派内部引起分裂，因为他们中有些人主张在人的生活中应有宗教信仰一席之地，虽然他们也完全同意目前的各种宗教形式必须改革，但不能接受霍尔巴赫彻底的反宗教立场。许多百科全书派的思想家们肯定宗教的价值，但当时教会的腐败玷污了宗教的价值，使宗教声名狼藉。除此之外，百科全书派中有一种拒绝彻底的唯物主义倾向，认为这种唯物主义观点不能对一切经验现象进行正确的解释。

七、孟德斯鸠：革命立法会议的精神领袖

英国思想家的思想在 18 世纪早期被介绍到法国，对该世纪后期法国社会思潮的影响具有重要意义。英国思想家理论中弥漫的自由主义精神，同法国的社会环境形成鲜明的对照。孟德斯鸠（Montesquieu，1689—1755）在英国考察和研究 1 年之后，于 1729 年和伏尔泰一起回到法国，立即恢复他对法国政治制度的抨击（孟德斯鸠于 1721 年发表《波斯人的信札》，辛辣讽刺路易十四统治下的法国社会）。孟德斯鸠对洛克政治理论的认识比伏尔泰更为深刻。他认为，政治的基础是法律，法律源自自然和历史沿革。政治和法律不是施政者任意使用的命令。如果它们成为统治者任意摆布的东西，这是对自然法则的践

踏。自然法则依据地理环境和文化背景的差异而不同，因而必须在这些关系的背景下去理解它们。这是孟德斯鸠在《论法的精神》(1748)中阐述的理论。该书成为西方政治理论史和法学史上的巨著。《论法的精神》倡导从历史的角度去理解和解释社会制度，对欧洲史学的写作产生了深刻影响。该书出版后受到各界赞扬。有人说，孟德斯鸠发现了意识形态领域的规律，正如牛顿发现物理世界的规律一样。在不到两年间,《论法的精神》印刷22次，这一事实表明了该书在当时的广泛影响。

孟德斯鸠是对法国大革命产生重要影响的思想家。他是波尔多高等法院首席法官，曾是两届革命立法会议的精神领袖之一。《论法的精神》和人们从其字里行间读出的思想，影响了1789—1792年决定法国人民命运的岁月，他的言下之意往往比他著作的字面内容更丰富。这一伟大著作传达出对建立在恐怖之上的专制暴政的一种真实憎恨，对君主专制表现出明显的道德愤懑，因而有助于大多数理性的心灵产生对君主制度的疏远。孟德斯鸠作为一个公民或者地方长官，他的言论成为大革命后期法国人民遴选领导人品格和能力的一种神秘权威。

八、卢梭：法国大革命的宣传鼓动者

1. 卢梭其人

让-雅克·卢梭（Jean-Jacques Rousseau，1712—1778）也许是法国启蒙运动思想家中最有争议的人物。西方社会有许多人认为，卢梭作为哲学家是有名无实的。甚至有人说，称卢梭为哲学家就像乡下人称小学老师为哲学家一样。虽然卢梭在西方哲学史的地位不高，但他的社会理论对法国大革命具有重要意义——虽然这些理论大都来自他人。

卢梭一生的故事读起来很像一部现代小说。他奇特的经历和情感生活都表明他性情的极端多变，他一场又一场轻率的爱情故事和同样反复无常的宗教观点，都让人们目瞪口呆。他先是加尔文教徒，然后成为天主教徒，后来又回到加尔文教。而在他最后的岁月又形成他自己的宗教，一种自然神论和浪漫主义混合一体的宗教。卢梭的一生以强烈的情感主义为特征，在任何方面他都是一个情绪多变、感情用事的人，他对自我控制不以为然。从 16 岁到 36 岁，卢梭过着流浪生活，在此期间他遇到狄德罗。狄德罗发现他对哲学和社会问题有兴趣，介绍他同伏尔泰接触。不久他不同意伏尔泰的悲观观点而分道扬镳。他与一个文盲女佣同居生下五个孩子，最后他把孩子送到了孤儿院，而且显然遗忘了他们。这些都是卢梭后来在关于道德的论述中透露的情况。具有讽刺意味的是，根据卢梭自己的叙述，一位现代进步教育理论之父竟然把自己的子女寄养在孤儿院！大约有 6 年的时间，卢梭断绝与包括狄德罗在内的所有友人的往来，潜心著述，写出《新爱洛维丝》《爱弥儿》和《社会契约论》三部最有影响的著作，并于 1761 年和 1762 年出版。由于卢梭在《爱弥儿》中阐述的教育理论极大地超越了当时的教育理论和实践，而引起强烈的社会反响，他被迫流亡日内瓦。出于同情心，休谟邀他去到英国，然而不久，其因同主人发生争吵而返回日内瓦。

2. 卢梭的文明观：自然状态是理想的人类社会形态

卢梭在《论人类不平等的起源》中讨论了人类文明问题，他完全颠倒法国和欧洲哲学对人类文明的主流评价。在卢梭之前，人们普遍认为科学和艺术对人类的完善做出了贡献。卢梭反对上述传统观点，认为人类悲惨的生存状态是由知识的进步造成的，文明造就了一个奢侈的有闲阶级，导致压迫、不平等和不公正社会的产生。

霍布斯认为，人类处于自然状态是暴力和战争频仍的时期。但卢梭说，自然状态是理想的人类社会形态，自然状态下的人们生活在和平和没有欺诈的自由中，人们遵循自己的自然情感和天赋的善良相互对待。而在文明社会到处滋生自私，自私加剧了人贪得无厌的本性。卢梭强调他的信念时说，最具原始性的文化是人们最幸福的生存环境。

自卢梭以后，历史学家和哲学家对文明问题的讨论一直在进行。19 世纪的实证主义者在这一讨论中是胜利者。奥古斯特·孔德认为，没有理性和科学，人将处于低下和野蛮状态。在孔德哲学里，通往进步的道路同卢梭背道而驰——不是回归自然，而是迈向科学和理性的人类社会。

然而当面临各种形式的战争威胁，这种乐观精神在 19 世纪逐渐暗淡和式微，于是卢梭有了新的追随者。美国作家亨利·梭罗劝导人们回到大自然，从喧嚣的城市去到树林和溪流的怀抱。在俄国，托尔斯泰吟咏着纯朴农夫的田园生活畅想曲，回归大自然。到了 20 世纪，卢梭关于文明的悲观主义，又在德国哲学家施本格勒的著作中发现了附和的声音。施本格勒说，人类文明已处于一种衰落的状态，我们正从生存和存在的真正源头跌落。

3. 卢梭的浪漫主义思想

在法国启蒙运动中，出现一种从唯物主义和理性主义向唯灵论和浪漫主义转向的明显趋势。在法国，浪漫主义主要出现在富于情感的卢梭的言行中，这使他同整个百科全书运动产生决裂。在他的文章中充满与理性精神和早期启蒙运动完全相悖的观点。

浪漫主义更多地强调被当前社会否定和消极的方面，而缺少肯定和积极的因素。也许可以说，浪漫主义倡导的有益于人生的东西寥寥无几。人不可能永久生活在情感的激变状态中，而是需要某种持久稳定的心境。浪漫主义过度的主观性必将导致偏见的滋生和自我中心主义。

卢梭对西方现代社会的影响是巨大的，在政治、宗教、教育、历史和哲学领域都能发现卢梭影响的痕迹。卢梭关于人类文明提出的问题尚无答案：人类至今所创造的文明是否让人们走向进步和幸福，抑或是导致人类濒临毁灭的边缘？也许这是一个仁者智者之见的问题。

如果说卢梭在道德问题上的个人行为大都低于他所建立的标准，这也许并不重要。因为他的理论已影响到千千万万的人们去构建社会文明，这是更重要的。即使他在《社会契约论》中阐述的内容，从历史的角度审视，一些理论是错误的，逻辑上是不严谨的，立论存在前后矛盾的现象。尽管如此，其中有许多有益的思想对读者是有说服力的；更重要的是，它们将激励人们去思考，而不是直接接受其中某些具体的原则。

4. 卢梭论个人

卢梭的哲学是欧洲古典哲学中充满矛盾的典型，其中涉及卢梭关于现代民主思想的混乱现象。卢梭关于民主的思想在很大程度上影响了黑格尔。另一方面，卢梭的思想直接激发了 1789 年的法国大革命期间流行的许多观念。意大利思想家马志尼和法国政治家甘必大都被认为是卢梭的后继者。卢梭是 18 世纪欧洲政治哲学通往 19 世纪的桥梁。不同理论在卢梭这里汇聚，许多理论又从他这里分流。有两种基本困境困扰着卢梭的理论，这就是关于个人与社会的关系和个人与政府的关系。

卢梭的政治哲学坚持个人完全从属于其所在的集体，他认为这是人类关系中的基本状况和现实。他说："个体与集体的完全疏离意味着其全部权利的丧失，在这种疏离行为中，个人不会得到任何东西。"卢梭认为，个体与集体的基本事实产生一种具有统一特征和"道德的集体"，一种共同生活、相同品格和统一意志。正是这种卓越的统一被卢梭称为主权，它是规范和约束每一个人的绝对意志，因为每个人的意志已被集中在这一集体意志里。因此，个人在任何情况下都必须服从这种主权的权威。如果有人抵制这种主权，他的行为正是违反了他自己的意志。卢梭对这种结果的表述是：绝对服从集体意志的任何人将被集体强制其服从。这仅仅意味着我们强迫他获得自由。卢梭还直截了当地说，当帝王对他说，为了国家的利益，"你应该死"，他就必须死。

人们会从卢梭的这些言论中读到一些潜在意义。卢梭在其理论中必然涉及个人与集体的关系问题，这是所有社会理论家所无法回避的。在卢梭的理论中，社会群体居于优势地位，个人仅仅是构成社会集体的微小部分。这样，卢梭正好属于那种将社会比作一个有机体，认为其中所有成员都从属于整体，并通过各自扮演的角色而相互关联的传统社会理论家。（实际上，在《社会契约论》出版前10年，卢梭在其《论政治经济学》中明确将政体比作人体。）因此，卢梭乞灵于契约概念作为社会内聚力的原则，甚至作为其著作的标题，不仅被许多人认为是一种多余，而且同他的理论宗旨背道而驰。实际上，契约理论是那些主张个人高于集体、集体权威应加以限制的思想家们所坚持的理论。这是因为，契约是一种将以往出于疏离状态的人们聚合一体的手段，契约是以订立契约的各方成员的独立、自由和平等为前提的。契约必须界定、规范各方成员的种种条件和目的，保证他们的居住地和其他方面的自由。然而卢梭的理论所产生的结果与契约的内涵相矛盾。有人认为，人类本来就是相互依存的，每一个人都从属于其所在的集体，因此没有必要将本性就不能独处的个人再在想象中聚合起来。契约本身就意味着订立者各方除伙伴关系外，他们必须受到某些限制和放弃某些自由，但不能与集体完全疏离。因此，卢梭将他的个人与社会关系的思想置于他所错误选择的框架之中，其结果是南辕北辙。

应该注意的是，霍布斯和洛克都在卢梭之前用到契约概念。霍布斯是以权力的威慑力而不是契约维持国家的统一，因为他认为契约不能达到这一目的。权力的消失，应诺的义务随之消失——这是一种有形的义务，而非法律或道德义务。实际上霍布斯将契约引进他的理论仅仅是虚晃一枪和权宜之计，目的在于反击其论敌。但是与霍布斯和卢梭不同，洛克确实用了契约的概念。然而在洛克的契约理论中，个人应优先于群体，国家的功能必须加以限制。契约只能适用于这样的目的。

5. 卢梭“公意”的模糊性

卢梭的政治理论主要体现在《社会契约论》中。卢梭激烈抨击君主政体和国王们的堕落、无能，以及对人民的奴役。卢梭重视洛克的民主理想，认为人生是自由、平等的，人们有同样的天赋权利，没有理由受一个特权阶级的统治，不论这个特权阶级是贵族或工业资产阶级。然而卢梭反对绝对民主，他发现历史上只有不同形式的有限民主。他举例说，在古代希腊，奴隶、妇女和外国人都不允许参与政治生活。甚至新英格兰的市政议会也不实行完全的民主制度。清教徒的寡头政治以财产和宗教身份的不同把许多人排斥于政治事务之外。卢梭认为，奢侈和财产的集中都是民主的必然敌人。每当阶级情绪和阶级意识高涨时，民主将面临危险。卢梭看到民主政府的弱点，他认为，民主往往使决议难以形成，太多的人控制国家的事务，就会出现太多的协商和评议，因而使民主国家的发展受到影响。他又说，民主是展示形形色色人性的场所，绝对民主政府是为神仙提供的理想政府，因为人受各种情感的驱使，绝对民主在大多数情况下会导致内乱和分裂。

卢梭理想的政府是接近英国的政府体系，这种政治体制具有一种温和、平衡和稳定的特点。卢梭提出著名的代表国家主权的公共意志理论，认为“公意”是公众利益的象征，是公众利益不可或缺的。而公民各自的意志是多变的，往往被自私的欲望诱导。公意是政权持续的原则，是政治生活稳定的保障。公意本身具有一种高压统治内涵，将使个人意愿服从公众利益。这种公意理论被赞扬国家绝对权力的一些理论家如黑格尔给予高度评价。

卢梭是革命的热烈倡导者，在这一方面他与洛克不同，洛克认为革命是为保护财产权的最后选择。卢梭说，革命的结果只有暴力和流血的观点是错误的，革命带来的是对人类生活的重建，最终促成人类事业的进步。法国大革命的领袖们，尤其是罗伯斯比尔高度评价卢梭的革命理论。罗伯斯比尔将卢梭的理论变成立法的内容。

卢梭对公意的信念来自他的一种假想：人类关系的事实将产生一种新的统一体，一种道德集体；这种道德集体的属性之一是一种意志。正如一个人的意志会选择他自己的利益，因此，作为群体中的一员，每个人都有两种意志：个人意志和所有成员的共同意志。这一理论的提出导致知识的和心理的一系列困难。承认一种公意的存在，但理解这一概念依然存在困难，例如，在公共事务中关于某些政策和建议的讨论，哪些政策符合公意？什么是判断公意的标准？

对这一基本问题，卢梭提出两种不同答案。这种二元论来自下面一句话："为使公意成为真正的公意，其实体和本质都必须具有普遍性，必须来自全体和运用于全体。"卢梭的意思是，为使公意成为真正的公意，这种意志必须源自所有人，其内容必须适用于所有人。因此，由于这种意志本身的普遍性来自两个方面，通过两种途径发现：一种途径是公意来自所有人，如在对某一问题的投票中。卢梭在《社会契约论》中有两处清楚表明公意就是多数人裁决。然而这一观点却与他另外的理论相矛盾。卢梭认真地区分公意和他称为所有人的意志之间的不同。对于前者，人们投票时可能都会问自己：公意对此事的要求是什么？对于后者，每个投票人都会按自己的利益投票，投票的结果反映了他们每个人利益的总合（全部加起来，合在一起），而不是他们的公共意志。这样界定的结果，两者的不同就成为众多意志的总和（全部加起来的数量或内容）与集体意志（公意）之间的区别。于是，当一张选票投下，必将产生如何解释它的疑虑：人们不能肯定多数人的观点是公意，还是所有人的意志是公意？

第二种发现公意的途径将回避上述困境，但是却会遇到更为糟糕的困境。卢梭说："我们认识到，从这一途径构成意志普遍性的因素不是选票的数量，而是共同利益在选票中的体现。"这就是说，由于普遍性的一个标准在于意志所体现的内容，发现公意的线索就要凭借知识，就是说，要知道什么是公共利益和体现利益的意志。但不幸的是广大民众常常遇到错误的对待，因为他们缺乏他们所需要的知识。

正如卢梭对此的回应："那些盲目的大众由于很少知道什么是好的而往往不知他们需要的东西，如何能知晓像立法体系这样复杂艰难的问题？人民大众总是希望得到好的东西，但他们不能有效地辨别它。公意任何时候都是正确的，但是判断公意的标准却不是人人皆知。"如果人民大众在上述方面犯了错误，如果需要知识去发现共同利益，那么只有那些拥有知识的人才能说出什么是公意。这样的推理将导致一种精英政府观，或者柏拉图式的由哲学家统治的结论。不论是哪种结果，这些政府所代表的公意都不能体现公民大众的意愿。于是，公意的模糊性所导致的结果是，或者由拥有优越才智的贵族来解决，或者通过选举由民众的意见决定。后者支持的是一种民主程序。但另一种解释则支持了由少数人控制的非民主政治，甚至成为个人独裁的借口。这样，罗伯斯比尔可以声明，处决他的反对者是执行公意。希特勒和其他独裁者都可以公意为借口铲除异己。暴君的敌人不会忘记这样的名言——当帝王对他说，为了国家的利益，"你应该死"，他就必须死。

6. 卢梭的民主理论缺少价值论基础

卢梭《社会契约论》是法国大革命时期革命领袖们所"共同钦崇的圣经"（伯特兰·罗素）。英国政治理论家盖特尔在《政治思想史》中认为，要为法国大革命恐怖时期负责的正是人民主权说，"任何一种不受限制、约束的权力，哪怕是人民主权，都可能导致彻底的专制，恐怖统治使法国人民清楚地认识到这一事实"。

在《社会契约论》中，卢梭对霍布斯的主权在君说大张挞伐，提出主权在民的主张。同时他又否认洛克关于天赋人权不可转让的理论，认为主权者有权且必须执有公民转让的全部权利。卢梭把自己的主张归结为，“每个结合者及其自己的一切权利全部转让给集体”。他的学说中有这样一种主张：代表公意的大多数人有权对少数不同意他们意见的人，或是占少数的人民“敌人”，做任何他们想做的事。因为后者既没有权利保护自己，也无权要求保护，因为大多数人的意志便是法律。雅各宾派专政时期何以会出现令人胆寒的状况，这是唯一合理的解释。卢梭思想中早已孕育了后来在恐怖时期所发生的那些横逆暴行。

实际上，卢梭的民主学说没有深刻地揭示出民主的实质，特别重要的是它没有能清楚地说明民主与专制集权的本质区别，没有说明甚至根本忽略了民主概念深层隐含的价值论基础是人道主义原则。民主不单纯是一个政治概念，它首先是一种人道主义原则。民主的真正含义是在人道主义基础上由人民实行统治。这种民主概念显然否定了拥有无限权力的主权，无论这种主权是掌握在多数人手中还是专制君主手里。在真正的民主社会里，任何权力的合法性都建立在承认人的尊严和人权的基础上。凡是违背这项原则的所谓民主，都是不真实的、虚伪的民主。

卢梭的根本错误在于他抽掉了民主的价值基础。当他宣传多数人有权剥夺少数人的权利，宣称主权者有权迫使公民服从其所规定的人的自由时，他已经否定了人道主义原则，否定了人的本质。这样一来，构成社会主体的已不再是人，而是国家本身。国家取代人而成了目的。于是，由某些人掌控的国家或政府就能根据他们的意志进行专制。

卢梭的学说也使他的理想国与最暴虐的政权等同起来。第三帝国的初期，希特勒政权通过大量宣传欺骗了多数德国人，获得了他们的支持。在这种意义上，代表了卢梭所说的公意。回想一下布鲁诺、伽利略等许多人的悲剧，历史上有多少罪恶是以“人民”“公意”的名义犯下的？

由此提示我们，人民能够受骗这一事实本身，就证明了所谓公意不可能永远正确，而在一个个人权利得不到保证的社会里，就意味着成千上万的无辜者会丧失自由、丧失生命。法国大革命对人民的教训是深刻的。

7. 卢梭对法国大革命的负面影响

当法国大革命撼动整个欧洲封建制度的根基时，德意志的哲学家们倾其心智为邻国人民的革命欢欣鼓舞。垂暮之年的康德以青春的热情表达他对大革命的同情。1792 年 9 月，当干涉法国大革命的普鲁士军队进入法国遭到法军重创，歌德激动地说：“世界历史的新时代就是从此时此地开始的。”然而人们终于发现，平等自由的理性王国没有降临人间，对自由执着的甚至是狂热的追求所得到的报偿却是新的专制、新的极权。

自由是根源于人的本性的基本原则，但是由卢梭阐发的这一原则在逻辑上却有严重缺点。卢梭在个人权利和社会公意这对矛盾中陷入了不可自拔的窘境。他在《社会契约论》中说：“任何人拒绝服从公共意志的，全体就要迫使他服从公意，这恰好就是说，人们要迫使他自由。”一位大革命时期的法国人在大革命头一个月就断言：“我们已经迅速地从自由走向奴役。”雅各宾派领袖罗伯斯比尔（Maximilien de Robespierre，1758—1794）作为卢梭的忠实信奉者，确实实践了“强迫自由”，甚至继承了同样的语言：“他们说恐怖主义是专制政府依仗的靠山，那么，是不是我们的政府跟专制主义没有两样呢？说的对！革命政府是自由反对暴政的专制主义。”

崇尚卢梭学说的罗伯斯比尔派完全否定社会意志的多元表达。他们自命为“公共意志”的化身，却要求建立自己独占的统治，而把其他党派对各自政治理想的追求，看作是对自己的政治理想的毁灭。正是排他，使罗伯斯比尔派走向毁灭。罗伯斯比尔派将宪法束之高阁，借助恐怖镇压“人民的敌人”。他们镇压了吉伦特派、丹东派，却激起了资产阶级的反抗；他们镇压了埃贝尔派，却失去了下层群众；而他们本来就与特权阶层水火不容，从而导致其孤立无助的局面。罗伯斯比尔派因排他而制造恐怖，因制造恐怖而丧失社会基础，自己架空了自己。这使他们终有一天无力应付任何挑战，他们必然遭遇他们给吉伦特派造成的那种悲惨结局。滥用恐怖者，必被恐怖所埋葬——这是历史的逻辑。

总之，排他只会使革命异化——使革命所维护的不再是人民利益而是绝对权力本身，它所吞噬的有敌人更有真正的革命者。法国大革命提出了自由、平等、博爱的崇高理想，倡导天赋人权的政治理论，但恰恰在这场革命中，个人的天赋权利受到多方面的践踏，尽管这种践踏是以自由、人民群众的名义，或以保证革命胜利所必需的雅各宾专政的名义进行的。

8. 对卢梭的评价

对专制暴政充满仇恨，对民主社会热烈追求的激进理想主义者罗伯斯比尔，却以毫不留情的手段实行专制，导致事与愿违的历史悲剧，其思想基础和革命理论正是来自卢梭的著作。因此应该说，法国大革命时期的暴政与卢梭的人民主权和公共意志说不无关联。甚至有人把卢梭描述为一个伟大的“作恶者”，认为他应该为大革命中极端恐怖行为承担责任。

有另一种观点，认为卢梭著作中的内容，大都已经存在于他以前国内外作家或思想家的著作中，卢梭提出的新东西很少，大革命时期的暴政与卢梭没有直接关联。但即使卢梭是从别人那里借来的理论，他毕竟对别人的东西进行了再思考，其中弥漫着卢梭自己的激情和智慧。他从柏拉图或洛克那里获得的思想，突然在1792年震撼了法国人民，这必然是因为卢梭对前人的思想注入了新的血液。而这种情况应是卢梭的才智所在，也是大革命领袖们崇拜卢梭的原因所在。

罗伯斯比尔对卢梭的崇拜被人恶意称为“卢梭柔弱的私生子”。通过认真阅读卢梭的著作，罗伯斯比尔形成了自己的政治观点，从而使之成为他的有力武器。这个来自阿拉斯的青年学生于1778年遇见卢梭，使他终生不忘在卢梭去世前的这次会晤。他说：“我在你生命的最后之日见到你，这种记忆是我为你骄傲的源泉。”后来他在《回忆录》中对卢梭立下诺言，“永远忠诚于我从你著作中得到的启示”。罗伯斯比尔起草并提交1793年国民议会的《关于公共教育方案的意见》，以卢梭主义信念为基础：“如果大自然将善赋予人，我们必须让人回归自然。”1792年1月2日，罗伯斯比尔在雅各宾俱乐部，发表反对当时吉伦特派希望的战争演说时，充满激情地向卢梭表达敬意：“没有人像卢梭那样给予我们关于普通人民更为确切的观念，这是因为他比任何人都热爱他们。”卢梭对人们巨大影响的秘密，与其说在于其思想的实质，不如说在于他的苦难经历，形成了他对普通人民的同情：他来自人民，深知他们的苦难和贫穷，深知他们处境的艰辛和他们的情感和期盼。

叔本华在《论道德的基础》中对卢梭有相似的评论，他说，卢梭不是那种深刻理解人类心灵的人。他不是从书本而是从人生吸取智慧。卢梭不是将自己的学说用于取得职业头衔，而是为了人类的前途。他是自然之子和一切偏见的敌人，是自然赋予他不知倦怠的道德力量——他坚持真理，激励人们的心灵。

法国大革命期间对卢梭的崇拜到处可见：1790 年 6 月 23 日，国民议会里竖起卢梭的半身像；同年，巴黎的一条街道以卢梭的名字命名；《社会契约论》反复出版（1790 年 4 次，1791 年 3 次）；1794 年卢梭的骨灰被送至伟人祠；等等。然而，尤其是在法国，仍有人认为卢梭是法国大革命中的作恶者，甚至有人将大革命思想家看作是对古典传统和君主政体传统的背叛者。但世界各地的学者们关于伏尔泰和卢梭对法国大革命影响的大量研究，往往比法国国内的研究更为客观。一位塞尔维亚斯拉夫学者米兰·马尔科维奇在《卢梭与托尔斯泰》（1928）一书中，详细叙述了俄国小说家托尔斯泰的卢梭主义情怀。托尔斯泰从少年时代就把卢梭的肖像挂在胸前。他曾给于 1905 年 3 月 7 日成立的卢梭俱乐部写了下面一段话："从我 15 岁起，卢梭一直是我的导师。卢梭和基督福音对我的一生影响最大。"英国作家乔治·艾略特于 1848 年在考文垂遇见哲学家爱默生时，爱默生问她最喜欢的书是什么。她回答说，是卢梭的《忏悔录》。这位美国先验主义者惊讶地说："那也是我最喜爱的书。"

英国历史学家阿克顿勋爵，是一位重视观念在世界事务中的重要性的历史学家，他曾在剑桥大学开设法国大革命课程。他曾惊叹："卢梭用他的笔对世界产生的影响，比亚里士多德、西塞罗、圣奥古斯丁、托马斯·阿奎那的影响都要大。"

九、对法国大革命的敌视态度

对于法国大革命的研究所涉及的千头万绪，无疑是非常复杂的。

这场大革命同基督教的兴起和欧洲古代世界的结束，都是欧洲历史上的重大历史激变，对欧洲甚至世界具有巨大影响。

大革命在几年之内爆发，在短时间内从一些温和的改革，到推翻古老的制度，造成政体的混乱局面，再到许多人头落地。在这一波澜壮阔的革命运动中，律师、教士、新闻记者和政府官员发挥了重要作用。这些人是在孟德斯鸠、伏尔泰、狄德罗、卢梭和雷纳尔等人营造的文化氛围中成长起来的。200 多年来，法国人对这场大革命一直怀有不同的心态，而对英国 1688 年和美国 1776 年革命尘封的历史却默默给予由衷的尊敬。从约瑟夫·迈斯特尔、路易斯·博纳尔德和奥古斯特·孔德，到弗雷德里克·勒普莱、亚历克西·托克维尔、伊波利特·泰纳，以及欧内斯特·勒南、莫利斯·巴雷斯、保罗·布尔热、查尔斯·莫拉斯这些政治评论家，他们大多数人都对 1789 年的伟大原则表达了不同程度的批评或敌视态度。大多数对大革命持反对态度的人，其基本观点有以下三种情况。①大革命是有害的，是反对法国的，这种反法倾向是来自外国势力对法兰西人民温和、克制气质的破坏和尊重世袭君主制传统的颠覆。外来影响玷污了 18 世纪欧洲大陆的主流思潮。这些外部影响来自洛克、英国的自然神论者、各地的新教教徒，以及从日内瓦归来的卢梭等。②这些堕落的思想败坏了本来健全而正直的法兰西人。宣传这些思想的是一些称作“思维协会”的俱乐部组织，一些知识分子秘密阴谋团体，以及组成颠覆集团的启蒙运动思想家们。③大革命精神是由科学精神激励的古典主义精神所导致的结果。这些精神提倡和赞扬抽象思维，过分地进行概括与综合，把人看作是脱离环境、同往昔断裂的生物。这种精神缺乏英国改良主义者所倡导的经验主义；它忽视与现实关联的一切事物，热衷于制定普世法规，而不考虑法兰西古老的传统和不同行省不同地区的条件。

上述这些观点由泰纳以完整文件的形式提出。由于它貌似清晰和道理凿凿而欺骗了包括精英人物在内的许多人。耶鲁大学教授亨利·佩尔说，泰纳在他的《当代法国的由来》(1875—1894)一书中，关于启蒙运动思想家在法国大革命中所发挥作用的著名论点，“既是出色的，也是十分恶毒的”。(亨利·佩尔:《18 世纪观念对法国革命的影响》,《观念史杂志》，1949 年 1 月号，第 63—87 页。)

泰纳的这些观点不能经受自 20 世纪初叶以来许多严谨历史学家严肃的考察与论证的考验。古斯塔夫·朗松通过深入研究澄清了人们对于欧洲 18 世纪思潮的偏见而得到世人的赞赏和尊重。根据朗松和后来丹尼尔·莫内的研究，我们今天可以说，上述总结的三种论点是与事实矛盾的，法国大革命是真正源于法国本土的革命运动。如果大革命来自外国的影响，尤其是洛克，的确对法国大革命产生了真正的影响；但是，当近代西方国家处于观念抉择之际，几乎都可能出现洛克的名字。这种影响已经渗透和消化在有关国家国民的观念里。洛克的思想已经扎根于大革命前皮埃尔·培尔、蒙田等许多人的群体意识中，与波舒哀之流鼓吹的绝对君权论一样，都是法国本土所固有。

泰纳认为，18 世纪欧洲的作家和思想家，只是一些崇尚理性而没有实际生活经验的人。亨利·佩尔说，这种观点是站不住脚的。在当时确实有一些热衷于玩弄辞藻的人，这种情况在任何时代都有。但他们同时具有一种为大众阐释普遍真理的情怀和为所有人构建生存原则的雄心壮志。他们中许多人如孟德斯鸠，亲自到社会基层了解社会制度的实际运作状况和人民大众的生活境遇；他们中的重农主义者亲身参与田间耕作，以土地为生存来源，如爱尔维修；或者作为地方长官推行行政改革，如杜尔哥；他们有的是与大众直接接触的下层律师，如罗伯斯比尔；有的是兽医，如马拉；等等。总之，这些地方下层人士，他们深知农民的疾苦，了解手工艺人和出身微贱的法国乡间牧师们的生活状况。泰纳所总结的关于大革命的种种结论，却主要出自他自己心中，有些也许是来自笛卡尔的某些著作。但是，法国大革命与笛卡尔几乎没有任何关系。

十、观念先于行动

如果说不同派别关于法国大革命根源的研究，得出一种几乎没有分歧的结论，那就不能只从一个国家的物质或经济状况寻找革命的根源。18 世纪的欧洲，由于饥饿而发生暴乱事件是难以计数的。历史上一些大事件往往不是由于经济原因，法国大革命也主要不是由于经济问题。法国在 1788 年前后的经济状况不是很好，但其总体状况要比欧洲其他国家好一些，应该说经历着经济的相对繁荣。法国人口自该世纪初的 1900 万增至 2700 万，成为欧洲人口最多的国家。当时法国国内的道路和桥梁让外国人羡慕。工业如波尔多的造船业，里昂的丝绸业，鲁昂、色当和亚眠的纺织业十分兴旺，而克罗索已开始发展现代金属加工技术。法国农民逐渐有了一些土地。1787 年，法国外贸总额达 11.53 亿法郎，直到 1825 年才再次达到这一数字。许多银行在此时建立，法国拥有欧洲当时所有硬币的一半。法国的困难只是相对的。真正悲惨的人民，如埃及的农夫、印度的平民或巴尔干和波兰的农民，以及玻利维亚的矿工，但这些地区却鲜少发生革命。为自己命运抗争的人们必须首先认识到他们悲惨的生活条件，而这种觉悟是以一定知识和文化水平为基础的，人民必须具有希望某种改革的清晰观念，这就是所谓观念的力量。如果有改革思想家提出改革措施，而且人民认识到这些措施一旦付诸实施，他们的命运可能或必将更好，革命运动才可能发生。

启蒙运动思想家让法国人民意识到其处境的悲惨，使他们认识到社会的不公平，不再容忍其先辈长期以来忍受的苦难。总之，启蒙思想家们为法国大革命做了思想上的准备，为大革命铺平了道路。①启蒙运动思想家对革命思想的宣传，削弱了传统宗教势力，把大量教士争取到他们的一边，教育了几百年来曾是君主政体的同盟军，使他们开始藐视独裁制度。与此同时，让那些在眼泪中期盼未来的下层人民，失去耐心抛弃幻想，他们希望分享此世的真正利益，人生幸福和舒适生活逐渐成为他们追求的目标。②思想家们的宣传在人民中形成一种世俗化伦理观念，使他们抛弃宗教信仰，以自己独立的信念观察和判断社会的伦理制度。思想家们强调人类之爱伦理准则的重要性，这就是利他主义和服务社会或服务同胞。这种人道主义思想早已出现在基督教的教导中，出现在塞尼卡和蒙田的著作中，但长期以来却在人们意识中处于潜伏状态，现在突然对他们产生了新的影响力。③启蒙运动思想家们倡导批判精神和分析精神，教育人民不要相信常规惯例和古老传统，对它们采取怀疑态度。他们向大众证明了贵族的特权是建立在一种非常薄弱的基础之上。这些中产阶级或普通大众的儿子对贵族的尊重已经消失。贵族们不得不接受裁缝的儿子（马蒙特尔）、葡萄种植者的儿子（雷斯蒂夫）、刀具商的儿子（狄德罗）和钟表匠的儿子（卢梭）这些普通人的笔对他们的命运所造成的破坏性。对这些普通人而言，国王权威来源的历史和封建社会的一切特权全都毫无意义。

十一、结语

在历史进程中，思想家或知识分子的使命是尽其所能做一件事：研究过去、观察当今和判断未来——对历史和现实进行审视、反思、分析和归纳。正如亚里士多德所言，观念本身不能撼动任何东西，然而观念却是人们做出选择和决策的必要先导。观念一旦成功地激发人们的想象和情感浪潮，它将产生实在的效果。观念是行动的一种形式，而任何行动都预示一种观念；理论是对不同实践的概括与综合，而每一次有效的实践都蕴含潜在的观念和规则。

阿尔弗雷德·怀特海说："18世纪，人类到达了一个理性和人权的时代。思想史上这一伟大法国时代重铸了文明世界的前提条件，这就是思辨、科学和社会方面的前提条件。这一文明世界源自17世纪英国思想，源自弗朗西斯·培根、艾萨克·牛顿以及约翰·洛克诸人的思想。同时，它也是从同一时期的各次英国革命中获得灵感。但是，英国模式总是带有岛国的褊狭性。法国人却将其扩大化、清晰化而且普及化了。他们将这些观念变成为世界性，而像埃蒙德·伯克这样的人却只能将这些观念用于一个种族，有时甚至是一个岛。"（怀特海：《观念的历险》，麦克米兰出版公司，1933，第26页。）

第7章

保守主义思潮和浪漫主义运动

在欧洲历史上，保守主义思潮和浪漫主义运动的兴起始于18世纪90年代，而且两种社会思潮都持续至19世纪中叶。两种意识形态领域的思潮在时间上的一致性也许不是一种巧合。保守主义者和浪漫主义者反对一切新的事物，对违反传统的事物更是抱持怀疑态度和拒斥的冲动。保守主义思潮的主要目标是对法国大革命的攻击，浪漫主义运动是反对启蒙运动的所谓唯理智论和诋毁启蒙运动推动的科学进步所取得的伟大成就。而法国大革命是在启蒙运动的推动下发生的，其宗旨和目标具有某种一致性。这就是普及科学、提倡科学精神和科学方法；颠覆教会权威、推翻专制统治；高举民主、人权、自由、平等的旗帜，从旧社会的桎梏中解放劳苦大众。保守主义思潮和浪漫主义运动成为18世纪末和19世纪上半叶出现在欧洲的时代逆流。

我们可以看到，有的浪漫主义者同时也是保守主义者，如英国文学理论家和诗人柯勒律治和华兹华斯。当然，不是说保守主义者和浪漫主义者都反对启蒙运动和法国大革命的宗旨和目标，也不是说他们在一切方面的观点都是一致的。由于其生活的国家、历史背景和社会环境不同而形成他们在观念形态上的差异，他们所坚持和反对的都不尽相同。但一般而言，他们大都坚持和维护历史形成的连续性和稳定性事物，他们的目光投向往昔而不是未来和革新。

第 1 节　保守主义思潮

一、保守主义：攻击启蒙运动和法国大革命的反动思潮

激进与保守、改革与守旧势力之间的斗争在历史上由来已久。保守主义（Conservatism）一词因不同的历史和地理背景而有不同的含义，但一般而言是指坚持和维护历史形成的连续性和稳定性事物的一种意识形态。正如英国哲学家以赛亚·伯林所言，文化中出现的种种思潮不能像蝴蝶生蝴蝶一样繁衍，观念的产生往往是对当代文化思想挑战的回应。欧洲保守主义的产生，正是对启蒙运动和法国大革命的回应。所以，有学者认为，如果 18 世纪的欧洲不曾发生启蒙运动及其推动的法国大革命，保守主义这一政治思潮也许不会出现于 18 世纪末欧洲的地平线上。如果不是针对孟德斯鸠、伏尔泰、狄德罗、卢梭，以及其他 18 世纪法国激进思想家对传统社会锋芒毕露的挑战，人们将无从理解保守主义者阐述的思想和价值观。18 世纪末欧洲出现的保守主义者关于人、社会、宗教及道德方面的主要论点，无一不是对启蒙运动和法国大革命的直接攻击。

保守主义一词大约是在 1815 年后由法国波旁王朝复辟分子首先使用的。一般认为，最早明确地表达保守主义思想的作品是英国议会议员埃德蒙·伯克发表的《法国革命感想录》，文中态度鲜明地反对法国大革命，对大革命进行猛烈的抨击和诋毁，尤其指明大革命中发

生的暴力行为是背离和败坏了革命所要实现的自由理想。伯克所表达的观点代表当时欧洲的反革命复辟思潮。

保守主义者激烈反对启蒙运动和法国大革命倡导的自然法和个人主义，以及平等、自由和大众主权等原则。他们以咄咄逼人之势将上述问题推向学术思辨的前沿，成为同激进派甚至自由派论争的主要反动派。某种意义上，18世纪末西欧保守主义的兴起，成为传统主义和现代主义的分水岭。对这两种对立的思潮有不同的表述：托克维尔称为“贵族政治与民主政治”的对立；卡尔·马克思称为“封建主义与资本主义”的对立；马克思·韦伯称为“传统主义与资产阶级理性”的对立；圣西门称为“乡村文明与城市文明”的对立。这种对立局面成为19世纪欧洲意识形态领域的重大事件。

二、18世纪欧洲保守主义的代表人物

1. 埃德蒙·伯克：以偏见攻击法国大革命

欧洲政治保守主义滥觞于大名鼎鼎的英国思想家埃德蒙·伯克（Edmund Burke，1729—1797）。伯克的思想在其死后影响了西欧各国的传统主义者和保守主义者。直至19世纪末，几乎所有西方国家的保守主义者都宣称，他们关于社会和法律的思想来自伯克。伯克也许从未认为自己是一个保守主义者，他生前只是一名英国辉格党人。他赞扬其前一个世纪发生的英国革命，崇尚意志自由；他还是北美殖民地人民的坚定支持者；激烈抨击英国东印度公司对印度人民传统和权利的践踏；同情爱尔兰人民反对英国控制的斗争。因而人们认为，伯克是一个不折不扣的自由主义者。

然而对历史人物的结论是在历史进程中最终形成的。历史证明，

伯克是现代政治舞台上保守主义的先驱，其原因是他首先对法国大革命带有偏见的攻击，他将人类历史上这一伟大壮举视为“独裁政治”，是对社会造成空前破坏的暴虐力量，而不是法国人民争取民主和自由的革命运动。伯克认为，1793 年的法国宪法是一部“无政府状态的法律汇编”。对伯克而言，人的不可剥夺的权利理论是“导致暴乱的无政府状态的一种宿因”。伯克说，对于法国大革命，如果任其发展，它破坏的不只是法国的传统社会，而是整个欧洲社会的稳定。他指出，法国大革命不同于历史上的其他民族性质的革命，法国大革命的目标在于改变人类的传统秩序。应该指出的是，伯克首先意识到法国大革命的性质，即雅各宾派在伯克的《法国革命感想录》发表后的同年向世界宣布的“法国革命的世界使命”：不仅是从传统的桎梏中解放法国人民，而且要逐步解放全世界人民。这是伯克同时代的自由主义者所完全没有预料的。

继伯克之后，欧洲著名的保守主义者有法国的路易斯·博纳尔德和勒内·夏布里多昂；在德国有卡尔·萨维尼和黑格尔；有英国诗人柯勒律治和华兹华斯；其他保守主义者，有瑞士的卡尔·哈勒和西班牙的多诺索·科尔斯特；等等。

2. 路易斯·博纳尔德：君权神授和权威主宰人类社会的鼓吹者

路易斯·博纳尔德（Louis Bonald，1754—1840）是 19 世纪欧洲保守主义的典型人物。博纳尔德博学广识，几乎在所有重要方面，他都站在卢梭的对立面。卢梭的名字像一个罪恶的幽灵游荡在博纳尔德那卷帙浩繁的著述中。卢梭在个人主义、大众主权、人人平等和浪漫想象中的人生价值观基础上建立起一种政治和社会理论，他相信任何东西都无法阻止“立法精神”对社会和人性进行彻底的改造。与卢梭相反，博纳尔德理论的出发点不是个体，而是社会：社会是由造物主创造，社会塑造了个人，而不是个人构建社会。权威而不是个人自主主宰社会生活，只有在家庭、社区、教会和行会的权威主宰下，人类社会才可能发展和延续。等级制度是社会制度的核心，任何奢谈平等都是徒然和罪孽。他说，国家的政治权威来自造物主，所谓天赋人权是一种荒谬和乖戾的东西。以个人理性和“灵感”通过革命方式强行对社会进行变革将是灾难性的，最终必将遭到失败；因为变迁是一个缓慢和长期的历史过程，其中蕴含着人类智慧的历史积淀。

博纳尔德的思想体系滥觞于中世纪。博纳尔德并不掩饰其对中世纪的向往，他明确宣称：只有回到中世纪，欧洲社会才能拯救自身于沉疴之中。博纳尔德认为，中世纪是人类文明发展的最高峰，而宗教改革、理性时代、启蒙运动和法国大革命，都是欧洲社会从其中世纪巅峰跌入历史的罪恶深渊。博纳尔德的著述中有大量关于宗教的论述，他赞扬的当然是罗马天主教而反对任何形式的新教。他认为欧洲社会所染恶疾，包括导致宗教权威的丧失、个人主义精神的张扬、对物质的贪婪导致灵魂在物质面前的堕落，以及由于新教的兴起和商业伦理的扩张所造成的种种社会弊端，这一切都是宗教改革的恶果。博纳尔德的理论集中体现了 19 世纪欧洲保守主义在政治上的反动性。

3. 格奥尔格·黑格尔：一切民主理想最危险的敌人；以轻蔑态度对待科学的进步

格奥尔格·黑格尔（Georg Hegel，1770—1831）18 岁进入图宾根大学学习神学和哲学。在他的学位证书上，图宾根大学的教授对他的评语是：知识平庸，不适于哲学研究。这一评语显然是完全不符合事实的。他的哲学观点深受其神学研究的影响，尤其受到他对基督教的认识和理解的影响。1816 年，在他完成《逻辑学》的写作后，被邀到海德堡大学任教。2 年后，当费希特去世，黑格尔应邀去柏林大学代替费希特的教职。在这里，黑格尔受到欢迎，他得到普鲁士政府的扶持和资助。这是因为他的政治哲学完全符合普鲁士统治者的施政方针。在柏林大学，虽然他作为一名教授有些名气，但他的为人却不受欢迎。他讲课的主题越是深奥，他就越是滔滔不绝，似乎要表现他的博学。他讲授许多学科，其中包括美学、宗教、历史哲学、哲学史、逻辑学和伦理学。自 1818 年，黑格尔成为德国哲学界的领袖。

黑格尔构筑了一个前所未有的哲学体系。黑格尔是历史上罕见的具有百科全书式知识的思想家。他的抱负是建立一种哲学综合体系。亚里士多德曾企图完成对古代希腊文明的综合；托马斯·阿奎那在《神学大全》里企图对中世纪知识进行全面综合；黑格尔则希望对 19 世纪哲学进行类似的综合。由于这些领域已经比过去广泛和复杂，他的希望面临许多困难。在欧洲流行霍乱期间，黑格尔突然去世后不久，出现一场抵制他的体系的运动。他的方法的过分张扬和放肆，以及他完全无视业已建立的各种科学原理，使许多人认为，他的整个体系看来宏大但不真实：人们发现他的体系混乱和令人困惑。黑格尔去世后，苏格兰的约翰·斯特林写了一本名为《黑格尔的奥秘》的书。他想在这本书里阐明黑格尔体系的真实要点。然而公众的一致看法是，斯特林没能发现其中的奥秘。大多数人认为，其实黑格尔就是要使他的哲学永远成为一种奥秘。（约瑟夫·伯吉斯：《哲学史概论》，1939，第 435 页。）

爱因斯坦也曾说过，黑格尔只是由于语言晦涩，才使其哲学流行至今，否则可能在历史上早已被淡忘。此话虽几近刻薄，但许多学者认为仍有其真知灼见。德国哲学家赖兴巴赫指出，人们在不可能对某些问题做出清晰的回答时，使用一种隐喻式语言是不可抗拒的诱惑。尽管如此，在黑格尔那卷帙浩繁的著作中，有很多重要内容，他的最持久的贡献也许是他对历史的解释。他对世界许多戏剧性事件表现出深邃的洞察力，以及他那综合的天赋都是不可否认的。

黑格尔在青年时代是法国大革命的热烈支持者，他曾与谢林一起建立共和主义俱乐部。在出版的杂志上发表关于法国民主的文章和对法国大革命成就的讲演。随着年龄的增长，黑格尔成为一名保守主义者。

黑格尔反对民主政治，他说，民主与政府形式格格不入，因为民主过多地强调个人权利，而这种重视个人权利的态度必然导致无政府主义和社会动乱。他赞赏卢梭关于公意的概念。根据黑格尔的思想，国家代表自由的最高成就，国家就是公民意志的化身，也显示了造物主的目的；国家是公民意志的主宰者，国家的判断是最终的判断。对此，美国雷德兰兹大学哲学教授弗雷德里克·迈耶说："难怪，阿道夫·希特勒十分赞赏黑格尔的政治哲学！"（弗雷德里克·迈耶：《现代哲学史》，1951，第 367 页。）

德国哲学家、自由主义者雅各布·弗莱斯说："黑格尔的国家理论不是生长在科学的花园里，而是生长在奴颜婢膝的肮脏物上。"接着欧内斯特·卡西尔写道："所有 18 世纪的德国自由主义者发出与弗莱斯同样的声音，他们将黑格尔体系看作是反动政治最坚强的堡垒，把黑格尔视为一切民主理想最危险的敌人。"（欧内斯特·卡西尔：《国家的神话》，麦克米兰出版公司，1966，第 250 页。）

黑格尔对人类社会的分析有深刻的见解，但从他的著作中得不到关于自然科学的知识。实际上，黑格尔抵制科学、拒绝科学方法中某些最有效的原则，其中包括因果关系。黑格尔追求的似乎是要超越科学去追寻关于宇宙的终极真理，其结果表现了他对科学界一些伟大科学家的轻蔑。对许多人而言，同实验科学的成就相比，黑格尔辩证法的效果显然是微不足道的。因此，许多人采取了完全拒绝黑格尔主义而信奉自然科学真理。

自黑格尔以降，哲学与科学的分裂更加明显。这种分裂的原因不仅在于黑格尔辩证法对自然科学的漠视，认为自然科学完全处于哲学真理的次要地位；更能充分解释这种分裂的事实是，19世纪各个领域的科学已经更加复杂，在这种情况下，许多哲学家的思想和知识已不能跟上科学进步的步伐。黑格尔本人在自然科学和数学方面的知识非常有限。这一事实在某种程度上可以解释他轻蔑自然科学的一些心理状态。与此同时，自然科学家也以同样轻蔑的态度对待哲学，认为哲学已是陈旧的形而上学，他们的口号是：拒斥一切形而上学。

在科学浪潮来临时，常常会在哲学领域涌出一种反抗科学的思潮。黑格尔的独断形而上学和唯意志论等是其中的著名代表。英国科学史家威廉·丹皮尔在《科学史及其与哲学和宗教的关系》（1929）一书中，比较详尽地阐述了历史上科学与哲学最大的一次对立——黑格尔哲学与科学的对立。作者抨击黑格尔用纯思辨的“自然科学”否定和取代实验科学的企图。康德对传统形而上学独断论发动了有力而成效卓著的批判，不久后黑格尔重又回到形而上学独断论的老路。这是历史的倒退，也是历史的悲剧。

第 2 节　浪漫主义运动

18 世纪末到 19 世纪中叶在欧洲兴起的浪漫主义运动，不应与其他地域或历史时期出现的艺术创作方法上的浪漫主义风格混为一谈。它们是不同范畴的概念。

一、不同观念形态的浪漫主义思潮

欧洲浪漫主义运动是一种时代逆流。浪漫主义运动虽然在部分领域企图复活中世纪精神，但主要是反对启蒙运动和诋毁启蒙运动推动的科学进步所取得的成就，而且在某种程度上，反对 17 世纪风起云涌的科学革命。

在 19 世纪，虽然物理学领域不存在反科学革命的潮流，但在哲学、社会学、历史学，尤其是在经济学中都出现浪漫主义思潮的逆流。卢梭宣扬的“回归自然”为大革命期间爆发的形形色色的浪漫主义思潮张目。有各种各样的浪漫主义，它们唯一的共同点是用主体的激情取代启蒙运动中至高无上的理性。浪漫主义者忍受不了理性的单调和沉闷，他们重新唤醒激情。启蒙理性是针对宗教的非理性信仰，也针对非理性的对权威的盲从。对令许多人感到压抑的理性，出现了浪漫主义的反动。这种反理性的种种浪漫激情都有其目标：要么去到远离尘嚣的田园乡村（华兹华斯）；要么亲近泛神论者心目中的大自然（诺瓦利斯）；要么返回宗教的神秘主义（威廉·布莱克）；要么经历一场非凡的冒险（拜伦）。浪漫主义者强调内心的复杂性，并将人性向充满奥秘的心灵深处拓展；浪漫主义既通向神秘的知觉和想象，也通向狂暴、倔强、奔突或痛苦呻吟的现代主义。

浪漫主义运动以其浪漫的情感和精妙的纤巧甚至浮夸，反对启蒙运动倡扬的清澈、明静和理性；浪漫主义者以忧郁的情绪和对往昔的留恋，反对启蒙运动时期的乐观精神和对未来的向往；浪漫主义者以对任何既存事物的颂扬、有时甚至出现对中世纪的留恋之情，反对启蒙运动从迷信、陈旧习俗和古老特权魔掌中争取解放的反叛思想；浪漫主义者希图复活崇拜造物主的宗教信仰，反对理性时代的怀疑主义；浪漫主义者倡扬狂热的民族主义，坚守每一个民族自己特有文化遗产和古老风习，反对理性时代鼓励世界各国人民携带他们的文化从一个国家移居另一国家的世界主义；浪漫主义者尊重诞生于不同社会中个人的潜能、价值和地位的个人主义，反对理性时代倡扬的所有人生来平等的个人主义；浪漫主义者认为，大自然是有灵魂的，人类应以深切的同情心、对神秘事物的敬畏感、以诗人的情怀去接近原始状态的大自然；浪漫主义者反对启蒙运动宣扬的以机械论描述的物质性自然界，以及对自然进行开发和利用的观点；等等。应该说，没有单独一个人有全部这些浪漫主义的观念，我们应将浪漫主义运动看作是一种社会风气，一种非人为组织的、非意识指向的社会运动。在这一方面，浪漫主义运动与在伏尔泰、狄德罗等一批启蒙思想家引导下、高举理性和自由大旗、扫除宗教蒙昧、普及牛顿新科学思想的启蒙运动，迥然不同。

二、德国：浪漫主义运动的策源地

1. 德国浪漫主义运动兴起的历史、文化背景

德国浪漫主义运动是在反对法国控制的背景下产生的。首先是抵

制文化领域的法国文学艺术在欧洲的流行，其后则是抗拒 19 世纪早期拿破仑胜利光环下的法国军事和政治影响。与英国浪漫主义运动相比，德国浪漫主义运动更具有民族主义色彩，更加自觉地强调对德国语言、文学、民歌和民间传说的研究。在军事失败的冲击下，日耳曼主义最为显著地出现于哲学家费希特的《对德意志民族的演说》（1807—1808）中，其中强调民族精神和民族语言的凝聚力量。费希特认为，这种力量能够克服德意志民族在政治上的分歧，使个人的自私欲望服从于民族意志和情感，从而成为民族复兴的真实基础。阿尼姆和布伦塔诺在他们合著的《男童的神奇号角》中继承了费希特的思想。这部著作成为德国民歌的瑰宝，对后来的德国诗人和作曲家有很大启发。格林兄弟继续对德国民间故事的搜集和民间文学的研究，以民间故事传达若干世纪以来德意志人民的心声、想象和信仰。

德国浪漫主义运动的先驱赫尔德（Johann Gottfried von Herder, 1744—1803）在《论语言的起源》中，认为语言是人类本性的真实影像，只有通过语言的中介才能产生知识；他说，理性并不是打开宇宙大门的钥匙。赫尔德于 18 世纪末出版了《民歌中的民族声音》，他说，从民俗和民歌中听到了"人民的声音"。赫尔德还认为，诗产生于由感觉所经验的自然环境和历史环境，与其说诗的创作是一种深思熟虑的行为，不如说是对原始事件刺激的无意识反应。歌德的早期作品《少年维特之烦恼》（1774）和《浮士德》第一部分都属于浪漫主义范畴的作品。某种意义上，歌德的后期作品可被认为是脱离启蒙运动理想的"解放宣言"。歌德说，不论有如何庞大的新科学知识的积累，都无法满足人类的最终理想和愿望。"朋友，理论是灰色的，而生命之树常青。"这样的诗句表达了典型文学浪漫主义者的情怀，代表了像施莱格尔兄弟、路德维希·蒂克和诺瓦利斯等德国浪漫主义者的思想感情。他们有的人致力于复归中世纪神秘主义人生情调，他们将与真实生活毫无关联的想象中那些朦胧的向往和思慕作为艺术的符号，或者转化为文学的语言。

基督教新教神学的缔造者施莱尔马赫（Friedrich Daniel Ernest Schleiermacher，1768—1834）是一位浪漫主义神学家，他在《论宗教》（1799）中，倡导和维护包括不同教义和宗教崇拜的一种普世宗教。一切从前被认为异教的教派都被包容在这一统一的宗教理想之中。施莱尔马赫宣称，对具有真正宗教情感的教徒，任何教义的差异不会影响他们之间情感的联系。宗教是爱，爱不是爱此而弃彼，而是普世之爱。施莱尔马赫说，浪漫主义其实与宗教相差不远，因为宗教是“对宇宙的直接感受”，每个人的个性都是“无限者的表象”。他极力倡导普鲁士教会归一运动，促成路德教和加尔文教的联合。施莱尔马赫在《诗歌对话录》中宣称，爱是一切浪漫主义诗歌的基本原则，爱像一种隐形媒介渗透于真正诗歌的字里行间。对于浪漫主义诗人，诗应是对永恒之爱和大自然神圣活力的形象表现。

戏剧家莱辛将莱布尼茨的《新随想录》（1765）从拉丁文译成德文。莱布尼茨在《新随想录》中表达的思想强烈震撼了莱辛。莱布尼茨论述了关于个人灵魂从潜意识的黑暗深渊向意识的光明奋争过程，在德国文学界产生强烈的影响。在此以后，德国文学界开始关注个人的命运、希望、理想、情感、奋斗、失败和成功。个人命运主题成为浪漫主义运动的重要推动力。莱辛拓展了莱布尼茨关于个人奋斗的理论，成为德国浪漫主义运动的推动者。

2. 德国浪漫主义者与启蒙思想家对待历史的观点分歧

以战斗姿态崛起的德国浪漫主义者成为反对启蒙运动的先锋。乍看之下，他们的兴趣主要不是政治问题，浪漫主义者更多地生活在精神世界——诗歌和艺术的世界，而不是严酷的政治现实中。但实际上，他们关注的不只是艺术、历史和自然哲学，同时也关心政治哲学。但在这些领域浪漫主义作家群没有建立一种清晰而系统的理论，他们没有始终一致的对于社会问题的态度和观点。弗雷德里希·施莱格尔在不同时期曾是一个自由主义者和保守主义者，从共和主义转向君主主义。浪漫主义作家似乎都没有明确和固定的政治观点，在大多数情况下，他们总是从一个极端摆向另一个极端。

德国浪漫主义同启蒙运动的斗争有两个重要方面。首先是对历史的新的观点，其次是对神话的新的评价。对历史的观点似乎成为所有德国浪漫主义作家的共同口号，是他们经常使用的战斗呐喊：这就是他们认为启蒙运动是一个没有历史感的时代。对事实冷静而无偏见的分析决不能证实这种观点。启蒙运动思想家们对待历史事实的态度与早期浪漫主义者不同，这是客观事实。启蒙运动思想家们是从不同角度观察和对待历史事实，但这并不意味着他们对历史的忽视或缺乏历史感。相反，正是启蒙运动思想家们在历史研究中，首先提出一种新的科学的方法。他们不仅在原有基础上积累了大量史料，而且对历史知识的重要性有清醒的认识。戴维·休谟谈到 18 世纪英国文化时说，这是一个历史的时代。休谟、吉本、孟德斯鸠、伏尔泰等人，不能被认为是缺乏历史知识和历史感的人。在《路易十四时代》和《风俗论》中，伏尔泰建立了一种新的现代形态的文明史。

18 世纪和 19 世纪的欧洲，学者中确实存在不同的历史观。浪漫主义者向往往昔，对他们而言，历史不仅是一种事实，同时也是最高境界的理想之一。这种对历史的理想化和赋予历史以精神意义，是浪漫主义思想的最显著特点之一。只要能够追溯到事物的根源，它们就成为正当的、真实的和有价值的。这种观点与18世纪思想家们的思想可谓格格不入。对启蒙运动时期思想家而言，回眸历史的目的在于用历史思考未来，希望走向更美好的未来。正如温斯顿·丘吉尔所言，对过去看得越远，对未来就看得越深。人类的未来、一种新的政治和社会秩序的建立是启蒙运动思想家们的伟大主题和真正关怀所在。为此目的，研究历史是必要的，但这种研究却不是目的本身。历史可以教导我们懂得许多事情，历史只能告诉我们曾经发生的事件，但不能告诉我们当下应该怎样行动的具体方针。将历史的判断和裁决作为正确无误的绝对真理，将是触犯理性尊严的蠢事。如果说历史意味着往昔的荣耀，一种对古老政体的颂扬和肯定，对于百科全书派的思想家的心灵将是重复往昔的厄运。他们对此毫无兴致，因为它缺乏真正的伦理价值。根据实践理性原则，理性价值和伦理价值是不可分离、息息相关的。18世纪启蒙运动思想家常常被其反对者谴责为唯理智论者，讽刺他们甚至为满足其对理智的好奇心而研究历史。他们将历史看作是行动的指南，引导他们走向更加美好的未来人类社会。

上述就是启蒙运动时期思想家与德国浪漫主义者之间对待历史的悬殊分歧。法国大革命前夕或爆发不久，一本政治小册子这样写道："我们有比历史遗物更加可靠的向导，这些向导到处都有，它们引导每一个人，这就是规范我们思想的理性、指导我们情感和争取天赋人权的伦理学。"但浪漫主义者是从相反的原则开始其理论追求的。他们不仅声称每一历史时期都有自身的权利，必须按照其自身标准进行评价，而且他们中有的人走得更远。"历史权利学派"的建立者宣称，历史是权利的始源，没有高于历史的权威；法律和国家都不能由人建造，它们不是人类意志的产物，因而它们不受人类意志的裁决，不受所谓个人固有权利的限制和束缚。人类不能像创建语言、神话或宗教那样创建法律。按照历史权利学派的原则，即由萨维尼及其学生和追随者著作中所表述的，人类文化不是人类自由和自觉活动的产物，人类文化源于一种高层需求。这是一种形而上学需要，是在人类潜意识中产生的所谓“自然精神”。

3. 德国浪漫主义者的神话哲学和诗歌创作理论

按照上述这种形而上学观念，神话的价值被彻底改变。对启蒙运动时期的思想家来说，神话是一种粗野的东西，一种怪异、粗俗、迷信和混乱的观念。神话与哲学之间不存在任何契合点，神话消失之处是哲学起始之源——正如暗夜让位于升起的太阳。在浪漫主义哲学家那里，关于神话的上述观点发生了彻底改变。浪漫主义哲学家的理论中，神话不仅成为知识和理论关注的最重要主题，而且也是令人敬畏的主题。神话被认为是人类文化发展的主要动因，艺术、历史和诗都源自神话，忽视人类这一文化始源被认为是浅薄和先天不足。谢林哲学的主要目的之一是给予神话在人类文明中的正当地位。在谢林的著作中，我们首先发现与自然哲学、历史和艺术并列的神话哲学。他的兴趣最终似乎全都集中于神话问题。神话不再是与哲学相对立的学科，而成为哲学的同盟者，甚至是哲学的巅峰。

这种现象似乎是一种悖论，但却正是来自德国浪漫主义思想的基本原则。谢林表达了德国年轻一代浪漫主义者的共同心声，因而他成为浪漫主义诗歌的哲学代言人。浪漫主义者对神话的兴趣在于认为神话是诗的渊源，诗歌创作必须使用一种新的语言，不是概念的语言，一种清晰、确切的概念语言，而是形象的、神秘而朦胧的象征性语言。这就是德国早期浪漫主义诗人诺瓦利斯在《亨利希·奥弗特丁根》（1802）中使用的语言。以诗中主人公所追寻的蓝花为象征，描写了诗人的使命：通过想象将世界转变成为神话的境界，反映了浪漫主义者的思想倾向。针对康德的批判理性主义，诺瓦利斯提出他的所谓“魔幻理性主义”——这是一种新型理性主义，被谢林和弗雷德里希·施莱格尔称为哲学和诗歌的基石。

这是欧洲思想史上出现的一种新的现象，其产生了一些引人关注的结果。在哲学领域，谢林的影响在黑格尔体系出现后黯然失色，他关于神话的思想成为哲学中的一段插曲。然而谢林为神话理论所开辟的道路，成为神话在西方现代文学艺术领域的荣耀而在20世纪得到复兴。

20世纪40年代以降，西方出现批判浪漫主义的一种令人惊悸的理论：浪漫主义派生了极权主义和极权国家，为后来一切形式的具有侵略性帝国主义准备了理论基础。这种观点对浪漫主义是不公正的，浪漫主义不应对西方极权主义和极权国家的出现负有责任。提出上述论点的学者可能忘记了浪漫主义的主要和具有决定性的特征。浪漫主义作家的所谓极权主义观点，是一种文化观点而不是政治观点。浪漫主义者所向往的是一个有高度文化素养的人类社会，他们从未设想出现一个政治化的一统天下，而是设想在人类生活的一切领域——宗教、历史甚至自然科学——普及所谓诗的精神。这是由弗雷德里希·施莱格尔提出并作为浪漫主义运动的最高宗旨。德国浪漫主义作家都深谙“科学与艺术的神圣世界”的内涵，但他们对政治却不甚了了。正是由于这种态度，使德国浪漫主义者的民族主义精神具有特殊基调和特征。德国浪漫主义诗人和哲学家无疑是一些热烈的民族主义者，但他们的民族主义不是帝国主义类型的民族主义。他们担心的是自己的民族被外部势力所征服，他们以其全部精神力量试图保持德意志民族的独立性，但他们从未想到将德意志的民族性强加于其他民族。

4. 德国浪漫主义者的民族主义意识

这是德国民族主义历史渊源的必然走向。这种民族主义是由赫尔德确立的——在所有 18 世纪欧洲思想家和诗人中，赫尔德具有最敏锐的个体意识，对个体的意义有最深刻的理解。这种个体独特性成为浪漫主义运动最显著的特征之一。浪漫主义者的民族主义不是自私的排他主义，相反，它不仅同真正的普世主义相协调，而且以普世主义为前提。对赫尔德而言，一切民族都应遵循兼容并蓄的原则对待其他民族，他的民族歌曲集中有不同民族的民歌：日耳曼、斯拉夫、凯尔特、斯堪的纳维亚、立陶宛、土耳其等许多民族的歌曲。德国浪漫主义诗人和哲学家是赫尔德和歌德的继承者，歌德是首先使用世界文学这一概念的人，世界文学遂成为所有浪漫主义作家的伟大理想。

这种文学普世主义被宗教普世主义确认和加强。早期浪漫主义者被中世纪文学特征感染，这就是中世纪的欧洲被一种普世宗教理想所维系于一体的事实。基督教社会是一个由造物主统治、代表相互关联的普世教会和普世帝国的神秘统一体。德国浪漫主义作家们被回归这一人类“黄金时代”的愿望鼓舞，不能设想他们将其文化和宗教理想局限于自己的国土之内。他们不仅为一个统一的德国而努力，而且也设想一个统一的欧洲。在论《基督教或欧罗巴》(1799) 中，诺瓦利斯赞扬基督教独自盛行欧洲大陆那些美丽而光辉的岁月，一种伟大事业将这广袤的精神王国最遥远的国土联结一体。

基督教新教神学的缔造者施莱尔马赫，是一位浪漫主义神学家。他在《论宗教》(1799) 中，倡导和维护包括不同教义和宗教崇拜的一种普世宗教。一切从前被认为是异教的教派，都被包容在这一统一的宗教理想之中。施莱尔马赫宣称，对具有真正宗教情感的教徒，任何教义的差异都不会影响他们之间情感的联系。宗教是爱，爱不是爱此而弃彼，而是普世之爱和无限之爱。施莱尔马赫说，浪漫主义其实与宗教相差不远，因为宗教是对宇宙的直接感受，是有限者对无限的感受，每个人的个性都是无限者的表象。他极力倡导普鲁士教会归一运动，促成路德宗与加尔文宗的联合。

上述进一步彰显了德国浪漫主义民族主义的特点。这种民族主义是爱的产物，而不是此后许多不同形式的被打上仇恨烙印的民族主义。弗雷德里希·施莱格尔在《诗歌对话录》中宣称，爱是一切浪漫主义诗歌的基本原则，爱像一种隐形媒介渗透于真正诗歌的字里行间。对于浪漫主义诗人，诗应是对永恒之爱和大自然神圣活力的形象表现。

显然，真正美学的和诗意的理念无法解决政治生活问题冷峻而艰巨的任务。当这些问题越来越严峻和险恶时，早期浪漫主义作家建立的理论已不能维持他们面临的困境。在拿破仑发动战争的年代，德国浪漫主义的先驱们开始怀疑他们诗化政治生活的理想。他们开始觉悟，必须有一种更为现实的态度对待他们面临的民族和社会问题。许多浪漫主义诗人准备放弃他们此前为民族事业所保持的理想。威廉·施莱格尔于1808年写道：当我们民族的独立，甚至德意志名称的继续存在受到威胁，我们的诗也许必须在雄辩的事实面前隐退。但只有少数浪漫主义者遵循这一忠告，许多人坚持他们的民族主义，拒绝放弃关于人类文化的普世理想。

三、英国浪漫主义：反理性、反科学、反工业革命和新兴资本主义

在英国，浪漫主义思潮的源头深深潜伏于理性时代。我们可以将

这一源头追溯至约翰·卫斯理和查理·卫斯理兄弟发起的宗教信仰复兴运动。虽然他们的神学理论大致上依然是路德和圣保罗的神学，但其中出现一种新的精神——宗教狂热，是在与自然宗教和理性神学的对抗中崛起的一种基督教循道笃信主义。卫斯理兄弟的神学主张，据说作为一种所谓“神圣恩惠的超度”，是来自经历灾难后的信仰巨变，这就是在经历一场难以抗拒的罪感之后，一个人从罪恶中净化后突然进入欣喜若狂的境界，随后他将与造物主相会。

英国一些早期浪漫主义诗人，虽然回避了卫斯理宗教狂热的极端情感宣泄，但是他们同样表现出对纯粹理性宗教的不满情绪。威廉·柯珀（William Cowper，1731—1800）被认为是第一位英国浪漫主义诗人，他在极度罪感痛苦中皈依卫斯理笃信主义。人们熟悉的下列诗句，也许能够表明他对自然宗教精神的全面抵制：

> 哦！一行走近造物主的脚步，
> 一颗沉静、虔诚的心灵；
> 一道光芒照耀的大路，
> 引导我们走向耶稣基督！

柯珀为 18 世纪自然诗带来一种新的直率风格，不仅写日常生活的欢乐与忧愁，也描写篱落、河流、草滩等这些自然景物，语言平易朴素。我们可以把他看作是浪漫主义诗人彭斯、华兹华斯和柯勒律治的先行者。

罗伯特·彭斯为英国浪漫主义者倡扬民族主义精神树立了榜样。彭斯用苏格兰方言和苏格兰主题，以及他对苏格兰歌谣的复兴，都表现了浪漫主义者对自己民族民歌和民间风俗的认同感。如果我们选择一部作为英国浪漫主义宣言的作品，那就是华兹华斯和柯勒律治共同发表的《抒情歌谣集》(1798)。在这部诗集中,《丁登寺》(*Tintern Abbey*)是诗歌中以诗的形式抵制理性主义的代表作。柯勒律治的韵文诗《古舟子咏》表现了对超自然现象的敬畏情感。

历史小说是具有浪漫主义特征的另一种文学形式。历史小说的创始人是瓦尔特·司格特，他的生活和成就充满矛盾，他是英国浪漫主义运动的先驱。他曾是一个理性主义者，却又被迷信、预兆和预言弄得神魂颠倒。他的关于苏格兰高地风土人情的小说《威弗利》，以丰富的想象描写和颂扬往昔的荣耀，希望追踪历史的风貌。

英国浪漫主义运动时期的一些文人学士，反对当时社会上流行的某些观念，他们希望改变或修正一些认识世界的所谓“错误”观点。例如，诗人威廉·柯珀说:“科学家的管子(指望远镜)永远也无法把众多星球带进观察者和发现者的视线；造物主家族的世界是看不到的，人们无法发现造物主支配的众多星球。”华兹华斯说，勘察植物，又到处窥视他们母亲的坟墓(指考古)。许多浪漫主义诗人在他们的诗歌中畅情淋漓地表达了他们对科学和理性的攻击，这是一种反理性、反科学的逆流。

理性时代的唯理智论也许可以说走到了极端。这种唯理智论对普通人提出了过于苛刻的要求。在理性主义者和怀疑主义者的作品中，人类居住的世界突然丧失人与人之间同情相怜的一面，顷刻之间不再是那个关怀人的命运、有着人情味的造物主设计的人类家园。浪漫主义诗人们用自己的方式，极力表达弥漫于许多尚未从中世纪醒来的人们心中那种对科学的抵触情绪。进入19世纪之后，理性主义者对冷漠的世界统一性的一味追求，彻底放弃了对一切人类价值的思考。理性主义者将中世纪遗留下来的一切，包括一切价值观念全被抛弃，而且似乎永远不再允许价值出现在人们的意识中。

那些与新科学及其相关事物紧密关联的社会环境，以及革命化的农业和工业，都是浪漫主义者厌恶的东西。因为新兴的农业和工业使他们感到往昔已经消失，宗教与人的社会地位和安全感之间的关系不复存在，更使他们惶恐不安。大量人群从乡下流入城市，他们被集中到工厂区拥挤的贫民窟。柯珀谴责这种变迁：城市污染了乡村，犹如圣女的衣裙被玷污。造物主给了人们乡村，人却造出了城市。这不仅是对艺术的暴行，也是反人类的罪恶。大批工人失去了封建制度下的安全感，在市场上出卖劳动力而受尽剥削。他们不被看作人，他们是机器的牺牲品。浪漫主义者对失去个人尊严的社会下层人们表现出深切的同情。当约翰・卫斯理还是牛津大学学生的时候，就开始向监狱的犯人和城市的病残和穷人布道。后来他完全献身于向矿工和广大工人阶级宣讲基督福音。卫斯理的福音宣讲团不能理解自然神论者的理论，而是对在基督之血的洗礼中，经历情感的宣泄而顶礼膜拜。

浪漫主义者抨击反人类罪恶的社会制度和毁弃社会责任感而为了利润对工人进行的无情剥削，他们把这些罪恶同新科学联系在一起。他们认为，新科学是这些罪恶力量的同盟者，是新科学通过新机器使生产进入理性化，从而毁弃了人与人之间的同情心。正如后来人们对原子弹的谴责，认为这种可能造成人类灾难的武器是科学发展的结果。

还应看到，出现在英国的反科学的浪漫主义运动，仅仅是德国浪漫主义运动的余波。浪漫主义诗人柯勒律治是将德国反科学思潮引入英国的重要人物。柯勒律治在德国的访问和研究使他成为一个热烈的但十分混乱的先验论的追随者。他试图将这种先验论在其《文学生涯》中介绍到英国。

四、法国浪漫主义：从幻灭感转向原始蛮荒的大自然，转向乌托邦

在法国，浪漫主义者提出，自然人性的沦丧是从社会文明的产生开始，他们批判理性文明对人的情感的规范和压抑。浪漫主义者倡导只有回到大自然才是幸福的源泉，大自然是人类精神的家园。远离人类社会的喧嚣，投入人迹罕至的大自然怀抱，任凭情感的自由宣泄和想象的自由发挥。回归自然的思潮产生了深刻的社会影响，尤其是生活在城市的人们，他们向往田园牧歌式的生活，把法国巴比松山林派和英国风景画家如康斯太勃尔等人的作品挂在市区住宅的墙壁上。贝多芬的《田园交响曲》和瓦格纳的《山林低语》，以及其他许多钢琴曲中都回荡着田园牧歌优美的旋律。

回归自然的思潮之所以产生强烈的社会反响，反映了人们对资本主义城市文化和工业文明的厌恶。工业文明造成人与自然的分离和对立，人成为孤立的主体，人们以理想的寄托摆脱现实的困扰。在这一意义上，浪漫主义思潮也是近代工业文明社会的必然产物。然而回归自然、希望摆脱现实困扰的思潮更重要的原因，是法国大革命最终造成的令人沮丧的政治环境。许多浪漫主义者在青年时代是一些激进主义者和大革命的积极参与者。启蒙运动和法国大革命激起了知识分子无限而美好的向往，似乎以理性和精英治理的社会即将到来，然而大革命的结局却使他们失望。知识分子在大革命中是进步阶级的先导，现在却要对大革命的失误和过失行为负责。他们感到威信扫地和处于被谴责的地位。

随着革命形势的发展而出现的是拿破仑专政，拿破仑之后出现的是维持现状的反动潮流。控制 19 世纪前半叶欧洲的梅特涅主义成为合法的现实，传统主义和保守主义甚嚣尘上。在这种政治形势下，浪

漫主义者常常浸沉在强烈的幻灭感中，他们对新世界的希望破灭了，面临的是空幻的人生。他们不再相信那些崇高的豪言壮语，也不相信那些虔诚的温情。他们希望从现实逃遁，转向潜意识的幻想，转向原始蛮荒的大自然，转向梦境的乌托邦，转向中世纪神秘主义寻求对心灵的庇护，或者在无奈中追寻东方神秘主义的永恒与达观。

乌托邦的出现与西方中世纪以降人本主义思潮的兴起不无关联。人们不再把“造物主之城”作为自己的理想寄托，而是基于人本主义的理想虚构一个以人而不是神为主导的完美国度。所以乌托邦的出现是西方近代理想主义文化精神的一种重要体现。乌托邦作为人类思想意识中最美好的社会，它代表的是人对于社会合理性的应然诉求，它集中承载的是人们力图超越现实、实现理想的愿望和期待。近代西方乌托邦的兴起与工业革命、启蒙运动和法国大革命这三大重塑世界的历史动力密切相关。乌托邦是人们构筑未来理想的世界，使人们对未来产生强烈的希望感，从而推动人们去追求更合理的生存状态。

在 18 世纪的欧洲，出现了各种形态的社会理想和社会乌托邦。这些浪漫主义理想的理论大都来自德国思想家。这些理想主义作家如谢林、费希特、施莱尔马赫、诺瓦利斯、路德维希・蒂克、奥古斯都和弗雷德里希・施莱格尔兄弟。他们都被一种高迈的理想主义激励，他们在对人性的信念引导下，相信能够对社会进行改造，从而走向更高的阶段。然而浪漫主义运动在向其目标行进中，出现一种悲观主义精神，这种悲观主义精神突出表现在德国哲学家叔本华、意大利诗人莱奥帕尔迪，以及美国小说家梅尔维尔等人的著作中。

第8章

自由主义思潮

现代关于自由的观念，本来是反对宗教控制和迫害的一种意识形态，首先在17世纪产生于英国。然而，在历史进程中，自由的内涵发生了质的变化。

当代西方资产阶级所信奉的自由原理是：幸运的人对不幸的人实行专制时，不应受到任何限制。这样的自由主义为了防止那些不幸的人的谋杀和武装暴动，便要求得到法律的保护。富人们要把千千万万的人民都判死罪，以保证他们自己继续享受丰盛的筵宴、豪华的汽车。而由于富人几乎控制了所有的印刷品，所以他们掩盖事实，不让那些深受其害的人知道真相。

一、关于自由概念的不同界说

现代政治自由概念起源于古希腊时期有关奴隶的自由。对古代希腊人而言，自由意味着脱离奴隶主的奴役而成为独立的人。因此，古希腊时期的自由与民主密切相关。一切民主主义者认为，自由是国家的政治原则，一个人应享有他所期望的生活，这是他的自由权利，也是民主的特征。

在古代波斯帝国，人们享有某种程度的自由，信仰不同宗教的公民和族群有同样的权利和宗教信仰自由，妇女和男人享有相同的权利。波斯帝国于公元前 550 年废除奴隶制，国王们的宫殿是用薪金雇用的工匠建造的，而在以前宫殿是由奴隶建造的。古罗马帝国时期，即使在罗马皇帝统治时期的罗马法也有有限形式的自由内容。但这些自由权利只限于罗马公民。罗马法中的许多自由权利在整个中世纪一直有效，但只有贵族而不是广大平民才能享有这些自由权利。直至启蒙运动才出现所谓不可剥夺的普世自由的观念。

霍布斯、约翰·洛克和卢梭（虽然首先是柏拉图在《理想国》中提出）的社会契约理论，第一次对政治权力进行了区分，这就是君权和天赋人权观念。启蒙运动思想家们提出，不论“天国”和人间事务都由法律支配，法律赋予国王以权力，而不是国王的权力赋予法律以威力，国王的权力没有不受限制的权威性。法国政治哲学家孟德斯鸠《论法的精神》（1748）是政治理论史上的巨著，使法的概念达到了新的高度。法律成为维护个人自由的依据。在哲学中，自由涉及与决定论相对立的自由意志（决定论主张，一切事物包括道德的选择，完全受先前存在原因的决定而排除自由意志；事物的现状是其先前状态的结果，也是随后状态的原因）。在政治中，自由包括全体公民所享有的社会自由和政治自由；在神学里，自由意味着摆脱了罪恶的羁绊。

欧洲古代哲学家已经关注自由问题。古罗马皇帝马克·奥勒留曾提出，一个具有全民平等政体的法律、以人人平等的权利和言论自由的原则管理的国家，以及一个尊重大多数被管理者自由的王国政府的观念。托马斯·霍布斯认为，一个有能力和智力想做某事而不被阻止的人，是一个自由的人。但约翰·洛克拒斥这种对自由的界定，洛克没有提到霍布斯，他抨击的是与霍布斯对自由持相同观点的英国理论家罗伯特·菲尔默。洛克在政论中将菲尔默的著作（主要是《族长》）斥为自圆其说的胡言乱语。洛克发表了自己对自由的观点：每一个人都是一个道德的存在，对造物主负责，是以自由为先决条件；与个人意志对立的强制只能取得表面的顺从。《政府短论两篇》（1690）是洛克多年思考的关于政治原则的成果，他说，在自由的国度里，自由在于摆脱地球上任何强权的束缚。人们不受制于他人意志或立法权威而只接受自然法则的支配。在政治社会里，除了经过公民赞同而建立的法律权力，他们不受制于其他强权。因此，自由不是罗伯特·菲尔默爵士说的那样："自由是每个人做他想做的事，享有他感到满足的生活，而不受任何法律的约束。"洛克说，自由在自然的国度里受自然法则的支配，而在政治社会里受法规的约束，人们有权利或自由：①按照他自己的意志做法律所允许的一切事情；②人们不受他人反复无常、变化多端和随心所欲的意志的摆布。（洛克:《政府短论两篇》，陕西人民出版社，2004，第 76 页。）

约翰·穆勒在《论自由》（1859）中所阐述的个人自由可以概括为两条基本原则：①个人的行为只要不涉及他人的利害，个人就有完全的行动自由，他人对于该人的行为不得干涉；②只有当个人的行为危害到他人利益时，个人才应接受社会或法律的裁定。穆勒强调个人自由，强调个性发展。他说，个人拥有按照自己的道路去追求自己利益的自由，并认为完全的个人自由和充分的个性发展，不仅是个人幸福所系，也是社会进步的主要因素之一。

美国华盛顿大学哲学教授阿尔伯特·利维，于 1958 年在威尼斯召开的国际哲学大会提交的论文《自由的价值：穆勒的自由论》中说，在西方世界的政治理论中，约翰·穆勒所阐述的自由原则，在当时，其彻底的革命性可与卢梭的《社会契约论》和马克思的《共产党宣言》齐名。它们代表着 19 世纪欧洲出现的政治形势。1861 年,《论自由》被译成俄文，立即成为沙皇秘密警察的肉中刺。15 年后，一个斯拉夫人、后来成为塞尔维亚国王的彼得·卡拉乔尔捷维奇（Peter Karageorgevitch，1862—1908）又亲自将《论自由》译成他的本国语言。至第二次世界大战前，英国工党理论家哈罗德·拉斯基（Harold Laski，1893—1950）和该党其他理论领袖们，将《论自由》作为该党政治原则的神圣经典。而日本天皇裕仁则把它视为一种恶性传染病——一种危险思想的潜在传染源，必须将其从公共领域铲除。

穆勒在《论自由》中首先阐明作为行动的自由和排除强权政治的自由之间的区别。后来英国哲学家以赛亚·伯林在《论自由的两种不同概念》(1969）中，正式界定了上述两种不同自由概念之间的区别：消极自由和积极自由。消极自由指在一种恶劣环境中，个人反抗强权和暴政而达到保护自己的目的；积极自由则是强调自我约束的能力和意志，一种超越自身弱点的自由。伯林发现，卢梭关于自由的理论是一种危险的理论，因为在伯林看来，卢梭将自由等同于自制或自我约束，而自制就是服从公共意志。在这种情况下，卢梭的主要目的在于公共利益，就是说，作为公民就应该为全体公民做出最大贡献。所谓公意是独立于个人意志，也往往是与个人意志相互矛盾的。卢梭强加于公民的这种公意常常欺骗了人们对自身利益的追求。

一切事物或观念都有一种限度。自由发展到了极致，反而会陷入不自由的境地。因为完整意义上的自由不仅包括外在自由，还包括内心自由。一个人要达到内心自由的境界，实现真正的意志自律、理性自决，必须具有经过内心自觉体认的信念。倘若没有这种自觉，表面看来似乎很自由，实际上恰恰为匿名的权威所摆布，成为舆论的奴隶而不自由。尤其当一个人无所信仰，在价值世界陷入虚无境地，一旦不再相信绝对律令的存在，就只能听任自己受偶然性的摆布，被世俗和时尚牵着鼻子走。

二、自由主义的内涵

在西方，自由主义是一个复杂的概念。自由主义（Liberalism）一词源出于西班牙语 Liberales，19 世纪在欧洲和北美得到广泛流行和使用，成为近代西方一种社会政治思潮或流派的代名词。其核心价值是强调以理性为基础的个人自由，主张维护个性发展，反对一切形式的专制主义，认为保障个人自由和个人权利是国家存在的根本目的。从这一核心价值出发，自由主义在思想上主张开放、多元和宽容；在政治上主张实行代议制民主，通过温和的社会变革实现社会进步。自由主义思潮虽然可以从欧洲古代思想中找到源头，但严格意义上的自由主义运动却始于 17 世纪的英国革命，中间经过 18 世纪的美国独立战争和法国大革命，至 19 世纪最终成为一股世界性思潮。

作为一种社会政治思潮，其核心观念是宗教宽容和追求个人主义，反对专制和尊重个人选择。在欧洲，宽容思想并非自古有之，中世纪基督教会的宗教法庭是毫无宽容可言的。自 1163 年教皇要求世俗君主压制异端，直到 17 世纪，在火刑上不知烧死多少被认为违反正统的人。所谓正统，希腊文原义是“正确的信仰”。正是在维护正统的名义下，16 世纪西欧各国封建统治阶级与新兴资产阶级之间、新旧教派之间，进行了百余年的宗教战争。直到 17 世纪下半叶，英国哲学家约翰·洛克著《论宗教宽容》为止。欧洲人经过长期党同伐异、你死我活的流血，最后悟出要对不同宗教思想集团持宽容态度；由对不同宗教思想的宽容延伸到对其他思想的宽容，即容许别人有思想和判断的自由，对不同于自己或传统观点的见解能够容忍。

Liberalism 一词译为“自由主义”容易引起误解，因为它在英语中是一个褒义词，而在汉语中，自由主义含有自行其是、不顾别人的意思，是贬义词。因此有学者认为可译为“开明主义”，指思想开明，对于与自己不同的思想能够宽容，有利于正确理解现代出现的这一重要政治思想概念。欧美自由主义的历史不仅是欧洲文化本身的演进，也标志着中产阶级力量的逐渐壮大，向封建贵族夺权，以及自由资产阶级在社会上处于支配地位的反映。自由主义运动对欧洲社会进步和现代文明的发展做出了不可磨灭的贡献。

现代自由主义从最初出现就是一种革命思潮和理论。以个人自由之名，自由主义者从 17 世纪直至 19 世纪初叶，对欧洲既存的政治和经济制度以及立法权威提出质疑。自由主义者还提出包括阶级关系和社会权力分配等一些问题。自由主义作为一种革命思潮，其价值核心、理论原则及社会观念，至今依然是欧美国家政治的重要组成部分，成为西方政治理论和政治体制的基本依据。西欧人和北美人以及受到这些地区文化影响的人们，仍然生活在现代自由主义者建立的社会体制和价值观念之中。当今自由主义在被批评中处于守势，而批评者在否定其历史意义的同时，往往将自由、代议制等自由主义政治原则视为独裁主义。

18 世纪西欧向北美移民中，将出现于 17 世纪英国革命浪潮中的自由主义思想带入北美殖民地，英、美政治和政治-经济自由主义传统对西方政治产生了深刻影响。德国、法国和意大利等国也出现了自由主义运动，但其社会影响远非英、美自由主义那样深广和强烈。这些国家的自由主义运动，对公共政策和大众价值观念的影响都比较有限。由于相同语言的联结，英国和美国自由主义者论述的是相同的理论问题和价值核心。在北美殖民地早期，尤其在新英格兰地区，自由主义思想完全来自英国政治领域激进的平民主义者的思想。在整个17世纪、18世纪和19世纪，自由主义思想越过大西洋，激励着大洋彼岸北美大陆人民对社会问题的关注，形成了独立于其他区域的政治传统。在这一过程中，约翰·凯恩斯是大洋两岸自由主义思想共同特征的代表人物。早期清教徒们，以及托马斯·潘恩和托马斯·杰斐逊，都是政治、经济领域自由主义的代表。英、美自由主义者始终关注的是大众民主、代议制政府和维护个人权利等问题。自19世纪以降，他们关注的还有工业化、资本主义、贸易自由，以及政治与经济之间经常发生的相互作用和矛盾问题。英、美自由主义传统重视个人主义、个人自由和权利、坚持宪政、尊重理性、提倡宽容。

从宽泛的意义，英、美与欧洲大陆自由主义传统之间显然存在差异。英、美自由主义者大都具有个人主义倾向，而欧洲大陆自由主义者强调国家利益高于个人利益。法国自由主义是以所谓国家干预为特征的自由主义，鼓吹通过国家去实现个人自由，这是与英、美自由主义原则背道而驰的。而德国自由主义最终成为俾斯麦铁血政策的牺牲品。

联合王国和北美殖民地是近现代自由主义的历史源头，是20世纪其他地区自由主义的原始榜样。这种自由主义传统，始终强调个人应服从在大多数人意见一致基础上建立的理性政府。在个人主义大方向前提下，各种权利属于个人，而不是国家或社会的赠予。在这一前提下，对国家权力和对各种社会关系都是一种限制和规范。英、美自由主义者强调宗教宽容，然后将这种宽容精神延伸至政治和社会领域。英、美自由主义者认为，个人与社会的关系和个人与国家之间的关系不同，从这一观点出发，进而建立一种政府官员和那些手中集中了强大经济权力的人必须服从法律的思想，不允许他们超越法律之外。然而与欧洲大陆自由主义者不同，不论是个人或者集体行为，英、美自由主义者一般都试图平衡个人、社会或国家之间的不同诉求，平衡平等与自由、自由主义与民主之间的矛盾。这样，在这种或那种过度行为出现后，英、美自由主义者总是努力回归其一贯关注的权利、宽容和平衡。即使在鼓励那些被剥夺了权利的人进行抗争的情况下，他们依然重视这些原则的有效实施。正如这样一句话所表达的宽容精神：我不同意你所说的一切，但我将誓死捍卫你说话的权利。

三、帕特尼辩论：英国自由主义的“奠基礼”

英国内战（1642—1651）推翻了古老的政府，建立了新型政府。帕特尼辩论阐释了对种种新观念、新的价值观和政府机构进行探索的主要方面。

帕特尼辩论于 1647 年 10 月 28 日、29 日和同年 11 月 1 日由革命军队军人委员会举行。军人委员会成员包括军队的主要军官，如奥利弗·克伦威尔和亨利·艾尔顿，以及国会军士兵中选出的代表，他们都是所谓鼓动者。由于国王已经在战争中被打败，辩论围绕立宪政体的性质展开。军人委员会中的激进分子如雷恩巴罗积极拥护《人民公约》（*The Agreement of the People*）所阐述的原则，而保守主义者则坚持国王应比胜利的中产阶级拥有更大的权力。双方同意必须对政府进行改造，但在人有哪些义务、哪些人有参政权、国王和贵族（上议院）在新政府中有哪些权力等方面存在分歧。辩论中提出了政治理论的一些基本问题：代表、义务、参政、权利、公正、自由、法治、契约，以及成文宪法的思想。帕特尼辩论提出了 17 世纪 40 年代在英国讨论的许多问题，指出此后三个世纪自由主义理论的基本框架。

17世纪英国内战时期出现的一些激进群体如平均派提出，要以《人民公约》作为英国成文宪法，该公约的形成经历了几个发展阶段。第二部《人民公约》由军人于查理一世被处决前10天，即1649年1月20日提交国会审议。第二部《人民公约》与第一部《人民公约》有所不同，其内容更多，补充了许多细节，也删去某些内容。《人民公约》提出，只有人民选举的政府才是合法的政府，人民是有理性的，在参政中他们能够运用理性。虽然《人民公约》被国会否决而从未得到实施，但它是一切欧美现代自由-民主宪法的先驱。《人民公约》的起草人将此作为建立一种新型政府的契约，希望得到英国人民的认可。《人民公约》将在实施中维护人民的宗教信仰自由和自由的价值观念，创造法律面前人人平等、政府权力分散、定期选举和扩大选举权的社会环境。

四、英、美早期自由主义者

1. 詹姆斯·哈林顿：经济权力所到之处，政治权力随之出现

詹姆斯·哈林顿（James Harrington，1611—1677）既是国王查理一世的朋友，也是共和主义者的盟友。哈林顿于1656年发表的《大洋共和国》（*The Commonwealth of Oceana*）成为英国建立共和政体的楷模。实际上哈林顿是在重述亚里士多德关于政体的稳定和变革的理论。书中表述了经济权力所到之处，政治权力随之出现的思想，这种思想具有特殊的现代意义。哈林顿相信，经济权力必然成为政治权力潜在的根基，导致政治权力的发生。他认为，在有强大的中产阶级的地方，民主制是最稳定的，而革命是经济权力与政治权力分离所导

致的结果。政府形式是建立在土地所有制特征基础之上。在其著名的“平衡规律”论中，他说，控制最多土地的个人或群体必将控制政府。因此，如果大多数人拥有大部分土地，其政治制度必将是共和政体。哈林顿选择共和政体的理由是，共和政体维护公众的各种权利和利益，鼓励人民广泛参政，这种大众参政制度有可能营造一种内在“应力”而建立起永恒的共和政体。他指出，农业法必须鼓励广泛的土地拥有制，禁止任何人拥有每年能够生产超过 2000 英镑价值的土地。这一规定将确保当时英国的土地至少由 5000（实际上更多）农户进行分配。

政治体制必须反映和体现人们大众的经济力量。哈林顿建议政府分权制度：设计法律的上院从富有阶级中选举产生，人民大众可以投票接受或拒绝这些法律；政府行政部门负责执行法律，轮流执政和无记名投票选举，将阻止任何人能够获得足够权力从内部推翻这种制度。在确立广泛的土地所有制的农业法和相应的政治制度前提下，保证个人利益和限制个人或群体经济势力或财富的集中，将保持政治体制的平衡和持续稳定。在为推行其倡导的制度的积极努力中，1660 年君主政体复辟，哈林顿被查理二世以阴谋颠覆王朝政权投入监狱。

哈林顿的《大洋共和国》，描述的是在推翻君主政体的一个想象中的海岛共和国的历史，其中讨论了农业法的特征。《大洋共和国》所表述的理想和信念影响了美国总统托马斯 · 杰斐逊的民主平均地权论和西奥多 · 罗斯福与伍德罗 · 威尔逊的反托拉斯政策。《大洋共和国》所表达的主要是一种贵族政体，一种受限制的、均衡的权力概念，是美国许多建国者所希望的那种国家。据说哈林顿的思想曾部分地促成了美国的一些政治措施，如成文宪法、两院制的立法机构和无记名投票制度等。

2. 约翰·洛克

（见本书第 5 章“欧洲现代哲学”关于约翰·洛克的论述。）

3. 托马斯·潘恩：超越时代的政治家

托马斯·潘恩（Thomas Paine，1737—1809）生于英国，但他毅然支持北美殖民地人民反抗英国的统治。潘恩于 1774 年移居北美，1776 年发表小册子《常识》，号召殖民地人民反抗英国的统治，并参加美国独立战争。次年任大陆会议外交委员会秘书。他没有受过政治哲学方面的教育，但他撰写的宣传革命的论文具有强烈的说服力，观点明确，切中要害。他的《常识》和《危机》等著名论文对美国革命产生了巨大影响，其他作品如维护法国大革命的《人权论》等，使他跻身于欧洲历史上伟大政治家的行列。

潘恩对美国独立战争的影响是巨大的，乔治·华盛顿对潘恩的思想非常赞赏。他的《常识》为当年 7 月通过的《独立宣言》铺平了道路。美国独立战争爆发后，潘恩发表《美国危机·第一号》(1776)。当时华盛顿率领的军队濒于崩溃边缘，下令将这篇文章向部队宣读，极大地鼓舞了军队士气。美国革命胜利后，潘恩一贫如洗，他的爱国著作销售了许多万册，但他拒绝从中牟利。

潘恩是一位真正的革命家，他不满足于作为一次革命（美国革命）的重要角色，他还积极参与第二场革命（法国大革命），并试图推动第三场革命（他的出生地英国的革命）。潘恩攻击的对象是世袭的帝王、贵族和根深蒂固的教会权威。他让这些中世纪反动势力如坐针毡、心神不宁。他从不畏惧激烈的社会变革，并对他的激进主义满怀信心。随着美国革命的发展，这位有才智、精力充沛和具有创造性的革命家，又将他的批判锋芒转向资产阶级革命的不彻底性，抨击一些曾经的朋友（如乔治·华盛顿）。潘恩认为他们不再关心自由主义革命的伟大目标：自由共和国的建立必须发动有知识、充满活力的广大民众的参与。

今天我们往往忘记这样一种现实：在潘恩的时代，共和政体是一种激进的国家体制，像潘恩这样的革命者被人们认为是要推翻千百年来的传统和一切社会常规。然而要达到这一目标，他必须首先颠覆一切常规，重建一切社会机制的法则，然后选择新的体制。潘恩的思想超越了其时代的现实环境而不能被社会接受，遭到多数人的抵制。超前者总是孤独的，在艰难中抉择，在期待中觅路前行。

美国革命后，潘恩发表《人权论》(1791)，与英国保守主义者埃德蒙·伯克论战，为法国大革命辩护。后来参加法国大革命，1792 年被选入法国国民公会。他提出，妇女、黑人和一切穷苦大众都享有平等的天赋政治权利，政府的目标就是保证和维护个人的自由和人身安全，天赋人权是人的生存权利。《人权论》出版后，立即引起轰动，一年内至少再印 7 次。

次年，潘恩发表《人权论》第二部。他说，代议制政府的唯一真正基础是人的权利平等。在代表选举中，每人都有选举权，富人不能排斥穷人的选举权和被选举权。财富不是人的道德标准和证据；相反，财富常常是非正义的证据，而贫穷彰显的是人品的清白无邪。选举权是人的基本权利，其他权利可以通过选举权得以维护。剥夺一个人的选举权就是将他置于奴隶的地位，因为奴隶是被迫服从别人意志的人。人生来就有平等的权利，但他们却没有平等的权力。弱者面对强者时不能保护自己，在这种情况下，建立社会机构的目的就是要促成权力平等的措施，以保证人们权利的平等。

潘恩认为，法国革命的根源，在于政府专制、平民贫困、无知、失业，以及频繁的战争。他提出以共和制度代替君主政体，并制定普及教育计划、救助穷人、实行老人津贴和国家为失业者兴建公共工程等办法，所有经费统以征收累进所得税解决。统治阶级把这些主张称为血淋淋的革命。他的书被禁，出版者被捕，还被下令以叛国罪逮捕。1797 年，潘恩发表最后一部著作《论土地公平》，攻击财富分配的不平等现象，引起既得利益集团的敌视。1802 年，潘恩返美。他去世后，美国报纸转载讣告称："他做过一些好事，也干了许多坏事。"他去世百年后，人们对他的评价有了改变。1937 年 1 月 30 日，伦敦《泰晤士报》称潘恩为"英国的伏尔泰"；1952 年 5 月 18 日，纽约大学名人堂立起他的半身像。

4. 托马斯·杰斐逊：人民是一切社会权威之源

托马斯·杰斐逊（Thomas Jefferson，1743—1826）撰写了大量著作，作为政治家、外交家和建筑师，杰斐逊在其漫长的政治生涯中，始终强调人权和大众的参政权利。从他的第一部著作《英属美洲权利概述》（1774），到他于 1826 年 6 月 24 日写给第八任华盛顿市市长罗杰·维特曼的信，杰斐逊提出，人民将有限的权力委托给政府，政府的一切政策都要维护大众的生活、自由和追求幸福的权利。在《英属美洲权利概述》中，杰斐逊以回忆洛克的方式，提醒英国国王乔治三世，政府的建立是为了维护人民的权利。当统治者滥用权力，就是对人民的背叛，丧失了人民的信任和期望，人民有权反对这种侵犯其权利的行为。在他去世前的最后一封信中，杰斐逊说："广大人民大众来到这个世界时，背上没有带着鞍子，他们不是供那些幸运者以造物主恩赐合法地骑在身上用马靴踢打。人民开始认识到他们的权利，看到了未来的希望。”

杰斐逊说，人民有充满希望的权利。人民的生存状况能够逐步得到改善，社会进步需要人们的相互宽容，他们的参政权必须得到尊重。人民是一切社会权威之源，他们有权按照自己的需要改变政府，但即使是多数人也要尊重少数人的权利。政府的政策必须有利于推动平等代表权、接受教育的权利、宗教和各州独立、限制官员任期、定期修改宪法，以及在民主监督下选举制度的推行。如果统治者破坏了人民的委托，他们有权进行反抗。杰斐逊的大量书信是他一生关于政治和自由思想的总结。

杰斐逊提出的上述原则，大都成为直至今日自由主义的核心内容。早期自由主义者十分强调这种消极自由，因为他们担心政府权力的不断扩张，将威胁人们的自由和权利，政府官员将随心所欲、独断专行。早期自由主义者甚至将国家视为他们的敌人，认为国家的统治体制和施政方针是非民主的，因此他们进行的革命是反对国家——反对一切行使权力和使用暴力的国家。他们提出限制政府功能以达到制约权力的目的，从而维护个人不受国家专制统治的侵害。他们认为，政府的功能越少，其滥用权力的危害就越小，因此他们要求对政府权力实行限制和监督。虽然他们中有些人（尤其是杰斐逊）也担心私权的危害，但大多数早期自由主义者都将政府视为敌人。如果政府是敌人，防止对自由的破坏，符合逻辑的方法就是限制政府的功能和权力，以及确保被统治者参与政府管理。

人们为达到其目标而发展起来的权力就像沿山坡下泻的水流，其流向可以被改变，也可以通过封堵或储存调整水流方向，但它必然寻找流出的机会。同样，权力可以从一方面转向另一方面，或者被对抗力量所阻遏，但却不能消失。在公权消失的真空地带，个人私权就会乘虚而入，借人人享有平等、自由之名而将弱者置于强者的牢笼。自由主义者争取改变穷人的生活状况，要求所有成年人享有参政权利，新的国家必须具有强大权威维护人们不受任何权力的侵害。然而自由主义者陷入了困境，因为权力往往以新的形态出现。这种危险并非想象，20 世纪德国希特勒独裁政府就是典型的例子。

五、英、美古典自由主义的政治理论：推动政治改革；倡扬法治；限制政府权力；扩大选举权范围；倡导宗教自由和宗教宽容

英、美自由主义的基本思想源自欧洲古代和中世纪社会。古代希腊和罗马社会留下成文法和法律、法规的丰富遗产，规范着直至今日欧洲人的思维。自中世纪以降，自由主义者继承了宪政、村社自制、教会与国家分离、受宪法限制的政府、法律的至上权威，以及初步的代议制思想，其中蕴含各种不同自由主义的价值观。

然而现代自由主义并非始于古代和中世纪，也与欧洲传统政治没有同义关系。我们今天所知道的自由主义最初是在 17 世纪 40 年代英国内战期间发展起来的，既是一种政治理论，也是一个党派。英国内战是围绕诸如国会权力、君主特权和税制等问题而爆发，但很快发展成为一种民众关切的政治运动，提出关于政治、宗教和个人与社会之间关系一系列新的问题。正如从帕特尼辩论和《人民公约》中可以看到，在欧洲和北美自由主义者真正获得政治权力近 150 年之前，英国自由主义者就提出许多政治观点和自由主义理论。本质上是从中产阶级意识形态出发，英国自由主义者的立场表明，自由主义所维护的不仅限于一个阶级的利益和权力。作为一种政治和经济理论，自由主义在 17 世纪向许多方向发展。

以詹姆斯·哈林顿和约翰·洛克为代表的古典自由主义，于 17 世纪 40 年代在英国出现，这是直至 19 世纪早期自由主义的主要形态。甚至到 20 世纪，古典自由主义依然是今天自由主义的主要构成部分。古典自由主义者的主要目标是通过政治改革保证和保护人权。他们倡扬法治原则、限制政府权力、扩大选举权范围和以宪法保障宗教自由和宗教宽容。在英国，经过 1688 年的革命，这些改革至少在某些领域部分地得到实现。“光荣革命”实际上是一次不流血的政变。1689 年，国会通过《权利法案》，限制国王的权力，保障国会内部言论自由、反对过度保释、禁止酷刑。同时强调有限权力政府、保障公民权利和自由、对大多数宗教派别的宽容，以及民众的政治权利等。将宗教宽容精神延伸到政治领域，有助于组织不同派别参与政府政策的制定和团结持不同观点的人，消除对抗力量对国家事业造成的损失。现代党派制度和一切利益集团行为，都建立在这种社会基础之上。18 世纪末和 19 世纪初的民众政治活动和诸如托马斯·潘恩和托马斯·杰斐逊等人的著述，大都以古典自由主义理论原则为依归，逐步扩展大众政治参与的范围。

六、英、美古典自由主义的经济理论：自由放任主义

约翰·洛克写下大量关于经济和政治哲学著作。他讨论了私有财产的起源，为后来“自由放任”理论奠定了基础。洛克对权利、自由以及政府对自由的威胁所做的论述，也支持了自由放任理论和政策。

亚当·斯密（Adam Smith，1723—1790）是自由放任政治经济理论的综合者和建立者。他充满激情地主张经济和政治自由，反对一切形式的对经济活动的专横限制。亚当·斯密认为，自由是改善个人和

公共福利的必要条件。在1776年首次出版的《国富论》中，亚当·斯密说，人与人之间存在一种走向和谐的趋势，如果让人们去追求自己的利益，每个人都将受益。他说，政府干预和奢侈浪费都将阻遏英国社会走向富裕、发展和进步。但他也认识到好的政府可为自由经济提供良好的环境：公正、个人安全、公共设施和抵御外部侵犯。

亚当·斯密关于“看不见的手”最终促进社会利益的表述，显然是对曼德维尔关于“个人罪过可以成为公众利益”这一论点的回应。曼德维尔（Bernand Mandeville，1670—1733）是生于荷兰鹿特丹、后来定居英国的散文作家，因所著《蜜蜂寓言》（1714）而誉满欧洲。在《蜜蜂寓言》里，曼德维尔对“私人的罪过，公众的利益”，以及道德的起源进行了讨论和研究，对所谓“罪过效用论”做了似是而非的辩护。其中心内容是，一切从自我利益出发是罪过，但对社会有益。

亚当·斯密相信，当一个人追求自我利益时，他也间接地促进了社会财富的增加，因此对社会有益。他说，自由市场上出于自我利益的竞争将使商品价格下降，而有益于整个社会，从而促使各种商品丰富和社会服务业的发展。但他同时提醒人们提防商人为自身利益对公众施展阴谋，互相勾结，抬高物价，侵犯消费者利益。

古典自由主义的政治理论具有强烈的经济色彩。强调政府不应干预经济活动的自由放任主义产生于古典政治自由主义。自由放任主义的基本理论从亚当·斯密首先对其进行综合阐述后，两个多世纪以来没有改变——虽然在其实际运用中可能出现一些变化。在本质上，自由放任主义理论建立在一种唯意志论价值观基础之上，它相信人们能够决定如何以最佳方式满足自己的需求和达到自己的目标，只有通过个体的努力和社会竞争，社会进步才能实现。自由放任主义者认为，一种自我调节市场是在个体中分配商品、资源和服务设施的基本和唯一合理途径。每一种产品、服务设施和劳动力都在这个市场上出售，人们接受的价格完全来自市场供求规律。在这种理想的自我调节市场上，个体之间可以进行平等的讨价还价，任何个人都无法按自己的意愿掌控价格。政府和垄断集团都不能干预和限制个体之间自由讨价还价的权利。在自由竞争和开放、不受人为调控的市场，个体只有不断改进其产品质量、降低价格才能占有更大的市场份额。这就需要提高效率，而效率就是收益。

这种竞争和自由市场不仅体现了自然规律，而且将引向一种自然和谐的利益关系，因为每一个体追求利益的过程，也自然地满足了他人的需求。在个人主义、自我关怀和个人行为完全自由的前提下，通过增加产品总量和提高服务消费质量，为社会进步做出了贡献。只有个体自由追求利益的行为而非人为的政治干预，才能推动自然市场的良性运作。

古典政治自由主义允许政府的一些管理行为，而自由放任主义几乎排除政府的一切职能，只限于维护市场秩序和实施各种契约。实际上自由放任主义者以自由市场替代政治斗争和政治参与，认为只有在平等自由前提下才能进行市场竞争。在这一意义上，自由放任既是反政治的，也是真正的政治。自由放任主义者认为，经济必须与政治完全分离；政治无助于市场的自然运作。政治所能做的只是对市场的干扰，对个体勤劳的惩罚和对效率的扼杀，违背了竞争的自然规律；同时，在这一过程中破坏了自由原则。

在关注经济活动自由、尊重财产权利和私人企业等方面，自由放任主义深深影响了当代自由主义。然而，不干预政策的实际效果却是可怕的，被许多当代自由主义者所抛弃。早期工业化对雇工造成极为恶劣的工作条件和生活环境，以自由为名，许多自由主义者否认国家（政府）能够推行并实际改善有害大众健康的工作条件、调整雇员的工作时间、禁止雇佣童工和要求儿童必须入学等社会福利政策。以自由契约为名，他们只强调契约的形式而忽视人们可能无法平等地进入契约程序，以及个体工人比任何雇主更迫切需要一份工作。他们主要从经济角度看待自由——自由竞争，他们拒绝看到，竞争能够摧毁那些缺少工业家所拥有的财力和权力的人们应该拥有的自由，拒绝承认随着企业的发展，竞争本身已经改变性质——他们依然固守正在变质的自由。甚至本来是指种种政治关系的自然法，也被用来强调竞争的自然经济规律。

自由放任是一种经济学理论，也是政治学理论。该理论主张，追求自我利益的自由是天赋的，是个人幸福、社会发展和进步所必需的条件。这种经济学理论具有重要的政治内涵。所谓政治内涵包括各种政治-社会体制设想和反映在经济理论中建立某种制度或政策的必要条件，以及理论实施所导致的种种政治-社会效果。许多自由放任主义者提出一种对自由和政治的狭隘解释，他们贬低而且几乎取消了政治。权力关系变成了私人经济关系。如果社会关系尤其是市场关系是唯一社会进步的源头，那么，政治也就成为与人民生活毫不相关的东西。通过将政府排除在市场之外，自由放任主义应该结束暴政和为社会增加更多财富。这是直至 19 世纪中叶英国自由主义和截至 20 世纪初叶美国自由主义的典型态度。

自由放任理论产生许多严重结果。首先它最终解除了中世纪和重商主义阻遏个体和社会财富增长的控制；其次，改变了传统社会的各种关系，将个体从群体的限制中解放出来。但在另一方面，这种理论还在更大程度上排除了对他人的责任感；自由放任思想鼓励投资和风险意识、强调追求自我利益高于一切、鼓励大量积累财富，其结果导致空前的大规模社会转型、贫富两极分化、损坏他人自由、无视公共利益，以及潜在的社会危机。

七、自由主义者内部对自由放任主义的回应

1. 约翰·凯恩斯：自由主义反对两种倾向——政府无所作为和放弃竞争

当代自由主义在公众中的形象是支持全面干预主义的国家理论，这同 19 世纪自由主义者坚持自由放任主义的国家理论形成鲜明的对照。然而与其说自由主义者有时赞成强大的政府权力，毋宁说在不断变化的政治、社会和经济环境中，大多数当代自由主义者希望借助政府的权力，维护他们认定的自由主义基本价值观。这种情况代表一种信念：尤其在某些社会和经济关系中，在可能任意行使权力或出现歧视的领域，政府干预是保证经济效率和政治-经济自由所必需的。这种信念并不拒绝唯意志论的自由放任理想和广大独立个体之间的竞争这一思想，但在大规模工业和私有经济大量集中的情况下，自由放任政治、经济将不可能永远存在。正如约翰·凯恩斯如下表述：经济不可能永远能够自身进行调节，也没有永远自由或真正的竞争；政府的无所作为未必能够产生最好的结果。私有权力和政府权力都可能剥夺人们的自由和个人主义价值观。自由主义需要反对两种倾向：政府无所作为和放弃竞争。

代表当代英、美自由主义主要思想倾向的自由主义者，拒绝经济的自我调节和只有自我调节的经济才是高效率和公正的这种自由放任主义理论，其意义是重大和深远的。不仅如此，他们还认为，不受调控的经济将产生严重的效率低下和大量不公正现象，它将为暴力和社

会动荡埋下隐患。而这种暴力和社会隐患必将破坏自由和资本主义与私营企业有价值的东西，从而导致频繁的经济萧条、失业和大范围的贫困。19 世纪至 20 世纪初期欧洲出现的社会动荡充分表明，完全不加调控的经济将产生政治、经济、社会和道德灾难。当代自由主义者认为，曾经是典型自由主义政策的自由放任主义，在完全不同的社会环境下不再能够维护自由主义的价值观；自由主义者不再坚守陈旧的政策，而是坚信自由主义民主政府能够成功地干预和调控经济的发展。这种干预有助于减少经济萧条、经济浪费、通货膨胀和失业的发生，以及在维护个体自由和选择权利的同时，减少经济发展的压力。

这些自由主义者还认为，纯粹追求自我利益未必永远对社会大众有益。例如，不加限制地允许人们随便倾倒有毒垃圾，或允许父母将学龄子女送入工厂充当劳工而不是送入学校，这些现象将妨碍他人的自由或损害公众利益。为了政治、社会和经济的公平，要求政府干预，限制某些人的经济自由，维护社会大众的自由和选择。政府的帮助与保护还可营造或改善积极自由的社会环境。这些自由主义者接受资本主义，维护私有财产的合法性，但拒绝承认它们必然与自由放任主义及其分配原则相关联。他们在不同程度上认同政府的成功干预对维护自由与个人主义，以及资本主义社会的稳定，不仅是可能的，也是必需的。这些自由主义者不是将问题看作要么维护自由，要么坚持政府干预，而是既要自由也要政府干预，将传统自由主义的基本原则融入变化的社会环境中。其中包括在重建社会关系和公共利益格局的同时，承认个人的重要性甚至其主体地位。滥用自由践踏他人权利的现象必将破坏他人的自由。当代自由主义者，要求在最大范围内维护其各种基本原则和价值观的平衡。

约翰·凯恩斯对这一问题有如下表述：“人类社会的政治问题涉

及三件事：经济效率、社会公正和个人自由。第一件事需要有批评、审慎的态度、分析判断和技术知识；第二件事需要有一种爱护平民的热诚和无私精神；第三件事需要有宽容、宽宏大度，对多样性和独立性的优越之处心怀赏识和尊重。而最重要的是为优秀者和胸怀大志者提供施展才能的机会。爱护平民是无产阶级政党（工党）拥有的最佳品格；宽容需要自由主义党派的品格。自由主义的传统及其由来已久的同情心，是经济个人主义和社会自由之源。”（《约翰·凯恩斯作品集》，第九卷,《论信念》，1972，第 311 页。）

2. 托马斯·希尔·格林：拒绝一切特殊个人和特殊阶层的特权

牛津大学新康德主义哲学家和激进的政治改革家托马斯·希尔·格林（Thomas Hill Green，1836—1882）对 19 世纪后期英国哲学有重大影响。格林的形而上学以人与自然的关系为出发点。他说，所谓认识就是认识不同客体之间的关系。从自由主义者格林的著作和讲演中，人们一再发现如下观点：①自由主义政府的目标是让人们成为道德上有责任感的人。②成为有责任感的人，他们必须能够自由地选择其行为方式。③这种自由必须是真实而有效的；如果一个人的选择具有任意性，这种选择是没有意义的。④一个人的收入和教育与其天资无关，而收入和教育的不平等将损害和限制其人生选择的范围。⑤国家应采取行动减少这种不平等现象，因为不平等的存在是一个自由社会实现其基本目标的障碍。格林在名为《自由主义立法与契约自由》（1881）的演说中，较早地提出现代福利国家的中心思想，是当代自由主义福利国家的理论基础。

《自由主义立法与契约自由》演说是对自由放任主义的维护者将契约制度绝对化做出的反应。与此同时，格林在演说中间接地抨击了英国功利主义者推行自由放任政策的行为。最重要的是,《自由主义立法与契约自由》演说标志着英国政府新政策实施的开端：在格林去世后的几年间，英国自由主义执政党采纳了格林的许多思想，而且将这些思想付诸具体的改革行动。这一情况无疑让格林的在天之灵感到欣慰，因为他的初衷就是希望其改革建议及对功利主义者和社会达尔文主义者如赫伯特·斯宾塞之流的批判，能够产生实际效果。

格林在《自由主义立法与契约自由》演说中说，自由不意味着一个人想干什么就能干什么，自由也并不意味着一个人或一群人能够以牺牲他人的自由为代价而享有属于自己的自由。自由是使人们投入真正善的行为中的力量。理想的政治制度要体现社会的道德观念，并能促进公民个人品质的提高。格林坚决拒绝一切特殊个人或特殊阶层将其自由建立在拒绝他人享有的同等机会之上。他说，伴随特权阶层的“特权”，是广大民众的“被奴役”，这种特权必将被历史埋葬。格林说，在契约的自由中，只有以一切形式的个人自由作为达到目的的手段，才是有价值的。换言之，所有人力量的解放正是为社会的共同利益做出贡献。

八、英、美改革自由主义：反对社会达尔文主义

由于过分强调竞争性经济，从表面和静态角度看待政治和社会自由，这种社会达尔文主义最终陷于被社会谴责的绝境。这种自由主义贬低政治和政治理论。在许多人头脑里，政治与经济剥削联系在一起，所以一些自由主义者试图改革这种理论。他们对其理论的重新界定包括自由的本质、自由与法律强制之间的关系和个体人性与社会环境的关系。在这种背景下，主要出现三种类型的自由主义：社会达尔

文主义、理想主义和改革自由主义。后两种自由主义试图从自由放任理论中拯救自由主义原则，为政治行为重新构建一种新的理论基础。

思想家如赫伯特·斯宾塞等，接受自由放任理论，并试图将生物学概念运用于社会和经济领域。他们宣称人类社会与各种动物界有相似之处。达尔文关于动物世界的进化规律也适用于人类社会。他们还认为，进化过程中的竞争同样发生在人类经济领域。国家以最低薪资、最大工作时间，或者免费教育的形式对种种竞争进行干预，是以牺牲强者的利益保证弱者的生存。政府的这种行为破坏了自由原则，那些在经济（而不是政治）领域竞争中的优胜者是社会的受益者，自然也是领导者，他们拖着其余的人，为一种更好的社会，在痛苦的进化竞争中蹒跚前行。社会达尔文主义者重新强调放任自由主义前辈们的不干预理论，以现代生物学的威望，为既存的经济不平等现象辩护。这些作家以强烈的道德主义使命感写到，成功属于那些努力工作和做出牺牲的人们。霍雷肖·阿尔杰的一系列作品对此做了通俗的描述。贫困、愚昧、疾病也被看作是个人或者其父母的罪过，而不是经济或社会不平等的结果。

在英国和美国的各种类型的社会主义者、社会改革者和自由主义者，大都反对这种理论，并且对其所导致的结果提出质疑。托马斯·格林的理想主义理论，强调人的社会性和个体性格与社会环境的相互依存关系。格林否认 19 世纪早期流行的个人主义理论，尤其是自由放任主义。他试图重新引用古代希腊哲学家关于公共生活与个人所处环境相互关系的评论，建立一种积极自由概念。英、美传统个人主义认为，积极自由接受这样的观点：自由意味着任何人不应干扰他人的正当活动。就是说，任何人不得干预和剥夺他人进行合法活动的机会。但是，如果我没有行使这些权利是因为我不知道它们的存在，或者因为没有必要的技艺、金钱或教育水平；那么，无法行使这些权利就不是对自由的亵渎和轻慢。依据自由放任主义的原则，工人的贫困并没有妨碍他们的自由。但是积极自由的倡导者认为，这些阻遏人们行使其权利的障碍必须被清除，而且国家有责任帮助他们清除这些障碍，然后他们才能被称为是自由的。人们必须具有行使自由权利的能力，在这一方面，政府行为是不可或缺的：政府有负责帮助他们提高行使自由权利的能力。由此，奠定了现代福利国家的基础，自由主义者表示支持这种政策。这一学派的思想深深影响了约翰·杜威和约翰·凯恩斯。

许多当代自由主义者接受了上述这些思想。改革自由主义在将自由、平等和政治参与扩展至社会领域和各种经济关系中的同时，表现出坚持和拓展古典自由主义强调政治的倾向。改革自由主义者放弃自由放任理论而接受政府和社会有促进人类自由的义务这一观念。同时，他们依然对任何形式的政治或经济集体主义，保持一种不信任态度。在杜威和凯恩斯的作品中，都不同程度地表明，改革自由主义关心经济资源的分配。

约翰·穆勒是英国改革自由主义时代的领袖，也是自由主义极为重要的一位过渡性人物。在其父詹姆斯·穆勒和杰里米·边沁思想的培育、启迪下，他成为功利主义学派的知识领袖，但他最终认识到并拒绝功利主义和自由放任主义的偏见和局限性。穆勒的建议极大地影响了改革自由主义理论，许多人接受并在其理论中容纳穆勒提出的某些原则。但直至20世纪才有许多人开始自觉地将这些自由主义政治遗产用于现实经济环境中。凯恩斯是在英国致力于这种努力的代表人物，而美国的新政则是另一个例子。

九、英、美早期自由主义的原则和策略：既依靠又限制政府权力；关注理论产生的环境，调整策略内容

自由主义的核心思想是不受约束，尤其指个人的解放。如果说自由主义者都认为，人类能够获得这种不受约束的自由状态，那么问题在于哪些方面、如何，以及在多大程度上得到这种自由。在这一方面，我们应将自由主义的基本原则和价值观与旨在实施这些原则的策略区分开来——虽然原则与策略之间的区别和界限不可能绝对清晰。许多策略或称“方法”是用来促进和保证诸如宽容、法治、自由调查和有限政府等目标的实现。

关于有限政府。如果说有限政府原则是保证自由必不可少的工具，那么任何关心自由的人必然坚持有限政府的原则。对这一问题的答案应该说证据不足。如果说政府的全面干预意味着没有自由，那么，没有政府在逻辑上也并不意味着彻底的自由。如果没有政府意味着自由，像约翰·洛克、约翰·罗尔斯这些社会契约论者将无法解释人们为什么要组建政府。对这一问题的答案是不确定的——要视情况而定。但情况似乎会使问题混乱，使我们陷入相对主义的窘境。传统自由主义者担心的是，几乎任何人一旦有了权力必将滥用权力，除非将权力置于遏制与监督之下。

在一个时期，如果政府是自由的障碍，有限政府可能是实现自由的一种手段。如果政府不构成对自由的障碍，那么强调有限政府就可能破坏自由的基础和鼓励权力的滥用。在这种情况下，人们就要依靠政府的权威提高自由的程度，阻遏经济和社会权力的滥用，扩大人们在这些领域的参与自由。这样，人们就有理由认为，亚当·斯密提出的有限政府论是自由主义的原则，因为在他的时代环境中，政府的经

济规则是阻碍自由和人们能量发挥的一种重要根源。与此同时，减少政府权力从而解放了个人权力，最终又需要规则来遏制权力的滥用，而政府是唯一有足够力量执行这一使命的机构。在这种情况下，今天，那些只提倡有限政府的人往往被称为保守主义者，因为他们没有认识到时代变迁所蕴含的事物的种种变化。

社会现实的确是复杂的。任何将政治现实归结为一种简单程式的努力必将影响对政治的真正理解。我们必须对人们提出的一些原则保持警惕，质疑他们所倡导的策略是推动还是阻遏或迟滞原则的实施。必须将他们理论中有时间界限和无时间界限因素区别开来。所谓有时间界限是指自由主义者提出实践其价值观念的具体建议，虽然策略不可有过分的灵活性，但可以而且必须根据具体条件而有所变化。无时间界限涉及一些基本的原则和价值观念，例如理性、权利和个人主义。它们是具体策略的基础和目的，即使对某些原则进行重新解释，这种新的解释必然影响策略，在具体情况下发生变化，但这些原则和价值观念依然保持不变。一个时代的一种策略有助于保障自由，而在另一个时代可能成为自由的障碍。因此，必须始终注意理论产生的客观环境。对许多改革自由主义者而言，自由放任原则是具体历史条件下的产物。

十、英、美自由主义的共同特征

自由主义有一些基本思想和原则。自由主义者认为，必须将这些思想和原则以及实现这些原则的策略作为一个整体，从而在实施中使它们相互补充和相互限制，并对这些原则予以合理调整和平衡。没有一种原则的单独实施能够产生良好的社会效果。例如，如果个人主义走向极端，必将意味着社会的终结；如果完全忽视个人主义或个人利益，那将是自由的泯灭和阻遏社会的发展。

1. 个人主义价值观

自由主义者认为，个人主义本身是一种价值，是他们综合权利和人类能力信念得出的必然结果。个人主义认为，个人是建构社会大厦的基本构件。社会和政府的存在是服务于个体福利而没有任何其他目的。在这一意义上，各种派别的自由主义者坚持基本上相同的观点。因此，自由主义者认为，个人既是社会—政治—经济改革发展的基础，又是意义所在。他们还认为，在追求自身利益的过程中，个人利益与他人和公共利益是一致的。在追求个人利益的同时，能够实现公共利益，这种理论曾一度遭到强烈的抨击。

自由主义者从未就个人主义的意义和如何以最佳方式解释个人主义，达成完全一致的意见。17 世纪的自由主义者强调宗教宽容和多元主义，自由放任主义者强调经济活动自由和以自由市场作为追求和调节个人利益的手段。他们强调最小的政府和最大的个人行为。这种思想有利于扩大 18 世纪和 19 世纪的中产阶级，但往往使其他社会群体处于劣势地位，而且这种思想忽视了政治自由和将某种单一自由主义原则推向极端，而忽视其他原则所造成的后果。因此，改革自由主义者认为，如果要保证每个人的个人利益，政府和社会组织的干预对形成自由的环境是必不可少的。自由主义者关于促成个人成为社会活动和政策中心的理想的观点是一致的。

个人主义并不必然意味着对社会的损害或者忽视集体利益。任何对公共利益的关心都意味着必须为国家牺牲个人。托马斯·格林、托马斯·杰斐逊、约翰·凯恩斯和杰里米·边沁，这些自由主义的典型人物都深切关心建立一种有助于个体发展的社会；但是社会和集体固然重要，却不应排斥对个人的关怀。格林用康德的话说，只有将人作为目的，才能保证他们不会成为他人的工具。

（1）个人主义理论的历史沿革

个人主义是伴随欧洲资本主义而出现的一种资产阶级政治、经济理论和价值观。个人主义作为一种政治、民主思想，强调个人的民主和自由权利，强调自我支配和自我控制；作为一种经济制度，主张个人享有最大机会去合法取得财富，维护私有制；作为一种价值理论，强调个人是最终目的，具有最高价值，社会是实现个人目的的条件和手段。自由主义思想家把个人主义看作是普遍人性，成为政治、经济、道德的主要内容和价值标准，以此作为资产阶级反对封建专制和禁欲主义的思想武器。自文艺复兴以降，个人主义及个人自由的观念在多种历史事件和历史进程中逐步形成、发展，其内涵也在不同时期不尽相同。16世纪的宗教改革，17世纪的英国革命（1688），18世纪的工业革命和法国大革命，以及同时代的美国争取独立的革命，在这一系列历史事件进程中，现代个人主义得到进一步发展。

自17世纪中叶，人类现代社会的曙光绽露在西欧地平线上，人类历史上出现了不同于以往关于社会道德标准的解释，出现了比较完善的现代个人主义理论。17世纪末，洛克提出了古典自由主义和个人主义的道德解释：人拥有天赋权利和每个人在政治上平等。个人先于社会而存在，人类的自然状态是个人自由的状态。人的天赋权利就是保护自己的生命、自由、财产不受侵犯。政府的基本使命是保护公民的天赋权利。洛克的理论在北美移民中以至对后来的美国思想界有巨大影响，成为欧美现代个人主义的理论基础。

康德曾指出，在经过种种社会冲突、斗争和曲折复杂的漫长途程后，历史将指向一个充分发挥个人全部才智的美好未来社会。人们有一种强烈的个体化倾向，因为人们有要求事物按自己心愿摆布的本性，但人们发现在许多方面都有与其愿望相反的现象。正是这种与其愿望的对抗唤醒其全部潜力，驱使人们去克服自己的懒惰，通过渴望荣誉、权力和财富的本性去追求自己的目标。没有这种本性，人类一切优秀的天赋才能将永远沉睡而得不到发展。个体的人在理性的觉醒下开始了自由意志的选择，为个人的利益而奋斗。正是个人追求利益的过程推动着历史的发展、人类的进步，使人的聪明才智在与他人竞争和冲突中不断发生、发展。正如恩格斯所言："人们通过一个人追求他自己的、自觉期望的目的而创造自己的历史，却不管这种历史的结局如何，而这许多按不同方向活动的愿望及其对外部各种各样影响所产生的结果，就是历史。"（《马克思恩格斯选集》，第四卷，人民出版社，1972，第 243—244 页。）康德很重视唤醒个人才智的发展对社会进步的重要意义，康德的观点也成为欧洲个人主义理论的重要来源。此后，许多人对个人主义进行了不尽相同的阐述。

（2）北美大陆成为个人主义新的"实验场"

首批来到北美大陆的移民，主要来自英国、荷兰等最早发生宗教改革、产生资本主义生产关系的国家，而且大部分人是作为受迫害者而来。他们带去了清教伦理，带去了新的生产技术，更带去了那种反抗命运、追求自由平等的精神。早期移民离开了故乡，也就脱离了传统社会规范的约束。在北美大陆这块没有封建主义和民族主义传统的辽阔荒野，在河谷、山涧、森林和草原上那些千千万万荒凉的木屋里，古老的静态模式逐渐被新的劳动生活的动态过程替代。人们必须凭个人奋斗才能立足，才能出人头地。这块辽阔的处女地因此成为个人主义新的“实验场”。由此可以说，美国精神是继承和环境交互作用的产物。

马克思·韦伯认为，在新教伦理和资本主义精神之间有因果关系链。在加尔文教看来，一个人想要获救和得到造物主赐予的荣耀，唯一的办法是通过现实世界的禁欲苦行和勤奋劳作，以此岸的成功来确认自己来世的幸福。美国人接受清教徒的道德标准，但他们并不完全接受禁欲主义。在美国人看来，所谓造物主救赎，实际上是人们自身的救赎，他们不再信奉造物主拯救人类的信条，而是本能地确信只有通过自己的劳作才能得救。他们宁可相信人们经过不断努力，道德修养终能达到或接近至善的境界。这样，清教伦理就转化为一种行动操作精神，一种乐观主义成功哲学。因此，他们的信条是艰苦工作，并认为偷懒是一种罪恶。正是在北美大陆这一特殊环境中，改变了美国人所继承的清教伦理价值观，也正是在这种环境中，孕育了一种浮士德精神，这就是一种个人主义独立奋斗、开拓进取和不断改变现实的精神。这种精神把冲突看作存在的基础，生命是对阻碍的不断克服，没有了阻碍，生命就失去了意义。他们把前程看作是充满不尽的创造、不断的变化和新事物不断出现的道路。对美国早期移民来说，没有既定的无选择的秩序，一切都在冲突中重建。

在北美大陆辽阔的荒原上孕育、发展起来的个人主义，是在极大的社会流动性环境下，个人无拘无束、特立独行的背景下培养起来的。因此，个人自由、自我奋斗的个人主义精神得到了进一步的锻造。这种精神包括个人本位、冒险精神、民主作风、摈弃教条、讲求实际功效，以及对未来的乐观态度。

（3）以利己主义为特征的极端个人主义对美国社会造成严重危害

从 17 世纪至 19 世纪末，自由资本主义进入垄断阶段，个人主义观念也经历了许多变化。在个人极度追求各自目的的情况下，其狭隘的自我陷入了恶的深渊。所谓恶是指极度追求个人私利以致违背普遍的立法原则。

19 世纪下半叶，尤其是 20 世纪以来，西方资本主义制度发生了深刻变化。经济危机以及与此相关联的各种社会矛盾的激化，使以自由竞争为特征的资本主义秩序受到猛烈冲击。一方面是宗教信仰的淡化，另一方面是道德价值信仰逐渐坍塌。过去被奉为神圣的个体本位和个人主义原则越来越暴露其严重的弊端，甚至成了加剧社会矛盾和冲突的重要根源。表面上的平等竞争造成了个人之间财富分配事实上的不平等。社会的两极分化比以往更加激烈。曾在《论美国的民主》一书中首先使用“个人主义”一词的法国历史学家亚历克西・托克维尔看到美国社会中个人主义者一心谋求个人利益的思想占据统治地位，认为这是一种隐忧。自 19 世纪中叶，个人主义造成的弊端在美国已经十分明显。特别是 20 世纪在个人主义旗帜下，美国社会在相当程度上成为一场由恐惧和嫉妒、造谣和中伤、羡慕和野心、贪婪和色情交织成的噩梦；人们为了谋取私利和达到自私的目的，几乎可以采取任何手段。在那个社会里，情调低俗，理想晦暗，典型的美国人生活在焦虑不安和贪得无厌的煎熬中。

在这种情况下，许多思想家都认识到，既要为个人的功利追求作道德上的辩护，又要对这种追求有所约束和抵制，使其符合具有社会性的道德规范，以此从道德上为这种追求营造一种相对稳定的社会秩序。约翰・杜威等思想家对自由个人主义做了进一步的道德阐释。在强调尊重个人价值的同时，提出每个人必须尊重他人，尊重他人的价值观。个人为了一己之私致使社会遭到破坏，个人也将遭到损害。每个社会成员在从事任何活动时必须考虑社会的利益，放弃那些可以给自己带来好处但危害社会和他人利益的行为。社会的存在就是每个社会成员的个人利益所在，那些牺牲眼前利益的人，得到的是更大的长远利益。

当代西方个人主义理论还认为，真正的个人主义不是无政府主义，个人主义与无政府主义两者之间毫无共通之处。个人主义不仅不否认强制力量的权威性，而且坚持认为，没有强制力量的权威性，社会就会面临危险，个人自由和个人权利就得不到保障；为了保障人们的和平与合作，必须制定人们共同遵守的规则。个人自由的社会或时代，始终也是明确个人责任的社会或时代。自由不仅意味着个人拥有选择的机会并承受选择的重负，而且还意味着他必须承担起行动的后果，接受对其行为的赞扬或谴责。自由与责任是不可分的。

实用主义哲学家约翰·杜威明确反对利己主义和享乐主义意义上的个人主义。他说，个人主义不是一个固定的概念，它在不同历史时期可以有不同的表现形式和内容。以利己主义、享乐主义为特征的个人主义不符合现代的历史潮流，应建立和倡导不以获取个人私利而以服务社会为宗旨的新型个人主义，其基本特点是尊重个人的人格和个性，最大限度地发挥其创造性和主动精神；把个人对快乐和幸福的追求寓于创造快乐和幸福的道德行为本身，而不是获取创造活动的结果。

2. 自由与平等的关系

许多人认为，自由与平等之间存在一种固有的冲突。自由与平等之间确实存在矛盾，在没有严格规则的地方，出现麻烦是不可避免的。当一种观念被推至极端，就不可能与另一种观念相互容纳。完全的自由能够破坏平等，而完全的平等必将破坏自由。这两种极端都将破坏自由主义者所关心的个人主义，因为只有人们表达自己的机会而无不平等威胁时，才有个人主义存在的空间。当自由主义者讨论平等时，他们关心的不是平等的结果或回报，而是使用自由权利和实践自我选择的平等机会。

平等概念不仅意味着没有影响人们实现成就的法律障碍，而且包括政治、社会和经济上的平等。平等还意味着消除财富和生存状态的不平等现象。这些方面的平等可能导致一种有限自由概念的流行。这种有限自由是必要的，因为一个人的自由往往使他人不能进行某种潜在的选择，即行使他们的自由权。因此，免费教育和所得税的实施对自由的破坏比它们对平等的贡献要小得多，而平等往往是保证人们的自由不可或缺的。关于自由与平等之间平衡的研究仍在进行，它们是自由主义的重要社会价值。

3. 宽容

宽容是洛克、杰斐逊、约翰·穆勒以及卢梭著作中讨论较多的问题。宽容被一切形态的自由主义者接受，他们认为宽容是个人自由和社会向善不可缺少的人生态度。自由主义者通过指出缺乏宽容的巨大危害来维护宽容，没有宽容曾在欧洲导致残酷的宗教战争和大量人身迫害，也成为一切形式的现代独裁政治的支柱。

自由主义者甚至超越了对宽容的消极维护，他们认为，差异不仅是正常的，而且是一种价值。差异可以提供更广泛的选择余地，从而拓展自由空间和范围。许多自由主义者认为，只有对差异的宽容，我们才能探索和希望发现真理，是接近真理的一种理性态度。即使宽容不能使真理被发现，它依然是必要的，因为宽容至少可以帮助我们判断什么是错误的，从而更好地理解和维护我们的信念。宽容还可体现个体的道德自律精神，这种道德自律精神往往被褊狭的心态扼杀。对自由探索的维护是与宽容精神紧密关联的，而对宽容精神的维护，还体现了与意识形态和政治领域的独断论进行斗争的积极意义。

个人主义和宽容也许可以说是英、美自由主义最核心的两种原则，而它们的内涵却是完全相反的。如果我们允许或鼓励个人坚持自己持有的观点，这些观点必须同时体现尊重他人的观点。理论上是正确的，但在现实中往往被认为是难以践行的主观愿望。即使在自由主义者群体中，宽容信念也常常经历严峻的考验。人们在面对不同意见者、批评者或讥讽者时，司空见惯的现象是针锋相对地予以驳斥，容不下别人的异议和批评。

以自由主义为价值原则的现代个人主义理论主张宽容行为。这种宽容是为了保障社会内部的和平与和谐。宽容一切不同意见，宽容不同教会和教派，只有宽容才能创造并保证社会的和平与和谐；没有和平，人类社会就会倒退至往昔的野蛮和贫困。宽容是现代社会制度秩序和功能的重要内容。宽容是现代社会自由竞争和社会交往的客观要求，是现代社会中多元共存事实的必然要求。现代社会之所以需要宽容，最重要的原因在于宽容是自由主体之间形成秩序的前提条件。在当代社会中，自由意味着自己成为自己的主人，意味着不受他人的奴役和任意支配，意味着一个人获得生命、人身和财产的重要权利。但自由的人们如果不能在道德、信仰、趣味、观点、生活方式等方面相互宽容，他们必然陷入对人像狼一样的境地。从这种意义上说，宽容是形成自由秩序的必要条件。

约翰·洛克于 1685 年流亡荷兰期间，写出《论宽容的信札》。这本小册子于 1689 年首先用拉丁语、后来又用英语匿名出版。之后他又撰写了三篇《论宽容的信札》，他去世前正在写第四篇。洛克在信中总结了他关于宽容的思想，他论述的宽容主要是宗教宽容。他呼吁基督教要有宗教宽容的思想。他说，只有人们有自我追求的自由，真理才能被发现。统治者的权力是有限的，权力只是一种行为而不能成为永恒的信念。任何人不能侵犯他人的宗教信仰权利，教会和国家必须分离。洛克说，人是会犯错误的；没有人能拥有完全的智慧和知识，用以支配他人的宗教信仰；每一个人都是一个道德的存在，在造物主面前人人平等。

然而，洛克在信中拒绝对某些人的宽容，这些人包括那些反对建立公民社会的人，那些忠于外国君主的人，那些违反其国家法律、法规的人，并暗示拒绝宽容那些不宽容他人的人。面对敌国的侵略和分裂国家统一的势力，没有宽容的余地。

如果单纯从字面上来看，宽容论是极为诱人的。然而，在存在不同利害关系的社会里，不可能实现没有任何先决条件、不存在任何限制的宽容。宽容论只有在抗击守旧势力阻遏新生力量的过程中才能具有一定的进步意义，在学术切磋过程和人际交往领域予以恰如其分的提倡。在矛盾冲突纵横交织的政治斗争领域，在两个充满对抗性矛盾的敌对营垒之间，是不可能相互宽容的。宽容论在严酷的阶级斗争中，只能成为伟大的空话。

4. 遵循决策的程序规则

自由主义者还有一些共同的基本政治理论，这些理论来自对上述各种原则的总结。其中之一是他们对处理政治事务的一些方法的关注。在政治活动中，人们应遵循一系列程序规则。自由主义者认为，在决策时应遵循一定的程序，从而保证公平和避免任意性行为。他们认为，如果我们在决策中遗漏了正常程序和必要的过程，不管其结果如何卓越，我们开启了任意性行为的可能性，从而可能剥夺人们的自由权利。有批评认为，这种对程序的迷信将付出忽略甚至压制一些人参与权的代价。批评者尤其举出那些被法律或风俗以及缺少能力参与决策过程的人作为例子。这是一个值得严肃对待的问题，因为从每个人不同的角度，任何决策体系都可能是不公平的。那些严肃的自由主义者承认，没有完美的程序，也没有任何努力能够理想地修正这一问题。甚至任何正确的行为和程序都会有反对意见。正如亚伯拉罕·林肯在 1861 年 3 月 4 日第一次总统就职演说中说："全体一致是不可能的；而少数人的永久统治也是完全不能允许的；因此，拒绝多数原则，其结果将是某种形态的君主专制或独裁政体。"自由主义者强调程序的策略旨在开拓人们工作程序的视野。

规则至上思维，就是在处理任何事务过程中，首先制定合理的规则；有规则之后，尊重规则必须由程序规范行动，才能严格按照规则进行观察、思考和判断。

5. 维护持异议人的权利

自由主义还有一项基本原则是维护持异议人的权利。宽容、对个人主义和个体权利的尊重，要求对持异议人权利的维护。作为政府管理方法的一部分，自由主义者承认少数人批评或抵制政府的权利。反对政府的权利与合法性是自由主义的创举之一，这显然与自由主义的宽容精神和自由原则相关联。这一原则使不同政党和利益集团之间的合作成为可能。反对政府的合法性也有助于政府对政策选择的探索，也许更重要的是，有助于解决不同政府或集团执政的过渡问题。然而，反对政府的权利并不是被所有人接受，许多美国的建立者深切担心宗派主义和政党组织的分裂活动就是明显的例子。几个世纪以来的政治和宗教审查制度表明人们的共同担心，将反政府视为叛国，并认为真理只有一种，在需要时必须以武力维护国家的统一。

自由主义者大都坚持有限政府的原则。即使在今天，许多自由主义者转向支持以强大的政府来维护个人主义和个人自由的情况下，他们依然担心政府中的某些官员可能出现滥用权力的现象。因此，许多改革自由主义者在探索既利用政府达到他们的目标，又坚持对执政者的权力进行约束的方法。宪政、权力分散、法庭行为、选民对官僚主义的监督等，都是扩大的对政府权力的平衡要素。

上述原则和理论代表自由主义共同的智慧核心。在具体策略和建议发生变化的情况下，其基本原则大致保持稳定。这种变化后的区别主要涉及对任何所谓“绝对真理”的怀疑，尤其对那些可能束缚人们思想和行动的任意性主张持怀疑态度。在自由主义历史上，始终有一种拒绝将某种单一原则夸大为最高价值，同时排斥其他可能对人民有利原则的倾向。自由主义始终坚持，必须对不同主张和原则进行合理调整，不允许将自由和个人主义推向极端。这样，自由主义意味着对狂热情绪和极端观点及行为的不信任，而要求对不同方面的平衡、听取多方意见、斟酌各种主张、承认批评的价值和保持一种理性的怀疑态度，这是达到社会和谐与稳定的正确途径。

自由主义者试图实现自由与平等、个人主义与民主、自由与高效率政府之间的和谐与平衡。这种状况能否实现还存在某种不确定性。自由主义者认为，对于人类生存和社会公平，这种不确定性是必要的。这种不确定性是欧洲现代理性主义文化精神的一种重要体现，它代表的是自由主义者对于社会的理性的乌托邦诉求，它承载的是自由主义者力图超越现实、实现理想的愿望和期待。德国社会学家卡尔·曼海姆在《意识形态与乌托邦》（1929）中说：“如果摈弃了乌托邦，人类将失去塑造历史的意志，从而也会失去理解历史的能力。”历史是一个不断进步、日臻理想化的进程，乌托邦也就有了推动历史按人类理想和意志去创造历史的变革性意义。虽然乌托邦确有其空想或导致集体化狂热的负面因素，但人们应为追求理想的乌托邦精神留有一片空间，不断对历史进行开拓。

十一、自由主义与民主

在自由主义和民主发展史上，很难将两者截然分开。它们是沿着同一轨道或者至少是沿着平行的轨道前行的。自由主义的中心观念是自由，而自由也是民主的基本观念。既然如此，那么二者是否完全相同？就现代自由主义而言，至19世纪初叶还不能对此给出明确的答案。随着时间的迁移，两者的区别渐趋清晰：这两种社会运动是有区别的。简单地说，自由主义者必然是民主主义者，而民主主义者却不都是自由主义者。丹麦法学家阿尔夫·罗斯说：“19世纪民主是沿着自由观念的路径前行，但这种历史相似性不应遮蔽民主与自由主义是两种不同概念的事实。”（阿尔夫·罗斯：《为什么需要民主》，1952，第109页。）

自由主义与民主的不同，其原因在于自由所承载的不同内涵，以及从不同角度对其内涵进行强调的结果。在人类社会中，一旦有了某种自由，就会出现自由的行动。禁令消除之后就会出现行动的机会，而机会和行动将导致人们之间的摩擦和矛盾。许多人正当的自由行为意味着竞争，竞争一旦出现胜利一方，不平等随之发生，失败者的自由同时消失。但在某些情况下，却不会发生这种矛盾现象。例如，在行使政治权利如选举权时，不会妨碍或阻止他人行使选举权。但在经济领域的竞争中，情况就不同了。即使在一个富足的社会也不存在无限的、永远不会枯竭的资源。在经济活动中，资源的分配与潜在的需求之间经常出现不足，其结果将导致在市场上不能使每个人得到同样的自由。

1. 多数人的暴政

自由主义和民主是相互关联的，但在概念上是有区别的，在特定条件下，它们可能互相支持。虽然许多古典自由主义思想家不是彻底的民主主义者，但其理论的普遍性逻辑，尤其关于决策的一致性意见和各种权利方面，都表现出大众参与的思想。代议制政府的发展过程促进了自由主义和民主及民主政体思想的融合。这种融合清晰地表现在帕特尼辩论及托马斯·杰斐逊、托马斯·潘恩的言论中。然而自由主义和民主之间确实存在一种紧张关系。虽然一些美国学者常常试图融通两者之间的关系，却总是不能尽如人意。托克维尔在《美国的民主》中说，在美国，民主和自由主义之间存在一种矛盾，这种情况尤其发生在排斥其他观点、将多数人统治强调至极端的多数民主实践中。多数人具有绝对的统治权，并且对他们毫无限制，这是许多自由主义者坚决反对的。即使在人们享有法律权利的情况下，他们依然必须对自己的行为进行约束和限制，而不能成为约翰·穆勒所说的多数人的暴政。这种极端的社会力量只能容纳极为有限的信念、价值和社会常规。人们可能会发现，实践这种权利将付出高昂的代价，甚至多数人也不会赞同这种极端行为。

英国哲学家以赛亚·伯林以一种清晰有力的方式，表达了这样的观点：人类的各种价值之间存在着难以完全和解的不相容性和冲突性。为了促进平等和民主，在通向自由与民主的道路上，在多数人的暴政与少数人的权利之间，人们往往不得不以牺牲个人自由为代价。在伯林看来，处于价值冲突的两难境地是人类生活的常态，也是人类永远难以摆脱的生存实情。因此，人所面临的一种不可克服的命运便是选择和舍弃。在不相容的诸种理想事物中选择一种价值，舍弃和牺牲虽然所欲却不可兼得的价值，选择和舍弃是人面临的必然命运，这也意味着生活总是有遗失和缺陷。在做出选择的同时，必须要求付出相应的代价，因而也就根本不存在终极的、完美的状态。对终极完美状态的诉求是与人现实生活的本性正相悖逆的。正确的态度只能是在多种价值中认真选择其中之一，同时尊重别人所选择的价值，真正以一种和而不同的状态代替同而不和的状态。这正是文明人类走上成熟之路的标志。

英、美自由主义传统很少将民主界定为纯粹是多数人的统治，但欧洲大陆却不时有这种理论出现。在现代早期，由于受某些古代希腊作家记述的影响，民主曾遭遇一种印象极差的认知，即认为民主只是无知大众进行统治而排斥精英的智慧。这种带有民粹主义色彩的意识形态鼓吹力役者聪慧，劳心者愚蠢。卢梭的《社会契约论》是充斥多数主义和自由主义之间相互矛盾的典型例子。卢梭认为，个人将自己完全委托给集体，个人没有反对集体的权利。个人只有作为公民的权利，其中最重要的是参与确立公意的辩论。这种公意被假设为某种公众的一致意志，公意一旦确定就成为社会集中每一个体的真正意志，个人不能对公意坚持异议，因为这将是对自己提出异议。对公意坚持异议，或者不服从公意的个人，可以强迫使其自由。如果人们坚持认为，只有少数人组成的群体或有才能的人可以解释公意，这就从极端民主向暴政迈进一步。这就是为什么卢梭的许多同时代人反对他的缘故。

20 世纪五六十年代，美国出现的人权运动，是多数主义和自由主义原则之间潜在矛盾的一种典型例子。抗议者以古典自由主义原则为基础，谴责种族隔离政策，这是对天赋人权理论的践踏，是法律对人的不平等待遇。不平等的教育、就业机会和居住条件，违背了人们对政府的信任，剥夺了人们的自由权利。马丁·路德·金是反对种族隔离主义和地方人权法案的杰出领袖。他以美国传统、宗教观念、天赋人权和社会公正，证明抗议者是美国社会的合法公民。种族隔离主义者常常强调地区多数人统治原则，他们一次又一次在局部社会或一个州以多数人（白人）的权利为依据，在社会政治、经济和教育方面制定对他们有利的政策。他们的多数人统治最终破坏了自由原则，他们认为，多数人有权决定少数人的权利。

2. 鼓励多元主义

自由、权利、参与和个人主义是相互关联的。自由主义者认为，自由主义在为清除加于人民的限制和创造一种人道主义社会氛围方面，做出了贡献。坚持理性的怀疑态度、对他人和其他观念形态的宽容、拒斥绝对观念、在可能条件下的改革和发展、以批判的态度对待关于意识形态的豪言壮语、对任意性力量的不信任，以及强调自由讨论和协商等方面，自由主义和自由主义者坚持开放性多元主义通往未来的道路。

在一个人们以意识形态判断一切观念的时代，在一个少数拥有特权者为追求其种种目的而导致灾难和杀戮的时代，自由主义者的政治胸怀和理论成就是值得称述的。至于他们的理论和理想能否实现，那是由多种社会因素制约的另一个问题。在今天，自由主义鼓励多元主义，以探索不同选择为合理合法，欣然接受对他们自己价值观的质疑。当他们的原则成为“正统”时，承认对其批评的合法性，这种谦逊的态度也是值得称许的。然而，实际上，在西方世界，自由主义者的许多理论至今仍处于一种有名无实的状态，依然是置于空中楼阁的乌托邦理想而已。

十二、自由主义面临危机

1. 自由主义在20世纪遭遇严重打击

自由主义和自由主义政府在20世纪遭遇严重打击。20世纪初，自由主义者从戴维·乔治（英国首相）到伍德罗·威尔逊（美国第28任总统）对未来怀有共同的愿景，那就是自由主义信念和原则将根除战争、贫困、暴政和愚昧。然而相反，他们的梦想和处于艰难进程中的改革面临战争、民族纷争、经济衰退及可怕、冷漠、无情的种族歧视等各种灾难的挑战。这些严重事件从根本上动摇了自由主义者的信心，动摇了他们曾坚信不疑的信念和原则。自由主义者面临的更坏现实是在一些国家（如德国）出现了独裁主义。于1900年出现的似乎将横扫世界的自由主义运动竟在20世纪30年代就处于落魄之势。

自此之后，形势没有大的改观。从罗斯福新政实施后，美国自由主义者内部分裂为两个敌对阵营，这时自称保守主义而坚持自由放任主义的自由主义者，同倡导国家对社会事务进行干预、从而减少社会不平等现象的新自由主义者之间斗争激烈。在国际上，这一时期已没有自由主义的地位。曾经鼓吹自由贸易和民族自决的自由主义者，已经成为通过美国的经济宗主权达到国际形势稳定的、持有各种观念的倡导者。

在20世纪，自由主义在理论上也遇到严重挑战。对自由主义是否能够有效地解决资本主义经济导致的社会和经济不平衡等现象，人们感到茫然和失望，从而产生挫折感和苦闷感，自由主义处境尴尬。在美国，联邦政府越来越多的经济职责鼓励了一种多元化群体利益格局的发展，这种情况已经威胁到公共利益，甚至导致公共利益的逐渐消失。自由主义面临暗淡的未来。

2. 约翰 · 杜威：自由主义者成为其建立的社会制度的独裁者

约翰 · 杜威通过在密执安大学、芝加哥大学和哥伦比亚大学几十年的教学生涯，为美国现代教育和社会科学奠定了基础。在社会道德和政治方面，杜威是一位实用主义者，他认为，一种哲学或制度的价值可通过实践进行观察，予以判定。成功的哲学和制度能够解决道德和社会问题，那些不能解决道德和社会问题的哲学和制度就应予以淘汰。他说，科学和哲学研究的目的是为了解决问题，因此，那些不能在实际生活中得到验证的理想思想体系，没有被重视的价值。

杜威于 1934 年在弗吉尼亚大学的系列讲座中，阐述了自由主义在 20 世纪时代背景下面临的危机。在《自由主义的危机》中，杜威回顾了自由主义的发展历程。早期自由主义者进行的是旨在从传统社会体制桎梏中解放个人的斗争，如今自由主义者面临的是一种新的社会体制。自由主义在 19 世纪 70 年代之前形成的思想，对当时社会的分析和批判是深刻而有力的，这些思想解放了长期被压抑的社会力量，但是其分析缺乏建设性，没有为解放了的社会力量指明方向。维多利亚时代的乐观主义一度掩盖了自由主义所揭露的社会危机，但是，当这种关于国家、阶级和种族矛盾的乐观主义消失之后，这些社会危机成为 19 世纪后期的时代特征。越来越严重的社会矛盾和危机不可能被继续掩盖。面对社会体制的重组，早期自由主义的信念和政策不再具有实际效力。

争取自由的问题被无限扩大和加深。自由问题不再是政府与个人信仰和经济行为之间的矛盾，而是建立一种全新的社会秩序，包括建立培育和引导个人心灵和生活方式的精神权威。科学问题不再仅仅是技术运用于提高物质生产力，而是以理性精神感染个体的心灵，并促进社会组织为个体理性精神的发展做出贡献。普选制度和代议制政府的建立没有解决自由问题。英国医生哈夫洛克·埃利斯说："我们看到，选举权和选票箱没有将选民从经济压力下解放出来，更没有从他们自身的奴性中解放出来。"（托马斯·霍恩等:《英—美自由主义》，1981，第266页。）

早期自由主义者缺乏历史感和历史兴趣。这种历史感的缺乏曾一度具有直接的实际价值，它成为自由主义者同反动势力进行斗争的勇气。但无视历史也招致其报复，它遮蔽了自由主义者观察事实的视线。他们对自由和个人主义的解释具有时代局限性，但却被认为是能够适应一切时代和地域的真理。他们缺乏历史相对性观念。

至19世纪中叶，人们的时代感逐渐明朗。自由主义者为之奋斗的经济和社会变革基本上已成现实，他们自己也成为既得利益者。他们的理论，尤其是自由放任主义为维持现状提供了理论上的合法性。早期凌驾于立法行为之上的天赋人权理论，被资产阶级法庭赋予无限的经济意义，被法官用来作为破坏真正契约自由的社会立法。在蛮横的个人主义招牌下，天赋人权可以用来攻击所有新的社会政策。业已建立的经济体制下的既得利益者结成所谓"自由同盟"，来维护他们既得利益的永恒性。虽然这些自由主义者曾经是政治独裁主义的死敌，但他们最终也成为自己建立的社会体制下的独裁主义者——这是历史的悲剧。

这并不意味着自由主义者反对社会变革，相反，他们是坚定的社会改革派。然而，他们坚持的社会变革只能通过一种途径，即建立在不受任何社会调控的私有财产基础上的经济模式。早期自由主义者没有认识到，经济关系是人类关系的决定性力量，个人自由和个体利益，需要有社会控制的经济力量作为保障的基础。他们也没有对纯粹形式或法律上的自由与思想和行动的实际自由做出区分。过去几百年的历史是自由主义理想没有完全得到实现的历史。自由主义的危机是种种历史事件所形成的结果。在自由主义各种原则被视为永恒真理之后，就成为抵制进一步社会变革的既得利益集团的一种工具、一种空洞的口头禅——这是历史的倒退。

3. 克劳福德 · 麦克弗森：抨击将人视为“利益消费者”的边沁主义理论

麦克弗森（Crawford Macpherson，1911—1987）是当代自由主义思想和价值观最有影响的批评家之一，他在《民主理论》中说，他的工作是为排除自由主义民主理论中的缺陷，从而对自由主义民主理论进行修正，坚持和恢复自由主义一贯遵循的人本主义价值观。

麦克弗森一向对那些将自由主义和民主作为同义语使用的人持批评态度。如果他的观点是正确的，那么，自由主义民主一语就成为一种矛盾，因为它将两种相互冲突的价值和理想组合在一起。麦克弗森于 1973 年出版的《民主理论：杂文检索》中论述了这种矛盾。他说，西方民主国家的法定理论是建立在其内涵被扩大了的两种概念之上——被扩大的个人利益和被夸大的个人能力。这两种被扩大的概念是有害而无益的。一方面因为其本身固有的缺陷，一方面由于改变了的客观环境：这种改变了的环境要求理论原则也必须有相应的变化。欧美民主理论的中心价值之一是个人选择的自由，这种选择自由的重要性被夸大，使个人利益得到扩张，而个人利益的满足被认为符合人的本质特征。扩大个人利益范围被视为一个社会的最高理想和终极目标，同时把人看作是利益的消费者。人在本质上被视为希望满足各种欲望的个体，而只有满足这些欲望的社会才是美好的社会。这种关于个人利益的边沁主义观点，超越了欧洲古典政治经济学家关于人的理论范畴，而且依然是今天自由主义理论的重要组成部分。

边沁主义将人视为利益的消费者，是一种原始状态的理论。边沁主义在 19 世纪激起各种不同反应：保守、激进和中间道路。从托马斯·卡莱尔到约翰·罗斯金，到约翰·穆勒，再到卡尔·马克思，所有这些思想家都以不同方式将人的本质恢复为行动者、创造者而非利益消费者。这里所谓恢复，是因为这是欧洲人本主义传统中一种古老的关于人的观点。从亚里士多德的时代到 17 世纪，人们一般将人视为具有目的性的行动者，即以理性意向为指归发挥其自身潜力的行动者，而不是以满足自身利益为目的的消费者。只是在 17 世纪的英国，出现近代市场经济社会后，关于人的概念逐渐变得狭隘而最终成为与原来几乎相反的概念。人依然被视为本质上具有目的性的理性生物，但其理性行为的本质越来越被看作是无限的个人占有欲——一种永不满足的欲望。从洛克到詹姆斯·穆勒，这种关于人的观念越来越盛行。边沁主义观念在市场经济社会已根深蒂固，很难从自由主义传统中清除。

麦克弗森生前是加拿大多伦多大学政治学教授，他将马克思政治经济学理论同托马斯·格林的伦理自由主义相结合，是加拿大左派理想主义代表人物。

4. 西奥多 · 洛维：当代美国自由主义成为维护利益集团的政治工具

西奥多 · 洛维（Theodore Lowi，1931—2017）在其名著《自由主义的终结》（1969）中对美国政府和利益集团给予尖锐的批评。他认为，美国的政治是一种保护主义（Clientelism）政治，由少数人组成的利益集团以牺牲社会公共资源获取集团利益，这些利益集团对政府政策具有很大的影响力。

西奥多 · 洛维关心的主要是政治行为，而不是政治思想。他的观点是，如果自由主义思想不能在现实中激发人们参与政治生活，这种思想是没有意义的。他关于自由主义在美国已经走入末路的论点，实际上是要表明，自由主义原则在美国已经没有自由主义的精神实质，而自由主义政客却依然称他们从事的是自由主义事业。洛维说，美国自由主义已经演变为一种神话，一种为现存政治体制进行辩护的信条，而这种体制中领导人的行为却与自由主义价值观南辕北辙。

目前美国的所谓自由主义民主，不是建立在传统自由主义思想原则基础之上。利益集团多元主义从根本上与詹姆斯 · 麦迪逊（美国总统，被称为"美国宪法之父"）竞争性派别主义不同，因为政府行为可能性结果的性质已经发生变化，就是说，20 世纪末美国政治竞争的目标与 20 世纪初完全不同。因此，美国的政策表面上看来似乎与以往大致相同（如政党、政治说客等），但实际上已经完全不同。这些政策大都是为利益集团谋取利益而制定的。

西奥多 · 洛维是美国康奈尔大学教授，其学术方向是美国政府和公共政策。洛维曾任美国及国际政治学会主席，著作有《自由主义的终结》《美国议会政治》等。

十三、结语

如果认为所有自由主义者或所谓自由国家都坚持和一贯实践自由主义原则的各个方面，那将是一种误解。实际上，某些自诩为自由、民主的西方现代国家，已经背叛了其赖以建国的自由主义原则而成为扼杀民主、自由的力量。美国加州大学伯克利分校政治学教授莱斯利·利普森说："美国的政治倾向比别处的右派更右。美国自由主义者的政治立场属于欧洲民主左派中的右派，而美国的保守主义者比欧洲保守主义者更加保守。"（莱斯利·利普森：《民主文明论》，1964，第263页。）

十四、自由主义在欧洲大陆

重视人的个性，把人从对集体的屈从中解放出来、从习俗和权威的约束中解放出来，是自由主义的基本宗旨。欧洲中世纪的封建社会根本没有滋长自由主义的土壤，但随着商业化和城市化的发展，兴起一个反抗教会和君主压迫的中产阶级。在这种情况下，中世纪的封建等级制度不得不有所改变，以适应新形势的需要。文艺复兴、宗教改革等社会运动推动了英国和法国革命的发生，古典自由主义是这些重大社会运动和社会冲突的产物。但自由主义在各国的命运却因各国不同的历史背景而有所不同，它与各国王权的强弱、贵族的兴衰、工业化的程度，以及国家统一的状况都有关系。因此，法国自由主义的特性反映了贵族和波旁王朝专制主义的衰落；奥地利反动势力的影响及普鲁士的军国主义化，使自由主义在19世纪的德国归于失败；奥地利和拿破仑的武装干涉，以及梵蒂冈宗教势力的阻遏，使自由主义迟迟未能进入意大利。尽管情况有差异，自由主义对欧洲的独裁主义毕竟造成了极大的冲击。

1. 法国自由主义：以国家干预为特征的自由主义

1683 年（路易十四镇压新教教徒）和 1793 年（路易十六被国民公会送上断头台）之间一系列事件的结果，使法国人民在政治上被分为两大阵营：一是 1685 年形成的支持天主教会、皇帝特权及传统社会模式的阵营；一是 1793 年形成的反对天主教会、支持议会政府、社会进步以及《人权和公民权利宣言》的阵营。历史学家将前者称为保皇党人，将后者称为自由主义者。

法国自由主义与英国自由主义有所不同。法国自由主义被称为国家干预自由主义。这种理论的倡导者说，个人自由不应仅仅意味着不被约束，而应是个人约束或规范自身。因此，法国自由主义不像洛克自由主义倡导的小政府，而是鼓吹重塑国家和政府。洛克自由主义认为，自由是从国家约束中的解放，而法国自由主义则主张通过国家去实现自由。这种以政治自由为基础的国家干预自由主义，可用一种简单的三段论式来表达：自由的个人即自我约束的个人；在一个民主国家里，个人既自我约束又被国家约束；因此，在一个民主国家里，个人是自由的。这种理论最终得出的必然结果是，由于民主国家保证个人的自由，这种自由将不会削弱国家的权力，相反将提升国家的权力。

从英、美自由主义者的角度看，这种理论显然是一种谬论，因为这里所谓个人自由实际上是不存在的。在这种民主制度下，不是自我约束的个人，他是被其所在群体约束。他充其量可以发出与别人相同的声音，但任何一个公民要提出多数人接受的建议显然是非常困难的。拿破仑垮台以后，洛克自由主义在法国得到新生。国家干预自由主义进入别的国家，主要是德国。对自由主义做出贡献的法国思想家有孟德斯鸠、伏尔泰、孔多塞、贡斯当、托克维尔等。

（1）贡斯当：法国自由主义的领袖人物

邦雅曼·贡斯当（Benjamin Constant，1767—1830）被认为是法国自由主义的领袖人物。他将英国看作商贸社会自由的楷模，他对古代自由和现代自由严格区分。他说欧洲古代的自由是一种直接参与的共和主义自由，通过公共集会中的辩论和选举赋予公民直接影响政治的权利。而现代人的自由则是建立在法治、自由程序和排除国家过度干预基础上的。贡斯当批判法国大革命在社会和政治等方面导致的失败和骚乱，同时他批评一些法国人试图在现代国家推行古代共和主义的企图。贡斯当认为，自由是在个人生活与公共权威之间营造的边缘地带。他说，古代人满意的是他们共和国的存在而非个人生活，而现代人关心的是他们的个人生存状态。

贡斯当对卢梭的批评反复出现在他对专制政治的谴责中。他说，这些对法国大革命有影响的人把权威误认为自由，认同和支持一切扩大权威行为的阴谋和手段。一些社会改革家将拥有公众影响力的古代国家作为典范，以共和国之名建立极端独裁的专制国家。他谴责专制政治和把专制主义作为自由之源的种种谬论。贡斯当关于文化和文学的大量论述（主要体现于小说《阿尔道夫》和卷帙浩繁的宗教史）强调的是将自我牺牲和人类温情作为社会基础的重要性。他认为利己主义和自我利益不是个人自由的真正内涵，感情的真实和伙伴之情是非常重要和珍贵的。贡斯当的道德和宗教思想深受康德的影响。

法国大革命前，君主专制被认为是自由的敌人，而在大革命之后，极权主义恐怖成为自由的死敌。与此同时，拿破仑建立了现代警察国家。贡斯当认识到对自由的最大威胁来自政治权力本身，关键问题不在于谁行使权力，或者他们如何获得权力，而在于他们对人民生死攸关掌握多大的权力。贡斯当说，40 多年来，他维护同样的原则：自由既是个人对权威企图以专制方式控制社会大众的胜利，也是对多数人谋求压制少数人权利的胜利。

贡斯当曾长期为其《政治原理》一书辛勤工作。该书于 1815 年 5 月出版，书中对宪法原则进行了分析，他说，公民拥有个人对宪法关于社会和政治事务决策独立见解的权利，任何来自权威对这些权利的侵犯都是违法的，任何怀疑这些权利的权威都将损毁来自人民的信任。贡斯当说，无限制的权力——不论是以国王或是以人民的名义行使的权力——都是极其危险的。专横的权力必将摧毁社会道德，因为没有安全感就不可能有道德和伦理；没有稳定的社会环境将缺少人间亲情。无限制的权力必将个人置于极权主义政府的完全控制之下。在这种情况下，维护自由是一种道义原则。

1830 年 7 月革命后，贡斯当被选为立法委员会主席，同年去世。

（2）托克维尔：民主可以平衡自由与平等的关系

阿历克西·托克维尔（Alexis de Tocqueville，1805—1859）是贡斯当最有影响的继承者。托克维尔终生关注法国问题，但他也有超越国界的世界主义情怀。他认为必须将法国问题与其他国家做比较研究，在当时主要应同美国和英国进行比较。托克维尔是一位坚定的自由主义者，他的中心问题是如何在政治民主化的现代社会保障个人的自由权利。托克维尔敏锐地认识到民主是时代大潮，民主比封建时代的不民主、不平等的社会更符合人性，走向民主是社会的进步。但民主社会人人平等，这将会使个人自由陷入危险。他从法国大革命中深切感受到这种危险。他发现在美国民主和个人自由之间也有矛盾，但矛盾得到了较好的解决，所以他先去研究美国。

托克维尔的主要著作是《论美国的民主》(1832)和《旧制度与大革命》(1856)。他在《论美国的民主》中指出，美国在建设民主社会方面是成功的，自由与民主在美国得到了较好的协调，个人自由得到比较有效的保障。但他感到新大陆的经验要在旧大陆推行必将遇到障碍，非常困难。

托克维尔赞扬美国民主制度的同时，对民主制度下出现多数人暴政的可能性提出警告。19世纪初期，美国刚经历了自由市场革命，对西部的开发以及杰克逊民主的快速发展改变了美国人的生活面貌。托克维尔认为，民主可以适当平衡自由与平等两者的关系，在关照个人的同时也照顾社会的发展。他认为过度的社会平等会导致人与人之间的孤立，使自由遭到侵蚀。他批评美国的个人主义，认为个人之间基于相同目标的团结合作能将美国建设成一个更理想的国家。

从柏拉图的《理想国》和《法律篇》开始，许多思想家主张，为了避免邪恶和贪婪，私有财产必须废除。只有当财产的力量被完全消除后，社会精英的“哲学家国王”才能浮现；只有当美德成为唯一的权力基础时，人类社会才能达到理想的目标。近代思想家从托马斯·摩尔开始，也采取柏拉图对于私有财产的批判态度。他们都认为财产的平衡和权力的平衡是一致的，如果财产的拥有出现不平等，那些拥有财产的人必然会掌握权力，因为财富可以成为一种势力。18世纪的孟德斯鸠也认同这种观点，认为只有当财产平均分配时，真正的美德才能展现并成为政治的领导力量。这些思想家都主张社会平等是一个共和国的必要条件，因为这样才能保证统治者是杰出的和优秀的。

托克维尔最初也认同财产平衡等于权力平衡的观点，但在《论美国的民主》一书里，他考察美国所得出的结论却发生了惊人的转变。托克维尔试图探索当时美国为何发展得如此繁荣，他见证了美国社会与老旧的欧洲世界有着显著的差异。与当时的欧洲相反，美国社会将赚钱视为一种主要的道德，结果使美国人得到人类历史上前所未有的富足和自尊。在美国社会里，几乎所有人都抱持勤劳工作和超越他人的理想，他们藐视精英的权威，激进的个人主义和市场资本主义发展到空前的境况。托克维尔认为，正是这种独特的美国精神和价值观，使美国脱离了欧洲社会的局限和牵绊。在这样一个开放的社会里，迈向富裕的机会很多，所有的人都开始建立属于自己的世界，勤劳而有创新精神的企业家成为社会的主流。这里的先天条件也孕育了美国独特的政治和社会价值观。

2. 德国自由主义：俾斯麦“铁血政策”的牺牲品

古老的德国自由主义传统不完全是洛克的自由主义，但德国自由主义曾为洛克思想的形成做出贡献。早在 16 世纪，德国哲学家阿尔图修斯提出主权来自人民的思想。德国法理学的自然主义学派为罗马自然法概念和洛克天赋人权说之间架起一座桥梁。通过塞缪尔·普芬道夫，自然法和天赋人权进入洛克的视野，成为洛克自由主义的一块基石，而洛克又影响了 18 世纪德国自由主义者。

然而在浪漫主义运动的压力下，18 世纪的德国人拒绝了洛克自由主义遗产。他们放弃个人主义，坚持国家干预主义，他们关注的是民族的命运。德国的政治变革是要建立由众多公国组成的统一民族国家。民族主义不仅影响了德国的自由主义运动，而且成为自由主义的本质与核心。如果一个国家面临外部势力的支配，自由事业的使命必然首先是结束外来的威胁。在这种情势下，德国自由主义者急切希望接受一个皇帝的统治作为自由的代价。这种拒绝孱弱政府而希望出现一个强大政府的政策是与洛克自由主义政策背道而驰的。英国人对德国自由主义者于1848年卑躬屈膝从法兰克福到柏林，将全德意志的皇冠献给厌恶自由主义的普鲁士国王的行径，感到悲哀和荒唐。结果这位国王宣称，他不接受平民赠予的皇冠。天真的德国自由主义者以全德意志皇冠，希望威廉四世的心发生变化，确保其国民的权利。但这是什么权利？在自由主义运动推动下，出现了1848年的“权利宣言”。这一宣言与1789年的法国“权利宣言”有霄壤之别。法国权利宣言本质上是个人主义的，而德国权利宣言则被国家的统一控制。法国人颂扬的是人的权利，德国人称赞的却是德意志民族的权利。

一般认为，德国自由主义在1848—1914年之间出现堕落，许多德国自由主义者不再相信自由是一种先验的道德实在。德国自由主义者在国会的代言人被俾斯麦（普鲁士王国首相和德意志帝国宰相）欺骗而妥协，最终被彻底瓦解。1862年9月，俾斯麦发表著名演说，他说：“德国人对普鲁士自由主义不感兴趣。普鲁士必须重整旗鼓和积蓄力量，为她曾经遭受的挫折而争取荣耀的时刻。伟大时代的各种问题不是讨论和多数人的选票可以解决，那是1848和1849年的伟大幻想。问题的解决要靠铁和血。”

19世纪60年代是俾斯麦军国主义的鼎盛时期，对德国自由主义者影响很大。当俾斯麦向他们提出一些安抚性提案时，大多数普鲁士国会中自由主义的代表欣然表示赞同。他们毕竟与俾斯麦一样都是民族主义者。有一些德国自由主义者认为，德意志人民的权利原则被俾斯麦的铁血政策分化瓦解，但他们只是少数人。1848年的普鲁士议会350名议员中有279名自由主义者；1866年7月的大选中，“铁与血”政策处于巅峰时期，自由主义者在国会失去其一半的席位。1913年的

443 名国会议员中，有 73 名民族主义者—自由主义者和 40 名独立自由主义者。

在 19 世纪的欧洲，自由主义在别的国家是一种进步社会运动，但在德国出现的是立宪主义和政治妥协、资产阶级理想与形而上哲学、强权政治和法治国家等形形色色意识形态的混合物。对自由主义做出贡献的德国思想家有伊曼努尔·康德、威廉·洪堡、马克思·韦伯、威廉·勒普克等。

（1）马克思·韦伯：文化价值的力量能够形塑社会行动的脉络

马克思·韦伯（Max Weber，1864—1920）是德国政治经济学家和社会学家，他被公认为现代社会学和公共行政学的重要创始人之一。卡尔·马克思、马克思·韦伯和埃米尔·涂尔干被称为现代社会学的三大奠基人。

1912 年，韦伯曾试图组织一个左翼政党，以联合社会民主主义者和自由主义者，但最终没有成功。主要原因是当时的德国自由主义者仍然担忧社会民主主义者的革命理想与他们之间的分歧。在社会学研究方面，韦伯采纳的是反实证主义的路线，他的著作开始了反实证主义在社会科学界的革命，强调社会科学与自然科学在本质上的差异。韦伯认为，人类的社会行为比较复杂（韦伯将其分为传统行为、感性行为、目的理性行为和附带行为），不可能用传统自然科学的方法进行研究。韦伯的主要贡献在于宗教社会学和政治社会学领域的研究。

《新教伦理和资本主义精神》是韦伯的名作。有人认为这是对新教的专题研究，其实也可将其看作他对于宗教思想和经济行为之间互动研究的先声。《新教伦理和资本主义精神》是社会学视野中研究意识形态问题的重要著作之一。在这部著作中，韦伯提出的中心问题是以自由劳动的理性组织方式为特征的有节制的资本主义起源问题，或者说，是资本主义生产方式的起源问题。韦伯认为，不能仅仅从物质生产来解释以理性化为本质特征的资本主义生产方式的起源，还应看到文化观念和价值观念的重要作用，也就是韦伯论述了新教伦理和资本主义精神在资本主义生产方式形成中的作用，即文化价值的力量能够形塑社会行为的脉络。一般宗教的传统往往排斥世俗事务，尤其是对经济领域成就的追求。但为什么这种现象没有发生在新教？韦伯在著作中解释了这一悖论。

韦伯将资本主义精神定义为一种拥护追求经济利益的理想。他认为，这种精神必定来自某处，不会来自单独的个人，而是来自群体及其生活方式。韦伯提出某些形式的新教教义——尤其是加尔文教派——支持理性地追求经济利益和从事世俗活动，并将这些行为赋予道义精神和道德内涵。但这并非这些宗教思想的初始目标，反而像是其副产品。这些教义所基于的内在逻辑都直接或间接地鼓励了对于经济利益的理性规划和忘我追求。这部著作为他提供了一个相当广泛的视野，使他在后来的研究中，继续将各种宗教进行比较。韦伯认为，宗教的影响是造成东西方文化发展差异的主要原因，并强调新教伦理在资本主义、官僚制度和法律权威的发展中所扮演的重要角色。然而英国社会学家安东尼·吉登斯指出，韦伯并未提出足够实例证据，证明新教伦理与资本主义的发展有关，许多不以基督教为主要信仰的国家经济发展同样很出色。

但韦伯不是一个观念论者或文化决定论者。他多次阐明，文化因素只有在物质因素配合下才会对人们的社会行为发生作用；导致现代资本主义在欧洲产生，除了新教伦理所蕴含的资本主义精神这种文化因素外，还须有其他一些物质和制度的配合。在《普通经济史》中，韦伯将这些因素归纳为：市场的自由交易、发达的货币经济、劳动力的商品化、理性技术的运用、经营组织与家产的分离、形式法律制度的保障、经济生活的商业化等。

马克思·韦伯对德国政治的影响很大。第一次世界大战期间，他曾出席凡尔赛会议，代表德国谈判；他曾参与魏玛共和国宪法的起草设计。当时韦伯支持在宪法中加入授权紧急戒严的第 48 号条款。这一条款后来被阿道夫·希特勒用于建立独裁统治而恶名昭著。韦伯对于德国政治的影响至今仍有异议。

（2）威廉·勒普克：国家和中央银行必须对市场经济进行干预

威廉·勒普克（Wilhelm Ropke，1899—1966）被称为市场经济的“精神之父”，他的研究领域有时被称为“社会学新自由主义”（Sociological Neo-Liberalism）。勒普克及其同事在经济领域的影响力，被认为是造成第二次世界大战后德国经济“奇迹”的原因。勒普克青年时代曾被社会主义激励，后来接受奥地利学派经济学家路德维希·米瑟斯的理论。

第二次世界大战后的经济复苏使德国经济再次居欧洲之首，勒普克和他的团队是其背后的理论支撑。而这种情况发生时，德国所推行的政策却与米瑟斯倡导的政策背道而驰。虽然勒普克和米瑟斯在某些方面有相同的信念，但勒普克和他的团队倡导的自由贸易，比奥地利学派经济学家更重视国家和中央银行对经济的影响和干预。与奥地利学派主流经济学家的理论不同，勒普克认为，市场经济具有很大的破坏性和残酷性，必须由国家和中央银行发挥其干预作用。勒普克的结论是，自由市场理论所宣扬的效率和造成的社会富裕，将产生种种社会弊端和道德沦丧。由此，勒普克预见到国家作为规则制定者、竞争监督者和基本社会安全保证者积极而不可或缺的作用。然而，勒普克不是一位政治中心主义者，他拒绝接受凯恩斯的经济理论。

对勒普克而言，国家和中央银行需要以一种整合性社会、经济和金融政策维护人权和习俗道德，其任务是维护市场背后的弱者，平衡各种利益关系，建立游戏规则和限制某些市场力量。勒普克致力于建立一种经济人道主义的经济秩序，也被称为第三道路。勒普克坚持建立一种将人权作为最高尚宗旨的社会和推行与此相适应的社会政策。他认为，个人主义必须与深思熟虑的社会性和人性化原则相平衡。随着年龄的增长，勒普克越来越关注抚恤社会群体精神和心灵，尤其是对那些被边缘化弱势群体利益的关怀。

勒普克曾于 1961—1962 年担任朝圣山学社主席，但由于长期与弗里德里希·哈耶克存在分歧，他们争吵的结果是勒普克辞去学社主席的职位，并宣布退出该学社。

第9章

存在主义思潮

一、存在主义思潮产生的时代背景

存在主义无疑是对欧洲现代文化影响最大的社会思潮之一。某种意义上，存在主义的兴起标志着欧洲现代以来人们观念的一种时代特征。

资本主义促进了欧洲自然科学的发展，与其相伴随的是理性主义和经验主义哲学的出现，它们都从根本上动摇了欧洲人基督教信仰的基础。代之而起的是对科学、理性和物质文明的迷信，使欧洲人几乎失去了往昔赖以生存的一切信仰。这种现代性运动的重要特征是向群体社会的漂移，而这样高度集体化的群体社会，同时也意味着个人的死亡（克尔恺郭尔）。面对传统价值的荒凉废墟，人们苦闷彷徨、无所适从。

早在19世纪，丹麦宗教哲学家克尔恺郭尔（Soren Kierkegaard，1813—1855）、俄国小说家托思妥耶夫斯基和法国哲学家尼采都敏锐地感到这种笼罩欧洲大陆的阴影—— 资本主义精神危机。他们批判和谴责理性的专横和欧洲现代文明的种种弊端。造成存在主义在两次世界大战之间和战后风行欧洲的事实，正是欧洲人对资本主义和技术理性所带来的自我失落及对生存意义的反思过程。

德国哲学家弗里德里希·谢林在维尔茨堡和慕尼黑的讲课中，提出在一切存在中，“绝对”将本身直接表现为主观与客观的统一。“绝对”是一个哲学名词，指永恒的、无限的、完善的和不变的主体，这种主体是自足的，不依赖于任何其他东西。这一概念在谢林的哲学中有较多的使用。黑格尔在《精神现象学》（1807）中，不指名地指责谢林将“绝对”定义为主观和客观不加区别的统一，他说，这种“绝对”相当于黑夜，“在黑夜里所有的牛都是黑的”。黑格尔哲学在当时被认为是权威体系，黑格尔的批评对谢林是沉重的打击。1841 年冬，谢林在柏林大学举办著名的系列讲座，出席讲座的听众中包括克尔恺郭尔、雅各布·布克哈特、弗里德里希·恩格斯、米哈伊尔·巴枯宁等后来的世界名人。谢林在讲座中对黑格尔进行批判，成为批判黑格尔庞大理性主义哲学体系的第一人。其中包括抨击黑格尔坚持抽象真理的真理性和将整个历史纳入一个“绝对整体”的理论。谢林的讲座对 19 世纪中叶的欧洲产生了巨大影响。谢林认为，人不仅被理性决定，也被污浊的天然冲动左右。这一见解后来被评价为理解人的现实的一种积极尝试，在这一方面，超越了黑格尔所达到的水平。更重要的是，谢林的讲座激发了现代存在主义的产生。克尔恺郭尔回到丹麦后，于 1844 年发表了他的《哲学性片段》，两年后，他写出存在主义的独立宣言——《非科学的结语》。

二、克尔恺郭尔：存在主义之父

在 19 世纪，克尔恺郭尔对欧洲哲学和社会思潮的影响可谓微乎其微。然而在他死后的一个世纪里，他对欧洲文明的影响却越来越显著。其影响不仅限于哲学界，而且延伸至艺术和文学领域。克尔恺郭尔的著作不是体系化的理论或深奥的思辨哲学，而是具有独到之见和深邃的宗教意识。他强调人类情感的重要性，认为人的情感比理性更重要。

克尔恺郭尔早年在哥本哈根学习神学，为逃避爱情纠葛去往柏林，成为谢林的学生，从而受到德意志哲学精神的感染。在其生活环境中，他没有精神上的友谊，如同叔本华，他过着孤独的生活，然而他并不期望任何其他形式的生活状态。

克尔恺郭尔的博士论文题为《论苏格拉底式反讽概念》。这篇论文表明苏格拉底对克尔恺郭尔思想的影响。克尔恺郭尔的一生，和这位古希腊哲学家有一种亲切关系，他甚至认为他是其时代的苏格拉底。在博士论文之后，克尔恺郭尔发表《非此即彼》（1843）。该文标题的意思是对生活采取美学的（或感性的）和伦理的（或理性的）二者选一的态度。这一信念后来成为一切存在主义的思想基础。在《人生道路的三个阶段》（1845）中，克尔恺郭尔提出人生道路的三个阶段：感性的、理性的和宗教的。只有上升到宗教的阶段，才能摆脱空虚、孤独之感，消除忧虑、畏惧之心。因此，理性低于信仰，科学低于宗教，宗教是人生最高境界，“天国”是人生的真正归宿。

在《非科学的结语》（1846）中，克尔恺郭尔对一切思辨哲学，尤其是黑格尔哲学予以尖锐的抨击。他把黑格尔的辩证法斥为欧洲哲学中一种浅薄流风的典型表现。如同尼采，克尔恺郭尔提出对价值观进行重新评估，从一种新的思路对待学术观点；他认为，在此之前必须首先摧毁以往的学术偶像。

克尔恺郭尔还对黑格尔和亚里士多德的本质说进行批判。他认为，亚里士多德和黑格尔的唯理智论颠倒了生活的基本意义，因为我们不能随心所欲地界定哲学的内涵，而必须首先关注我们自己的生活状态。他说，一切演绎逻辑都是歪曲和伪造；这种演绎逻辑描述的是永远不变的永恒真理，然而生活时时处处都在变化，永远不会是相同的。因此出现一种悖论：我们不能完全否认理性，但理性却不能认识事物的内在机制。对理性的反叛成为后来的存在主义者显著的思想特征，尤其是法国的让-保罗·萨特。萨特完全脱离传统哲学思想，认为直觉才是知识的基础。

克尔恺郭尔抨击以往的哲学太多地关注普遍性。英国经验主义者是一些唯名论者，但他们是科学的唯名论者，而克尔恺郭尔却是关于人的唯名论者。他说，知识必须是关于个人的知识，所谓普遍性的抽象知识是没有意义的。几乎在任何方面，克尔恺郭尔的思想都与黑格尔的体系相对立。黑格尔相信理性，克尔恺郭尔赞赏情感主义；黑格尔对于事物的观点是历史主义的，克尔恺郭尔关于生活的观点是反历史主义的；黑格尔认为逻辑是解释实在的钥匙，克尔恺郭尔将逻辑仅仅视为一种便利的工具；黑格尔坚持宗教从属于哲学，克尔恺郭尔则认为哲学仅仅是宗教的先声。

克尔恺郭尔思想的基调来自苏格拉底——“认识你自己”。在自我认识中，我们获得了认识宇宙的钥匙，必须从认识自己的存在状态开始，我们才能理解先验的形而上原理。哲学家不能对宇宙做出科学的解释，而是探索主观性问题。克尔恺郭尔说，过去人们观念的错误在于太多的唯理智论，观念不能描述人的本质，因为人首先感知，然后才能思考，其情感的和宗教的需求决定人的世界观。克尔恺郭尔将其同代人视为诡辩家，因为他们宣称拥有关于宇宙的无限知识，但实际上他们是无知的。克尔恺郭尔知道自己的局限性，这是他的智慧所在。对克尔恺郭尔而言，真理没有客观标准，真理是一种无止境的探索，一种主观认知。这是存在主义悖论的一部分。

值得注意的是，叔本华对克尔恺郭尔思想的影响。叔本华蔑视黑格尔的绝对唯心主义，厌恶他故弄玄虚的体系学识，称黑格尔是“沽名钓誉的诡辩家”。克尔恺郭尔称黑格尔是“哲学和神学教授”，既不是对他的称赞，也不是对他的抬举，而是以一种刻薄的方式对他进行攻击。如同叔本华，克尔恺郭尔认为宇宙是一种自发的过程，理性是其现象的具体化，而人的意志是第一位的。克尔恺郭尔还承继了叔本华厌恶社会的观点，他说，智者们远离众人而居，他们不屈从众人的好恶，对众议无动于衷。他们既不追求进步，也不试图谋求政治荣耀，他们追求的是幽居和孤独。我们看到克尔恺郭尔的悲观主义倾向，悲观主义标志着克尔恺郭尔失意的生存状态，试图以逃避现实的方式为他人的愚蠢和自己的伟大辩护。

克尔恺郭尔的影响，从西班牙哲学家乌纳穆诺、德国思想家海德格尔、卡尔·雅斯贝斯及保罗·萨特等人那里，可见一斑。然而在美国小说家、后现代主义者约翰·巴思的笔下，克尔恺郭尔是最保守的势力，他的声誉几乎被作为对回归原教旨主义的辩护手段。巴思说，在克尔恺郭尔的著作中充斥着强烈的奥古斯丁修会气氛。正如这位希波主教，克尔恺郭尔试图恢复基督教的基本精神。但也有学者认为，从历史的角度，克尔恺郭尔的著作是当代生活中的一种解放力量，从他开始对当时的价值观进行重新评估。他认为，哲学研究的问题不是科学的或美学的或社会学的，而是人自身。我们无法逃避主观性问题，我们必须认识自身，分析我们的需求，理解我们在宇宙间的位置。

三、存在主义概观

在克尔恺郭尔之后，狄尔泰于1883年出版《人类科学导言》。狄尔泰提出，人并非孤立的存在，而是与所处环境紧密关联。他强调不能通过内省了解人的本质，而只能通过全部人类历史知识去理解人。原型的人分解于全部历史进程之中。与此同时，尼采的生命哲学和柏格森的直觉主义都推动了存在主义思潮的发展。

存在主义思潮第三阶段的发展，在第一次世界大战冲击下达到高峰，战争灾难中的人们重新发现克尔恺郭尔。尼采对欧洲社会精神和人们心理基础的严重挑战，不再能够被维多利亚时代自鸣得意的宁静掩盖。存在主义发展的第三阶段还由于埃德蒙·胡塞尔现象学的出现而具有一种特殊形态。胡塞尔、海德格尔、雅斯贝斯及其他人提供了区分主观—客观所需的工具，而这一问题曾是哲学甚至科学中的障碍。存在主义所强调的真理产生于行动的观点，与阿尔弗雷德·怀特海“过程哲学”和美国实用主义哲学尤其是威廉·詹姆斯实用主义哲学关于真理理论之间，存在明显的相似性。

这里，我们首先拨开弥漫于存在主义这一词语的迷雾。该词在传播过程中其意义繁多——从指称巴黎左岸先锋艺术家的反抗精神，到鼓吹自杀的绝望哲学，再到以深奥语言表述的德国反理性主义思潮，存在主义反映了欧洲现代人们的深层情感和精神特征，它几乎出现在欧洲现代文化的各个方面。存在主义不仅出现在哲学和心理学领域，而且出现在凡·高、塞尚和毕加索的绘画艺术；出现在陀思妥耶夫斯基、波德莱尔、卡夫卡和里尔克的文学创作中。存在主义是对现代欧洲人们心理危机的描述，这一文化思潮正产生于这种心理危机的历史背景下。

1. 自我与主观性

关于主观性问题，黑格尔在《逻辑学》中对“自我”的观点是，我们可以说，“我”和思想是相同的，或者说，“我”是一个思考者的思想。(黑格尔:《逻辑学》，英文版，1950，第48页。)显然，黑格尔传达的信息是，“我”、自我就是思想。“我”是思考者，把人等同于思想。针对黑格尔的观点，克尔恺郭尔指出，黑格尔这里所说的思想不是某个人的思想，这种自我是普遍意义上的思考者，不是某一思考者。由此，克尔恺郭尔认为，黑格尔使存在的主观性一点一点地蒸发了。克尔恺郭尔的观点显然是坚持主体的重要性，不管主体是否思考，他都是肯定存在的。他说:“存在的主体是现实存在的，这就是每一个人类个体。”(克尔恺郭尔:《非科学的结语》，英文版，1944，第112页。)

克尔恺郭尔说，不仅主观性是人的本质，自由和责任也是主观性的本质。对黑格尔而言，自由最终只属于造物主。黑格尔虽然说，个体通过参与国家事务而获得自由，但进一步观察其确切意义，这种人类自由的概念是毫无意义的。生活在一个国家的个体的自由被黑格尔界定为人类意志向造物主意志的屈从，因为黑格尔认为，造物主的意志是以国家法律的形式出现的，造物主的意志是通过国家各种法律或民族精神予以表现或具体化的。黑格尔毫不含糊地表明，国家法律和民族精神完全控制着每一个体的心灵，组成一个国家的个体必须遵循这种精神，并成为每一个人的存在目标。这就是黑格尔的伦理观：人是自由的，而人却恰恰没有真正的自由。克尔恺郭尔宣称，黑格尔将抽象的真理与现实看作是一种幻想，也是一种欺骗。他说，真理只能在个体自身行动中产生。克尔恺郭尔及后来的存在主义者，谴责那些把人看作被控制的对象的理性主义者和唯心主义者，谴责西方世界驱使人们成为政治集体中的无名单体和庞大工业生产中的“机器人”的社会现实。他们努力争取存在个体在社会生活中的优先地位。正是在批判理性主义哲学尤其是黑格尔哲学“理性极权主义”专横的历史背景下，产生了欧洲现代存在主义，克尔恺郭尔成为存在主义的创始人。

2. 真理与现实的分离

英语“存在”（existence）一词源于拉丁语 ex-sistere，字面义为“出现”“突出”。该词词义表明，不论是艺术、哲学或心理学领域，存在主义者所追求的是将人类置于显著的动态现实中，而不是静态的机械模式里。如果我们从欧洲传统思维考察该词的意义，存在是与本质（essence）相对立的两种概念。本质首先指树木的绿色、其木质密度、重量或其他体现实质的特点和性质。文艺复兴以降，欧洲思维从总体看侧重于对事物本质的关注。欧洲传统科学追求发现事物的本质或实质，正如哈佛大学教授约翰·怀尔德指出的，欧洲传统科学表现出一种本质先于存在（essentialist）的形而上学倾向。但自海森堡、玻尔之后，西方现代物理学改变了这种倾向。对本质的研究的确能够发现科学中具有重要意义的普遍规律，或者逻辑学和哲学中一些卓越抽象概念，但这种规律和概念的获得只能通过抽象过程。在这种情况下，个体的人或个体事物的存在将必然被排除在人们的视野之外。我们可用“3 个苹果 +3 个苹果 =6 个苹果”这一等式为例。如果用 3 只独角兽替代其中的 3 个苹果，其等式同样成立。但从数学命题的真实性角度，不论是苹果或独角兽是否存在是不重要的。就是说，一个命题是正确的，却可以是不真实的：苹果和独角兽是两种风马牛不相及的事物，这一数学等式在一般情况下是没有意义的。也许正是由于这种方法在科学的某些区域可以运作得非常成功，人们便忽视了这将必然派生一种现象：生存个体在这一过程中被遗忘了。由此，真理与现实之间产生了一道裂隙。心理学和其他科学领域面临的这一严峻问题，正是存在个体所面临的抽象真理与存在的真实性之间的裂隙。

克尔恺郭尔、尼采及其追随者，预见到欧洲文化中真理与现实越来越走向分离的趋势，竭力唤醒人们从迷惘中苏醒：现实能够客观地予以理解和领悟。克尔恺郭尔和其他存在主义思想家所呼吁的，是一种主观与客观两者并重的真实性。他们认为，我们必须研究处于生活体验和感受中的人。

德裔美国基督教神学家和哲学家保罗·蒂利希，痛感 19 世纪西方人道主义濒临破产的局面。经过两次世界大战后，德国国内一片混乱，这使他相信西方文明已接近毁灭。他参加宗教社会主义运动，发表《存在的勇气》（1952）和《信仰的力量》（1957），指出人类最深切的希望与其有限存在的现实处于一种可悲的对立局面。蒂利希在这两部著作中探索了人类处境，比较系统地阐述了存在主义哲学和现代精神分析学派所揭示的种种社会问题。蒂利希的立论表明，存在主义者与现代深层心理学和精神分析学派对人类处境所做的分析非常接近。这一学派的领袖之一，德国存在主义哲学家卡尔·雅斯贝斯本来是一位精神病学家，他撰写了著名的《普通精神病理学》（1913）。当人们阅读克尔恺郭尔对人类焦虑和绝望的深刻分析，或尼采对愤怒情感的洞见，以及伴随情感压力而出现的罪感和反抗行为时，会深切感到，他们的分析与百年后精神病理学家的见解有共通之处。

3. 忧虑、迷茫和幻想破灭的生存状态

马丁·海德格尔（Martin Heidegger，1889—1976）一般被认为是20世纪存在主义思潮的代表。海德格尔学生时代就受到克尔恺郭尔、尼采、狄尔泰和胡塞尔等人的影响。1927年发表其重要著作《存在与时间》。该书的意图是想弄清一个常常被人们忽略的问题：人存在的意义是什么？或者更确切地说：人是如何存在的？他认为，忧虑或恐惧的情绪能揭示真实的存在，人有自我选择和自我控制的自由。在《形而上学导言》（1953）中，海德格尔将人类生存的研究看作现实生活的根本原则。

奥地利小说家弗兰兹·卡夫卡的小说，对欧洲现代文化中人们的绝望和生存的孤立状态的描写，正是存在主义所关怀的问题。卡夫卡的作品象征着20世纪欧洲人的忧虑和弥漫于西方社会人的异化现象。法国小说家阿尔贝·加缪的《局外人》和《鼠疫》等作品，主要反映了人在异己的世界中的孤立，以及战后知识分子思想的迷茫和幻想的破灭，是存在主义自觉意识在当代文学中的反映。对存在主义最生动的表现也许要从现代艺术中发现。一方面因为艺术作品的象征性和直观性特点，另一方面由于艺术作品更善于清晰揭示文化中的潜在精神和情感特征。凡·高、塞尚和毕加索这些现代主义运动中杰出代表的作品具有一些共同的特点。首先，它们代表了对19世纪末欧洲传统文化虚伪性的反叛；其次，反映了揭示欧洲社会现象中一种潜在的新生关系的努力；再次，探索朴实、直接和更具艺术生命力的美学经验；最后，通过描绘人们精神的绝望与空虚，试图表现欧洲现代人生存境遇的内在意义。例如，毕加索的绘画《格尔尼卡》，其创作意图是要造成一种恐怖气氛以警示世人。蒂利希认为，《格尔尼卡》是对第二次世界大战后欧洲社会支离破碎状态的解释和描绘，表现了许多欧洲

人灵魂的分裂状态、对生存的忧虑、心灵的空虚和生活的毫无意义。

四、存在主义：一种人本主义

某种意义上，现代存在主义是一种世俗的个人至上主义思潮，许多存在主义者明确表示他们是反宗教的，不相信造物主的存在和权威。这种情况与克尔恺郭尔的宗教情怀截然不同。

第二次世界大战后，存在主义思潮极为流行，这一运动形成的原因是不难解释的，它是战争造成的幻灭感和荒漠感的体现。个人必须为自己寻找新的生存意义，人们不能期望社会乌托邦来解决他们的生存问题。存在主义与传统哲学的区别在于，存在主义拒绝普遍性和抽象性问题，而是强调主观意识和个人情感。克尔恺郭尔思想的学术方面被海德格尔和雅斯贝斯进一步阐释，其宗教内涵则由乌纳穆诺进一步探讨。不同的存在主义者关于造物主的存在有尖锐的分歧。信奉天主教的思想家乌纳穆诺认为，人不信仰造物主就不能发现自我，人的存在要求他必须有明确的宗教信仰。但许多存在主义者如萨特坚持认为，人不可能获得任何形而上知识，断言否定造物主的存在。这种无神论存在主义是现代存在主义的主流。

法国哲学家和文学家保罗·萨特对存在主义的经典定义是，存在主义是一种人本主义，存在主义关注的是人类的生存和命运。存在主义者对人类生存状态进行分析，让人们意识到他们的生存状态及其享有的基本自由权利。如果用这一标准判断存在主义，在欧洲历史上可以发现一些存在主义的先驱，如柏拉图对话中记载的苏格拉底对话可谓是历史上最早出现的存在主义哲学。此后奥古斯丁对自我的深层心理分析，帕斯卡寻找心灵理性的努力，都体现了关注人类命运的存在主义精神。而19世纪20年代出现的存在主义则是现代存在主义。

内容最为广泛的存在主义理论著作也许是萨特的《存在与虚无》。萨特说，面临人生的苦难，我们不能求助于造物主，但必须为我们的内心生活寻找意义和力量。存在主义者的世界没有传统宗教的支撑——没有至高无上的造物主，没有给予人们力量的圣者，也对社会偶像不抱幻想。现代存在主义拒绝欧洲历史上一切主宰人生的信条，不能容忍任何形态的独断论。

存在主义反对以机械论假说解释生活的一切图谋。人们的命运不是由遗传和环境决定的，人们有自由的权利，可以决定自己的命运。这一观念在萨特的三卷本小说《自由之路》(包括《不惑之年》《缓期执行》《痛心疾首》)中得到充分阐述。在对个人自由和人类尊严的辩护之后，萨特将注意力转向社会责任这一概念。多年来，他一直表现出对穷人的关心，以及对不同类型的被剥夺权利者的同情。

许多存在主义者认为，哲学思想可以通过小说和戏剧得到很好的表达。他们对理性分析表示怀疑，如同柏格森和尼采，他们认为直觉是认知的可靠途径，而理性不能达到人的生存需求。必须从主观的角度根据对生存的重新分析来解释人的生存状态。存在主义表达了20世纪欧洲人摈弃18世纪崇尚形式理性的心态特征。

可能有人认为，这种哲学将导致人们隐逸、被动地接受生活；但恰恰相反，大多数20世纪存在主义者都倡导积极而有生气的生活态度。萨特的终身伴侣西蒙娜·波伏娃强调行动是生活绝对需要的。波伏娃的作品多以人生的孤独与责任的矛盾等存在主义道德观为主题，反映了第二次世界大战后欧洲青年知识分子的精神状态。许多法国存在主义者如萨特参加了反法西斯抵抗运动，以实际行动表现出他们身体力行的精神和勇气。

存在主义者所倡导的伦理信条引起社会上大量争议。正统道德主义者尖锐批评萨特小说中人物的反常行为。萨特小说《不惑之年》的主人公是一名高等学校教授，其主要理想是行为自由，在夜总会里度过他的大部分业余时光。他有一个怀孕的情人，但他却不想与她结婚。书中有许多关于色情虐待狂和同性恋的细节描写。在这些方面，萨特的态度与传统道德主义者截然不同。对人性的生理解剖往往是存在主义的一种显著特征。

但是存在主义还有另一个方面。存在主义者大都有一种严肃的社会责任感。他们认为，我们不仅要为自己的行为负责，而且对他人也有责任。如果我们参加战争，我们应为阻止暴力而采取行动。在战争面前，我们既不能自杀，也不能逃避。这体现了 20 世纪不同存在主义者之间在观念上存在的矛盾。

某种意义上，存在主义是一种人本主义。存在主义认为，人是一切价值之源，是价值的创造者。人只有关注自身心灵的发展，重视自身精神境界的提升，才能认识其生存的使命。

五、存在主义思潮是欧洲人对其生存意义的反思

存在主义出现在欧洲文化危机的时刻，而且人们发现，存在主义世界观是发生在艺术、文学和社会思潮出现激烈变革的边缘时期。这种现象似乎说明，存在主义者对社会现象敏锐的洞察力。当一种文化处于转型期的激变状态下，社会中的个体必将遭遇精神上和情感上的剧变。他们发现常规的道德观念和思维方式不再给予他们的生存以安全感。在这种情况下，他们或者沉沦于执迷不悟和随波逐流，或者被迫进入更高的自觉境界，以一种新的信念在新的基础上认识自己的生

存状态。这是产生存在主义运动的一种心理基础。存在主义坚持的观点是，人总是处于变化过程中，这种变化本身就意味着潜在的心理危机，但这种危机感并不总是意味着绝望。苏格拉底对个体人的辩证研究是存在主义的原型，他对此抱持一种乐观态度。这种现象大都出现于社会转型时期，即当一个时代即将衰亡而新的时代尚未诞生，在这种时刻，个人就会产生一种无家可归和无所适从之感，从而希望获得一种新的自我意识。

弗洛伊德（Sigmund Freud，1856—1939）分析了 19 世纪末人们在精神分裂状态下的精神特征，即来自情感冲击下的压力、自主意识的消失、自我的弱势和被动状态等。在弗洛伊德之前只有克尔恺郭尔对来自个体与社会的疏离而导致的焦虑、抑郁和绝望进行了分析。在弗洛伊德第一本著作出版的 10 年前，尼采宣称，现代人的病症在于，他们灵魂已经陈腐，他们极度厌倦，到处弥漫着衰败气息……欧洲人的平庸和萎靡是我们最大的危险。弗洛伊德不知道克尔恺郭尔的著作，所以他认为尼采是一切时代真正伟大的人物之一。

存在主义和精神分析对人性的发现和分析，也许是动摇甚至颠覆现代欧洲人传统观念的两种最重要的文化思潮。要理解人类生存方式的真正意义，不能将人与其生存的世界分离而进行抽象的研究，必须在他们诞生的历史背景下进行分析。19 世纪下半叶，欧洲社会的主要特点是人性的分裂。真正人性的分裂出现于个人情感、心理和精神的濒临崩溃。人们不仅能从这一时期的心理学领域看到真正个人人格的分裂，而且几乎可从 19 世纪末欧洲文化的各个方面分析这种现象。挪威戏剧家亨利克·易卜生在《玩偶之家》中生动描写和抨击了家庭生活中的这种分裂现象。那位受人尊敬的市民将其妻儿家人和生意社交活动分隔在不同的房子，使其家室成为一个玩偶之家，表现了一个丈夫不知不觉使妻子成为精神上和经济上的奴隶的过程。人们同样可以看到艺术与现实生活分离的情况，把艺术用作浪漫的学院风的雕饰、美化手段。艺术脱离自然和现实存在而成为虚伪的装饰品。塞尚、凡·高印象派画家和其他现代艺术运动所抵制的正是这种矫揉造作的艺术。

这种分离现象伴随欧洲工业化进程而更加明显和严重。工业化既是原因也是结果。正如卡尔·马克思指出的，工业体系的成功运转，金钱的积累成为人们的价值标志，劳动与产品的完全分离，造成自我与人性的消失，也造成人与人之间关系的疏离，把人变成机器是造成人性和自我消失的根本原因。早期存在主义者对此进行了强烈的谴责。他们意识到，欧洲人面临的最严重威胁是理性和机器一道销蚀着个人的活力和意志。他们预言，理性在逐渐成为一种新的技术。

20 世纪科学家往往没有意识到，19 世纪欧洲社会的疏离化倾向同样波及科学领域的事实。德国哲学家欧内斯特·卡西尔指出，19 世纪是一个“科学自治”的时代。每一种科学都遵循自身的方向发展，尤其是科学与人的关系没有统一的原则。这一时期先进科学积累的经验支撑着科学关于人的观点，每一种理论都成为“普洛克路斯忒斯的床”[①]，使经验事实就范于先入之见的模式。在这种情况下，当代关于人的理论失去其智力特征。神学家、科学家、政治家、社会学家、生物学家、心理学家、人种学家、经济学家都从他们自己的观点、立场对待和解释问题，以自己的观点评价人生。

维多利亚时代表现的宁静、秩序井然和人们的满足心态，只是一

---

① 即 Procrustean Bed：希腊传说中，普洛克路斯忒斯是一个强盗，他设有一张铁床，强迫被捉到的人躺在床上，把身材矮小的拉长，把身材高大的截短，使他们的身材和铁床的长度相等，象征强求一致的制度或政策。

种表面现象。这种宁静是以人们普遍感到不断加剧的心理压力为代价所勉强维持的。直到 1914 年 8 月 1 日第一次世界大战的最终爆发，欧洲社会的表面宁静彻底崩溃。克尔恺郭尔预见欧洲人情感和精神生活的焦虑、空虚、人与人之间关系的疏离，最终导致个人的绝望以及自身异化。面对人的这种生存现实，现代存在主义开启了欧洲人对其生存意义的反思过程。

第 10 章

民主的现代再生

一、民主的再生需要适宜的环境和条件

1. 民主在革命中诞生

在人类历史上，民主总是在革命中诞生。在古代罗马，即使在共和国时期也是由元老院集团实行寡头政治，格拉古兄弟流产的革命证明了这一点。同样，17 世纪和 18 世纪更大规模民主再生的初期，都伴随着暴力革命。荷兰为民族解放的斗争、英国的内战、瑞士人民反对州和市寡头政治的斗争、美国的独立战争和法国的大革命，都是现代民主国家诞生所经历的分娩阵痛。

另一方面，历史上无可争辩的事实是，民主制度的实现总是在曲折而艰难的道路前行。其原因在于民主的诞生不仅需要时间，而且需要种种适宜的环境和条件。民主制度从产生到成熟是一个渐进的过程，必须在各种社会环境的相互配合下渐趋完善。在历史上，民主制度不是人们凭主观意志和想象设计出来的，而是在偶然情况下，古代希腊许多城邦之一的雅典城邦进行的一种制度探索，从而成为后世改进和再建的民主原型。也是在偶然情况下，17 世纪和 18 世纪欧洲出现的一系列社会倾向的组合，颠覆并重构西欧传统社会模式，从而为一种新的政府权力机构的形成提供了条件。回顾历史，人们在 17 世纪早期很难预见当时出现的种种事件，将会导致一场民主革命和随之出现少数几个民主政体的结果。

回顾欧洲历史，我们观察到下列一些促成民主制度形成的因素：宗教改革运动对教会世俗权力腐败的揭露和反抗；科学实验和理性探索精神导致人们对基督教教义、传统道德和政治独断论的怀疑；新的经济活动机会产生了新的财富从而要求新型国家体制；权力得到加强的国王们利用封建贵族之间的矛盾，建立其中央集权政府，而国王独裁政府的倒行逆施又激起民众的反抗；火药的使用和航海业的繁荣开辟了海洋航道，开启了各大洲之间的交流——所有这一切和其他一些因素，都直接或间接地导致政治领域出现前所未有的局面。

一个民族的民主精神和社会风气往往对该民族的政治产生重要影响。例如，如果一个国家侵染浓厚的黩武主义或商业营利主义、贵族政治或神权政治，其政府将表现出同样的政治色彩。政府可以制定具有民主性质的宪法和政策，但其社会结构和政治传统将顽固地制约政策的执行，宪法也会很快变成一纸空文。同样，矛盾纷扰杂陈，即某些领域由平等所支配，而另一些领域则是寡头政治横行，民主制度也将陷入困境。由于民主能够影响其他社会现象，也受其他社会条件的影响，民主制度的成功或失败，往往导致整个社会制度的变迁。因此，民主制度的建立在很大程度上取决于各种社会条件是否成熟。

2. 民主制度与经济环境的关系

经济活动过程的结果与政治密切相关，经济与政治之间的相互影响是显而易见的。经济因素在历史上与民主的产生和发展的连属关系，已被事实证实。在古代雅典，梭伦的改革开创的民主进程，是以政治手段回应一场经济革命所导致的社会危机。当时许多以少量土地或劳动力为生活来源的农民，不得不承受沉重的债务；当债权人剥夺了他们的土地，这些自由民面临成为负债的奴隶或农奴的危险。富人出身的梭伦起而阻止这种趋势的发展，他免除了农民的债务，保护农民的土地所有权。同时，他对货币进行改革、激励对外贸易和修改宪法。梭伦开启了走上更为完善的民主的一系列步伐。

梭伦的政治智慧在于他把握了政治体制、经济制度和社会与阶级之间关系相互作用的真理。因此，他的一切改革旨在产生一个稳定的社会，广大城邦公民在政治和经济上是自由的。虽然改革的最终结果（公元前 4 世纪中叶）不是梭伦所期许的，但在相当长时期内，改革的方向是与改革的初衷相吻合的。后来由于占人口多数的穷人，对贵族和暴发户们施加毫不留情的压力，其后两个半世纪的改革过程发生了偏转和变异。在政治领域展开了社会和经济不同阶级之间的斗争，而政治斗争胜利的结果导致宪法的修改。柏拉图和亚里士多德对雅典民主的评价，基本上认为是一种经济现象，雅典民主政治被界定为穷人对富人的统治。

16 世纪至 18 世纪，西欧大部分地区的封建制度逐渐消失或被抛弃。由于土地是当时财富的主要来源，对土地的拥有、控制和使用不仅是最重要的经济来源，而且也影响着政府、法律、战争和社会风俗。但城市却是这种社会结构的例外。在城墙背后，是另一利益群体，他们是手工艺人、专门职业者和商人。由于他们不能自给自足，城市要依赖农业地区提供食物，也要同其他城市进行商品交流。城市的繁荣需要广大地区的秩序和安全，才能保证商品运输不受海盗、土匪和贵族的骚扰和抢劫。

正是城市提供了一种新的经济规则，产生了新的社会环境和生活条件。在城市，土地作为财产的重要性让位于其他形式的财产。对各种制造业、矿业和商业的投资，使一些家族成为新的富豪。资金可以不同的形式如硬币或股份积累起来，而财富的拥有可为皇帝或国王、主教和教皇们提供资金支持，从而获得社会地位。这些中产阶级市民或称资产阶级，必须打破封建制度下的法律和政治体制的限制，改造现有社会以适应他们的需要。文艺复兴、宗教改革、科学发现，以及政治和经济革命，这一切都以不同的方式服务于同一目标。

伴随经济革命而出现的银行和信贷机构、保险公司和股份公司，政治革命及其相关社会变革应运而至。政治革命的发生既是独立于经济变革的产物，也是与各种经济变革相互依存的。封建制度下的国家权力实际上处于地方割据状态，拥有土地的贵族势力非常强大。国家权力中心十分遥远，对地方割据的控制软弱无力。在欧洲中世纪，国王与贵族之间对话的优势在于后者，国王资格在先而不是主权居首。因此，欧洲封建制度政治上的弊端在于地方主义的猖獗，各种地方势力之间的斗争导致国家处于混乱和分裂状态。

民主产生所需的前提是要创造一种中央集权的社会秩序——虽然这似乎是一种悖论。在当时的欧洲，必须通过国王所拥有的力量同贵族进行斗争，利用异地贵族制衡、削弱恃强凌弱的当地贵族。中央集权的国家形态是欧洲从中世纪向现代政治过渡的重要标志。通过国家和宫廷这种迂回曲折的路径，逐步将农奴变为市民。在这一过程中，王室专制主义的设计者控制国家权力持续约一个半世纪，然而他们最终导致自身被推翻的命运。

3. 个人价值观念对民主的现代再生具有重要意义

在欧洲历史上，个人的价值在艰难曲折的历史进程中次第显现，对民主的现代再生具有重要意义。16 世纪之前，欧洲社会强调的是，社会是一个统一体，个人是组成社会的微小部分，正如一个人同其手指的关系。对古希腊城邦时期的哲学家们而言，社会与个人之间在逻辑上没有对应关系，希腊语中甚至没有与“个人”一词严格对应的词语。对于柏拉图和亚里士多德，社会是一个单位，社会不是由个人组成，而是由公民组成。在后来的希腊化时期，犬儒学派、斯多亚学派和伊壁鸠鲁学派的哲学中，开始有了关于个人的论述。这种倾向出现于从城邦的解体到亚历山大短命的帝国，延续至罗马帝国统治下的和平时期。

在欧洲，个人价值和个人主义的出现，大致源于三种社会力量的聚合所产生的反叛意识而形成的结果。这三种社会力量是：罗马帝国的统治、基督教在罗马帝国的胜利和封建主义在欧洲的扩张。通过强大的罗马军团的军事侵略，罗马帝国建立了钢铁般的国家机构，一种新型政治体制出现在地中海沿岸地区。罗马帝国的执政官和法理学家将民法和国际法结合起来，以巨大的耐心在这一地区推行。同时，又将早期基督教信仰引入这个帝国大厦，而这种信仰是该地区历史上前所未有的：这是一种希望提升人们精神境界和统一意志的理想。然而，在基督教徒不再被迫害及其信仰制度化之后，这种信仰开始堕落，其理想不复存在。在成为罗马帝国的伙伴之后，基督教没有关注社会制度的再建，而是容忍奴隶制和农奴制这种不平等社会现象持续存在，并以迷信和神秘主义的教义劝诫人们，让人们相信那些超越理性的东西。许多世纪以来，教士成为自诩的“唯一教义”的解释者。与此同时，封建主义建立起以土地为私有经济中心的等级制度，个人只是这种制度的附属品。在上述这些社会力量控制下，必然导致人类个体成为社会中无足轻重的一分子。

在这种历史背景下，欧洲文明要进步，必须把人们从封建枷锁和古老的基督教教义束缚中解放出来，解除基督教强加于他们的种种义务。这就意味着反叛，对传统思维的反叛，对基督教神秘主义的反叛，以及对教会和封建贵族特权所依的种种社会制度的反叛。这些深刻而规模巨大的运动就是欧洲历史上被称为文艺复兴、宗教改革、启蒙运动等不同社会领域的反叛运动。许多思想家反叛教皇和封建主义的目的不是为了争取民主，但他们的反叛行动却有助于民主运动的进程。为打破既存的权力体制，必须建立新的权力格局来替代它。

由于再建社会秩序的需要，个人走上了历史舞台，他们向以往垄断权力的帝王和教士们提出解决社会问题的权力诉求。在宗教改革运动中，人们不再在宗教仪式上聆听教士用只有少数人听懂的拉丁语咏唱的教义，而是自己直接阅读《圣经》。这种情况尤其发生在古登堡发明西方活字印刷术、《圣经》被译成德语和英语出版之后。处于停滞状态的以土地为中心的农业经济，把农奴束缚在土地上；而在筑有城墙的城镇里，人们能够学到某些技艺，通过行会的团结获得某种程度的独立。人们甚至能够积累流动商品和资金，成为商业资本家。一个典型的例子是德意志奥格斯堡的雅各布·富格尔家族，成为15—16世纪欧洲最大的贸易、采矿和银行业康采恩，成为查理五世的债主和哈普斯堡罗马帝国皇室的消费来源。在这种情况下，个人价值和个人价值观念逐渐绽露于欧洲地平线上。

二、欧洲工业革命前的民主进程

1. 17 世纪的英国国会代表少数富人和显贵们的利益

作为经济现象的政治革命所开启的现代民主进程，可分为两个阶段：工业革命前和工业革命期间。早期阶段出现在工业革命前 17 世纪的英国。支持国会的清教各派力量，反对由小农场主、专门职业者和商人联盟支持的国王。东部和东南部的自由民和乡绅，支持奥利弗·克伦威尔的步兵团，克伦威尔的军队取得了胜利。这场政治革命结束了君主政体的独裁统治，胜利者的临时政府由护国公克伦威尔主持。克伦威尔代表的是他在战争中领导的军事集团，他仗恃其打造的“新式模范军”支撑的政治权力，藐视并解散了长期国会，压制穷人代言者、提倡平等权利和公有制的清教左翼力量。在克伦威尔独裁政权时期，这场革命的方向完全转向维护有产阶级、城市富人和乡下中等农场主的利益。

克伦威尔死后，国会力量日趋强大，君主立宪政体逐步形成。此后一个半世纪里的英国，由富人和显贵们的寡头政治集团统治（从威廉三世和玛丽到威廉四世时期的国会），国会和君主立宪政体成为富人和显贵们谋取共同利益的方便工具。这依然不是民主政治，因为这时的英国立法机构只代表一小部分人的利益，或者说只代表在国会中拥有席位的党派和集团的利益。然而在这种情况下也出现了民主的端倪，因为国会权力至上原则已经建立，其余要做的是使国会成为真正代表全体人民的机构。英国的民主进程又可清楚地证明，真正民主的实现是一个艰难曲折的过程。

2. 欧洲大陆（瑞士）现代早期民主是有局限性的代议制

在欧洲大陆，现代民主的种子最早在瑞士萌芽，由于民主是在地区狭小的州和联邦中日耳曼人为主的地方社区推行，这些地方乡镇弥漫着根深蒂固的陈旧观念，而且处在重商主义和封建主义时代极其原始的经济背景下。

经过一个世纪的宗教论战——新教与天主教之间的教派斗争，联邦的统一破裂而陷于困境。通过《威斯特伐利亚和约》(1648)，瑞士赢得国际上的承认而获得独立。在这一基础上，瑞士人民获得的即使不是国内和谐，但至少是和平。在和平环境下，瑞士国家繁荣，商业范围扩大。但随之而来的是财富的分配不均，在苏黎世、日内瓦、伯尔尼和巴塞尔这些大城市，出现一些富豪家族。财产产生影响，影响变为权力，权力成为特权。寡头政治牢固地盘踞在政权体系中，形成各种利益群体。公民大众的平等呼声被拒绝，他们参政议政的权利被剥夺。瑞士历史学家威廉·马丁将这一时期描述为"贵族的时代"。他在追溯瑞士执政阶级的演变过程时说，瑞士民主一直沿着寡头政治的方向行进。

具有反叛精神的卢梭，呼吁其同时代的日内瓦人面对现实，夺回政府的控制权。卢梭在日内瓦点燃的反特权星星之火，被法国大革命煽起熊熊火焰。1830 年，中产阶级从富豪手中夺回政权。8 年之后，击败天主教分离主义者联盟，实现了从联盟到联邦的过渡，并在伯尔尼建立了瑞士中央政府。他们成功夺取并行使代表其自身利益的政权，建立国会体制，但附带的条件是，国会代表资格要以财产为标准。于是以新的不同形态的特权代替了古老的特权，仍然剥夺了广大民众的参政权利。政治自由依然处于财富不均的牢笼之中，财产而不是人决定人的政治权利。显然，欧洲早期的民主革命是不健全的，政治革命推翻了君主专制政体或封建主义或贵族政权，建立的法治体制是一种有局限性的代议制，这仅仅是走向民主的开端。

三、19 世纪欧美工业经济与民主进程

1. 财富分配不均，平民大众失去自由和人间平等

18 世纪末和 19 世纪初技术进步的背景下，动力机械改变了制造业的生产过程，欧洲一些国家进入工业化时代。从此，政治的许多内容演变为面对和解决由工业化带来的种种问题。当一个社会走上工业化道路，越来越多的人集中到城市，他们面临的是从工厂和其他行业失业的危险。用另一种方式来表述就是，那些进入城市、工厂的人们，发现自己成为巨大系统中渺小的一部分。当一切顺利时，他们可能享有某些恩惠；但当命运不济时，就将遭受艰难窘迫。

平民大众往往不知道这是为什么和出路在哪里，但他们看到一些人却在这种制度下得到比别人更多的好处。因此，他们相信一个道理：一个人的自由来自他如何能赚到更多的钱和拥有更多的财富。有了更多的钱，就会有更多的自由和机会。财富分配不均，平民大众失去了自由和人间平等。

2.“自由”将弱势群体暴露在强者的权力之下

企业的主要人物是资金的拥有者，因此他们领导的企业被称为“资本主义”企业。企业的一切决策是由企业领导者做主，以利润为指归操纵企业的运行。由于企业的上层人士是富人，他们有钱建造或购买豪华住宅，雇用佣工，将子女送进私立学校接受教育，为子女的医疗费用买单，并为他们提供养老金。除此之外还向教会或慈善机构

捐赠从而为他们“来世”支付保险金。有了金钱和财富的人，就有了他们为所欲为的自由。所以对富人最有吸引力的是个人主义原则。国家只需保卫边疆、管制穷人、印刷钞票、监督度量衡，以及制定和实施维持社会稳定的法律法规。所有这一切都可在“自由”口号下包罗在哲学家们的工作中。

然而，对于产业工人阶级和一切工资很低、实际上一无所有的人们，涉及政治和经济之间的政策问题完全是另一种景象。在以金钱为主导的经济体系中，穷人们个人的价值微乎其微。尽管人们把个人主义的价值和优越性强调得非常动听，但是窘迫的生计何以同价值和优越性相提并论！“自由”不能为弱势群体提供任何好处——“自由”所带来的结果仅仅是将他们暴露在强者的权力之下。没有机会接受教育的人群，必将被拒在以教育水平为职业机会的大门之外。那些要养家糊口、生活在被解雇和失业恐惧中的人们没有安全感，那些生活在贫民窟里衣着褴褛的人们是远离优雅乐趣和艺术趣味的人群，这些人群依然是人口中的大多数，他们将其凄惨的境遇归因于社会的不公，盼望国家以集体行动的方式改善他们的生计。正如个人主义是中产阶级或资产阶级的哲学，工人阶级宁愿选择集体主义。那些以个人为主体毫无重要性的穷人，也许可以指望集体为他们带来一些好处。他们需要的是组织起来，借助组织的力量拯救他们于水火之中。欧洲历史上许多运动（社会主义、工会组织、无政府主义、协作互助组织等）都来源于此，从而产生各种政党、纲领和哲学理论。由于这些政党和派别中的成员大都来自社会底层，他们希望消除社会等级和阶级歧视，改变他们的生存状况，为帮扶贫困人群，他们必须推翻新贵族的霸权。所以，正如自由主义是资产阶级的理想，劳苦大众信仰的是人间平等。

19 世纪中叶，在欧洲一些国家发展起来的民主和观念形态，存在一种必须解决的潜在矛盾。广大民众几乎总是站在社会进程的边缘，扮演着政治体系各种问题的旁观者，而不是积极的干预者。在此以后，他们开始进入或被带入社会舞台。工业革命的无情结果影响到所有相关的人，使他们成为参与者。经济变革所导致的社会关系重组，向世界提出了大众管理国家的政治问题。从 19 世纪中叶发展起来的现代民主国家面临许多需要解决的问题。

3. 政治平等而经济不平等的社会，真正的民主难以运行

民主革命的政治要求与工业革命的经济结果之间，存在一种不调和的现象。前者的原则在于最终建立一个废除特权的政府，所有成年人都应享有平等的选举权。但在经济方面，财富是在不平等的背景下积累的，收入是在不平等的条件下分配的。少数人获得和拥有大量财产，而大多数人得到的却很少，或者一无所有。真正意义上的民主，意味着通过多数人的力量将权力转移到后者手里。如果穷人掌握了政权，他们是否会利用权力改善穷人的经济地位？在政治特权消失之后，经济特权是否会复活？一个政治上平等而经济上不平等的社会是很难正常运行的。如果那些从不平等经济机会中获益的既得利益者要坚持其特权，他们必然或者抵制真正意义上的民主，或者极力使民主成为阳奉阴违的假民主。

通过非公平竞争手段和方式获得巨额利益的既得利益群体，必将激化社会矛盾和冲突，这些冲突如官民冲突、劳资冲突和贫富冲突，造成社会的不稳定。一个充满矛盾和不稳定因素社会的发展，显然是非常困难的，也是推行民主政治的最大阻力和危险。要使真正的民主得以彰显，必须打破经济机会和经济势力不平等的堡垒，使经济服从

国家的调控，而国家必须是由人民大众参与管理。

如果政治权力由财产和社会地位所决定，真正的民主就不可能实现。因为在上述情况下，民主就没有社会体制和经济体制予以保证。同样，在工业化国家，如果大量资金掌握在少数人手中，大公司操纵工业的重要部门，企业主掌握对雇工的雇用和解雇大权，在这种背景下要实现真正的民主，就必须消除财富不均、社会地位不平等和政治权力不平等的社会现象，从而开辟通往民主的道路。真正的民主不可能与富豪统治共存——不管富豪来自农场还是工厂。

四、结语

（1）伴随代议制被纳入民主的标准，民主从雅典哲学和卢梭乌托邦主义的牢笼中解放了出来，这一过程是在17世纪和18世纪完成的。这是许多政治家和思想家在政治思想的莽莽丛林中开拓的结果。这些思想来自17世纪英国平均主义关于所有人都享有平等尊严的理论；来自贵格会教徒通过辩论建立契约的价值的信念；来自洛克所坚持的政府的合法权力必须是自由民授予的思想；来自孟德斯鸠关于避免权力过度集中的政治体制设计；来自康德人是目的而不是工具的伦理原则；来自杰斐逊以高额选票选举国家官员的思想。所有这些和更多理论的综合，构成现代民主理论的百花园。

（2）民主、自由、平等、博爱、人权等价值观念和制度形式，在人类历史上具有重大进步意义。但民主是历史范畴和历史过程，其内涵要随着时代的发展而发展。民主是作为一种国家形态而存在的，这产生了民主赖以实现和发展的社会条件。在社会发展进程中，永远不存在任何固定不变现象或最终定局。因此，从世界政治史中可以总结出一条人们深信不疑的教训，那就是：为解决某些现存问题所采取的政策，往往成为后来需要解决的困难之源。一代人运用的“疗法”可能演变为下一代人需要进行医治的“疾病”。西方民主的弊端已显而易见。一个国家实行什么样的民主，要由该国人民根据本国社会制度、历史传统和现实条件来决定。只要选择的民主有利于人民当家做主，有利于经济社会发展，它就是好的民主制度。不存在所谓普世价值。

（3）民主有参与的广度，即量的一面，但不能忽视质的一面，即公民的受教育水平和理性思考的能力：既有竞争的意识又有合作的意识；既不惧怕对抗，也能妥协退让；既有坚持个人权利的个人自由精神，又有维护公共利益的公共道德品格等。只有一人一票、最广泛的参与，不是真正的、优秀的民主。自古代雅典城邦民主制以来，经过卢梭的误读、法国大革命、巴黎公社等，这一脉激进、反精英的民粹民主给人类留下的惨痛经历和教训，可谓刻骨铭心。只强调一人一票、广泛参与的民主，只关注利益，不能涉及真理。早在 2000 多年前，古代雅典人就懂得区分意见（私见）和真理（知识）——意见是每个人对几乎每件事都会有自己的看法，而真理必须是在理性思维、逻辑方法的指导下，经过系统性的艰苦探索，从纷纭多变的万千现象背后提炼出事物的本质规律。科学便是由此区分中产生的。当代科学哲学早已做出结论：真理不是个人性的，真理是经过一代又一代人自由平等的交流和辩论，不断建构、修正而得出的集体智慧结晶。

很显然，一人一票式的最广泛参与绝不是产生真理的机制，20 世纪后期兴起的协商民主（Deliberative Democracy）是现代民主的一个新成果。这个英语词的意思是：经过不同观点之间充分的、审慎的、理性的、自由平等的讨论、辩论和反复思考之后，达成各方均可接受的决策。它恰恰是简单粗鲁的一人一票表决的对立面。没有原则和理想，没有社会良心怀抱，没有社会责任和公共利益，唯有自我和私利的一人一票式民主，往往会被投机政客利用。以民粹主义煽动民众拥戴某一政客上台，一旦政权在手，却摇身一变而成为民主的终结者。这样的例子在世界史上并不鲜见。

（4）从外在形式看，西方民主是选举的民主，即民主沦为一种选举活动，只要进行选举就表示有了民主。从内在实质看，它是金钱民主，即民主沦为金钱的奴仆，谁掌握了更多的金钱，谁在民主政治中就会有更大的权力。从实际运行看，西方民主通过一整套纷繁复杂的制度体制和政治惯例，蜕变为资本的统治或资本的权力。竞选被资产阶级学者不无骄傲地称为民主的橱窗。但透过激烈的竞选和议会辩论，我们发现在一些西方国家的政治生活中，财富作为一种非人的力量统治着一切。用西方学者的话说，金钱是竞选机器的运转燃料。

（5）20世纪八九十年代，随着支持自由市场和小政府的新自由主义的崛起，弗里德里希·哈耶克反凯恩斯主义的经济政策受到欧美某些国家政府的重视。新自由主义的中心思想是：以每个人的私利为基础组织起来的市场社会是人类社会的自然状态，必须消除对它的任何束缚，社会才能通过看不见的手走向繁荣。新自由主义者视国家对市场的干预是资本主义体制顺利运行的障碍。

新自由主义既作为经济体系又作为政治体系在运行。美国新自由主义者米尔顿·弗里德曼在《资本主义与自由》中说，赚取利润是民主的心，任何追求反自由市场的政府都是反民主的。最好是将政府职能限制在强制执行保护私有财产的合同范围之内，而将政治讨论局限在次要问题上。生产、分配和社会组织都由市场力量决定。简言之，只要商业不受制于大众的审议，即只要不通过民主控制商业，民主就是可以容许的。

新自由主义政策造成的社会不平等破坏了民主所必需的法律平等。大公司动用财力影响媒体，控制政治程序，选举政治与大多数人无关，选举只不过反映了市场原则。新自由主义民主以市场凌驾于一切的原则，它创造的只是消费者而非公民。新自由主义成为民主的直接敌人。美国思想家诺姆·乔姆斯基（Norm Chomsky，1928—）在《凌驾于人民之上的利润》一书中说，新自由主义不过是为了少数人的利益而限制大多数人的政治权利。新自由主义者鼓吹的自由市场是一种神话，在大公司控制下，市场不存在真正意义上的竞争。大公司本身就是有效的极权组织，以非民主的方式运行。美国的经济以这种组织为中心，严重损害了民主社会的正常运行。那种将资本主义等同于民主，或认为资本主义社会允许人们有自由和决策权的观点，是何等荒谬。在长达 30 多年新自由主义政策的冲击下，绝大多数民众趋于贫困，而财富集中在一小部分群体手中，民主已经崩塌。

下 篇

科学和科学方法

第 11 章

欧洲科学的渊源

法国物理学家、科学哲学家皮埃尔·迪昂（Pierre Duhem，1861—1916）在他的巨著《宇宙体系——从柏拉图到哥白尼宇宙学说的历史》（1913—1917）中说，科学学说的历史没有绝对的开始，因为科学观念的链条被淹没在历史的无底深渊中。中世纪天文学的一切成就都反映在哥白尼体系的形成过程中，通过伊斯兰科学的中介，中世纪天文学与希腊学说连接起来。我们对来自古代不同学派成熟的希腊学说所知甚少，这些学派从古埃及人、亚述人、迦勒底人、古印度人那里继承的天文学理论，几乎一无所知，往昔许多世纪的黑夜是不可测知的。

迪昂这里所说的关于天文学的起源，也可以说是一切科学的渊源。因此，欧洲科学史的源头一般认为始于古代希腊。

在人类早期对客观世界的认识中，哲学和自然科学是浑然一体的，它们的认识对象都是自然界，都是从整体上把握自然界。当时的科学思想，无论是本原论还是宇宙论，既是哲学又是自然科学，实际上都是自然观。随着人类认识的逐渐扩大和深入，特别是由于希腊哲学家亚里士多德的贡献，哲学开始将视野扩大到人类社会和人自身。

但是，对自然界的共同关注仍然将科学和哲学密切地联系在一起，所不同的只是哲学由于其本性是从总体上把握自然界，而自然科学则是从各个局部认识自然界。哲学的一般真理可以用来判定自然科学中的假说或理论的合理性，迫使含有不合理因素的假说或理论在形式上或实际上有所取舍和改变。哲学自然观对于自然科学研究具有重要指导作用。正如伯特兰·罗素说，科学每个领域都开始于哲学的探讨。

阿尔弗雷德·怀特海说，现代欧美文明源于地中海东岸诸民族。埃及、巴勒斯坦和希腊。这三个国家是西方现代文明的直接祖先。“埃及提供了成熟的技术；巴勒斯坦提供了宗教宇宙论，希腊提供了通向哲学和科学的明晰的归纳方法。每一尊希腊雕像都表现了规则的几何学所具有的美，每一出希腊戏剧都研究了出自自然规律的自然事件和出自道德规范的心理状态两者之间纵横交错的关系。”（怀特海:《观念的历险》，麦克米兰出版公司，1933，第107—108页。）

一、埃及和巴比伦科学简述

通过对古埃及人、巴比伦人和希腊人历史的粗略考察，我们可以看出这些民族对其周围世界的态度，决定了他们科学传统的发展轨迹。对古埃及人而言，宇宙间存在一种秩序井然和仁慈宽厚的力量。这种力量在地球上的主要代理者是具有神性的法老，他们关心人们的生存和福祉。诸神让尼罗河定期泛滥，为古埃及人民提供了生存所依的肥沃土地和灌溉所需的足够河水。诸神还为这个国家的三面安排了广袤的沙漠，使其不受外敌的侵扰。

有着神性的法老以公平、秩序和真理管理这块土地，社会中不同阶级之间的关系是和谐的。当此世的生命结束时，那些真诚和顺从的人们都能在来世得到再生。那些生活富裕、受人尊敬和垄断知识的教士们的职务，就是宣传这种令人感到安慰和鼓舞的神话。在这种社会环境下，古埃及人感到他们的世界是安全和舒适的，因而不再关心宇宙的特性和人类经验的意义，对自然事物和宇宙间各种力量的表现失去了好奇心，这是古埃及人的主要世界观。

古埃及人发展的科学缺乏思辨和推理特征：他们的天文学、地理学和算数学都直接与日常生活的实际事务相关。例如，他们能够比较精确地预测尼罗河泛滥的程度，在对天体的研究方面，制定了阴历和阳历，但对宇宙系统的研究却超越了他们的视野和知识范围。当尼罗河泛滥之后重新确定地界，为征收地租解决一些土地丈量问题，以及王族修建金字塔，古埃及人发明了各边分别是 3、4 和 5 个单位长的三角形。但他们从未质疑后来由毕达哥拉斯学派提出的关于一切三角形的边与弦之间的关系这种具有普遍性的理论问题。古埃及人对于科学理论没有做出较大贡献。

巴比伦人对科学思辨没有更多兴趣。同古埃及人相反，巴比伦人感到他们生活在一个混乱和充满敌意的世界。巴比伦人生活在几个大陆交汇处，面临不断的外部侵扰，没有持续的政府机构和稳定的生活环境。底格里斯河和幼发拉底河毫无规律的泛滥，夺去无数人的生命。突然的洪水和风沙干旱交替发生，人们的生存十分艰难。在这种情况下，巴比伦人同古埃及人一样，只考虑解决一些生存必要的问题，如土地丈量技术。奥地利数学家、科学史学家奥托·诺伊格鲍尔在其关于巴比伦科学的研究中说，在数学方面，巴比伦人走在古埃及人和古希腊人的前面。出于对神的威力的探究，巴比伦的教士们对天象进行研究，从而促进了天文学的发展。

二、古希腊科学

1. 希腊哲学和科学起源于宗教和神话

与古埃及人和巴比伦人不同，古希腊人的世界观和他们对主宰世界各种力量的态度，激发了他们的种种想象，这些想象不仅没有阻遏反而促进他们发展起自己的科学传统。正如海盗出身、后为英国海军探险者的威廉·丹皮尔在其《环球航行》（1697）一书中说，在古代，希腊是一个不被神学偏见束缚的世界。古代希腊人从其丰富的神话中吸取灵感，从神话中发现现实意义同人生的联系。古希腊人感到他们生活在一个有秩序和有意义的世界里，有追求知识的自由，可以去探索自然界的奥秘和我们今天所说的自然规律。希腊神话对哲学家和历史学家都有显著的影响，他们对客观世界的探索预示了一种伟大的古典艺术、哲学和政治理论的诞生，它们正是各种理论科学形成的渊源。

希腊神话和宗教具有高度唯物主义性质。希腊众神很像世俗的人，他们散居在白云弥漫的奥林匹斯山上，众神的行为并无不可思议之处，人们认为他们是超自然的和永生的，是对世俗事务具有影响力的存在。他们有时甚至离开其位于山巅的居所，来到俗世人间，为人们解忧排难，惩恶扬善。但是客观世界的许多规则也是众神无法规避的。这一事实对古代希腊不同部落中科学和哲学的产生是至关重要的，它为古希腊人关于不可变更的自然规律种种观念的形成提供了必要的背景。

古希腊人认为，众神能够理解人的欲望，愤怒的神可能由于适当的礼物而被感动，宗教礼仪成为亲近众神的过程。许多自然现象和大自然的演变过程，可能由于神灵的意志而被改变。古代希腊人根据自己的想象塑造神的形象，也根据自己的经验解释自然现象。他们设想神灵和自然现象都具有自身的特性，并赋予它们以生命，把它们看作是有灵魂的。因此，希腊最初的宗教是以自然崇拜的形式出现的，后来发展成为多神教，创造了神仙社会，赋予希腊神话和宗教以伦理的和理性的色彩。由此可见，神话和宗教是集体智慧的表现，其中想象和意志起到极为重要的作用，是人们了解世界的原始尝试。

希腊神话和宗教观念中，已经出现哲学思想的胚芽，而希腊哲学就是初始时期的科学。由此可以说，希腊哲学和科学起源于宗教和神话，抑或说，哲学和初始科学与宗教是一回事。神话、哲学和科学都表现出人们对自然现象的某种解释愿望，试图说明周围神秘的世界，而解释就被设想为控制自然现象和人类生活及事件主宰者的力量所在。纵然这种愿望根植于人的意志，在很大程度上只能满足某种诗意的想象，而不能满足推理的理性期待。

2. 开阔的自然环境为创造提供了自由想象的空间

亚加亚人（Achaioi，希腊古代民族的总称）所处的自然环境，在许多方面对科学和哲学的发生和发展都有影响。当他们进入伯罗奔尼撒地区，来到这一海湾、水道纵横，山脉起伏的丘陵地带，其结果是他们被分割为各自孤立的许多部落。古代希腊人由一个统一的民族成为在城邦政府管辖下的分散族群，为了他们的主权而相互猜忌和戒备，甚至在面临波斯人入侵的巨大灾难时，希腊人也没有团结起来抵抗他们共同的敌人。每一个城邦都以自身之愿自由地组成自己的社会，从而使希腊人对社会和政治事务具有强烈的自我意识和独立思考意识。他们对改善人的生存环境的可能性进行了独立的探索，使他们的生存智慧在人类文明早期臻于成熟。到了公元前 5 世纪和前 4 世纪，希腊人对社会和政治问题的思考已达到相当成熟的程度，出现了许多智者和像苏格拉底、柏拉图和亚里士多德那样伟大的哲学家。

大海很快吸引许多希腊人走出他们的故土。乘一些不定期的古代船只漂来的陌生人引起希腊人冒险环游地中海的欲望，后来希腊船只逐渐控制了当时的商业活动。土壤的贫瘠使越来越多的希腊人走向大海，那些不避风险从事商业的人，在临近海岸发现大量的土地，尤其是意大利南部、西西里岛和小亚细亚地区。希腊的船只将越来越多的希腊人带到这些地方。这些殖民地逐渐扩大和繁荣，他们制定自己的规章制度；除非他们愿意，不再遵守希腊本土的规则。

这种社会环境为创造提供了自由想象的空间。商业活动和使用奴隶耕种的收获成果使某些人在经济上获得独立。私有财产的大量增加产生了有闲阶层，其中的一些人献身于对知识的追求。在人类历史上，闲暇并不是一种新的东西，但许多古代希腊人没有将闲暇消磨于放荡的生活。他们确实也将许多财富在奢侈生活中挥霍了，但有一些人却将闲暇和财富用于对哲学的思考。

城邦之间开始了为哲人、学者提供资助的竞争，这种情况同现代社会相似。小亚细亚半岛海滨的一个城邦，被认为是欧洲哲学的诞生地。这里的米利都在商业发展的基础上逐渐成为希腊人经济繁荣的殖民地。城邦的各个大门附近成为海上和陆地商业活动的中心，来自不同地区的各种观念也在这里交流和讨论。在此后的世纪里，米利都凭借其所处的优越位置成为新文化和科学的中心。这里没有既定宗教观念的控制，人们可以自由地想象，追逐个人的梦想和充分发挥自己对周围世界的好奇心。他们试图用理论来说明神秘的世界，他们不再满意于诗意的想象；他们不是求助于超自然的力量，而是追寻自然事物产生、发展的原因。他们以理性代替幻想，用智慧代替想象，摈弃超自然的想象作为解释自然现象的原则，以经验的事实作为探讨和解释事物的基础。于是，哲学产生了，而哲学与科学不可分割地同时产生。哲学，一切科学的母体，开始了它柔弱的第一步；理性开始替代迷信和想象，因为哲学是用理性精神来解释宇宙。因此，我们可以说，希腊哲学是批判的、系统的分析，因为它探索知识原理；是唯物主义的，因为它肯定理性是追求真理的力量；是人本主义的，因为它关注和研究人；是唯灵论的，因为它以概念解释实在。（任何一种哲学思想体系，只要它对感觉所难以察觉的非物质实在予以肯定，它们都具有唯灵论的特征。唯灵论承认理智、意志和自我意识的能动性。）

3. 米利都哲学家关于哲学和科学的四种原则

米利都哲学家认为，宇宙是由单一物质所构成，这是关于客观现实的基本原则，是一种坚持世界的齐一性和统一性观念。这种观念认为，要理解世界的本质，必须首先寻找构成世界的基本要素和结构，但在什么是构成世界主要物质的问题上，他们的观点是有分歧的。有的说是水，有的说是气体，也有的认为是无限。米利都哲学家主要有泰勒斯（Thales，约前 624—约前 547）、阿那克西曼德和阿那克西米尼等。

从米利都哲学家们的思想中，至少可总结出关于哲学和科学的四项重要原则。自米利都哲学家的时代直至今日，这些原则都是哲学和科学研究所遵循的重要原则。

（1）一致性原则。为避免关于真理和对真理的阐释出现双重标准，以及避免对真理的阐释出现神秘色彩，做出的任何结论必须建立在单一的基础之上。根据这一原则，对于整个宇宙的解释必须依据单一的方法和唯一的标准。米利都哲学家们在解释一切事物时，他们一贯坚持一致性原则，排除自相矛盾，直至今日这也是科学所遵循的首要原则。

（2）简洁原则。从阿那克西米尼对阿那克西曼德的批评中，体现了这一原则自始至终的连贯性。阿那克西米尼认为，一种简洁的而不是复杂的解释更接近真理。科学从其初始阶段就坚持，不论事物的性质如何，如果要让人们理解，必须以简单的形式予以呈现。为什么对于自然界或者终极实在的解释应该坚持简洁原则，也许人们尚不能完全清楚。但正如法国作家拉罗什富科在《箴言集》（1665）中说，杰出知识分子的特征是用只言片语解释很多事情，思想狭隘的人总是滔滔不绝，但却说不到点子上。冗长的表达往往歧义丛生，而科学是不能容忍歧义的。这也许是其中的原因之一。无论如何，科学始终坚持这一观念作为科学研究的前提，而且获得了惊人的成功。作为科学方法的一种先决条件，很少有人对其优点表示怀疑，而且简洁性方法在不同的实验科学中表现得非常突出，被称为“节俭规则”（Law of Parsimony）。但是，根据这一原则，不能得出简单而不是复杂也是形而上学问题研究所追求的标准和结论。

（3）进化原则。阿那克西曼德显然是现代生物学理论的先驱。我们也从第一位多元论者恩培多克勒（Empedocles，约前490—前430）的哲学中发现通过自然选择而发展的理论。在哲学和科学史的漫长岁月里，这一理论被人们以各种形式运用和解释，最终在19世纪达尔文和斯宾塞的著作中获得了客观的支持。

（4）从虚无中不能产生任何实在之物。泰勒斯和阿那克西曼德都强调这样一种观点：任何一种实在之物不能产生于虚无，即不能来自绝对不存在之物。阿那克西曼德对此的阐述其大意是：不论这种实在之物是什么，其中必须具有它所应有的一切内容。事实证明了这一观点的深远意义。在早期理性思辨和大多数受到尊重的现代哲学理论中，都反复表明这是一条不容忽视的原则。它的相反形式表明，一切实在之物不能成为非实在之物，或者成为虚无。这已经成为现代科学的一种重要观念：物质不灭和能量守恒定律。

4. 赫拉克利特

（1）实在处于永恒的变化中

在古代希腊，爱奥尼亚哲学家关注事物实体的性质，毕达哥拉斯学派关注数、秩序、和谐以及量的关系。他们注意的是变化问题。米利都人没有对万物有生论中的变化问题做出回答，而是将这一引人瞩目的问题留给了伊利亚哲学家和赫拉克利特。当时对这一问题出现两种针锋相对的解决办法。由巴门尼德创立的伊利亚学派提出一种理论：实在是不变的、永恒的和完满的。他们将实在称为存在。赫拉克利特提出相反的观点：实在的实质不是永久不变的，而是处于永恒的流变之中，抑或说其特征是不断生成和转化，世界上没有静止的东西。伊利亚学派宣称，事物的运动和变化是一种幻觉。赫拉克利特断言，变化构成宇宙的真正生命，没有什么东西是真正不变的，永恒是虚幻的；事物貌似稳定，实际上处于无穷的变化过程，处于不断的流动状态中。赫拉克利特的名言是，人不能两次走进同一条河流，因为新而又新的水不断地向前流动。

原始的统一处于动态的和不断的变化中，永不停止。它的创造是毁灭，毁灭是创造。就是说，一种东西变成另一种东西，例如，火变成水，火就消失在新的存在形式中。每一种东西都是这样变成它的对立面，因此每一种东西都是对立性质的统一。没有什么东西的性质是不变的，没有什么东西具有永恒的性质。从这一意义而言，每一种东西既存在又不存在。凡是论述它的对立面具有什么属性，同时对它本身可以做同样的论述。有这种对立，才可能有世界。比如，音乐中的和谐产生于高低音调的结合，即对立面的统一。对立和矛盾的统一产生和谐；没有矛盾、对立、运动或变化，就不会有事物的秩序。归根到底，它们将在普遍的基质中被调和起来。因此，宇宙运动进程不是偶然的或随意的，而是依据“定则”，或者像我们现在所说的，由规律所支配，是一切变化和对立背后的规律，是蕴藏在万物中的理性，即逻各斯（Logos）。

（2）对立统一理论是一切科学的基础

赫拉克利特（Heraclitus，约前540—约前480与前470之间）的理论，其影响远远超出形而上学领域。他的对立、斗争和统一理论导致伦理学和认识论或知识论领域出现相对性原则。对立面的同一性理论的出现对善与恶、正确与错误之间做出明确的区分，几乎是不可能的。善同时也是恶，正义同时也是非正义；只存在相对的善与恶，没有判断正确与错误的绝对标准。没有悲伤，我们就不会知道欢乐；没有罪恶，就无所谓善行。因此，由于悲伤是欢乐的要素，悲伤就不能是坏的东西。同样，恶行不完全是罪恶，因为有了恶行才可能区别善行。这样，在道德领域，没有绝对论，只有相对论。

赫拉克利特思想在伦理学中产生的相对性观念，为后来诡辩家的伦理怀疑论提供了理论依据，而且作为个体的人，没有了做人必须遵循的道德责任和道德标准。这种伦理相对主义污染了整个价值领域，使价值判断丢失了客观的标准，从此开启了诡辩学派同苏格拉底、柏拉图和亚里士多德在伦理学方面的论争。

赫拉克利特伦理学中关于愉快和智慧的论述是启人深思的。赫拉克利特宣称，一个人的正当行为来自他清晰的思维，这是对伦理学理论的重要贡献。善是一种智慧，这一理论导致苏格拉底善行是才智或知识，而不仅仅是善的意图的结论，德行是由智慧所指引。除智慧之外，人的美好生活被认为是愉快多于不愉快。这一理论又导致亚里士多德之前和以后出现了享乐主义世界观。这种观点认为，追求享乐是心灵的愉快而不是肉体的愉悦，因为赫拉克利特在其残篇中说，如果幸福是肉体的愉悦，那么我们应称为牲畜吃草时的幸福。他又说，智慧是最重要的品德，智慧包括说话诚实和倾听大自然的声音，按自然法则行事。赫拉克利特的这一理论影响了犬儒学派和斯多亚学派哲学。

赫拉克利特哲学思想对后世的影响是深远的。赫拉克利特的理论成为一切科学的基础，反映了自然界的统一原则，以及能量守恒原理的建立。现代伯格森哲学和实用主义哲学与赫拉克利特的论述有许多相似之处。现代物理学中的测不准原理、量子论、各种原子论，以及化学元素的嬗变理论，都可被解释为对赫拉克利特理论的支持。

5. 多元论者的综合

巴门尼德（Parmenides，约前 515—约前 445）的永恒存在说和赫拉克利特的生成转化说，都发现了宇宙的许多要素。多元论哲学家认为，将两者调和似乎更能合理地解释实在的本质。多元论者一方面承认伊利亚学派关于实在的永恒性和同质性，同时又承认实在的相对变化和运动。他们否定绝对的变化，抑或说否定宇宙实在的物质能够转化为与其自身不同的东西。他们认为，实在中的变易部分是物质变化或运动的基础。因此，伊利亚学派关于单一基质的固定宇宙理论必须改变，从而为更多物质的存在提供余地。物质的多样性是产生运动和变化的基础。伊利亚学派关于实在的永恒性、同质性、物质的不灭性等，都是对实在的几种基本要素属性的描述。

将变化解释为在宇宙不同部分位置的变动，是试图为调和伊利亚学派与赫拉克利特的不同观点提供余地。当时有四位哲学家选择这一问题作为他们的辩论主题。恩培多克勒和阿那克萨哥拉被认为是多元论者，而留基伯和德谟克利特则被认为是原子论者。多元论和原子论形而上学之间的区别主要在于：前者主张宇宙是由不同的几种物质所构成，后者坚持宇宙是由无数原子组成的物质复合体。

6. 毕达哥拉斯学派的数论

这一时期具有影响的属于米利都哲学学派的哲学家是毕达哥拉斯。随着毕达哥拉斯哲学的发展，希腊哲学和科学取得了长足的进步：哲学进入新的观念领域和对一些概念进行更为精确的界定。随着知识的增长，哲学—科学家对不同主题和事物的研究有了更为清醒的意识。毕达哥拉斯学派对许多概念做了更清晰的区分，例如，一和多、有限与无限、形式与内容，这些都是哲学思辨的重要问题。

毕达哥拉斯学派的创立者一直是模糊不清的，传统、传闻和神话遮蔽了他的生平和著作的真实性。我们知道的关于他的情况是传说和不可靠的事实混杂一起的令人怀疑的信息。哪些是毕达哥拉斯本人的思想，哪些是他的追随者的理论，也许永远不会有定论。亚里士多德把这些理论归属于毕达哥拉斯学派，而不是该学派的创立者。毕达哥拉斯哲学开始出现于公元前6世纪，其发展延续至公元前4世纪中叶，最终被淹没于柏拉图学园哲学中。

（1）数是一切事物的本质

毕达哥拉斯（Pythagoras，约前580至前570之间—约前500）学派哲学家注意到世界上各种形式和关系的事实。他们发现量度、秩序、比例和始终一致的循环，都可用数来表示。他们断言，没有数就不会有这样的关系和一致性，就没有秩序和规律。因此，数一定是万物的基础，数一定是真正的实在、事物的实体和根基，一切事物都是数的表现。他们以数为基质，把这些规律看作是一切事物形成的原因。他们发现在弦的长度和不同音调之间就有数的关系，因而将仅仅是这种关系的符号或表现的数，当作这些关系的原因，把数看作是处于现象背后的基本要素和基础。

如果数是事物的本质，那么，凡是数所具有的特性，也是各种事物所具有的特性。因此，毕达哥拉斯学派精心研究从数中可以发现的无穷的特征，把这些特征赋予整个宇宙。物质世界也有数的性质，以单元为基础：点是一元，线是二元，面是三元，立体是四元。这就是说，物体的线与面被认为是独立存在的实体，因为没有线与面就不会有物体，而没有物体，不可设想有线与面。这些空间的形式是物体的原因，因为这些形式可以用数来表示，数就是终极的原因。对非物质的事物可以做同样的推论：爱情、友谊、正义、德行、健康，等等，也是建立在数之上。

（2）对数的讨论成为对事物本质的分析过程

毕达哥拉斯对科学和哲学是有特殊贡献的——虽然对毕达哥拉斯哲学阐释过程中可能掺入想象的成分，从而导致对毕达哥拉斯哲学的价值评价带来某种不确切因素。然而，在对他们关于数的理论背后隐藏的神秘主义的讨论，却是对一种实体有价值的分析过程。毕达哥拉斯学派对振动琴弦发出的不同音高和音长之间关系的研究，为现代物理学中声学和音响效果的研究打下了基础，开启了在音乐科学领域将数学用于对声音的研究。毕达哥拉斯学派关于人的身体健康，在于人体内各种功能处于和谐状态的观念，促进人们进入人类生理学研究领域，从而激励了人们对医学科学的研究兴趣，也有益于医学科学知识的发展和进步。

一般认为，毕达哥拉斯学派的哲学家，是古代希腊人首先将宇宙解释为各种事件的有序布局的精英群体。这一思想不曾出现于米利都人的思辨哲学中，虽然他们认为大自然并非是一种超自然的结构体。如果上述关于宇宙的观念是由毕达哥拉斯学派哲学家首先提出的，很可能是由于他们关于数学方面的发现所导致的结果。当他们发现不同自然现象存在各种数学关系时，他们的惊讶和兴奋是不言而喻的。当他们发现不同的音高是因为振动的琴弦长度不同所产生，听觉的愉悦是来自七弦竖琴上按 1∶2 比例排列的长短各两根琴弦时，就为他们提供了表述声音与和谐的某种规律的机会。这种情况可能给了他们一种提示，开启了毕达哥拉斯学派哲学家对宇宙间其他更多方面一些基本属性关系的研究。可以确定地说，该学派的成员都曾对算术和几何学进行过潜心研究。许多方面以数表达的关系被他们发现，而且他们的发现不是凭其想象或猜想。随着时间的推移，毕达哥拉斯学派哲学家将数的重要性引申至远远超越他们实际发现的范围。他们关于数的神秘主义思想凸显这样一种观念：在世界上，某种物体背后或深处隐藏着客观实在的更多根深蒂固的原型，这些深隐于事物内部的实在原型，是哲学家应该努力探索的客体。这种半神秘状态的宇宙秩序，就是毕达哥拉斯学派所坚信的以数或数学所表征的自然秩序。

在时间进程中，从各种事物中发现数学关系，逐渐过渡到通过数的媒介去发现事物的本质。这就是说，作为表达事物常规关系的数在思辨哲学中被赋予更为重要的地位，成为不同事物的本质或实质。其理论可简述如下：对各种物体的形体界定赖于其边界或表面，即有赖于线将它们区别开来，而这些线则赖于构成它们的众多的点；一条线由其所拥有的众多数学点的数来决定。于是，该物体最终被许多点区分或确定；用另一种方式来表述，就是许多点将该物体与所有其他物体分离开来。某种意义上，一个物体就是所有这些点的总和，因此，每一种事物都表达某一个数。要理解一种事物就是去发现一个数，数就是该事物的本质。于是，这个数是桃树，与梨树的数是不同的。从这一假想出发，数不仅是物体的本质，也被作为道德和精神事件的基础。公正成为一个平方数，婚姻是数字 5（第一个奇数和第一个偶数的结合，只排除数字 1），完满是数字 10。但随着时间的推移，毕达哥拉斯学派的哲学家发现他们的理论更频繁地陷入困境。这样一来，毕达哥拉斯哲学以数解释事物的理论，蹈入一种毫无意义的神秘主义泥淖。

对宇宙秩序各种数学关系的兴趣引导毕达哥拉斯学派去研究数，以及在没有任何现代仪器的情况下，研究他们可以看到的天体。这些古代思想家所得出的某些结论确实相当准确。他们首先提出地球是围绕其轴旋转的，而且认为地球是围绕一个中心火团的轨道旋转。他们对日食和月食的解释使用的是现代方法。有些毕达哥拉斯学派哲学家，如希克塔斯（Hiketas，前 400—前 335）成为哥白尼于现代曙光到来之时，在意大利学习期间的灵感之源。出现于柏拉图和亚里士多德著作中那些人们熟悉的对于天体的解释，可以追溯至毕达哥拉斯学派的研究成果。围绕地球的是九个同心天体，最外空间是固定的，众多天体按它们距地球的远近排列是：土星、木星、火星、金星、水星、太阳、月亮和地球。毕达哥拉斯学派关于许多天体的假说来自直观猜想，更多的具有哲学特征而缺乏科学品格。但这对毕达哥拉斯学派非凡的想象力和深邃洞察力的减损是微不足道的。

（3）对形式和内容的区分：一种初始二元论

从未来哲学思辨的角度而言，毕达哥拉斯学派最具伟大意义的成就，也许是他们对形式与内容的区分。米利都哲学家只将自然界作为单一物质进行分析，自然界的多样性被遗失在宇宙终极物质的统一中。毕达哥拉斯学派发现自然界的多样性，迫使他们进行更为深入的分析，其结果使他们对事物的形式和内容进行思考。他们对形式和内容至少在观念上进行了比较清晰的区分。

毕达哥拉斯学派将事物的多样性及其呈现的种种矛盾，解释为事物本质区别的基本标识。事物的内容即要素，是由形式所容纳；内容和形式是共同存在而不可有此而缺彼的；因为没有内容，形式就不可能有物质性的具体显现，就是一种抽象之物。没有形式，内容不能被感知，就不是存在之物。一切事物的不同只是形式的不同，因此，内容应被认为是不确定因素。内容被形式或数容纳，是由此数或彼数规定为不同的确定性形态结构。这样就存在两种不同的要素，出现一种初始二元论，需要进行大量的考察和研究去发现其中的隐秘。

尽管毕达哥拉斯哲学存在一些神秘主义荒谬的东西，但毕达哥拉斯学派哲学家的哲学思辨为科学和哲学领域提供了可贵的启示。他们分别通过对数学、音乐、医学和天文学的专门研究，开启和促成了不同领域科学与哲学的分离过程。从哲学角度而言，毕达哥拉斯学派哲学家为后世人们揭示了这样一种信念：在自然界众多现象背后或深处隐藏着一种实体结构。在古代，这一论点在柏拉图著作中得到了最完整的表述，但直至今日这一假说依然没有过时，依然拥有许多支持者。此后，哲学的未来发展中，对形式和内容的区分成为哲学的中心问题之一，毕达哥拉斯学派将这一问题留给了后世思想家。在柏拉图的理论思辨中，尤其是在亚里士多德的著作中，这一问题得到了充分的辨析。

（4）数的理论导致科学走向形而上学和神秘主义

古代希腊人将最早出现的科学思想归于哲学家泰勒斯，他以预测公元前 585 年的日食而闻名。他能做出这一预测，是由于他在出游巴比伦期间所得到的关于日食的测定知识。泰勒斯的主要工作是研究几何学，他阐述了因果关系的基本科学原则。然而由于毕达哥拉斯、苏格拉底和柏拉图的影响，古希腊人的智慧从观察和实验科学转向先验形而上学。不仅实验科学没有得到发展，大多数著名哲学家都将他们关于自然界的思想建立在先验假想之上，致使他们在科学研究领域所取得的进步，主要局限于毕达哥拉斯关于数是万物本原的思想。毕达哥拉斯学派宣称，在宇宙万物的形式中，普遍地存在着数量关系。数向人们揭示了宇宙秩序的基本结构，数表征着一切事物的形式和性质。这就导致一种把数看得比形更加重要的神秘主义，把观念的对象看得比感官的对象更加真实的倾向，陷入了抽象的形而上学。苏格拉底遵循毕达哥拉斯的信念，认为客观现实是由一些抽象观念构成的，数学真理具有神性，体现造物主智慧的本质。于是，苏格拉底和他的追随者柏拉图，拒绝了实验科学而建立心灵先于物质的思想原则，使科学—哲学脱离了泰勒斯开辟的道路。

伯特兰·罗素认为，这种倾向直接导致形而上学和神学的产生，并且蕴含着中世纪基督教神学关于造物主存在和灵魂不朽的一系列逻辑证明，热衷于证明那些看不见、摸不着的东西。然而与此同时，也培养了欧洲人重视逻辑和事物本质的传统思想：预先假定现象中存在严格的秩序和结构，追求揭示深层结构的哲学认识论倾向。这种认识论推动西方哲学家和科学家，去揭示所研究事物的本质和逻辑结构；这种揭示事物结构的愿望和努力，也成为西方现代科学研究的重要品格。

古希腊哲学家走入形而上学而没有发展实验科学，还有另外的原因。在古希腊，甚至整个欧洲古代世界，手工艺人大都是一些奴隶，上层阶级人士亲自从事物质生产会有损尊严。哲学家不适于亲自从事实验工作的观念困扰着他们，这种观念在欧洲可谓根深蒂固。反对科学实验的观念，直至19世纪末仍存在于英国的一些大学校园。一个著名的例子是，童话《爱丽丝漫游奇境》的作者刘易斯·卡罗尔是数学家和逻辑学家，但他曾发表谴责牛津大学为科学实验提供资金的酷评，甚至是恶骂。

但在古代希腊，有一种职业却超越上述惯例，这就是医学和医术。医学尤其是外科学、饮食和体育学科的实验科学，在古希腊就已经发展起来了。被誉为"医学之父"的希波克拉底（Hippocratēs，约前460—前377）的文集，涉及解剖、临床、饮食、药物治疗、医学道德等内容。希波克拉底的追随者们掌握正确的科学方法，但医学在这一时期的进一步发展是不可能的。真正的医学有赖于生物学的发展，而人体生理学是一种非常复杂的学科，致使古希腊医学依然停留在经验的阶段而裹足不前。

7. 亚里士多德对古希腊科学的重要贡献：放弃先验假想而转向观察

对古代希腊人的观念起着承前启后作用的哲学家是亚里士多德，他似乎将具有创造性思维的思想家与自然知识导师的才能集于一身。亚里士多德于17岁时离开马其顿来到雅典拜柏拉图为师。他学习数学和物理学，撰写了关于天文学和物理学的论文。在这些领域，他遵循柏拉图哲学，以先验假想演绎自然界的规律，同时也采纳毕达哥拉斯的观点，运用数学关系作为物理学的基础。

他又采纳西西里岛恩培多克勒的思想，即物质是由四种要素构成的，每一种要素都由两种主要性质相互区分：火是热的和干燥的，空气是热的和流动的，水是冷的和流动的，土是冷的和干燥的。柏拉图死后，亚里士多德开始逐渐放弃这些先验假想而转向观察。也许因为是内科医生的儿子，他转向生理学的研究，而且迅速取得进步。亚里士多德的生理学论文和他的物理学论文形成鲜明的对照。在亚里士多德的一段关于观察的叙述中，我们似乎看到 2000 年后弗朗西斯·培根或牛顿的语言：事实并没有被充分把握；如果它们已被掌握，是由于观察的结果而非理论，理论仅仅是由观察的事实所验证。

8. 简短的归纳

古希腊哲学家不满足于流行的种种神话观点：自然现象的变更是由于众神的任性和被激怒所造成。他们排除人的情绪因素去追寻事物的深层本质，将人们对周围世界的观察和理解进行综合：水、火、大气、实在、无限、原子、四种元素、数和天体的和谐等。古希腊诗人色诺芬尼说，假如公牛信奉众神，它们的众神将被描述成与公牛一样——他对古代希腊人创造神话的人格化倾向揭露得可谓鞭辟入里。

德谟克利特注意到人对事物各种性质的描述是独断的、随意的，同时他也看到，原子理论将使数学用于观察成为可能。德谟克利特还试图通过将锥体分解为由平行于其基点的众多平面，组成无限柱体元素，求出一个锥体的体积，从而播下微积分学的种子。后来该理论由阿基米德予以补充，但直到 17 世纪仍不完善，只是到了 19 世纪晚期才得到更加严密的分析和完善。

现代科学家将其科学研究方法同研究的问题相适应。观念史学家关心的是科学方法本身的发展；他们注意到，现代科学已经放弃的那些形成一切现象的本质或第一原理，对绝对前提或自明之理抱持一种怀疑态度，追寻不同事件之间的稳定关系，以及特定领域不同事件的功能共变，是通过数学予以表述而抛弃形而上学假设。与此同时，学术史学家也关注古代希腊和现代科学思想所具有的共同特征——自然界的一切事物和事件不是反复无常的混乱一团，而是在表面现象的混乱背后存在秩序和可理解性。如果我们能够调整自己的思想和经验，与自然界的秩序处于和谐一致的状态，这种秩序与可理解性就可能被发现。

前苏格拉底时期不同哲学学派之间关于存在论与非存在论、原子论与空无论、实在论与表象论、实体论与元素论等的论争，似乎同现代数理科学和实验科学相差甚远。经过几百年的思辨、分析和争论，出现了欧几里得和阿基米德所达到的成就。尽管在科学史的发展历程中出现许多革命性的变化，但古代与现代之间依然存在知识的连续性。现代著名物理学家如海森堡和薛定谔，在他们关于物理学的整体理论研究中，都继承了古代希腊的思想，他们从中发现对整体的一种共同思维期待。

9. 希腊化时期科学简述

历史学家一般将亚历山大东侵以后希腊人的王朝所统治的国家称为希腊化国家。至公元前一世纪，罗马帝国兼并了东地中海和北非广阔地区，亚历山大把古希腊文化传播到这些地区。同时，古希腊文化也吸取了东方和北非的文化遗产，融合为希腊化文化。位于古埃及的亚历山大城成为希腊化文化的最大中心。

由苏格拉底、柏拉图和亚里士多德发展起来的希腊理性主义思想强调知识分子追求普遍真理的自由探索精神，同斯多亚主义和伊壁鸠鲁哲学的生活实践哲学之间有着很大的差别。希腊理性主义、理想主义和抽象的逻辑学，在希腊化时期让位于更注重科学实践而不是智慧的经验主义。经验主义把注意力集中于归纳孤立的实验成果，把科学知识运用于解决实际问题。伊壁鸠鲁清除众神介入人类事务的观念，通过对自然界现象的物质性的解释，使其哲学思想趋向于科学的唯物论。因此，希腊化时期的最大成就在于科学，其实践科学成就给人留下深刻印象。

希腊化时期，数学领域提出了二次曲线，出现了三角学。欧几里得是当时最伟大的数学家，他总结了前人的生活经验和研究成果，著作《几何原本》十三卷，是世界上最早公理化的数学著作。该书总结了前人的研究成果，从定义、公理和公设出发，用演绎法建立几何命题；书中还包括整数论的许多成果，如求两整数最大公约数的“辗转相除法”。其系统性、条理性今天仍得到学术界的肯定。此书对后来数学发展的影响非他书所能及。

阿基米德，数学家和物理学家，曾在亚历山大城学习。他发现了杠杆定律和阿基米德定律（浸在液体里的物体受到向上的浮力，浮力的大小等于排开的液体的重量）；引入重心概念，并提出精确确定物体重心的方法；设计了多种机械和城市建筑。罗马军队进犯叙拉古时，他运用机械技术帮助防御，城破时被害。其著有《论物体与圆柱体》和《圆的测量》。

10. 古希腊科学对 17 世纪科学革命的影响

古希腊人更为广泛地发展了几何学而不是代数学，其原因也许是他们的主要艺术是建筑、雕塑和绘画。古希腊哲学家—科学家鄙视算数，认为算数是卑下的商业技艺，因而他们最显著的数学成就是欧几里得的“几何原本”推理体系。另一方面，各种工程领域的实际需要也要求建立一种测量体系，测量体系涉及确定圆体、柱体、锥体体积和各种圆锥切面面积的方法。所以，早期天文学家和工程师使用的方法主要是几何学。在欧洲，几何学作为主要数学方法持续使用至18世纪，18世纪以后才逐渐由代数学所替代。正是这种以几何方式对待自然的态度，将古典遗产同17世纪连接了起来。在这一过程中，从凡尔赛的花园到法理规则，一切事物都以简洁的几何方式予以表现。

古代希腊人提出的问题及其分析方法，经由中世纪和文艺复兴向现代科学初期的转移，与希伯来人、叙利亚人和阿拉伯人对柏拉图、亚里士多德、欧几里得、阿基米德、托勒密、狄奥凡托斯（丢番图），以及其他古希腊科学家和哲学家著作的翻译与评论是分不开的。同时由于印刷技术的发展，他们的著作得到广泛传播。没有中世纪和文艺复兴时期对这些著作的翻译和评论，著作中大多采用当时欧洲科学界和学术界较为通用的拉丁语。没有古代科学思想的培育，就不可能有列奥纳多·达·芬奇的科学才能和独创性、伽利略的机械学和落体运动规律的发现、笛卡尔的分析几何学、莱布尼茨和牛顿的微积分学、哈维对血液循环的发现，以及现代人文科学的自然主义方法。另一方面，如果被中世纪教会奉为官方版本的亚里士多德科学权威不被推翻，欧洲科学思想就不能获得解放。

三、古罗马科学

1. 亚历山大城的博学院

亚历山大的部将托勒密一世成为托勒密王国国王，并在亚历山大城建立首都。托勒密二世在亚历山大城建立博学院（museum），将柏拉图和亚里士多德的个人学园，发展成为欧洲古代最大的学园。博学院是一所学术中心，不仅研究哲学和文学，而且研究自然科学。当时最优秀的一批哲学家-科学家成了这里的教授。在博学院里，欧几里得建立了他的几何学体系，成为2000多年来世界范围内的学术权威；阿里斯塔克是天文学的领袖人物，他是提出地球有自转和绕日公转的第一人；阿基米德是杰出的数学家和物理学家；喜帕恰斯首先发现岁差，他建立的理论天文学，其权威性一直持续至哥白尼时代。亚历山大学派的哲学家-科学家首先发现实验科学方法，然而亚历山大城璀璨的文明衰落了，托勒密王国最终为罗马人所灭。

2. 卢克莱修《物性论》：现代科学观念的先驱

卢克莱修（Titus Lucretius Carus，约前99—约前55），古罗马共和国晚期诗人和哲学家，以哲理长诗《物性论》（*De Rerum Natura*）著称于世。卢克莱修以长诗的形式阐述并发展了伊壁鸠鲁的哲学思想。长诗以六篇组成，全面阐述宇宙的起源及其物质结构，其中提出物质的原子结构和生命形式的进化理论。《物性论》所表达的思想被认为是现代科学观念的先驱，为欧洲现代科学的发展打下具有决定性的基础。

伊壁鸠鲁（Epicurus，前341—前270）哲学体系包括三个相互关联的组成部分：物理学、伦理学和认识论，三种要素相互依存，互为补充。伊壁鸠鲁哲学体系是以唯物论、机械论和原子论为基础的科学假说。伊壁鸠鲁认为，宇宙是一个无限的空间，其中完全由物质和空间构成。在很大程度上，伊壁鸠鲁坚持德谟克利特的理论：一切物质都由永不消泯的原子构成，这些不可见的、微小原子既不能被创造，也不能被消灭。他坚持德谟克利特的另一观点，即原子的数量是无限的、同质的，但其形态和大小不同。

伊壁鸠鲁将宇宙解释为秩序井然、处于永恒运动状态的一种自然现象；众多原子不断地聚合与释放，是逐渐分解旧的和形成新的世界的过程。他说，我们的世界，我们的躯体和心灵，都是处于运动中的原子构成。它们不是因为某种目的或终极原因而生成，也不是某些神祇为我们的特殊用途或恩惠而创造出来的。它们完全是在偶然的、无目的的情况下发生的自然现象，一种处于不可变更、永恒运动的自然法则。清除造物主和众神介入自然现象及人类事务的观念和通过对自然现象物质性的解释，使伊壁鸠鲁哲学思想趋向于科学的唯物论，使古希腊的唯心主义让位于有科学倾向的经验主义。经验主义强调对孤立事实的观察和分类，有力地推动了欧洲现代科学的发展。

思想家大多认为，卢克莱修主要是一位诗人和一部伟大世界文学经典的作者；其次，他是伊壁鸠鲁哲学的代言人，而非该学派哲学的创建者，因此很难称其为哲学家。在这一方面，我们可至少提到两位欧洲重要哲学家，对卢克莱修作为具有创造性思想家的强力支持。

1884 年，当时还是巴黎布莱士·帕斯卡公立中学一名青年教师的法国哲学家亨利·柏格森，出版了卢克莱修的《物性论》并附有注释和评论。在柏格森对《物性论》的评论中，不仅将卢克莱修视为天才诗人，而且是思想深邃、具有非凡创造性的思想家。他尤其指出，卢克莱修以其固有的才能深刻认识到自然界物质的运动特征，他的深刻而正确的科学世界观，远远超越德谟克利特和伊壁鸠鲁的哲学视野。

西班牙诗人、哈佛大学哲学家乔治·桑塔亚那同样认为，卢克莱修是具有科学智慧的哲学家。他说，德谟克利特和伊壁鸠鲁仅仅提供了一种空泛而笼统、纯粹想象的宇宙形象，而卢克莱修所塑造的却是意义深邃、更为丰富多彩的世界景象。实际上，卢克莱修创造了一个完整的伊壁鸠鲁哲学体系。桑塔亚那说，伊壁鸠鲁只是提出了关于宇宙的一种半生不熟的思想，而卢克莱修是伊壁鸠鲁唯物论哲学体系的真正建立者。

卢克莱修科学智慧的突出特点，是他清晰而坚定的对唯物主义的信仰。在整个长诗《物性论》中，卢克莱修始终一贯地抨击人们对物质现象的超自然解释，抵制向各种形式的自然宗教或所谓“科学”超自然主义妥协。他说，世界既不是由造物主的智慧所创造，也不与任何心灵或目的有关。相反，世界完全是一种自然现象，一种自然界发展过程的必然结果。任何事物都不能凭空创造和消失；人通过感觉认识事物，通过理性依据某些规则进行推论。《物性论》对文艺复兴时期新的哲学视野和宇宙观的诞生具有重要意义，推动了具有创新品格的 16 世纪和 17 世纪欧洲现代科学思想的形成。古代希腊时期的原子论和卢克莱修对无限宇宙的解释，不仅为牛顿科学提供了重要的激励和知识背景，而且（在相反的意义上）推动了斯宾诺莎泛神论，以及莱布尼茨单子论的形成。

伊壁鸠鲁哲学主要通过卢克莱修《物性论》在欧洲传播。卢克莱修对欧洲现代早期社会观念的影响，从法国科学家、新伊壁鸠鲁主义哲学家皮埃尔·伽桑狄的著作中可见一斑。1649 年，伽桑狄出版《伊壁鸠鲁哲学体系》，这是对伊壁鸠鲁科学思想在理论上的精细化和缜密研究。作为一个有着非凡、独立思想的天主教教士，伽桑狄似乎从容地将天主教关于灵魂不朽和造物主的教谕，同其对唯物论和原子论的信仰融为一体。他批判笛卡尔的二元论和天赋观念，恢复伊壁鸠鲁原子论，认为世界的一切都按一定次序结合为原子的总和，世界是无限的，物质是不灭的，人的认识起源于感觉。

每一个《物性论》的现代读者都会对卢克莱修关于现代地质学、生物学和社会学领域进化论的预见感到震惊。然而，承认卢克莱修对这些领域的卓越预见，并不意味着他是一位科学进化论者或达尔文主义的先驱，而是表明他在这些领域的影响。17 世纪以降，《物性论》成为现代进化思想的源头，《物性论》是从拉马克到赫伯特·斯宾塞，再到查尔斯·达尔文欧洲进化论的真正渊源和理论背景。

柏格森早期对卢克莱修的研究，对奠定他的哲学思想的基础发挥了重要作用，这是显而易见的。1907 年，柏格森发表《创造进化论》，阐述他大胆而新颖的关于进化的“生机”理论。柏格森的进化哲学影响了阿尔弗雷德·怀特海的“过程”哲学和泰亚尔·夏尔丹的科学目的论。从希腊原子论开始，到异教的反唯灵论者卢克莱修，到天主教的自然主义者伽桑狄和犹太-天主教徒柏格森，再到一神论者怀特海和倡导科学与基督教教义统一的教士夏尔丹，由此可以看到卢克莱修死后 2000 年间，他的思想不仅影响了理论高度抽象的英国数学理论家，而且影响了具有创造性但偏执的法国天主教科学家。这一现象表明，卢克莱修的思想具有经久的坚韧性、适应性和价值魅力。

3. 普利尼（老）的《博物志》

在古罗马时期，以科学为主题最著名的作家是普利尼（老）（Pliny The Elder，公元 23—79），他的作品是关于对动植物的观察和解释、卷帙浩繁的自然史，但其中许多内容属于道听途说的传闻。他搜集整理大量资料编成的《博物志》成书于公元 77 年，共二十七卷。1000 多年来，这部作品被认为是对自然界动、植物以及矿物、医药等最全面记述的百科全书。虽然它是欧洲古代不容置疑的文化进步的象征，但到了自然知识丰富的现代，其权威性遭到质疑。

4. 盖伦对欧洲现代生理科学的复兴做出重要贡献

古代希腊人几乎发现了实验科学的方法，但后来却逐渐消泯。除了时有个别伟大思想家出现，古希腊世界的科学曙光最终消退于先验主义和神秘主义的夕阳暮霭中。这些伟大的思想家中包括帕加马的盖伦（Galen，129—199），盖伦被认为是欧洲古代科学史上仅次于希波克拉底的重要医学家，其思想对拜占庭和伊斯兰文明产生深远影响达 1400 年，对文艺复兴时期欧洲生理科学的复兴起到重要作用。他对动物进行过活体解剖，从而推论人体的构造；对骨骼、肌肉做了细致的观察，区分了动、静脉等。

盖伦不仅是医术精湛的医生，还研究柏拉图、亚里士多德、伊壁鸠鲁、斯多亚哲学，形成其折中的哲学思想。他接受亚里士多德的观点：自然界中的一切都具有目的性。盖伦建立的完整生理学体系，是直至 16 世纪才被欧洲普遍接受的生理学体系。从 3 世纪至 16 世纪，欧洲世界所拥有的整个生理学领域的知识——几乎所有的生理学概念、解剖学的大部分、植物学的主要部分，以及关于各种生物体结构的一切思想，都被包括在盖伦的著作中。

盖伦的著作被译成许多语言，以不同形式出版。盖伦认为，世界上的一切东西都是造物主为了特殊目的创造出来，这就是众所周知的“目的论”。因为这一观点完美地契合中世纪的神学思想，使盖伦成为该领域的最高权威。

四、新柏拉图主义导致科学研究误入神秘主义的迷惘

科学和科学研究在欧洲古代经历的最后一次打击，来自亚历山大城发展起来的新柏拉图主义哲学。这种哲学主要衍生于柏拉图哲学，

但其中部分内容来自斯多亚哲学。在新柏拉图主义哲学中，物质被认为是由柏拉图的理念所控制的，正如灵魂控制躯体。这种逆流导致科学研究误入神秘主义的迷惘。新柏拉图主义哲学只持续了约一个半世纪，但它却主要通过奥古斯丁的著作进入基督教哲学。随着基督教哲学的兴起，欧洲古典科学和古典哲学消失了，人们将一切智慧全部投入对神学的研究。

在整个这一时期，亚里士多德的著述在人们记忆中复活。亚里士多德提出的关于宇宙结构的观点，构成整个中世纪欧洲科学再建的基础。据称亚里士多德认为，众多星辰是神圣的存在，它们能够对人类命运施加影响——这是一种比古人的占星术更为明确和系统的占星术。天体星辰以有规则的周期运行，宇宙的一切存在是完全合理的，于是一种决定论应运而生。决定论主张，一切事件完全由先前存在的原因所决定，这些原因排除人的自由意志和自由行为的可能性；一切现状是其先前状态的结果，也是随之而来的状态的原因；每一个生命的命运是在其出生时就注定的。这种宿命论在法国神学家约翰·加尔文的神学理论中发展到极致。

这是欧洲文明出现严重危机的时代，随之而来的是罗马帝国的长期衰微。封建体制中不同集团之间的血腥斗争，僧侣们在隐修院内关于信仰喋喋不休的争论，导致欧洲社会经济几近彻底崩溃。隐修院内的僧侣们是控制欧洲中世纪文化、知识的知识阶层。弗朗西斯·培根对这些隐修院内的居民有这样的评论：他们有敏锐的智慧和丰富的闲暇，但他们读书的视野狭窄，其才智被封闭在有限的几个作者（主要是亚里士多德）著作的狭小范围内。正如他们的人身被关闭在隐修院或学院中，他们既缺乏时代史也没有自然史的知识，但他们却是当时社会上最有知识的人。

第12章

从理性主义到实验主义：中世纪欧洲科学

一、中世纪欧洲技术与科学概观

1. 出现以理性探索自然和实用科学的自觉性

在古代希腊，人们关注的是试图发现和理解变化世界潜在的本质，他们对自然科学的探索主要是为了理解，而不是利用。随着基督教的兴起，希腊人的理性主义中增添了一种“神圣精神”自然观。这两种对待自然的态度都反映在奥古斯丁的著作中。在欧洲基督教盛行的“黑暗时期”，人们关心的是收集和保存古典时期积累的经验和事实，而不是试图对自然进行创造性的解释。但中世纪是欧洲文明发展历程中的重要环节，不是文明的断裂代，而是欧洲文明传承、变革和发展不可忽视的时代。在这一时期，出现了一种新的倾向，一种行动主义态度，从而开创了一个技术发明的时代。尤其是中世纪末期，是欧洲技术进步和各种技术发明迅速发展的时期。15世纪经济领域的竞争和企业开拓精神，从封建体制的枷锁中逐渐显现。欧洲封建社会是由传统和习俗控制的社会，而早期资本主义的兴起过程中，出现了理性的觉醒。资本主义重视核算与计量，引进簿记和使用机器。因此在这一时期，禁忌体力劳动的社会风气逐渐弱化，从而使受教育者开始亲自用双手从事实验工作。这种社会风气对科学器械的发明和发展产生了重大影响。

人类文明的进步同科学知识的增进及其在时代社会与经济生活中的运用息息相关。直至目前，科学和技术往往被人们作为同义语使用，但它们是不同的概念，它们的起源也是不同的。科学知识来源于人类心灵寻求了解自然现象的本性，而技术则是起源于一种完全不同的动机——希望获得更多更好事物的一种愿望。原始时期敲击燧石取火的人不是科学家，他们是一些技术人员，他们用古老的技术在实践中发明了取火的方法。击石的科学将涉及对燧石结构的研究，即对那些在敲击下产生壳状断裂的物质特性的研究。这种研究远远超越那些仅仅希望将燧石作为工具的实践者的能力。实际上，技术进步往往是在缺乏任何精确知识原理的情况下而达到一种惊人的程度。

早在12世纪，人们就提出如何对《圣经·创世纪》中记载的事实以理性态度进行解释。随着12世纪和13世纪早期对希腊和阿拉伯科学传统的全面发现，尤其是对亚里士多德和欧几里得著作的发现，在技术实用主义与哲学和数学理性主义的结合中，诞生了以理性探索自然和实用科学前所未有的自觉性。

许多学者指出，当哲学家和数学家的思辨理性同手工艺人的手工操作紧密结合时，是科学发展的最佳时机。同时也指出，古代希腊—罗马世界和中世纪基督教世界缺乏思辨理性和工艺操作的结合，是科学落后的原因之一。在古典时期受过优秀教育的大多数人对实践技艺持蔑视态度，认为那是奴隶们的工作。然而，从希波克拉底全集到盖伦的著作，从一些军事器械的制造到阿基米德的著作，从希腊化和罗马时期许多哲学家—科学家在不同领域的著作来看，如果说他们的成就是在技术和科学完全分离的情况下完成的，是值得怀疑的。在中世纪的欧洲，有许多迹象表明，随着时间的推移，两者的结合越来越紧密。受过教育的人对实践操作的兴趣，可能是技术发明活跃的原因之一——虽然大多数技术进步是由没有受过教育的工匠所完成的。可以肯定地说，正是许多理论科学家对实践结果的兴趣，使他们在科学活动中提出一些具体和实际问题，试图通过实验得到答案和借助技术手段发展更为精确的测量仪器和具有特殊用途的器械。

在中世纪的“黑暗时期”，欧洲学者对科学研究中获得某种成果表现出浓厚的兴趣，而科学成果的获得必须有相应的技术方面的知识。在本尼狄克隐修院内，早就开始了有对医药学的研究。从中世纪直至 16 世纪和现代时期，医学著作不断出现，是实践观察同理论解释紧密结合的最好例子之一，其结果是一些医学和外科手术具体问题不断得到解决。从 7 世纪盎格鲁-撒克逊神学家、历史学家比德所著《英格兰人教会史》(732)，以基督的生年作为纪元，已为世界通用。从比德的时代开始，关于天文学的著作大量出现。这些著作大都为实用目的所写，例如，对复活节和地球维度的确定，以及如何确定正确方向和以星盘确定时间。学者们首先将技术方面的著作从阿拉伯文和希腊文翻译成拉丁文。实际上，从 10 世纪末德国历史学家热尔贝开始，欧洲学者对阿拉伯学术发生兴趣，他们主要关注的首先是实践方面的知识。13 世纪出现的由英国历史学家亚历山大·内夸姆，德国哲学家、科学家大阿尔伯图斯和英国哲学家、科学家罗吉尔·培根等人编辑的几部百科全书中，包括大量关于指南针、化学、日历、农业和其他技术方面的精确信息。

2. 中世纪欧洲自然科学的主要贡献

中世纪时期对欧洲自然科学的发展所做贡献，主要有如下几个方面：

（1）对运用数理方法解释观念的重新发现

在科学方法领域，理性解释尤其是对运用数理方法解释观念的重新发现，提出了如何构建和证实或证伪某些理论问题。这一问题通过经院哲学的演绎法和实验方法理论得到解决。这方面的例子可从 13 世纪和 14 世纪的光学和磁学领域中找到。

（2）通过实证和数理理论证实提出的问题

中世纪欧洲数理解释方法至少原则上已扩展到整个自然科学领域，而亚里士多德曾在其理论中限制数学在物理学中的解释作用。科学家对形而上学的“原因”问题没有兴趣，而是将提出的问题通过实验证实，再以数理理论予以表述。这种方法的例子可在 13 世纪和 14 世纪的静力学、光学和天文学领域中找到。

（3）提出无限空间理论、相对运动概念和“动量”概念

除上述对科学方法的贡献外，一种关于空间和运动问题的具有革命性的研究方法，开始出现于 13 世纪末。古代希腊数学家曾创立一种静态数学，而静力学在 13 世纪有重要发展。到了 14 世纪，数学家们首先试图建立一种变化和动态数学。在关于这种新的动力学的种种要素中，空间是无限的和虚空的，以及宇宙没有中心等观念，破除了亚里士多德关于宇宙的理论，也导致相对运动概念的诞生。关于运动，主要出现新的“动量”（impetus）概念。这种概念的最重要特点是，动量同物体中主要物质量是平衡的，速度能增加动量。如果没有空气的阻滞和引力作用，由速度强化的动量将无限地继续存在。动量在亚里士多德的意念中是一种物质原因。动量理论可用以解释许多现

象，例如，抛物运动和落体运动、跃动的球、钟表的摆动和天体或球体的运转等。相对运动概念表明天体运动的可能性。法兰西天主教主教、亚里士多德学派学者和经济学家奥雷姆，反对亚里士多德提出的诸多天体围绕静止的地球运动的理论，在哥白尼之前提出地动说。加速运动的运动学研究，以及对于连续区域最大与最小特性的讨论也都始于 14 世纪。

（4）实用技术的发展和进步

在技术领域，从古代以来中世纪取得了最快的发展和进步。开发水力、风力和动物力新方法方面，为不同目的发明了各种机器，这些机器的发明需要相当高的精确度。例如，机械钟表和放大镜都被用作科学仪器。测量仪器如用以测量天体位置的星盘和象限仪，由于精准测量的需要而有很大的改进。在化学方面，平衡概念被普遍运用。实验手段取得很大进步，实验习惯推动一些特殊仪器的发明。

（5）生物学和医学的发展

在生物学领域，一些实验器械取得很大发展。发表了许多医学和外科手术以及对于不同疾病症状的描述方面的著作。开始对动物和植物的分类，博物学对动、植物的描绘精确、逼真。中世纪，生物学理论的最重要发展，也许是关于生物界范围观念的阐述。

（6）实验方法和数理方法为 17 世纪科学革命开辟道路

关于科学的目的和本质问题的讨论，中世纪时期有两大发展。首先，科学的目的是获得控制自然的力量，从而使自然服务于人类这一观念得到清晰表述。其次，有些神学家坚持这样一种观念：造物主的行为和人的思辨都不能被限制于任何一种科学和哲学思想体系之内。不论这种观念在其他思想领域具有何种影响，在自然科学领域，一切科学理论都具有相对性，即任何科学理论都可能被其他更为完备的理论替代。具有这一观念才能达到理性方法和实验方法的要求。

自然科学中，实验方法和数理方法业已在中世纪科学思想体系中建立起来。这种思想是从亚里士多德体系中产生的，并最终摧毁了亚里士多德宇宙论和物理学。这种对旧体系的破坏，遭到晚期经院哲学的某些学者，尤其是那些热衷于古代原著的人文主义者和坚持旧体系和神学教义不可分离的学者的强烈抵制。然而13世纪和14世纪发展起来的实验方法和数理方法，最终为17世纪伟大的科学革命运动开辟了道路。

二、基督教隐修院：实践科学的摇篮

1. 拜占庭文化的法治观念为欧洲科学的发展铺平道路

罗马法典的制定使人们树立了法治的观念。在以后的几个世纪里，欧洲人的社会观念都受到法治观念的支配。阿尔弗雷德·怀特海说："法律一方面是政府的工具，同时也是约束政府的条件。教会法典和国家的世俗法律对欧洲社会的发展发挥了很大影响，这是查士丁尼时代法律学家们的丰功伟绩。他们在欧洲人心目中树立了一种观念，即政府应当行使法律也应当守法。"（怀特海：《科学与现代世界》，商务印书馆，2017，第19页。）这使政府成为一种根据理性调节各种社会关系的组织系统。查士丁尼统治下的拜占庭帝国军队把统治意大利的哥特人赶走，这一切为古代意大利人创造了稳定的社会环境和有利条件，使意大利成为日后欧洲文化的中心，这些意大利文化精英也成为各种进步观念的维护者。因此，谈到欧洲科学思想的兴起，任何人都不能不提到拜占庭文化在背景上所产生的影响。

2. 隐修院文化的实践精神促进科学与技术的结合

公元 6 世纪的意大利出现一些对未来时代奠定基础的人物，其中最杰出的是基督教隐修院制度的创始人本尼狄克和格列高利一世。在当时，古代希腊人的科学思想和方法已被历史淹没，本尼狄克和格列高利一世的工作对欧洲科学的重建做出了贡献，他们的科学思想所产生的效果甚至比古代更为显著。古代希腊人偏重于理论，而对本尼狄克和格列高利而言，科学是哲学的衍生物，他们更重视实践，重视平凡事物的科学意义。他们把这种实践精神和宗教及文化活动结合起来。他们建立了许多隐修院，格列高利把自己的宅第、庄园捐出，建立多处隐修院。他们的隐修院成了农艺家、艺术家及其他学者进行实践活动的家园。他们重视实践的精神使科学和技术结合了起来，使学术与不以人意为转移的事实建立了联系，从而使科学和实在世界保持密切的关系。

隐修院和自然界的联系所产生的影响，首先表现于艺术领域。中世纪后期，自然主义的兴起朝着两个方向发展：新的实验精神和新的空间观念。艺术与科学之间的密切联系进一步发展的结果是：建筑师成为数学家，雕塑家成为解剖学家，画家成为几何学家，音乐家成为音响学家。自由探索精神不仅限于艺术领域，而且渗透于该时期生活中的许多方面。例如，通过将欧几里得几何学原理用于绘画中的视觉效应，使空间和数学原理统一起来，其结果发现了直线透视法；通过界定平行线在投影面上的一个聚焦点而获得在二维平面上的纵深幻象；等等。隐修院内学者们的实践精神深入欧洲的人心，使他们对自然界物体与事态本身产生了兴趣。

封建主义制度于 15 世纪开始崩溃，并出现了资本主义。在封建社会，贵族和骑士们的城堡和乡间的隐修院是文化的中心。封建土地制度的瓦解是中世纪城市出现的前提。在资本主义早期，文化中心从贵族的城堡和乡间的隐修院转移至城镇。资本主义的发展有赖于个人的开拓精神，而在欧洲中世纪社会，个人是由其所属集体的传统所控制的。个人主义的兴起，进一步促进科学思想和发明创造的蓬勃发展。

三、希腊文献的翻译运动

有一种观点，认为欧洲在12世纪曾出现一次文化复兴，这一文化复兴与300年后意大利文艺复兴不同的是，15世纪的复兴主要是文艺方面的复兴，而12世纪的文化复兴则是哲学和科学的复兴。15世纪文艺复兴的外来文化渊源全部来自希腊，而12世纪文化复兴的文化渊源除希腊外，还有来自西班牙、西西里岛、叙利亚，以及君士坦丁堡的阿拉伯文化。

欧洲文学和科学的渊源直接来自希腊，从希腊传播至罗马，这几乎是人人皆知的欧洲历史。虽然罗马文学和艺术属于希腊文艺的变异，但自罗马执政官西庇阿时代以降，直接从希腊翻译的文化经典很少。也有一些从希腊文献改编而来的作品，如喜剧作家泰伦提乌斯和西塞罗的作品，以及拉丁语的《伊利亚特》。但一些伟大的古代希腊经典作品大都没有被翻译。公元5世纪至8世纪的百科全书编纂者在搜集古代学术成果时，完全有赖于拉丁语作品。那些不知疲倦的百科全书编纂者不懂希腊语，他们不得不局限于拉丁语经典的编纂和整理。这些拉丁语经典中关于科学方面的资料十分贫乏，而且往往是一些奇异古怪的东西，为中世纪时期留下极为有限的古代学术文献。总体而言，12世纪之前的欧洲人大都对希腊文化知之甚少，可以说这是该时期的一个显著特征。

伊斯兰教历史上最重大的智力觉醒是由于外来的影响，这种影响主要来自希腊，影响的途径是翻译，将希腊经典译成阿拉伯语。翻译家们对希腊人的文学作品不感兴趣，因此，阿拉伯人没有接触希腊的戏剧、诗歌和历史。他们翻译的主要是数学、医学、天文学、地理学、炼金术等方面的著作，其中包括欧几里得的《几何学原理》、托勒密的《四部集》和《天文大集》（*Almagest*）。这一现象反映了当时人们对于实用科学的优先关注，而与 15 世纪文艺复兴时期人文主义者的兴趣大相径庭。所以，欧洲中世纪的各种翻译作品不被人们视为优雅、风流的文学之作，它们是追求目的的手段。

希腊人用几百年积累的学术著作，阿拉伯学者在百年之内将它们翻译和消化了。由于吸收了希腊文化的内容，伊斯兰教因此在联系欧洲和近东中世纪文化的纽带中，占据重要地位。出现于阿拔斯王朝的翻译运动大约持续百年（750—850）。在翻译时期之后，阿拉伯人不仅消化了希腊的古典遗产，使其适合于自己的特殊需要和思维方法，而且在他们中出现了一个创造活动时期，在炼金术、天文学、数学和地理学方面，都有过辉煌的成就。欧洲中世纪这一伟大的翻译运动，也彰显了阿拉伯和犹太民族尊重科学和为科学献身的精神。他们的贡献通过叙利亚、西西里岛尤其从西班牙传入欧洲全境，给中世纪欧洲文明注入了新的血液。

阿拉伯人征服西班牙半岛后，那些希望吸取新知识的开拓者，大都首先来到西班牙。他们前赴后继到这里追寻开启知识宝库的钥匙。在整个 12 世纪和 13 世纪，西班牙一直是一处神秘之地，一处未知然而可知之地。众多追求知识之士，越过比利牛斯山脉，风尘仆仆来到他们向往的西班牙大地，实现他们的学术梦想。

四、大学的诞生：欧洲现代科学发生、发展的基石

1. 大学的诞生

大学是欧洲中世纪“黑暗时期”萌生的一朵娇艳、绚丽之花，在人类历史上闪烁着耀眼的光芒。大学的诞生是推动欧洲现代科学发生、发展的基础，使欧洲现代自然科学进入一个新的时代。

罗马帝国解体后，学校教育随之凋零，只有隐修院或大主教兴办的学校和学术机构成为欧洲中世纪教育和学术的中心。至12世纪，一种新型教育机构开始出现，这就是大学。最早的大学，是在隐修院学校和教会学校的基础上形成的。因此可以说，隐修院学校和教会学校使欧洲高等教育走上制度化和规范化，或者说，它们决定了欧洲高等教育形成的过程和路向。正是在11世纪和12世纪之间的岁月里，在欧洲产生了大学这种高级形态的教育机构。

12世纪的欧洲，不仅形成人类历史上最早的大学，也为后来的大学规定了组织形式和构成要素。大学及大学的组织形式不是古代某种机构原型的复兴，因为古希腊—罗马世界没有近、现代意义上的大学存在，古希腊—罗马也确有法律、修辞和哲学学科的高层教育机构，但这些教育机构没有院系组织机构，也没有固定的专业结构和学位制度。在罗马帝国后期，建立了由国家出资兴办的法律学校并聘请教师，但这种教育体制也不能称为现代意义上的大学。博洛尼亚大学、巴黎大学、帕多瓦大学、萨莱诺大学、蒙彼利埃大学和牛津大学是12世纪欧洲出现的第一批大学。现代大学是在这些大学的基本形态上发展起来的。大学是欧洲中世纪尤其是12世纪对人类文明的贡献。

University（大学）一词本来的意思是 corporation 或 gild（同业行

会）。中世纪的欧洲有许多这种形式的团体，是一种众人集体组织形式。这一名称逐渐用以指称一种学术性公会或教师、学生组成的社团，一般要由教皇或皇帝颁发特许状。欧洲第一所大学是意大利的博洛尼亚（Bologna）大学，创建于11世纪末。这些早期学术社团在不教授无神论和异教邪说的前提下可以自行管理，由学生和教师共同选举校长。作为独立自主的代价，这些大学必须自筹办学资金。早期的大学生可免交赋税免服兵役，不受民法制约，因此他们常常滥用自由，放纵自己。他们常因酗酒、与市民吵架而声名狼藉。为此，大学兴建宿舍，学生必须住在校内，并制定严格的纪律。

欧洲早期大学产生的背景是隐修院学校和教会学校，这些学校早在加洛林王朝（8—10世纪）时期就被立法机构承认，其规模逐渐扩大。在加洛林王朝的改革运动中，学校的主要目的是培养隐修院修士和教堂牧师。因为教会中的教士必须接受教育，教区牧师必须能够阅读拉丁文，以便在弥撒仪式中朗读经文。即使是隐修院和教堂内部学校，不同地区的情况也不尽相同。所谓文科七艺（语法、修辞、逻辑、几何、算数、音乐和天文学）课程，只是一种理想的教学内容，往往不能完全实现这一理想目标。但拉丁语语法、修辞和逻辑三门课程是所有进入高级学科的必修课。逻辑学课程包括讲演和辩论，讲演内容是对标准文本进行解释和评议。标准文本是从古代世界文本中选择而来的。辩论有固定的主题，对亚里士多德或教会神父这些权威们著作的解释，就是辩论最终结论的基础。这一过程是对业已存在和世人所接受的观念进行传播的极好途径，但丝毫无助于发展新的和具有独创性的观念。

欧洲早期大学，虽然可以追溯至12世纪，但当时仍然是一些教会学校，几乎没有正规大学的组织形式。13世纪之前，甚至很难发现大学的名称。最初是偶尔从一位毕业生和教皇英诺森三世于1208—1209年之间的书信中，发现了大学的名称。在世界机构的历史沿革中，机构的名称往往是在其产生之后出现。在欧洲早期的这些学术机构中，并没有明显的系或学院组织形式。学院的出现大约在1180年前后，此时也开始出现固定的学期这一概念。1179年拉特兰会议后，巴黎大学首先开始了正规大学的建制，仍由主教掌管学校教学事务，只有主教有权决定授课的教师，颁发教师证书。

由于欧洲早期大学是在教会学校基础上逐步发展起来的，所以很难确定一所大学具体的建校时间。例如，我们很难说出巴黎大学是在何时不再是一所教会学校而成为一所大学。至13世纪，巴黎成为大学和科学的摇篮，其后出现了北欧地区的许多第一批大学，以及英国、德国、法国北部和低地国家的一些大学。

牛津大学创建于1167年前后。由于某种不明原因，英国学生从巴黎大学被召回来到牛津，同时也有许多外国学生来到这里。该校建校之初以巴黎大学为榜样，设神学、法律、医学、艺术等学院，但同巴黎大学和博洛尼亚大学相比，1200年前后的牛津大学还是一所在许多方面均不完善的大学，当时这里尚无名师授课。至13世纪，由于多明我修会和方济各修会修士参与教学，教学力量才有所增强。建校初期，学生和市民之间经常发生纠纷。1354年发生的学生与市民间的骚乱，双方械斗长达两天。有些教师和学生后来去到剑桥和其他一些大学。剑桥大学的历史可上溯至1209年，当时有些学生从牛津迁到这里。剑桥模仿牛津大学和巴黎大学的型式，于1571年将各学院合并成立大学。

地中海沿岸地区多所大学的兴起，与法律和医药职业教育的复兴紧密相关。实际上，在整个中世纪时期，欧洲的职业教育是被重视的方面，这是欧洲中世纪早期存在的教育现象，但并不为后世许多国家所重视。博洛尼亚大学以法律学著称于世，是罗马法复兴的直接结果；但更早的法律学校出现于罗马、帕维亚和邻近的拉文纳。然而所有这些职业学校最终都没有发展成为大学。这些欧洲 11 世纪职业学校的历史鲜为人知。博洛尼亚大学是南欧高等学府的摇篮，正如巴黎大学是北欧大学兴起的源头。

2. 大学是欧洲现代科学的摇篮

欧美许多学者有一种共识：欧洲现代科学诞生于 13—14 世纪的牛津学派，尤其是格罗斯泰斯特和罗吉尔·培根的著作，为欧洲现代科学做出了特殊贡献。法国物理学家、科学哲学家皮埃尔·迪昂在他的三卷本《列奥纳多·达·芬奇研究》（1906—1913）中，在他考证达·芬奇是否是一位现代科学家这一人们长期争论的问题时，在他首先追寻欧洲现代科学渊源的过程中，他发现，13 世纪牛津的逻辑学家们和巴黎的奥卡姆学派，是欧洲现代自然科学的源头。迪昂说，这一情况虽然没有进入大众读物和成为许多学校教科书的内容，但这已经是现在每一位严肃的科学史学者都熟悉的事实。

罗伯特·格罗斯泰斯特（Robert Grosseteste，1175—1253）曾任牛津大学校长（1215—1221）。格罗斯泰斯特对光学和其他自然现象做出具有开创性的解释，是提出新的科学方法的一位重要人物。他使中世纪的科学家超越其古代欧洲和伊斯兰世界的先辈们。他特别重视运用数学对物质世界进行解释，为 14 世纪牛津思想家发展数理物理学的起步阶段留下了重要遗产。罗吉尔·培根（Roger Bacon，1214—1294）是继承格罗斯泰斯特思想的代表人物。罗吉尔·培根于 13 世纪 40 年代将格罗斯泰斯特的思想从牛津大学带到巴黎大学。于是，新的实验科学迅速传播到整个中世纪的欧洲，影响了包括伽利略、威廉·吉伯、弗朗西斯·培根、威廉·哈维、勒内·笛卡尔、罗伯特·胡克、艾萨克·牛顿、莱布尼茨等在内的许多科学家和哲学家，以及17世纪的欧洲科学革命。

现代科学是一种数理科学和实验科学，伽利略首先将数学和实验同时用于科学研究，因而被认为是第一位现代意义的科学家。反教皇的帕多瓦学派没有被教会的权威束缚（帕多瓦大学的办学资金来自社会上有产阶级的捐助，因而享有很大的学术自由）。伽利略在帕多瓦大学进行了他的大部分实验工作。一种新柏拉图主义的知识模式，足以为伽利略这样葆有独立思考的科学家提供科学研究的思想基础，而抛弃基督教会和传统认可的关于自然界的概念。早在伽利略进入帕多瓦大学之前，这里发生了关于科学方法的长期而激烈的争论，其中主要一点是对客观事物的观察程序问题。意大利枢密主教扎巴雷拉（Zabarella，1360—1417）曾总结了这方面的情况，他强调从因到果和从果到因的两种方法。但扎巴雷拉倡导的方法没有涉及数学，尤其是几何学在科学方法中的推导功能。扎巴雷拉运用的方法基本上是来自亚里士多德主义，但他超越了亚里士多德那种从日常生活经验出发的直接综合和对复杂现象的分析归纳过程。扎巴雷拉的贡献是，他确认了要揭示现象世界事物的秘密，首先必须对其进行分割、辨析这一原则。他在研究过程中引进一项重要程序，可称为“因果前提的形成”。但他坚持的依然是对事物进行定性分析的观念，直接涉及一般经验和能够直接观察的事物。这种观察虽然不是伽利略所坚持的与几何学相结合的科学实验主义和数学对自然现象的完善功能的研究方法，但帕多瓦大学关于科学方法的讨论和扎巴雷拉所倡导的“因果前提”的科学研究程序，对伽利略关于科学方法种种问题的自觉性的启发，是显而易见的。正是在帕多瓦大学自由探讨的学术环境和学术氛围中，形成了伽利略数学-实验的现代科学研究方法。伽利略所走过的通往现代科学的道路，也印证了大学是欧洲现代科学的摇篮这一命题。

五、百科全书：中世纪欧洲科学成就的标志

欧洲中世纪早期的自然科学成就最显著的标志是百科全书。西班牙神学家伊西多尔（Isidore of Seville，约 560—636）的《词源》，是他于公元 636 年，即去世前不久在西班牙编纂完毕的作品，当时有几百册传世。这本《词源》在当时是欧洲所有图书馆不可缺少的藏书。由于其参考价值被人们大量引用而进一步证实了它的学术声望。在一个希冀简要学术著作和追求书本知识的时代，一个缺乏真实知识和惯以寓言和神秘语言解释事物的时代，《词源》凭借其简明扼要的特点迅速成为最流行的学术之作。没有人对该书以讨论词语而不是事物为中心议题，以及主要关心的是词语的源流及其定义而提出批评。正如在此之后每一时代的大多数百科全书，其中都保存了当时业已消失的词语中所容纳的意义内涵，给予人们的是 1000 多年来知识的集合体，同时也是中世纪“黑暗时期”思想观念的横断面。

代表人类知识总汇的二十卷《词源》，其中涵盖了文科七艺、医学和法律、神学和代数学、人类和动物（动物卷是其中最大卷帙）、地球和宇宙、政治地理学和自然地理学、建筑和测量、农业和军事科学、航海轮船和家庭用具，以及一般的实践艺术等。

欧洲中世纪的种种变化在百科全书中均有呈现。法国学者文森特（Vincent，约 1190—1264）所编《巨镜》，于 13 世纪中期完成，这是

一部反映这一时期知识的“镜子”。《巨镜》原来包括三个部分:《自然之镜》《历史之镜》和《教理之镜》。14 世纪由一位佚名作者增补第四部分《道德之镜》。这部著作概括了从创世纪到法国路易九世整个时期的欧洲历史，总结了几乎所有已知的博物学和科学知识，也提供政治、经济、法律及文学等领域的知识。《巨镜》的编纂是 12 世纪欧洲文化复兴的重要标志和表现欧洲人对知识的崭新态度。这是一部规模巨大的作品，其规模大大超越了伊西多尔的《词源》。其中大约有一半的篇幅，即 3000 对开页，论述的是关于科学方面的知识。《巨镜》是一部汇编作品，一部使用剪刀和糨糊完成的汇编作品，它缺少伊西多尔遵循的简洁的编纂原则。《巨镜》中的资料比较详尽，是 18 世纪欧洲百科全书出现之前规模最大的百科全书。

文森特时代的欧洲科学成果比公元 1100 年之前的科学成果，不论是质量或是数量都前进了一大步，这种情况充分体现在被称为通识博士、拥有百科全书式学识的大阿尔伯图斯（Albertus Magnus，约 1200—1280）的著述中。大阿尔伯图斯生于豪亨斯陶芬斯公国首府施瓦本（今德国境内）的一个骑士家庭，青年时在帕多瓦大学求学，后被派往巴黎学习神学，获得神学教授资格。大阿尔伯图斯曾是意大利神学家托马斯·阿奎那的老师，他首倡对自然界的研究应成为基督教教义中的一门合法学科。他曾在巴黎大学阅读希腊文和阿拉伯文的亚里士多德著作新译本，以及阿威洛维对亚里士多德著作的注释本。他认为，获得知识的方法有两种：一种知识从启示和信仰得到，另一种知识是哲学和科学的知识，这两种获得知识的途径并非对立，一切真理都相互协调，联成一体。他对自然现象的研究以观察和描述为基础，他用观察的事实纠正了亚里士多德著作中的错误。他的学术路向是在事实面前走出那些哲学王子们所设定的藩篱。

六、占星术和炼金术

中世纪晚期，在理性和唯名论的影响下，宗教与科学的界限得到更为明显的区分。在坚持不懈地抵制经院哲学的斗争中，唯名论者得到毕达哥拉斯学派和新柏拉图学派中神秘主义者的意外之助。其中，通神论（Theosophy）成为神学通往科学的神秘中介。所谓通神论是一种具有悠久历史的神秘主义宗教哲学，认为人的灵魂深处存在一种灵性实体，人可以通过知觉、冥想、聆听启示，进入超乎人的正常知觉状态而与这种实体直接相通。据说人如果了解神的智慧，就可以了解大自然的奥秘。

在中世纪晚期和文艺复兴初期，奥卡姆、罗吉尔·培根、第谷·布拉厄、哥白尼和开普勒的科学研究，与通神论者的兴趣都集中于对自然界的探索，从而达到有效地控制自然的目的。但他们所经由的道路是截然不同的，因而他们的设想和方法也是不同的。在科学方法条理化和系统化形成之前的漫长时期，通神论一直是这一领域的主导力量，其代表人物大多为新柏拉图主义者。他们不是以实事求是的态度去研究自然、发现自然规律，而是寻找自然界的某种不可思议的奥秘。他们感兴趣的是事件和事物深层隐藏的某种超越自然之力。他们认为世界是由超越现象的某些神秘之力所控制的，其奥秘必须通过魔术方法去推测。于是探索自然奥秘的事业就成了一种追寻神秘信条、秘诀、点金术之类的东西，占星术和炼金术就成为主要的研究内容。这一方面最著名的人物，也许是瑞士医师帕拉切尔苏斯。

对占星术者而言，占星术是实用天文学，一种所谓"人性化天文学"。一年四季、白天与黑夜，以及潮汐等自然现象的相继和交替，都直接与各种天体的运动相关联。这种星宿信仰不仅是人类历史上的一种最为广泛流行的信念，而且有人认为，占星术甚至能够从托勒密、亚里士多德以及许多阿拉伯占星师那里得到理论支撑。12 世纪下半叶，阿拉伯占星术文献大量涌入欧洲。此时，许多人认为这似乎是一种新的实用性学术进入了欧洲，甚至许多大学里聘请了占星学教授。国王和王子们也向这些占星学者，咨询关于国家事务和诸如婚姻关系等个人私事。

起初被称作“制造金银的神圣技艺”的炼金术，也许是欧洲中世纪科学史上最为神秘的领域。炼金术对人们造成的神秘感，部分由于其实验材料本身，炼金师们使用的各种神秘方法和实验过程往往不对外公开。在中世纪的欧洲，当一位炼金师试图将汞变为黄金，他并不急于以自己的名字公开他所采用的方法。炼金术的神秘性还在于希腊语、阿拉伯语和拉丁语文献中都没有对其进行充分的研究和论述。这种冒充制作珍贵金属的事业可以追溯至欧洲和东方的古代时期，尤其是古代埃及。罗马帝国时期一些希腊学者的著作中保存了一些炼金术的文献，但这些文献大都是关于炼金术使用的秘方和操作规程，而不是理论。这些秘方大量传入中世纪的欧洲，其传入途径一般是通过文学作品，或者由炼金师直接将这种技艺带入欧洲。有学者认为，炼金术是欧洲中世纪科学领域最有价值的主题之一。

作为一种知识来源的魔术，以空想和臆断研究自然规律和事物内在结构，显然是荒谬的，但以这种魔术方法所探索的结果，正是那些占星师和炼金师的研究成果。占星师在借助星宿的不同位置预测未来的过程中，为天文学打下基础。炼金师在他们的研究中发现了地球的某些元素。他们的工作有助于天文学和化学的诞生。有学者说，今天不管我们怎样怀疑通神论的价值，但是这种假科学之母的确在现代科学曙光到来之前，在其无意识的状态下为科学做出了贡献。自 20 世纪以来的化学理论和各种实验，越来越使人们对那些试图将一种金属转化为另一种金属的早期炼金技艺，产生一种容忍态度。

第 13 章

科学革命：16—17 世纪欧洲科学

一、关于科学革命概念的起源和争议

出现于欧洲现代早期的科学革命是现代科学的产物，这时，数学、逻辑学、物理学、化学、生物学、生理学（包括人体解剖学），以及天文学的发展，改变了人们关于自然和社会的观念。按照传统的解释，科学革命始于文艺复兴时代的结束，直至 18 世纪末，科学革命直接影响了被称为启蒙运动的伟大社会、文化运动。一般认为，文艺复兴时期结束于 1600 年，这是意大利哲学家、天文学家乔尔丹诺·布鲁诺被焚的年代。这位异教徒反对亚里士多德的有限宇宙论，以富有诗意的语言将宇宙描述为无限的，到处都是它的中心却没有周长。从科学精确的角度解释这一观念，它意味着地球和太阳都不是宇宙的中心，从而导致天文学中出现一种相对主义观点。

1. 威廉·惠威尔提出科学革命概念

一种相当普遍的观点认为，1543 年波兰天文学家尼古拉斯·哥白尼发表《天体运行论》和瑞士医生、解剖学家安德烈·维萨里

（Andreas Vesallus，1514—1564）发表《人体结构》，标志着欧洲科学革命的开端。至 18 世纪末，欧洲开始进入所谓反思时代，但这种对科学革命时段的界定存在许多争议。

自 18 世纪以降，科学领域的各种进步都被称为革命。英国科学哲学家威廉·惠威尔说，早在法国化学家安东尼·拉瓦锡关于发现氧一书的前言中，就出现“革命”一词。科学中的革命，很少像氧的发现立刻引起公众的关注。拉瓦锡看到他的理论被当时几乎所有的社会精英接受。在他的著述首次发表后的几年里，其理论就风靡欧洲。惠威尔针对 16 世纪和 17 世纪欧洲科学和科学方法的发展，提出“科学革命”的概念。他说，对科学革命这一主题的评价最显著的特征，是从对人类内在智力的盲目信任，向对外在现实观察的坚定信心的转变；从对往昔智慧的无限崇敬，到对变化和进步的热情期待的转变。（惠威尔：《归纳科学的哲学》第二卷，1840，第 175 页。）

威廉·惠威尔对科学革命的观点和评价，形成了今天关于科学革命的概念。一种新的关于自然的观点开始出现，代替了统治欧洲思想界 2000 年的古希腊人的观点。科学开始成为与哲学和技术不同的独立学科，科学也逐渐被认为是具有实用目的的学科。如上述，传统上一般认为，欧洲科学革命始于 1543 年哥白尼发表《天体运行论》，至 1687 年牛顿在《自然哲学的数学原理》这一宏伟综合中完成。而人们对自然的态度最大的转变是来自哥白尼的拥护者，来自发展了运动科学的伽利略和满怀信心地宣称一个科学进步的新时代已经来临的弗朗西斯·培根。培根关于科学进步的声音，也推动了欧洲一些科学学会的建立，如著名的英国皇家学会。

欧洲科学史上所谓科学革命的例子，如：以太阳为中心的理论代替以地球为中心的理论；以原子论反对亚里士多德自然物质由土、水、火和大气四种要素构成的学说；伽利略关于落体的加速度与其重量不成比例的理论，推翻了亚里士多德关于落体的速度和重量成正比例的学说；牛顿提出的三大运动定律和万有引力定律；威廉·哈维关于血液从动脉到静脉的循环是一种处于不断运行过程的观点，替代盖伦静脉和动脉是两种独立体系的学说，等等。科学革命的历史宣称，17 世纪是欧洲科学革命蓬勃发展的时代，不仅科学理论和科学实验发生了革命性变革，更重要的是科学家的工作方式发生了根本性的变化。

英国科学家、科学学奠基人约翰·贝尔纳说，在文艺复兴运动推动下的科学革命，引导学者们以一种与以往不同的眼光，观察世界宗教、迷信，对神的敬畏被理性和知识代替。自 17 世纪以来，知识的快速积累是科学发展的突出特点，推动一些现代科学学科的建立。英国历史学家赫伯特·巴特菲尔德写道："在英国，科学革命推翻了中世纪甚至古代世界的权威，因为它不仅使经院哲学黯然失色，也使亚里士多德物理学遭到毁灭性打击。科学革命是自基督教兴起以来最伟大的人类事业，它使文艺复兴和宗教改革运动成为微不足道的事件，使宗教改革成为中世纪基督教世界内部的权力更迭，科学革命既是现代世界的曙光，又是现代意识的发端，致使我们对欧洲历史的传统区分成为一种时代误置（anachronism）和历史冗赘。"（赫伯特·巴特菲尔德：《近代科学的起源，1300—1800》前言，1957 年再版。）

2. 科学革命：在前期是渐变，其结果则成为革命

"革命"（revolution）一词源于晚期拉丁语，为数学和天文学的专业术语，是旋转和循环之意。英国历史学家约翰·希尔说，传统认为，"革命"一词是在 1688 年之后就获得现代政治意义。在此之

前，该词只在占星术和天文学中使用，意思是天体的运转或任何循环运动。该词用于社会领域，指政治制度和社会的变革。至 17 世纪末，人们也用科学革命指称科学领域发生的巨大变化，并认为科学革命是科学进步的方式。现代概念的革命意为对过去的猝然断裂——一种人为而非自然的颠覆。这一意义可能是在意大利文艺复兴运动中形成的，又在新教改革运动和两次英国革命中得到加强，从而在科学启蒙运动倡导者中间成为一种固化概念。17 世纪 40 年代狂暴的英国革命，使政治革命染上了一种恶名，而 1688 年通过谈判妥协不流血的所谓“光荣革命”，又使革命恢复了声誉。进入 20 世纪，科学革命的说法逐渐普及，尤其在美国物理学家、科学哲学家托马斯·库恩《科学革命的结构》（1962）一书出版后，关于库恩意义上的科学革命是否存在，成为西方学术界的重要论题。

然而，“科学革命”这一概念目前在西方学术界引起质疑和争论。英国学者詹姆斯·汉南说，大多数历史学家认为，科学领域发生过革命性变革，但科学革命是一个带有偏见且不能解释任何东西的术语，你可以将从 12 世纪到 20 世纪任何一个世纪的科学都称为一种革命。这一概念只能强调在哥白尼之前科学没有任何成就，这是一种背离事实的偏见。

尽管所谓科学革命的说法有夸大之嫌，但大多数学者认为，在科学发展过程中确实存在不同程度的变革，而对这些变革内涵的理解却有很大分歧。科学革命意味着现代科学在观念和实践中发生猝然而深刻的变革，而非渐进和积累的进步。革命必须由新事物所驱动，或者说只有在观念和社会进行重构的前提下，才能完成这一使命，而且是在高度不可预测的情况下完成的。重要的科学革命往往需要改变科学研究方法的目标和标准。对大多数学者而言，承认科学领域的变革，不等于赞同所谓科学革命的真实存在。英国科学哲学家斯蒂芬·图尔明和琼·古德菲尔德在他们合著的具有广泛影响的三部作品中，对现代科学的主要变革进行了详细的论述。他们提出，科学领域和政治领域一样，革命的内涵是将历史形成的结构在一夜之间完全摧毁和重建，这是一种极具误导作用的概念。在科学发展过程中，这种猝然、彻底的革命是完全不可能的（1961）。人们很难在中世纪、文艺复兴和现代科学实践中找到截然的断裂。当对不同时代文化背景进行缜密观察时就会发现，一切所谓革命者都是站在古老传统根基上，即在其前辈工作基础上做出他们的成就。牛顿有句名言：如果说我看得更远，那是因为我站在巨人的肩上。

亚历山大·柯瓦雷在《伽利略研究》一书中指出，17 世纪科学革命是科学领域一场嬗变的结果，其特点是一种自然观念的渐变而非顿变。伽利略物理学体现了一种嬗变的过程，伽利略是在吸收前人观念的基础上逐步形成自己的物理学。

大多数欧洲人，认为革命一词有灾变（cataclysm）和突变（sharp break）的意思。19 世纪末到 20 世纪中叶，欧洲历史学出现一种排斥事物的突变性而强调渐变和连续性的倾向。一位历史学家写道："政治革命如同知识革命，在历史学家冷漠的眼里，政治革命的概念逐渐消失，新体制仅仅是旧体制的延续与合法化过程；而知识革命是长期流行观念的综合与普及。"爱因斯坦主张抛弃科学革命的观念，认为科学革命不能突然发生。如果没有 18 世纪出现在生物进化领域的一系列新思想，达尔文革命将是不可理解的。怀特海说，任何新事物都不会是全新的。社会惯例形成的新时期是逐渐缓慢地展现自身，它的重要性尚未为人们所充分理解。

比利时—美国科学史学家乔治·萨顿做出这样的结论：科学是通

过渐进积累的方式进步的，而不会有科学革命。也许可以说，知识或科学革命在前期阶段是一种渐变，其结果则成为革命。（乔治·萨顿：《科学史导论：1927—1948》，上海三联书店，2021。）

二、16—17 世纪欧洲科学概观

15 世纪意大利文艺复兴盛期，是欧洲文明史上的一个新时代，一般认为是中世纪与现代的过渡时期。意大利文艺复兴是对古希腊文学艺术的复兴，但文艺复兴运动促进了现代新科学思想的形成。尤其在技术方面，文艺复兴时期取得了更显著的成就。

人们逐渐认识到，新科学并不与神意和造物主精神相抵触，虽然它可能导致对待理性与信仰之间的关系出现不同的态度。亚里士多德体系内部固有的矛盾、同其他权威的矛盾，以及同所观察的事实之间的矛盾，最终导致人们对这一体系的激烈批评。与此同时，数学和实验手段使用范围扩大，实证知识不断增多。到 17 世纪初，各种新的实验方法和数学抽象的系统运用，获得的科学研究成果非常显著，这一运动被称为科学革命。一些新的科学方法早在 13 世纪就被阐述，但到 17 世纪才首先被伽利略使用并使其更为成熟和完善。

欧洲现代科学的渊源至少可追溯至 13 世纪，但从 16 世纪末科学革命开始加快其发展速度。在此同时，数学和实验手段使用范围的扩大、科学思想的变化，都影响着科学家们提出各种类型的问题。康德对此评论说，一种新的思想光芒照亮所有科学家的视野。新科学也深刻地影响着人们的世界观，这种新的世界观也必然导致前所未有的社会关系的变更。实际上，新科学对人们思想和生活的影响非常巨大，人们将科学革命，同欧洲文明史上公元前 6 世纪与前 5 世纪古希腊哲学的兴起，和公元3世纪与4世纪在罗马帝国基督教的传播相提并论。由于这种原因，科学史学家对科学革命导致的种种社会变革的研究和从中世纪至17世纪科学史的研究，产生特殊的兴趣和热情。要充分理解科学在现代世界的地位，必须对这一时期发生的各种变革进行深入研究。

1. 逻辑学

弗朗西斯·培根发展了科学归纳法。

虽然在其人生早期，弗朗西斯·培根接受法律方面的训练，1582年成为律师，并获得伊丽莎白女王时期大法官的殊荣，但后来他宣称，将一切知识作为其职责范围。这一雄心勃勃的志向，体现了文艺复兴后期流行的一种时代精神。新世界的发现和探险，不仅促进了商业的发展和冒险的迁徙运动，而且也激励了探索真理和新观念的冒险，以及在研究自然的实验基础上去探索新事物的逻辑。

培根没有任何科学发现，也没有在自然科学方面进行过任何实践活动，但他有一种饱含哲理的逻辑思维能力。他对其时代进行理性的思考，在他的思想中形成一种观念：未来社会进步的关键在于实验科学。他的《新工具》，抑或说科学的新工具，是实验科学的演绎方法，与只论证已知思维的三段论演绎法（Syllogism）截然不同。很久以来，人们将科学归纳法的建立归于培根的贡献，但西方许多学者认为，这一结论显然是一种夸张。更为真实的是，培根在阐述这种古老思维方式的同时，改进和发展了科学归纳法。但培根的归纳法也不是完美无缺的。培根的归纳法首先将个别提升到一种中等普遍性的公理，然后再凭借反面的例子，经过呈现、排除、筛选，以达到最高普遍性真理。这一方面的根本缺陷在于忽视了假说对科学实验的作用，以及对最终的“形式”没有提出精确的定义。

培根十分重视对事物形式、结构（form）的认识。培根所说的形式就是规律。他认为事物的形式决定事物的性质。事物的形式是事物内部构成要素的结合方式和结构方式，是事物的时间—空间存在形式和运动变化形式。这些形式就是事物的生成、存在和变化的固有规律。因此，发现和认识了事物的形式，就掌握了事物本身固有的规律和规定性。同时，这些形式还通过动态的系列转化和联系，在不同层次上规定着世界上事物的普遍性和统一性。发现和认识了事物的形式，人的意识、思维就可超越对事物的单纯感性直观的个别经验把握，而达到把握事物的普遍性、统一性的理论认识。

培根不接受哥白尼的天文学观念，他认为地球围绕太阳运转的观念没有经验的支撑。他提出关于热的一般理论作为运动的一种形式，但他的论证方法缺少精确的测量仪器。然而培根提出的却是发现新的真理的实验方法，具有现代科学实践的重大意义。

“知识就是力量”是培根的许多格言之一。尤其是伴随现代技术的兴起，这些格言彰显了社会大众对待科学的态度。培根期望运用科学为人类造福，并将从事科学研究的科学家视为光明的使者。他的著名的具有乌托邦色彩的著作《新大西岛》，预示了现代工业研究实验室的雏形，而他在讨论伦理和政治问题时，也涉及新科学对社会发展的影响。

2. 数学和物理学

（1）笛卡尔：解决二次曲线问题；引进“指数”；改进代数学的符号系统

新大陆发现后，随着商业的兴起和欧洲各国之间的激烈竞争，在数学和物理学科学领域也出现风起云涌的思想活跃局面。新的地平线上需要更加广阔的观念视野。16世纪意大利数学家，如希皮奥内·费罗、尼科洛·塔尔塔利亚、罗斐尔·邦贝利等人已经解决了如三次方程式的一般解法等代数问题，但需要笛卡尔这样更全面的天才人物完成代数学和几何学的融合，从而解决二次曲线的一些问题。这些问题可以追溯至大约公元前3世纪亚历山大城的希腊几何学家帕普斯和阿波罗尼奥斯，他们讨论的问题，后来促使了笛卡尔的进一步研究。

虽然弗朗西斯·培根希望通过实验研究自然界的形态结构，探索各种科学学科的统一，但他没有做出如何论证这种统一有价值的表述。笛卡尔和莱布尼茨希望以数学的最新发现为科学的统一提供普遍原则。由于其丰富的象征性，任何科学都不具备比数学更显著的普遍性和概括性。笛卡尔没有发现解析几何学（将代数学用于几何学始于法国经济学家奥雷姆和数学家费马），但他制定了一种新的符号体系，而且以富有哲理的洞见看到新数学的潜势。笛卡尔通过引进指数改进了代数学的符号系统，这样，在此之前，x 的立方用 xxx 或 Cube x 表示，笛卡尔以 x^3 表示。这种类似的发明如英国数学家约翰·纳皮尔发明“对数”（开普勒说，对数的发明拓展了天文学家生命的三倍），不仅为科学和数学运算提供了快速的方法，节省了时间，而且也简化了思维过程，有利于对各种抽象关系的感性认识。

（2）笛卡尔：简洁概念是最接近正确的概念

笛卡尔认为，宇宙的种种规律可以从某些简洁而明晰的原理中演绎而来，科学的目的就是界定和理解这些基本原理，它们能够被用于对一切方面任何现象的研究。笛卡尔相信，正确原理的选择标准是其简洁和明晰，最简洁的概念是最接近正确的概念。这些概念与毕达哥拉斯及其追随者所建立的概念非常接近，它们能以不同数学方式用于对其他领域的研究。笛卡尔曾把代数学方法用于对几何学问题的研究，并取得很大成就。笛卡尔的方法包括从最简单和最可靠的概念开始，然后审慎地进行演绎和给出结论。笛卡尔认识到，知识源自经验，也来自推论；然而和培根不同，与经验相比，笛卡尔更相信推论的真理性。笛卡尔关于科学哲学的观点，代表着与亚里士多德主义经院哲学原则的全面决裂。

对笛卡尔而言，一切推论都是一系列清晰的直觉和明确的概念。他在《指导心灵的规则》中说，数学是最宝贵的推理形式，数学可以对任何复杂方程和曲线进行概括。莱布尼茨继续推进笛卡尔寻求科学的统一性和确实性而努力工作。莱布尼茨也为完善数学符号做出了重要贡献，他发明了解各种联立方程中行列式的符号和微积分符号 dy/dx。虽然牛顿也被认为是微积分的独立发现者，但数学家更喜欢莱布尼茨微积分记号。

（3）奥卡姆剃刀：科学思维的简洁性原则

有助于科学思维的简洁性这一观念，可以追溯至 14 世纪英国唯名论者、逻辑学家奥卡姆。奥卡姆认为，只有个别事物是实在的，共相只是表示事物的符号，可以由归纳法得到抽象的知识，反对隐秘的质等虚构的概念。因此发表著名的“奥卡姆剃刀”原则：如无必要，不要增多假说——所谓需要是科学研究中解释现象所需要进行的种种推定和预测。古代天文学系统所倡导的主要学术目标是节略现象——就是说，建构一种几何符号图式，用以参酌和理解所观察天体发生的各种现象，并做出可能的预测。哥白尼对亚里士多德和托勒密几何体系的改进，主要在于对毕达哥拉斯提供的粗略形态的日心说体系进行的简洁化工作。

如果说在科学研究中，借用符号和思维这种注重实效的做法，是哥白尼、笛卡尔或莱布尼茨的唯一目的，那将是一种历史性错误。无疑，他们认为科学理论是真实的，需要体现简洁性原则，是自然现象的逻辑规律。哥白尼著作的序言宣称，新的天文学只是一种适于节略现象的数学系统；然而这篇序言不是哥白尼本人写的，而是由德国基督教神学家安德烈亚斯·奥西安德尔撰写。他希望维护《圣经》天启的权威而反对地球的行星地位。在关于科学与宗教信仰之间的关系问题上，哥白尼和伽利略比像奥西安德尔这样的宗教辩护人具有更为高尚的情操。在这些具有献身精神的科学家心中，新的科学知识的发现是对人类和造物主智慧与荣光的伟大贡献，比维护独断论的神学权威更为重要；而奥西安德尔希望将科学降低为只有实际用途的价值。

（4）数学的有序性和物理学定律之间的一致性

17 世纪关于自然界的简洁性和规则性信念的另一方面，表现在对数学的有序性和物理学定律之间的一致性的认同。自然界的规律被认为是由欧几里得几何学的语言记录下来，其逻辑假定是，欧几里得以其有序性的天才为一切时代确立了空间的特性，所有物理学家必须完成的工作，是从各种杠杆、平面、圆周运动和机械力的物质世界，找到在欧几里得几何学中的实例。牛顿的万有引力定律——两个物体之间保持的引力的不同，是与它们之间距离的平方成反比的。这一定律的另一部分（引力与质量的乘积成正比）是不太清楚的，因为它具有一种任意性：每一个物体具有某种绝对质量，而无视其运动与其他物体运动之间的关系。爱因斯坦相对论中放弃了关于质量和运动的这一假定。笛卡尔也认为，空间或广延与物质相关联。在几个世纪里，物理学教科书将物质界定为占有空间和（牛顿之后）具有重量。事实是，莱布尼茨曾批评牛顿关于绝对空间、时间和质量的观点，但没有引起教科书编写者甚至从事物理学研究的人们的注意。这种情况一直持续至 1905 年爱因斯坦发表相对论。

爱因斯坦相对论中最基本的方面是否定绝对空间和绝对时间的存在。就是说，对空间和时间的各种测量都是相对于某种任选的参照系。这就是爱因斯坦的学说名为相对论的原因。实际上，许多看来是绝对的现象却是相对的。物体在空间的移动这一概念同样是相对的。如果说某一物体在空间移动了，这只意味着该物体与其他物体相对的位置有了改变。运动的相对性原理表明：一个不受外力作用的物体，可以处于静止状态，或者处于匀速直线运动状态。物理学家把这种现象称为惯性定律。

但是在日常生活中，这一定律往往被掩藏在某些现象的背后，致使我们不能直接而明显地认识它。根据惯性定律，一个处于匀速直线运动状态的物体，甚至在没有外力作用的情况下，它应永远保持其运动状态。但我们的观察表明，如果一个物体不受外力的作用，它必然处于静止状态。解释这一现象的关键在于这样一个事实：通常我们看到的物体都受到外力的作用，这就是摩擦力。摩擦力破坏了观察惯性定律所需要的条件，这种条件就是必须没有任何作用于物体的外力。

上述结论与大量实验事实符合，但只有在高速运动时效果才能显著。在一般情况下，相对论效应极其微小，可以忽略不计。因此，牛顿力学可被认为是相对论力学在低速情况下的近似。所以大量物理学经验不必改变或修正。

然而，当我们注意到那些运用牛顿数学方法的科学家们取得的伟大成就时，就不会否定欧几里得几何学在物理学领域所展现的伟大历史价值。法国数学家和天文学家拉普拉斯和康德，将牛顿运动定律和引力定律用于解释太阳和众多天体的进化，分别独立地提出星云假说。法国物理学家查尔斯 · 库仑将平方反比律用于富兰克林关于电荷的观察实验，建立了库仑定律。库仑定律表明，两电荷间的力与两电荷的乘积成正比，与两者距离的平方成反比。法国物理学家安培将平方反比律用于电学的感生电流。丹麦物理学家汉斯·奥斯特利用球面的相同特性测量电磁的力。不久，物理学家们认识到，引力、电、磁和光的强度都与平方反比律相符合。但没有认识到，这种一致性的根源来自一种欧几里得空间假定，这一假定一直持续了2000多年。

3. 生物学和心理学的新成就

与物理学一样，生命和心灵科学的发展，也必须挣脱由经院哲学注释者所阐释的亚里士多德理论权威的束缚。文艺复兴时期，从中世纪到现代过渡时期的代表人物之一，是瑞士医师和占星学家帕拉切尔苏斯（Paracelsus，1493—1541）。帕拉切尔苏斯对传统教育及传统医学深恶痛绝，公然反对大学里医学教师的传统教学方法：教授站在高高的讲坛上，面前放着亚里士多德、盖伦的权威教科书和医学评论者的作品，下面圆形教室有一个理发师—外科医生站在一具尸体前。当医学教授让他指出尸体的某一器官，他就指向这一部位。1527年6月24日，帕拉切尔苏斯在大学讲课时，在学生面前烧毁波斯医师阿维森纳和盖伦的著作，以表明他与传统权威的决裂，因此被称为医学界的路德。帕拉切尔苏斯遵循古希腊医学之父希波克拉底的理论，从人体各部分之间的失调解释疾病的发生。他反对亚里士多德关于四种化学元素（土、火、水和空气）的理论，提出三种要素（盐、硫和汞）的假说，并提倡对人体排泄物进行实验研究。当他把病人的粪便带进教室时，引起听众的厌恶。他建立了医疗化学学派，将化学用于医学和疗法，如用汞治疗梅毒。

帕拉切尔苏斯的同时代人、意大利医生弗拉卡斯托罗的《论传染》

（1546）一书，为传染病和流行病的实验研究打下了基础。他 1530 年发表的《梅毒或称法国病》（意大利人把梅毒叫作法国病）中，弗拉卡斯托罗预言了关于病菌的理论。

文艺复兴时期著名的解剖学家是比利时的安德烈亚斯·维萨里（Andreas Vesallius，1524—1564）。他的主要著作《人体结构》七卷本于 1543 年在巴塞尔出版，对当时的生物学界影响很大，从此生物学开始进入持续发展的时代。维萨里是帕多瓦大学首席外科医师，哥白尼曾在这里学习医学，后来维萨里也在这里学习医学，伽利略在这里进行著名的落体实验。帕多瓦是在对抗教皇权威的威尼斯城邦管辖下，使帕多瓦大学可以不受罗马帝国的干预而自由地进行科学和逻辑学的研究。

英国生理学家威廉·哈维（William Harvey，1579—1657）在帕多瓦大学学习医学大约 25 年后，他的伟大著作《心血运动论》（又译《论心脏和血液的运动》）于 1628 年出版。在帕多瓦大学学习期间，哈维熟谙维萨里的著作，并深受这所大学科学实验精神的感染。通过坚持一切生命是由卵发育而来的观点，哈维成功地解决了生命自然发生这一含糊、笼统的理论。意大利医生弗朗西斯科·雷迪于 1668 年通过对蛆和植物毛虫进行实验，支持哈维的理论。

意大利医生安德烈亚·切萨皮诺（Andrea Cesalpino，1519—1603）于 1593 年先于哈维提出血液循环概念，但没有对此做出详细、精确的描述，而是由哈维阐明了血液循环原理。哈维所著《心血运动论》一书堪称科学著作经典之一。哈维不仅描述了血液循环的路径，而且测定了心血每搏输出量及全身血量。哈维的著作发表后，他的声誉在欧洲鹊起，关于人体解剖的知识迅速在欧洲传播。至 1664 年，牛津大学教授托马斯·威利斯在其著作《脑的解剖学、兼论神经及其功能》中，对脑和神经系统做了当时最完整、最精确的描述。

英国物理学家罗伯特·胡克（Robert Hooke，1635—1703）在牛津大学用显微镜对一般家蝇、体虱和植物组织切片进行观察，结果发现了细胞。在荷兰鞋匠出身的列文虎克，通过自学制作一台显微镜，观察人类精子（他称作 homunculus，雏形人）。胚胎是成体形态的观点，正是亚里士多德关于成体是雄性精子预先形成的观点相契合。这种理论在莱布尼茨的单子形而上学体系中得到赞赏。莱布尼茨认为，每一单分体的心灵发育，就像荷兰博物学家简·斯瓦姆默丹在《昆虫通史》（1669）中所描述的昆虫的变态相似。

17 世纪意大利医生、生物学家马尔切洛·马尔皮基和英国医生、植物学家尼赫迈亚·格鲁分别发现动物和植物细胞结构，为 19 世纪德国生物学家西奥多·施万和马蒂亚斯·施莱登对细胞学和组织学更为详细的研究开辟了道路。

这样，古代希腊哲学家关于构成自然界的元素和原子概念，在 17 世纪借助显微镜进入了生物学领域。正如哥白尼天文学和动量力学，首先是在没有运用仪器的情况下设想出来的，后来在望远镜和精确时钟的帮助下得到改进。对生命单分体构成的研究，也是在显微镜发明后得到迅速的发展。在上述人类两种主要视域的拓展背后，是无限大和无限小的观念。它们被法国数学家布莱士·帕斯卡描述为使人类感到恐怖的茫茫征途。

三、16—17 世纪欧洲科学发展的社会背景

1. 商业革命和新兴资产阶级是推动科学发展的力量

在 16—17 世纪的欧洲，基督教宗教势力依然强大，新的科学精

神和科学研究不可避免地在其萌芽时期被摧残而夭折。这种新的科学不被基督教教会支持的原因是显而易见的。基督教教会不允许思想自由，教会权力的主要基础之一，是通过对知识阶层的控制达到对意识形态的垄断，而新科学所涉及的正是对教会的控制和垄断的彻底颠覆。哥白尼革命摧毁了教会承认的亚里士多德体系的陈规旧套。不论是为了实际的目的或者出于好奇，实验精神本身是一种无毒无害的东西。但是，当实验精神同数学相结合而发展成为研究自然现象的一种新的科学体系，对基督教教会而言，就成为一种危险的东西。

数学与实验精神的结合，比哥白尼革命对教会权威构成了更大的威胁。尽管这种威胁没有立刻被罗马教会认识，因为当时伽利略发表《关于两门新科学的对话》时，没有引起教会的异议和反对，但是 1632 年，他的《关于两种世界体系的对话》发表后，立即引起教会的巨大震动，很快导致他同天主教宗教法庭之间关系的极端恶化。1633 年，伽利略不得不发表撤销他对抗教会的声明：

> 我跪在尊敬的法庭大法官面前，我手触神圣福音书保证：我相信，而且将永远相信，教会承认的和教导的是真理。神圣宗教法庭命令我，不要相信、也不要教授错误的地动说和日心说，因为它与《圣经》相抵触。但是，我已经写出和发表了一本书，在这本书里，我阐述了这种理论，表明赞同这种理论的坚定立场，结果我被宣布有异端嫌疑。现在为了消除每一位天主教徒对我的正当怀疑，我发誓弃绝上述错误和异端邪说，弃绝同教会教导相抵牾的所有错误和观点……

我们也许可以这样设想，宗教改革后，新教各派教会对待哥白尼和伽利略的科学研究将持有不同的态度，因为新教支持思想自由和科学研究自由，因而肯定是新科学精神的同情者。事实上，经过宗教改革运动，确实在欧洲社会出现了更多对人的宽容态度，这是在经过激烈的宗教斗争之后出现的，如 17 世纪早期使中欧遭到严重破坏的 30 年战争。然而思想自由的最终获得，却是在宗教改革家们无意中极不情愿的情况下实现的。宗教改革家们并不希望在新教徒中培养新思想，他们只是想改变各派基督教教会联合一致控制教徒们的局面。于是，在不同派别宗教权威之间的冲突和矛盾中，却为广大教徒提供了越来越多自己选择不同教义的机会。这种社会环境逐渐为新科学的发展提供了条件，使新科学在社会中得到发展的机会。起初，新教教徒只是强烈要求同天主教徒拥有相同的正统地位，但在新教中，路德教派毫不含糊地谴责哥白尼体系，加尔文派和英国圣公会的许多教徒都持同样的观点。

在宗教改革运动中，欧洲大陆的任何一派宗教教会，都不是保护和促进新科学发展的力量。如果要找到支持和促进新科学发展的力量，必须把目光投向另一个方向——这就是新的君主政体、民族国家及其背后的商人：资产阶级。

新科学所倡导的实验精神同商业革命的进程密切相关，而且商业革命一直同年轻的科学的前进步伐紧密联系在一起。在商业革命进程中，资产阶级一直利用科学的进步为其改进和发明新的方法和工具。科学进步对商业、航海业，以及战争的价值是显而易见的。新科学在研究自然规律过程中所获得的知识，对这些实用事业很有用处。科学与民族国家之间的关系，从表面看似乎无足轻重，但实际上，在 17 世纪欧洲出现的这种特殊国家机构维护和鼓励科学研究的崭新形态，给予那些从事科学研究的科学家们以资金上的资助和很高的社会声誉，以及为科学家们建立思想交流和科研成果交换的机构。这种机构就是一些不同专业的科学学会。这些学会虽然是科学家们自己建立起来的，但在很多情况下得到了世俗政府和国家的支持，而且大都得到国王直接的支持。

2. 17 世纪的科学学会：欧洲实验科学的推动者

（1）欧洲第一个科学组织：意大利的实验学院

在意大利，美第奇家族的两位成员、托斯卡纳大公费迪南德二世和他的兄弟利奥波德王子，都曾是伽利略的学生，他们开始建立实验室。利奥波德支付实验室的一切费用，也是这一学术群体的实际领导者。各方面不同专业的科学家相聚进行试验和研究。他们中许多人是伽利略的追随者和学生。1657 年，在伽利略的两位出色的学生维维亚尼和托里切利领导下，该实验室成为一所正式的学术机构，命名为实验学院。

当利奥波德于 1667 年成为枢密主教后，学院的活动停止。这所学院只延续了 10 年。社会上流传一种说法，教皇提出的条件是，利奥波德要成为枢密主教，必须停办实验学院。在意大利，教皇势力是欧洲最强大的，而民族主义力量却是最薄弱的，因而欧洲第一个科学组织也是最短命的。

实验学院的活动停止了，但记述学院工作的报告以《实验学院自然科学实验分类集》为名得以出版，其中包括大量实验细节，成为这一时期科学实验室便览。该实验报告于 1684 年译成英文，1731 年译成拉丁文，1755 年译成法文，原文于 1780 年再版。这本书成为欧洲实验物理学的开端之作，并使意大利在这一领域成为当时的领导者。

（2）英国皇家学会：推动欧洲现代科学进步的学术机构

在这些科学机构中，最重要的也许是促进自然知识伦敦皇家学会。望远镜和显微镜的发明及其发现的奇迹，使人们产生极大的兴趣。在英国，许多科学爱好者自发组成一些小型非正式学术团体，其成员定期会晤，讨论科学课题。其中有著名的科克伯爵之子青年罗伯特·波义耳。他在一封信中称其学术组织为“我们的无形学院”。无形学院于1645年举行了第一次会议。1662年，国王查理二世颁布特许状，成立伦敦皇家学会，将英格兰的许多小型学会并入该会。在物理学家罗伯特·胡克领导下，该学会越来越强调实验精神。学会成员对几乎所有自然现象的研究都表现出浓厚的兴趣。在生物学方面，该学会坚持对各种动物进行解剖和实验，在其早期就开始对动物、植物和地质标本的收集和储存，这些标本中许多来自探险家们从人迹罕至的遥远地方获得。学会对工业生产过程和各种发明创造非常重视，还专门成立了工商史委员会。然而，最具永恒意义的是，皇家学会中许多成员对纯科学的贡献。学会成为那些热衷实验科学的人集会和交流观点的地方，更重要的是，这是他们出版其著作的途径。皇家学会的重要任务是出版《哲学汇刊》（即科学汇刊），这是欧洲最早的期刊之一，它的出版延续至今。皇家学会出版了牛顿的《自然哲学的数学原理》，足以说明它在科学史上的重要意义。

1642年，伟大的科学家艾萨克·牛顿（Issac Newton，1643—1727）诞生。牛顿的父亲希望他继承其农场主的事业，然而当他16岁时，牛顿开始表现出与农场主完全不同的才华，他被送进学校，后来进入剑桥。1665年，瘟疫的流行使他离开剑桥回到农场。在此期间，这个青年人发现二项式定理、无穷级数、微分和积分学，接着建立经典力学基础的牛顿运动定律以及万有引力定律，并在光学上致力于色的现象和光的本质的研究。

为进一步了解牛顿的人生态度，我们必须了解 17 世纪的科学家和今天专业科学家对科学研究的不同态度。英国皇家学会的创立者是一些业余科学工作者，他们对自然哲学的思考和实验，主要是出于个人的兴趣，认为他们的结论与发现是他们自己的所有物，可以自行处置。牛顿于 1665 年发现微积分，然而，他让时光消逝 28 年却没有发表他的研究成果。直到 28 年后，莱布尼茨发现并在德国发表了相同的研究成果。与此同时，牛顿发现引力遵循一种平方反比律，很好地解释了月球的运动，但他却对此漠然置之。直到几年后，生物学家威廉·哈维问及他关于行星的运动轨道时，牛顿才漫不经心地回答说，他曾在 5 年前解决了这一问题，但其证明资料已经丢失。如果不是哈维的劝说和坚持，牛顿这一伟大发现也许永远不会发表。正是由于牛顿这一发现的发表，导致同罗伯特·胡克之间发生激烈争议；胡克认为，这一定律的发现没有充分肯定他的功绩。

作为一种社会和学术机构，皇家学会在促进英国新科学精神的形成和传播的贡献方面，几乎可以说是空前的。皇家学会为科学思想和科学成果的交流提供了机会，它激励科学家们在大会上交流他们的研究状况和调查报告，在学会学报上向学术界及学会成员阐述他们的理论和研究成果。学会还对科学家的成就给予他们荣誉和为他们提供资金支持。

（3）法兰西科学院

法兰西科学院建立于 1666 年。同英国皇家学会一样，法国科学院也产生于一群热心的业余科学工作者的集会基础上。路易十四的首相让·柯尔贝尔倡导扩大法国商贸和工业制造业，他认识到支持科学学会对国家事业的重要性，并学习英国政府对皇家学会大力支持的榜样，正式承认法兰西科学院为官方学术机构。法国国王采纳了柯尔贝尔的建议，于1666年批准授予科学院以特权，柯尔贝尔为科学院争取到财政部的支持。法国的这一措施比英国查理二世时期，给予科学家的荣誉和资金上对科学事业的支持，又前进了一步。柯尔贝尔坚定地主张，必须由一个强大的中央集权政府管理国家，法国科学院的建立是科学研究的一个统一管理和协调机构，而不是科学工作者的自由协会组织。这一协调组织工作的结果具有某些价值，但从整体而言，大多数重要科学发现都是由个人独立完成。科学院的统一协调过程可能出现一些问题，杰出的科学家惠更斯对科学院的工作不满而选择退出。

克里斯蒂安·惠更斯（Christiann Huygens，1629—1659）是荷兰数学家、天文学家和物理学家，光的波动理论创立者，对动力学的发展有早期贡献。惠更斯于1655年和1660年两度访问巴黎。作为天文学家，他对精确测定时间颇为关注，发明了将单摆作为时钟的调节器，1666年他成为法国科学院的创始人之一。1666—1681年，他卜居巴黎。这一时期他的主要成就是1673年出版的《摆钟论》，其中包括曲率的数学理论，还有许多关于动力学问题的完整解答，诸如推动单摆振动时间的公式、物体绕稳定轴的振动，以及匀速圆周运动的离心力公式等。惠更斯的上述著作虽然是对一种工具的描述（摆动的钟），但其中包括了许多关于动力学的纯理论问题的阐述。

（4）德国柏林科学院

德国柏林科学院，由以莱布尼茨为首的科学家建立（与牛顿大致为同时代人）。莱布尼茨主要是一位数学家，但他的研究工作涵盖了整个物理学领域。他还决心对德国教育制度进行改革，尤其是对大学教育的改革施加影响。他主张加强科学教育，以及历史、地理和数学等现代学科的教学，而坚决反对把拉丁语教学放在学校教育的重要地位。他认为，学习拉丁语是大众教育的障碍。

莱布尼茨为德国科学院的建立提出一系列建议，最终抓住成立选用公历委员会的机会，建议勃兰登堡选侯（普鲁士统治者）应持有立法的垄断权，利用其收入建立一个学术学会和一座天文台。1700 年，柏林科学院章程获得通过，莱布尼茨成为科学院院长。然而科学院建立之后的情况却令人失望。莱布尼茨又为在德累斯顿、圣彼得堡和维也纳建立其他学会而继续奔走游说。德国科学院缺少政府的支持而导致令人失望的结果，同法国科学院进行比较，发人深思。

（5）美国哲学学会

美国最早的科学学会——美国哲学学会是由本杰明·富兰克林（Benjamin Franklin，1706—1790）于 1743 年创立的，其前身是由少数热心科学的人士于 1727 年创立的“议事会”（Junta）。1769 年，美国哲学会和美国学会合并为美国哲学会费城实用知识促进会。

在 17 世纪和 18 世纪相当长的时期内，各种科学学会而非大学，对西方科学的发展起了重大作用。这些学会承担着科学进步和发展科学方法的责任，而那个时期的大学却沉沦于传统精神的桎梏中。17 世纪的科学学会，不仅将现代科学置于坚实的基础之上，而且适时地促进了大学的理想和教学方法的革命化，使大学成为实验科学之友和推动者，而一反它们长期以来顽固扮演的以科学为敌的角色。这是 17 世纪各种科学学会不容置疑的伟大成就。

3. 17 世纪欧洲的大学对科学所扮演的角色：亚里士多德主义的坚固堡垒

在 17 世纪的欧洲，国家科学学会对年轻的科学事业的支持是其重要特点，但当时的大学却大都没有给予科学必要的激励和保护。其根源在于，大学依然是中世纪的一种学术机构，大学基本上仍然处于教会的控制之下。因而在 17 世纪，大学不是新科学的同盟军和支持者。而且在此之前，大学也基本上没有充当科学支持者的角色。至于大学里进行的科学研究和实验活动，大都属于科学家的个人行为。尤其是像牛津大学和巴黎大学这样的高等学府，依然是亚里士多德主义的坚固堡垒。在意大利，新毕达哥拉斯主义蓬勃发展，数理主义已臻成熟，然而亚里士多德主义世界观依然控制着科学界，这种现象尤其出现在帕多瓦大学。

更具体地说，在 17 世纪的欧洲大学传统中，依然没有形成对构成现代科学重要方面的实验主义同情的氛围，大学里秉续的是一种文化保守传统。在大学里，人们关心的是维护往昔的学术地位，而工程师、发明者、新型手工艺人、科学实验者，大都处于大学之外，他们的资助人和支持者是那些工场、作坊、造船厂和商业船舶的经营者，或者是同这些行业相关的世俗政府机构。

同大学的情况相反，17 世纪的欧洲科学学会鼓励和扶植科学研究和实用性发明创造，研究和制造航海业需要的仪器和其他辅助器械，以及为改进工业制造方面所需的出版物。这一切并不是资助者需要的一种补偿和交换，或者说是对他们的报酬。某种意义上，这与新的时代精神有关，这些科学的支持者已经认识到，知识（新科学知识）就是力量。他们追求的是借助科学成为自然界的主人，而这是中世纪科学从未设想的事情。现代科学渴望和追求的是对自然规律的认识，甚至这种追求往往并没有明显的实际用途；现代科学是通过实验达到对大自然规律的虔诚拥抱。

四、清教运动与现代科学

1. 尊重科学和科学探索者

中世纪天主教的救世良方，是鼓励人们从尘世隐退，遁入隐修院追求精神的静谧；而加尔文教派则认为，通过坚持不懈的劳作改造尘世，征服尘世的种种诱惑，是教徒责无旁贷的义务。英国的清教运动对加尔文教进行了重大改革。颂扬造物主是存在的目的和存在的一切，是中世纪基督教徒熟知的宗教真理，但 17 世纪的清教徒们却赋予其新的意义。

清教运动于 16 世纪中叶起源于英国，在宗教改革运动中，从原为英国国教圣公会内谋求进一步实现加尔文主义的改革派中，发展出一些脱离国教会的新的教派。由于他们要求清除国教内保留天主教旧制和烦琐仪文，提倡勤俭清洁的简朴生活；同时也主张清洗圣公会内部的天主教残余势力，清教徒认为，自从亚当堕落以后，全人类陷入混乱之中，必须反乱为治。他们用造物主的赐福和惩戒解释人生和事件，并据此衡量自身的作为和人生成就。清教徒要求全社会遵守社会公德规范，于是产生“蓝色法律”（因纽黑文殖民地某些法律书用蓝色封皮，故名）。清教徒主张，不同宗教派别的信仰应互相宽容，其次则是宗教信仰自由。在宗教信仰自由前提下，清教徒的行为促进了民主精神。他们自居为造物主的选民，造物主选民之间是互相平等的。于是参政权逐渐扩大，圣徒们的民主逐步变成了社会的民主。清教徒担心人人都可能会犯罪，从而认为世上一切权力必须受到限制。为了抵制罪恶，他们主张把家庭和社会办成修身学校，培养重视私德和对社会负责的个人，提倡功德善行，这将使宪政民主得以实现。

17 世纪英国资产阶级革命时期，清教徒广泛参加社会政治活动，他们主要分为两大派：温和派拥护君主立宪，反对与教会脱离关系；激进派（独立派）主张共和政体，坚持政教分离。自16世纪后期，清教精神实际上超出了教会改革范畴，在宗教、社会、经济、文化、教育诸方面对英语世界产生了深刻影响。

清教徒的代表人物理查德·巴克斯特（Richard Baxter，1615—1691）在其《基督教守则》中说，功德善行是造物主最想看到的，因为这种行动是出于对他的赞颂。公益服务是对造物主最伟大的服务。于是，一种社会功利主义就被确立为一条最重要的标准，用以表彰人们的善行，因为这是对造物主的赞扬。善行被认为是皈依造物主内心状态的外在表现。善行不仅被理解为现世的业绩和进入皈依状态的标志，而且刻苦勤奋地劳作必然少有闲暇屈服于可憎的尘世诱惑。这就意味着一种世俗的或入世的禁欲主义，代替了隐修院出世的禁欲主义。从强调颂扬造物主向强调功利主义的转移，尤其在英格兰，清教主义成为一种强大的、不容轻易反对的社会力量。正是这种教义逐渐对形成形式化的宗教起着颠覆作用，形成一种世俗运动。

清教教派还有一种为理性大唱赞歌的倾向。理性值得赞扬是因为只有人被造物主选中，才能拥有理性，理性使人区别于原野上的走兽。理性还有一种值得称道的作用，就是约束、控制罪戾之首的欲望——情欲。理性对盲目崇拜的恶习也有限制作用，使理性具有了一种严峻的权威性。从此，理性和信仰成为清教徒们推崇的两种美德。值得注意的是，清教徒坚持的理性与中世纪的理性主义的区别。在中世纪，基督教神学家们为了给神学带上合理和智慧的光环，从11世纪以降，他们提出研究神学要采用新的方法，即一切教义可以诉诸逻辑而得到证明，甚至用理性和逻辑去证明造物主的存在。巴克斯特说，信仰并非无理性的行为，造物主在灌输信仰时，是以理性为前提，并在信仰中运用理性。未经理性权衡的信仰并不是信仰，而是一种梦幻或想象。这里所谓理性，也不是通常哲学意义上的理性主义——那种认为理性是知识的源泉、理性高于感觉，以及与经验对立的理论，而是意味着理性与经验的一致性，是理性和经验的结合。这种经验—理性主义对于清教主义同科学的联系具有重要意义。理性主义和经验主义的结合，构成了现代科学的精神实质，促进了科学实验的兴起，而现代科学正是建立在实验的基础之上。在商业和科学时代的清教徒眼里，理性具有一种新的内涵：对经验材料的理性思考。逻辑被降低到从属地位，逻辑有时是思维中的一种有用因素，但对实在的检验来自对事实的观察。逻辑并不能增添任何知识，但却可能使谬误长存。正是这种对经验-理性主义的强调和对科学功利主义的信仰相结合，构成了清教主义和现代科学二者的共同特征。

巴克斯特在《基督教守则》中把教育奉为一种善行之后，接着就为强调科学和对经验的研究提供理论依据。他说，研究自然现象是促进赞赏造物主的一种有效手段。以一种令人信服的、科学的方式研究自然，可以加深对造物主威力的充分赏识。清教主义就是以这种直截了当的方式赞许和认可了科学，并通过强化和传播科学的兴趣，提高了社会大众对科学探索者的评价。在清教伦理价值体系中，理性和经验被认为是确定宗教真理的独立手段，实质上这是给予科学一种权力：科学最终成为限制宗教的权力。以科学证实宗教信仰，这是清教信仰独特的现代要素。

清教精神赞许科学的另一种原则是功利主义。巴克斯特说，知识应按其有用性来评价，因为不论什么行为，只要它能使人类生活更加美好，能够改善人类的物质条件，在造物主眼里就是善行。由于看到科学对自然的研究能扩大人类支配自然的能力，清教主义赋予科学以无可估量的价值。在这种社会背景下，出现一种社会趋向：赞赏造物主的原则逐渐成为指导现实行为的原则，而功利思想则变得更加突出。实践意义上明显有用的活动被看作最有效赞赏造物主的方式。清教主义这种对改造现世价值的强调，对世俗功利不屑一顾的中世纪基督教教义是完全陌生的。

2. 清教主义推动科学发展，却使人们疏远了宗教

在科学领域，习惯上认为新教运动是现代世界的开拓者，但要正确理解其开拓作用。不能认为新教运动为现代科学探索的自由观念、科学成果发表体制等开辟了道路。新教运动在继续控制科学和将科学纳入其审查制度的同时，以创新思想激励科学发明。最重要的是，在新教运动推动下，人们抛弃了教会控制下陈腐的科学研究观念和研究内容，从法律的角度使教育制度世俗化，将教育机构的审查权转移到政府，而神学家们不再与教育有任何关联。这样政府就有可能从国家利益出发，排除教会干预，独立自主地鼓励和促进科学的发展。这种情况开始出现于"忏悔"时期。另外，新教运动鼓励历史批判精神，对天主教会传统和当时流行的教会观念提出质疑和批判，促进了社会上个体批判精神的形成，逐步铲除以传说歪曲事实，并以自然界事物的本来面貌为依据进行科学研究。

新教运动提倡以科学的态度反对经院哲学和圣经神学，鼓励对人文学科的研究，在人文领域以不带偏见的态度对神学进行批判。在科学领域，新教运动继承了文艺复兴传统，并在某些方面推进了文艺复兴时期的科学成就。现代反亚里士多德哲学的奠基人是天主教徒勒内·笛卡尔。而对政治学和社会学的改造是与马基雅弗利、让·博丹和托马斯·霍布斯等人联系在一起的。他们是忏悔时期的著名思想

家。尤其在荷兰和英格兰，新教运动厌倦了宗教派别之间旷日持久的斗争，从约翰·洛克和莱布尼茨的时代，新教运动逐渐进入崇尚科学知识的时代潮流。这种对科学思想的崇尚在欧洲思想史上具有非常重要的意义，也赋予新教运动以一种尊重科学的光环而被载入西方世界文明史。

清教伦理中居于十分显著位置的理性论和经验论的结合，也构成了现代科学的精神实质，在很大程度上是通过对奥古斯丁教义做出修改而来的。但清教主义却没有止步于此，而是在加尔文主义重视世俗活动基础上强调经验论，从而为人们接受自然科学铺平了道路。简言之，清教主义改变了 17 世纪英国社会观念形态的趋向，其最终结果是改造了社会结构，使科学受到人们的尊重。17 世纪英国科学就是在这种肥沃的土壤中生长起来的，出现了牛顿等著名科学家，使英国成为世界科学的中心。对科学知识的态度，说明一个社会的价值系统。欧洲现代科学肇始于 13—14 世纪的牛津—巴黎学派，蓬勃发展始于文艺复兴时期的意大利，迅速成长于宗教改革后的英格兰。从此，科学发展的步伐再没有停歇。今天，科学的巨大社会功能影响着世界每一个角落，科学取得了至高无上的地位。

17 世纪是欧洲迈向现代社会的新时期，宗教改革在维登贝格之火的照耀下席卷整个欧洲，资本主义开始成长，现代科学以前所未有的速度发展。英国皇家学会于 1660 年诞生，标志着科学的社会建制化的开始。1667 年，牛顿的巨著《自然哲学的数学原理》出版，为现代科学的发展奠定了基础。所有这一切都不能简单地归结为偶然的发生，而更合情理的解释应从各种社会状况的结合中，从道德的、宗教的、经济的以及政治的条件的结合中去寻找。17 世纪英国科学群星的升起，恰恰暗示着社会精英的兴趣中心最明显地从其他领域转移到自然科学。究竟是什么社会文化因素刺激了人们对科学兴趣的增长？在这一方面，德国社会学家马克思·韦伯的思想，以意识形态的解释和经济–技术的解释这两个方面构想出科学发展的社会文化背景。这就是马克思·韦伯关于新教伦理与资本主义精神之间关系的著名论述。

清教精神所固有的种种社会价值导致对科学的赞许，但将科学作为通向宗教目标的手段，后来却因此摆脱了宗教神学的控制，其结果是科学家的探索步步深入至那些迄当时为止被奉为神圣的领域。于是，科学同神学发生了严重冲突。17 世纪的宗教改革者们绝没有预见其教义的实际后果。清教主义促进了人们对科学的兴趣，却使人们在感情上逐渐疏远了宗教。对于清教主义者而言，无疑是一个悲剧。这些后果与他们的预期是不相符合的，美国社会学家罗伯特·莫顿说："如果 17 世纪的清教徒预见到他们与理性结缘的后果，他们一定会带着虔诚的战栗把她们抛弃了。"

五、弗朗西斯·培根：科学革命的推动者

1. 新科学方法倡导者

至伽利略逝世的 1642 年，欧洲现代科学的曙光从中世纪世界升起，人类思想的一场伟大革命启动了。促进这一革命运动的有两位没有进行重要科学实验的哲学家，他们是勒内·笛卡尔和弗朗西斯·培根。

对于弗朗西斯·培根，历史学家记载的是他曾经享有的职位和权力，而真正重要的是他大声疾呼提倡科学研究的新方法，使人类借此建立起驾驭自然的权力。他提出著名的论断：知识就是力量。他对不结果实的亚里士多德哲学感到厌恶。培根同布鲁诺一样，是热烈倡导

以新的思维方式替代古老思维方式的现代早期人物而被世人铭记。同布鲁诺相比，培根更被认为是科学界人物，但他对科学的贡献不在于对宇宙的解释。培根不是一位现代意义上的科学家，他没有参加科学实验工作，而且对当时科学家们的成就不甚了了。列奥纳多·达·芬奇在力学方面、开普勒在天文学方面、威廉·吉伯在电学方面，以及维萨里在解剖学方面，都对科学做出了伟大贡献，但从其著作中可知，培根对他们全然不知。他几乎不知道杠杆率、物体的加速度和血液循环，而这些都是 17 世纪的科学成就。培根是一位哲学家，而且他主要是一位作家和科学倡导者。他文笔犀利，有高超的表达技巧；他摈弃传统思维，强调观察和实验。培根认为，一切真正的知识是建立在对过去和未来某些事件推论的基础上的，他称为归纳推理。在归纳推理过程中，追寻那些表现具体现象的本质和原因的共同东西；在偶然的东西背后，寻找决定发展和变化客观进程的必然性和规律性。他提出发生科学革命的两种主要观念：知识的获得主要来自观察与实验和科学知识的运用将导致最高价值的实际效果。培根认为，要像设计一项工程那样组织科学研究，科学发现可以通过计划的方式去完成。但许多学者认为，这种思想失之偏颇。

培根的主要目的是建立通过观察和实验对自然界进行研究的体系和制度。这就必须收集大量事实，从这些事实中可以了解自然界事物发生、发展的基本过程。他认为，通过这一途径能够获得关于因果关系的知识和事物运动的秘密，从而扩大人类视野的疆界，最大限度地认识各种事物。这是一种新的伟大视野。培根提出达到这一理想的方法是建立科学研究院的组织形式，这就是他在其乌托邦小说《新大西岛》（1610）中描述的所罗门学院。这所学院包括为实验研究建立的一系列实验室，有完美的设备——地下洞穴、高耸的塔楼；高山上的建筑，最高达 4.8 千米；有许多大湖，有咸水湖和淡水湖；有池塘、海湾、海中岩石；有人工开凿的井和喷泉；有高大、宽敞的房屋，其中可模拟雨、雪和冰雹以及流星；有树木葱茏、植物青翠的花园和草地，其中生长着从未见过的珍奇草木。

在这些实验基地和实验室里，可对遗传学、药物性、冶金学、光学、结晶学、机械工艺，以及物理学和化学所有学科进行研究。这里有一大批科学家在从事研究工作。这是一个高尚的梦想，在这一梦想实现很久以前，培根就已将其设计出来。培根的设想引发在知识的追求过程中合作观念的产生，也在事实上推动了英国皇家学会的建立。有人说，培根关于所罗门学院的描述，引致欧洲科学学会的兴起，有如马克思《共产党宣言》对社会主义的宣传。没有培根的设想，就无法对学术学会集会形式进行历史的解释；培根的设想是这些学会的浪漫原型。

2. 对传统学术方法的批判：四种谬误说

弗朗西斯 · 培根是 16—17 世纪公开背叛当时流行的学术思想的少数人士之一。他认为，当时的哲学已处于停滞状态，哲学所关心的是对一些毫无价值的问题的争论。他说，学术走进这样一种可悲的误区，是由于其建立在虚假的原则之上。在许多情况下，写作者重视的是措辞和文体风格，而将意义视为无足轻重的。培根认为，这种倾向是弥漫于文艺复兴时期的一种浅薄的、涉猎奇人奇事文风的余流，缺少对严肃的思想性的追求。这种“脆弱”型学术必须予以纠正，真正的学术才能进步。经院哲学沉沦于抽象的辩论，这种空洞的争论使人们一步步远离对大自然的理解和探索。这种争论追求的是终极原因而忽视对自然界规律的探索，而对自然规律的探索是唯一具有实际意义的人类事业。培根说，来自如炼金术和占星术这些假科学的许多谬误，或者形形色色的魔术处方，以及来自对古代权威尤其是那些神秘权威的迷信，严重束缚着人们的思想而成为社会进步的障碍。

在这种情况下，知识领域到处是谬误的陷阱。社会大众对知识的目的和功能存在误解，人们追求知识有不同的目的，这些目的很少是合理的或具有实际意义的。有些人追求知识是为了追逐名誉、财富和社会地位，或者仅仅是为了满足个人的虚荣心。自然界的知识应用来作为创造人类之需的工具，使人的生活更加舒适和富有意义，而不是为了个人利益或满足个人的虚荣心。

培根提出，知识是力量的真正宝库，传播知识从而使所有人都能分享知识的成果。学术研究的目的不是为了少数人的利益而是所有人的幸福，知识必须向大众普及。培根在《新大西岛》中所描述的理想国，是一个希望通过政治的手段，在国家支持和指导下，通过系统运用科学而获得进步的文明社会图景。如果人们要使这一梦想得到实现，首先必须清除根植于往昔的许多谬误。培根将人们应清除的偏见或先入之见，称为四种谬误，这些谬误全部铲除之后，才能运用新的方法开启崭新的未来。

（1）部族谬误。在这里，培根用的是带有夸张色彩的象征性语言，但每一种谬误的意义却是清晰的。培根所谓“部族”是指有自我中心倾向的整个人类。这种自我中心感必将导致某些虚妄观念，认为自然界中的一切似乎都是为人的利益而存在。当法国作家伏尔泰说，人有一个鼻子和两只眼睛，是因为这样的安排最适合支撑眼镜。这是伏尔泰对培根提出的部族谬误以及所谓特殊的终极原因虚伪性的讽刺。

人类总是从事物同自己的关系、目的和利益出发对待事物。这种思维方式往往导致一种褊狭心理而缺少虚心。因此，人们常常认为事物和事件比事实上具有更大程度的秩序而将其简单化，低估了事物和事件本身的无序性和复杂性，总是倾向于将目的论和终极原因强加于自然，而他们自己的各种行为都表现为这个动态世界里的主人角色。人们有时容易忽视自己相信的东西是与客观事实相悖的，而且更重视肯定的证据而不注意否定的因素。人们往往做出轻率的判断，却没有耐心在进行充分思考和获得数据支持基础上再下结论。因此，人们常常在不知不觉中，将感官提供的带有想象成分的证据当作真理。对大多数人而言，缺乏深入的思考，必然导致错误的见解。

（2）洞穴谬误。正如一个人身处洞穴，目光狭窄。这是我们作为独立个体各自所有的偏见。这种现象是由于不同遗传或教育对人心灵的扭曲而形成的局限性，或者是不同兴趣导致的不同性格所致。个人的特异性必然对事物的解释和判断带上主观色彩而丧失其客观真实。这种偏见源于这样的事实：有些人偏向于重视事物的不同特征而忽略其相似性；另一些人注意分析事物的不同组成部分；一些人偏重于对事物的整体考察；还有一些人对往昔的成就沾沾自喜，但还有人则更向往美好的未来。培根本人是受过法律教育的，因此他所建立的科学方法规则，好像就是一些法规和条例。发现血液循环的生理学家威廉·哈维曾说，培根的科学方法规则是由一位大法官为科学制定的法规。

（3）市场谬误。这是由于语言表述所导致的理解差异。词语是人们交流思想的媒介，有如市场上流通的货币。培根这里指的主要是经院哲学不结果实的辩论。在所有的谬误中，培根认为这是最令人厌恶的。这种谬误的产生来自松散和不加鉴别地使用词语。人们沉溺于使用那些意义含糊容易产生歧义的词语，他们从不着力于廓清词语的实在意义。似乎有这样一种情况，如果人们对某事谈论的很多，他们就觉得自己知道该事的所有方面。分歧和争论往往产生于词语的使用而不是词语所指称的事物。应从措辞的背后去寻找廓清和组构词语所代表的思想或意义。词语本身空无一物，但是由于它们被反复使用，其结果使词语的意义成为固定不变的成规，成为习惯语。对这一问题，我们必须谨慎和精确地使用语言，以免真理坠入措辞不当的泥淖中。

（4）剧场谬误。或者说是那些所谓终极真理的独断论体系。这种独断论是从种种传统理论、各种假科学，以及诡辩推理导出的错误判断。体系的建立者们成功地将人们的思想诱入他们的圈套，把人们的思想限制在狭隘的范围之内。这类偏见来自一些具有影响力的体系建立者的权威，他们总是殷切地为某些问题提供答案，用语言肯定某些东西的积极效应而不是追寻事物的固有真理。

这些人在这场戏剧中扮演的角色，是限制和阻碍那些可能促进社会文明进步的新理论的诞生。一些传统理论在向人们解释抽象的终极原因和提供想象中的神秘方法过程中，对社会施加的影响是危险的。这些理论往往建立在往昔陈旧观念的基础上，而不是依据对当前环境和条件的研究所给出的结论。对终极原因的追寻同对事物的真正理解是背道而驰的。值得我们探讨和研究的，是事物如何发生而不是为何发生的所谓终极原因。从对终极原因的追寻中导出的定论是神学领域的独断论，这种独断论是建立在信仰而不是理性的基础之上。

3. 培根新方法的局限性

（1）严格的经验主义存在感性认识的危险

培根认为，为避免过去的错误，重要的是以从经验中所获得的方法对待知识问题。正确与可靠的知识必须来自经验，因为只有来自经验的真理能够经得起客观实在的验证。必须认识到，一切知识来自自然界，而且知识都是用来探索自然的。人在诞生的初始，头脑好像空白的平板，用来储集知识。首先必须对个别事件进行直接和细致的观察和研究，以便最终掌握某些基本原则。非常重要的是，对于没有实践经验支撑的概念，必须将其从知识领域清除。

应该承认，这种严格意义上的经验主义往往存在感性认识的危险。感觉是认识自然的唯一途径，但每一种感性认识必须借助客观标准同其他认识成果进行比较和验证，通过运用客观标准理解和认识自然。培根说，为了理解自然首先必须尊重自然，在尊重自然和观察自然的过程中，发现不同事物或事件之间的主要关系，然后才能利用自然为人类造福。古老的思想方法不能达到认识自然的目的，因此必须开发获得知识的新方法。

培根认为，一切发现都是运用归纳法的结果，演绎法、三段论法不能发现任何新的东西。演绎法只是重复古老的思维方法去寻找前提所包含的意义。对特定事例的观察和研究可能发现其固有的特点或者基本结构。在没有认识宇宙事物的基本特性之前，我们不可能理解这种事物。严格遵循经验主义方法的科学研究，能够发现自然的隐蔽秩序和事件赖以持续发展的内在联系。自然界的发生、发展过程是通过微小的变异积累而实现的，认识这些微小的变异，在很多情况下是感性认识无能为力的。

显然，仅以培根给出的方法还不足以认识客观真理。他认为充分和全面地分析获得数据，就可能得出问题的答案，这样的答案不免存在近视的弊端。培根没有认识到，仅仅对数据研究之后进行的综合所得出的判断或假说，是远远不够的。如果培根是一位科学家而不仅仅是新方法的倡导者，他将认识到他的不足。在他对科学方法的讨论中，没有涉及如何获得科研成果的精确度问题，或者说在研究中使用何种精密仪器。这与培根所处时代的局限性有关。也许可以说，培根提出的方法同真正的科学方法的重要区别，在于没有将数学用于科学研究的全过程。甚至培根的一些同时代人也认识到，科学研究的精确度，不同程度地建立在对数据的定量分析基础之上。后代人必须对他的方法论予以补充。培根的贡献往往被忽视的方面，是他主张将科学归纳法运用于包括法学、政治学和社会学等所有学术领域。尤其是在后来的法国启蒙运动时期，培根凭借上述观点成为学术界主流认识的先驱。

（2）培根的贡献中有一些“不完整”的真理

一些培根哲学的笃信者往往将培根称为新科学的先驱，应该说这是对他的过高评价。许多西方学者认为，这是与事实不符的。这些学者认为，培根的贡献中有一些是“不完整”的真理（half truth），被培根的追随者夸大而令人感到尴尬。培根在其乌托邦小说《新大西岛》中对新型知识的特点有很好的论述，在这里，他描述了科学如何通过大量实验形成的各种实用性发明，显示其力量。他发现科学发明成果的获得和被用于对人类有用的事业中，是由于存在一种社会机构，对科学事业的发展给予大力支持的结果。培根正确地认识到，科学的发展依赖于国家和社会舆论真心真意的支持，在国家机构中专设科学学会，这一观点体现了培根对科学发展历史环境的智慧和远见卓识，令人钦佩。

然而，如果认为培根的思想已经达到新科学及其研究方法的最高境界，却是一种误解。培根的贡献主要是由他再制的《新工具》。《新工具》是培根规划的科学《伟大的复兴》中形成方法论的基础。培根的设想是以一种新的工具替代亚里士多德的逻辑工具（亚里士多德的逻辑著作被称为《工具论》)。培根正确地意识到新科学将颠覆亚里士多德的方法论，但他认为这只意味着以归纳法替代演绎法。培根的思想表明，他既没有完全理解亚里士多德的特点，也不了解亚里士多德科学的现代继承者所坚持的科学的特点。培根认为，新科学应更加努力在观察所得数据基础上建立归纳综合，但他思想上没有这一程序中的数学基础，只有通过陈旧的观察方法去获得数据。培根没有认识到，伽利略早已推翻了这种观察方法的基础。新科学也是建立在观察的基础之上，但它要求一种独特的观察数据，这些数据不是由一般的、在日常条件下获得，而是需要建立在数学基础上的实验去获得数据。因此，通过陈旧的方法进行观察，不管用去多少时间和艰苦的努力所积累的数据，它们都不可能成为对新的科学归纳有用的数据。

一旦我们看到培根对新科学方法论述的缺陷，就会对他关于实验主义产生的观点有进一步的认识，在《新大西岛》中，培根描述了科学家对新事物进行的探索，从而得出他们对这些事物综合的结果。但其中没有新科学所追求的关于自然规律的数学形式应有的地位。培根没有认识到，科学实验必须有数学的参与并符合数学的检验标准。科学实验必须达到这一目的，否则实验的意义将与新科学方法背道而驰。仅仅为了控制自然和探索新事物是不够的，还必须有正确的方法。培根有超出常人的智慧，但他没有在新科学时代在科学实验和数学的结合方面，表现出科学家必须具备的才智。在17世纪，具备这种才智的人，是伟大的物理学家伽利略·伽利雷。

六、新科学的兴起

1. 列奥纳多 · 达 · 芬奇：画家、发明家，但不是现代意义的科学家

文艺复兴时期，那些以客观态度探索自然的人们积累了大量而真实的关于自然的知识，逐步使观察和实验在人们心中赢得了声誉和威信。这样的人如列奥纳多 · 达 · 芬奇（Leonardo da Vinci，1452—1519）。有人说，假如达 · 芬奇将他的科学思想和技术设计完整地记录下来，他很可能将现代的到来提前 100 年。甚至有人说，达 · 芬奇的笔记在 100 年后由伽利略整理，其中内容所体现的方法特征，与现代科学的基本原则一致。尽管在基督教的高压下，依然出现许多不像达 · 芬奇一样出名的普及新科学方法的人物。应该说，科学界欠这些无名科学家一大笔债，因为他们对科学的进步做出了巨大贡献，而这些贡献在历史上被笼统地归于文艺复兴运动的成就。

然而，如何评价达 · 芬奇在现代科学中的地位，存在很大争议。美国历史学家、哲学家约翰 · 兰德尔认为，尽管达 · 芬奇有超出常人的天赋和才能，但严格地说，在现代科学发展历程中，没有列奥纳多的位置。①以达 · 芬奇本人及其同代人，或者任何人所理解的科学的内涵，列奥纳多都不是一位现代意义的科学家。他是一位艺术家，不同领域的艺术家——画家、技师、建筑师、发明家、水道建造师等。他一生中对许许多多的科学问题发生兴趣，但在这众多问题上，他是一位没有做出完满贡献的大师。②在达 · 芬奇的手稿中，没有发现一项科学理论或观点在当时是全新的，或者说是当时意大利建立的所有科学院校教程中没有的内容。达 · 芬奇的手稿于 1881 年之后陆续出版，其中所提出的一些观点和设想并不是其科学界同时代人完全不了解的惊人的创新。③即使达 · 芬奇在科学理论上有某些创新观点，他

依然在现代科学出现过程中没有位置，或者说，他的这些观点没有对现代科学的兴起产生影响，因为直至他的巴黎手稿于1881—1891年陆续出版和大西洋手稿于1894年出版之前，达·芬奇的观点一直无人知晓。

兰德尔说，科学不是人们从达·芬奇的手稿中摘录和汇集的几百条格言或警句所能形成的。科学不是一些预言式的话语，不管这些话语的措辞如何精妙。科学也不是从笔记中摘录的一些充满智慧的观点。科学是条理严密的思想体系。达·芬奇自己说，科学在于发挥思维推理能力，它以自然界第一原理为出发点，即几何学第一原理。这当然是达·芬奇时代流行的亚里士多德观点。科学不仅是对经验的重视，虽然经验是不可或缺的。科学不仅是对权威的拒斥，对此，达·芬奇说得好，引用权威不是使用其研究成果，而是将其作为记忆之用。科学也不仅仅是新的和第一手观察成果，不管这种观察成果是如何细致和精确。最重要的是，科学不仅仅是展现天才人物个人单独而孤立创造能力的区域，不论这种创造能力如何富有联想价值。科学是一种群体合作研究的成果，这种合作研究，在帕多瓦大学医学教授彼得罗·达巴诺时期的意大利各大学已蔚然成风，这种风气一直延续至伽利略时代——一种累积式合作研究成果对现代科学的兴起起到决定性作用。实际上，达·芬奇进行的研究，其情况似乎代表一种向古代世界状态的后退现象。这当然不是达·芬奇本人的问题。德国古典学者和医学史学家路德维希·埃德尔施泰因指出，早期科学没有形成持续进步或累积式发展的根本原因，主要在于没有建立起制度化科学研究持续合作的组织形式。

有舆论认为，如果达·芬奇对伽利略模式的经典物理学理论体系没有做出贡献，那么，他至少在现代科学知识历史上占据一种突出地位。达·芬奇的手稿于 1881 年陆续出版后，历史学家们开始从 16 世纪早期，追寻伽利略物理学思想的渊源或其先驱，一直追溯至达·芬奇。因为他是在实践技术方面的一位世纪名人，历史学家们的注意力停留在他身上，认为他必定会对科学方法和科学理论的发展产生重要影响。他显然是一位天才，因此他必定是以独立的个人创立这些观念的人，后来这些观念又被补充和修正，直至伽利略的时代，最终形成一些人们熟悉的正式的理论。

法国物理学家、科学哲学家皮埃尔·迪昂是一位前伽利略科学史先驱，他就是从达·芬奇开始他的研究工作的。他的三卷本《列奥纳多·达·芬奇研究》（1906—1913）中，有一卷像是关于学术研究的经典系列的“侦探小说”。从中我们可以看到，在追寻欧洲现代科学渊源的过程中，他是如何被迫将关注点从其原来意念中的这位伟大天才，转移到 14 世纪巴黎的奥卡姆学派和牛津的逻辑学家们。虽然这一情况没有进入大众读物和成为许多学校教科书中的内容，但这已是现在每一位严肃的科学史学者都熟知的事实。迪昂的结论是：在达·芬奇的力学作品中，没有一种概念不是来自中世纪的几何学家。

约翰·兰德尔说，因为他怀疑迪昂是一位忠实而坚定的天主教信徒，可能对科学有悖公正；他又是一个法国人，可能对巴黎大学和巴黎的学术大师们有所偏爱，因此他亲自阅读了 15 世纪意大利反基督教自然哲学家们的一些作品。他发现人们想象中与达·芬奇有关的所有新的观念，都是 14 世纪一些意大利大学里教授过的内容，这些大学是帕多瓦大学、博洛尼亚大学、帕维亚大学等。这些观念也出现于 1420 年之前意大利哲学家保罗的《自然界概论》中。

正如上述，伽利略力学思想的先驱，是巴黎的奥卡姆学派和牛津的逻辑学派，而没有证据表明，达·芬奇对现代物理学理论有任何创造性贡献。我们只能说，达·芬奇是14世纪巴黎和15世纪意大利科学传统经典著作的一位广泛而深入的读者——任何一位创新者必然是这样一位勤奋的科学经典的读者。

达·芬奇有丰富的实践经验，但只有实践经验是不够的。在达·芬奇的笔记中，提及很多的如理性、经验、必然性等概念。他说，那些无益的、充斥错误的科学不是来自经验的科学，不是在实践中进行观察的结果。首先是运用理性，其次是运用经验；探索自然从理性开始，而终于经验，又用经验检验理性。必然性是建立在经验的基础之上的。针对这种观点，意大利学者埃德蒙多·索尔米说，一种数理科学不运用数学或者与数学没有关联的科学主题，是没有必然性可言的。力学是数理科学的“天堂”，在力学中，数理科学将结出数学的硕果。实际上，达·芬奇关于科学方法的论述，依然属于亚里士多德方法论的范畴。

达·芬奇首先是一位自然的解剖者。他发现自然犹如一台机器在运作——人的世界和非人的世界都是相同的。将人类社会与自然的宏观世界相认同，是达·芬奇的基本观点。他的这一观点理所当然地被17世纪的科学瓦解，这就是将人同自然完全分离，从而出现了笛卡尔的二元论，将自然从烦嚣和芜杂中解放出来，用纯粹的力学和数学语言解释自然。然而，达·芬奇关于人与自然之间亲密关系的观点，影响了许多文艺复兴时期的机体论者——医师、炼金者帕拉切尔苏斯是其中的代表人物。

作为对科学卓有贡献的天才人物，列奥纳多·达·芬奇用他的铅笔将自然描绘为一台伟大的机器，他在解剖学、地质学和流体静力学方面都做出了卓越贡献。他是一位杰出的画家、技师、建筑师、发明家，但他显然不是一位现代意义的科学家。

2. 尼古拉・哥白尼：精确证实毕达哥拉斯学派太阳中心说

文艺复兴运动后期，科学上最重要的成就是波兰天文学家尼古拉・哥白尼（Nicolaus Copernicus，1473—1543）在亚里士多德主义经院哲学和传统观念的背景下，继承和支持太阳系以太阳为中心的理论。哥白尼在意大利的几所大学度过十年之久的学习生涯。在博洛尼亚大学，他同天文学教授多米尼科过从甚密。多米尼科是当时博洛尼亚大学新毕达哥拉斯运动的领袖，显然，他对哥白尼有很大影响。哥白尼在这里熟悉了古代思想家的科学文献，他在偶然的情况下从这些文献中发现关于地球运转的假说。尤其在毕达哥拉斯学派的著作中，这一假说被反复提及。这些毕达哥拉斯学派天文学家的名字是赫拉克利德、赫拉克利德的同时代人菲洛劳斯和埃克凡托斯。希腊天文学家阿利斯塔克提出地球运转的完整体系，被认为是提出地球有自转和绕太阳公转的第一人。毕达哥拉斯学派在他们提出的许多假说的基础上，运用数学对宇宙进行描述和解释。

在欧洲中世纪人们心中，造物主是宇宙的中心，造物主创造了整个世界及其性质。与此同时，造物主拯救了人类，他将人类置于宇宙一切事物的中心。在古代希腊天文学家地球运动思想的启迪下，哥白尼认为，古代思想家有如此勇气提出地动假说，他也应该有这种权利，尤其是他希望以此证明造物主的更大荣耀。但托勒密以数学描述的天体运动假说给哥白尼造成困惑。托勒密对地球处于宇宙中心静止不动的理论做了许多论证，提出他的天体运动的数学模式，将宇宙描述为一个十分复杂的体系。这种描述不符合以数学程式表现事物的原则，行星的运动应更有规律性和简洁特征，对宇宙的数学描述应比托勒密的描述更加精确、合理。

哥白尼于1510—1514年间撰写的手稿中，提出比托勒密更为简洁、完美的关于宇宙的假说，表述了他的日心学说：太阳是宇宙的中心，地球绕自转轴自转，并同五大行星一起绕太阳公转，只有月亮绕地球运转。这一学说冲破了中世纪的神学教条，推翻了中世纪人们的宇宙观，尤其是人类处于宇宙中心地位的传统观念，而导致一场伟大的哥白尼革命。然而他缺乏勇气冲破传统的藩篱。哥白尼确信他的体系是对天体运动的真实描述，但他知道日心说与基督教教义格格不入，因而迟迟不能下决心出版著作。在朋友的多方劝说下，于弥留之际，他的《天体运行论》一书问世。

虽然哥白尼的新理论是用当时所达到的前沿数学表述的，但没有人接受这一理论，直至伽利略和布鲁诺的研究结论面世后，这一理论才广为人知。有人接受，有人反对，甚至在克雷芒七世时的教会，也于1530年认可了这一理论。然而到了1600年，教会又推翻了先前的判定，并于1616年不准伽利略坚持这一理论。正如有人说，直至1822年，太阳才获得教皇的批准成为太阳系的中心。

哥白尼的理论于1530年被教会认可后的几十年间，在社会上的影响扩展很慢，至少有三种原因。首先，这一理论同许多世纪以来亚里士多德的权威相抵触。亚里士多德的天文学和目的论物理学，在16世纪欧洲人的观念中已经根深蒂固，没有一种理论，尤其是一种完全与其相反的观点，能在短时期内被人们接受。亚里士多德关于自然界的结论，已被人们认为是无可争议的权威。而且主要由于托马斯·阿奎那的努力，基督教教会已于16世纪，作为官方批准认可了亚里士多德的科学理论。教会是欧洲中世纪居统治地位的权力机构，能够将符合其意识形态的理论扶植为权威。天主教神学和亚里士多德科学的结合，成为欧洲新思想产生、发展的双重障碍。直至文艺复兴运动后期和现代早期，天主教会对人们思想的禁锢才逐渐被打破。

其次，同哥白尼理论相矛盾的传统观念受到《圣经》的保护，那些没有知识的宗教信徒向往的是基督教宣扬的“天国”，恐惧的是“地狱”。对于这些基督教徒而言，认为地球是转动的，一切事物的秩序将全都颠倒、混乱了，傻瓜才会接受这种骗人的东西。他们认为，哥白尼的理论与造物主对万物秩序的安排是相悖的，他们相信这种理论不仅是对造物主的不敬，也是对人的贬损。再次，当时的人们认为，哥白尼理论同常识相抵触，许多日常的观察与哥白尼的设想不一致。假如地球是绕自轴转动，地球上的人和万物都会被抛离地球，然后从空中落下。他们认为，太阳正是从东方升起，穿越天空落在西方，太阳的运行是显而易见的。这些所谓常识是人们理解哥白尼理论很难克服的障碍。哥白尼的观点一旦被人们广泛接受，无疑会引发人类思想领域的一场革命。哥白尼不仅为人类思想革命开辟了道路，同样重要的是，哥白尼体系提供了探索天体运动的一种可贵的简洁几何图式，从而改变了他的思想体系由于同亚里士多德主义之间的冲突而被淘汰的命运。

3. 约翰尼斯 · 开普勒：描述太阳系行星运动的三大定律

德国天文学家约翰尼斯 · 开普勒（Johnnes Kepler，1571—1630）是从古代天象几何描述学过渡到现代动力天文学承上启下的人物。1587 年，开普勒进入图宾根大学，成为哥白尼日心学说的忠实信徒。1596 年，他出版《宇宙的奥秘》一书，书中介绍了他关于宇宙和谐的思想，受到当时丹麦天文学家第谷 · 布拉赫（Tycho Brehe，1546—1601）的赏识。1600 年，他成为第谷的助手，翌年第谷去世，开普勒继承了第谷未竟的事业。

以多米尼科为首的博洛尼亚大学新毕达哥拉斯运动，不仅对哥白尼有深远影响，而且对开普勒的影响更为明显。开普勒一生最大的成就是描述太阳系行星运动的三大定律。开普勒对第谷的观测资料进行分析，自 1609 年先后发表太阳系行星运动的三定律：①所有行星都在椭圆而不是正圆轨道上绕太阳运行，太阳在椭圆的一个焦点上。这对认为行星是沿圆形轨道做匀速运动的传统观念，是一个严重挑战，也是对哥白尼学说的重大发展。②任何行星和太阳的连线，在相等时间间隔内扫过相等的面积。这一定律揭示了行星绕太阳公转的角动量守恒。③所有行星绕太阳公转周期的平方和它们椭圆轨道半长轴的立方成反比。行星运动规律的发现，为后来牛顿建立万有引力定律奠定了基础。

开普勒以中世纪人的思维从事对天体的研究，然而其思想成果却是反经院哲学的一个极好的例子。开普勒所表述的关于行星运动的三大定律，他的目的和为此付出的努力，是由于为表现造物主创世的愿望所激励。因此，他的基本兴趣在于宗教信仰和科学研究两个方面，他希望用科学证明造物主之作的伟大。开普勒并非现代科学家这一事实，表现在他的研究是为了追寻事物的终极原因，而不是事物是如何发生的。现代科学家寻求事物如何发生，而对事物为什么发生的问题不予理会，也往往不感兴趣。教会哲学和像开普勒这样的科学家所追寻的，却是一切客观事物的终极原因，或者说这些事物为什么发生。开普勒对三大定律很满意，因为这些定律似乎证明了他关于宗教信仰的假说。在哲学理论方面，开普勒和哥白尼都遵循古代毕达哥拉斯学派关于数的神秘主义观点。开普勒的天文学成就也来自他对占星术的兴趣和信念。太阳、恒星、天体、弥漫于宇宙间的“以太”，以及圣父、圣子和圣灵这些概念，都出现在他的理论体系中，从宇宙乐声中可以领悟造物主的荣耀。

4. 伽利略 · 伽利雷：第一位真正意义的现代科学家

（1）彻底放弃古代和中世纪科学思维逻辑

对于意大利物理学家、天文学家伽利略（Galileo Galilei，1564—1642）而言，所有出现于开普勒体系中那些神秘宗教性的装饰全都消失了。他不想去追寻宇宙构成的原因，即使有这种可能也不想去发现它们。人类生活的世界呈现于人们感官的方式或途径，是人们无法掌控的，更为实际的态度是发现事物是如何发生的。宇宙是否是造物主创造的，人类在客观事物的秩序中发挥如何重要的作用，都没有多大的实际意义。这种对知识的态度，在理论上与哥白尼对天体研究的成就，同样具有革命性意义。它在实质上是科学研究中以归纳法代替传统的演绎法，追寻宇宙奥秘的结论出现在研究过程的终端而不是开始。而基督教教会长期以来却主张从最初本原导出“启示”之源。例如，学者们从造物主创造世界和人类的命题，导出的结论是否符合第一原理。伽利略恰恰相反，首先根据实验所获得的数据形成普遍原则，从而对世界进行描述。这种方法显然彻底放弃了中世纪人们追求原因的思维模式，而开始走上实验科学的道路。

作为 25 岁的青年讲师，伽利略已在新的运动科学方面迈出重要一步，他的新自然哲学从此诞生。伽利略在科学和哲学上所完成的革命性变革，建立在落体、速度、加速度、振动和动力学基本定理基础之上，而不是关于天文学和宇宙理论的思辨。伽利略关于运动、物质、惯性、真空以及相对性基本概念，反映了一种新的思维取向、新的科学观念和科学方法，其中几乎感觉不到第谷、哥白尼、开普勒和布鲁诺的影响。伽利略的观念所体现的直觉背景和思维结论，标志着科学思维发展的一种转变，即新的科学思想同古代和中世纪思维逻辑的决裂。

（2）摆脱经院哲学藩篱，证实哥白尼日心说

伽利略青年时代的成就不在于其理论表述的明晰性或基本原理的系统性，他关于运动的第一篇论文是以片段的形式出现的，直到他去世前不久几乎 40 年才完成，表明他希望摆脱其意识中潜在的关于运动现象哲学和形而上学背景的决心。这是新的科学第一次在单一学科建立一种普遍理论价值的尝试。伽利略的目的不是要修正其时代主流理论的错误，这位充满激情的青年科学家拒绝向其前辈妥协，或者在他们后面亦步亦趋。他的那些怯懦和犹豫的前辈们，在物理学研究实践中和理论领域总是满足于片面性的结论。

在当时的时代背景下，科学家们在运动科学研究中处于一种犹豫、矛盾、困惑，甚至濒临绝境的情况中，他们只能以亚里士多德、柏拉图、新柏拉图和托马斯主义形而上学传统关于运动本质的一般信念为基础。在这些理论中，一切关于运动现象的问题，都要以本体论和宗教需要为前提。甚至巴黎学派的奥卡姆主义者，试图提出一种量化研究方法，也不能逃脱宗教当局的干预。自然界运动现象的神学之源，是由基督教哲学体系所表述和认可的。在研究中，从理论到方法摆脱其时代科学观念的束缚之后，伽利略在学识勇气和科学辨别力方面，都超越了他的前辈。在研究中，伽利略接受了某些古老观念，但在他的思想中，这些古老观念摆脱了经院哲学和形而上学的藩篱。因此在阐述运动现象过程中，这位青年科学家逐步接近哥白尼体系关于这一物理现象的解释和论证。

这就是伽利略决定研制望远镜观察天体的科学基础和心理基础。在从事这一工作过程中，他不仅发现了一些天文学事实，而且发现了

他从未敢于设想的一些现象。一个完全超越人类知识和想象的无边无际的宇宙展现在他的面前。以往造物主心中那个游戏场，现在却是无限的宇宙，这是一个真实的广袤空间。太阳系是宇宙间的一部分，以往关于太阳和地球的所有说辞都是一些骗人的荒唐话。事实上，正是伽利略将哥白尼的理论推向成熟，进一步澄清了哥白尼思想中某些不够明朗之处。伽利略在天文学方面的发现，有力地证实了哥白尼的日心说。

（3）现代力学和实验物理学的奠基人

事实上，地球动力学是由伽利略建立的，他正是在这一领域做出了最伟大的贡献。他与亚里士多德传统的决裂，明显表现在比萨斜塔的研究工作上，通过实验推翻了向来奉为权威的亚里士多德关于落体速度和重量成正比例的学说。他又继续通过实验表明，加速度同距离无关，却与下落的时间有关，建立了落体定律。他还发现物体的惯性定律，摆动的等时性、抛物体运动规律，并确定了伽利略相对性原理。他对斜面和摆动的著名实验都提示后人，在科学研究中要广泛运用从经验中取得的原理。在这些原理指导下，于伽利略逝世之日诞生的艾萨克·牛顿建立了运动规律。伽利略改进的望远镜证实了他自己提出的许多假说。此后他完成了《星空使者》的写作，于是，他被送进了宗教法庭。伽利略最先将科学实验和数学分析方法相结合，并用来研究惯性运动和落体运动，为牛顿对第一和第二运动定律的研究铺平了道路。因此，伽利略被认为是现代力学和实验物理学的奠基人。

从伽利略的发现中，可以总结出两项重要原则。首先，他的实验过程第一次将科学方法中不可分割的两个方面——归纳法和演绎法——结合起来。追寻物体如何运动，重要的是通过深入事物本身的归纳过程去发现某些原理，至少大致形成某些原理，作为演绎过程的基础。伽利略运用这些方法的同时，通过定量测算去努力获得对原理表述的简洁性。伽利略将数学大量运用于科学方法的形成过程，在他的同代人弗朗西斯·培根的哲学阐述中是完全没有的。在西方，常常可以看到这样一种观点：后来的理性主义和经验主义哲学，是从伽利略的科学研究中派生出来的。然而它们往往将演绎法或者归纳法，从追求真理的过程中分离。后来科学与哲学的发展表明，伽利略是第一位真正意义上的现代科学家。

伽利略的其他重要贡献与知识论有关。感性认识问题，从古代原子论者，到伽利略，中间经过弗朗西斯·培根和霍布斯，过渡到英国学派。伽利略的批判精神表现在他同中世纪思维的彻底决裂上。值得称赞的是，这种批判精神还体现在他运用经验的基本标准方面。后来笛卡尔和洛克对主要性质和次要性质做了明确区分，实际上这一问题已被伽利略清晰地分辨过。自然界不同物体都具有某种基本属性，但它们能够产生不同的效应，而这些效应可能被错误地认为是这些物体的组成部分。伽利略持这样的观点：那些气味、颜色等，似乎存在于某些物体内，但它们是有名无实的；它们只是来自感受体。因此，假如没有这个物体，所有这些属性都将消失。在这里，伽利略完全抛弃了中世纪的朴素唯实论，而倡扬一种感性认识的主观论。伽利略的思想同古代原子论者和现代经验论者的观点是一致的。

（4）数学和实验在科学研究中的完美结合

20世纪中叶以来出现一种观点，认为伽利略并不像人们曾经想象的那样具有独创性；伽利略被认为是动力学定律实际创建人的结论，不久将不再被人们重视；传统上认为伽利略是现代科学方法的创建者，是对他的科学贡献的过高评价。

早在伽利略进入帕多瓦大学之前不久，这里发生了关于科学方法的长期而激烈的争论。这次讨论依然是在亚里士多德主义框架内进行的，其中重要一点是对客观事物的观察程序问题。意大利枢密主教扎巴雷拉曾总结了这方面的发展情况，他强调从因到果和从果到因的两种方法。帕多瓦大学进行的这场讨论，无疑会对伽利略关于科学方法中种种问题的自觉性有所启发，但扎巴雷拉倡导的方法没有涉及数学，尤其是几何学在科学方法中的推导功能。而且扎巴雷拉运用的观察方法，基本上来自亚里士多德主义，但他超越了亚里士多德那种从日常经验出发的直接综合和对复杂现象的分析归纳过程。扎巴雷拉的贡献是，他确认了要揭示宇宙事物的奥秘，首先必须对其进行分割辨析这一原则；他在研究过程中引进一项重要程序，可称为“因果前提的形成”。但是他坚持的依然是对事物进行定性分析的观念，直接涉及各种一般经验和能够直接观察的事物。这种研究方法仍然不是伽利略所坚持的与几何学相结合的科学实验主义，其中缺乏的是伽利略的天才创造性，他坚持数学对自然现象的完善功能。伽利略拥有文艺复兴时期毕达哥拉斯主义信徒们的思想内核，同时将那一时代手工艺人—工程师的实验精神融入自己的科学研究中。

伽利略的数学天赋和他接受的数学教育，使他成为杰出的数学家。他在 25 岁时被聘为他家乡的比萨大学数学讲师，3 年后他成为帕多瓦大学数学讲师。一般认为，伽利略新的科学方法的形成，首先体现在《托勒密与哥白尼关于两种主要体系的对话》中。在这一著作中，伽利略扼要重述了他早期的实验成果和对力学原理的思考，其中有丰富的几何解析和演示。这部著作展示了他对自然过程的几何特征深信不疑，但他又以卓越的才能，摆脱了新毕达哥拉斯主义者的某些过度夸饰甚至是放纵言论。在伽利略的时代，阿基米德的全部著作已被翻译成规范的拉丁文，这是伽利略比哥白尼享有的优势。

伽利略还是一位实验家，他对其时代的工程师和工具制造者提出的问题有浓厚的兴趣。他在《两种新科学对话》中，用许多例子为不时来访的威尼斯军械库和造船厂工程人员解决了他们提出的许多问题。他运用几何学方法解决了许多关于横梁承受力和抛射体轨道的问题。然而他的贡献不仅在于理论方面，他设计并运用一种相当精确的方法，确定在一定时间内通过细小水管水的重量。当他听到一位荷兰眼镜制造者发明了一种望远镜，但他不知道是如何设计的，伽利略自己成功制造了自己的望远镜。经过不断完善后，他的望远镜可将物体放大 1000 倍左右。这不仅证明了他的创造力，而且也表明，他将其几何学知识用于解决实际问题的能力。

由此可以毫不犹豫地得出如下结论：文艺复兴时期科学领域出现的两种重要倾向——数学主义和实验主义集中于一人的思想中；正是伽利略的天才将数学和实验完美地融入其科学研究实践中。

5. 乔尔丹诺 · 布鲁诺：哥白尼体系的哲学代言人；科学的殉难者

乔尔丹诺 · 布鲁诺（Giordano Bruno，1548—1600），16 世纪哲学家、数学家、天文学家。也许可以这样说，布鲁诺是 16 世纪欧洲最敏感的把握新时代精神的人，也是以最大热忱维护和传播时代精神的人。在西方思想史上，布鲁诺应作为一位新思想的传播者，而不是具有独创性的思想家被人们铭记。他摒弃传统的地心说，并超越哥白尼的太阳中心说，打破了亚里士多德的有限宇宙论而主张无限宇宙论和多元世界理论。这样，布鲁诺为新科学建立了一种新的哲学基础。这不是一种严格意义上的自然科学，因为布鲁诺仍然基本上保持着尊重宗教信仰的往昔情怀，而没有同他所反叛的传统彻底决裂。在这一方面，他没有像伽利略那样摆脱传统的自由心灵。他在向着新的方向迈进，但显然，他是一位从中世纪观念通向现代思想过渡时期的人物。作为哲学家，布鲁诺的理论影响了 17 世纪的欧洲科学和哲学思想。自 18 世纪以来，许多现代哲学家吸取了他的学说。作为思想自由的象征，他鼓励了 19 世纪欧洲的自由运动，成为欧洲思想史上的重要人物之一，也是现代文化的先驱。

（1）人生轨迹

布鲁诺的一生是悲剧的一生。布鲁诺生于意大利南部诺拉的一个贵族家庭，从幼年就受到良好的教育。16 岁进入一所隐修院，他迈出这一步的原因不得而知。在其少年时代，他就被认定为异端，指控他为阿里乌斯教义[①]辩护。布鲁诺 18 岁时，承认他对“三位一体”教义持有重大怀疑。1579 年，他逃出隐修院，从此开始了他从一地到另一地的漫长流亡之旅。

1579 年，布鲁诺到了日内瓦。在这里他曾想加入加尔文教，但他改变了主意。在与日内瓦大学的教授们发生争执后，他匿身于意大利南部，有一段时间在图卢兹大学任教。他去的另一个城市是巴黎，作为教师，他在这里受到人们的称赞。后来他越过海峡在伦敦和牛津度过几年时光。在英国，他得到法国驻英大使卡斯特尔诺的资助，写出他的主要著作《论原因、本原与太一》（1584），这是他的哲学思想的综合。在《驱逐趾高气扬的野兽》（1584）中，论述了他的道德原则。此后他写出《论无限宇宙和世界》（1584）等著作。在英国度过富有成效的岁月后，布鲁诺回到巴黎。他抨击亚里士多德哲学，并以清晰

---

① 阿里乌斯主义（Arianism），最初由 4 世纪亚历山大（古埃及）基督教会长阿里乌斯（Arius，约 250—336）提出，认为基督没有真正的神性。公元 325 年，尼西亚会议谴责阿里乌斯和阿里乌斯主义为异端，公布《尼西亚信经》，宣称圣父与圣子同体，从而指明圣子具有完全的神性。

而有力的语言提出新的哥白尼世界观，轰动了整个世界。

将布鲁诺同往昔联结的纽带，可以追溯到他早年在多明我隐修院的生活。虽然他逐渐同教会产生激烈的异议和冲突，但在他的心灵上，他一生都是一个天主教皈依者，他那丰富的宗教经历似乎被经院哲学信条所窒息。他的一生都在这种背景基础上追求从偏见中解放自己的思想，在为维护自己所信仰的原则的人们中，很少有人像布鲁诺那样，为达到自己的目的，同敌对势力进行如此激烈的奋争与抗衡。从他自16岁进入隐修院，他的一生都充满烦恼和灾难。在隐修院里，他在宗教和个人事务上都遭到当局的责难。他坚持隐修院的禁欲生活，只因在他的房间墙壁上保留一个十字架而招致众修士的非难。他表述自己心灵的习惯也总是使他遭到非议。他对别人的吩咐报以蔑视的态度或采取公然的反抗。加上他对自己和自己言行缺少虚心且自鸣得意，一种强烈的自我中心主义，使他的人生充满暴风骤雨般的事件。他公开表达他对那些与他持异议者的蔑视，致使他树敌太多。面对任何权势者，他必然同其进行争吵和抗争，这些权势者如英国牛津大学当局、瑞士的加尔文、德国的路德，以及意大利教皇。

由于拒绝接受正统的天主教关于化体（指圣餐面包和酒化为耶稣的肉体和血）的解释和纯洁受胎说（关于圣母玛利亚的圣灵怀胎），导致他脱离天主教会和他所在的隐修院而成为一名新教教徒。但是，他在新教中依然发现另一种独断论信仰。自此以后，他希望以自己的方式接近教会，试图改变教会的某些基本教义。他去到法国、英国和德国，从一所大学到另一所大学，寻求教职和希望出版他的著作。在他到达任何一处的行程中，总是很快遭到那里当局的拒绝。1592年，布鲁诺回到祖国意大利，他的主要目的似乎是寻求同教会的和解。然而，在此之前他已经表明，他不会取消自己的前言。他在意大利寄宿的房主向宗教法庭出卖了他。当他不能满足宗教法庭的无理要求时，布鲁诺被送往世俗当局，处以“不流血死刑”。1600 年 2 月 17 日，布鲁诺就义于罗马庞贝剧院前的鲜花广场。

（2）挑战基督教教会当局，是真正欧洲现代哲学之父

布鲁诺的信念为什么引起教会采取如此严酷的手段来封杀他的言论？主要原因是他的信念直接对抗基督教官方意识形态的基础，这就是经院神学所支持的关于对世界和人类的解释。更重要的也许是布鲁诺在对当局的攻击中所表现的强烈激情。一个有激进思想但性格沉稳的人，也许能避免被活活烧死的酷刑。布鲁诺支持无限宇宙观，被认为是哥白尼宇宙观的必然结论。无限宇宙论进一步暗示，创世的造物主，其意义、美妙和伟大都同这无限宇宙不可分离。教会宣称造物主无所不在，而布鲁诺的信念意味着造物主也不能同世界分离，是世界本身的一分子。对官方教会而言，布鲁诺的观点是一种多神教的异端，是不能接受的。

布鲁诺坚持认为，有限宇宙观是亚里士多德宣称无限意味着缺憾或不足这种观念所造成的人类偏见。他认为，这种推断不能得出造物主是万物的创造者的结论，所谓万能的造物主可以创造一切是没有道理的。布鲁诺说，太阳系有无限众多的星球，这个广袤的宇宙向所有方向延展。什么是宇宙的中心，是相对于观察者所处的位置而言的。在地球上，我们是从自身的观察角度判断地球的运动及其同其他星球的距离。在太阳或更为遥远的星球上进行观察，宇宙的中心就会相应有所变更。从更为阔大的角度而言，太阳处于这个太阳系的中心。但正如有许多太阳或星球，也就有许多星系。因此，宇宙是没有绝对界限的，因而与所谓造物主“创造”毫无关联。宇宙没有绝对的上或者下、东或者西的区分。

在这种情况下，基督教宣称，在这个小小天体上居住的人类处于宇宙的中心，这种观点是理性的吗？宇宙间再无别的世界和居住者？布鲁诺的回答是，人类只不过是无限宇宙中的一群蚂蚁，地球是宇宙中的一个星球，就像地球上的一个人。按照布鲁诺的观点，关于人类及其世界同造物主的关系，不能以基督教的正统信条予以解释，不存在超越无限宇宙的"天国"，造物主不是与其创造物分离的东西，宇宙与造物主是同一的。

如果说我们对自然界的判断赖于观察者及其角度，那么究竟如何去研究自然？在这一问题上，布鲁诺遇到了挑战。可以设想，我们没有观察到的宇宙的其他部分与观察到的部分是相同的，这就是人们熟悉的自然界的统一性原则是一切科学研究的基本前提之一。其成果在哥白尼、伽利略和开普勒的继承者牛顿的科学研究中明显地表现出来，这是科学推论原则的基础。布鲁诺的信念是，宇宙的整体图景和结构是由其不同部分显示出来的，正如我们理解一个有限的领域，整个领域的秘密就会展现于我们的面前。这显然是科学面对的任务，科学的道路不应被任何力量限制和阻碍。个人探索自然的精神不仅必须予以保护，而且应在一切研究领域给予鼓励，必须允许人们拥有无限的自由，在他们的科学研究事业中不断追求。

笛卡尔一般被认为是欧洲现代哲学之父，在某种程度上，这种观点是正确的，因为笛卡尔影响了许多欧洲现代哲学流派。他关于心灵的非物质性概念对唯心主义有很大启示；他对物质的论述对其后几个世纪自然主义和唯物主义的发展具有重要性，以及他以怀疑主义方法论对现代精神的描述。然而，他的怀疑主义比布鲁诺彻底的怀疑主义大为逊色。笛卡尔对是否承认哥白尼日心说犹豫、徘徊，尤其当他听到宗教法庭对伽利略的审判，他不愿因自己的信念而成为殉道者。谨慎是他的性格特征，左右着他的世界观，因而在他的有生之年没有勇气出版其最激进的著作《世界》(*The World*)。在很大程度上，笛卡尔的思想依然是经院哲学传统的一部分，他不加批判地接受经院哲学的许多基本原则。尤其是他以本体论证明造物主的存在，他甚至回到安塞姆的立场上，复活已被托马斯·阿奎那抛弃和遭到大多数具有进步观念的中世纪思想家们冷落的思维模式。因此，许多学者认为，布鲁诺是真正有资格被称为欧洲现代哲学之父的哲学家，正是布鲁诺而非笛卡尔，彻底地将现代人从中世纪思维的桎梏中解放出来。

(3) 为科学研究自由的伟大献身精神永垂青史

布鲁诺的悲剧是他一生都处于孤立无援的境地。他得不到新教教徒这一新兴力量的同情，他认为，新教教徒是一些心胸狭隘、固执己见、热衷于内部争斗的群体。他不能容忍路德教派和加尔文主义者所宣扬的信念，同时也嘲讽天主教派的神学教义，尤其是关于"道成肉身"和"基督化体"(transubstantiation)的教义。布鲁诺崇敬的不是神学家们所描述的基督，他希望回到基督教的原始精神，但这种精神到文艺复兴时期已不复存在。布鲁诺在其任教的大学没有志同道合的友人，因为在当时的大学里人们崇敬的是传统，往昔被认为是当今的一面镜子；大学仍然是亚里士多德主义的坚固堡垒，是基督教会控制的意识形态阵地。在这种情况下，他面临的孤独是可想而知的——他的思想超越了他的时代。

布鲁诺说，科学研究同教会之间不存在根本性的冲突。他关于无限宇宙的观点是与造物主的内涵是一致的，而且科学探索能够进一步表征造物主的荣耀和力量，因而一切科学研究的障碍都应清除，不论这种探索是以世俗的、宗教的和任何其他传统形式出现，都应予以鼓励和保护。在布鲁诺就义之前，他对指控他的人说："审判我的人比我更加恐惧。”布鲁诺面对欧洲中世纪教会对科学的专横限制和摧残发出的愤怒和抗议，将永远响彻在人类历史的上空，他坚持不懈为争取科学研究自由和言论自由的献身精神，将永远铭记在人们的心中。

第 14 章

从世界机器到进化论：18—20 世纪早期欧美科学

将世界描述为一台机器，就意味着自然界是一切目的和价值的根源，而不是基督教宣扬的“天国”和造物主。这种观点产生于 17 世纪末和 18 世纪欧洲发生的一种神学运动——自然神论（Deism）。自然神论者主张，造物主创造世界和自然规律后，不再干预自然进程和人类行为，听凭自然规律支配一切。自然神论从新物理学尤其是牛顿物理学得到反抗传统宗教的力量。实际上，自然神论是资产阶级反对封建制度和正统宗教的一种理论武器，也是无神论在当时的一种隐蔽形式。

一、18—20 世纪早期欧美科学概观

1. 物理学

（1）力学决定论

在整个 18 世纪和 19 世纪，牛顿关于世界是由运动的不同方程式所调节的一种精巧机械装置，以及万有引力定律的观念，流行于一切科学领域。诗人们惊叹，形而上学哲学家们争论，力学定律是那位宇

宙总工程师或建筑师颁布的法令，抑或是物质本身固有的运动规律。工业革命将人们和生产从农场和手工作坊转移到拥挤的城市和工厂，社会和经济格局的变迁需要更多的数学和技术。进入 20 世纪，科学研究的专业化速度加快，文化、知识历史的主导趋势难以辨认清楚。

天体运行基本定律的发现，是对科学家们寻求解释自然界一般规律基本原理的一种鞭策。法国数学家让·达朗贝尔和皮埃尔·拉普拉斯、瑞士数学家莱昂哈德·欧拉，以及意大利数学家约瑟夫·拉格朗日，根据星球运行定律提出一些不仅适用于物体，而且适用于光、热和电的原理。他们将物理学建立在数学原理之上。虽然物理学观念随着实验科学的发展而发生变革，但新的观念是以相同的基本原理予以表达。在 19 世纪，物理学家们认为，可以将一切定律归结为力学定律。奥地利物理学家路德维希·玻耳兹曼提出的热力统计理论、光的电磁理论和电的“流动”理论，都有助于证实这种力学观点。

拉普拉斯将牛顿的引力定律用于他关于太阳系起源的星云假说。教授天文学的伊曼努尔·康德也根据牛顿原理独立提出天体演化理论。法国唯物主义在拉普拉斯理论中得到高度发展，人们甚至能够预测自然物质的未来状态，这种情况被认为是关于自然界的力学观点的经典表述。对拿破仑·波拿巴关于造物主问题的提问，拉普拉斯的著名回答是：我不需要这种假说。

（2）概率论

坚持力学决定论的拉普拉斯，与前一世纪的法国数学家皮埃尔·费马布莱兹·帕斯卡，共同对数学概率论做出了贡献。拉普拉斯对种种原因、或然性、抽彩、人口和医学统计学、生命预期及保险业提出了一些解决困难问题的方法。拉普拉斯用公式计算出太阳存在的时间，从而提出关于未知独立原因等概率的假说。当然，这是一种极其脆弱的假说，在对许多原因的考察中可能遭到人们的怀疑。但从科学史和文化史学家的角度，拉普拉斯的等概率观念的根基具有重大意义。如果我们回顾一下拉普拉斯对力学决定论观念的坚定信念，那么对于他和所有追随他的人，包括英国物理学家詹姆斯·麦克斯韦、数学家奥古斯塔斯·摩尔根，甚至爱因斯坦，概率论简直是对我们关于一切原因的无知的一种衡量标准。

牛顿关于自然界不变的力学定律的信念，继续主导 19 世纪前 60 年的科学观，此后被一种具有革命性的变化替代。甚至 19 世纪伟大的英国数理物理学家麦克斯韦认为，原子的物理性质是永恒不变的，当它们从造物主手中发生后就是不变的。他还认为，物理学理想的完整体系将完全是决定论，由于我们对个体分子的机械性齐一行为的无知，气体的统计学定律只是一种临时办法。爱因斯坦是在古典观点的氛围中成长起来的科学家，尽管面临量子力学新的统计概率的革命性进步，他毅然同情麦克斯韦的上述观点。

统计法则的 20 世纪变体，可在丹麦物理学家尼尔斯·玻尔的并协性理论、奥地利物理学家埃尔温·薛定谔概率波线的 psi- 函数和德国物理学家维尔纳·海森堡的测不准原理中发现，连续函数的力学决定论容纳了一些全新的公设。不连续性似乎成为电粒子行为的一种重要特征，连续性不再适用于这一领域。因此，今天的理论物理学的问题，是要寻找适当的符号和方法处理上述两种现象。

（3）放射现象—原子物理学—莫塞莱定律

受到德国物理学家威廉·伦琴于 1895 年发现 X 射线的启发，许多科学家开始对各种荧光材料进行试验，认为 X 射线的来源可能与荧光有关。法国物理学家亨利·贝克勒尔认识到，玻璃真空管中受阴极射线轰击区域会发出 X 射线。根据受激的物质同时发出荧光和 X 射线现象，他试图研究这种不可见辐射与可见光之间的本质联系。1896年2月24日，贝克勒尔在法国科学院会议上报告了研究成果，指出某些铀盐具有特别活性。他认为，这种发光物质在发出可见辐射的同时，还射出某种与X射线非常类似的东西。贝克勒尔认识到，他在实验中所用的铀盐，即使在没有受到太阳光紫外线作用，仍继续发出穿透性辐射。1896年，贝克勒尔先后发表七篇论文，阐述他所发现的射线，即后来玛丽·居里称为放射性现象。

贝克勒尔在实验中用一些漂亮的黄绿色铀盐晶体，当这些晶体包在黑色纸内，让其与照相胶片接触，发现胶片显影后变黑。这一观察结果激发了人们极大的关注。居里夫妇开始对大约一吨沥青矿石进行试验，结果分离出两种残基，这就是从沥青中分离出的钡和铋。这些残基的活性比铀要高40倍~60倍。但正常态的钡和铋却没有活性表征，因此结论是，这些残基本来在沥青铀矿中含有的物质在化学性质上与钡和铋非常相似，但这些物质在经过漫长的分步结晶过程被分离出来。在这一过程中，新的元素经过化学作用被确认，其中与钡相关联的元素被命名为镭，另一种元素铋被居里夫人称为钋（polonium），以作为对她的祖国波兰（Poland）的纪念。

放射性现象一度不被人们所注意。1898年，放射性研究的对象被居里夫妇扩大至另一已知元素——钍。在发现了新的放射性物质钋和镭之后，贝克勒尔发现的放射性才引起人们的重视。1901年，贝克勒尔报道了他内衣口袋装着居里夫妇提取的放射性样品时遭到灼烧的消息，激起人们对辐射的生理效应进行研究，最终导致辐射在医学上的应用。贝克勒尔和居里夫妇因对放射性现象的研究，共同获得1903年诺贝尔物理学奖。

如果说X射线的发现轰动了科学界，那么，下面的发现甚至更令人震惊。这就是新西兰的英籍物理学家欧内斯特·卢瑟福发现化学元素的不稳定性。对放射性的研究使卢瑟福将注意力集中于对原子结构的研究，确立了放射现象是一种放射性元素自发地衰变为完全不同的另一种放射性元素原子的过程。这是一般物理和化学变化所达不到的。这一发现打破了元素不会变化的传统观念，使人们对物质的研究进入原子的内部，为开辟一个新的科学领域——原子物理学——做出开创性的工作，也宣告了核能研究的新时代。卢瑟福凭借对元素衰变以及放射化学方面的研究，获得 1908 年诺贝尔化学奖。而在他的助手和学生中，先后获诺贝尔奖的有十二人之多。

值得一提的是，1905 年卢瑟福利用放射性元素的含量及其半衰期，计算出太阳的寿命约为 50 亿年，开了用放射性元素半衰期计算矿石、古物和天体纪元的先河。

英国物理学家亨利·莫塞莱，牛津大学毕业后在曼彻斯特大学执教，与卢瑟福一起研究放射现象。1913 年，他在 X 射线管内用不同的元素作为对阴极测量了这些元素放射的 X 射线波长。莫塞莱测得 50 多种元素的 X 射线光谱，发现光谱特征线的频率和元素的原子序数成正比例。这一发现使莫塞莱能够确定所有元素的序数，因而就可显示元素表中尚缺的元素，已知元素的序数就是它们与周期分类相关联的不同化学特征。这就是关于元素序数的莫塞莱定律，是原子知识进展的一个里程碑。按这个序数排列的元素周期表比按原子量排列的更正确，原来几个位置与原子量大小不一致的地方也获得了解释，对周期律和光谱分析法，以及原子构造理论的发展具有积极作用。

第一次世界大战爆发，莫塞莱参军，1915 年，27 岁的莫塞莱在土耳其的苏夫拉湾之战中不幸阵亡，世界失去了一位前途无量的实验物理学家。

（4）量子论

德国物理学家马克思·路德维希·普朗克从博士论文开始一直关注热力学第二定律和黑体辐射问题的研究。普朗克关于能量结构的原子理论，导致一种陈旧论点重新引起人们的关注，这就是辐射是一种波的形式还是粒子流的形式。普朗克认为，辐射是一种量子的形式。每一量子的能量 $E=h\nu$，其中 h 是一个普适常量（称为普朗克常数），v 是辐射频率。普朗克量子论是量子力学的理论前驱。

1900 年，为解释黑体在一定温度下辐射能量的分布，普朗克提出一种假说：物质辐射（或吸收）的能量只能是某一能量单位（能量量子）的整数倍，即量子假说。普朗克量子论的重要意义，在于指明像光这类辐射是以量子来发射、传递和吸收的，能量由辐射的频率和普朗克常量的数值来决定。普朗克之所以能成功地做出这一理论推导，是由于摈弃了经典物理学的框架，致使许多物理学家起初拒绝接受这一理论。直至 1913 年玻尔用量子理论第一次成功地计算出光谱的特殊谱线的位置，这一理论才开始被人们看作是一项惊人的成就。

普朗克还是首先支持爱因斯坦发表狭义相对论的物理学家，并导出相对论动力学方程。20 世纪初，量子论和相对论的确立带来了物理学的根本变革。因发现能量量子对物理学的进展做出重大贡献，普朗克获得 1918 年诺贝尔物理学奖。

（5）物质波

法国理论物理学家路易·德布罗意首先提出电子和原子中的其他物质组分都具有波动性的理论。1924 年，他发表著名的电子波动理论论文，他的论点基于爱因斯坦关于微观物质可能具有波动性的概念。当时光的“波粒二象性”刚被证实，所谓波粒二象性是微观粒子的基本属性之一。它们有时显示出波动性，有时显示出粒子性；这种在不同条件下分别表现为波动和粒子的性质称为波粒二象性。20 世纪初首先发现光在光电效应等现象中显示出粒子性，在干预、衍射等现象中则显示出波动性，因此得出光具有波粒二象性的结论。后来由德布罗意将这种二象性加以扩展，提出一切微观粒子都具有波动性，称这种波为物质波，后来又称“德布罗意波”。德布罗意的物质波得到爱因斯坦的强烈支持。

德布罗意建议用电子在晶体上的衍射实验，来证实他提出的一切微观粒子都具有波粒二象性的假说。1927 年，美国物理学家克林顿 · 戴维森和莱斯特 · 革末在贝尔电话研究实验室，对德布罗意的假说进行了电子衍射实验；同时，英国物理学家乔治 · 汤姆孙也独立在阿伯丁大学实验室，进行电子束穿过结晶物质的衍射实验。他们的实验都确证了德布罗意的预测。

在普朗克提出量子论后，玻尔、德布罗意、薛定谔、海森堡、狄拉克等人逐步建立和发展了量子力学的基本理论，成为现代物理学的理论基础之一。量子力学是研究微观粒子运动规律的理论。20 世纪初发现大量实验事实，表明微观粒子具有波粒二象性，它们的运动不能用通常的宏观物体运动规律来描述。运用量子力学理论解决微观粒子的问题时，得到的结果与实验符合，因此量子力学的建立大大促进了原子物理、固体物理和原子核物理等学科的发展，并标志着人类对客观规律的认识从宏观世界深入到微观世界。

（6）相对论

A. 相对论的理论基础

根据牛顿的理论，光是由一种光源向一切方向射出的微粒组成的。这些微粒运动的路径在从一种媒介进入另一种媒介的过程中改变了方向，但是它们在任何一种物质里总是以直线运动的。这一理论可用来解释光的折射，以及观察到的光线永远不能弯曲的事实。牛顿的光学理论得到其同时代人克里斯蒂安·惠更斯的支持，在此后的一个世纪里，被物理学家们奉为光学的权威理论。

1801 年，托马斯·杨在伦敦皇家学会上宣读了他的论文，以光的干涉现象确证了光的波动性。又用这一新的光波动说解释薄膜（如肥皂泡）的彩色，把色彩与波长联系起来，计算了牛顿分辨出的七种色的大致波长。1817 年，杨提出光波是横波而不是长期认为的纵波，从而解释了偏振现象。杨的研究工作受到英国大多数科学家的蔑视，认为对牛顿学说的任何异议都是不可思议的。然而杨关于光的波动理论最终得到 19 世纪物理学界的公认。

量子理论的开创者马克思·普朗克量子理论，在 1900 年首次发表时没有对物理学界造成很大影响，因为这种理论太富于革命性，不能立即为人们接受。但是 5 年以后，爱因斯坦却证实了普朗克量子的存在。

德国物理学家菲利普·莱纳德在实验中发现，物质吸收射线的能力取决于它的密度而不是它的化学性质，吸收随射线速度的增加而减少。在 1899 年的类似实验中，证明光线撞击某些金属面时，会使金属表面放出电子，这种现象后来称为光电效应。莱纳德凭借这一发现于 1905 年获得诺贝尔物理学奖。当物理学家们开始就光电效应进行实验时，他们惊奇地发现，增大光的强度并没有使被击出的电子增加任何能量，但改变光的波长对这些电子却有影响。这种现象不能用旧的光学理论来解释。

爱因斯坦在普朗克的量子论中找到了答案。一个电子为了吸收足够的能量以脱离金属表面，必须受到某一最低限度的能量的撞击。在任何情况下，量子的能量越大，被击出的电子所获得的速度越大。这是量子理论简单明了地解释一种物理现象的例子，而量子论以前的光学观点对此则无能为力。量子力学很快被应用于其他许多方面，爱因斯坦由于他对光电效应所做的解释而不是由于他的相对论，在 1921 年获得诺贝尔物理学奖。

荷兰物理学家亨德里克·洛伦兹在其博士论文（1875）中，将麦克斯韦的电磁理论更加精密化，从而更好地解释了光的反射和折射。按照麦克斯韦的理论，电磁辐射虽然是电荷的震荡产生的，产生光的电荷则是不清楚的。洛伦兹认为，物质的原子可能由带电的粒子构成，提出原子内这些带电粒子的震荡是光的来源。如果真是这样，那么强磁场必然影响震荡，从而影响由此产生的光的波长。1896 年，他的学生彼得·塞曼证实了这种现象，名为塞曼效应。1902 年，两人因这一成就被授予诺贝尔物理学奖。

但是，这种电子理论不能解释迈克耳孙-莫迪实验对“以太”的否定结果。洛伦兹试图克服这种困难，于 1895 年引进地方时（不同地点的不同时间比率）的想法，受到爱尔兰物理学家乔治·弗朗西斯·斐兹杰惹关于接近光速的运动物体在运动方向上收缩的假说的影响，故称洛伦兹—斐兹杰惹收缩。1904 年，洛伦兹拓展了斐兹杰惹的思想，得出洛伦兹变换。这些变换是描述在高速运动中空间和时间坐标，从一个参照系到另一个参照系的变换关系。为描述接近光速的高速运动现象的需要，变换方程表述了一种相对概念：空间和时间不是绝对的，而是相对的；时间、长度、质量都与观察者的相对运动有关。洛伦兹的这些工作与相对论的建立密切关联。

相对论是关于物质运动与时间、空间关系的理论。分为狭义相对论和广义相对论。爱因斯坦分别于 1905 年和 1916 年先后提出。狭义相对论主要论述光的传播和物质运动与时间—空间的关系，而广义相对论则主要研究引力理论。

B. 狭义相对论

爱因斯坦于1905年发表狭义相对论，他在将量子论加以引申的基础上，提出关于宇宙的一种新的基本看法。他认为，光是以量子形式（光子）通过空间的，这就复活了光是由粒子组成的这一概念。不过，这里所说的是一种新的粒子，这种粒子既有波的特性也有粒子的性质。光的波动性的发现，促成了包括分光镜的发明在内的19世纪许多光学上的成就，但这种发现还必须让物理学家设想以太的存在。爱因斯坦狭义相对论的提出，使辐射理论和物质结构理论受到很大影响。奥古斯丁·菲涅耳和克拉克·麦克斯韦将以太作为光辐射的介质和光波的载体，这一观点使人们产生一种联想：由于地球是在以太中运行，那么地球上的观察者在测量光速时，光的传播与地球运转同一方向和相反方向的光速应是不同的。阿尔伯特·迈克耳孙对地球相对于以太的速度进行了一系列非常精确的实验，实验证明光速并没有差别。爱德华·莫雷也对此进行了反复实验，这就是著名的迈克耳孙-莫雷实验。他们的实验结果基本一致。这一实验结果使得以太理论受到极大的怀疑，或者说给予以太说以致命的打击。要解释这一实验，物理学家必须建立新的基础。

爱因斯坦在总结迈克耳孙—莫雷实验事实基础上，建立和发展起关于物质运动与时间—空间关系的理论——相对论。在此之前，人们根据经典时空观（集中表现为伽利略变换）解释光的传播问题时，发生一系列尖锐的矛盾。相对论针对这些问题，建立了物理学中新的时空观和（可与光速比拟的）高速物体运动规律，对以后物理学的发展具有重大意义。

在理论上，只有传播事件的信息是瞬时到达不同惯性系的情况下，异地发生的两个事件才有可能对各该地点的观察者都是同时的；然而事实上任何信号的传播速度都不能超过光速。据此，爱因斯坦提出，对一个观察者是同时发生的两个事件，对另一个运动状态不同的观察者并不是同时的。因此，异地的两个事件的绝对同时性失去了意义。同时只能是相对的。基于同时的相对性概念，两个做相对运动的观察者都发现自己的时钟走得快了，而光速对于所有惯性系和沿一切方向全都取同一恒定的值，即光速 300,000 千米 / 秒。由于光速是不可逾越的，物体的运动速度越接近光速，进一步加速就越困难。于是，狭义相对论给出了运动物体的质量随其速度的增加而增大的结论。这一结论不仅在实验中得到了验证，而且还导致对核裂变和核聚变能的利用。狭义相对论将空间和时间统一起来了，将质量和能量统一起来了，改变了过去这些概念互不相关的状况。

爱因斯坦在狭义相对论中提出的另一重要观点是：光在真空中的速度与光源的运动无关，是永远不变的。按照牛顿的宇宙观点，一个来自朝观察者方向移动的光源的光束，好像比来自朝其他任何方向移动的光源的光束行进得更快。但爱因斯坦认为，这种情况是不存在的。他阐明了质量随着速度的增加而增加这一原理。他还进一步解释说，速度的增加不仅使长度看来缩短了，质量增加了，而且使时间的消逝变慢了。

爱因斯坦相对论中最基本的方面是否定绝对空间和绝对时间的存在。就是说，对空间和时间的各种测量都是相对于某种任选的参照系。这就是爱因斯坦的学说名为相对论的原因。实际上，许多看来是绝对的现象却是相对的。物体在空间的移动这一概念同样是相对的。如果说某一物体在空间移动了，这只意味着该物体与其他物体相对的位置有了改变。 运动的相对性原理表明：一个不受外力作用的物体，可以处于静止状态，或者处于匀速直线运动状态。物理学家把这种现象称为惯性定律。

但是在日常生活中，这一定律往往被掩藏在某些现象背后，致使我们不能直接而明显地认识它。根据惯性定律，一个处于匀速直线运动状态的物体，甚至在没有外力作用的情况下，它应永远保持其运动状态。但是我们的观察表明，如果一个物体不受外力的作用，它必然处于静止的状态。解释这一现象的关键在于这样一个事实：通常我们看到的物体都受到外力的作用，这就是摩擦力。摩擦力破坏了观察惯性定律所需要的条件，这种条件就是必须没有任何作用于物体的外力。

上述结论与大量实验事实符合，但只有在高速运动时效果才显著。在一般情况下，相对论效应极其微小，可以忽略不计。因此，牛顿力学可被认为是相对论力学在低速情况下的近似。所以，大量物理学经验不必改变或修正。

C. 广义相对论

从电磁现象的研究扩展到各种物理现象特别是万有引力理论时，狭义相对论的时空概念必须进一步拓展。广义相对论就是在此基础上建立的。

广义相对论的基本假设是：①广义相对性原理，即自然定律在任何参照系中都具有相同数学形式；②等效原理，即在一个小体积范围内的万有引力和某一加速系统中的惯性力相互等效。按照上述原理，万有引力的产生，是由于物质的存在和一定的分布状况，使时间性质变得不均匀（所谓时空弯曲）所致，并由此建立了引力场理论。爱因斯坦假定引力场的出现导致时空的弯曲，而没有引力场的时空则是平坦的。

广义相对论可以导出一些重要结论。广义相对论所预言的水星近日点的旋进规律、电子运动所产生的光谱线向红端移动、光线在引力场中的弯曲，以及雷达波在太阳引力场中往返传播在时间上的延迟等，这些结论都与后来的观察结果基本上相符合。尤其是通过测量雷达波在太阳引力场中的时间延迟，以更高的精确度证实了广义相对论的结论。

爱因斯坦从等效原理和广义相对性原理出发，突破了牛顿引力理论的传统概念，引进了时空弯曲的新概念。广义相对论正确地预言了光谱线的引力红移和太阳的引力场会引起星光的偏转。1919 年，英国皇家天文学会派出的远征队在西非普林西比岛，对该年 5 月 29 日的日全食的观测，证实了爱因斯坦的预言——太阳的引力场会使星光偏转。此后，爱因斯坦相对论轰动了整个世界。

然而，相对论绝不是主张世界上一切事物都是相对的。相反，相对论告诉人们，客观真理是不以任何人的意志而转移。相对论和量子论成为现代物理学的基石。没有相对论，大量的物理现象将不能得到解释。但相对论绝不排斥和否定经典物理学建立的观念和理论，而是拓展了经典物理学的研究领域。

2. 化学

（1）化学发展滞后的原因

化学中一些基本原理的形成，不是始于 17 世纪，而是始于 18 世纪末和 19 世纪初。化学发展的滞后可归于两种原因。一种次要原因是，实验化学比实验物理学需要更复杂的设备和原料。伽利略和牛顿曾在非常普通的建筑物内，使用十分简单的小型设备进行实验。著名的例子是，甚至到了 19 世纪，英国物理学家约翰 · 瑞利运用金属丝、木条和封蜡等物自制相当精密的装置进行各种观察和实验。但是，化学是对各种不同的反应进行研究，必须具有能够产生反应的不同材料，然后将它们置于适当的环境中。例如，对它们进行加热。今天，我们在进行化学实验时，要用各种纯质的化学试剂，我们可以用不同形式的煤气灯或电炉这些方法进行加热。在没有电和煤气的岁月里，只能烧煤或木柴获取热量，而且没有适用的耐热玻璃器皿。在许多情况下，化学家必须自制实验材料，而这种自制材料通常是不纯净的。到 20 世纪，由于材料的缺乏，有机化学依然发展滞后，直到 30—40 年代，材料的供应才有了改善。

实验化学发展滞后的另一种也是更重要的原因是，实验化学从开始就曾两次误入歧途。最早的化学家是一些炼丹士，他们试图改变金属的性质。实际上，他们渴望研究实用化学，他们把精力全部用于化学，而不是观察和研究构成化学科学中各种反应现象的性质，从而发现化学发展滞后的事实和原因。当化学处于发展中的 17 世纪，其发展进程却极大地被一种完全错误的假说所阻遏。

普鲁士国王威廉一世的御医乔治·施塔尔最早对燃烧现象进行研究，是燃素论的创始者，并对燃烧及与此有关的呼吸、发酵和腐烂等现象做了全面的解释。然而他迷信炼丹术和泛灵论，他接受德国医生、最后的炼丹士之一的约翰·巴克尔的观点：燃烧现象是由于燃素具有一种可燃的属性，在燃烧过程中燃素就会逃逸。他把这种燃素称为 phlogiston。炼丹士们强调，一切事物中都存在各自不同的要素，可燃性要素被炼丹士们称为 sulfur（硫黄）。今天，我们知道燃烧是燃烧物质与空气中氧的结合，但这一观点却被燃素论的追随者们完全颠倒了。这种燃素论统治化学界几乎达一个世纪之久。英国政治家和科学家约瑟夫·普里斯特利在 1774 年与瑞士化学家卡尔·舍勒同时发现氧。即使是这样一位并不墨守成规、其思想和著作极大地推动了欧洲自由思想和科学实验的科学家，也曾坚持称氧是一种“脱燃素气体”（dephlogisticated air）。他的观点是，氧是与在燃烧过程中逃逸的燃素相结合的气体的组成部分。

燃烧的真正性质是法国化学家安东尼·拉瓦锡在对硫、磷的燃烧和金属氧化的研究中发现的。拉瓦锡于 1772 年开始研究硫、磷及金属的燃烧问题，证明物质燃烧和动物呼吸，都属于空气中氧所参与的氧化作用，并据此驳斥当时流行的燃素说。1783 年 6 月 25 日，拉瓦锡又宣告，水是氢和氧化合的产物。由于这一认识，他开创了定量有机分析，为现代化学奠定了基础。在 1789 年法国大革命的年代，拉瓦锡出版了《化学基本论述》，这部著作是今天一切化学理论的基础，也使化学世界从长达百年之久的燃素说的桎梏中解放出来。

（2）早期化学

化学领域早期的一切工作都是探讨关于反应性质的问题。在拉瓦锡阐明氧的特性及其与氢、碳和其他元素不同反应的各种实验后，不仅对了解各种反应的性质，而且对控制这些反应的定量规则的了解，都很快取得了进步，从而为各种定量分析制定了相应原则。在这一前提下，法国化学家、马德里皇家实验室主任，约瑟夫—路易·普鲁斯特的实验证明，任何一种已知的纯化合物，其组分元素的相对量保持不变，而与其来源无关。这一“定比定律”认为，任何化合物的元素都存在着固定的重量比。在这一定律基础上，道耳顿建立其原子理论。普鲁斯特在马德里皇家实验室期间（1799—1806），定量测定了大量化学物质的元素组成，证明化合物组成恒定原理，使他在与法国化学家贝托莱的长期争论中获得胜利。

英国化学家约翰·道耳顿是曼彻斯特一位数学、物理学和化学教师。道耳顿对科学的许多疑难问题都曾做过探讨，他有非凡的才能综合各种资料做出理论判断。他研究气体并提出气体分压定律，但他最主要的成就在化学方面。他设计了化学符号制，于 1803 年提出相对原子量，并制成最早的原子量表。道耳顿还发现丁烯和乙醚的组成并找出正确的化学式。他创立原子论，认为一切元素都由微小、具有相同原子量的不可分割的粒子（原子）组成，使化学成为一门真正的科学。

瑞典化学家约恩斯·贝尔塞柳斯是化学科学的集大成者，现代化学的奠基人之一。他首先是一名医生、教师，后来成为斯德哥尔摩医学院教授。他的杰出成就有：对原子量的测定、发明现代化学符号、发现和分离多种元素、发明经典分析技术，以及对于同分异构现象和催化的研究等。他对原子量测定的精确度在许多年间没有被超越。

大约在 1807 年，贝尔塞柳斯开始分析化合物的组成，他用 10 年时间研究了大约 2000 种化合物。用氧做其他元素原子量的参比基准。同时，贝尔塞柳斯开始各种溶液的电解实验，由此产生了二元电化学理论，即化合物都是由两种电性不同（带正电和负电）的组分组成。他试图将这一假说延伸，以使其既包括有机化合物，也包括无机化合物，从而建立了基团学说。许多化学家提出一种假说，认为形成一种化合物的原子数对原子量将产生不同的值。如果一个氢原子与一个氧原子结合而形成水，氧的原子量是 8。对这一难题的解释可在意大利都灵大学物理学教授阿莫迪欧·阿伏伽德罗的假说中发现。他首次将现代化学的一个基本概念，简练地归结为著名的阿伏伽德罗定律。该定律说：等体积的气体在相同的温度、压力条件下，含有相同数目的分子。该定律说明：为什么各种气体以简单的体积比相化合，并使阿伏伽德罗相信，氢、氮、氧元素在自然界中是以双原子分子形式存在。

阿伏伽德罗在都灵大学任高等物理学教授多年。不幸的是，他于 1811 年提出的上述理论，在其后近 50 年间没有被学术界认识到其重要性。直到 1858 年意大利化学家斯坦尼斯劳·坎尼扎罗证明，挥发性化合物分子中元素的原子量，可应用阿伏伽德罗气体原理计算出来，阿伏伽德罗定律才普遍为人们所重视。

（3）化学元素周期律

随着众多化学元素被确认及其原子量的确立，为建立不同要素的周期分类提供了可能。这是俄国圣彼得堡大学教授德米特里·门捷列夫对化学的重要贡献，也是 18 世纪科学化学兴起以来，继拉瓦锡（将元素看成是用化学分析方法所能达到的终极物类）、道耳顿（将每种元素看作由可测的特定原子量的相同原子所组成）之后，化学领域又一伟大成就。门捷列夫于 1868—1870 年写出《化学原理》一书，在著书过程中，他深入探索了不同元素间的关系，对所有已知元素按原子量递增的顺序排列成表，显示出元素性质具有周期性的变化规律。这使人们注意到不同元素的化学性质之间具有复杂的内在联系，而在过去，人们只孤立地进行研究。这一新体系在开始时并没有取得广泛承认，但随着时间的推移，其科学性逐渐明显。门捷列夫预言周期表上的空缺将由未来元素填补。在以后的 20 年间发现的 3 种新元素，确实具有他所预言的性质。周期表成为大部分化学理论的骨架。在元素的放射蜕变中，证明用周期表阐明元素之间的嬗变过程非常有用。

英国物理学家亨利·莫塞莱提出的整数或分立整数，比门捷列夫的周期表能更好地确立化学元素的序数。英国化学家约翰·纽兰兹发展了门捷列夫的著名理论。纽兰兹的“八行周期律”指出了化学性质相似元素的原子结构模式。1864 年，纽兰兹将当时已知的各种化学元素按原子量的顺序排列，发表了这些元素的周期性概念。他指出，在这种排列中，每隔八个元素就有相似之点，并提出这种周期性与八度音程相似。纽兰兹的理论最初被人忽视或嘲笑，后来在现代化学理论中有了地位。

（4）实验观察和理论建构的结合将加速科学进步的步伐

在科学研究实验室以及工业生产的机器车间，观察结果的加速积累，科学家们对理论的综合成为当务之急。在那些需要更多观察的科学领域，如化学，必须去发现新元素的不同特征。在18世纪，约瑟夫·普里斯特利对燃烧现象进行了细致的实验，为奠定现代化学的理论基础提供了重要数据。

这些相同的实验又由拉瓦锡以精确的定量重复进行，结果发现氧是支持燃烧的一种元素。从逻辑的角度，普里斯特利对燃素说的维护，不能仅仅看作是无视拉瓦锡实验的重要性的一种顽固守旧观念。在作为一种燃烧原理的燃素假说的框架内，普里斯特利的实验和拉瓦锡的实验，都属于结论性的实验。重要的不仅在于以实验观察或者其精确性决定拉瓦锡实验的价值，而在于拉瓦锡更为完整的理论，拒斥与已知自然法则不相容的燃素说所携带的负面价值。从观念史的角度，这种理论考量对科学的进步，往往比单纯的孤立事实的积累更为重要。

3. 生物学

一般认为，欧洲现代生物学始于1537年，在这一年维萨里离开其祖国比利时，到了已有长期人体解剖传统的意大利帕多瓦大学。1543年，他的《人体结构》七卷本在巴塞尔出版，对当时的生物界影响很大。从此生物学进入持续发展的时代。

19世纪的前几十年是生物学领域几个方面持续发展的年代。1838

年，在这种持续发展进程中，出现一些令人瞩目的发现。就在这一年，德国植物学家马蒂亚斯·施莱登出版了《植物发生论》，发表细胞理论，指出植物体各部分均由细胞或细胞衍生物所组成。施莱登和德国动物学家特奥多尔·施万共同奠定了细胞学说的基础。细胞学说的提出，其重要性堪称与化学领域原子理论相提并论。细胞理论导致关于细胞学研究的激增。大约 10 年之后，又从染料制造技术的引入，再次激励了关于有机体微观结构的研究热潮。到 19 世纪 50 年代，人们第一次了解到关于生物的世代交替理论和达尔文—华莱士自然选择的进化论。

应该说明的是，事物的发展是连贯和持续的，这种在时间上的划分其目的在于讨论和研究，并不意味着不同发展阶段之间的断裂。

（1）细胞学的建立

生物学发展的不同时期，一般是以细胞学研究状况为分界点。1838 年是细胞理论建立的年代，标志着现代生物学发展的一个新的里程碑。此后，生物学家的注意力集中于细胞的研究。在发现细胞核发生分裂时，其染色体将清晰显现。在细胞理论出现大约半个世纪之后，提出了关于染色体行为的一般原理。

英国物理学家罗伯特·胡克首先使用“细胞”一词，来描述软木的微小蜂房状空腔。意大利医生、植物学家马尔切洛·马尔皮基发现不同植物的胞囊，从而发现动、植物体结构有相似之处。荷兰显微镜学家安东尼·列文虎克曾是一名下级官员，1674 年开始观察细胞和原生动物。1684 年他在前人工作的基础上，准确描述了血红细胞和鱼的细胞核。他的工作导致细胞学和原生动物学的建立。然而当时人们还没有动物和植物都是由细胞组成的知识，因此，在 17 世纪这些发现之后，细胞研究领域的进展十分缓慢。到 19 世纪初，法国植物学家查尔斯·米尔贝尔在《植物解剖学和植物生理学论文集》（二卷，1802）中提出，细胞是植物所有结构的组成基础，因而被誉为植物细胞学和植物生理学的奠基人。

大约在此同时，现在称为组织学和细胞学的学科开始发展起来。年轻的法国生理学教授、解剖学家马里耶·比沙系统地研究了人体组织。1800—1801年，比沙相继出版《生命与死亡的生理学研究》《普通解剖学》和《描述解剖学》一、二两卷（第三卷在他逝世后由他的学生完成）等著作。在《论膜》一文中提出人体器官是由结构简单的功能单位——细胞——组成的。虽然他没有用显微镜，却区别出21种构成人体器官的组织，这是非常惊人的成就。比沙的研究成就促进了组织学的建立。这位科学家英年早逝后，奉拿破仑·波拿巴之命，他的半身雕像与其导师皮埃尔·德佐的半身像，一起被安放在他们生前工作的主宫医院内。

德国植物学家马蒂亚斯·施莱登与解剖学家特奥多尔·施万于1838年10月的一天，在柏林共同进餐，他们对各种微观有机体的解剖有共同兴趣。施莱登向施万描述了植物的细胞核，施万立刻意识到植物的细胞与他所熟悉的脊椎动物的细胞有相似之处。二人很快在大学解剖研究所施万的实验室，进一步修正了细胞理论。必须承认他们之前许多人在细胞研究方面所取得的成就，但施莱登和施万的工作，被认为是首次对细胞理论的综合描述。

（2）染色体与孟德尔遗传学

染色体是细胞核内载有遗传单位（基因）的物质，在显微镜下呈线状。每一物种的每一体细胞内都有一定数目的成对染色体。染色体是无色透明的，但它们对许多染料具有一种强烈的亲和性。正是由于这种原因而被命名为染色体。1875年，德国植物学家爱德华·施特拉斯布格在《关于细胞结构和细胞分裂》中，首次描述了细胞分裂的主要特点。不久之后又发现动物细胞分裂和植物细胞分裂大致相同的过程。1884—1885 年，他与其他学者同时证实细胞分裂时，发现染色体的纵向分裂，数目加倍。此外，他还确认细胞核是遗传的基础。大约在同一时期，德国细胞学家和胚胎学家奥斯卡·赫特维希的一次发现是，受精过程的实质是来自其各自亲本的两个细胞核的结合。比利时动物学家爱德华·范贝内登于 19 世纪 80 年代，发现每一细胞内有两个囊，其中有一定数目的染色体（精子和卵子内各有一个）。他进一步论证每一物种体内所有细胞的染色体数目是固定的。这是细胞学领域的一项最重要发现之一，对现代生物受精过程研究的重要意义，是显而易见的。

人们很快发现，染色体的特殊行为必然预示其对生命具有的重要功能，这些染色体与遗传紧密关联。然而有关遗传的文献却被尘封在欧洲许多图书馆的书架上却无人阅读。这就是一位当时几乎无人知晓的奥地利修士格雷戈尔·孟德尔于 1866 年发表的《植物杂交试验》论文。这篇论文发表在一种不知名的杂志上，也曾寄往伦敦和其他一些地方，但都遭到冷遇，无人注意它。直至 1900 年才由荷兰植物学家许戈·德弗里斯、德国植物学家卡尔·科伦斯和奥地利植物学家切尔马克·赛塞内格分别独立发现这篇论文，立刻认识到它完成了一项重大发现，成为现代遗传学的基础。

1902 年，美国遗传学家、哥伦比亚大学教授瓦尔特·萨顿指出，孟德尔的论文具有罕见的重要性。至此，人们知道染色体由父母遗传给后代的事实。萨顿在《生物学通报》上发表论文，详细图示了蝗虫的染色体呈现为一对对确定的又彼此不同的同源染色体，确认染色体携带遗传单位。在《遗传中的染色体》（1903）一书，萨顿发展了这一假说，认为染色体在分裂中的行为是随机的。他的工作发展了染色体遗传学说。

（3）生物体基因突变理论

孟德尔遗传理论推动了进化理论的研究。生物体在为生存而斗争过程中所依赖的，正是它们所携带的“孟德尔基因”。那些携带决定其形状和有益于生存的基因的那些生物个体，拥有自动选择的机制。其他生物体则会死亡而不能留下或留下很少后代。科学家发现，任何物种都携带大量不同基因组群，这些基因组群能够进行自然或自动选择，这就是生物体所携带的适应生存环境的基因的功能。科学家进一步发现，各种基因本身有时可能发生突变，这种突变过程发生的原因尚不得而知，但突变肯定会导致新的基因的产生。根据孟德尔定律，经过世代相传，基因的这些行为最终将再次出现。基因的突变和重组为达尔文自然选择理论提供了支撑。但是，当我们能够毫不含糊地证实基因对生存条件的选择功能之前，关于进化原因的种种观点将依然停留在假说的层面。

虽然当时不知道基因突变的原因，因而也不明白生物进化的真正原因，但是知道如何在实验室内进行人工操作，诱使基因发生突变。美国遗传学家赫尔曼·穆勒于 1927 年在《科学》杂志发表《基因的人工诱变》的经典论文。穆勒用 X 射线照射果蝇，发现 X 射线能大大提高果蝇基因的突变频率。紫外线、镭都表现出同样的作用。穆勒指出，X 射线既可以引起生物基因突变，也可以引起染色体畸变。这种突变多数是有害的，甚至是致死的，自然界的自发突变亦然。1950 年，穆勒进一步指出，生物群体中由于有害基因的存在，从而造成生物群体对生存环境条件适应力降低，穆勒将这一现象称为“遗传负荷”（Genetic Load）。

赫尔曼·穆勒把基因看成是生命之源，因为只有基因能自我复制。他相信生物的一切选择和进化都发生在基因层面上。穆勒指出，电离辐射对人类染色体的损伤是明显的；他强调要保护人类的种质不受辐射的污染，态度鲜明地反对在医学上滥用 X 射线，反对不负责任地应用核燃料和试验原子弹。这位靠奖学金和打工完成学业的科学家，对人类充满同情和富有正义感，值得我们永远尊敬和怀念。因辐射遗传学方面的重大贡献，穆勒获得 1946 年诺贝尔生理学和医学奖。

4. 数学

（1）非欧几何学的建立具有革命性意义

在后牛顿时代，18 世纪著名数学家，有苏格兰的科林·马克劳林，瑞士的伯努利家族和莱昂哈德·欧拉，法国的让·达朗贝尔、亚历克西·克莱洛、皮埃尔·拉普拉斯和法国—意大利的约瑟夫·拉格朗日，以及新建美利坚合众国的戴维·里顿豪斯。拉格朗日综合了牛顿的运动规律，其他人也将微积分用于对天文学和物理学研究，使变量的连续性和适当均匀率成为可观察现象。

对经验主义科学具有重要意义的一个例子，是 19 世纪 30 年代以纯粹抽象形式出现的非欧几里得几何学。非欧几何学是匈牙利数学家亚诺斯·鲍耶和俄国数学家罗巴切夫斯基同时独立地对欧几里得几何学平行公设作批判性的研究。他们对困扰数学家 2000 年之久的欧几里得“平行公设”——在平面上经过给定的一条直线外的一点，可以做唯一一条直线与该直线平行——做出否定的回答。

实际上，几何学家们许多世纪以来，都在寻求对欧几里得平行公设提供一种证据，而欧几里得“平行公设”一直是一般教科书中不容置疑的公理。意大利教父、数学家吉罗拉莫·萨凯里于 1733 年对欧几里得的平行公设提出否定证据，但在欧几里得几何学的权威压力下，萨凯里没有勇气对抗来自传统的常识而被迫放弃，让未来的数学家完成这一工作。因此，萨凯里的工作一直不被人们所知。直到1899年，萨凯里的著作被发现并由意大利数学家欧金尼奥·贝尔特拉出版。

然而，非欧几何学创立后要获得普遍接受，却有待于德国数学家伯恩哈德·黎曼于1866年正式发表关于构成几何学基础原则的思想，以及贝尔特拉米于1868年和德国数学家费利克斯·克莱因于1871年，证明非欧几何学的相容性和普遍适用性。由此，非欧几何学成为一个典型事件：表明长期被认定为科学真理如几何学公理，也可能有误而被新的理论取代，从而导致一种同样具有相容性推理体系的产生。这种情况往往具有革命性的伟大意义。德国数学家、哲学家莱布尼茨，法国数学家吉勒斯·罗贝瓦尔和帕斯卡，都曾表示，公理不是绝对的或不可分析的，但长期被公认的某些真理是不证自明的。因此，不容置疑的公理是在人们恣意设定的科学理论架构范围内的公理。实际上，非欧几何学发现的历史是一个著名的例子：在任何科学研究领域，都存在设立某种过度严格理论限制的危险，这种理论限制往往成为科学研究的藩篱。打破科学研究的这种限制，才能开辟新的领域。

将非欧几何学运用于空间领域的各种理论，是现代宇宙论的基本现象，爱因斯坦相对论就是运用非欧几里得（黎曼）几何学。现代理论物理学家感到震惊的是，理论（基本粒子如中子、介子、中微子，以及时空弯曲等）与观察之间增大的距离。一般使用两种假说：首先，是从英国物理学家威尔逊发明设计的云室对电子径迹进行观察；其次，是需要建立一种健全的演绎体系——例如，真空中的光速作为一种最大速度的恒值，或者用量子力学中的希尔伯特（德国数学家戴维·希尔伯特）空间。由于美国理论物理学家和化学家詹姆斯·吉布斯于 1877 年用一种矢量空间分析热力学中容积、压力和温度的变量时，开发出许多新技术和导致整个新的化学工业的产生，科学家们希望 20 世纪在核物理的研究中，将同样改变工业生产面临的燃料或能源最终短缺的局面。

（2）科学思想向实用性技术转化

科学思想向实用性技术的转化成为 19 世纪早期（工业革命起步时期）的一种时代特征。当时在法国军事技术学校，其科学研究的高超水平，在数学和物理学领域可谓达到了巅峰。这些著名科学家中有数学家加斯帕尔·蒙日，数学家西莫恩·泊松，数学家让·傅立叶，数学家奥古斯丁·柯西，工程师、物理学家尼古拉·卡诺，数学家、工程师让·彭赛列，工程师、数学家古斯塔夫·科里奥利和招致不幸的青年天才数学家埃瓦里斯特·伽罗瓦等。伽罗瓦 21 岁时死于一场决斗。

这些工程学科的教师和研究人员的研究工作，不局限于纯粹的理论问题，而且涉及应用数学和技术的研究，他们的研究成果充分彰显了这所综合工科学校的宗旨。这些人为今天的现代数学和物理学的每一个分支学科，建立了重要的法则和定律，并开辟了新的学术和技术研究领域：蒙日的画法几何学；傅立叶的热力学级数；泊松的统计学和力学；柯西的函数论、弹性学和光学；卡诺的燃气发动机循环理论和熵律；彭赛列的固体力学和圆形射影特性；科里奥利的相对运动力；伽罗瓦解高次方程式的群伦（解决了多年不能解决的用根式解代数方程的可能性的判断问题，成为 19 世纪数学的最杰出成就之一）。

（3）当代科学哲学拒绝心灵能将真理施加于自然的观点

在《纯粹理性批判》第二版序言中，康德说：“当伽利略将预先确定的一定重量的球沿斜面滚下；托里切利（意大利数学家和物理学家）使他预先确定的空气重量与一定量的水的重量相同时；或者在此之后，斯塔尔通过去掉和加入某种东西的方法，使金属变成氧化物，又使氧化物成为金属时，一种新的思维光芒照亮了所有自然研究者的心灵。他们意识到，理性只能洞察她自身按其计划所产生的事物；理性必须以其判断的原则，依据固定的规律前行，迫使自然回答她的问题，而不是让自然像用绳索牵着走。因为，如果没有预先做出确定的计划，偶然的观察将不会遵循必然的法则，这是理性所追求和要求的唯一要点。理性一只手举着它的原则，依据这些原则，只有与其一致的现象才能被接受为自然的规律；另一只手操作实验，而实验是依据这些原则设计的；理性必须走近自然，以便接受自然的教导：但却不像小学生那样，遵从老师所喜欢的一切，而是像一名约定的法官，他将迫使证人回答他所提出的问题。”

许多科学家认为，20世纪的科学哲学支持康德关于概念或范型可以帮助或指引自然研究者的观点，但拒绝心灵能够合理地将任何终极判断或确凿真理，施加于自然的观点。科学的发展表明，科学研究主导观念的灵活性和发展特征，以及出现不可预见的种种现象，都将使科学的新发现对科学思维的形式和问题的类型产生影响。这使科学家总是要像小学生那样，抱着热切的学习态度走近自然，而不是自封为法官。

二、查尔斯·达尔文以前的进化学说

1. 古代希腊和中世纪关于生物进化的假说

18—19世纪发生的最伟大科学事件，是对有机体的起源和进化的解释和研究。

很久以来，人类就试图对自身的起源及其与周围世界的关系进行解释。人们注意到世界上发生的种种变化，也试图对这些变化进行解释。古代希腊思想家已经对人类和生物有机体的起源和进化历史，提出许多重要假说。泰勒斯和早期爱奥尼亚人提出一种充满神话色彩的解释，认为生命起源于海洋，这是至今被人们接受的理论。与泰勒斯一样，阿那克西曼德认为，生物有机体起源于太阳与浅海海水的相互作用。与泰勒斯不同的是，阿那克西曼德认为，人类是由源于鱼类和类似鱼类的其他动物进化的结果。这种生命起源于湿润要素的概念，后来被哲学家色诺芬尼和安那克萨哥拉认同。色诺芬尼曾试图从对化石的解释中提出海洋在某一时期曾淹没整个地球的假说。安那克萨哥拉进一步推断，如果世界上第一批人同今天的人一样，人类将不会存在至今。这一思想体现了进化论的两种基本概念：发展与生存。

在赫拉克利特的著作中，首先发现对“动态实在”观念的肯定，即一切事物都处于变化过程中。恩培多克勒提出，有机体完全是在一种偶然情况下产生。他还提出关于自然选择的概念，他说，有机体中那些在偶然中产生的不健全物种必然要消亡，只有那些偶然形成的有机体组合，能够经受严酷环境的考验而存活下来。

安那克萨哥拉提出，由一种原初推动力，如同水潭波纹逐渐扩展的系列启动的某些偶然性现象，来说明他的进化假说。这种原初推动力（primum mobile）假说，被柏拉图和亚里士多德继承，而且我们发现，这是早期关于有机体从低级到高级进化假说中的一个组成部分。亚里士多德对希腊早期进化假说进行了总结，也是通向现代进化思想的起点。亚里士多德将他的进化观点，建立在自然界各种有机体的连续性基础上，从而对生物理论做出伟大贡献。亚里士多德将古典希腊进化理论系统化，他认为生命是从低级的简单形式向高级复杂形式发展。高级动物的特征表现在其感觉器官功能的逐渐复杂，也许是受到希腊早期哲学家尤其是赫拉克利特的影响。

到了中世纪，亚里士多德的影响被笼罩在可疑的迷雾中。在“黑暗时期”初期，他的著作在东罗马帝国处于被禁状态。后来进入西欧，其中还包括阿拉伯科学家和评论家的解释与评论。经院哲学家中的开明者奥古斯丁和格列高利，以宽容态度接受这些自然主义的解释，但官方教会拒绝承认这些观点。在限制和监管下，进化假说不能有任何发展。整个中世纪时期，亚里士多德的自然发生论支配着学者（科学家）和普通大众的思想。直至亚里士多德之后 2000 年，他的自然发生论受到法国化学家、微生物学家路易斯·巴斯德的抨击而最终被推翻。

中世纪时期阻碍进化论发展的种种原因中，包括亚里士多德体系内部的某种观念，这就是以亚里士多德僵滞的目的论为指导思想的臆想进化观念。这种臆想观念在经院哲学的控制下发展为不可置疑的权威，阻碍人们接受其他关于描述自然界有机体进化的理论。直至 19 世纪这种局面才被打破，人们开始接受 17 世纪和 18 世纪弗朗西斯·培根、笛卡尔、莱布尼茨、休谟和康德的进化思想。

2. 康德为过去和未来进化观念之间建起一座桥梁

上述这些哲学家和科学家为进化问题打下富有成果的理论基础。弗朗西斯·培根强调从经验出发，排除偏见研究自然现象的方法。作为关于世界的自然主义解释，笛卡尔从机械论观点解释除人类以外的自然界的结构和功能。莱布尼茨单子论影响了布封和康德的研究工作，而莱布尼茨提出的连续性和“不可辩性”原理，接近进化论的基本原则。这就是美国古生物学家亨利·奥兹本在《自希腊人到达尔文》（1894）中所说：一切自然界生物状态有如一个单一链条，不同种类的动物如同许多环节紧密相连，观察和想象都不能确定哪里是开端。

法国博物学家乔治·布封是进化思想的先驱，他将事物及其生存环境联系起来。他认为生物的种是可变的，大力倡导生物变迁论，提出生物的变异基于环境影响的观点。但他没有形成系统的理论或具体解释生物变异的种种原因。在布封撰写《自然史》期间，基督教的物种不变论依然处于统治地位，布封发现坚持他的观点越来越困难，在严厉的教会面前，他必须使用一种温和的语言。但布封坚持了他对物种可变的观点，躲过了教会的责难。

英国著名医生伊拉斯谟·达尔文（查尔斯·达尔文的祖父）已经相信有机体的演变是有目的地适应环境的结果，即在生物体发育中，因环境影响而获得结构或功能的改变，这种新的性状后来被称为“获得性状”。英国生物学家罗伯特·钱伯斯于 1844 年发表《生命起源的自然史遗迹》（*Vestiges of the Natural History of Creation*），颇受达尔文的称颂，是达尔文《物种起源》的先驱。经济学家托马斯·马尔萨斯对进化论的建立做出了基础性的贡献。马尔萨斯不是一位进化论者，甚至也不是生物学家，他所关注的是在有限生活资料情况下所造成的人口压力问题：人口增长与食物供应短缺之间比例的不平衡，从而导致经济斗争频仍。这种斗争使达尔文在随海军考察船赴南美洲考察期间得到启示，在考察中他特别注意植物群和动物群对环境适应的观察。

英国博物学家阿尔弗雷德·华莱士独立地得出与达尔文关于生物对环境变迁选择行为的相同结论，但由于达尔文已经开始对他所积累的生物学、胚胎学和古生物学方面大量证据进行详细的描述，华莱士将这一理论的荣誉权无私地让给达尔文。

在过去和未来进化思想之间建立起一座桥梁的最重要思想家是伊曼努尔·康德。康德的著作出现在自然科学发现已经广泛传播的时代。布封的《自然史》激发了民众对科学的兴趣。在布封的启发下，康德提出世界是由尘埃微粒聚结而成的，并用力学原理对世界的构成进行解释。康德提出，一些遥远星球如木星和土星上有比人类更高智力的居民，他试图用牛顿原理证实这一高度思辨性的假说。康德的早期思想基于一种信念，即一切自然现象按不同的自然起因分类，但他后来的工作反映了来自亚里士多德和原子论者的影响。他将自然界分为无机物和有机物，无机物是首先出现的物质，是自然界各种起因的物质基础；有机物属于生物领域，是由目的论原则所支配。

至 18 世纪末，在启蒙运动影响下，康德致力于融合机械论和目的论，试图超越两者的缺陷。在休谟怀疑论的启发下，康德认识到人类知识的局限性，并提出自然科学不能告诉我们实在的实质。他说，科学能告诉我们的是某些现象，为我们提供一定范围内系统的表象知识。这种态度与弗朗西斯·培根、莱布尼茨、休谟和布封的观点基本一致。后来康德说，虽然第一起因依然是隐秘的，必须搁置不问，但科学的使命是通过对各种自然现象的比较，从而形成事件有规律的关系。

3. 拉马克的《动物学》

拉马克（Jean Lamark，1744—1829）首先使用“生物学”一词（1802），他的《动物学哲学》发表于 1809 年。拉马克没有像布封那样，由于对教会的恐惧曾犹豫于进化论和特创论之间，而是大胆声称，复杂物种是由简单物种进化而来的，生物物种不是固定不变的。拉马克是无脊椎动物学的创始人，早期进化论者之一，与当时占统治地位的物种不变论者进行激烈的斗争。拉马克用环境的直接影响、生物器官用进废退和获得性状的遗传等推论，解释生物进化。他的进化学说，虽然没有实验结果甚至缺乏直接观察所积累的大量数据验证，但却基本上符合因果关系的推论验证。例如，长颈鹿为了吃到树上的嫩叶而伸长其颈和腿，结果其颈和腿越来越长；水鸟为了游泳而伸长其足趾，结果获得有蹼的足；田鼠长期生长在地下，几乎完全丧失了视力等。

拉马克的思想虽然是一种推测，但不可否认其中闪烁着科学的光辉。正是由于拉马克从因果关系和常情出发所得出的结论，从而没有对查尔斯·达尔文通过实验归纳的理论产生重大影响。拉马克的理论遭到动物学家乔治·居维叶的强烈反对，由于居维叶在法国的影响，阻碍了人们接受拉马克的观点。

4. 詹姆斯·赫顿的《地球学说》和查尔斯·莱伊尔的《地质学原理》

在历史地质学和古生物学方面，应提到查尔斯·达尔文的两位英国前辈。詹姆斯·赫顿（James Hutton，1726—1797）在《地球学说》中对地球古老地质方面所做的贡献，与牛顿对远古天体的研究成就非常相似。赫顿将天体运动同地球运转结合起来，认为大自然是一个统一体，他的同胞牛顿也以同样的假想，将远古时期地壳运动结合起来进行研究。赫顿提出，将可能观察到的现代地质运动过程对地球表面所产生的影响，如沉积、侵蚀、火山运动和地震，用来解释过去的地质事件。这一观点成功地推翻了以一系列灾变所遗留痕迹来解释不同岩层的理论，而这种理论在当时处于支配地位。赫顿的这一理论有助于查尔斯·达尔文同生物物种的造物主特创论的斗争。

查尔斯·莱伊尔（Charles Lyell，1797—1875）的《地质学原理》是在接受赫顿理论的基础上完成的。莱伊尔认为，地壳岩石记录了亿万年的历史，可以客观地予以解释而无须像当时的习惯那样求助于《圣经》或灾变论。这些成就为认识生物的进化奠定了基础。莱伊尔认为，对所有地质现象都可做出自然的而不是超自然的解释。地球的变化是各种物理、化学和生物应力长期、缓慢作用的结果。地球史中的地质作用与现代地质作用并没有不同，提出现在是过去的钥匙的观点，认为应从现在的自然中去寻找对过去地质现象的解释。1828—1833 年间，经过在意大利、法兰西、西班牙、德国等国的考察，莱伊尔写出《地质学原理》四卷，书中有大量事实例证。莱伊尔从不停息地进行观察和收集资料，用它们来建立和检验理论。该书经莱伊尔不断修订、再版，在他逝世时共出十二版。

三、达尔文进化论

1. 变异、遗传和生存竞争

查尔斯·达尔文于 1809 年生于英格兰西部的什鲁斯伯里。在爱丁堡大学完成两年医学学习后到剑桥大学学习神学。他的大部分自然科学知识来自课余时间。获得学士学位不久，作为博物学者登上猎犬号制图考察船。对达尔文后来的理论影响最大的因素之一，也许是他在这次旅行中一位朋友送给他的一本书，这就是查尔斯·莱伊尔的《地质学原理》。经过五年广泛的观察和资料收集，达尔文返回英国整理资料，并逐步形成理论，其中主要包括四个方面：①变异；②遗传；③生存竞争；④自然选择。这些方面构成他对物种起源解释的基础。

同一物种母体的后代在偶然情况下发生变异，这些变异通过遗传保留下来。在进化范围内，仅有变异和遗传是没有意义的，除非变异和遗传是在竞争和通过竞争导致自然选择过程中发生的。在生存竞争中，那些偶然发生变异的生物体，往往不能适应其环境而被淘汰，而那些能够在竞争中存活并繁殖后代的生物体会继续生存。

这一简短陈述并不能说明生物进化所涉及的许多原理，必须继续更深入的工作。达尔文的理论并不是全面和完整的。关于达尔文学说，人们自然会问：生物的种种变异是如何发生的？达尔文没有妄称能够回答这个问题。生物的种种变异是不易认识的事实，其原因至今还不完全清楚。但是这种变异却是达尔文进化论中的基本问题，他认为变异的可能性在于种质自身，变异是由机遇率所决定的。

关于变异的遗传问题，涉及拉马克关于获得性状的传递理论。在达尔文之前，进化论中被确认的生物进化，主要是拉马克关于生物个体通过自身奋争获得性状的传递理论和布封关于生物体受环境影响的获得性状传递理论。生物体结构或习性的变更，被认为是个体生命过程中，由毁伤带来的变更；由环境直接带来的变更（布封和莱伊尔）；躯体某些部分的用与不用间接带来的变更（拉马克）。

达尔文没有把获得性状的传递理论完全抛弃。在《家养动物和培育植物的变异》中，他认同拉马克变更理论的可能性。达尔文用“泛生论”（the theory of pangenesis）解释遗传问题。这种理论认为，生物体细胞可能把叫作“芽球”的微小粒子抛弃而迁移为种质，粒子是遗传的维护者。虽然生殖细胞或体细胞没有在拉马克传递理论中出现，但达尔文认为它可能会影响到种质，使生殖细胞产生变异。这种泛生论被英国人类学家弗朗西斯·高尔顿于 1875 年经过试验证明是错误的而被否定。

这种微小变异的传递是达尔文非常关注的问题。实际上，达尔文意识到，单一变异或称“芽变”——这种变异后来被称为“突变”——的重要性，但莱伊尔理论的影响，以及进步观念的假说使他做出结论：那些微小、持续的彷徨变异更为重要。忽视那些持续的变异或突变，可能是他的主要错误。生物体可能被环境影响，已是今天普遍接受的观念；但这些变异是由遗传而来的假说，却与当今的一般科学结论相悖谬。达尔文之前的进化理论所关注的主要方面是进化，而对于达尔文，进化的主要因素是自然选择。但拉马克学说构成了达尔文自然选择理论的一部分。在自然选择过程中，那些病态、孱弱或其他不能适应生存环境的物种将被淘汰。

在人工养殖中，植物或动物的养育者，选择那些他希望养育的品种进行繁殖，自然是选择能够适应环境的物种。在马德拉群岛上，有一种无翅甲虫，达尔文用这种甲虫说明自然选择原理。这里的无翅甲虫比有翅甲虫多。达尔文没有重视甲虫的翅膀为什么消失，虽然他也认为翅膀的无用可能是出现无翅甲虫的一种原因。他着重指出这样一种事实：有强壮翅膀的甲虫在岛上飞行，但当它们飞到海洋上，经常会被波浪吞没。而那些没有强壮翅膀或根本没有翅膀的甲虫，由于它们不能飞行，就有了更多生存的机会。在这里，自然条件成为无翅甲虫生存和繁殖的选择机制。

2. 竞争过程的适者生存理论

达尔文的自然选择说，提出变异、遗传和生存竞争概念，这种生存竞争是以马尔萨斯的理论为基础的，只不过达尔文对此更加强调。在《物种起源》出版后，英国哲学家、进化论者赫伯特·斯宾塞提出，

“适者生存”应该用于这一淘汰过程，后来这一术语被用作自然选择的同义语。一些批评者指出，有一些生存的物种不一定是最适于生存的。在人类进化过程中，并不是那些在智力上和道德上的最佳者才适于生存，抑或说只有那些“优胜者”才能存活下来。这种观点是由于“适应”这个词的歧义而产生的。在达尔文理论中，适应意味着生物体在竞争过程中能够避免被淘汰的命运。适者生存作为一种能力概念，不应与道德相关联的概念相混淆。也许可以说，从伦理评价的观点，能够在自然界危急时刻生存下来的人，往往是不能在人类伦理社会占一席之地的人。正如德国哲学家弗里德里希·尼采说，把自然适应和道德适应混同，将成为一种歧义谬误的牺牲品。一些道德哲学家认为，进化论与文明道德行为的培育相抵触，但达尔文和斯宾塞都否认进化论违背道德观念。

达尔文《物种起源》发表后，除遭到宗教界的攻击外，科学界人士也提出许多批评，指出其中的一些弱点。这些批评主要是下面一些问题：①达尔文接受并强调以前的一种假说：自然界不存在跳跃式发展，自然界总是缓慢前行，但进化是绝对的。对于这种观点，博物学家托马斯·赫胥黎和许多人都持反对态度。赫胥黎指出，许多生物表现出相当稳定的生存状态而不是变更，而又有许多变更却采取一种跳跃形式。②达尔文的自然选择说，可用以解释某些变异的持续性，但这种持续性变异必须来自那些已经存在的物种，而不能解释变异的起因。③达尔文的理论只限于对有用的持续变异的解释，但不能解释为什么那些无用甚至有害变异往往能够继续生存。④达尔文的理论必须假定有相当数量相似变异的发生，否则微小和个体物种的变异将很可能由于杂交而被淘汰，不论它们是有用还是无用。

3. 达尔文进化论所引起的社会反响

查尔斯·达尔文的《物种起源》于1859年出版，这是19世纪科学史上的著名事件。它对西方思想界的影响可同艾萨克·牛顿的《自然哲学的数学原理》相媲美。然而某种意义上,《物种起源》比牛顿的著作更令世人震惊，因为牛顿的思想能被几乎各方面人士接受，甚至对宗教界也有积极的影响（如自然神论对牛顿理论的传播）；而达尔文的理论却在宗教界思想家中引起强烈争论和严厉谴责。就科学本身而言，达尔文理论的重要性或者价值远低于牛顿的理论，然而它对思想界的影响比人们想象的大得多。

达尔文进化论对大众精神和思想的影响，与牛顿学说对大众的影响有很大差别。在18世纪，社会大众对牛顿万有引力体系的反应几乎是一致支持的，但19世纪末和20世纪初，人们对达尔文进化论的反应却众说纷纭，甚至出现激烈的反对和抵制的喧嚣。这种抵制的喧嚣首先来自宗教界，其次出自传统道德和价值判断。当然，这种抵制尤其来自进化论同基督教教义、即《圣经·创世纪》关于造物主造物说是摩西从造物主的原话逐字记录的，那么达尔文的理论就是对造物主的不敬和冒渎。但是相比之下,《圣经》和牛顿力学理论之间不存在这种明显的冲突；即使牛顿的理论确实与教会所坚持的亚里士多德立场相矛盾，但这一斗争早已由伽利略首当其冲地承受了。

人们几乎普遍认为，达尔文的重要贡献在于以大量观察所积累的事实证实的进化理论。但也有一种舆论认为，达尔文关于进化机制的理论是一种反常现象，或者说是一种古物搜集兴趣所形成的结果。正如人们对哥白尼革命伟大意义的误解有相似之处，达尔文所做贡献的重要意义，不仅在于他撰写这样一部生命历史事实的著作，更在于他将生物学研究置于一种具有科学意义的新观念和新方法的广阔基础之上。更确切地说，他引导生物学研究走出历史的荒芜时代而进入前景广阔的大地。在这一进程中，进化机制理论是最关键的，它是生物学研究领域的引航灯塔，是生物学领域的一场革命。正如恩格斯对达尔文进化论的高度评价，指出进化论是 19 世纪自然科学三大发现（能量守恒和转换定律、细胞学说、进化论）之一。

四、达尔文进化论与 19 世纪英国社会意识形态的矛盾

1.《物种起源》：没有经过实验证实的假说

查尔斯·达尔文的《物种起源》出版后，震动了当时的学术界，成为生物学史上的一个转折点。达尔文提出的关于进化机制的生物学学说，用以解释生物机体变化的原因。以自然选择为基础的进化学说，摧毁了各种唯心主义特创论、目的论和物种不变论，使当时生物界各领域已经形成的概念和观念，发生了根本改变。

达尔文进化论遭到保守派和宗教界人士的强烈反对和抵制，对进化论的攻击和批评之声甚嚣尘上。对宗教界而言，达尔文进化论犹如一场噩梦，必须将其铲除，否则他们将寝食不宁。攻击进化论的理论基础是反对者采用的方法之一，也是他们达到目的的一种重要途径。通过这种方法即使不能直接摧毁这一理论，至少使它成为一种在科学上不严谨或无价值的理论，从而使其在社会舆论中处于孤立的状态，以便降低这一理论在大众中的影响力。

达尔文的《物种起源》出版后最多的批评之一，认为这一理论没有遵循归纳法原则，是建立在假说而不是事实的基础上，批评达尔文抛弃了由弗朗西斯·培根开启并由牛顿完善的不列颠优秀科学传统。某种意义上，这种批评有一定道理，达尔文的遗传理论主要是一种假

说性的，没有经过试验来证实，某种动物是经过代代相传而出现明显不同的动物物种。这种没有直接证据的遗传理论，也是达尔文本人生前做出的结论。这种缺乏证据的理论被托马斯·赫胥黎看作是达尔文理论的主要弱点所在。自然选择理论同样是一种假说。达尔文提出，自然界的种种变异现象是无限的，即漫无目的地在各种方面发生。因此，到处都可以对发现自然选择的材料进行研究，但却没有通过实验手段予以证实。只要某些后代比起母体更能适应其周围环境，适者生存原则将导致持续的进化。

达尔文所要表明的是，大量众所周知的关于不同动物的相似性和它们在时间和空间分布的事实，能够以下面的假说予以解释：这些动物之间存在着种系和亲缘关系，只是在时间和空间的遥远或相近不同而已。他进一步表明，它们之间的差异可用这样的假说予以解释：相同母体的后代不是完全一样的，但其差异在各方面都大致是同母体相似的。而且这些获得变异的动物，在生存竞争中一般都具有更好的生存机会。

对达尔文的批评者，一般更多的不是讨论这些假说的优点或者缺陷，他们并不认为这些假说是不可能的，但许多批评者抨击这些假说时，否定科学家有提出假说的权利。他们的批评不可避免地导致关于科学研究方法和科学解释本质的讨论。在这些方面，对达尔文理论的争议，提出了关于科学理论的一些基本问题。

2. 达尔文进化论遭到英国社会舆论的强烈抵制

当时英国大众对科学的看法是一种传统观点，其主要依据来自弗朗西斯·培根和艾萨克·牛顿。培根被认为是归纳法的奠基人，而牛顿则被认为是以归纳法达到最高科学成就的科学家。归纳法被认为是英国对科学的一种特殊贡献，是同欧洲大陆尤其是法国学派抽象而无益的演绎法相对立的。这种不同显然与英国人和法国人不同民族性格相吻合。英国人具有脚踏实地、注重实际的性格，而法国人的心灵则富有抽象和思辨的特征。因此，脱离被认为是不列颠遗产的归纳法的理论，不仅被看作是一种科学上的错误，而且也是对不列颠事业的背叛，因此在道德上几乎是应该受到谴责的。

每当讨论科学方法时，人们总是求助于弗朗西斯·培根，这是当时英国出版物上经常出现的情况。但这并不意味着参与讨论的人对培根的理论非常熟悉。培根简直成为传统科学理论的不可置疑的权威。这种情况也并不表明大多数持有这种观点的人十分了解归纳法。他们似乎主要从否定的意义去理解归纳法：科学家不应超越事实，尤其应该放弃提出假说。牛顿关于“假说不能构成任何东西”的说法，是他们最喜欢引证用来反对如达尔文的一些假说。公认的理论中出现假说是不能被承认的。

这种态度无助于科学进步，但提出上述观点的人是不关心科学进步的。在维多利亚时代中期的英国，科学并没有当今世界享有的声誉，当时科学只是少数人的事业。政治家和作家是表达社会舆论的重要力量，但他们对科学和科学方法知之甚少，从而对科学不太关心。中学和大学里几乎完全是古典和文科课程。发起在学校开设科学课程的运动中，托马斯·赫胥黎起到重要作用，也遇到强烈的抵制。直至 19 世纪末才取得明显效果，学校教育改革才出现大的改观。

在 19 世纪的英国，围绕达尔文进化论的讨论，主要出现以下三种情况：①社会大众一般认为，达尔文进化论运用的是演绎法，是建立在假说而非事实的基础上。上述观点经常出现在当时的非科学出版物上。②有一种观点认为，达尔文进化论中运用的假说不成熟，而且是来自少量事实和片面选择的事实；生物学和地质学尚处在随便运用不合理假说的状态。这种观点经常伴随与假说毫不相关的传统宗教信仰。③批评达尔文没有说明有机界进化的真实原因，没有解释生命起源的最初形式，没有表明最初生命进化的可能性，也没有说明是什么力量引起生物后来的变异。这些批评还认为，只有在优势变异物种出现后，自然选择才能进行，而盲目的机遇不可能出现自然选择和优势变异物种：它们的出现只能以终极动因（造物主）予以解释。

当时出版物上出现的达尔文反对者的阵营，远远比其支持者强大。甚至到了19世纪60年代，公众中受教育者大都相信进化论的情况下，却只有极少数人接受自然选择进化理论。从哲学的角度，自然选择理论一直遭到最强烈的抵制。达尔文本人和赫胥黎这些达尔文主义者是在经验基础上对待进化论的合理性，他们只承认可观察现象作为理论证据。达尔文进化论的价值是不容否认的，可以认为它是不完整而有待进一步完善。但同其他形态的进化论相比，达尔文进化论显然是一种巨大进步。正如赫胥黎所指出的，达尔文进化论是该领域唯一具有科学特征的理论。达尔文的反对者大都出于他们的宗教动机，反对达尔文进化论。

维多利亚时代中期，英国经验论者同唯心论者之间在科学哲学领域展开的讨论，表面上是关于科学理论的争论，双方的动机却出于意识形态领域的深层矛盾和斗争。以其不同宗教信仰所体现的不同价值观，是不同社会群体之间的根本矛盾所在。达尔文进化论导致这种潜在矛盾的表面化。

3. 威廉·惠威尔对《物种起源》的批评

1840年威廉·惠威尔出版《归纳科学的哲学》一书，1858年出版修订第三版。书中没有直接涉及达尔文理论的任何方面（达尔文《物种起源》出版于 1859 年）。该书自然讨论了达尔文之前的进化论（主要是拉马克的理论）。但惠威尔关于生物进化和地质学的讨论可以看作而且实际上同样是对达尔文的抨击和批判。惠威尔明确表示他不接受《物种起源》所阐述的观点。他在 1863 年 10 月 26 日的一封信中说："近来在地质学和动物学展开的讨论，没有从实质上影响我的立场。我依然认为，我所发表的观点是对这一问题的正确表述。"

在《归纳科学的哲学》中，惠威尔采取一种转弯抹角的批评方式，对弗朗西斯·培根进行"评价"。他对这位名人的评议，其目的实际上是用培根的名字作为手杖，去打击所有试图在科学领域开拓一条新路的人，其中自然也包括达尔文等坚持进化论的人士。惠威尔首先批评弗朗西斯·培根作为科学方法的最终裁决人的观点。他说："至少在英国，弗朗西斯·培根通常不仅被认为是开启而且在很大程度上完成了归纳法原理的导师。他不仅被认为阐释了归纳法的某些一般原则，而且为科学研究规定了一些特殊规则。他不仅成为现代科学的奠基人，而且也是现代科学共和国的最高立法者，也是科学实验和科学观察价值的罕见而卓越的倡导者。"（《归纳科学的哲学》，1840，第二卷，第 389 页。）

首先，惠威尔宣称，某些形式的实验本身不会对科学有所作为，实验必须根据某种原则予以进行，心灵的活动必须辅以某种印象的配合。由于在维多利亚时代早期，培根在英国社会上享有极高的声望，惠威尔自然不宜直接表明培根的观点是错误的，而是说公众评论培根的观点是错误的。惠威尔要重新对培根进行解释，使培根成为不完全支持实验理论的人。他说："在认真进行考察后发现，培根决不是对一切相关思辨的内在因素完全认识，他在现象与事实之间保持一种平衡。他坚持对事实进行综合，但他没有忽视对概念解释的价值。”（《归纳科学的哲学》，1840，第二卷，第399页。）

使用晦涩的语言往往是由于缺乏真理而故弄玄虚，惠威尔多次使用“概念”一词，但人们不能清楚理解该词在这里的确切意义。惠威尔说，进化论得出的结论违反归纳法原则。归纳法是一种享有极高声誉的科学研究方法，归纳法能够提供坚实而确凿的知识。然而惠威尔关于归纳法的观点与传统归纳法的意义是不同的。惠威尔强调，由归纳法得出的每一结论，都有某种概念添加在事实上。强调概念是归纳法的要素，惠威尔有其自己的目的。从表面看，惠威尔想表明概念在归纳法中能够更好地服务于科学研究，能够促进我们对观察的事实进行更完善的描述，或者帮助我们认识不同事物之间的联系。但实际上他要表达的是，概念不仅有助于建构科学家的现象，而且在某种情况下，它代表某种真正存在的东西。一些归纳法得出现象发生的规律，一些归纳法是建立在其他一些概念之上，那就是本体和第一推动力，引导我们去把握自然界的根本知识和各类事物的真实关系。至此，我们清楚地看到惠威尔所谓概念的真正意义所在。

其次，惠威尔还提出其不同于经验论者关于因果关系的观点，作为反对进化论的一种理论依据。对于经验论者而言，因果关系仅仅意味着不可变更的自然承续；而作为唯心论者，惠威尔认为因果关系有更多内容：“我们对外物的观察力不能发现原因的性质，原因是联结一事件和另一事件的要素，但直觉无法揭示我们所观察的不同事件之间的关联，从所有事件离析出来的力，被认为具有一种运动矢量影响另一物体运动的性质。在其他情况下，原因将导致变化；这种特性与这些事件不同，但特性可通过事件被揭示。”（《归纳科学的哲学》，第一卷，第170页。）

这段话表明，对惠威尔而言，因果关系不只是一种思维范畴或心灵结构，而是某种真实的实体。按照惠威尔的观点，原因不是一种可观察的现象。由一般因果关系联结的事件链条中，必然有与事件本身不同特性的第一原因。显然，惠威尔如此界定原因，是使他能够从中引出宗教方面的结论。与创世者造物主有关的第一动因概念，不仅能够支持惠威尔关于原因的唯心论观点，也对他信仰造物主的宗教观念具有重要意义。更进一步，如果原因是不能观察的，那么对他而言，承认一事件的不可观察，就有可能导致以造物主干预或奇迹出现予以解释。这样，惠威尔拒绝接受坚持科学观点的地质学家们的“均变论”，就不足为奇了，因为均变论排斥可能被解释为造物主干预的突变论。至此，惠威尔的意思是：归纳法提供了一种表达动因和实体——造物主——的有效途径。

4. 约翰 · 穆勒和托马斯 · 赫胥黎为《物种起源》理论辩护

约翰 · 穆勒于 1843 年出版《逻辑体系》一书（在惠威尔《归纳科学的哲学》出版 3 年后）中，有几章是讨论科学哲学问题的。穆勒承认，惠威尔的科学知识让他受益良多，而且在许多问题上同意惠威尔的观点。例如，在科学研究中坚持运用假说。但是，穆勒坚决反对惠威尔关于形而上学部分的理论。他们之间的分歧显然来自关于因果关系的观点，穆勒认为，因果关系概念完全来自经验。他说，对自然界发展历程的认识越是深入，就越能获得更多证据，表明每一事实都与某一特定事实有必然联系。因此，原因总是一种可观察的事件或状态，而所谓一切事件的前提或第一动因概念是不合逻辑、荒诞无稽和毫无意义的。穆勒说：“因果关系律是人们熟悉的真理，是观察者发现的不可移易的连续性现象，是自然界中一事实与另一事实之间存在的必然序列，其中前提被称为原因，后续者为结果。”（《逻辑体系》，第一卷，第 377 页。）

穆勒对当时生物学和地质学领域发生的情况持与惠威尔截然不同的观点。穆勒拒绝以所谓奇迹的解释方法，而是坚持归纳法和著名的均变论。在此前提下，穆勒充分肯定达尔文进化论，他说：“达尔文先生关于物种起源的深刻思考是又一无可怀疑的合理假说的典范，对达尔先生违反归纳法原则的指责是毫无道理的。归纳法原则涉及证据的条件问题。达尔文先生从未自称他的理论是经过证实的。他没有被归纳法原则所束缚，而是从假说的原则进行其研究工作。而且，这些课题至今几乎没有人能够完成得如此全面。他开启了一条广阔的科学研究道路。”（《逻辑体系》，第二卷，第十九章。）

托马斯·赫胥黎是 19 世纪最主要的达尔文主义者。赫胥黎明确表示他完全同意穆勒在《逻辑体系》一书中关于科学方法的观点。同穆勒一样，赫胥黎认为，科学研究的目的是对现象世界进行描述，对某种现象的描述应一致和尽可能简洁。从极端的角度而言，一切事物都是不可理解的，科学的全部目的就是将这种不可理解性减少到最低。假说是科学研究中不可缺少的。

达尔文 1859 年 11 月 29 日给朋友的信中表达了他对赫胥黎观点的赞赏，他说：“看到赫胥黎先生讲演的内容，我非常高兴。他的讲演深深打动了我，尤其是他关于归纳法原理的论述。”达尔文完全承认其理论的假说性质，他说：“我的著作是假说性的，其中大部分根本不能作为是通过归纳而得出的结论，我最常见的缺陷也许是从太少的事实中归纳出结果。我一贯把自然选择理论看作是一种假说，如果说这一假说解释了一些大型物种的某些事实，可以被作为值得人们接受的一种理论。当然这是我自己的意见。”

五、格雷戈尔·孟德尔对遗传学的贡献

1. 孟德尔遗传理论是现代遗传学的基础

现代遗传问题研究的重要成果来自格雷戈尔·孟德尔。孟德尔是奥地利修士，他的工作主要是对种在他的隐修院花园里可以食用的豌豆进行实验。他的实验之所以新颖，在于他用几种完全不同特性的植物进行杂交。他遵循对每一代植物进行精确编号的原则，以便表现其不同的特点。正是他对每一代植物不同特点再次出现的比率进行的分析，使他的实验获得成功。

孟德尔对达尔文关于新物种形成的解释不满意，便以严格设计的科学实验程序，开始了对植物杂交的研究。而达尔文认为杂交对物种变化并无重要意义。孟德尔发现，当高株可食豆类用同样高株豆类授粉时，所有后代都是高株；当矮株豆类用矮株豆类授粉时，只培育出矮株豆类；当矮株与高株杂交时，培育的所有后代都是高株的。但是再对这种高株植物进行自身授粉，其后代中只有四分之三个体是高的。如果对上述最后提到的植物个体继续进行自身授粉，孟德尔发现，所有杂交后的矮株植物都将形成纯育物种，即能够真实遗传，而其余产出高株植物的只有四分之三（这一组植物在杂交后的繁殖状况表现为第一代植物的遗传现象）。

根据豌豆杂交试验的结果，孟德尔提出遗传单位（即基因）的概念，并阐明其遗传规律，后来称“孟德尔遗传定律”。①分离定律。细胞中有成对的遗传单位在杂种的生殖细胞中，成对的遗传单位一个来自雄性亲本，一个来自雌性亲本，形成配子时这些遗传单位彼此分离。②独立分配定律（又称自由组合定律），即在后代中不同对的对立性状随机组合。性状决定遗传单位，遗传单位（基因）作为独特的

独立单位而代代相传。孟德尔遗传定律不仅适用于豌豆，而且适用于所有植物和动物，其中包括人类。遗传单位在性细胞染色体分裂时的行为，就是孟德尔遗传定律的物质基础。

孟德尔根据豌豆杂交试验的结果于1865年发表论文《植物杂交试验》，提出遗传单位概念，并阐明遗传规律。但这一发现在当时未受到学术界重视，直至1900年由三位植物学家发现。

2. 孟德尔理论是探索生命演化的出发点

借助某些假说，孟德尔将他获得的数据，置于一种严格的具有科学规律的框架之中。他提出的假说是，一种生物体的遗传属性，是由花粉细胞和卵细胞的结合而决定的；生物体不能相容的某些属性，如高和矮，是不同的遗传单位，它们是被遗传的纯种，因此，生物体内有其中的任何一种属性，而不是它们的混合体。在这两种属性中，一种处于显性状态，另一种处于隐性状态。就是说，就个体而言，一对卵和花粉细胞的结合，是不相容单位属性的遗传决定体，生出的生物体总是表现出两者中的一种所具有的性状，即显性性状。但是在生物体产生的卵和花粉细胞中，遗留的遗传决定体再进行均等分裂，在适宜结合的情况下，其后代能够继承另一性状，即隐性性状。最后，一个单位决定体与相同单位决定体的结合，不论具有显性性状或隐性性状，它们总是能够形成定型物种。

孟德尔以这些假说，将他观察到的结果形成一种简单的遗传规律，这就是，杂交植物（从具有不相容单位性状的母体繁殖）中，遗传决定体的结合具有一种或然性，即在大多数情况下，这些决定体的结合所形成的结果，大体上是一种均等分布状态。由孟德尔遗传学说逐步演化形成现代基因遗传理论表明，孟德尔理论已经成为探索生命演化内在动力的基本出发点。

六、后期进化理论

1. 关于生物异变问题的争论

到了 20 世纪，生物进化理论的一般原理，已成为生命科学领域的一种常识性知识。当代知名科学家没有人拒绝这一理论的主要原则，但对一些重要结论存在许多争议。尤其关于不同个体物种变异的原因和母体特征对后代的传递方式，存在许多不同观点。这些问题对心理学和生理学研究有很大意义。

19 世纪下半叶，对生物体获得性状的遗传问题曾出现激烈争论。对于早期进化论者如伊拉斯谟斯·达尔文、拉马克和斯宾塞，生物进化过程中的变异就意味着获得性状遗传的事实。德国生物学家奥古斯特·魏斯曼反对这种理论，但斯宾塞依然支持过去的观点。后来对这一争议所做的实验表明，不支持这种获得性状的遗传理论。

争议更多的问题是进化论中关于变异发生的解释。达尔文和斯宾塞都没有对此予以说明，而是将其作为一种显著的事实。但不久就引起人们对这一问题的关注，最终通过多人，尤其是雨果·德弗里斯的工作，提出一种解释。德弗里斯注意到月见草（evening primrose）的野生变种，显然不同于栽培种，他相信这些变种是一种连续的动态进化的例子。他设想进化是一系列突然、彻底的变化，足以一跃而产生新种，为这一现象创造了“突变”概念。这种理论认为，自然物种不是以平稳、渐进的方式，而是以突然、跳跃的方式进化的。虽然这标志着对进化概念认识的一种飞跃，但关于突变为什么会发生，却依然是一个谜。许多科学家认为，这一问题既不可能也无须解释；如果突变论是正确的，至少进化的部分方式可通过突变论予以说明。

德弗里斯还发现，达尔文提出的个体物种通过多代积累而发生的微小、波动不定（彷徨）变异而形成新的物种，是不能遗传的。而他发现偶尔发生的巨大变异（突变）的物种是可以遗传的。这种变异的品系经过多代回复变异后，不再具有其原始形态的特征。他认为，这种突变的发生不仅引起新的变异，甚至产生新的物种。对于生物学历史，德弗里斯的研究方法比他的分析更为重要。他曾观察生长在特别优越的土壤条件下物种（月见草）的变异，然后他又移植弱小的变异物种对其进行特殊培育，再在花园里播下野生种子进行精心观察。通过几代的繁殖后选出种子，这些种子表现出某种特殊的变异。德弗里斯在解决生物学问题方面引进了实验方法。

进化概念中最令人困惑的方面集中在下面的一种观点：有机生命的后期形式是由前期形式进化而来的，在这一过程中，后期形式往往不同于前期形式。如果说这种结构完全由它们的内因所决定，那么出现的新形式必然包含在老形式之内。但这种情况早已由英国哲学家戴维·休谟证实是不可能的。如果进化过程中出现的新形式不包含在旧形式内，那么来自何处呢？英国动物学家劳埃德·摩根是试图对这一问题做出回答的人之一。摩根的理论被称为“突生进化”（Emergent Evolution）。这一理论的主要观点是，在千百年的进化过程中经过许多不同阶段，其中突然出现以前不曾存在的全新形式。在自然界条件“优越”情况下，这些新的形式或变异突然出现。这样，自然界存在许多不同层次，后继形式是在前形式基础上出现的，有机界从无机界、感觉从无感觉状态、意识从无意识状态中出现。但同时，后者自身具有某些不同于前者的新的特征。自然界的底层是物理和化学层次，而高层则是生物和心理层次。

20 世纪以来，对生物体基因的研究表明，在环境的影响下，基因可发生突然变异。基因主要由 DNA 组成，基因控制细胞直至整个生物体的性状。基因突变有多种情况：①自发性突变（细胞分子衰变）；②细胞分裂时，基因复制出现对 DNA 结构的损伤；③ DNA 修复出现错误，如改变 DNA 碱基排列顺序；④诱变，由于环境影响，如 X 射线、紫外线辐射，以及某些有害化学物所引起的突变；⑤突变还可表现为染色体结构的异变。染色体结构的改变，会使排列在染色体上的基因数目和排列顺序发生改变，从而导致生物性状的变异。基因的突变，导致生物体的后代表现出其祖先从未有的新的性状，成为生物进化的基础，自此揭开了生物体突变的秘密。

2. 柏格森：生命冲动是生物进化的内在动力

另一位关注进化问题的思想家是 20 世纪初叶大名鼎鼎的法国哲学家亨利·柏格森。柏格森认为，一切事物处于永恒流变之中，当下不是对过去的重复。随着时间的推移，新事物不断出现，不能以传统进化理论解释经验。有关适应、竞争、生存的理论都不能对物种的变异以及灾难给予正确的解释。例如，如果说在进化竞争中适应环境的生物就能够生存，那很难理解为什么不能适应环境的许多低级生物能继续繁殖后代。这是柏格森提出的反对以往机械进化论的证据。

柏格森的回答是，各种生物本质上存在一种生命冲动，一种不断涌出的新生物质，这种新生物质的发生不是一种偶然现象。柏格森说，生命冲动是生物进化的内在动力，如果没有这种生命力，生命过程将结束。整个宇宙都是生命冲动的表现。这就是柏格森对世界新生事物出现的解释。

第15章

实证主义和实用主义

第1节　实证主义

一、实证主义的基本原则

实证主义（Positivism）属于经验主义范畴，但比以往的经验主义更注重对理论的经验证实。实证主义重申知识必须来自经验材料，否认任何先天原则，反对通过纯粹理性思辨建立知识体系的观点。实证主义精神拒斥形而上学，在实证主义者看来，形而上学是一种没有经验基础而单靠思辨建立起来的理论体系。科学与形而上学相反，科学理论以经验事实为基础，并由经验予以证实或证伪。实证主义坚持科学发现是终极知识，其主要目标是向自然学习描述事件发生的种种规律，而不是企图从经验之外发现某些神秘的物质或力——这种物质的存在是无法证实的。科学知识必须建立在真实物质基础之上，这是实证主义哲学的最基本原则。

实证主义，按照认知心灵在认知过程中所发挥作用的多少分为三大类。以实证主义的建立者奥古斯特·孔德（Auguste Comte，1798—

1857）及约翰·穆勒为代表的经验论实用主义认为，认识可观察现象过程中出现的对规律的描述，完全由这些现象所决定，心灵不对自然规律提供任何内容；心灵仅仅是一种接收器官，在经验的推动下将科学材料组构为不同形式的规律。以弗里德里希·朗格、欧内斯特·马赫和亨利·庞加莱为代表的经济学实证主义认为，规律至少部分地由心灵所建构，这种建构的程度是由人的性格和需要决定的。因此，根据这种观点，心灵不是被动的而是具有某种程度的主动性。第三种所谓社会学实证主义以涂尔干为代表，强调以科学方法确定社会秩序的各种规律。虽然其他类型的实证主义同样追求对社会的认识和理解，但社会学实证主义者将对社会的研究作为其学术研究的中心。

二、实证主义是对启蒙运动和法国大革命的反思

奥古斯特·孔德被认为是实证主义学派的创始人。他的哲学观点主要是在法国大革命期间出现的种种事件影响下形成的。他企图对这场革命后产生的社会变乱局面进行改革。就是说，实证主义的问题意识源于对启蒙运动和法国大革命的反思。孔德与所有倡导恢复过去某些社会形态的人有共同观点，认为所谓“黄金时代”只有在未来才可能出现；乌托邦观念是不现实的，但建立一种保留过去优秀传统的新社会是可能的，从而为未来的社会进步铺平道路。但只有在全人类进入一种新的思想境界之后，这种社会进步才能实现。

孔德的基本指导思想是为再建秩序寻找一种新的和稳固的基础。他认为，只有用科学的态度和方法对待人类问题，才能使社会内部状况得到改善。他拒绝其前辈圣西门的建议：人类社会应建立在基督教社会主义基础上。孔德认为，这种观点已经过时，是行不通的。新的

人道主义国家必须建立在新的观念基础之上。孔德所追求的是在人性科学-社会学指导下建立人们共同理想的社会体系，这一过程所依据的原则必须具有科学性。在物理学领域已经相当成熟的科学思想和方法，同样可以用于社会科学。

三、孔德的科学社会学

1. 人类思维的三阶段规律

上述信念促使孔德关于人类思维的“三阶段规律”思想的形成。他说，人类心灵已经发展到最后，即实证阶段。孔德将第一阶段称为神话或虚构阶段，其特点是人类借助超自然力或散居于自然界的各种精灵来解释自然。在时间的进程中，这种泛灵论观点逐渐演变为多神教，最后是一神教。在这一阶段，人类不可能把握关于自然规律的任何概念，而是把自然看作是不可预测的神灵意志所汇聚的结果，并逐渐形成自然界具有统一性的观念。这种观念最终发展为一神崇拜的宗教。在神话阶段，人类以自身为中心看待世界。

当人类在追求知识的过程中，神话阶段逐渐结束，人类思维进入其发展的第二阶段。这一阶段是形而上学阶段，这时人类仍然以各种隐蔽之力来解释自然，但这些力已不再是拟人化而是以无生命的形态出现。各种事件不再是以变化无常的方式发生，而是出现了事件发生的必然性观念。随着人类知识的增长，人们越来越少地以个人希望或预想去解释一切事物，即更少以目的论思维去解释事物，而是认为事件是在某些力的促使下发生的。人类心灵在这一阶段的特点是通过观察发现物质的固定特性，而物质特性的可观察性是各种力所产生的效应，但力本身是可能被观察到的。然而这种关于物质和力的观念不能作为解释事物的原则，因为它们仅仅是一些抽象概念，一些假设的实在，不可能以任何方式的研究被证实，因此不能作为科学的载体，依然属于科学的经验材料的积累和整理阶段，是普遍规律或规则的发现过程。人类能够逐步获得关于周围世界的真实知识。

人类心灵在此之后的发展阶段可称为科学的或实证的阶段。这一阶段与形而上学阶段的根本区别在于，人们不再致力于发现事物为什么发生，而是仅仅致力于描述事件如何发生。感觉为我们提供具有规律性和齐一性形态的经验。这一阶段为科学研究排除任何其他多余的程序，在对经验的研究中，事件所呈现的连续性和相似性关系，为科学家提供了预测所需的某些必然规律，从而使科学家能够运用科学演绎方法，并经过试验标准的检验，形成和发现某些普遍规律和规则，然后通过演绎过程，以这些原则为指导，将知识运用于解决具体问题。知识首先必须具有经验特征，在此基础上经过推理过程而形成进一步的判断。通过这种方式归纳的自然规律，不能被认为对未来所有事件都具有效性，而仅仅是对某些事件发生状况的描述，是对未来可能继续发生事件的一种假说。这样，它们是有用的和具有实际意义的，从而避免导致独断论的错误和污名。

在人类心灵从虚构进入抽象阶段，最终达到实证阶段的过程中，不同知识领域的科学出现了。这些不同门类的科学不是同时出现的，而是作为非实在假说，逐步获得科学的性质。 实际上，首先出现的数学科学，在成为实证科学之前是否经过神话阶段是值得怀疑的。孔德将知识分为六类，即数学、天文学、物理学、化学、生物学和社会学。孔德对当时知识的这种分类不一定是全面的。约翰 · 穆勒和赫伯特 · 斯宾塞都曾指出，孔德遗漏了心理学。但孔德认为，不能归于生物学的心理学其部分内容可以归为社会学。

孔德的基本设想是要表明，科学类别的划分应建立在四种原则上：复杂性、隶属性、次序和独立性。就是说，同其他学科相比具有复杂性、不同程度的共同属性、学科出现的先后次序和主题的独立性。例如，从主题视角，数学是这些学科中最简洁和最具独立性的学科，数学是首先成为实证科学的学科。在没有大量易变要素干扰其原理的有效性这一意义上，数学的主题大多具有独立性。每一种学科都依赖于出现在它之前的学科，同时却不能归于同类学科。这样，天文学依赖于数学，但却比数学有更多的内容。同样，生物学依赖于化学、物理学，而且在某种程度上还需要数学，但它的主题内容却不能归属这些学科。关于学科出现的先后次序，最复杂、最具依赖性的学科最后出现。数学在历史上首先出现，社会学最后出现。同生物学、化学或任何其他学科主题相比，社会学的主题包括最大程度的不可预测性。可预测性是完善学科的属性，从而也是达到实证科学阶段的学科，反之则是最后成为实证科学的学科。

孔德认为，他是首先对学科发展中实证阶段进行描述迈出第一步的人，也是首先提出学科领域最新和最重要而且达到实证阶段的学科——社会学。孔德将伦理学、逻辑学、认识论等不同哲学学科都包括在社会学中，使社会学成为研究人类的一门哲学。孔德将人性而不是人类作为他学术研究的中心对象，以社会学为媒介，旨在将科学、哲学和宗教构成一个统一的观念体系。孔德相信，在这一观念体系基础上，社会的重建将是可能的。一个新的时代将出现在 18 世纪末叶动乱后的法兰西地平线上。

2. 历史积淀是社会发展的基础

孔德认为，社会学是在历史进程中，尤其是在 19 世纪法国的道德、宗教和文化成就基础上，并在科学方法指引下最终形成的。在其他学科进入实证阶段的背景下，社会学开始从形而上学的、道德的和宗教的丛林苍莽中走出。社会学应以人类整体而不是个体的人作为研究对象。在对某一时期或地域人类社会的研究中，孔德设计了所谓“社会静力学”。通过历史发展进程研究社会，他称为社会动力学。每一种研究都将揭示一种基本规律。社会静力学表明，各种社会都建立在功能区分基础上，每一种功能都与其他功能紧密关联。各种功能的协调一致将为社会的存在和发展形成必要的合力。社会发生学研究，即社会动力学方法的基本原则，是社会进步。所谓社会进步并不单纯意味着社会状况的改善，而在于不同发展阶段的进行状况：过程是自然的基本特点，也是历史的基本特征。过程所表现的状态，决定社会发展和进步的轨迹和方向。

社会在时间进程中发展，而发展是在过去成就基础上进入一个新的阶段。这是历史的产物，然而这种渐进的综合不仅仅是其各部分的总和。整体不能复归于其部分，但整体必须建立在部分的基础上；没有前期的发展就不能形成整体发展中任何阶段的基础和条件。这就是孔德关于三阶段规律的主要意义。实证哲学追求对历史的深入观察和研究，孔德认为，历史上的任何时期都同样具有重要意义，不存在欧洲的所谓“黑暗时期”，因为每一时代都包含社会发展下一阶段所不可或缺的要素。欧洲中世纪时期优于雅典的“黄金时代”，因为在欧洲中世纪形成了人类精神和道德的领先地位和基督教天主教会的权威和优势。欧洲中世纪的主要缺陷，在于不容许批评的信仰体系对社会发展和社会进步的阻滞。

四、经验论实证主义

英国实证主义的代表是约翰·穆勒。穆勒属于从弗朗西斯·培根开始，并由霍布斯、洛克、贝克莱和休谟继承的英国经验主义传统哲学家。穆勒认同实证主义的基本精神，其中的许多要素显然源于休谟哲学。

穆勒在其父詹姆斯·穆勒影响下，对经验论的种种理想很熟悉，同时也对其父做出许多贡献的联想心理学有所了解。约翰·穆勒也受到杰里米·边沁的影响，边沁在社会改革领域做出的努力对穆勒的影响是深远的。这种影响主要反映在他的《功利主义》(1863)一书中。穆勒与孔德都坚持经验主义方法论，而对形而上学抱持怀疑态度，以及对社会问题的关注和将知识限制在现象领域的观点。

1. 科学归纳法：齐一、差异、伴随变量和剩余

约翰·穆勒最有名的著作是《逻辑体系》(1843)。穆勒在该书中详细讨论了科学方法问题，为科学归纳法系统理论打下了基础。穆勒提出，科学方法可总结为四种归纳法，这就是齐一、差异、伴随变量和剩余。穆勒认为，这些方法一旦被认真用于科学研究，其结果将在经验基础上产生一些原则，这些原则能够通过实验予以证实，它们是对自然现象的描述。

作为实验研究程序的齐一性方法，是将注意力集中于相互关联的事件上。这些事件之一被认为是原因，在原因之后反复出现的另一种事件被称为结果。这种因果关系由经验所发现，在研究过程中，如果发现被观察的某些事件没有出现于事件 B 之前，就有理由判定这些杂乱出现的事件不是事件 B 的原因。这样就能排除所有这些事件作为原

因的可能性，但那些总是出现于结果之前的事件除外。从这一方法得出的结论是，一个总是出现于 B 之前的事件，可能就是其原因。但这种方法显然是一种观察方法而不是实验方法，所以应与差异方法一起使用。

差异方法尤其用于那些可控情况下。如果发现一些事件总是出现于某一事件之前时，在逐一排除并非这一事件原因的某些事件过程中，最后确定一种或几种事件进行研究。如果以齐一方法发现 K、L、M 和 N 是出现在结果之前的事件，差异方法就可能证实这些事件中的一种或两种是结果的原因。如果事件 B 之前的事件 K 被排除，随之出现的是事件 B 的消失；相反，当事件 B 出现时，事件 K 就会随之出现；那么，事件 K 和事件 B 之间的因果关系就已确定。就是说，如果事件 B 的出现和消失之间的唯一差异，就是事件 K 的出现和消失之间的差异，那么，事件 K 就是事件 B 的原因。在完全可以控制的情况下，差异方法就能最终建立一种普遍的自然规律。

然而在许多事例中，希望了解更多一些自然事件，而不仅仅是必然出现于某一事件之前的另一事件。了解一种事件需要多少要素导致另一事件出现变异，这将具有重要意义。穆勒说，当已知原因发生了变化，运用伴随变量（concomitant variations）方法来确定导致结果发生的变化，并以一种数学原理或数学公式来表述这种关系。现以观察由摩擦产生热这一现象为例，齐一和差异方法可以建立摩擦必然产生热这一规则，但我们依然不了解摩擦的量与产生热的量之间的比例。伴随变量方法可以确定这一问题。这一方法可以确定摩擦和热之间的关系是固定的，热量和摩擦量的变化直接相关，在科学研究中称这种情况为函数关系。科学研究中运用这种方法，能够确定一些不同自然现象之间更为确切的关系。

当处于观察中的某些事件，由于其组成部分的复杂性而不易进行试验时，可以采用剩余方法进行研究。如果已知几种事件发生在某些所谓的结果之前，可将已知的因果关系逐一成对地确定下来，再进一步对因与果双方剩余的事件进行研究。就是说，这种方法是提倡将已知几种原因和结果之间的相关性确定后，并将它们排除在考察之外。如果先行事件中尚有剩余部分，就要对后者与先行事件诸多要素的关系进行研究。

在可能情况下，可运用这四种相互关联的方法进行研究。穆勒说，这种科学方法能够确立和巩固我们的大多数实践知识的精确性。这些方法只用于现象或表象世界，只用于对经验材料的考察和研究，不涉及任何形而上学假说，不追求任何形而上学的论证，因果关系只限用于经验领域。在这一方面，穆勒的观点显然与实证科学的一般精神相一致。

2. 因果关系和自然界同一性原则

穆勒认为，科学方法的种种假说，是指导科学研究的必需过程。这些假说中的主要方面是因果关系和自然界的同一性假说，穆勒拒绝这些假说存在某种先验基础。在设想各种事件都有因果关系的前提下，每当一种事件出现，总是有另一事件作为其原因。运用上述方法的过程，同时也是进一步对因果关系原则本身进行了验证。穆勒承认在过去知识基础上预测未来的必要性，但同时他也承认这种以既有知识进行推理、归纳的局限性。他坚定地相信，因果关系和自然界同一性原则，能够建立起不容置疑的真正原理和原则。在这一方面，穆勒常常遭到批评者的责难。穆勒倾向于将因果关系和自然界同一性原则作为假说或重要理论，进行研究工作。与此同时，他发现在运用过程中，这些理论得到了充分的验证，从而能够支持将这些原则用于预测未来事件的发生。科学定律是建立在因果关系和自然界同一性真理基础上的，同时，永恒的自然规律证实了因果关系和自然界同一性的真理。

穆勒相信，经验论方法能够解释各种基本逻辑和数学原理，例如，以某些基本的规律形式就能够总结或归纳诸如光明与黑暗、上与下、运动与静止、过去与未来这些频繁发生的事件。以这种方式，我们能够通过经验和一般逻辑规律辨认诸如矛盾、认同和不偏不倚的中立状态。同样的情况也发生于数学原理中，例如，几何学家可将其命题用于真实物体上，虽然完美的三角形、正方形和圆形在自然界是不存在的，实际上穆勒是针对它们的理想形式，至少在理论上可以这样设想。由此就容易发现，这些实体来源于实际经验对它们存在的近似值的认同。在这种情况下，我们可以经过从对圆的经验近似值进入一种理想结论的过程，从而建立圆周的所有部分与圆心的距离是相等的这一原则。由此，在完全经验论基础上能够解释思维、逻辑和数学的一些最基本原理的所有规则。

经验论还可充分解释人类共同的一种信念：客观世界是独立于感知者的实际存在。常识观念认为，感知者的感觉揭示了一个外在世界。然而经过深思发现，这种信念是不能被证实的，我们不能证实这个外在世界的存在，虽然我们能够充分说明这一信念。我们对以往发生事件的记忆同目前的有关经验是相似的，因此我们期待目前事件之后必将发生过去曾经发生的相关事件。记忆能够使我们从目前的经验转移到未来一种期待中的经验。天真的人会认为，这些经验证实了外在世界的存在，但这是错误的，我们关于外在世界存在的信念是无法证实的。我们只知道一些联想原则，例如，从经验现象分析的邻接关系、因果关系，以及相似性关系，认为它们都是相同的东西。

上述理论清楚表明，穆勒的理论属于实证主义哲学传统。他对形而上学的怀疑态度，阻止他对超越感性的东西进行思考和研究，现象是他的研究起点和终点。科学事业按照经验论规则对经验进行建构和整理，以经验论标准对现象进行判断。在这一过程中，研究者的心灵对科学内容的确定不发挥任何作用。经验论的种种规则是在对自然界的研究过程中形成，同时也被自然界事物限制。经验论实证主义的重要观点是，知识必须来源于经验材料，这些经验材料是科学知识的全部内容，是科学知识的源泉。

五、对实证主义的批评

实证主义将哲学与科学的关系作为其理论的中心问题，并力图将哲学融入科学之中。实证主义不仅对哲学而且对整个社会科学产生了深刻影响。孔德创立的实证主义社会学，在其后的一个半世纪是社会学的主流。

孔德生活的时代，正是一个宣扬理性主义和现代科学思想发端的时代，在科学万能思想的冲击下，人们对形而上学产生怀疑，逐渐以注重经验的科学方法观察、研究事物、探索事实的本质和变化的现象。实证主义的目的在于建立知识的客观性，超越经验的知识不是真实的知识；一切可信的知识必须是经过实验证明的知识，只有科学知识才是可信的知识。思想家如亨利·圣西门、西蒙·拉普拉斯和奥古斯特·孔德都主张，思想史领域必须以科学方法、精确的观察和循环的论证替代传统形而上学。

威廉·狄尔泰坚决反对只有来自科学的对事物的解释才是有效的

和正确的解释的观点。他引述意大利哲学家詹巴蒂斯塔·维科的论点，科学不能对现象的性质进行深入的解释，只有人文学知识才能为我们提供对思维、情感和欲念进行解释的洞见。狄尔泰的思想还受到德国历史学家利奥波德·兰克历史主义观点的影响。历史编纂学同实证主义之间一直存在历史主义与实证主义的争论。兰克和许多历史学家认为，历史与科学如物理学和生态学，其主题和研究方法是完全不同的，绝大部分的历史研究是不能量化的，因此以数量表征的历史现象必将失去准确性和真实性。实验方法和数学模型不适用于历史研究，希望在历史研究中建立普适规则是荒谬的，也是不可能的。

在历史上，实证主义因其“简化主义”而遭到批评。所谓简化主义（reductionism）是说实证主义者主张一切事件过程都可被简化为生理学、物理学或化学过程，一切社会过程都可被简化为不同个体行为之间的关系，以及各种生物有机体都可归属物质系统的观点。德国哲学家马克思·霍克海默从两方面批评古典实证主义理论。首先，霍克海默说，实证主义对人类社会行为的解释是错误的。实证主义对社会现实的认识，不是外在的客观世界，而是在当时社会和历史背景下人类意识的产物。实证主义者无视社会现实构成中观察者所发挥的作用，因而没有考虑历史和社会环境对社会观念的描述所产生的影响。实证主义者没有将社会描述为一种独立而客观存在的现实，而是他们苦心孤诣地制造的社会环境。其次，实证主义者对社会现实的描述呈现一种人为的保守主义观念，这种观念所支持的是维持现状，而非向现状挑战。这种情况可能使实证主义在某些政治环境中得到流行。

有些学者赞同霍克海默对实证主义的批判观点，而且自霍克海默的批判发表之后，导致在哲学领域新实证主义（逻辑实证主义）的产生。逻辑实证主义不再坚持认知与已知的分离，逻辑实证主义者接受霍克海默关于观察总是负载价值的观点，但依然拒斥形而上学和坚持社会学应以科学的方法进行观察，即怀疑主义以及严密、审慎的科学态度。

实证主义的批评者还认为，真理始于感觉经验，但并非止于此。实证主义者没有阐明：不存在抽象概念、规律和定理，没有超越可观察的事实和关系。实证主义者也没有阐明客观存在的全部秩序是由物质的和有形的事物所构成的，而我们的知识只来自这些物质的事物。但实证主义者认为，我们的抽象概念或普遍观念只是通过观察和实验所形成的综合描述。例如，“人”的概念是我们由经验所观察到的所有人的混合形象。这种观点与柏拉图的理想相悖谬。柏拉图的理想是，观念可从对任何具体存在的抽象而来，这些观念可以运用于无限数量的同类客体。在这一方面，柏拉图主义是更为准确的。将一种观念界定为集体形象的总和是不准确的。

20 世纪初，德国社会学家如马克思·韦伯和格奥尔格·西梅尔拒绝实证主义理论，因而建立了社会学反实证主义的传统。此后的反实证主义者及其理论将实证主义与唯科学论（scientism）相提并论，科学成为一种观念形态。为量子力学做出开创性贡献并获得诺贝尔物理学奖（1932）的德国理论物理学家维尔纳·海森堡，对实证主义保持疏远的态度。他说：“实证主义者有一种简单化解决问题的态度：世界必须被分为我们能够清楚说明的一部分，而另一部分最好交给科学。既然如此，能有人设想出一种比此更无意义的哲学吗？如果我们忽略那些说不清楚的东西，也许能使我们规避了枯燥而浅薄的冗言和赘语。”（维尔纳·海森堡：《实证主义、形而上学和宗教》，第 213 页。）

第 2 节　实用主义

实用主义主要是一种美国哲学运动和科学运动。20 世纪初，实用主义开始盛行于美国。实用主义反对既存的传统观念，对美国哲学、科学、教育、政治和艺术都产生了重大影响。实际上，实用主义代表对生活的一种务实和乐观精神，拒斥古老欧洲拘泥形式的文化形态。在学术上，实用主义意味着通过实验获得知识的认识论和方法论。如果说查尔斯・皮尔斯创立了实用主义方法论，威廉・詹姆斯建立了实用主义的真理观，约翰・杜威则是实用主义的集大成者。

一、实用主义的历史渊源

实用主义是对 19 世纪哲学领域理性主义封闭体系的全面反叛。理性主义者认为，一切客观实在都是其各种内在关系将各个部分组合的整体结构，这种实在常被解释为抽象和不变的理性范畴。实用主义者似乎认为，当时尚属新理论的进化论对自然和生存的解释是一种新的、非理性主义的观点——一种向根深蒂固的物种不变观念挑战的理论。自然科学和逻辑学的发展也激励了实用主义的批判精神。

有两种主要因素推动了实用主义理论的形成。首先是约翰・穆勒、亚历山大・贝恩和约翰・维恩等人著作中建立的英国经验论，强调经验对知识形成的重要性，尤其是他们强调信念的形成与人的行动、动机和意向的紧密关联。18 世纪唯心主义经验论者乔治・贝克莱提出关于知识的实践和推理特征，以及将感觉视为对未来经验的预示信号，都使皮尔斯得到启示而成为实用主义的创立者。对实用主义另一重要影响来自德国哲学，即康德对信念具有目的性的分析，意志和欲念对信念形成的作用，以及浪漫唯心主义者提出，在开拓人类经验范围和知识视野过程中，一切理性都有“实践”的特征。这些思想都对实用主义理论具有启示作用。总之，康德哲学、苏格兰求实精神对皮尔斯的影响；英国经验论、发生认识论者詹姆斯·沃德和法国个人至上论者查尔斯·勒努维耶的唯意志论（强调选择或意志的作用）对威廉·詹姆斯的影响；康德关于心灵的能动性概念的著作（塞缪尔·柯勒律治英译），以及新康德主义和黑格尔唯心主义对约翰·杜威的影响，推动了实用主义理论的形成。

除上述因素对实用主义的兴起产生影响外，19 世纪美国的社会环境也是实用主义产生的客观条件：工业和商业的快速发展和根植于英国清教伦理的普遍乐观精神（辛勤劳作和重视个人操行必将得到报偿）。而充满不确定因素的新垦边地生活和开拓进取精神，以及快速发展的社会经济，冲淡了当时处于优势的加尔文主义对未来的宿命论观念。这种乐观的进取精神也激励了创新和对新世界的实验精神，以及对美好理想的憧憬。

二、查尔斯·皮尔斯：实用主义的奠基者

在实用主义（Pragmatism）的发展中，美国科学家和哲学家查尔斯·皮尔斯（Charles Peirce，1839—1914）、心理学家威廉·詹姆斯（William James，1842—1910）、哲学家约翰·杜威（John Dewey，1859—1952）等分别做出了他们的贡献。他们对实用主义有不同的论述，但在一些重要问题上的观点是一致的。这里只讨论他们的共同点而搁置分歧不论。严格而论，实用主义是一种 20 世纪哲学-科学运动，

虽然其源头可追溯至欧洲思想史上的赫拉克利特和普罗泰哥拉时代。现代实用主义首先由皮尔斯于 19 世纪 70 年代提出，皮尔斯实用主义是关于研究工作原则和对意义的解释方法，其要点是，任何陈述必须具有事实基础上的意义内涵，即实用主义是解释意义的一种方法，其目的在于理清形而上学和促进科学研究。因此，许多人将皮尔斯实用主义视为逻辑实证主义对意义解释的先驱，是逻辑实证主义者于 20 世纪早期提出的实证原则的原型。实用主义原则与逻辑实证主义原则确实存在相似之处，例如，逻辑实证主义的原则是，一个句子必须以经验检验其是否具有意义；而实用主义的原则是，实验和实践是检验一个命题意义的标准，一个命题的基础必须具备可观察性，才是有意义的。

皮尔斯将实用主义的理论渊源追溯至康德哲学，詹姆斯表示赞同皮尔斯的这一观点。皮尔斯从康德那里采用“实用主义”这一名称，将实用主义解释为“把观念表达清楚的一种方法”，而不是功利主义的技术。皮尔斯用“实用主义”一词，意在表明实用主义以经验为依据，将科学实验置于首要地位的思想。胡适先生早年把 pragmatism 一词译为实验主义而不译实用主义，是有道理的。实用主义坚持一切事物的真理性必须进入实验过程，凡是未经科学实验所证实的均非真理，都必将被怀疑和批判。皮尔斯和詹姆斯的实用主义理论之间的主要区别在于：皮尔斯是从数学进入哲学，而詹姆斯则是从心理学进入哲学。皮尔斯是一位典型的物理学家，而詹姆斯是唯名论心理学家。但皮尔斯和詹姆斯一样强调或然性和非决定论。皮尔斯在认识论方面是一位实在论者，他清楚表明，普遍性是一种客观存在，科学的发展、进步离不开实在论的认识论。

皮尔斯又是一位偶然论（tychism）者，他认为，偶然性是宇宙中的一种重要因素。皮尔斯坚持偶然论，反对只承认必然性而否认偶然性的决定论和宿命论。偶然性与事物发展过程的本质没有直接关系，但其深处往往隐藏着必然性；它们相互联结、相互作用，在一定条件下可能互相转化。皮尔斯说，科学的任务就是透过复杂的偶然现象揭露事物发展的必然性，即客观规律。皮尔斯接受进化理论，但以自己的观点解释进化概念。他说，进化不仅涉及现象，而且进化规律自身同样是进化的，进化是一种扬弃混乱状态而趋向秩序和稳定的过程。

皮尔斯对权威的抨击尤其具有重要意义。他宣称，没有绝对正确的科学、宗教和政治概念。因此，他提出“易错论”概念。他的理论体系的一种重要特征，是强调易错论并造出“易错论”（Fallibilism）一语。皮尔斯对易错论的解释是，人们不能获得绝对确凿的事实。但易错论在现代认识论中有不同的含义，如：没有绝对正确的信念和绝对正确的知识。易错论坚持一切科学断言或科学理论都是暂时的，都可能在未来新的证据面前被改变或修正，这是自然科学领域常有的现象。但与各种形态的怀疑主义不同，易错论并非意味着我们不能获得知识，易错论者只是否认知识的绝对正确性，因为来自经验的知识可能被进一步的观察和证据所修正，任何经验性知识都可能在未来变成错误的。易错论被皮尔斯、杜威及其他实用主义者用作批判基础论（Foundationalism，基础论者宣称，由理性确认的信念是建立在已被承认的信念或某种可靠基础上的一种认知理论，而且这种所谓可靠基础上的信念不需要证据和进行验证）的武器。

在道德方面，皮尔斯是一位利他主义者，他认为，人必须认同一种理想事业，必须超越各种自私观念。皮尔斯强调爱的力量，在较低层次上，我们爱自己，只关注自身需求；但当我们的道德意识达到成熟时，就会认识到社会整体需要，认识到大家具有共同的需求和目的。爱的最高境界是对理想目标的认识，在理想目标的激励下，我们将超越自身的狭隘利益和自我中心主义。皮尔斯认为，最典型的理想之爱是对科学的追求精神：我们不应只从实用的观点对待科学研究，而是将科学研究视为目的。因此，皮尔斯反对美国文化中流行的功利主义倾向。

三、实用主义的基本观点

实用主义的基本原则是，一切观念、策略和提案，其价值标准必须建立在实用性和有效性的基础之上。实用主义强调行动优先于理论、经验优先于固化的原则。实用主义主张观念的价值在于其实践效果，观念的真理性必须经过实验的验证，观念本质上是行动的方案和工具。实用主义的观点大致可归纳为以下几个方面，但并不是任何一位实用主义思想家都赞同所有这些观点。

1. 拒斥形而上学和独断论

实用主义强调实在的可塑性和知识的实践功能——知识是适应和控制实在的一种工具。威廉·詹姆斯将他的理论体系称为“激进经验论”。他说，经验中不仅包含客体，而且容纳各种关系区分心灵与物质、主体与客体的二元论，在詹姆斯的世界观中是不存在的。他说，经验能够形塑实在的性质，人总是按照自己的需要和愿望塑造现实。他的这种思想对 20 世纪实在论的发展影响很大。在关于心灵的理论中，詹姆斯说，我们的理智受意志和欲望的影响（这里我们看到叔本华思想的影子），在我们对外在世界的判断过程中，心灵表演着一种主动的角色。因此，他强调情感而轻视观念。

实用主义继承具有批判精神的经验论，强调经验优先于凝固的原则，拒斥形而上学和研究工作中的先验（先于经验和未经实验）论断。詹姆斯说，实用主义排斥职业哲学家的许多传统理想，一个实用主义者彻底、永远抵制职业哲学家根深蒂固的习惯。实用主义者反对一切抽象概念、含糊的表述、令人厌恶的先验理性、一切不变的原理、封闭的体系和故弄玄虚的绝对理念。实用主义者面向事物的具体性和明确性，他们重视事实、行动和功效。实用主义意味着在广阔的领域探索大自然的奥秘和潜力，而反对独断论、人为的虚假性和终极真理论。实用主义是实证思维的理论化，这是一种科学态度。詹姆斯以怀疑的态度对待所有教条，他对绝对抽象原理置之不理。实用主义不代表任何研究成果，它只是一种方法，但这种方法是远远超越传统思维方式的一种变革。实用主义将促进形而上学与科学更加接近，在实用主义的推动下，逐步改造形而上学独断论。

在方法论方面，詹姆斯拒斥一切先验论。同皮尔斯一样，詹姆斯不能容忍封闭的思想体系。他将理性主义置于实用主义的对立面；因为实用主义不能离开事实，而理性主义只面对抽象。实用主义者坚守事实和具体事物，其工作是在对特定事物的观察与综合，从而发现规律；在对不同事物进行分类过程中界定价值和追求真理。但对理性主义者，真理永远是一种抽象和空洞的东西。

詹姆斯认为，一元论将导致灾难性后果，因此，他倾向于多元论，甚至认为多神教也许是一种可被接受的宗教臆想。他说，世界不是一种静态的实体，而是动态过程。我们在这里共同合作，能够改善我们的生活环境和条件。詹姆斯既拒绝乐观主义也藐视悲观主义，其观点可谓是一种世界向善论（Meliorism）。他对人类处境的改善保持一种热切的信念：如果我们对某事抱有强烈的愿望，就会全力以赴去实现它，而这种愿望最终将能够实现。人类的潜力是不可限量的，不论是在物质的或是在精神的领域。

2. 实践和变革是人类生存的基本状态

实用主义的人生哲学强调，人的生存基本上是与行动密切关联的，有些实用主义者将这一观念几乎提升为不证自明的真理。变化是生存中的必然现象，实用主义者提示人们关注事物和事件的永恒变化，变化将成为通往社会进步和个人福祉的媒介和途径。因此，实用主义者激烈批评那些轻视行动和阻遏变革的伦理学和形而上学理论。一些实用主义者对更为现实和以生存为中心的存在主义哲学寄予赞许。他们说，只有行动——面临各种困境，被迫做出选择和重视经验积累——才是实现个体在社会中价值的途径。

实用主义者将观念解释为行动的工具和方案。与将观念视为感觉的意象和复制品的观点不同，实用主义理论强调观念的功能特征：观念是对潜在行动的“建议”和先导；它们是某一行动所引致的假想和预测；它们是人在社会活动中采取和规范其行动的方式，而非对社会世俗的模仿或复制。某种意义上，观念即工具；它们是否有效、实用和具有价值，有赖于它们对行动的指导所发挥的作用是否是成功的。

3. 实用主义的真理观

实用主义者认为，观念、信念或命题的意义在于其经过不同方式的实践或实验所产生的效果，这些效果来自对它们的实际运用过程。正如皮尔斯说，我们关于任何事物的观念，是其切合实际效果的观念。两种没有不同效果的命题只是形式不同的语言现象，一种没有确切理论或实践效果的命题，在实用主义者看来，是没有意义的。只有那些有实践效果的东西才是有意义的。由此可见，意义具有预见性内涵。因此，实用主义者将一个术语或命题的意义认同为实验过程的产物。

大多数哲学家认为，真理是命题与事物实际状态相对应的一种信念。但实用主义者的观点是，真理与意义一样，必须是在实验过程中发现的，因而真理是经过实验验证的命题，或者说，真理是观念在实践中成功运用的结果。如果说，真理是有效的东西，这是一种简单化的说法；更具理论色彩的说法，用皮尔斯的话说，真理是伴随大量研究工作而产生的科学信念。对于实用主义工具论创始人约翰·杜威来说，真理是经过调查研究所“批准”的信念。

4. 反对笛卡尔主义

对笛卡尔所追求的确实性（certainty），杜威说，这是堂吉诃德式的愚妄。不存在绝对确凿或不可变更的对世界的解释或判断，最好是将一切信念和理论作为工作或行动的假说。假说可以根据未来的经验和研究的需要进行反思、变更和修正。实用主义者曾以不同的论点捍卫他们提出的易错论，这些论点大致有以下四个方面：①从科学研究历史的角度，科学史上最杰出的、最令人敬重的理论——欧几里得几何学和牛顿物理学——需要进行重要和出人意料的修正。②如果说科学理论在许多情况下是由事实所决定，但存在可供选择的与已知事实相符合的多种理论。在这种情况下，能够选出决定肯定的正确理论是非常困难的。③如果说真理是在研究工作完成后才能确定，但即使我们的研究结束后也往往不能知道所得到的结论是否是绝对正确的。④这是一个方法论方面的论点：确实性将阻塞研究工作前行的道路，阻遏我们在科学研究中取得更大进步（即发现更好、更正确的理论）。

实用主义者猛烈抨击笛卡尔关于哲学家应有勇敢、彻底的怀疑精神，怀疑和推翻一切陈旧的信念。皮尔斯、詹姆斯、杜威和罗蒂等实用主义者，都以明确的态度拒绝这种必须清除旧的信念而无条件地为科学研究寻求新起点的思想。实用主义者告诫说，只有面临某种实际的或现实的疑惑，科学研究才能开始，但我们不能同时对一切都持怀疑态度。另一方面，作为易错论者，实用主义者提倡在科学研究过程中，应以怀疑态度对待一切遇到的问题。

在实用主义者的理论陈述中，表达了一种共同的思想：反对笛卡尔将哲学凌驾于科学之上的高傲态度。研究工作必须是在事物发展的过程中进行的，是在历史遗产和历史条件制约的背景下展开的。我们应尊重自然主义的观点：哲学不能优先于科学，哲学家没有特殊、卓越的研究方法，不存在纯粹理性和直觉官能。哲学家没有资格凭空为科学立法和为科学制定标准。然而，在笛卡尔的哲学理论中鼓吹这是哲学家的使命，并且为科学实践制定某些明确的规范和盲目的方法。实用主义者发动了一场解放运动：将哲学家从其不切实际的、不可能完成的虚妄使命感中解放出来。

5. 继承康德哲学；改造经验主义

实用主义者在对笛卡尔和经验主义的批评中，以康德哲学作为重要理论依据——虽然并非无批评地照搬康德的理论。典型的例子是，康德说，我们必须借助一些基本范畴体系对世界进行解释。实用主义者认为这是正确的。但他们补充说，康德主张这种范畴体系是神圣不可侵犯的、不可改变的，这是错误的。范畴和理论是人们创造的，它们反映着我们的历史、传统和社会结构，范畴体系是可以改变和被替换的。以概念解释世界可有不止一种方式，应该用哪一种解释性范畴结构——比如说，常识或者物理学——将根据具体的环境、条件和我们的目的做出决定。

现代实用主义自19世纪末以降，有100多年的发展历史。虽然实证主义没有直接影响到实用主义的发展，但它们的研究目的和结果有许多共同点。将实用主义和实证主义并列讨论，也主要在于它们所具有的共同点这一事实。实用主义和实证主义都源于经验主义，两者都对形而上学采取轻视或轻蔑态度，重视实用知识，关注社会问题。经验论虽然是实用主义的理论基础，但在心灵认识过程中的作用与经验论存在分歧。这就是，实用主义认为，心灵的感知过程包含主动性和目的性，而不是被动地接受：这是康德哲学的重要内核。

实用主义的诞生是西方现代科学史和哲学史的重要发展阶段。这一学派的产生主要有两个方面的因素，他们中有相当一部分人是抵制主要来自黑格尔哲学唯心主义的思想家，还有一部分实用主义者反对实在论学派的某些观点。实用主义的出现也是现代科学发展所推动的一种必然结果，是现代科学研究方法实践的现实要求。皮尔斯在论科学方法中对此有清晰的阐述（见本书第17章“欧洲科学方法论史略”）。实用主义哲学属于英国经验主义传统，在某些方面是洛克、休谟和约翰·穆勒哲学的延续。实用主义和英国经验论哲学所共同关注的是心理学和逻辑学，两者都坚持对形而上学的怀疑态度。实用主义不接受任何形而上学观点，他们表明其哲学观点不需要形而上学参与其中。

要讨论实用主义学派思想家的共同之处，也许最好从审视他们所拒绝的观点开始。虽然实用主义与洛克、休谟和约翰·穆勒等人的经验论有许多共同之处，但在两个方面实用主义不接受经验论对知识的解释。

首先，实用主义者完全熟悉始于洛克并由休谟和穆勒继承的联想心理学。联想是在追忆过去事件或经验时，同时追忆与这些事件或经验有关的其他事件和经验的心理过程。联想主义通常被认为是英国学说，洛克首先提出“观念的联想”概念，休谟提出相似联想、因果联想和时空相邻联想。通过感觉材料的多次出现所形成的联想将凝聚为意象或观念。自 19 世纪 80 年代以来，英、美出现一种强大的反对联想主义的思潮，他们否认感觉是知识的唯一来源，而是强调一切心理活动都包含目的性。实用主义者否认各种经验首先是处于孤立状态，而是在其后经过联想的凝聚才是相互关联的。实用主义者认为，心灵在感知阶段是处于分析而不是单纯的综合状态；所谓分析，意味着心灵在感知过程中必将发挥其主动作用，这种观点与联想心理学所坚持的观点完全不同。例如，人的感觉对苹果的感知不是由圆形、红色、光滑等要素分别而来，而是由这些要素构成某种关系同时进入人的感觉，这种状况必须经过思维的鉴别和分析过程才能形成。实用主义者从康德的名言“没有概念的直觉是盲目的”得到启示，他们宣称，感知其实就是解释，因而也是分类。观察负载理论，即在对实在的观察过程中，必然有概念和描述参与其中。但往昔的经验论者没有这一认识境界。

其次，洛克以及英国经验论哲学传统，认为心灵在感受外界事物过程中处于完全被动状态，心灵的内涵只来自感知。在这一过程中，在确定经验类别时，心灵不起任何作用；不论是印象还是观念，都是由外在环境加于感觉的。而康德哲学的先验感性论认为，感知是心灵对感性经验进行组构的主动过程。实用主义者从康德得到启示，同康德一样，批判洛克把心灵要么视为接受自然界万物印记的一块白板，要么像接受经验之光的一间暗室。这些庄重的比喻要传达的似乎是这样一种观念：观察纯粹是接受，心灵的功能只是被动地接纳。所以杜威说，这是一种可悲的“旁观认知论”（spectator theory of knowledge）。按照旁观认知论者（从柏拉图到现代经验论者）的思想，认知如同“看到”，就是说，认知者意象中出现一种特殊景象，就像镜子那样反映或复制看到的景象而没有对它进行任何改变——以超然的态度观察客观世界。与英国哲学经验论传统相反，实用主义者认为，如果人们要获得对知识的性质或认知行为的正确理解，必须承认心灵活动的主动作用。心灵在我们的经验中扮演着选择的角色；我们的兴趣、目的、情感、信念——它们都对我们经验的实质起到主动作用。但实用主义者并不认为，对一切事物的认识都依赖于心灵或由心灵所组构而成，他们只同意心灵是主动者，个体感知者所感知事物的一部分是由心灵的活动所决定。

实用主义者将知识视为主动探寻过程的产物，是我们经过从怀疑到信念这一解决问题过程的结果。而且只有通过实验——以某些方式改变客观实在的过程，知识的探索才能取得有效的成果。由于知识来自我们观察和认识世界的愿望，认知者必须是主动行为者。因此，将理论与实践分离的笛卡尔二元论，其认识世界的企望必然成为泡影。这一洞见是“实验认知论”（experimental theory of knowledge）的核心，也是杜威抨击旁观认知论的重要武器。杜威说，知识来自人类对环境的主动适应过程，是人的主动行为在克服某些障碍而成功控制环境的情况下，对假说和问题进行验证的过程。因此，杜威将传统的认识论改称探索论，或者实验逻辑学，以此更准确地表述他的认知思想。

对观察被动性的批评是实用主义认识论的重要主题。按照詹姆斯和杜威的理论，观察即选择，必须聚精会神于某些事物。例如，从干草堆里寻找一根缝衣针，或者从人群中寻找一位朋友的面孔。所以，在这种情况下，我们的感知和观察不是被动地反映世界。首先，因为观察者必然是在兴趣、期望和理论的引导下行动、鉴别和进行选择；其次，因为只有行动才能进行观察，如果没有人的兴趣和主动行为，经验将是不可思议的。认知者将是真正的世界探索者，而不是像镜子那样再现世界。如果既在观察之前接受某些理论，又在理论指导下进行观察，那么，我们必须放弃古典经验论的假说：理论的发现只来自独立事实的观点。

6. 超越“对应”真理论

自柏拉图时代直至当代，有一种历史悠久的传统理论：观念所表达的真理与客观实在是一致的和对应的（或者说与先前认识的事实是一致的）。经验论者宣称，观念与事物之间的一致性是决定信念真实与错误的唯一依据。我们的观念或信念与事物的本来状态必须是一致的，就是说，观念必须与客观事实相符合，否则观念或信念是没有价值的，因为它们是不真实的。当我们的观念随着经验而变化，是因为我们的信念与事实之间的一致性，促使我们必须相应改变我们的信念。

实用主义者认为，这是确定真理的一种常识性观点，但这是不能验证的，理由是，这是两种不可比的事物。在这种情况下，我们不可能知道观念和客观对象之间是一对一或者是一种近似的对应关系。理由很简单，我们不可能在任何情况下都能分别知道一种观念，而另一方面又知道与这种观念相对应的事物。如果能够知道事物的真实状态，同时也知道与这些独立存在事物相对应的观念，那么，两相对应的理论是可行的。但是，这种比较是没有意义的，因为这意味着感知者立刻了解了对象，就没有必要关心这些信念是真实还是错误的。这种与实在对应的真理论，反映了笛卡尔关于心灵是自然之镜的观点，是实用主义者批判的认知理论。

7. 没有绝对的知识和永恒的真理；知识永远与人的需要相适应

实用主义者反对唯心论者关于真理的典型本质：内聚力（coherence）。唯心论的这种理论强调事物的内在相容性和整体性知识。就是说，如果人们要获得关于客观实在的真理，必须了解实在事物的整体。实用主义者反对一切关于实在是一种固定的、完整整体的观点，而是认为一切自然现象其本质是动态的和变化的，其中有一种进化和发展内涵，一种向更高水平发展的趋势。断言客观实在的绝对性，必然意味着人对实在认识的绝对性，同时表现一种向后看而不是向前看的态度。实用主义者的观点是，对真理的检验是看当下的信念是否与经过积累过程的知识结构相符合，但不接受所谓实在的内聚力是检验真理的标准。

实用主义者认为，信念的真实性完全由未来决定。信念在实践中是否能够获得正确的验证，比它们与已有知识相吻合的事实更具有重要性。信念被人们接受的条件是由它们能否指导实践达到成功而决定的。在拒绝了实在论和唯心论关于真理的传统理论的前提下，实用主义者建立了自己的认识论的发展方向。实用主义者认为，不存在绝对的知识，唯心论关于实在的概念是不能证实的。实用主义者以相对知识、不完善真理和不完整知识的概念，代替绝对真理或绝对真实的信念。知识如同生命，涉及成长和变易。知识本质上是处于动态而不是静态的，必须使知识永远与人们的需要相适应，而人的需要是在时代主流环境中产生的。具有真理价值的信念必须在经验中检验其正确或错误。信念构成动机的基础，如果一种信念是不真实的，我们肯定不会根据信念去行动。一种信念的正确性或真理的价值，只有在经验和实践中得到证实和确认，只有在如同对假说的实验中才能确定信念的真与伪。如果由信念指导的行动是成功的，获得了预想的结果和价值，这种信念就是正确的和真实的。

另一方面，如果行动是不成功的，预想的目的没有实现，这种信念就是错误的。由此可见，检验真理的标准不是信念与实在之间的一致性，或者一种信念与其他信念的相容性，而是按照信念行动的成功与否，结果决定信念的真实性或虚假性。总之，信念在实践中是可行的，这种信念就是真实的。真实的信念能指导我们的行动获得成功，获得我们希望的结果和价值。由此可见，知识永远不可能是固定的和绝对的。知识必然与环境相关联，知识必然受到人们的趣味和信念的影响。如果环境改变了，人们的兴趣和信念就可能随之改变。对待事物的正确态度，不是来自既有的信念，也不是来自传统的真理，而是来自未来行动或实践的检验。

实用主义的真理观。实用主义者认为，真理是用来指导实践的。真理是一种工具，真理没有神圣性，真理不是终极的、永恒的。真理是人类的一种创造，是人类在实践过程中发展起来的方法或手段，是作为人在生活实践中的助手。知识是达到目的的手段，我们获得的知识永远具有不同程度的不完整性。知识不是被发现的，而是造制的东西，是随时间而发展和变化的。知识的变更至少部分地在于人的因素，而人是在与其自然的和社会的环境相互作用中生长和进步的。人的目的、兴趣和价值观决定了知识的性质，当然，知识也彰显了客观实在的特征。许多哲学家认为，实在的东西总是永久的和不变的；如果知识来自实在，知识必然具有永恒和绝对的性质——这种观点已被实用主义否定。

四、对实用主义的评价

实用主义是易受责难和批评的理论。实用主义往往被视为美国实业精神的代言者，但这种代言者的形象也许不是由于实用主义学者们的鼓动所致。实用主义关于真理的理论同样遭到攻击。威廉·詹姆斯说，因为是真实的，也是有用的。也可以说，因为是有用的，也是真实的。他补充说，这两句话的意思是相同的。但许多学者否定它们是同义语。詹姆斯的观点似乎是，一种观念对一个人是真实的，对另一个人可能是不真实的。因此，詹姆斯被斥责将真理视为一种主观意见的游戏。对这种批评，詹姆斯的回答是，当下觉得是最好的东西，不是永远最真实的东西。

作为一种观念体系的实用主义，提供了一种可供未来进行分析和发展的遗产，其中的主要观点是关于目的性行为的思想和意义的解释；对作为一种评价过程的知识的解释，在这一过程中，规范和描述的内容相互关联；对作为人类事业的理性行为规范的科学研究逻辑的解释。实用主义对 19 世纪哲学的批评和反叛是成绩卓著的。实用主义理论是对研究问题具有批判精神的方法论，对 19 世纪哲学的影响是深刻的。

实用主义同许多哲学家的理论有类缘关系。这里仅以以下哲学家为例：伯特兰·罗素、亨利·柏格森、汉斯·费英格、路德维希·维特根斯坦、埃德蒙德·胡塞尔。此外，还有晚期现象学和存在主义理论。实用主义也影响了美国哲学家威拉德·奎因的科学自然主义，理查德·罗蒂的反基础论，以及德国哲学家尤尔根·哈贝马斯的交往理论。

第16章

科学精神和科学方法

第1节　科学精神

一、科学精神是人类完善自身的价值理性

科学精神是一种包含价值理性和工具理性的现代理性主义精神，科学精神本身具有价值，是一种人类完善自身的价值理性，而不仅仅是有手段意义的工具理性。

真正的科学不再被界定为确实无误或不容置疑的知识体系，而是不确定和可被改变的认识或判断。科学知识是被证明的正确的认识或判断——但毕竟是一种认识或判断。如果说知识是可靠的，它不是关于事实的知识，而是关于形态的知识；如果知识涉及事实，它不是可靠的，是可修正的，可进一步完善的。爱因斯坦有一句名言：当数学定理涉及事实时，它们不是可靠的；当这些数学定理是确凿无误的，它们就不涉及事实。(《科学哲学讲稿》，1923，第189页。)

换句话说，虽然在形式科学（提供理想的形式）中，大部分知识是可靠的，但在经验科学中几乎没有这种知识。关于事实的问题，我们必须满足于实用性可靠的知识。在对知识的追求中，希望获得确凿无误和不可修正的知识，这种观念已被将错误减至极小的观念所代替。从这种观念出发，对真理的发现将更容易。将错误减至极小的方法是逐渐排除错误，不期望一次获得纯粹的知识，而是永无止境对知识进行的澄清和净化过程。

阿根廷—加拿大理论物理和科学哲学家马里奥·邦格说：

> 除了那些理智不成熟或头脑单纯的人，如今没有人相信在一夜之间就可全面掌握真理。我们大家都知道，对知识的探索是一种险途，也是没有止境的。从一次失败进入另一次失败——虽然每一次失败的程度通常要比前一次的失败要小。我们还知道，不存在一种终极的知识的基础，也不存在最终的确凿的知识。没有能够规避理性检验的正确的经验；任何一种科学都没有终极可靠的基础，而是不同科学门类之间的相互支持和校正，从而不断改变它们的出发点。作为科学工作者，我们是"修正主义者"，而非"原教旨主义者"，是易错者，而非永无错误者。（马里奥·邦格：《直觉与科学》，1975，第25页。）

由于科学知识的这种性质和特点，对知识和真理的探索必须抱持一种谦虚和试探的态度，一种自我批判和自我修正的态度，以及永不满足的怀疑精神，随时准备修正错误，敬畏真理。

二、试探性的态度、自我修正的品格和永不满足的怀疑精神

就其本源而论，科学是由求知的好奇心所驱动的，是只问真理不计功利的学问；为求真理而认识的科学，不同于为求成果而认识的技术。科学探索不以实用为目的，而在于求真。

经验是我们关于实在的知识的源泉，判断是构成知识的手段和途径，判断的可信度在于判断所依据的证据的真实程度。正如人们行为的道德准则，我们称为伦理学；认识或知识的“道德准则”，我们称为逻辑。知识的这种道德基础就是必须遵循的各种规则。无条件地相信真实的判断；无条件地拒绝错误的判断；对于既不能肯定真实也不能肯定错误的判断，依据掌握的证据来判断认识的真理性。

理性认识原则不仅要遵循科学方法，而且还涉及科学精神。科学精神是一种思维探索精神。英国博物学家约翰·汤姆森说，科学的新生在于我们每个人审慎而坚忍的意志和努力；在于我们以清晰的、逻辑的和系统的思维进行工作；坚定不移地以实验检验我们的结论。所谓科学就是对这种思维的记录，而科学的内容更为广泛、清晰、系统和具有稳定性，更加忠实于客观实在，因为科学的这些特征经过了无数次的实验，也经受了人类经验的反复考验。汤姆森提出科学精神有以下 5 种特点：①对事实的激情；②审慎的陈述；③清晰的想象；④对不同事物相关性的敏感；⑤对任何问题的研究，做出的结论必须是审慎和试探性的。（约翰·汤姆森：《科学导论》，第 34 页。）

首先是对科学知识保持一种试探性态度，其次是对科学方法和研究结论的自我修正精神。科学精神中最重要的特点也许是在科学研究的任何阶段，都应保持对假说的怀疑态度和开阔胸怀。在或然性原则基础上建立的任何结论，都不是最终的或不可变更的，不能以武断的

态度判定是确凿无误的。美国天文学家弗雷斯特·莫尔顿在一本高级教科书序言中说：

> 大学生入学的初期，必然从教科书中及其老师那里接受大量权威性的知识，而且他们常常在应该放弃其孩子气心理特征时，仍然继续听从别人的见解。但是在科学领域没有这种知识附庸性的位置。科学精神不仅要向事实学习，而且要探讨和描述已被别人证实的方法和结论。显然，该书的读者只需要对书中少数结论进行核实和验证，因为其中的结论已耗去千百人大量的劳动，要在个人一生中重复他们所完成的观察几乎是不可能的。但是每个读者都有权对希望他们接受的这些结论的真实性，进行判断和验证。实际上，他们应该了解这些结论所依的基础，以理性的态度采纳这些理论。天文学中的许多结论是由丰富而可靠的观察结果或演绎证据所支撑的，这些结论完全可被认为是真实的。其中也有一些理论仅仅是试探性的假说，等待更为全面的验证，或者被驳斥和否定。还有一些理论是处于真正知识的边缘，它们仅仅是一些有希望的推测。一个习惯于接受一切结论必须要有证据的心灵，会将面临的每一种理论区分为上述不同类别，而且对什么是可靠的结论，什么是工作中的假说，以及什么是可疑的推测之间的区别，永远保持清醒的认识。(弗雷斯特·莫尔顿:《天文学》1933，第 3 页。)

科学家们认识到，在其研究工作的某一阶段接受的假说仅仅是试探性的，在科学理论领域获得进步是可能的。科学的历史是对科学假说的接受、改造、抛弃和以新假说替代旧假说的历史。亚里士多德物理学被伽利略物理学替代，伽利略物理学由牛顿进行更为详尽的阐述，而牛顿的理论又被爱因斯坦修正。科学发展的每一阶段都代表对以往理论的净化和深化，每一阶段都是对前期假说的发展，使假说的或然性比以往更小。对假说的不断修正和取代，推进科学越来越接近对现象世界的真实解释。

对科学研究的试探性态度，使其方法具有一种自我修正的品格。不仅是各种科学结论，而且各种实验方法本身都将在科学探索过程中不断改进和发展。适宜于一种学科的方法可能不适宜于另一种学科；随着新学科的不断出现，必须发明或发展新的方法去处理出现的新问题。为什么今天的社会科学依然停留在其幼年时期的状态？其原因正在于自然科学所遵循的种种方法，往往不能运用于对社会现象的研究；社会科学领域要取得重大成就，要期待切实有效方法的开发。对信仰和权威的信赖在很多情况下是绝对的，这种约束是很难挣脱的。

三、卡尔·波普尔论科学精神

1. 尊重证据、尊重事实，严格根据经验检验的结果去追求真理

英国科学哲学家卡尔·波普尔（Karl Popper，1902—1994）认为，科学态度是指尊重证据、尊重事实、严格根据经验检验的结果去追求真理的精神，此外还要敢于怀疑原来的认识，大胆提出新的猜想，并根据经验事实检验的结果消除错误。前者强调用经验事实支持、证明一种认识，后者则着重以批判的精神为指导，用新的经验事实去怀疑甚至否定已有的认识，可以将它们分别称为证实主义和证伪主义的态度。这不过是同一种科学态度在不同方面的表现，它们都反对主观武断，反对科学中的教条主义，将人类的认识不断向前推进。

证实和批判只是同一过程的不同环节。

1919 年在波普尔的科学生涯中具有决定性意义。这一年 5 月 29 日，英国皇家学会派往西非和南非的两个考察队，在那次日全食中，趁日光被遮掩，测到恒星光线在行经太阳附近时的确发生偏转，其数值同爱因斯坦所预言的基本一致。这表明牛顿的引力理论（光线只能沿直线传播）是不精确的，而爱因斯坦的广义相对论（光线沿弯曲空间传播）是更精确的理论。这件事给予当时只有 17 岁的波普尔极大的震动，使他第一次认识到什么是科学。从未有过一种科学理论得到像牛顿万有引力理论那样好的确证，然而也可以被推翻。这说明科学理论总归是一种假说，是永远无法最终证实的。波普尔从以上认识出发，进一步提出证伪主义学说。波普尔认为，一个假说要成为科学的一部分，它必须是可证伪的，也就是说，它有被否定的危险。科学是通过对现有理论的不断证伪，即不断地反驳、否定、批判、推翻现有理论而发展的。

波普尔的学说一扫数百年来迷信权威和教条的旧习。许多人读了波普尔的著作后如梦初醒：原来科学是由尝试性的、假说性的、推测性的理论组成的，一切伟大科学家的理论都可能有错误。波普尔的批判精神使他在科学哲学领域独树一帜，他的理论被称为“批判理性主义”。

2. 坚持批判精神，随时准备修正错误

为了说明科学态度中的批判精神、否定精神，波普尔特别强调科学认识中有错误的思想，而错误最后必将让位于新的认识。这正是科学的全部力量所在，也是科学之所以成为科学的根本特征。正因为人们认为宗教教义中没有错误，玄学思辨也没有错误，都是所谓永恒的

真理，都不必经受经验的检验，所以它们不是科学，甚至是反科学。波普尔对科学和科学态度的这种理解，早在 20 世纪 30 年代就震惊了国际学术界，使人们开始不再相信所谓万古不变的教义，一切都要经过实践烈火的煅烧。波普尔的思想成为反对教条主义、澄清真理标准的一种武器。

波普尔说，科学家是可能犯错误的，因为我们都是人，而人是会犯错误的；错误是可以被原谅的。但事实上许多人，包括一些著名科学家，对改正错误感到十分不快。波普尔把这种态度叫作权威主义或独断论。他说，任何科学理论都是试探性的、暂时的、猜测的：它们都是试探性假说，而且永远是试探性假说。但他又说，不能把他的观点解释为我们不能得到真理，我们有许多科学理论是真实的和正确的。既然我们的目标是获得真实的理论，那么我们就必须做好准备，即我们的理论不管目前是多么成功，却未必完全真实，它只不过是真理的一种近似。为了找到更好的近似，我们除了对理论进行理性批判以外，别无其他选择。而理性批判不是针对个人，而是批判理论本身。我们必须尊重个人，以及由个人所创造的观念——即使这些观念错了。如果不去创造观念，我们将一事无成。但是既然创造并阐明了这些观念，我们就有责任批判地对待它们。如果像牛顿力学那样伟大的科学理论最后被发现有错误，那么我们怎么还能相信自己永远不会错呢？完美无缺的真理是令人痛苦的，因为不再需要新的创造了，也不需要听取任何别的意见了，任何不同的意见都成了真理的敌人。相反，如果真理面前采取谦卑的态度，就可能培养一种高尚的反省精神。

第2节　科学方法

一、以赛亚·伯林论自然科学与人文科学研究方法的区别

1. 认识在实践中的发展，将丰富概念的内容

英国哲学家、观念史学家以赛亚·伯林（Isaiah Berlin，1909—1997）将自然科学和人文科学视为两种性质截然不同的学科：伯林将哲学归于人文学科，哲学研究的是那些不能从其获得经验知识的事物。对于非哲学问题，即使不知道其答案是什么，但却知道寻求答案的方法，或者说这种方法已被大多数人接受。因此，关于经验事实的问题，可以通过观察得出答案；而另外一些问题则可用归纳方法，即借助业已建立的种种规则或标准予以回答，如数学、形式逻辑以及某些基本原理等。例如，即使我们不知道一道数学难题的答案，但我们知道如何运用解题的原理和方法得到答案。哲学关注的不仅是那些不知答案的问题，而且是无法得出答案的问题；就是说，没有评价这些问题的答案是否可信的判断标准。

伯林说，他的上述观点源自康德区分实在事物和人们借以理解事物的结构或范畴的思想。哲学关注的是人们试图理解其经验所提出的问题，这就涉及对感知、建构和解释经验的种种概念和范畴的思考。康德将这些具有建构功能的范畴视为固定不变和普遍适用的，而伯林则认为至少有些范畴是变化的、暂时的或具有可塑性。不是所有范畴都先于经验或独立于经验；相反，人们借以理解客观世界的种种概念（范畴）总是和经验紧密关联：概念形塑经验，但当经验在不同时间和不同地域发生变化时，概念也被经验塑造。就是说，人的认识在实践中的不断发展，能够进一步丰富概念的内容，并形成新的范畴，因

为形成概念的基础发生了变化。伯林的上述观点实际上与实用主义者关于范畴的观点是相同的。

2. 自然科学关注的是类型；人文科学关注的是个别

在拒斥形而上学和哲学无用论的声浪中，伯林旗帜鲜明地坚持哲学对人类的实用性，并主张哲学理论应为人类社会实践服务。伯林说，哲学主要是对我们观察世界的“思维视镜”（thought spectacles）的研究。伯林所谓思维视镜是指作为思维形式的范畴，而范畴对人类经验的感知、建构和解释是不可或缺的。虽然哲学研究是试探性的，而且往往是具有抽象和艰深晦涩难以直观的特征，但哲学所关注的是对人类观察世界的经验的描述和解释，是人类生存攸关的问题。哲学的价值在于帮助人们去理解这些问题。

伯林批评实证主义者关于自然科学是知识的“范式”（paradigmatic form）的观点，因而人文科学应以自然科学的标准衡量自身，并效仿自然科学的规则和方法。伯林说，人文科学与自然科学在研究主题的性质和追求知识的类型上，都存在根本的区别。由此，研究的目的和研究的方法都应有所不同。

最明显的事实是，人文科学的研究对象是人类为自身生存所创造的世界，而自然科学研究的却是自然界的物质世界。那么，为什么要对它们的研究方法予以区分呢？一种答案是：它们是具有不同性质的世界。但这样的答案似乎缺乏学理内涵。人文世界和自然界必须以不同的方法进行研究，原因在于观察者或思想家与研究对象之间存在不同的关系。我们是从外部去研究自然界，而从内部研究文化。对于人文科学研究者，自身的思维方式、生活构成、他 / 她的人生经历的方方面面都是研究对象的组成部分。而对于自然科学，其目的在于客观地、排除人的情感因素进行研究。在面对意见分歧时，自然科学家必须尽可能排除主观臆测、不凭常识地提出不容置疑的事实、证据。然而对于人文科学，人们却不能以这种方式去研究人类生活。除了解自己国家人民的感情和风习外，还必须理解其他民族、他们的情感和动机。这种理解是建立在研究者自己经验的基础上，这就必然在理解过程中出现一些常识性的推测和臆断，以便与自己的经验模式相吻合。研究者的经验模式可能具有某种程度的合理性，但我们不能过分相信自己的推理过程。

人文科学和自然科学的区别还在于：在许多情况下，前者关注的是对人类个体生存状态的特殊性，而后者追求的则是建立能够解释现象世界缤纷杂陈事物发生发展的普遍规律，即自然科学关注的是类型，而人文科学关注的则是个别。自然科学家专注于事物相似性的研究，从而发现规律性；而人文学家，至少一部分人文学家如历史学家，则侧重于对事物特殊性的研究。一位优秀的历史学家所具备的品格应是专注于特殊事件或人物、关系，而不是对普遍性的思考和研究。人文科学不应效仿自然科学去追求规律以便解释或预测人的各种行为，而是探索和诠释人类社会的个别现象。在自然科学领域，我们信任的是一般规律而非现象。假如有人宣称观察到一种与人们普遍接受的科学规律相悖谬的现象，我们总是要寻求符合科学常规的理论予以解释。如果找不到符合科学规律的解释理论，我们将做出其观察结果是错误的结论。在没有可靠逻辑、经验、理由的情况下，去挑战既定的法则和定律，这是不科学的。但另一方面，以规律、理论、原则为名，忽视或扭曲某些个别事件、人物、境遇，则是缺乏历史观念的表现。

3. 从历史背景判断行为的合理性

历史观念不涉及关于历史事件的知识。这种知识不是通过经验的途径获得，而是重视在解释不同历史时期人的行动时所呈现的可信性和不可信性、条理性和无条理性的一种观念。这种知识的获得不存在任何先验的捷径。人类的任何活动只能从历史限定的角度进行判断才是合理的。因此，应从历史背景判断行为的合理性，即其合理性标准主要取决于所处的历史背景。历史思维很像常识的运作，它涉及将在逻辑上独立的不同概念和命题组成一个整体，将其运用于个别情景中，而不是运用某些定律和程式去解释个别事物。

对历史的理解要建立在人文知识的基础之上，这种知识直接来自经验，其中不仅涉及研究者自身的知识素养，而且要与他人交流。对历史的探讨，研究者必须超越个人的经验去感受人类的行为。不仅以自己熟知的概念和范畴去再建过去的情景，而且必须从那些历史参与者的角度去观察历史事件。将想象力投射到过去，去捕捉那些不同于研究者所熟知的概念和范畴。这和物理学家的情况是完全不同的。

二、真实知识和理性认识

理性认识是以证据为基础，证据是由过去的系统经验所构成的，与事实相关的理性知识必须来自经验。知识有两种来源：形式理性和经验。

真实的知识，是由“自明前提”或由“自明前提”正确推断而得出的判断所表述的知识。判断具有“形式真理”性质。所谓形式真理，是通过传统思维规则和演绎推理原则获得的判断。所谓“自明判断”，即不证自明的判断，意味着这些判断的意义就构成它们自身的证据，它们表述的概念即其自身所呈现的真理。否定它们的真理性，将必然拒绝承认这些判断本身的意义。从思维规律和其他推理原则而言，拒绝对它们真理性的认同，至少是否定了这些真理的前提。

某种知识的范围延伸至何种程度是哲学的重要问题。关于道德和美学方面的自明原则一直存在支持和反对两种争论，这种持久的争论，可追溯至欧洲古代理性论者和经验论者之间关于是否存在某种超越直接经验的实际知识问题的争论。如果造物主的存在不能直接证明，是否有关于其存在的某种知识？经院哲学学派的建立者安塞姆，在他关于造物主存在的著名本体论中说，否定造物主存在的人是自己把自己置于一种自相矛盾之中，因而是错误的。他说，“造物主”的意义本身就包含其存在。因此，当一个傻瓜心里想，没有造物主；他实际上是说，造物主存在的意义是不存在的。安塞姆的言论等于说，一个三角形没有三个边。这是有悖于常识和自相矛盾的。关于造物主概念的判断包含存在，是一种荒谬演绎。这是因为，如果“造物主”一词中有存在的意义，那么任何东西都能被界定为是存在的，这样，想象的和存在的东西之间的区别便消失了。所以，安塞姆的所谓造物主存在的逻辑完全是自相矛盾的诡辩。

任何个人对浩如烟海的事件和广袤地域的直接观察范围，都是非常有限的。历史文献中描述的往昔和未来大多是一种或然性推测。个人是从特定地域和特定时间去观察世界的，其观察的范围是他们期望了解的。正如柏拉图所言，他们都是一切时间和存在的旁观者，个人所能直接观察的时间和空间不仅非常有限，而且其观察行为本身也充满各种危险。人们不是曾把地球看作是平的且认为太阳是围绕地球旋转的吗？

正由于观察过程存在许多困难，人们时时怀疑什么意味着知识。

极端怀疑主义者声言，不存在真实的判断；但他们的批评者很快指出，他们所声称的那个判断就是一种真实的判断。苏格拉底和柏拉图时代的智者们说，一切断言都是真实的。而柏拉图指出，他们断言的目的性同样是真实的。有些怀疑主义者提出，每个人对同一事物的感知和一个人在不同时间对同一事物的感知，都是不同的。他们的结论是，不存在关于事物的共通知识。但对这些怀疑主义者的批评者回答说，当对直接经验的东西不同的人得出的结论不同时，在做出判断之前，必须考虑观察者同所观察对象之间的关系。如果人们对一物体形状的判断有分歧，他们必须考虑各自同被观察事物所处的角度和距离。

我们已经说明，理性知识是以证据为基础的。那么证据是什么？证据的获得需要哪些方法？证据的衡量标准是什么？这里所涉及的证据是由过去的系统经验所构成的；证据的获得要通过观察、分类、类比、假说、实验、取样等方法。证据还要依据过去经验形成的或然率进行权衡。对理性知识规则的表述尤其要与事实相符：将知识提交经验的权威予以审察。涉及思维规律和其他推理原则的理性知识，要符合形式理性特征；与事实相关的理性知识必须来自经验。

然而要警惕的是，在科学研究中，事实被作为出发点、过程中的校正依据和最终的检验标准。在法律诉讼中，经过法庭辩论而认定的事实被用作裁判相关案件的证据。但是，应该承认在有些情况下，事实往往带有主观性，因而它是一个认识论概念：认知主体的思维方式、人生经历和情感动机，以及个人携带的特定意图和目的，都可能影响人的判断的客观真实性，或者使其对外部世界的状况或事件做出个人有意识的选择和取舍，因而是主观性和客观性的混合物。这种情况就可能扭曲客观真相。怀特海说："人们在观察中进行了选择、舍弃，留下的东西则根据主观认定的轻重缓急进行了重新安排。这种在观察中进行的重新安排实际上是对事实的一种歪曲。我们必须从舍弃的事实中拯救事实。”（怀特海：《观念的历险》，麦克米兰出版公司，1933，第159页。）

每一种科学知识都包含经验要素、概念要素和形式要素。问题在于如何说明这些要素之间的关系。经验主义者强调科学知识的经验基础，认为经验的事实材料是首要的，只有当理论原则是经验材料的概括时，它才具有普遍性和真正的科学内容。就是说，抽象的理论必须来自直接经验的逻辑构造。而理性主义者则认为，经验事实材料本身不能表现出任何可理解的或合乎规律的关系，自然界赤裸裸的经验是变动、杂乱无章的。科学家必须以理性的原则将这些互不关联的事实材料组合成为一个易于理解的整体。按照这一观点，科学家才能同等对待其所把握的经验，他们的观察必须具有高度的选择性。因此，科学家的实验是一种选择过程。

理性认识的特征可通过与非理性认识的对比予以解释。非理性认识来自下列方面的影响：感情、偏见、权威、习惯、偶然性、既得利益、相信他人的倾向、尊重他人的见解、对不同观念无条理的组合等。理性认识必须排除上述因素。

总之，知识有两种来源：形式理性和经验，它们是理性知识的基础。我们从形式理性学到思维的种种规律和其他推理原则；我们从经验学到关于实质性判断方法，或者说关于事实的判断方法。我们从形式理性获得的知识是真实可靠的，但却是具有很大局限性的知识。通过直接经验获得的实际知识仅仅是一种或然性知识。或然性知识的获得需要通过某些方法和途径，其中包括观察、分类、类比、假说和取样。在实际科学研究中，不是分别使用而是综合使用这些方法。

三、科学研究方法细则

卡尔·马克思说，科学的本质在于方法。科学方法或科学研究方法是科学的灵魂。没有科学方法，就没有科学研究。科学是通过各种实验方法而获得不断进步的。离开方法的科学，不能成为现实的科学；反对科学研究中的方法，本质上就会走向反对科学。错误的方法，必将导致科学研究的失败。现代教育的重要内容是科学，而“科学”一词，既包含大量的科学研究的结论（知识），也包含科学思维、科学探索的方法。

科学和科学研究是对人类经验艰辛而系统的建构。人类经验建立在我们对环境中各种事物和事件的观察基础之上。对观察的事物和事件及其相互关系进行解释，从而形成不同领域科学研究的材料。从宽泛的意义而言，科学是人类试图区分和确定各种判断的真实或错误的事业。实际上，科学方法与科学的逻辑是相同的。美国科学哲学家欧内斯特·内格尔与莫利斯·科恩合著的《逻辑与科学方法导论》（1934）充分说明科学方法的逻辑原则在自然科学和社会科学，以及法律和历史学中的作用。他们分析了“解释”的性质、科学研究的逻辑和科学知识的逻辑结构：科学方法坚持对逻辑的运用，这是一切理性知识的共同特征。从这一观点出发，科学方法是我们通过所掌握的证据，对印象、判断或猜测的正确与错误进行检验。科学方法的不同特征，可通过先进的科学学科认识得更为清楚。科学方法实质上是以逻辑方法对真理的探索。（莫利斯·科恩、欧内斯特·内格尔：《逻辑与科学方法导论》，1934，第 192 页。）

在这一方面，约翰·汤姆森表达了与内格尔和科恩类似的观点：

科学不是由任何事实组合叠加的东西，科学具有理性精神特征，科学不能被任何研究方法所束缚。科学研究必须具有诚实的批判思想，科学结论只能建立在充分论证的基础之上。科学知识与普通知识的区别何在？科学是批判的、系统的和综合的知识，就是说，科学研究人员要比普通人花费更多辛劳去获得事实和考察事实，他们不满足于零星的知识，而是尽可能多地掌握大量事实。他们将事实和数据系统化，从中得出自己的结论，形成综合或公式。在这一整个过程中，通过观察获得某种逻辑程序和推理原则。这一过程我们称为科学方法。（约翰·汤姆森：《科学导论》，1911，第 57 页。）

1. 观察

科学的基础是观察。但是对科学创造具有重要意义的观察，不仅仅是一种偶然性和体现因果关系的观察，而是严密、系统和由特定假说所规定的关于被观察事物内在本质的观察。观察最终可能被掺入直接的情感因素，但“事实”比直接的感官经验丰富得多。观察是比一般设想更为复杂的行为过程。观察不仅是运用感觉器官的艰辛过程，或者是通过显微镜、望远镜、X 射线照相技术等延展感官观察范围的过程，而且也是严格检验观察条件和自觉认识既有知识在对直接感官印象解释中发挥重要作用的过程。观察不是简单的随意进行，观察是在某种研究工作特殊需要背景下进行。问题的提出和问题的描述是在观察完成之后形成实际判断时进行。而这些实际判断本身的形成，目的在于对事实假说进行验证和证伪。表述事实的判断相对于判断赖以成立的证据是或然性的，其或然性与观察的准确性、观察的质量和彻底性息息相关。

观察的另一种要素是，如果观察者希望获得更多的有价值的信息，他不仅要观察被观察的现象，而且要带着观察的目的去进行观察。显微镜下的生物体组织剖面对一个不懂基本解剖学的人，不能传递任何信息。英国摄影材料工程师查尔斯·米斯曾回忆他在一次通过照相装置研究一张 X 光照片时，有人在他背后说："多漂亮的照片啊！"米斯的回答是："我认为情况很糟糕。"显然，他们观察的是不同的东西。旁观者感兴趣的是 X 光照片的表象，而米斯却发现这种照片所反映的是令人失望的预兆。在观察过程中，观察者必须具有感受器官可能导致观察错误的意识：视觉往往导致错误的观察结论。没有助听设备尤其是没有经过训练的听觉，往往不能提供可靠的声响信息。观察者必须认识到英国科幻小说家赫伯特·威尔斯所说的"工具的局限性"，这种局限性不仅涉及感觉器官，也涉及人的智慧。

理性知识的基础是经验，尤其是用于研究实际问题的理性知识规则，常以下面的方式表达：将关于事实的知识提交经验的权威予以审察。不仅必须承认经验的权威性，而且为确保知识来自经验，必须总结出有效的方法。科学方法来自经验，是科学研究的手段，科学方法中重要的是观察。正如英国天文学家、物理学家阿瑟·爱丁顿写道："为追求物理学科学结论的真理性，观察是最高上诉法院，每一项物理学知识必须是通过特定观察过程所获得或对获得的判断。"（阿瑟·爱丁顿：《物理科学的哲学》，1939，第 9—10 页。）

爱丁顿（Arthur Edington，1882—1944）的这段话适用于所有领域的经验。爱丁顿是相对论、宇宙论等领域的先驱。1919 年，他率领英国皇家学会观测队到西非普林西比岛观测日全食，第一次证实了爱因斯坦广义相对论关于光线在大质量恒星附近通过时，出现弯曲的预言。

然而，观测的权威性却不是在任何时期都被承认的。在人类历史的某些时期，作为知识的一种重要来源的观察被严重忽视。这种情况就出现在古代希腊人的学术研究中。古代希腊的原子论部分地建立在经验基础之上，但观察的重要性尚未牢固地在人们心中树立起来。即使像亚里士多德这样一位敏锐的对自然和人性的观察者，或者因为他到了晚年才对自然科学产生兴趣，或者因为他依然没有从柏拉图思辨精神的控制中解放出来。总之，亚里士多德对观察和经验权威性的认识处于一种飘忽不定的状态。尼罗河每年的泛滥激发了他的好奇心，为弄清其根源，他开始组织一个探险队前往尼罗河的源头，这是完全值得赞赏的。然而同一个亚里士多德却告诉我们，植物生长过程中重量的增加完全由于该植物从泥土中吸取养分而来，他从未试图去考察土罐在植物生长的不同时期的重量，来证实他的假说。直到 18 世纪才有人进行了这一简单的测试。亚里士多德还告诉我们，女人的牙齿比男人的少，而且女人的肋骨也比男人的少。他还告诉我们，从行驶的船桅杆上落下的物体将落在桅杆后面，显然他没有对上述事实进行深入的观察和实验。随着古希腊文明的衰落和对来世有浓厚兴趣的基督教的兴起，思辨哲学将科学研究中的观察方法扼杀在萌芽状态。

有时观察者拒绝观察的理由，是害怕观察结果推翻自己以前的观点。伽利略时代的一位形而上学者拒绝通过望远镜观察天体，害怕被迫承认亚里士多德的教导是错误的。甚至有人固执地拒绝相信观察结果。譬如一桩轶事，有人发现太阳里有斑点，另一人说："孩子，我多次阅读亚里士多德的著作，我肯定他从未提到有这种情况。你看到的斑点肯定出自你的眼睛，而不是来自太阳。"（A. K. 罗杰斯：《学生用哲学史》，1926，第 126 页。）

人类长期以来不承认或如此缓慢认识到观察和经验的重要性，不仅由于上述这些因素，也来自其他一些原因。这主要是由于缺乏科学知识、科学方法和科学仪器的缘故，以及在现代之前数学尚处于比较原始的状态。

德国物理学家威廉·伦琴（William Rotgen，1845—1923）发现X射线的故事充分表明知识对观察的重要性。这一发现被描述为“纯粹的偶然性”。从这一发现结果并不是伦琴进行观察的目的来看，确实是一种偶然性。但是，如果观察者是一个外行人，即使他看到这一现象也不会发现它的意义所在，而可能弃之不理，伦琴由于他的科学知识成就了这一伟大发现。

观察者的知识不仅在观察中发挥着重要作用，对观察目的的充分理解也很重要。有趣的是，常见的东西未必是了解深刻和观察透彻的东西。人们在日常事务中对周围环境的观察，一般只限于容易看到的东西。在这种情况下，人们没有明确的观察目的，不注意熟悉的环境中的细节。越是熟悉的东西越是不会激起人们观察的兴趣，因而常见的东西往往从人们的视野消失了。美国小说家爱伦·坡的小说《被窃的信件》中，那位总督说，所有人都把一件重要的东西藏在陌生的地方，而部长的推理是把东西藏在熟悉的地方，那是最容易被忽略的。与部长同样精明的迪潘就是在熟悉的地方找到了信件。

明确的观察目的将使与目的相关的知识充斥于观察过程中，排除与观察目的无关的知识对观察的干扰，知识不仅能够开拓观察者的眼界，假说同样能够开拓观察者的视野。查尔斯·达尔文写到，他父亲常说，一个好的观察者应是一个积极的理论建立者。

在观察中重视假说的作用，意味着观察者要提出问题和给出关于问题的试探性答案，以便防止忽略应被观察的事实。假说可以帮助观察者看清事物或事件的重要意义。理想的观察者还赖于对观察目的的清晰理解，观察者不应让可能存在的潜在目的对心灵造成干扰，从而遮蔽观察目的，与发现擦肩而过。

2. 分类

与观察紧密关联的是我们称为类比和分类的科学方法。简单的观察目的仅在于对事物或事件性质的描述，然而当我们开始对不同事物或事件进行比较时，我们注意到它们之间相互关联的某些状况，而别的一些事物或事件之间却没有这种情况。这就是说，我们开始观察事物结构和状态的相似性和差异性。从对不同事物之间相似性的观察中，我们趋向于对这些事物相互影响的方式所形成的相似性进行探讨。这种对不同事物之间相似性的关注过程，往往能够形成新的假说，因而拓宽了我们的知识范围。分类也是知识系统化的一种重要方法，因为通过分类，能够依据我们掌握的不同经验的本质对它们进行整理，它们之间的相似和差异将被用于我们的研究工作。

科学活动往往始于对不同事实的分类。将客观事实分为不同类型，然后对它们之间的关系和联系进行研究，这种研究通常首先是对同一类型事实的反复研究。将降雨现象同云的出现相联系并不困难，人们意识到雨来自云，是人们早期发现的种种事实之一。后来又认识到闪电和雷也是与云相关联的自然现象。

在对不同事实分类过程中开始出现科学。但后来证实，早期人类对事实的一些分类是错误的，这种错误分类往往被坚持许多世纪。当这种不正确的事实分类被许多人坚持许多年，我们通常称其为迷信。它们在人们意识中根深蒂固，消除这些观念是非常困难的。对不同事实错误归类的重要体系之一被称为巫术。当人类开始理性思维，就试图寻找医治身体不适的疗法，尝试用不同的植物治疗疾病。如果把某种植物挂在脖子上来治疗疾病，这就是一种巫术性质的做法。古代埃及的医学作品中，解剖学、外科学和对疾病的诊断、治疗都与巫术混杂在一起。在原始人的生活中，巫术发挥着重要作用。巫术在人类思想和历史发展中根深蒂固的影响力，也许是现代人所难以理解的。

英国人类学家和民俗学家詹姆斯·弗雷泽（James Frazer，1854—1941）所著《金枝》（*The Golden Bough*）（1890）一书的基本论点是，人类思维方式的一般发展过程是从巫术到宗教再到科学。他认为，巫术是用错误推理产生的方法控制事物，而宗教则是向神灵乞求帮助。弗雷泽分析了巫术建立的思想原则，首先是“同类相生”或“果必同因”；其次是物体一经相互接触，在中断实体接触后还会继续远距离相互作用。前者称为“相似率”，后者称为“接触率”。巫师根据第一原则，仅仅通过模仿就能实现想做的事。例如，原始人希望庄稼有好收成，让生有多个子女的女人播种。又如，如果巫师想伤害一个人，他就制作该人的画像，然后将其毁掉，他相信该人就会死亡。从第二原则出发，能够通过一个物体对一个人施加影响，因此原始人十分注意随时销毁自己的头发、唾液、指甲屑等，以防被敌人利用它们来伤害自己。

总之，巫术是一种被歪曲的自然法则体系，是原始人为达到其目的所必须遵守的法则和戒律。这是一种伪科学，也是一种没有成效的技艺。由此可见，人类对事物和事件的正确分类并不是轻而易举的事，人类经历了长期用巫术和宗教的方法对事物进行错误的归类之后，才开始以直接观察和实验等方式，验证对人有价值的种种事实。在人类有记录的大部分历史时期，各种科学理论都是从对自然事实的观察中建立的。天文学完全是从观察中产生的，医学中的解剖学和病理学，是从对人体结构和疾病的观察进行再分类而形成的。17 世纪之前，几乎没有实验科学，正是在17世纪开始对无法直接观察的事实通过实验予以证实。正如我们看到的，只有在实验科学发展的背景下，才出现了前所未有的科学和社会进步。

科学方法源于事实的积累，其中一部分是在仪器的帮助下对自然现象的直接观察，一部分是通过实验所产生的新的事实。这些事实被科学家以其相互的联系和关系进行分类，从而建立起不同的观念体系，而这些观念体系又被同一领域的专家们认为是正确有效的，这些观念体系在历史上经历了不断的改变。随着新发现的事实不断积累，它们被并入以往的观念中，有时它们成为新的观念体系，新的事实迫使人们对自己业已接受的观念进行改造和修正。不同学科领域使用的方法往往是不同的。科学由多种观念体系规范的独立学科组成，每一种学科在其科学论证过程中，不断产生新的命题和定理；通过这些论证，新的命题和定理将不断得到充实和修正。

3. 假说

在整个科学方法领域，最重要的概念也许是假说。假说就是解释某种群集事实的判断，这种以证据为依据的判断具有或然性。任何假说都是未经证实的，充其量只有高度的或然性。要接受某些假说时，这些假说必须有高度的或然性，这是理性知识关于假说所必须坚持的原则。假说是一种或然性真理，其或然性的程度要赖于支持假说的证据是否充足，其证据的真实性可能足以排除许多合理性的怀疑。即使是这样，明智的态度是称其为一种假说，而不认为是事实或科学事实。只有极少在观察和实验基础上形成的假说能够达到事实的要求。

当我们提出某一假说时，某种证据业已形成，并等待更多证据随之而来。如果没有一种先前的证据，假说就不会形成。我们倾向于既不要怀疑太多，也不能过分自信。一方面，一些科学家往往认真对待牛顿著名的一句话——“我不拟定假说”，因而过于自信。实际上在科学研究中，命名、分类、测量，以及对不同事物的相关性进行思考，这一过程就是在证据的基础上无意识或有意识对假说进行表述。有人说，在科学研究中，只有造物主可以不拟定假说。

另一方面，有些哲学家认为，我们掌握的知识都是假说性质的，没有确凿的知识。他们采纳古代希腊极端怀疑主义者高尔吉亚的观点：我们什么都不知道。这种虚无主义的观点同样是不可取的。根据证据的有效性来确定怀疑和相信之间的平衡点。如果假说已经有许多证据的支撑，新的发现就很难推翻原来的假说。假说的形成经历从朦胧的相似性到科学定理的建立全过程，但每前进一步都是建立在某种前提事实的基础上，并等待未来实验的证实。

拟定假说一般有五个步骤：①激励；②观察；③想象力；④演绎推理；⑤验证。激励是指推动假说形成的主观因素，即知识：一个人的知识越多，他就能发现更多通往知识的途径。观察是通过命名、分类和测量等多种方法，优化观察的水平和质量。想象力更多是一种天赋资质，而非后天知识；但想象力也可能通过实践和丰富经验得到优化。演绎推理能力需要数学和逻辑的知识。验证与对事物相关性的理解有密切关系。总之，知识对上述所有方面都是至关重要的。

假说可能有几种情况，假说可被用以解释任何事实的发生，或者用来建立一般的因果关系。假说对某类群体事物或事件进行或然性解释，这种情况被称为综合。综合是表述一切关系的判断，支撑这些判断的证据要以实际事例予以表现，一切综合的目的都是从被观察的事物推论未被观察的事物。作为一种科学方法的综合，还必须建立在取样技术的基础上，取样规则要求综合所依据的产生实例的环境，必须尽可能具有代表性。

4. 理论

科学家将他们观察所得的事实归入其建立的不同体系，这些体系一般被称为假说或理论。实际上，一种理论就是在更大范围内事实基础上进行综合所形成的一种假说。在理论形成的初期阶段，尤其在理论被证实之前，成为理论的东西往往被称为假说。在观察所得事实基础上形成假说时，科学家不再只考虑事实，而是在事实基础上发挥想象。他们试图发现观察所得不同事实之间的某些关联，从而通过综合进一步检验，没有经过事实检验的理论仅仅是一种猜想，不能被认为是实际有效的。科学理论是依据某些基本概念对选择的某些事实进行观察和审视后所形成的公设（postulate），这些公设应具有逻辑性，而且能够被清晰地予以论证。

另外，在科学研究中，必须强调公设的简洁性，公设的数量要尽可能少。牛顿说，大自然喜爱的是简洁。早在古典时期，系统的研究工作就将简洁性视为基本原则。英国唯名论哲学家奥卡姆对信仰和知识的区分，为宗教改革开辟了道路。他主张哲学对象只能是经验以及根据经验做出推理，只有个体事物是实在的。一般和共相只是表示事物的符号，可以由归纳法得到抽象的知识。但反对隐秘的质等虚构的概念。因此他宣称，不应增加实在东西的数目。此说被称为“奥卡姆剃刀”，因为它将无现实根据的“共相”一剃而尽。英国物理学家威廉·汉密尔顿对此的说明是：对现象的解释不需要繁多的原因。牛顿在《理论化原则》中的解释是，不应认为自然界事物有多种原因，重要的是对这些事物现象的解释是真实和充分的。一切伟大的理论都是简明的，因为一切伟大的真理都是简明的。

实际上，这种简明性的要求，与理论应适用于尽可能多种形态的事实是同样重要的。英国化学家罗伯特·波义耳关于气体体积与压力之间关系的“波义耳定律”，只适用于有限的气体压力范围。为适合应用于更广泛的领域，荷兰物理学家约翰尼斯·瓦尔斯提出能够描述更多气体性质的物态方程。凭借对物质的气态和液体的研究，瓦尔斯获得 1910 年的诺贝尔物理学奖。

关于一种理论的公设如果是正确的，就不必考虑这些公设是否有悖常识。所有新的东西在初始阶段几乎都被视为是荒谬的，荒谬性主要与不同寻常相关联。南非祖鲁人的人力车对德班市的居民是司空见惯之物，但对世界其他地区的人却显得怪异。第一把伞出现后成为人们笑柄的故事足以警示人们，荒谬性与价值毫无关联。普朗克的量子理论和爱因斯坦的相对论，在提出时都被认为是荒谬的东西。英国物理学家拉尔夫·富勒于 1943 年在《自然》杂志发表论文说，当时看来最荒唐几近幻想的，是路易斯·德布罗意首次提出的关于电子波的理论，而这一理论直接导致量子力学的诞生。法国物理学家德布罗意与 1924 年发表电子波理论论文，他的论点是根据爱因斯坦关于微观物质可能具有波动性的概念，首先将光具有波粒二象性的概念加以扩展，提出微观粒子同时具有波动性，并建议用电子在晶体上的衍射实验来证实。1927 年，美国物理学家克林顿·戴维森等人证实了电子的波动性，从而证实了德布罗意的预言。德布罗意因此获得 1929 年的诺贝尔物理学奖。

这并不意味着一种科学理论的建立者，总是试图使其理论表现出荒诞性或有悖常识，这只意味着常识与科学理论的建立或科学研究实践毫不相关。常识是基于普通信念做出的判断而非逻辑的必然。科学研究是对新世界的开拓，科学家必须具备一种冒险精神，科学是一种充满风险的事业。希望避开严格而艰深科学研究的人，是一些审慎和自我保护的人。

5. 理论的形成

科学理论的形成可分为四个阶段。在第一阶段，理论处于胚胎状态和描述的层次。这一阶段主要是从物理的、生理的角度收集材料，并通过对材料的分类建立秩序和构筑关系进行描述。此时只关注那些对研究工作最显著的事件，虽然假说和理论是在事实材料的基础上形成的，但此时还不能涉及理论或假说。

在第二阶段，研究者业已认识到，科学研究的任务不仅仅是对显性事实的描述，更重要的是对那些隐性材料的解释。因此，科学研究的重要问题在于通过想象对事实内涵的延伸，以达到建立假说和理论的目的。在这一阶段运用的主要是建构的方法。此时要注意规避出现不着边际的想象的危险，努力将描述与事实相关联，使对事实的解释不折不扣地与事实相符。在这一阶段，抽象和概括是最重要的方法。

第三阶段是理论形成的重要阶段，只有在此时理论才成为对材料的真正解释。理论的解释功能在于其所蕴含的对材料的解释性命题的形成。在对材料的解释过程中形成的命题是通向假说的途径。这种解释性命题不仅与材料的本质相符合，而且也包含对未知材料的预见要素。就是说，由建构方法形成的对事实的解释，经过想象活动必然会得到提升或优化。如果建构的结果仅仅来自事实，那么它就不能用来解释事实，也不能用以预见尚未观察的事实。因此，这两个阶段形成的理论是经过试探性的补充而达到需要的目的。

在理论形成过程中，研究者会认识到想象活动对理论内涵的拓展，在于其悟性和深远的见识，而不在于他所依据的定律或规则；在于深刻的洞察力，而不在于肤浅的认识；在于科学家的才华，而不在于方法。不论是对事件的创造性解释或对隐蔽的自然现象的深入见识，都建立在个人对科学研究理论的掌握基础之上。也许可以说，科学家和艺术家一样，他们的创造天资有赖于其想象活动能够对已知事物进行改造的能力。对于科学家而言，他们特有的天资能够探索自然界深层的秘密。总之，理论或假说的形成，在很大程度上有赖于科学家的天资和深入的见识——这是一个至今尚未完全解开的秘密。

经过以上四个阶段形成过程的理论，将对其进行验证。将验证视为理论形成的第五阶段，或者将其视为独立的验证过程，这是无关紧要的。一种真正的理论必须经过至少初步的验证，这是显而易见的；处于不健全状态的理论必须在事实基础上检定其对未知事物的预测功能。一种错误的理论可被认为是其形成过程不完善的结果。

理论的验证过程和理论的发现过程是完全不同或逆反的过程。理论的发现过程主要是从事实进入符号，从清晰的已知物进入隐蔽的已知物；理论的验证过程则主要是从符号进入事实，从隐蔽的已知物进入清晰的已知物。前者是从猜测的泥沼中跃起；后者则是回归事实的坚实基础之上。前者是归纳，从洞见和想象获得动力，展现了自发的热情和活跃的联想；后者是演绎，从评析的过程获得激励，彰显了逻辑的严密和主动探索精神。于是，两种不同性质的过程昭示我们，在理论验证的过程中，科学家的态度和目标发生了变化。

6. 感性材料和思维构成物

在对科学发展中理论的作用进行分析时，德裔美国物理学家亨利·梅尔根诺（Henry Margenau，1901—1997）将科学家面临的世界划分为两个部分：感性材料和思维构成物。感性材料是各种事实，思维构成物则是科学家基于某些原则创造的种种概念，这些概念承载着与感性材料的某种关联。例如，数学中的数目、积分、空间，化学中的元素、原子、价、键、化合物；物理学中的电子、电场、质量等，都是“思维构成物”。构成科学知识体系的种种概念，主要与这些思维构成物相关联。它们象征性地代表感性材料，在数学的帮助下可对它们进行逻辑的论证。

科学家的工作过程是：收集各种事实，根据自己的目的，通过创造过程将事实材料转换为思维构成物。然后用数学语言将这些思维构成物概括成一种理论，最后通过实际观察对理论进行检验，从而做出新的结论。当一组科学事实能以简洁的陈述予以概括，尤其当这种陈述能以数学形式予以表达时，就能被称为一种定理（law）。对自然规律的观察结果，一般采用以数学形式表达的定理进行分类。有时被认为符合一种已知定理的新的观察结果却与这种定理相悖，这种情况下将提出一系列问题：观察是否出现错误，是否是某种因素被忽略，抑或这种定理所涵盖的范围不够广阔而不能包括这些新的观察结果。如果发现事实基本上都是新的，需要对业已建立的定理进行大规模的修正，以便涵盖这些新的观察结果，这种情况在科学史上是一种重要事件。

从非专业的角度对科学进行审视，科学理论和定理的性质很难被理解为思维的产物，从而也很难被一般人理解。这种情况也许部分地因为科学定理这个名称不够恰当。奥地利哲学家埃德加·齐尔塞尔在《自然规律概念的缘起》（《哲学评论》1942年5月号）一文中讨论了“law”（规律、定理、法律）一词的起源。齐尔塞尔指出，这一概念的起源可追溯至古代。规律来自神授是犹太教的一种中心观念，从造物主是世界的创造者这一观念出现后，规律来自造物主的安排是不难理解的。因此，《圣经》中伯约说，造物主为降雨制定了法则。在欧洲古代人的观念中，自然界的种种演变过程都由众神所掌握。弗朗西斯·培根把规律（law）和形式、结构（form）用作同义词，培根对这一词语的使用可能源自《圣经》。笛卡尔采用造物主营造自然规律这一观点，并认为自然规律是不可改变的，因为造物主和造物主的行为是完美和永恒不变的。“规律”一词的现代意义是由牛顿确定下来的。牛顿使用这一词语时，不带任何形而上学色彩，而仅仅是对一种现象的描述。

当科学家说到规律时，社会大众可能认为，如果违背了规律必将遭到惩罚。但是科学定理却不是一种必须服从或遵守的规则，科学定理只是一种对事实的陈述，不存在对其遵守或服从的问题，因为不遵守或不服从是不可能的，那就不会有惩罚。所谓健康的种种规律可能没有被人们遵守，这种没有被遵守的规律是在对不好行为陈述后做出的判断。但是引力定律是不可能违抗的，如果一个人从窗户跳出而被一张网接住，他没有违反引力定律，而是遵循引力定律的行为。

对科学家而言，绝对实在是没有意义的，它充其量是一种形而上学概念，而非科学概念。科学对此既不给予肯定也不否定，而是采取忽视不计的态度。科学家建立抽象概念的目的在于通过感官，尤其是借助仪器对观察的事实进行分类。科学家对所观察事实的分类，也许主要受到这样一种动机的激励：他可以从观察的结果中推论出观察其他事实的可能性。

在讨论科学方法的同时，必然给人一种印象，即这是一些有目的性的方法，是科学家有意识地进行的工作。然而情况通常并非如此，科学家并非总是有意识地去收集和观察某些事实，从而使这些事实适应某种体系。相反，他收集的许多事实往往适用于他所未曾设想的体系。这些事实可能是他感兴趣的和试图用以概括出一种理论，但后来却改变了原初设想，并试图提出另一种理论而放弃他所怀疑的某些事实，于是他实际上是在没有明确方向和目标的情况下进行工作的。英国科学史学家查尔斯·辛格在《科学简史》(1941)中指出，科学论文尤其是科学教科书，对科学家做出结论的观察往往使人们误解。这些论文和教科书，没有提供科学家在科学研究中出现的错误开端和放弃原来假说的信息，它们给人的印象是，研究工作似乎是依据科学研究的某种原则得出必然的结论。辛格说，由于这种和其他一些原因，人们永远不能从书本里了解到研究的真实过程，而是在与客观现象接触中才能对此有所感悟。正如爱因斯坦说，教科书里的结论几乎总是以完成的形式出现在读者面前。读者感觉不到思想形成的生动过程，也很难清楚理解全部情况。

在科学发现和技术领域，主要涉及三个方面：理论综合、观察与实验和发明创造。从心理学角度，每一方面都涉及不同的工作方法和思维形态。有时它们甚至完全相反，就是说，一个人一般不会在一个以上领域做出杰出贡献。例如，一个杰出发明家同时又是理论思想家是非常罕见的。有些科学家有杰出的综合能力从而能够建立理论，有些科学家有超越他人的观察能力或拟定独创性实验方法的才能等。

根据上述三个方面，可对科学家和技术专家的才能进行分类。例如，笛卡尔有杰出的理论综合能力，但我们没有证据证明他进行实验或表现出任何发明的才能，也许他没有机会进行这些工作。伽利略不仅是一位优秀的理论家，也是杰出的实验家。他的某些工作昭示世人，他也有发明家的杰出才能。牛顿是一位杰出的理论家，同时也是一位实验家。虽然他对望远镜和其他科学仪器的发明做出了贡献，但他的发明才能似有局限性。至于当代科学家，我们可将三位伟大的发明家，即英国物理学家威廉·开尔文、美国发明家托马斯·爱迪生和美国电器工程师伊莱休·汤姆逊进行比较。在三位发明家中，开尔文是最出色的理论家，优秀的实验家和杰出的发明家。有理由认为他是一位缺乏整体建构才能的科学家。但在上述三个方面的杰出才能，使他成为一切时代最伟大的科学家之一。爱迪生似乎纯粹是一位发明家，他对理论不感兴趣，他所进行的各种实验不是为了获取知识，而是为了制作某种发明物。当然，他是一位非常杰出的发明家。伊莱休·汤姆逊同爱迪生相比更是一位科学家，他在发明方面贡献很大，他杰出的组织才能，使他在实用科学领域足以同开尔文和爱迪生比肩。

7. 关于因果关系的假说

（1）因果关系的意义

在科学研究中，最常遇到的假说是关于因果关系的假说。因果关系的意义及与其相关的建立假说的方法，是约翰·穆勒关于实验方法研究的重要方面。实验有时与观察不同，但实验与观察并非截然不同。实验活动必须在为获得某种重要观察结果的情况下进行，实验是为离析和掌握某些可能的因果要素而进行的。可以说，在任何科学学科中，实验的根本目的都在于离析和掌握可被观察到的因果关系要素。

假说的功能是用以对经验的某些事实进行解释。我们面临的许多问题必须予以解决，而对问题的解决往往要依赖于建立一种假说——关于因果关系的假说。科学的主要目的之一，不论自然科学或社会科学，是确立需要处理的各种现象之间的不同因果关系。

对任何问题中不明事实进行解释时，首先要形成一种假说，并对可能构成这种假说的证据进行表述，确切了解这一问题的内涵。此外，我们必须确切知道“原因”这一术语的内涵，掌握该词的普通用法对我们有所帮助。“原因”一词总是与“结果”一词连用，“结果”是一种现象或事件，而“原因”则是另一种现象或事件，两者之间存在一种关系，我们称为因果关系。

因果关系的属性是哲学家和科学家长期争论的问题，我们不准备讨论这种争论的漫长历史，只涉及我们关注的某些方面。比如说，阳光和雨水是各种花朵在春天开放的原因。在一般情况下，这种现象意味着某种力或动力产生的结果，即雨水和阳光作为真实的活力促使春花开放。但是，一种对因果关系更为挑剔的考察所得出的结论是，我们实际上无法观察原因动力是如何运作的。对于某些事件，我们几乎是立刻看到在原因之后发生的事件——结果，两者甚至几乎是同时发生，而且发生在同一空间的一处。但第一事件促使第二事件发生的动力却是无法观察到的。

（2）戴维·休谟论因果关系的主要要素

对因果关系特征进行最为精到考察的人之一，是英国哲学家戴维·休谟。休谟关于判断原因与结果的规则的陈述，对因果关系的界定具有重要意义。由于一切事物都可能互为原因或结果，确定某些一般因果关系的规则也许是必要的，这样我们可以认识它们的真实状况。下面四项规则涵盖了因果关系意义的主要因素：①原因与结果在空间和时间上必须是相互邻接的；②原因必须是在结果之前；③原因与结果之间必须存在一种稳定的联系；④同样的原因总是导致同样的结果，而同样的结果却永远不能仅仅来自同样的原因。

原因与结果在空间和时间上必须是相互邻接的，意味着称为原因的事件和称为结果的事件，都是某一事件连续体的组成部分。当我们说弹起的球是打破玻璃窗的原因时，这两种事件在空间和时间上是紧密联系在一起的。尽管我们说 A 事件是 B 事件的原因，但 A 事件的发生与 B 事件的发生，在时间和空间上存在巨大的距离。如果不能提供两者之间存在的明显联系，人们不会对两者之间的因果关系表示赞同。

原因必须在结果之前，其中包含两种概念所表征的通常意义。在通常意义上，原因与结果是解释某一事件连续性的方法，一个事件及其原因是一次时间过程的组成部分。在这一过程中，原因总是在先，结果在后。如果说原因在结果之后，或者说原因与结果同时发生，这在普通话语表达中是不可思议的。但是如果说由于事件 A 在时间上先于事件 B，因此 A 就是 B 的原因，这种判断显然也是错误的。这种谬误被称为 post hoc，ergo propter hoc（拉丁语：在此之后，即为此之结果）。任何从时间在先得出因果关系的论断都是这种谬误的例子。大多数迷信或盲目崇拜，实际上就是这种谬误造成的结果。

如果说“在此之后，即为此之结果”的谬误忽视了因果关系的真正意义，也表明时间在先不是因果关系的主要特征。承认原因先于结果是必要的，但这还不够。这就引导我们关注休谟关于因果关系最重要的第三项规则：原因与结果之间必须存在一种稳定的联系。

试图按照“在此之后，即为此之结果”的观点确立因果关系是错误的，这是因为，虽然所谓原因先于我们称为结果的事件，但它却不是这一事件的真正原因。因为任何称为结果的事件 E 可以有大量先行事件 X、Y、Z 等。确定因果关系是从众多先行事件中选择符合原因定义的一种事件，那么如何进行选择呢？

在众多先行事件中决定真正原因的主要条件是，它必须是与结果具有稳定联系的事件。因此，原因和结果之间的关系是，每当一事件发生，第二事件必然发生。约翰·穆勒对此言简意赅地说，我们可以将一种现象的原因，界定为先行事件的必然发生和无条件地导致后一事件的发生。

休谟关于因果关系的第四项规则是，同样的原因总是导致同样的结果，而同样的结果却永远不能仅仅来自同样的原因。这是对理想中因果关系的一种解释，但在实际探索中却常有不同的情况。就一般现象而言，任何结果都可能由许多互不相关的先行事件中任何一种事件引起。例如，如果有人被枪击穿心脏，他会丧命。但不能说，如果有人死亡，他必然是被枪击穿了心脏。不仅子弹，毒药、疾病和车祸，都是导致死亡的原因。但是，如果说，结核杆菌和身体抵抗力差会导致结核病发生，和结核病的发生肯定是结核杆菌和身体抵抗力差的结果，两种判断似乎都是正确的。

（3）约翰·穆勒：选择真实原因的方法

约翰·穆勒提出排除非原因要素和选择真正原因的一些方法，是所谓古典原因选择法（在穆勒之前，两位英国经验论者弗朗西斯·培根在《新工具》和休谟在《人性论》中都提出过这种方法），被称为穆勒实验研究法。

在考察这些方法的细节之前，应该注意两点，第一，如果我们没有掌握与所探讨问题有关的其他案例的知识，就不能对这一具体事件进行正确判断。正如上述，只有发现一事件与另一事件之间存在稳定的联系，它们之间才可能存在因果关系。为确认这种稳定联系，必须考察更多的案例。因此，当我们调查某一事件的原因时，该事件必须仅仅是我们所掌握的同类事件中的一例。其次，排除与某一事件无关要素的努力，不能完全是一种任意性行为，而必须由某些既有知识作为指导，并确立关于非相关性的假说。因为对无关要素的排除和对真实原因的选择，都必须以相关既有知识为基础。为更好地运用穆勒的实验方法，下列几点可能有所帮助：

①必须对考察过程提出明确而切实的问题，以指导研究工作的进行。

②研究人员必须将面对的复杂情况，详细分解为不同的构成要素。

③在研究工作的整个过程，必须全面关注并牢记一切与研究工作相关的情况。

④必须对与研究工作相关的种种因素，随时进行必要的修正和变更。

⑤必须对确定为与研究有关的环境进行不断的检查，以便验证它们与研究工作真正有关。

⑥必须以最大的耐心，注意是否有与研究有关的因素被忽视。

自休谟以降，因果关系问题已成为现代哲学思维的基本问题之一。19 世纪关于因果问题的种种假说，在量子物理学的发展和测不准原理的发现面前已经过时。下面是弗雷德里克 · 布里德在《科学》1932 年 10 月号上发表《什么是新物理学的慰藉》一文中的一段：

> 在科学传统中，因果关系显得无能为力。它的作用是什么？实际上它是无所作为的。同样，任何自然规律都是如此。引力规律没有使一只麻雀掉下来。自然规律仅仅是描述性的。它们同数学公式一样是缺乏活力的。因果关系表达了不同事件之间的一种惯常性关系与结果。B 继 A 发生，这是因果关系。为什么是 B 而不是 C 或 D？为什么在 A 之后不是任何其他东西？因果关系原则没有这一答案。

四、直觉、想象与科学

1. 直觉主义

亚里士多德在《工具论》中说，最终直觉将是科学知识的创造之源。关于直觉的论述只处于亚里士多德哲学的边缘，却在现代哲学中担任重要角色。

笛卡尔曾提出，我们只用直觉和演绎法获得关于各种事物的知识，而不用担心犯错误。笛卡尔在《方法论》中说，直觉是来自理性的概念，是一种理性活动，可选为公理的自明命题。他认为，人只能通过自明直觉和必要的论证获得某些真理的知识。

康德提出感性直觉的两种形式：空间和时间。空间和时间是先天知识，不是来自经验，而是经验的条件。如果笛卡尔的直觉是理性的形式，那么康德的直觉则是先验理性。于是康德开启了 20 世纪非理性的大门。然而康德的直觉理论与非理性主义之间存在重大区别。康德承认感性经验和理性的价值，而 20 世纪的直觉主义则极力诽谤和贬损理性和感性经验。

这种源自康德先验直觉的反理性的直觉主义，出现于欧洲浪漫主义运动时期（大致在 19 世纪上半叶），但它没有产生实质性的影响。直至 19 世纪末，直觉主义开始成为西方文化的一种弊害——一种反科学、反逻辑、反理性主义、反经验主义和唯物主义的直觉主义，其代表人物是德国哲学家威廉·狄尔泰（Wilhelm Dilthey，1833—1911）。在其《精神科学导论》（1883）中，这位博学的哲学家认为，哲学的中心问题是生命。精神科学的目标必须是对单一和整体的把握，这一见解只来自生活经验而永远不会来自理论。在科学领域，科学成果不是来自理性的力量，而是来自个体生命力（不幸的是，狄尔泰没有说明个体生命力意味着什么）。换句话说，对一种规律的表述，必须从人的个体行为中去寻找而不需要综合。

狄尔泰的言论对科学毫无意义，但却在其他一些领域找到了追随者，尤其在社会科学领域中兴起一种倡导神秘的“移情作用”或“移情知性”的伪科学或准科学运动。例如，奥地利精神病学家西格蒙德·弗洛维德、阿尔弗雷德·阿德勒和瑞士心理学家卡尔·荣格认为，移情作用是认知的最高形式。不可思议的是，当时的德国是一个伪科学盛行的国家，其民众非常赞赏狄尔泰反科学、反对英、法学派（实证主义和分析学派）和反对自由主义理论的言论，高度赞扬狄尔泰倡扬的极权主义和大国家主义。

在《纯粹现象学与现象学哲学的观念》（1913）一书中，德国哲学家埃德蒙德·胡塞尔（Edmund Husserl，1859—1938）复活了柏拉图和亚里士多德的本质主义。本质主义是一种形而上学理论，其主旨在于追寻超越事物属性和规律的“永恒本质”。胡塞尔宣称，这种本质来自一种特殊官能，即智力（但不是理性）直觉，他称“本质的视域”。胡塞尔说，经验或个体直觉和本质或普遍直觉（因为据说这种直觉能够领悟普遍性）是终极真理和一切判断之源。本质的知识是独立于事实的知识，即使对待物质对象的本质也是如此。胡塞尔认为，恰当的直觉是不容置疑的，这些直觉具有与科学判断相同的必然正确的特点。

现代科学已经放弃了柏拉图和亚里士多德的本质论。这种本质论不能用来寻找实体的本质，而且本质不能超越物体本身。奥地利数学家理查德·米泽斯在《实证主义：人类悟性研究》（1951）中说，胡塞尔建立了一种观察事物的方法，但这种方法不能让他看到任何东西。

狄尔泰、胡塞尔、柏格森、席勒及其他新浪漫主义者的各种直觉主义理论，给人们带来的只是损毁经验和理性的欺骗以及故弄玄虚。它们不能使我们达到对历史和事物本质的基本规律更深入的认识。直觉主义关于直觉的力量和理性的灾难的宣言不能得到证实：它们是独断论的典型例子。

2. 创造直觉（想象）：新观念诞生的机制

“直觉”，在科学中或者说在科学的语言中，是一个多义词。形形色色的直觉主义不能对科学发挥任何作用。但在科学研究中，科学家有时似乎是在没有经过艰苦的思考、没有清晰的逻辑依据，几乎是突然的情况下产生新的观念。这是创造想象或灵感。就是说，在科学研究中不排除直觉和想象，但科学家的创造直觉和想象不能与直觉主义所声言的直觉同日而语：某些哲学家所宣称的直觉是先于论题而存在的直觉，而这里所说的直觉是在情感、理性和经验基础上的直觉。德国思想家沃尔夫冈·歌德曾多次表达这样的思想：想象不是肆意妄为，想象的基础在于对自然事物的观察积累和领悟，想象反映着自然的内在律动。因此，想象是创造的先驱，想象预示了现实中我们依据常识无法认识的许多方面。逻辑是证明的工具，直觉和想象是发明的媒介。

所谓创造，是创造概念——非常规的概念和概念体系——的一种力量。曾任哈佛大学校长的詹姆斯·柯南特（James Conant，1893—1978）说，一个新概念的来源无非有以下几种途径，一是源于实验，二是从旧概念中演变而来，三是来自偶然的发现或创造。概念是人类在悠久岁月里通过集体采用与世代相传所达到的认识水平。概念使我们能够进行预言，推理不同概念所涉及的内涵。随着时间的推移，概念构成了我们的心理结构。每一位数学家和自然科学家都会同意这样的观点：没有想象、没有对概念的创造、没有对假说和提案进行开拓性思考的能力，只进行机械的操作和运算，很难出现观念的创新。假说的创立、技术的设计、实验方法的拟定，都清晰展现了想象和直觉的运作过程，而不仅仅是机械的操作过程。奥地利物理学家欧内斯特·马赫在《知识与谬误》（1905）一书中，强调想象在实验设计中的重要作用。他说，直觉和想象的运作过程不是纯粹运用逻辑的过程，仅有逻辑不能引导一个人进入新观念的大门。正如只懂语法不能激发一个人的诗兴，只懂和声不能激发一个人创造出交响乐曲。逻辑、语法和音乐理论能使我们发现形式上的错误，但它们不能提供新的观念、巧妙的观念。

然而，直觉主义者和格式塔心理学家们，津津乐道的富有成果的创造和深刻的见识，不可能是凭空而来的。科学和技术的创新来自观察、类比、试错、批判和推论，不存在不被以往知识限定的新知识。一般而言，新的东西总是植根于旧的东西之中。一切新事物都不是全新的，这是美国科学家查尔斯·皮尔士批判直觉主义的主要论点之一。另外，一种猜想在检验之前，人们不会知道是否是新的，必须对猜想进行逻辑的缜密考察和论证。

创造过程往往在最后对理论、技术或实验的表述中面临被否定的危险，尤其是公理性的理论具有一种严峻的面孔：它们似乎是一些凭空而来的创造，但它们当然不是凭空而来的。任何公理性质的理论都建立在已有知识的基础之上，是借助已经掌握的概念和技术实现的。创造的过程是在知识和理论的某些规则指导下进行的试错过程。在科学研究中，试错不是像蚯蚓或耗子钻地那样的盲目行为，试错常常是有计划而非反复无常的行为，试错是在目标和方法的指导下，以及所掌握的知识的控制下进行。灵感和想象的突然闪现确实会出现在科学研究中，但并非无条件的灵机一动的结果。

在创造发明中，认为直觉高于逻辑的观点显然是荒唐的。没有前期的积累和逻辑的推理过程，科学和技术的创造发明就是无源之水。我们不能设想，没有开普勒、伽利略和惠更斯的前期贡献和微积分的发现，以及牛顿自己的前期研究积累，万有引力理论仅是牛顿突然灵感的产物。

20世纪60年代，美国几家股份公司为激发新观念的产生，把一些人聚集一起，目的是通过讨论为解决某一问题提出建议。这种聚会是在一种自由结合背景下，鼓励人们以各抒己见但不准批评以免挫伤积极性的方式进行。其结果证明，这是一种无效的试验。这种压制批评和不同意见的讨论会怎么能够产生新的观点？解决问题的有效方法是创造和批评并用，没有批评和无节制的自由梦境同样是不结果实的。

一个似乎是由非理性因素激发的创造过程的经典例子，是德国化学家奥古斯特·凯库勒于1865年在睡梦状态中发现苯的环形结构。但凯库勒的发现并不是凭空而来的。凯库勒曾在十几年间对苯的结构问题绞尽脑汁、苦思冥想，灵感的闪现是在长期艰苦思考的准备工作之后的结果。正如法国数学家亨利·庞加莱说，灵感是对假说的许多次试验之后，在推断不同假说的结果和对假说与经验材料的比较之后出现的。

当灵感的光芒出现后，假说的一切要素和相关经验证据的一部分随之出现，但它们依然处于凌乱无序和错误层出状态。灵感（想象）和资料的综合可能是错误的，而且常常是错误的，必须对其进行检验，这是凯库勒在醒后首先做的事。他相信的是艰辛的工作，而非梦境的启示。凯库勒对梦境中情景与经验信息（苯的物理和化学性质）做了审慎的比照和验证。

没有逻辑的创造想象将导致科学研究误入歧途。法国哲学家和逻辑学家路易斯·库蒂拉在同科学研究是完全排除逻辑的灵感说进行的著名论战中说，没有长期而耐心的逻辑推理过程，不会有富有成果的直觉。

3. 科学实验：情感、理性和经验的融合

创造想象是一种建构过程，在这一过程中，一些新的概念进入现实世界，从而丰富了这个世界。在科学研究中，仅有理性和经验是不够的。法国生物学家、实验医学奠基人之一克洛德·贝尔纳在《实验医学研究导论》（1865）中说，实验方法是建立在情感、理性和经验三要素基础之上。他补充说，情感永远发挥主动性，是产生先验概念（即假说）或直觉之源。我们有充足理由说，经验（现实经验或回忆经验）、想象和逻辑推理是科学家的工作所必须具备的条件。

美国两位化学家普拉特和贝克在他们进行的一次公益科学研究中出现的预感（直觉）的经验调查报告中写道：

> 科学研究中出现的预感是为解决某一问题，对突然出现于意识中的观念进行综合与澄清的过程。其典型情况是，这种预感总是在长时间对某一问题的研究之后，在不知不觉中出现，一种预感总是来自大量有关事实的知识，但这基本上是一种想象。而这种想象是超越一个理性的人根据手边资料所做出的结论。这是一个创造的思维过程。（普拉特和贝克：《科学预感与科学研究的关系》，1931。）

无中不能生有，这是事理常情。在科学中这是被反复证实的一种重要本体论原则。否定这一原则必将导致神秘主义和意志自由论。然而，如果我们承认化学合成不仅仅是各种元素的并置，一种生物不只是复杂的机械结构，那么，我们就不应否认创造现象，即从感性材料和概念材料进行心灵的创造过程。

以沃尔夫冈·科勒（Wolfgang Kohler，1887—1967）为代表的德国格式塔心理学家宣称的“顿悟说”，没有解决创造的问题：顿悟说只是使问题的困难清晰化。然而，顿悟确实能在多次不成功的试错后出现，但试错活动不可没有前期的经验积累。科勒所谓顿悟的闪现是没有前期经验为基础的，1945 年由实验证明这一理论不能成立。经验对顿悟的重要性是已被认定的事实。在高级动物界，成功地解决问题必须依靠以往的试验、试错和概念的形成过程。

关键在于以经验为基础的顿悟可以提供一种综合而不仅仅是重新排列。希腊神话中有半人半马怪物，这显然是一种构建与综合概念；但是，温度、电荷、自然规律等概念，以及概念的概念是什么？它们是由什么构成的？在大多数情况下，我们对事物进行分离、组合和重新排列，但在少数决定性时刻，人们可凭借低劣的原材料创造新的概念、新的假说、新的理论和新的世界观。这种时刻我们称为创造。

可将具有创造性的思想家分为下列不同类型：①破坏性批判者，即能够找出别人作品中的瑕疵，但不能以新的和更好的作品替换旧的和陈腐的作品。②运用者，即能够运用既有理论和技术去解决某些问题，不论是认知问题还是实践问题。③改进者，即建设性批判者，他们能够以相同的思路改进既有的工具。④新问题、新概念、新理论、新方法，甚至新的思维方式的创建者。科学和哲学需要上述所有类型的人。

英国科学哲学家威廉·惠威尔是生活在奥古斯特·孔德和约翰·穆勒时代的熟悉科学特点的少数人之一。惠威尔认为，科学发现的秘密，在于提出假说的创造性和选择正确假说的聪明才智。他在一个多世纪前写到，提出与事实联结的概念在于发现者的才智，这种才智不是通过教育而获得的。一般而言，成功的假说是猜测的结果，猜测的成功似乎是首先形成几种试探性假说，然后选择其中一种正确的。但恰当的假说不能按照规则去构建而没有才智。惠威尔说，选择的每一种假说都是一种新颖而巧妙的猜测。后来庞加莱说，猜测之后是对猜测的验证。

除了精确度，现代技术还要求实用性、可靠性、低成本和经济利润。因此，技术发明在任何意义上都不逊于科学发现，技术发明同样需要想象和丰富的知识，任何人都不应对技术和技术发明采取贵族式的傲慢态度。德国工程师、柴油机的发明者鲁道夫·狄塞尔（Rudolf Diesel，1858—1913）叙述了他的创造过程，与亨利·庞加莱对函数发现的叙述没有本质的不同。狄塞尔说：

> 发明包括两个部分：观念及对观念的实践。观念是如何产生？观念的出现有时像闪电，但通常是在艰苦的研究工作之后。在无数的错误中，观念脱颖而出。通过比较研究，本质的要素将逐渐从非本质的要素中分离出来；本质的要素慢慢变得清晰，最终成为清晰的观念。（克莱姆：《西方技术史》，1959，第 342 页。）

狄塞尔不能确定构成狄塞尔发动机核心的观念从何而来，他只知道是不断追求理想的结果，在对无数的可能性相互关系进行反复探索后，正确的观念最终显现，这使他心中充满难以言表的喜悦。在工程领域，如同在科学的任何学科，初期设想的理性很少能与现实一致。在艰苦的探索与想象相结合的调整过程之后，最终，一种实际可行的模式诞生了。狄塞尔说：

> 即使当具有科学内涵的观念已经形成，发明依然没有完成。只有当造物主对这一问题给予肯定的回答，就是说，已经通过他的检验，发明才完成了。即使在这种情况下，也仅仅是想象中的理想与可能达到的现实之间的一种调和与折中。一种发明永远不是纯粹心灵的产物，而是思维和物质世界之间的一种搏斗。发明永远仅仅是高尚观念的一小部分，它是在物质的世界基础上建立起来。完成了的发明总是与原来想象中的理想存在相当大的差距，而想象中的理想永远无法达到。这就是为什么每一位发明者总是在大量被拒绝的观念、工程和实验中艰苦地工作。获得的任何东西都是经过了大量尝试和探索的过程。（克莱姆:《西方技术史》，第342—343页。）

在技术发明和科学研究中，直觉的初始闪现可能在既有知识中激发一种连锁反应，但其结果通常与初始的闪光非常不同。总之，科学家和工程师的创造想象不能在真空中运作，预感或直觉不可能是无源之水、无本之木。直觉的表述预设了认知的背景，知识背景限制着科学家或工程师创造发明的范围和水平。尼尔斯·玻尔和托马斯·爱迪生不可能在中世纪出现。

4. 直觉：一种不可靠的思维胚胎

毫无疑问，各种不同类型的直觉有时会在科学研究中出现——虽然它们不能出现在科学命题和定理中。科学家尊重理性直觉，因为理性直觉具有联想功能。但他们知道，直觉可能存在危险性。首先，因为直觉不能被论证；其次，因为直觉中掺杂部分普通的常识，而常识是保守的、守旧的；再次，因为直觉永远存在缺憾。以直觉的方式形成的假说必须经由理性的途径进行整理，然后通过常规程序进行验证。同样，直觉可能暗示推论序列中一些重要环节，但不能省略严格的论证。

科学家尊重直觉，尤其是创造性直觉，但却不依赖直觉。他们知道，心理上的自明真理是没有保证的，直觉是高度个人化的东西，它常常带有欺骗性。科学知识的特点除了逻辑的结构和逻辑的精确性，是可能验证而非自明的或主观的可靠性。这种自明的可靠性有时与直觉相关联，因而其中往往隐伏着偏见和迷信。在科学中，所谓心理上的可靠性，必须同客观的可靠性严格区别开来。科学家知道，对真理的认识绝不是简单的和显而易见的。不存在笛卡尔所谓“简单的自然界”，一旦被认识，就会一劳永逸。也不存在胡塞尔“本质的视域”，可以为人们提供纯粹的本质，其存在首先必须进行验证。总之，即使用科学的方法也不会找到终极的结论，科学家不会同直觉主义哲学家一道去追寻知识或真理的最终可靠性。

5. 结语

（1）理性直觉是处于感性直觉和理性之间的一种心理现象。思维心理学、认知理论和非论证推理理论，都对各种类型的直觉感兴趣，但直觉的存在不能为获得直接可靠的知识提供方法。

（2）富有成果的直觉是由理性“加工”和提炼的直觉，是由理性认知参与其中而不再是原始的直觉。在科学研究中，不存在排斥逻辑的直觉。

（3）科学研究中出现直觉因素，并不意味着是对直觉主义的支持。科学研究不能排除分析和验证等一系列程序。科学家的创造过程有时的确会出现灵感，但灵感永远不会出现在研究、阐释和发现问题之前。顿悟和其他形式的直觉出现，是认真分析和艰苦思考的结果。

（4）只有排除直觉因素才能形成真实而精确的理论。真正的科学总是取向于达到认知的高度抽象性，以便将现象转化为要解决的问题。在这一意义上，科学的进步离不开数学：科学和数学都越来越远离直觉。

（5）不证自明具有判断和推理的一种心理学特征，而非命题和推理的逻辑概念。首先，不证自明现象与逻辑和认识论毫无关系——虽然它可能与对真理的认识与获得有某种关联。不证自明概念不能对真理或真理理论进行论证，对真理的论证必须排除心理的和经验的因素。其次，不存在关于不证自明真理的客观标准，任何认为这种或那种是不证自明真理的判断标准是不存在的。

（6）不证自明概念不能被用来判定一种命题的真理性或一种推理的有效性。

（7）知识或真理的最终可靠性和不可动摇的基础，不是科学研究的目标。知识的进步不在于对疑惑的逐步消除和相应的对信念的逐步确立，而在于提出新的问题。在更深刻和更具普遍性的理论支持下，以新的认识对旧问题重新进行阐释。在这一过程中，又会产生新的疑惑。每一次消除疑惑的过程，我们都会面临新的问题。在这回复往返中，科学和知识获得了进步。

（8）哲学直觉主义是一种危险的独断论，无论对个体还是社会文化的发展，都是有害的。

第 17 章

欧洲科学方法论史略

科学方法是研究客观对象、获取知识，以及纠正和整合已有认识的方法。科学研究方法必须以某些原则为依据，通过论证建立在经验和可被测量的证据基础之上。《牛津英语词典》将科学方法界定为："17 世纪以降自然科学研究的程序和方法，其中包括有条理的观察、测量、检验和对假说的修正等。"但实际上，17 世纪之前也有科学方法，只不过那时的科学尚处于萌芽状态，科学方法不被人们重视。

获取知识的科学方法同其他方法的主要区别在于，科学家追求的是让实在呈现自身。支持被证实的理论，拒绝被证伪的理论。虽然不同科学领域的研究方法不尽相同，但科学方法与其他获得知识的方法相比，它们具有大致相同的特点。从事科学研究的人，首先提出假说作为对研究对象的一种解释，并设计实验程序和方法，来检验这些假说和对假说的预测。这些步骤和手段必须能够重复进行，以便避免错误，使任何实验者产生疑惑。涵盖广泛研究领域的理论，可以将独立产生的假说包容在一个相互支持的结构之中。不同的理论可能又相互促成新的假说。为了避免偏见和错误，科学研究要在最大程度上具有客观性。

科学方法是在科学研究过程中实施的。科学方法也能够增进知识，不断改进我们对世界的理解。在这一过程中，科学方法也将改进自身，即逐渐增进其形成新知识的有效性。科学方法的实施过程涉及提出假说，从假说导出符合逻辑的预测，然后在预测的基础上进行实验，以便判断初始预测是否正确。但是，作为一种方法定则或公式的形成却有许多困难，必须慎之又慎。虽然科学方法往往被表述为一种固定的步骤或程序，但最好将它们作为一些基本原则，而不应将一切科学领域的所有研究程序视为固定不变的原则。正如威廉·惠威尔所说，在科学研究中，每一程序都需要科学家的才华和创造。

科学方法的发展史是科学研究方法论的历史，应区别于一般的科学史，但科学方法史不能同科学史截然分开，而是科学史的一部分。科学理论和科学研究规则的形成和发展历程并不是一帆风顺的，在整个科学史中，科学方法领域一直存在着反复而激烈的争论，许多自然哲学家和科学家围绕确立知识的不同方法不断展开争论。当然，在欧洲科学方法几千年的发展历史中，也形成了许多公认的正确的科学研究方法。

在科学方法发展的历史中，最重要的一些内容包括勒内·笛卡尔提出的理性主义，艾萨克·牛顿及其追随者提出的归纳主义和 19 世纪早期形成的预测—演绎主义。19 世纪末和 20 世纪初，关于科学方法的论争主要是实在论（唯实论）和反实在论之间的分歧（实在论者相信如“基因”“夸克”这些无法直接观察的抽象的东西是真实存在的，而反实在论者对抽象概念则保持不可知的立场。见本书第 18 章：科学哲学）。到了 20 世纪中期，一些科学哲学家反对任何具有普遍性的科学研究方法，其代表人物如奥地利—美国科学哲学家保罗·费耶阿本德。

一、古代科学方法论

在人类文明早期，关于科学方法的讨论很少。欧洲古代残存的关于科学方法的资料主要来自对自然现象的描述。一本古埃及《艾德温·史密斯莎草纸》(Papyrus，以莎草纸经营者的名字命名）医学教科书（约公元前 1600 年）记载了古埃及人，将观察和诊断方法用于治疗疾病。这些方法非常接近经验主义科学方法的基本要素，对科学方法论的发展起到重要作用。还有一本《埃伯斯草纸医学文稿》(约公元前 1550 年）中，也有关于传统经验主义方法的记载。

公元前 6—前 5 世纪，巴比伦天文学的发展已经进入科学天文学的早期阶段，是以数学对天文现象进行精确描述的最早范例。丹麦科学史学家奥斯加·阿博伊（Asger Aaboe，1922 —2007）对古代巴比伦天文学的研究表明，包括希腊化世界、印度和伊斯兰世界，以及整个西方世界的天文学，都是在巴比伦天文学基础上发展起来的。古代巴比伦人和埃及人创造了大量技术和医学方面的知识，尤其是巴比伦人，以经验为依据，开始了人类最早的科学活动。他们还试图运用数学描述自然现象，但他们大都缺乏理性的关于自然界的理论。古代希腊人首先以今天被认为是一种早期理性方式理解自然现象和进行科学研究。这一时期大约始于前苏格拉底学派的古代时期。泰勒斯首先拒绝超自然的、用宗教或神话解释自然现象。他宣称，每一种事件的发生都具有自然的原因。留基伯进而提出原子理论，即所有的物质都是由不可分割的原子构成的。这一理论被他的学生德谟克利特做了进一步的解释。类似的原子论也由印度正理（Nyaya）学派和胜论（Vaisesika）学派，以及佛教哲学家提出。

二、亚里士多德科学与经验主义

亚里士多德提出了另一种科学方法：经验主义。亚里士多德说，普遍真理可以通过运用归纳法从个别事物中获得。但他又说，通过归纳法得到的知识不能被认为就是科学知识。没有经验，不可能有知识，但通过归纳由经验获得的知识是不确实的，只有盖然性。然而，归纳法却是科学研究提供证据的重要前提。亚里士多德在其科学研究中大多忽略了对归纳法的运用。

亚里士多德的目的是要探索普遍性（共相）的有效方法，但不能确认这种普遍性的原因。通过运用演绎法，科学家能够在那些已建立的普遍原则的基础上推演普遍真理。亚里士多德建立了一整套包括演绎法的科学研究方法。他在《后分析篇》中对这些研究方法进行了详细的讨论。困难在于，获得真理要有可靠的大前提，亚里士多德拒绝在对真理论证中出现循环，用前提论证结论，又由结论证实前提，由此引发如何发现或建立大前提的问题。亚里士多德在《后分析篇》的末尾讨论了由归纳法获得知识，他说，显然我们必须通过归纳获得知识大前提，因为即使通过感性获得共相的方法同样是归纳法，只有直觉能够领悟大前提。因此，直觉是科学知识的本源。

亚里士多德对科学知识来源的解释，对其经验主义的性质和内涵留下被质疑的空间，尤其是亚里士多德似乎认为，感性知觉，即直觉，是唯一的知识载体，归纳不能承担获得科学知识的任务。因此，直觉为亚里士多德科学提供了一种可靠基础。亚里士多德建立了一种接近经验主义的科学理论。

三、归纳实验法的出现

在中世纪的欧洲，现在被称为科学的事业开始引起人们的重视。这时在伊斯兰世界比古典时期更强调理论与实践相结合，而且从事科学事业的大多是手工艺人，这种情况在古代被认为是一种反常现象。伊斯兰科学领域的专家们，往往是一些专业工具制造者，在工具制作过程中不断提高他们的观察和计算能力。伊斯兰世界科学家们运用实验和量化手段，区分不同科学理论之间的差异，推动科学研究向实验的方向发展。如在查比尔（Jabiribn Hayyin，712—815）和阿尔金迪（Alkindi，810—873）的著作中，都能发现科学向实验发展的趋势。至11世纪，中世纪的伊斯兰世界已经出现多种科学方法，这些方法都强调实验和不同程度的量化手段。

四、伊本·海桑：坚持实证主义的早期科学家

伊本·海桑（Ibn al-Haytham，965—1039）是阿拉伯数学家和物理学家，在托勒密时代之后首先对光学理论做出重大贡献。伊本·海桑运用实验的结果写出《光学理论》（1021），该书于1270年被译为拉丁文。书中论述了光的折射和反射、透镜聚焦、球面畸变、大气折射等大量光学原理。伊本·海桑将观察、实验和理性论证相结合，来支持他关于视觉对光线的接受理论。他认为光是发自物体，从而被视觉接受，而非发自眼睛。他用同一理论论证古代托勒密和欧几里得所支持的眼睛发光的理论是错误的。在《光学理论》中，伊本·海桑通过实验获得的数值来支持他的论点；他的关于光、视觉和色彩的理论，以及他对反光和折光的研究，都是建立在实验基础之上的。

伊本·海桑将他的科学研究视为对真理的追求。他在对托勒密的批评中说，追求真理是科学家的唯一目的，那些从事任何科学研究的人必须专注而无旁骛。对真理的追求是艰辛的，走向真理的道路崎岖不平。伊本·海桑对古代科学持有一种怀疑态度，强调经验在科学研究中的作用。他还对归纳法和演绎法进行解释，对亚里士多德的归纳法提出批评。伊本·海桑认为归纳法优于演绎法，归纳法是进行科学研究的基本方法。伊本·海桑可能是第一位在科学研究中坚持实证主义观点的科学家，他说，在科学研究中，我们不能超越经验，在对自然现象的观察和研究中，不能仅仅满足于运用种种概念。

五、阿布·比鲁尼：从实践和观察获得普遍性

阿布·比鲁尼（Abu Biruni，973—1048）是阿拉伯学者、科学家，学识渊博，见解独到。比鲁尼在天文学、考古学、医药学、矿物学及流体静力学等多种学科领域都有引人瞩目的成就。他于 11 世纪二三十年代对这些领域提出早期科学研究的方法。例如，从他的矿物学著作《宝石论》中可以看到，比鲁尼是一位严格的实验科学家，而在其历史著作《印度史》中，他说，在历史研究中，我们不能遵循几何学的方法。比鲁尼是坚持以田野考察的经验和信息为依据从事研究的比较社会学先驱之一。比鲁尼还针对早期力学领域提出一些实验方法。

比鲁尼提出的科学研究方法非常接近现代科学方法，尤其是他一贯重视和强调反复的实验。比鲁尼十分关心如何避免科学观察中的偏见和观念上容易出现的错误，从而阻止这些偏见和错误的发生。例如，由于使用小型仪器使观察者在观察中造成错误。他提出，如果由

于仪器不完善或质量低下而造成错误，必须进行反复、大量的观察，从而在运用数学手段或可靠的评估基础上，通过反复研究而做出具有价值的结论。比鲁尼的科学方法是从实践和观察中获得普遍性，理论是在科学发现中形成的。

六、阿维森纳：实验是科学研究的可靠手段

阿维森纳（Avicenna，980—1037）生于伊朗的布哈附近（今属乌兹别克斯坦），是伊斯兰世界哲学科学家中最有影响的波斯人，在亚里士多德哲学以及医学方面都有卓越贡献。他的《治疗论》是一部哲学和科学百科全书，包括心理学、逻辑、几何、天文、算数、音乐等学科。在《治疗论》（1027）的“示范操作”一章，阿维森纳讨论了早期科学方法，论述了亚里士多德的《后分析篇》，对其中一些方面提出具有重大意义的不同论点。

阿维森纳还讨论了科学研究的严格程序，以及如何获得第一科学原理的问题。他说，理想的情况是，科学家能够把握形成绝对普遍真理不同要素之间的关系。他补充说，另外两种能够发现第一原理的方法是，古代亚里士多德的归纳法和其后出现的观察和实验。但阿维森纳批评亚里士多德的归纳法是不完善的，它不能导向绝对的普遍真理，也无法提供可靠的前提。为此，他倡导实验的方法才是科学研究的可靠手段。

阿维森纳的另一部著作《医典》（1025）在西方医学领域享有权威地位为时数百年之久，是中世纪欧洲和中亚许多大学的权威教科书，其影响在伊斯兰世界至今仍然存在。在这部著作中，阿维森纳第一次描述了对归纳逻辑和科学方法至关重要的同一、差异及与其相伴

产生的变异现象。然而，与其同时代的比鲁尼倡导的普遍性产生于实验和理论在科学发现中形成的科学方法论不同，阿维森纳提出在一般性和普遍性出现之后，才能进行实验工作。由于他们关于科学方法问题的不同观点，在其所代表的学派之间的论争中，比鲁尼称自己是数学科学家，而称阿维森纳是一位哲学家。

七、罗伯特·格罗斯泰斯特：用数学对物质世界进行解释

罗伯特·格罗斯泰斯特是英国政治家、科学家和基督教神学家，曾任牛津大学校长（1215—1221），其哲学思想是亚里士多德和柏拉图主义的混合。格罗斯泰斯特对光学和其他自然现象做出具有开创性的解释，也是提出先进科学研究方法的一位重要人物。他为中世纪的科学家们超越古代欧洲和伊斯兰世界的先辈提供了条件。他的思想对其同代人及其后牛津大学的思想家们影响很大，为 14 世纪牛津大学的发展奠定了基础，罗吉尔·培根便是其中的代表人物。罗吉尔·培根于 13 世纪 40 年代将格罗斯泰斯特的思想从牛津大学带到巴黎大学。以牛津和巴黎这样享誉世界的大学为起点，新的实验科学思想迅速传播到整个欧洲。这些思想影响了伽利略、威廉·吉伯、弗朗西斯·培根、威廉·哈维、勒内·笛卡尔、罗伯特·胡克、艾萨克·牛顿、莱布尼茨等科学家，以及 17 世纪的世界。

格罗斯泰斯特的许多小型科学著作，对科学理论并没有重大贡献，然而他被公认为对科学方法的建立和发展起到重要作用。1955 年，澳大利亚科学哲学家阿利斯泰尔·克龙比对格罗斯泰斯特做出如下评价：①格罗斯泰斯特是首先在拉丁语地区欧洲国家对科学实验方法进行讨论的人。②他似乎是首先系统地运用实验证明和证伪方法的

人。③他特别重视运用数学试图对物质世界进行科学的解释。格罗斯泰斯特提出受控实验的观念是没有异议的，但他是否将受控实验的观念提升为实验科学的原则之一，成为科学研究方法整体的一部分，在科学界存在争议。

至于格罗斯泰斯特特别重视运用数学对物质世界进行科学的解释，这一点是有坚实基础的。在《论线、角和图形》一文中，格罗斯泰斯特说，对线、角和数的研究具有极为重要的使用价值，因为对于自然哲学而言，没有它们是不可能有所作为的。必须通过对线、角和图的研究，才能揭示一切自然效应的原因。《论各种平面的性质》一文中，格罗斯泰斯特总结说，正是因为自然现象的研究者是在几何学原理基础上，才能给出自然效应的种种原因。无疑，格罗斯泰斯特在此解释了几何学在揭示自然现象中发挥的重要作用。正是在格罗斯泰斯特上述关于自然力观点的基础上，罗吉尔·培根提出他的更细密的科学方法论。格罗斯泰斯特认为，通过线、角和图获得的知识是真正的知识，这是因为自然力作用于物质或人的知觉时，都会产生某种效应；而自然力运作的强度与作用物的距离有关，即距离越小，其作用力越强。

格罗斯泰斯特的上述观点，集中反映了他最关心的是对自然现象深入而细致的观察和研究。他的这种科学态度同其强调数学在科学研究中的重要性，也许是格罗斯泰斯特为14世纪牛津思想家们发展数理物理学起步阶段所留下的主要遗产。

八、罗吉尔·培根：走在时代之前的实验科学倡导者

罗吉尔·培根是英国数学家和实验科学的先驱。罗吉尔·培根关

于数学对研究自然科学的重要性这一观点，被认为超越其时代400年。他对光的性质的研究有独到之处，阐述了反射、球面光差的原理。罗吉尔·培根在光学领域所完成的工作，为后来牛顿、笛卡尔、惠更斯及其他人建立光学理论提供了重要平台。他怀疑演绎法的可靠性，坚持以实验获得数据。罗吉尔·培根在科学上的突破性成就，是他关于实验科学必须建立在数学基础之上的伟大发现。

罗吉尔·培根得益于格罗斯泰斯特的著作。他在对科学方法的阐述中，强调反复观察和实验，提出假说，以实验对论题进行验证，然后提出独立的结论。他将实验的程序和细节精确地记录下来，可能是希望他人也能在其实验中独立地验证他（罗吉尔·培根）的实验结果。

大约在 1256 年，罗吉尔·培根加入方济各修会，因此他必须遵守方济各修会的会规：不经特许，修士不能出版任何书籍或小册子。同年，教皇克莱芒四世下令，罗吉尔·培根可以写关于科学方面的事件。在 18 个月内，罗吉尔·培根完成了三部著作:《大著作》《小著作》和《第三部著作》上交教皇。英国科学哲学家威廉·惠威尔称《大著作》既是 13 世纪的一部百科全书，也是一部科学研究方法论著作。

今天人们对罗吉尔·培根的了解主要根据 19 世纪出现的两种不同情况。首先是对罗吉尔·培根物理学、形而上学及有关著作的研究。法国哲学家维克托·库辛于 1848 年在法国亚眠地区发现罗吉尔·培根的大量手稿，后来这些作品陆续出版（1905—1940）。罗吉尔·培根关于物质与形式的理论、关于实验和普遍性与个别性的论述，基本上未被认真研究。另一方面，人们了解更多的是作为科学家的罗吉尔·培根，这一方面的工作从 19 世纪直至 20 世纪，是由科学史学家推进的。1859 年，威廉·惠威尔发表论文，将罗吉尔·培根看作是走在时代之前的实验科学的倡导者。19 世纪末，苏格兰哲学家罗伯特·亚当森认为，罗吉尔·培根是一位现代意义上的科学哲学家。许多学者认为，现代科学诞生于 13 世纪早期的牛津。格罗斯泰斯特和罗吉尔·培根为现代科学做出了特殊贡献。

九、伽利略革命——实验和数学在科学研究中的结合

在宗教改革和反宗教改革的宗教保守主义猖獗时期的欧洲，伽利略发表了他关于运动新的科学理论。伽利略科学的各种内容和他选择的研究方法，没有遵循亚里士多德的理论。根据亚里士多德的思想，科学研究从第一原理起始，而伽利略却是将实验作为研究的工具和手段，并以数学的形式发表他的实验结果。就科学方法而言，这本身就是勇敢和创新的一步。在当时的背景下，数学在获得科学研究成果中的用途远非一种显而易见的现象。这是因为在所谓“发现事物原因”的亚里士多德科学中，数学尚未显示出其重要功能。不过，我们不是在其讨论运动的拉丁语论文中，看到伽利略关于实验的描述，而是在他用意大利方言写下的对话中，看到他对实验的补充说明。

1991 年，美国学者查尔斯·范多伦在对人类知识的积累和发展至现代的情况进行审视时说，就伽利略科学研究的勇气和他在科学领域的贡献所引起的深刻变革而言，哥白尼革命实际上是伽利略—笛卡尔革命，抑或更直接地说是伽利略革命。

伽利略对运动科学的创造性贡献，是将科学实验与数学在科学研究中的结合。伽利略的父亲温亲佐·伽利莱伊是一位诗琴手和音乐理论家，他曾为建立也许是最古老的被称为物理学中的非线性关系——

琴弦张力的平方根决定音高的不同——进行反复实验。这些实验和观察是在毕达哥拉斯音乐理论传统架构中进行，乐器制作者一般都谙熟这种实验。在其父的影响下，青年时期的伽利略就领略到数学同音乐和物理学的关系。

伽利略是明确主张以数学呈现自然规律这一观念的现代思想家之一。在《实验者》一文中，他说，哲学是书写宇宙的一本大书，这本大书是用数学的语言撰写的，其特征是各种三角形、圆形和其他几何形。他对自然现象的数学分析是对晚期经院自然哲学传统的发展。在摒弃各种传统权威尤其是亚里士多德主义的过程中，伽利略表现出罕见的勇气和毅力。在更为宽泛的意义上，伽利略的工作标示着科学同哲学和宗教的彻底决裂，是人类思维发展的重要里程碑。

伽利略对数理物理学和实验物理学之间的固有关系，表现出非凡的现代意识。伽利略总是根据观察的结果欣然修正他的观点。为了不断进行实验，他必须建立各种实验的程序和时间标准。因此，根据不同方法和不同实验室确定的测量法，必须具有重复使用的价值，这样才能将用于归纳推理的数学定理建立在可靠的基础之上。

十、弗朗西斯·培根：追寻揭示事物内在原因的科学方法

1. 摈弃以传统为依据的方法

如果一个人从真理出发，他将以怀疑告终；但如果他满足于从怀疑出发，他最终将获得真理。（弗朗西斯·培根：《论学术进步》，第一卷，1605。）

弗朗西斯·培根于 1573 年 4 月入剑桥大学三一学院，他全身心投入当时这里所开设的几门科学课程的学习。他得出的结论是：所用

方法和得到的结果都是错误的。他开始厌恶当时流行的亚里士多德哲学，他认为哲学必须阐明其真正的目的，为达到这些目的必须提出新的方法。带着这样的想法，培根离开了剑桥大学。

培根试图在归纳的基础上，提出一种建立研究不同现象之间因果关系的合理方法。但培根的归纳法与亚里士多德使用的归纳法完全不同。培根说，必须发明一种与当今所用的不同形式的归纳法。新的归纳法不仅用来发现所谓第一原理，也用来发现次要公理，或者说用来发现一切原理。因为以简单的列举方法进行的归纳是幼稚的。（培根：《新工具》。）

亚里士多德虽然提出适用于各种科学学科的不同原理，但培根发现这位古希腊哲学家作品中，缺少能够普遍用于一切自然科学的科学理论。对培根而言，亚里士多德的宇宙论和科学理论都已经过时，因此，信奉其理论的许多中世纪思想家，也随之成为时代的落伍者。培根没有完全拒绝亚里士多德的理论，而是反对对他的哲学，尤其是演绎法和辩证法的人文主义的解释。他批评柏拉图、亚里士多德和盖伦，赞扬古希腊的原子论者和中世纪的罗吉尔·培根。他把经院哲学家的演绎逻辑比作蜘蛛从自己内脏抽丝结网，而把蜜蜂描述为知识创造者的形象。他说，经验论者犹如蜜蜂运用归纳法从自然界中收集材料，然后将它们变成知识，这就像蜜蜂制作有益于健康的蜂蜜。

当培根在《论学术进步》（1605）中系统地提出关于这些学科新的结构时，他继续同将传统和古代经典奉为权威的时代风气做斗争。他拒绝学习人文主义者的书籍，理由是他们追逐的更多是词语而非内容。他拒绝亚里士多德在其形而上学理论基础上的逻辑学。亚里士多德形而上学的错误理论认为，经验来自我们的感官，各种事物就是我们感官所显现的那样，我们所理解的就是事物的原貌。培根摈弃一切以传统为依据的方法对自然现象进行研究，也拒绝将它们作为具有普遍性的经验和知识。培根对传统的批判延伸至文艺复兴时期的炼金术、占星术和魔术，他认为这些所谓学科建立在偶然性知识的基础上，而无真正科学内涵。

2. 科学方法论：《新工具》和归纳理论

早在 1606 年，培根就开始了对科学方法的研究。他摈弃演绎法而称其归纳法是一种以长期诚实和辛勤劳动从大量事物中收集信息，然后形成理解力的过程。后来在《新工具》中形成他系统的方法论。

归纳法意味着一种深入实践然后将实践上升为公理的过程，以便从公理中获得新的个别，又从这些个别中获得新的公理。归纳法始于感性经验，然后经由自然史（作为感性材料来源）进入低层公理或命题，而这些命题是来自不同概念的抽象。培根不是把经验认同为日常经验，而是以预设的方法调整和扩展感性材料为论据。培根的意图在于追寻揭示事物内在原因的科学方法，而这些内因是不能直接被观察的。

但是形成方法的程序没有至此结束，因为培根设想，低层公理通过归纳可以导出更具普遍性的公理。这一整个过程必须被理解为整合部分形成体系的过程。培根希望凭借具有普遍性的公理达到认识更具普遍性自然规律的目的。对培根而言，归纳法可以帮助人类心灵发现通往可靠的真正知识的道路。

在《新工具》的第二部分，培根试图探讨解释自然的原则，但他没有提出完整的或具有普遍性的理论。培根拒绝预言自然，而主张解释自然，即从收集事实出发，然后对事实进行归纳和研究；在归纳和研究中避免陷入纯粹分类学的迷途，对不同事物进行排列，但不能创造知识。对培根而言，创造即知识，知识即创造。依据遵循自然，从而支配自然的原则，必须摒弃迷信、欺诈，避免错误和混乱。

培根将变异概念引进创造者的知识体系，在这种变异思想引导下，培根建立了他的获得知识的方法论。培根认为，预言自然是一种因袭主义方法论，它局限于对材料的再现而无助于知识的增加。更为有害的是，这种理论被认为是最终结论，不能被新的理论替代。培根在科学方法中提出变异概念的意义在于：新的理论必须替代原有理论而成为科学进步的动力。对培根而言，因袭主义者预言未来事物的观点，其结果必然误入盖然性的歧途。培根关于知识获得的方法，同因袭主义者的知识观背道而驰，原因在于预言自然论容忍对不可观察物的权威性推测，在于它允许所谓特殊判断的合理性。培根说，在今天，哲学家们不会接受不能直接观察的事物就是不存在的事物的观点。

因袭主义者关于世界的深层理论，是从观察现象世界的诸多方法中选择而来的。尽管这些揭示世界结构的理论，不能通过观察或实验的手段予以证实或证伪，但即使面对反证，因袭主义者依然坚持他们所选择的理论，因而他们回避理论的改变。任何新理论的改变往往不是在新的证据基础上的改变，而是因为新理论似乎更为简洁、更加实用，或者更美。规律一般被认为是不可修正的；托马斯·库恩著名的关于范式或非范式科学理论，在此具有重要意义。培根开放的科学进步观，更接近库恩而非皮埃尔·迪昂和亨利·庞加莱（均为法国数学家）的观点。对培根而言，因袭主义的预言自然观必然为知识的进步制造障碍。培根提出种种假说理论，但这些假说不能超越所掌握材料的范围。

对培根而言，新的公理所涵盖的范围必须比它们的原始材料更大和更广博。他说，理论在任何情况下都应超越形成其自身的原始材料。与此同时，不能运用远离主题的公理对自然现象进行解释。培根拒绝从少量感性材料抽象而来的一般概念所形成的理论和方法，认为它们难免存在错误，是不结果实的，不能用以解释自然。就其归纳理论而言，培根是第一位实验主义理论家；实验的功能既在于检验理论，又在于建立证据。

自培根以降，欧洲学术书籍中反复称颂的亚里士多德哲学，逐渐被具有创造性科学成果的汇编取代，其中不再出现任何对权威的服从；个人学识不再被过分重视，而是倡导团队集体研究的重要性；传统知识的保守性逐渐被抛弃，传统经典被那些试图改善人类物质环境的科学成果取代。

培根认为，形式是自然实体的一种结构要素，是揭示其真实本质和运作规律的关键，其重要性不逊于自然事物的因果性。对特别重视追寻事物原因的培根而言，形式显得尤为重要，因为原因是导致结果不可或缺的根源。培根拒斥亚里士多德用以解释和理解客观现象的四类原因理论，理由是，将事物的原因分为物质的、形式的、效用的和终极的是没有实际用途的，而且它们无助于推动科学的进步（尤其是终极的、效用的和物质的原因）。

形式是由自然界中多种要素构成的微观结构。这一观点令我们想到培根理论中被称为构成主义组成部分的原子论。培根提出形式理论的目的，在于将对事物基本结构的理解作为人类改造自然的一种手段。因此，培根在未完成的《新工具》末尾，列出一个必须继续探讨的自然现象的目录，这些现象是未来自然史不可忽视的重要方面。

3. 对培根科学方法论的不同评价

现今，认为培根没有对科学做出直接贡献和培根在其著作中没有给予假说和数学以重要地位的观点屡见不鲜。但不可怀疑的是，培根鼓励一丝不苟和程序化的实验，倡导以其新的归纳法进行科学研究。这还意味着在研究中必须使用反证和反驳实验的手段。培根认识到，只用肯定证据对科学规律的结构进行分析是不够的，因为这一工作是构成假说-归纳体系的前提。

另外，一些偏爱数理物理学的科学史学者批评培根说，培根的归纳科学概念同今天的科学形态无关，甚至相互矛盾。但有学者认为，在提出这种判断时，他们忽视了这样的事实：以一种物质理论为基础的自然哲学（科学）不能用以力学为基础的自然哲学的标准进行评价，这是一种常见的“范式谬误”的误解。

培根的一种洞见是，论据不能从自然现象中收集，而必须通过不同方法、程序予以建立。这些程序必须在科学家的实践中完成，从而确保归纳概括的经验主义基础。培根建立在对不同事物真实特性的收集、比较、筛选、排除等一系列程序及其内在结构基础上的归纳法，已被证明是自然哲学领域一种具有革命性的成就，也是史无前例的。培根的归纳法被作为科学发现的一种工具和方法，更重要的是培根对归纳法程序中反证的强调，对知识获得过程具有极高的重要性，被现代学者视为一种创新。有些学者认为，培根是卡尔·波普尔证伪理论的先驱。培根的归纳方法论大纲还包括在否定和排除基础上的演绎和抽象。有些现代学者称培根是归纳法的创始者。20 世纪 70 年代以来，这一观点被更多的人认同。

十一、勒内·笛卡尔：怀疑主义方法论

1. 以几何学真理判断事物的结构

勒内·笛卡尔被称为第一位欧洲现代哲学家。笛卡尔首先是数学家，其次是物理学家和哲学家。笛卡尔以发现几何学与代数学之间的重要关系，从而以代数方程解决几何问题而闻名。但他最令人称道的是写出一本为科学的可能性建立一种哲学基础的《形而上学的沉思》(《第一哲学的沉思》，1641)。

笛卡尔于1619年开始写他关于科学和哲学思想的第一部作品《思维的法则》(未完成稿)。他的目的是创生一种真正意义上的科学和哲学理论，希望以此推翻亚里士多德体系，确立他自己作为科学研究指导原则新体系建立者的地位。此后，他相继写出《方法论》(1637)、《形而上学的沉思》等著作。

笛卡尔认为，我们感官所感知的物质世界的一切事物，都具有一种内在要素或形式(结构)，要素的表象能够显现事物的结构。人不是通过感官而是由理性了解不同事物的要素，理性正是把握这些要素的能力，而要素则是事物存在的前提，是可以感知的世界中这些结构和规律的先决条件。笛卡尔坚信，当形式被感知时，它实际上就在感知者的心中：感知者与被感知者之间有一种相互认同关系。把握一种事物的要素，就是认识这一事物的先验结构和状态，这种结构和状态就是该事物的要素。实体事物都是单一物质的不同表现形式，其要素则是其广延。我们将几何学的各种公理视为必须掌握的真理，目的在于把握物质世界的逻辑结构和本体结构。笛卡尔同亚里士多德一样，认为各种事物都具有自身的不同要素；但亚里士多德关于事物要素的知识来自演绎法和以类的不同对物种进行的界定，而笛卡尔以几何学

真理判断事物的结构。

2. 怀疑主义方法论

笛卡尔以怀疑的方式对知识进行界定，将怀疑认作确定性的对立面。他说，当我对某一事物的确信度增加时，我的怀疑就随之减少；相反，当我的怀疑增加时，我的确信度就会减少。笛卡尔要求知识要建立在完全确实的基础上，其必要条件是不容置疑的，或者说不能破坏人们对知识真实性的坚定信念。他说："我永远不会接受任何我所不能清晰知道的东西。就是说，我要审慎地规避偏见和轻率行为，除非我有清晰的判断，而无任何方法上的怀疑。"（《方法论》，英文版，1968，第 41 页。）笛卡尔的方法论强调的是怀疑而非确实性，标志着认识论上的一种革新。笛卡尔的怀疑论被称为"怀疑方法论"。

笛卡尔的所有著作都清楚表明，其认识论方法是来自对建筑师的模仿。当一位建筑师建一所房子时，首先必须清除地基上的上层沙土，使房子建在可靠的基础上。同样，笛卡尔对待知识的态度也是首先清除一切可疑的东西（如认为感官是可靠的，以及信任古代权威等），使知识和理论建立在可靠的基础上。笛卡尔尊重古代几何学和亚里士多德的方法论，但他认为亚里士多德的基础论原则是不健全的——至少运用形而上学的研究方式是有局限性的。

基础论者的中心思想是将知识比作一座整体结构严密的大厦。一种合理的信念体系必须建立在具有两种特征的基础上：不容置疑的第一原理基础和在不容置疑的结论基础上形成的命题。基础论体系的典型范例是欧几里得几何学。欧几里得首先建立第一批原理——定义、公设或普遍概念，在它们的基础上建立更多命题。笛卡尔所设想的形而上学知识受到欧几里得体系的启发。

欧几里得发现的一批第一原理（至少是它们中的一部分）是不可置疑的，例如，与同一种事物相同的一些事物也是相同的（这是欧几里得的公理之一）。这类原理与理性和感性都是不相悖谬的。但是，在形而上学研究领域，一些第一原理可能与感性知识存在矛盾。然而，笛卡尔的怀疑方法论，其最终目的是建设性的，不同于一些怀疑主义者，他们为怀疑而怀疑。笛卡尔的目的在于从怀疑而达到确信。笛卡尔的怀疑方法论之所以是一种革新，就在于用破坏达到再建的目的。他用怀疑主义的种种怀疑，检验他为建立知识的坚实基础而提出怀疑事项。

显然，笛卡尔坚持一种全面和夸大的怀疑方法，对于建立坚实的知识基础是有益的。这种方法的特点是能够更有效地接近或达到第一原理的要求。就是说，使怀疑夸大化有助于建立知识的不可动摇的基础而不被其表面现象蒙蔽。全面怀疑的特点是清除一切可疑的东西，重新建立知识的基础；其关键在于，不是怀疑一切知识，而是对知识进行整体考察。但笛卡尔的怀疑主义方法论也遭到批评，如实用主义者就对此提出批评（见本书第 15 章“实用主义”）。

从怀疑知识的可靠性，笛卡尔联想到，他的所有思想也可能是错误的。他在《形而上学的沉思》中说：“我曾想到，世界上不存在任何东西：没有天空，没有大地，没有心灵，没有躯体。接下来是不是我也不存在呢？不，我无疑是存在的。因此，在全面考虑之后，我最终得出的命题是：我在，我存在。这必然是真实的。”笛卡尔这句话的规范形式是：“我思，故我在。”（Cogito ergo sum）但这样的句子形式没有明确出现在《形而上学的沉思》中。笛卡尔将“我思，故我在”看作是所有思维有条理的人确信的首要原则。任何试图否认思维的存在，如果不是自相矛盾，就是精神错乱。

笛卡尔关于哲学和科学方法的思考具有高度的条理性，其影响是深远的。这些方法直至今日仍然规范着人们的思想，无疑也将继续对科学研究发挥作用。笛卡尔的方法论要求我们应追求思维的清晰性，周密而审慎地做出判断，避免独断论和固执己见。在追求真理时，应坚持系统性，从简单到复杂。笛卡尔说，如果我们的思想充满历史或师长遗留下来的毫无价值的标准，它们将严重阻遏科学的进步。这是笛卡尔非常严肃对待的问题。

与弗朗西斯·培根不同，笛卡尔是一位真正意义上的科学家。如同上述，笛卡尔首先是一位数学家，其次是物理学家和哲学家。他将自己的观点成功地运用于科学实践中，对科学做出了贡献。尤其是他在光学领域对光行差的校正做出的贡献。笛卡尔还在解析几何学的建立方面做出了重要贡献。解析几何学发展的高峰出现于 17 世纪初，一般而言，解析几何的建立应归功于笛卡尔。从此，变数被引进数学领域，成为数学发展中的转折点，为微积分学的出现创造了条件。在工程技术和物理学中，广泛利用解析几何作为研究工具。

十二、艾萨克·牛顿：科学成就为科学方法的发展确定了方向

艾萨克·牛顿生活在一个亚里士多德哲学权威消退和各种哲学思想丰富多彩、喧嚣纷扰的时代。笛卡尔主义在欧洲崛起又逐渐衰落，实验哲学（在其后的 19 世纪称为经验主义）在英国兴起，自然研究领域各种实验方法和数学方法蓬勃发展。牛顿在科学上的贡献，包括与后来称为其论敌的莱布尼茨各自独立发现的微积分学，及实验和理论两个方面的物理学。但他对欧洲现代早期哲学发展的影响也是极为深刻的。甚至可以说，如果忽视牛顿的影响，很难真正了解 17 世纪

末和 18 世纪初的欧洲哲学史。

牛顿科学研究生涯的早期，对笛卡尔思想和科学方法的研究，对欧洲 17 世纪哲学的转型具有重要意义。他与莱布尼茨的论争，成为 18 世纪欧洲哲学内涵的重要背景。显然，牛顿的思想不是这一时期欧洲哲学典范的一部分，而当时欧洲哲学的主旋律，是笛卡尔、斯宾诺莎、莱布尼茨、洛克、贝克莱和休谟主导的所谓“六重奏”（其中每三位组成的理性主义和经验主义不同思想，成为 18 世纪后期欧洲哲学史上康德主义的两个来源）。然而这一哲学典范遭到往昔传统学者的强烈挑战。具有讽刺意味的是，牛顿却对除莱布尼茨之外的其他五位现代早期哲学家的思想，产生了不可忽视的影响。因此，牛顿对现代早期欧洲哲学的贡献和影响是一个内涵丰富的课题。

从现代的观念出发，作为科学家的牛顿，既是一位科学理论家，也是实验家。在公众心目中和教科书里，牛顿无疑是近代最伟大的科学家之一，只有少数科学家如伽利略、爱因斯坦等才能与其相提并论。然而在牛顿生活的时代，却没有“科学家”这样的称谓。英语 scientist（科学家）一词是 19 世纪的发明，是曾任剑桥大学校长的威廉·惠威尔创造的。1833 年 6 月，在英国科学促进学会上，惠威尔说，正如把从事艺术的人称为 artist（艺术家），从事科学的人就应称为 scientist。这表明，从此科学家不再被称为哲学家。实际上，在 19 世纪早期之前，像牛顿这样的人被称作哲学家，或者自然哲学家。牛顿以其巨著《自然哲学的数学原理》（1687）作为同笛卡尔《哲学原理》（1644）之间的“对话”。笛卡尔试图以其著作，取代亚里士多德哲学或经院哲学方法论在自然哲学领域的指导地位，而牛顿则意在用他的著作取代笛卡尔著作的地位。

众所周知，从 13 世纪至 16 世纪的自然哲学，是以亚里士多德哲学为指导研究自然世界，这种情况尤其盛行于基督教化的欧洲中世纪时代背景下。自然哲学家实际上将大量精力用于对亚里士多德思想的评论一类文本的研究，而不是进行观察或实验。他们研究物体的特性和事物的因果关系，在研究中很少使用数学。

在 17 世纪，自然哲学家如伽利略、波义耳、笛卡尔和牛顿，不仅拒绝亚里士多德学派的各种理论，拒绝使用他们倡导的种种方法，而且提出许多新的观念、新的数学方法和实验方法。牛顿尊重笛卡尔对亚里士多德学派思想的摒弃，但他认为笛卡尔学派没有像伽利略在科学研究中充分运用数学方法，也没有像波义耳运用各种实验方法认识自然。科学研究中数学和实验方法的充分运用，被认为是科学革命的关键所在。虽然欧洲科学在 17 世纪出现重大变革，但自然哲学的视野却没有发生根本性的改变。牛顿在试图认识运动的特性方面耗费大量精力，但是自然哲学家认为，他们的主要使命也应包括对造物主的研究。与笛卡尔不同，牛顿是一位自然哲学家，他不是新的哲学的奠基人，他没有写出像《形而上学的沉思》这样的哲学著作；但牛顿的《光学》和《自然哲学的数学原理》的伟大成就，是 18 世纪哲学家无法忽视的。他们将牛顿的认识论纳入各自的体系，将牛顿的许多观点作为他们哲学理论的评价标准。休谟以经验主义取向解释牛顿的自然哲学，并在其《人性论》（1739）和《人类理解研究》（1750）中拓展了牛顿理论。

莱布尼茨学派与牛顿学派之间的论争，是欧洲近代科学史和哲学史上意义重大的学术事件。这一论争激发了法国数学家和物理学家埃米莉·迪·夏特莱于法国启蒙运动期间写出极具影响力的著作《物理学基础》（1740），并翻译《自然哲学的数学原理》（至今仍是该书的唯一法文译本）。在欧洲大陆传播牛顿的数学理论和物理学理论，以及莱布尼茨的认识论，极大地丰富了法国科学。这一论争也是康德于 18 世纪 70 年代批判哲学背后的推动力，致使他最终写出《纯粹理性批判》(1781)。

在牛顿的影响下，许多思想家遵循牛顿的方法开展他们的研究工作，以不同的方式解释或拓展了牛顿的理论，并解决牛顿所忽视和忽略的问题。欧几里得几何学及其他方法论被视为 17 世纪自然哲学认识论的基础和典范。众所周知，笛卡尔的《形而上学的沉思》以欧几里得几何学作为真实知识的基础，斯宾诺莎以几何学方法为依据写出《伦理学》。根据几何学公理导出的命题被视为知识的范型，而牛顿著作则为 18 世纪哲学提供了方法论的范型之一。对牛顿方法论的确切解释成为哲学使命的重要组成部分。戴维 · 休谟也许是最了解牛顿在这一方面的影响力的哲学家，他的《人性论》，其副标题是"将实验方法引入道德主题的尝试"。休谟在此所说的实验方法无疑是指《光学》和《自然哲学的数学原理》中所涉及的内容。事实上，正如休谟在其著作中所清晰表明的，不仅包括苏格兰的休谟，也包括欧洲大陆的卢梭在内的 19 世纪不同学术领域的许多学者，都希望成为思想界的牛顿。

弗朗西斯 · 培根和笛卡尔希望为科学思维提供一种坚实的基础，从而避免心灵和感官的欺骗。如果说培根发现知识是建立在经验的基础上，笛卡尔则是为知识提供了一种形而上学基础；如果说科学方法的发展方向还存在某些不确定性，牛顿在科学上的成功则为科学方法的发展确定了方向。在没有明确拒绝笛卡尔理性主义、坚持培根经验主义的背景下，牛顿在《自然哲学的数学原理》中对推理原则进行概括说：我们只接受既真实又足以解释其现象的那些有关事物的原因。因此，在可能的情况下，我们必将相同的原因运用于判断同样自然事物的结果。在实验哲学中，我们将从现象中归纳所得的命题视为精确的或接近真实的；虽然可能存在某些不同的假说，直至出现其他一些现象，它们或者可以使命题更加精确，或者只是一些例外。

牛顿在科学方法领域的影响是深远的，其影响还涉及今天的科学哲学，以及我们关于自然现象的知识的状态。

十三、戴维·休谟论相关性原理

康德说，休谟的著作把他从独断论的迷梦中唤醒；边沁说，休谟的著作清除了他眼睛里的荫翳；查尔斯·达尔文认为，休谟的著作对进化论产生了关键性影响。而休谟的道德哲学对其亲密朋友亚当·斯密经济学的影响，也是有目共睹的。这些哲学家和科学家在阅读休谟著作时，从不同角度发现的价值和得到的启示，既反映了他们理论来源的丰富性，也彰显了休谟经验论的广阔视野。今天，哲学家认为，休谟是一位彻底的哲学自然主义的倡导者，是休谟时代认知科学的先驱，对现代伦理学主要学派的理论发展方向和科学方法有重大影响。

1. 以牛顿科学方法为楷模

牛顿的科学方法被休谟作为实验方法样板对人类心灵进行研究。在《道德原则研究》中，休谟说，他将遵循一种简洁的方法进行道德原则的研究，并且相信将使对人性的研究产生根本性的改变。以牛顿为楷模，休谟提出，我们应拒绝无论如何精妙或具有独创性但并非建立在事实和观察基础上的一切体系，而只接受来自经验的论点。休谟说，当我们对人性进行研究时，我们追问的是关于事实的问题而非抽象学问，我们依据的必须是经验和观察。休谟希望找到能够解释心灵功能——他称为感性认识——如何运作的一系列规律，依据简单的感性认识如何融合而形成复杂认识的途径，从而对人类思维、信念、感情和行为进行解释。

牛顿的成就在于，他能够以简单的一般原理解释复杂的物理现象。同牛顿一样，休谟提出以最简和最少的原因解释一切结果。他预言，精神的不同活动原则总是相互依赖的，而且，这些原则可以相互融合而形成更为一般和普遍的原则。但他强调在试图发现最具普遍性原则时，对这些原则的解释必须完全建立在经验的基础之上。一切科学都遵循同样的原则：没有一种科学能够超越经验，必须以经验为权威。

2. 对概念定义的论述，旨在改造传统形而上学

休谟对事物或概念定义的论述，在其理论体系中也许更具革新色彩。正如他在对传统形而上学的分析中表明，我们对伦理学和形而上学的改造面临的障碍是概念含混不清和术语歧义混杂。在对不同概念的定义中往往以其同义语替代专门术语，从而造成理论概念的混乱，致使人们永远不能走出狭隘的定义循环。为弄清研究中的不同概念和术语的内涵，休谟认为必须从词语进入真正的辩论主题——概念。

休谟运用一组简单的检验方法对定义进行考察，以便确定其认知内容。首先要考察一个术语所负载的概念；如果该术语不承载任何概念，那么这一术语就没有认知内容——不论它在哲学或神学中居于何种重要地位。如果该术语携带一种概念，然后追溯其形成的不同来源。如果这一过程在任何一个节点上无法继续而终止，这一概念就缺乏认知内容。当这一过程顺利完成时，该概念就获得一个正确的定义——对一种概念的精确描述。休谟用这种对定义的描述方法，发现

传统形而上学的许多关键性概念缺失认知内容，也用这种方法确立许多术语和概念的精确意义，从而对传统形而上学进行改造。

3. 相关性原理

休谟发现，牛顿与约翰·洛克及英国皇家学会的其他自然科学家有很大不同，因为牛顿最伟大的发现——引力定律——不是一种机械论定律。休谟对人类精神活动的解释原理——相关性原理——是建立在万有引力观念基础上的。以这些原理为依据，休谟对精神活动各种现象的解释呈现一种简约和统一的面貌。

虽然我们能够将一些简单概念从心所欲地合并或分离，但是我们的不同思想之间存在一种完全无规则状态，我们的思想就会出现松散和毫无连续性，致使我们不能有条理地进行思维。这种情况显示，在不同概念之间存在一种隐秘的关系或联结点。这种关系或联结点促使心灵将不同概念联结得更加紧密，使概念的表达更为流畅。休谟解释说，这种关系或联结点是人类心灵所具备的一种天赋能力，是一种联想能力，它使一种概念必然引出另一些概念。休谟举例说，当看到朋友的相片，就会联想到关于这位朋友的许多往事，正如提到金门大桥，就会想到旧金山这座城市。

休谟将相关性原理分为相似、时间和空间邻接和因果关系三种情况。其中，因果关系是最稳固的相关性原理，也是唯一能够使我们超越感性认识而获得认识的一种相关性原理。因果关系可以在当今经验和往昔经验，以及我们对未来的期望之间建立起衔接和桥梁。因此，一切关于事实的推理似乎都能建立在原因和结果的关系之上。

4. 因果关系

中世纪时期，托马斯·阿奎那在对基督教神学和亚里士多德科学与形而上学的综合过程中，拉开了欧洲近代早期关于因果关系论辩的序幕。亚里士多德把科学知识和信仰分为两个完全不同的范畴，科学知识是关于种种原因的知识，对科学知识的解释包括论证——论证来自独立于经验的各种直觉前提的事物原因和结果之间的必然联系。

欧洲近代许多自然哲学家，把他们自己视为科学领域的革命者，因为他们拒绝亚里士多德关于因果关系的解释。即使如此，他们仍然接受亚里士多德对知识和信仰的区分。因果推理是理性的运用，目的在于论证原因与目的之间的必然联系。当休谟参与因果问题的论辩时，以其自己的方式改变了传统关于知识与信仰的区分，将人类理性探究的一切对象纳入两个范畴：不同概念的关系和事实。前者涉及以直觉与演绎为主导的数学和抽象逻辑概念，后者则是客观世界的真实存在。关于不同概念之间种种关系的命题具有直觉特征或者是论证的结果，这种命题被称为先验的，不依赖于经验，而是由思维活动所发现。欧几里得三角形内角的总和是 180 度，自然界的任何欧几里得三角形都是如此。否认这一命题就会产生矛盾，正如说 8 × 7=57 是错误的。

相反，关于事实的命题，其真实性则以客观世界的实在性为基础。这些命题之间总是存在差异或矛盾的可能性，而且不能通过论证来建立这种命题。为获得超越我们感性经验和记忆的知识，必须运用归纳推理法。归纳是休谟认识论的基石，是体现休谟关于人类理性力量的怀疑论思想最显著的方面。归纳推理是以过去作为一种通向未来的可靠向导这一原理为基础；归纳推理是从已经观察到的事物状态推断未被观察的事物状态。正如休谟所言，我们总是相信事物是以某种常规样态表现自身；因此，事物的这种表现模式似乎必将持续至未被观察的未来。这种常态的持续性有时被称为“均变论”，或自然界的同一性原理。例如，如果太阳在过去从东方升起和落在西方，那么，归纳推理的结论是，太阳在未来很有可能从东方升起和在西方落下。但是，如何解释我们这种推理的能力？休谟说，不能把我们的推理能力解释为理性功能的产物，因为理性只能来自两个方面：论证推理和或然推理，但它们都不能作为我们推理的可靠依据。关于论证推理，休谟说，我们不能因为自然界过去如此，就断定未来必然如此。这种推理（归纳）正是一种循环推理。因此，休谟的结论是，归纳实践没有理性基础，因为任何形式的理性都不能保证归纳推理的正确性。

休谟对归纳推理的信仰不是来自其理性内涵，而是从人类天赋本能的角度进行解释，这种天赋本能决定我们期待更多相同事物的出现。通过心灵的这种活动，我们从相同的原因推断相同的结果，或者从相同的结果推测相同的原因，这是所有人类共同的本性。虽然有许多现代学者反对休谟的这一观点，但也有一些人表示同意，认为休谟对面临歧见纷呈的认识论的分析是对认知理论的一种重要贡献。

十四、威廉·惠威尔的归纳科学哲学

威廉·惠威尔是英国19世纪具有影响的重要人物之一，是一位学识渊博的人。他的著作涉及多个学术领域，不仅在科学哲学、科学史和道德哲学方面的著作至今仍非常有名，其著作还涉及力学、矿物学、地质学、天文学、政治经济学，以及神学、国际法等。惠威尔曾任英国科学促进学会主席，也是该学会的发起人之一。他又是皇家学会会员、皇家地质学会主席，曾任剑桥大学校长，并长期兼任剑桥大学三一学院院长。

物理学家迈克尔·法拉第常向惠威尔征询关于哲学和科学方面的建议，以及一些科学术语的帮助。惠威尔为法拉第创造了 anode（阳极）、cathode（阴极）ion（离子）等术语。1833 年，应诗人柯勒律治的提议，惠威尔创造了 scientist（科学家）一词，在此之前，对科学家的称谓是自然哲学家。

惠威尔最有名的著作是卷帙浩繁的科学史（《归纳科学史》）和科学哲学（《归纳科学的哲学》）著作。约翰·穆勒在《逻辑体系》中抨击惠威尔的科学哲学理论，引起他们之间关于归纳推理在科学、道德哲学和政治经济学中基本功能的辩论。正是这一关于科学哲学论辩的背景，使 20 世纪逻辑实证主义的批评家们重新发现惠威尔的科学哲学理论。

1. 观察负载概念

惠威尔认为，一切知识不仅具有客观内涵，而且也有主观内涵或理性概念。他将这种情况称为知识的重要对立特征。惠威尔解释说，一切知识蕴含两种对立要素，我们可以称其为理性概念和感性认知。他批评康德和德国唯心主义者只关注经验的客观要素。正如弗朗西斯·培根，惠威尔宣称要在纯粹理性主义和极端经验主义之间寻找一条中间道路。惠威尔认为，要获得知识必须同时重视经验的和概念的要素，既关注理性概念，又重视感性认知。这些理性概念（他称为基本概念）是由心灵提供的——它们不是来自我们对世界的观察（这是穆勒所反对的）。惠威尔解释说，这些基本概念不是来自经验，而是心灵活动所构成的结果，是心灵自身运作对经验的不断融合而成的独立于一切现实经验的结果。因此，心灵是我们希望获得关于自然界知识的积极参与者，而不仅仅是感性知识的被动接受者。如空间、时间、原因和相似性等概念，为我们提供了各种认知活动的结果或形式。这些概念通过构筑和联结存在于我们各种认知活动之间的普遍性关系，提供了结构要素。因此，空间概念使我们领悟到各种物体的形式、体积和方位。

惠威尔提出“观察负载概念”。他说，一切观察都包含运用基本概念进行潜意识的推理。每一种科学都有与其相关的用以组构事实的基本概念。空间是几何学的基本概念，原因是力学的基本概念，物质则是化学的基本概念。惠威尔进一步解释说，每一种基本概念都由某些不同概念构成，这些概念适用于不同环境的概念的特殊变异。例如，力的概念是原因概念的一种变异，适用于特殊情况下的运动。

至此，关于惠威尔基本概念的讨论可能给人一种印象：它们与康德的直观形式十分相似，而且确实有类似之处。正由于此，一些评论者说，惠威尔的认识论是康德主义的。然而，这种解释忽视了惠威尔和康德两种观点的不同之处。惠威尔没有遵循康德对空间和时间这些直观形式和范畴（思维形式），以及对原因和实体概念进行区分。惠威尔将不同科学领域那些关于获取知识的前提条件的许多概念，都纳入基本概念的范畴。另外，也许对惠威尔科学哲学最重要的是，他拒绝康德“范畴化经验”是我们获得知识的唯一途径的观点。根据惠威尔的观点，基本概念在独立于心灵运作过程中的情况下，确切地描述了客观世界的种种状态和特征，我们运用这些概念能够获得关于这些客观状态的知识。惠威尔批评康德将客观现实看作朦胧和未知区域的观点。最后，惠威尔肯定我们思维中的这些概念与康德的先验论是不同的。康德坚持范畴理论，认为这些范畴使经验的获得有了可能，而惠威尔的基本概念与康德的先天综合概念有很大不同。

2. 对立要素认识论

惠威尔早期的学术兴趣是科学方法中的归纳理论。在剑桥大学的哲学早餐聚会中，年轻的学者惠威尔、查尔斯·巴贝奇（数学家，被称为计算机之父）、约翰·赫歇尔（数学家、天文学家）和理查德·琼斯（经济学家）曾讨论过这样的问题：自 17 世纪那热烈的科学革命以来，欧洲科学为何出现停滞不前的局面？他们表示，应努力推动一次新的科学革命的到来。他们认为，这一新的革命重要前提，是在科学界推动对弗朗西斯·培根归纳法的认识和运用。为此，他们开始倡扬归纳科学方法，反对大卫·李嘉图及其追随者提出的演绎法。

惠威尔关于归纳法的长篇论述首先出现于《以归纳科学史为依据的归纳科学的哲学》一书中，该书于 1840 年出版。惠威尔称他的归纳法是“发现者的归纳法”，并解释说，它是被用来发现现象和因果规律的。惠威尔把自己看作是弗朗西斯·培根的追随者，并且要对培根的归纳法进行革新。因此，他的三卷本《以归纳科学史为依据的归纳科学的哲学》中有一卷名为《革新新工具》。惠威尔和培根一样，拒绝那种认为归纳法只是罗列种种事例的极端狭隘的观点。他解释说，在归纳过程中，正是思维活动对种种事例进行融合而使归纳法增添了新的要素。惠威尔称这一思维过程为综合，他认为，综合是对众多经验事实进行综合，并以某种概念引领对事实的综合过程，使其能够表征一种普遍规律。因此，概念对不同现象的联结提供了真正的黏合剂。

关于火星轨道的情况，就是开普勒运用椭圆曲线这一概念得出的结论。惠威尔指出，新的发现常常不是由于发现的事实，而是由于将适当的概念用于对有关事实的解释。就开普勒的发现这一个案而言，第谷·布拉赫观察了火星轨道并记录了观察结果，但只有开普勒运用椭圆概念才发现火星轨道的真实轨迹。开普勒首先将椭圆概念用于对火星轨道的解释，部分地因为在他的意识中有一种清晰的椭圆概念。这一点十分重要，因为基本概念是由我们的心灵所提供的。惠威尔说，这种基本概念至少是萌芽在经验之前就存在于心灵中的，但在科学思维过程中逐渐清晰。惠威尔将这些概念的呈现过程称为对概念的阐释。他说，概念的阐释是发现的必要前提，其中既有经验要素，也有理性过程。科学家首先在意识中澄清这一概念，然后试图将其运用于他们正在研究的事实，从而确定这一概念是否能够将事实综合成为一种规律。如果不能成为规律，科学家们则运用其经验进一步纯化这一概念。惠威尔说，科学史的主要部分就是科学概念的发展史，是对科学概念的解释、综合与运用的历史。

如何选择一种概念用来对自然现象进行综合，这一选择不是只凭推测，也不仅仅是观察。惠威尔说，除对事实进行观察外，还需要一个特殊的智力活动过程。这一特殊智力活动是一种推理过程。他说，我们推理总是多于观察。典型的例子是，为综合一类现象而选择适当的概念，就需要一系列推理活动。发现者的归纳是一系列的调查和研究。他必须把任何类型的推理都纳入其综合活动中，其中包括列举、排除和类比。

惠威尔的归纳理论确实带有弗朗西斯·培根解释自然现象的许多特征。例如，归纳法必须包括比对事例的简单列举更多的内容；科学研究必须经历一系列不间断的综合过程；归纳科学能够用于探索不可观察的事物（培根称为形式，惠威尔称为不可观察的存在，如光波或椭圆轨道、引力等）。这也是惠威尔归纳法的优势所在。

十五、约翰·穆勒：解释事实是从事实中寻找规律；遵循规律是要达到预测未来的目的

约翰·穆勒是一位坚定的经验论者，他的政治目标是争取人类生存环境的改善，其指导思想是功利主义。他谴责英国政府接管东印度公司，支持爱尔兰土地所有权制度的改革，从而改善农民的贫困状况。在担任国会议员期间，他因谴责英国政府对爱尔兰施政的方针，而被指责为支持芬尼亚运动（19 世纪爱尔兰争取民族独立的反英运动）。在几十年间，穆勒的形而上学理论光辉曾一度被唯心论遮蔽。他对形式逻辑的复兴激励了现代形式逻辑的发展。在科学哲学领域，他的经验论的大部分理论经受了时间的考验。他对自由和功利主义的维护，塑造了其同时代人的自由观和功利主义精神，其影响持续至今。在科学方法领域，穆勒在《逻辑体系》第三卷论述了实验科学的一些基本原则。

1. 科学方法的规则是从自然现象归纳而来

穆勒说，科学方法中的各种规则是从种种自然现象归纳而来的。在我们对自然界进行研究，希望找到最好的方法，满足我们的目的和需求时，就会发现一些稳固的模式。这些模式引领我们有计划地去探索自然现象的奥秘，预测将要发生的事件。我们将这些模式视为规律：规律是我们达到预测未来的目的和从事实进行推理的依据，又遵循规律对事实进行解释，而解释一种事实就是从事实中寻找某种规律。在我们试图了解和解释周围世界的过程中，我们所进行的各种概括与综合开始积累和交织融合。在这些综合中会发现更具普遍性的模式；这一发现本身就是一种模式，一种关于发现众多模式的稳固模式，穆勒

称其为发现众多规律的规律，它能够解释所有不同类型的事件。这就是具有普遍性因果关系的规律，它使我们确信，世界上任何一种事件的发生都存在某种规律，只要我们努力去探索这些规律，最终必将发现它们。遵循上述原则，我们还可发现，在对事实的综合中，一些推理原则比另一些推理原则更具有效性。在确定一种事件的属性和发生原因时，必然存在一个很大的选择范围。通过运用排除法，对事件属性和发生原因的种种假说进行逐一考察和排除，最终确认真实的原因。穆勒在《逻辑体系》“实验推理法”一章中，对排除推理的种种原则进行了细致的分析。

2. 科学实验方法

穆勒清晰地描述了科学实验的方法：首先对一种事件提出一系列假说，科学家根据大量实验和数据排除众多假说，最终只确认一种假说。未被排除的假说就是正确的和真实的。穆勒坚持唯物主义的决定论，承认一切事物具有规律性、必然性和因果关系制约性。运用排除法获得一种正确结论，必须由两种假说作为前提：一切事物的发生、发展必然存在一种原因和至少有一种假说是正确的，这就是所谓决定论原理。其次，这一正确假说必须来自我们正在研究的众多假说中，我们探索的原因正是这些假说中所涉及的原因之一。这种情况称为“有限类项原理”。在符合上述关于假说条件的情况下，未被排除的假说必然是正确的。

那么，为什么在这一研究领域接受这种决定论原理和有限类项原理？在这里，我们必须设想存在一种背景理论：关于众多规律的一种特殊规律。研究者的任务就是在这种理论的引导下去发现那些特殊的规律。决定论原理和有限类项原理属于规律的范畴，它们能够预示存在某种具有普遍性的原因，却不能预示这是一种什么性质的原因。显然，在这种情况下，我们希望知道这种具体的原因是什么。澳大利亚哲学家约翰·麦凯将这种情况称为“裂隙”，探寻这种原因的目的就是填补这些裂隙。例如，“水是沸腾的”这种自然归纳属于这一意义上的裂隙（水是沸腾的这一概念忽略了气压的作用）。研究的目的就是填补这种裂隙。但是，只有在这些裂隙规律不仅得到自然归纳法的支持，而且有一种背景理论，一种从其他领域概括而来的前提归纳，也就是关于众多规律的普遍规律的支持，这种研究才能成为归纳法科学。

3. 穆勒的归纳法与托马斯·库恩的“常规科学”概念

穆勒对指导科学研究的归纳法的描述，与托马斯·库恩的“常规科学”概念有相似之处。穆勒称为“关于众多规律的规律”，库恩称为“范式”，只是术语的不同，它们都是指导科学研究的理论。他们断言，存在一种规律，这种规律可以从某种具有普遍性的领域被发现，这是研究者的任务。穆勒还承认存在一种类似库恩称为“革命性科学”的现象。当一种理论虽然不是错误的，但不再是指导科学研究的成功理论，科学家开始寻找一种新的理论。但这一过程没有一种指导理论：科学研究的指导理论尚未出现。当一种新理论的出现并开始替代了旧的理论，库恩称其为一场科学革命的发生，以新理论为指导的常规科学实践随之恢复。

新的理论将对科学研究实践做出与旧理论不同的预见。当这些预见被证明是成功的，新理论就被证实是可信的和有效的，而旧理论则作为错误的被拒绝。旧理论的被抛弃并不纯粹是发生于特殊规律层面的一种观察错误，正如卡尔·波普尔所言，这是一个更加复杂的问题，不仅涉及观察数据，而且涉及不同理论内在结构的差异。库恩对科学革命的描述比穆勒要深入得多，但穆勒关于普遍性规律的论证与库恩描述的科学革命理论，在很大程度上是相似的，他们所用的术语和表达方式不同，但思想却非常相似。

十六、克洛德·贝尔纳："内环境"理论的开创者

克洛德·贝尔纳（Claude Bernard，1813—1878），法国生理学家、实验医学的奠基人之一。贝尔纳是最早提出科学研究中不设样品实验（blind of experiments）的科学家之一，从而保证科学观察的客观性。他也是首先提出生物学中"内环境"概念的人。

1. 内环境（milieu intereiur）

内环境是同贝尔纳相关的一个重要概念。贝尔纳写道，内环境的稳定是自由而独立生命的生存状态和条件。这也是后来美国生理学家、曾任哈佛大学医学院院长沃尔特·坎农创造的 homoeostasis（体内稳态）一词的重要依据。贝尔纳解释说，虽然生命体需要周围环境，但它具有相对独立于外环境的能力。有机体的这种不依赖外环境的独立性来自这样的事实：生物体内组织实际上规避了外环境的直接影响和得到内环境的保护，这种保护机制由体内血液循环构成。尽管外环境不断变化，内环境却能保持相对稳定，这是生命的重要特征。这一概念启发了后世生物学许多方面的研究。

贝尔纳论述科学方法的主要著作是《实验医学研究导论》（1865）。贝尔纳说，好的科学理论是能够指导真正科学发现的理论，优秀的科学家是能够完成真正科学发现的科学家。与其同时代的许多科学作品

作者不同的是，贝尔纳写的是他自己的思想和科学实验经验，而且用第一人称写作。

2. 已知与未知

贝尔纳说，一位科学家之所以举足轻重，是因为他 / 她的研究进入了未知领域。在科学领域，在人人皆知的事实面前，不能确定一位科学家的重要与否。但是，进入科学的那些隐蔽的、未知领域的科学家，则是被公认的伟大的科学家。在这些未知领域，他的思想揭示了迄今为止尚未被人所知的自然现象，从而推动了科学的进步。

3. 权威与观察

科学是通过各种实验方法而获得不断进步，不是毫无批判地接受学术权威的理论资源。在科学实验方法中，可被观察的事实是唯一的权威。在《实用医学研究导论》中，贝尔纳以一种对科学的激情写到，当遇到与主流理论相悖谬的事实时，我们必须接受事实而放弃有关理论——即使这种理论是由伟大科学理论所支持和被普遍接受的理论。

4. 归纳与演绎

实验科学是理论与事实、归纳与演绎之间的一种持续不断的交换过程。归纳是从特殊到一般的推理过程，而演绎则是从一般到特殊的推理过程，它们永远不能真正分离。一种具有普遍意义的理论和在这种理论基础上的种种演绎，必须由旨在证实或否定其真实性而设计的特殊实验予以验证，而那些特殊实验可以引导我们形成新的理论。

5. 原因与结果

科学家的工作是探寻原因和结果之间的关系，一切科学概莫能外。科学的目的就是将某种自然现象与其直接原因联结起来。在科学研究中，提出假说就是要阐明某些现象之间的因果关系。我们对各种假说进行验证，当一种假说被证实，这就是一种科学理论。在此之前，我们所做的只是经验主义的探索。

6. 验证与反证

贝尔纳对科学理论的优劣进行了解释。他说，各种理论仅仅是被或多或少的事实所证实的假说。那些被最多事实所证实的是最好的理论，但即使如此，它们也不是永远正确的理论，因此，决不能绝对遵从和完全相信。在什么情况下证实我们已经发现一种现象的原因？贝尔纳说，即使已经证实在一定的条件下总是伴随某种现象的出现，但不能保证这一条件肯定就是该现象的直接原因。必须进一步明确的是，当这种条件不存在时，该现象是否不再出现。

我们必须对自己所掌握的各种理论进行反证。只有以逆向实验试图否定我们自己的结论，才能将我们的思想建立在坚固的基础之上，观察的真实性才是真正的权威。如果经过严格的实验，其结果与先前的结论相互矛盾，那么必须接受这种矛盾的结果——但只有在一种情况下才能认同这种结果：矛盾的结果必须是得到验证的。

7. 决定论与平均值

在疾病研究方面，疾病的真实的和决定性原因，必须是恒定不变的，亦即独特的；任何其他说法都是对医学科学的否定。实际上，频繁地将数学运用于生物学的研究是对平均值的使用，就是说，是将统计学用于生物学。统计学的使用所获得的结果只能是表面上的精确。有时平均值不能提供挽救生命的任何信息，贝尔纳举例说明他的观点：一位著名外科医生，只用一种方法进行结石病手术。后来他对该病死亡和恢复健康的病人做了一次统计，得出的结论是：手术后的死亡率是五分之二。对此，贝尔纳说，这一比率在科学上毫无意义，对我们今后的结石手术没有提供任何确定的有用的信息，因为我们不能知道下一个病人在手术后将是痊愈还是死亡。真正应该做的不是从经验上收集不同的事实，而是对病例进行精确而周密的研究，然后对每一病例做出独特的、决定论意义上的结论。从这些病例中发现死亡的原因，避免死亡的发生。

贝尔纳说，虽然将数学运用于科学研究的一切方面是其最终目标，但生物学是一门非常复杂的学科，我们对它的了解极为有限。因此，医学科学在当时的目标应是去发现一切能够发现的事实，质的分析必须永远先于量的分析。

8. 真理与谬误

贝尔纳写到，理性精神永远充满积极探索真理的愿望，它激励人们探索未知世界的热忱与渴望，从而推动科学的进步。作为从事科学实验的科学家，唯一正确的态度是直接面对自然。一位伟大的科学家，永远不应自我满足，而是不断努力追求。

在这一方面，贝尔纳提到一些思想狭隘和眼光短浅的人。他们反对去发现未来世界（一般是现有理论中没有和不可预见的东西），因为他们不希望发现任何可能证明他们自己的理论是错误的证据。贝尔纳称他们是被同事藐视的人；并且说，这些被人藐视的人，其主要心思是找出别人理论的错误，试图打击他人。贝尔纳说，这些人是科学界的骗子，因为他们只报告实验的成绩，从而表明其理论是正确的，隐瞒支持其对手理论的实验结果。他们的这种做法误导了科学，扭曲了事实。他们的观察缺乏可信度，因为他们只从适合其实验结果的事物中选择观察对象，摈弃任何可能与其目的相悖谬的东西。

9. 发现与藐视

贝尔纳说，那些被同事藐视的人缺少追求知识的热忱，而这种热忱正是科学精神的永恒内涵。科学的进步永远不会被那些科学骗子所阻挡。实际上，追求知识的热忱是吸引和支撑科学探索者的唯一动力。对知识的追求既是对科学家的拷问和折磨，也成为他们幸福的源泉；科学家永远在追求真理中崛起。或许他永远不能发现知识的全貌，然而他所发现的知识的片段——那普遍真理的片段——是构成科学的重要组成部分。

十七、威廉·杰文斯：思维规律必须经过客观世界的验证，因此思维的规律是客观规律

当代经济学理论的研究方法同古典学派的研究方法相比，应该说是向着科学的途径迈进。可以从两个方面说明这一问题：一方面，当代经济学不是从亚里士多德观念看待劳动价值，比较成功地表述了价格规律问题，在建构价格规律理论方面取得了很大进步。这些规律不局限于一般市场各种竞争体系，适用于不同程度的垄断性质的市场。另一方面，当代经济学已经从对可直接观察现象的研究，走向对各种可感事件之间功能关系的研究，从而对更为广泛领域事件之间存在的规律性给予更为精确的描述。

现代价值理论创始于亚当·斯密、李嘉图和其他一些古典学派经济学家。最初他们试图根据生产成本来解释如何判定价格，不久认识到生产成本的分析只涉及问题的一部分，还必须考虑到对产品的需求，这就产生了效用论。边际效用经济学首先发端于英国经济学家威廉·杰文斯（William Jevons，1835—1882）的著作中，而奥地利卡尔·门格尔及其弟子弗里德里希·维塞尔（创造"边际效用"一词）等对杰文斯的理论进行了补充和完善。这些奥地利经济学家的学术生涯都进入了 20 世纪，但应该说他们的思想是在 19 世纪形成的。也许可以说，边际效用学派为经济学思想迈向科学的道路，即伽利略—牛顿意义上的科学道路——做出了显而易见的贡献。而边际效用理论同数理经济学理论的结合，则进一步推动经济学走向科学。我们不想否定边际效用理论对经济学研究所做出的努力，但应该指出的是，边际效用理论依然建立在价值思维而不是实证思维之上。从边际效用理论家们的工作可以看出，他们没有以严密的科学精神摆脱价值问题的纠缠，从实际事物中抽绎本质的属性，从而建构伽利略—牛顿意义上的科学经济学。

威廉·杰文斯曾预言 20 世界经济学几个方面的发展前景，边际效用说是经济学理论的一场革命，是古典经济学走向新古典经济学的转折点，从而开拓了经济学史上一个新时期。杰文斯还是首先建立"指数"概念的经济学家，在社会科学领域提倡统计学和计量经济学，对经验主义方法论的发展具有重大影响。他的哲学理论可被视为逻辑经验主义的先驱，但由于其逻辑的独特形式，他没有许多直接的追随者。他的《逻辑学初级教程》很快成为英语世界最为畅销的逻辑学基础教科书，曾多次出版发行。1882 年，杰文斯在一次游泳中不幸溺亡，他的英年早逝对逻辑学和政治经济学的发展是重大损失。

思维逻辑。同许多19世纪逻辑学和科学哲学的代表人物一样，杰文斯从分析思维的特征开始其学术研究。杰文斯说，思维与客观事物同样具有规律。他认为，科学存在于人的思维中而非存在于事物中，事物的规律看来似乎是纯粹主观的，必须从对外部世界的观察得到验证。然而杰文斯说，通过推理证实逻辑学的基本规则是不可能的，因为这些规律已经是某种证据的先决条件。因此，思维的规律作为一切思想和知识的先天条件必然是科学的前提。另外，我们的思想不能作为衡量真理的一种标准，因为我们有可能犯错误，而且错误无所不在。因此，我们需要预设思维具有一些客观规律，以便用以识别正确与错误的推理。由此可见杰文斯认为，思维的规律是一些客观规律。

杰文斯说，人获得知识的基本认知能力，是发现、识别和存储事物的同一性。思维的基本规律有三个方面：同一律、矛盾律和二元律。同一律可描述为一种事物永远是其自身。杰文斯没有对同一性概念进行界定，可能认为这是不证自明的。矛盾律是古典矛盾律：一种事物不能既是而又不是。二元律是一种排斥中性的规律：一种事物必定是其自身或者不是。上述三项定律只是同一种规律的不同方面。

在上述定律中，缺少对同一概念的界定，这是令人感到惊异的。尤其是杰文斯认为，存在不同类别和不同程度的同一现象，因此，主要问题是指出不同程度的相似和相同。最简单形式的推理是运用一种模式、范例、样品或代表物。如果样品能够精确代表某一商品的外观、质地和一般特征，那么就整体而言，样品就与这种商品相同。这种方法可以避开对相似性的界定，因为前提是样品是这种商品的精确代表，但尚不清楚的是，在什么条件下才能出现上述情况。在这里，推理的全过程是建立在置换原理的基础之上。一切知识来自感性经验，但感性经验囿于具体的情景，既缺乏明晰性、系统性，也缺乏普遍有效性。因此，从具体的经验转化为普遍的知识就要通过归纳。演绎是归纳的相反过程，两者都有赖于同一性特征。

杰文斯于 1864 年出版《纯逻辑或数与量之间的逻辑》一书。1866 年，他发现了普遍的推理法则，并于 1869 年以《同类置换》为题描述了这一学说，最简单的格式是同类必有同质。另外，杰文斯还对概率的一般原理和概率与归纳之间的关系，做了出色的改进。

十八、查尔斯·皮尔斯：自发性和不确定性是自然界的常态

1. 实用主义的奠基者

查尔斯·皮尔斯，美国数学家、物理学家、逻辑学家和哲学家，实用主义的创始人。今天，他的贡献被认为主要在逻辑学、数学、哲学、符号学和科学方法论等方面。《韦伯斯特人物生平辞典》（1943）说，皮尔斯现在被认为是他的时代最有创造性的思想家和最伟大的逻辑学家。

皮尔斯于 1878 年首次表述实用主义的基本原则，但直至 1902 年他才正式使用 Pragmatism（实用主义）这一术语。实用主义思潮，是在以皮尔斯、威廉·詹姆斯、约翰·杜威等为代表的美国哲学批判思辨的形而上学过程中形成并发展起来的。实用主义形成了以真理论、方法论和科学探索精神为核心的体系化哲学理论。实用主义坚持的基本原则是，任何一种概念的全部内容与意义在于它所能引起的效果。因此，实用主义信奉有用真理论，认为任何观念只要对人们的生活有用，它就是真理性的。实用主义思潮具有三个基本特征：①作为科学探索的逻辑，其根本动机是解决形而上学中的无谓争论；②它的核心

思想是用行动效果来检验观念是否具有意义；③广义的实用主义被理解为人本主义，狭义的实用主义则是指科学探索的方法。实用主义十分重视经验的作用，主张将行为的效果作为检验观念的条件和标准。

查尔斯·皮尔斯关于科学方法论和科学探索精神的最著名著作，也许是他的论文集《科学逻辑阐释》（六篇论文）。这部论文集首先于1877年11月至1878年8月在《科普月刊》上连载。其中第一篇论文题目是《信念的确立》。第二篇论文题目是《如何使我们的观念清晰》。在第一篇论文中，皮尔斯以坚定的态度拒绝天真的实在论，捍卫科学方法超越其他一些消除怀疑和确立信念的诸多方法的优越性。在第二篇论文中，皮尔斯维护了实用主义理论的清晰概念。

在试图理解皮尔斯关于确立信念的清晰性和正确方法之前，重要的是应该了解皮尔斯的经历。皮尔斯是一位从事科学实践的物理学家：作为物理学家，他在美国海岸与大地测量局工作了32年。在皮尔斯心目中，哲学和逻辑学都属于科学——虽然它们不是物理学。就是说，他把哲学视为科学的哲学，把逻辑学视为科学的逻辑学。在这一前提下，才能正确理解皮尔斯实用主义关于自然的观点。当他说一种清晰概念的全部意义在于其实际效果时，他的意思是，一种有意义的概念必须具有某种实验的“货币价值”，必须在具体条件下能够获得具有实用价值的观察结果。皮尔斯在其科学哲学中所体现的不是一位纯粹操作主义者，他的认识论也不是纯粹验证主义的，而且在许多方面，他关于共相的思想很接近欧洲中世纪唯实论者的形而上学观点。然而，皮尔斯的观点确实带有强烈的操作主义和经验主义倾向。尤其是在物理学观念方面，他的观点与一些科学家如爱因斯坦非常接近。他们认为，物理学概念的全部意义是由计量的精确方法所决定。

2. 科学方法的三个方面：假说、演绎和归纳

对皮尔斯而言，科学方法涉及三个方面或阶段：假说、演绎和归纳。皮尔斯早期对假说、演绎和归纳内涵的拓展，最重要的是将这三种论题形式整合为一种探索真理的体系化程序，他称其为科学方法。皮尔斯对科学方法的理解与关于科学方法的常规概念（从历史的角度，科学方法的常规概念也许可以说是由威廉·惠威尔和查尔斯·皮尔斯所界定）没有不同之处。这就是首先形成假说，再从这些假说推究理论，然后通过实验检验假说的正确性。科学方法始于假说：由于某些也许是令人惊异或困惑的现象，而产生关于它们的假说，其目的在于对这些现象的本质进行解释。

从实用主义思维方式出发，以想象推断一切事物都有一种目的，这些不同的目的是我们应首先关注和研究的。假说是对推断的事物进行验证的演绎给予解释，而归纳则是对假说的评价。这是一个从令人困惑的不确定性走向可靠的信念的过程。皮尔斯说，假说是一种猜测，但却是对有价值的研究项目进行最佳选择的推理过程。即使有充分准备的心灵也往往做出错误的猜测，然而我们猜测的些微成功也远远超过那些心存侥幸的偶然成功。假说是富有想象力的，但却是最不可靠的推理方式。假说的理论基础是归纳性的：假说常常是成功的，在通向新的真理道路上，假说是不可替代的。1903 年，皮尔斯称实用主义是"假说的逻辑学"。假说是从不确定性通向有效研究的最佳途径。

3. 拒斥一切形式的决定论

皮尔斯反对一切形式的决定论。产生于 18 世纪欧洲启蒙哲学的决定论，在西方世界形成一种强势潮流。决定论主张，一切事件或事

物完全由先前存在的原因所决定；事物的现状是其先前状态的结果，也是随之而来的状态的原因。这些原因排除自由意志和人能够另作行动的可能性。

皮尔斯强调说，不存在对决定论的任何科学证据，事实上却有大量与决定论相抵触的科学证据。从科学的角度出发，皮尔斯总是从科学家的实验室和工作场所而不是从科学教科书中获取参考资料。因此，皮尔斯借助从实验室和工作场所得到的关于实在现象的证据抨击决定论。从观察（即测量）所得数据往往与实际情况不符。例如，如果对某种物理量如长度或厚度进行一千次测量，不管我们怎样精心细致地工作，一千次的测量不会完全一样，而是会得到几百个不同的结果。从事实践工作的科学家皮尔斯很清楚，实际发生的情况是，我们的工具越精密和程序越周到，所得到的数据差异相对就越大。

4. 自发性和不确定性是自然界的常态

科学实践中直接测量的事实似乎告诉我们，虽然宇宙事物展示出不同程度的常态（部分的相似性和统计学意义上的规律性），但宇宙没有展现决定论者宣扬的规律性、必然性和因果关系制约性，宇宙没有表现出任何诸如完全、精确的非统计学意义上的规律性。然而，自然界确实常常表现出不同程度的常态。一方面，我们了解到大的物理对象如冰砾和不同行星运行的近似规律的现象；但另一方面，我们也看到人类想象和思维不同过程的几近纯粹自由和自发性行为。而在微观世界的量子世界，我们又看到几乎纯粹是或然性的结果。

通过测量所得到的科学观察的直接、粗糙结果所显示的，不是一切事物都由严格的规律所精确地规定着（即使这些事物是由不同程度的常态所限）。在他早期对这一事实的意义进行思考时，皮尔斯认为，自然规律充斥这个世界的各个角落，但客观实在确凿而可靠的规律却超越了人类的知识范围。在他后期的思想中，皮尔斯逐步认识到这样的事实：就整体而言，客观实在是没有规律的，宇宙间纯粹的自发性是一种客观状态。皮尔斯用希腊语中“tychism”一词来表现他的这一思想。该词意思为偶然（被众神选中的幸运者）。或然性是皮尔斯后期成熟理论的基本组成部分。在此基础上，皮尔斯坚持认为，自然界不是一个一成不变的静态世界，而是一个动态的、不断演变的、充满不确定性的世界，其种种常态直接展现出大量的自发性。由此可以猜测，皮尔斯会接受后来的测不准原理。

十九、卡尔·波普尔：证伪是区别科学与伪科学的标准

1. 批判理性主义

卡尔·波普尔是原籍奥地利的英国哲学家，他被认为是 20 世纪最伟大的科学哲学家之一。波普尔以反对古典归纳主义科学方法论而闻名，提出所谓经验主义证伪理论，认为经验主义科学理论不能最终证实，但可以证伪。意思是，科学理论可以而且应由实验予以验证从而判断其正确性。如果实验的结果与这种理论产生矛盾，就应采取措施使其减少可能的错误，从而避免这种矛盾。波普尔以反对古典理性主义者对知识的解释而闻名，并提出所谓批判理性主义。这是西方哲学史上首次对知识提出的非理性批评。

波普尔自造批判理性主义一语，用来描述他的哲学思想。1934 年，波普尔出版《科学发现的逻辑》，批判当时观察-归纳的传统科学方法论，并将他的经验证伪理论作为区别科学与非科学或伪科学的标准。波普尔强烈反对古典观察—归纳的科学理论，认为各种科学理论

是对自然现象的抽象，只能以间接的推论检验其结论的正确与否。他还认为，科学理论和人类的知识总体上是假说性的，是在特定历史和文化背景下，人们为解决问题而形成于创造性的想象。

波普尔说，从逻辑的角度，通过实验对科学理论进行检验，不会得出肯定的结果，但仅仅一种反证却在逻辑上成为决定性的：它表明，这一理论的结论是错误的。“证伪”一词并不意味着使某种东西成为错误的，而是说如果它是错误的，通过观察或实验就能发现它的错误。波普尔关于证实和证伪之间的逻辑不对称现象的理论，是其科学哲学的核心问题。这一思想也使他将证伪作为区别科学与伪科学的标准，即一种理论可被证伪就是科学的，否则就是伪科学。这种观点导致波普尔对精神分析理论和当代马克思主义的科学性进行批判和攻击，理由是它们的理论是不能证伪的。波普尔还撰写大量论文反对著名的哥本哈根学派的量子力学理论。他强烈反对尼尔斯·玻尔的工具主义，支持阿尔伯特·爱因斯坦以现实主义的观点对宇宙进行解释的科学理论。波普尔的证伪理论很像查尔斯·皮尔斯在 19 世纪提出的易错论。在《关于钟表与云雾》(1966) 中，波普尔表达了对皮尔斯著作相见恨晚的遗憾。

在《一生都是解决问题》中，波普尔意在解释人类科学知识的发展现状——就是说，我们在漫长的岁月里，对宇宙的了解似乎进步缓慢。波普尔认为，这种状况的要害在于我们的理论甚至最优秀的理论所蕴含的真理不能由科学方法进行证实，而只能被证伪。波普尔说，科学是通过提出问题，经过试验排除错误而得到发展。科学知识的进步是一个以其理论程式进化的过程。

2. 对波普尔理论的批评

对波普尔理论最多的批评是他的关于证伪或称错误排除的理论。波普尔希望其证伪理论，作为一种理想而有效的人类解决问题的实用方法。美国科学史和科学哲学家托马斯·库恩在《科学革命的结构》（1962）中提出，科学家是在一系列不同的范式中工作，证伪主义者所坚持的方法论将使科学不可能存在。库恩说，几乎从未发现一位科学家遵循一种证伪的方法从事科学研究。库恩还引用德国物理学家、量子物理学的开创者和奠基人马克思·普朗克在自传中回顾自己科学研究的经历时不无悲哀地说："一种新的科学真理不是以说服其反对者而取得胜利，从而使他们看到真理的光芒，而是因为其反对者最终逐渐死去，新的科学真理成为新一代人所熟知的。"（托马斯·库恩：《科学革命的结构》，芝加哥大学出版社，增订第二版，1962，第151页。）

加拿大哲学家查尔斯·泰勒谴责波普尔以贬抑20世纪欧洲大陆传统哲学家们的重要性，从而窃取其世界闻名认识论思想家的声誉。泰勒认为，波普尔对欧洲大陆哲学传统的批评毫无根据，但他的这些批评却受到某些人的青睐。波普尔没有真正有价值的理论却受到尊重，这是不公正的。（查尔斯·泰勒：《征服认识论》，载《哲学争论》，1995。）

英国政治哲学家约翰·格雷在《稻草狗》一书中说，波普尔认为："一种理论只有在可被证伪的情况下才是科学的，而一种理论一旦被证有误就应该尽快放弃。"格雷说，如果把波普尔的方法论用于科学实践，必将使达尔文和爱因斯坦的理论在首次提出时就被扼杀在襁褓中。因为他们的理论在提出时与某些已知证据相矛盾，只在后来得到证实才给它们有力的支持。据此，格雷说，如果是这样，就要寻求建立一种非理性主义的理论：科学的进步来自背离理性的行为。（约翰·格雷：《稻草狗》，2002，第22页。）

2004年，荷兰格罗宁根大学哲学家和心理学家米歇尔·哈克出版一本书，名为《波普尔、奥托·塞尔兹和进化认识论的兴起》。在这本书中，哈克说，波普尔窃取了他的老师、德国心理学家奥托·塞尔兹（Ott Selz，1881—1943）未发表的一些观点。由于纳粹党的崛起及其禁书令的颁布，塞尔兹被迫于1933年放弃出版其著作。哈克还说，不同学术领域也对波普尔这位观念史学家及其学识提出了批评。

二十、贝叶斯统计方法

贝叶斯统计方法也称贝叶斯推断（Bayesian Estimation）方法。在过去的几个世纪里，统计方法已成为对不确定性事物进行推断和排除推断错误的重要方法。英国数学家托马斯·贝叶斯（Thomas Bayes，1701—1761）首次以归纳方式使用概率，为概率推断建立了数学基础。贝叶斯在概率论方面的成就在他去世后收编在《论关于机遇问题的求解》（1763）中，后来又在伦敦皇家学会《哲学学报》上发表。他生前发表的著作仅有《流数学说引论》（1736），以及反击贝克莱主教对牛顿微积分学逻辑基础的攻击。

贝叶斯研究了如何计算一个二项分布的概率参数问题，建立了贝叶斯定理。这是一种用来计算各种条件概率的数学定理，被广泛用于认识论、统计学和归纳逻辑。贝叶斯提出的归纳推断统计决策理论认为，在面对证据的情况下，一个人能够改变其信念，被称为信念修正理论。主观主义者认为，理性信念是由概率规则所左右，并在证据理论和经验的获得方面对条件概率深信不疑。主观主义者将知识视为一种信念的修正过程，在这一过程中，先验的主观概率同由后来获得的新信息相结合而形成后验概率。这一过程有两个阶段：首先，一些主观概率直接被经验、直觉、记忆，以及一些非推理知识所修正；其次，主体将其他知识更新，使其与新获得的知识相适应。

贝叶斯定理被后来一些统计学家发展成为一种系统的统计推断方法，并在 20 世纪 50 年代发展成为有影响的统计学派。贝叶斯学派认为，一个事件的概率可以是人们根据经验对该事件可能性所给出的个人信念。贝叶斯定理已经成为现代统计学推断的一种重要方法，它已渗透到统计学的几乎所有领域。贝叶斯学派著名学者、英国统计学家和决策理论家丹尼斯·林德利预言，统计学的未来——一个贝叶斯的 21 世纪。不论这一论断是否偏颇，近些年来贝叶斯统计学的发展速度确实很快。

二十一、科学怀疑主义方法论

怀疑的普遍性可谓显而易见。一个人可能对此事物或彼事物持怀疑态度，而且因为他是怀疑者而自然又是一个相信者。虽然乍听起来这种说法有些奇怪，但这却是事实。相信一种东西是圆形的，就是否认它是方形的。从逻辑上讲，这一简单的例子表明，相信此事物的同时，就意味着不相信彼事物。一个相信此事物的人同时也是另一事物的怀疑者。正如一个人对某些事物的选择，其本身就意味着他对另外一些事物的拒绝：选择同时也是拒绝。

1. 科学怀疑主义产生的历史背景

科学怀疑主义是将怀疑论哲学、科学知识、科学方法和批判思维运用于对经验领域问题的思考和研究。科学怀疑主义产生的历史背景，是19世纪人们对唯灵论（Spiritualism）和流行的各种迷信观念，以及各种伪科学（其中包括江湖医生的治病方法）等提出质疑。因此，科学怀疑主义是一种追求对知识的真实性和广延性进行证实的方法和规准。这一过程有时被称为怀疑主义研究方法，科学怀疑主义对事物的研究和观念的建立，必须具有经验基础和事实依据。

事实上科学怀疑论，通常被用来对超越主流科学观念和理论的事物进行考查和验证。科学怀疑主义不同于哲学怀疑主义：哲学怀疑主义是对人们宣称的人类能够认识宇宙的一切奥秘，以及他们如何感知世界的方法的质疑；而科学怀疑主义是对人们提出的观念或理论的真实性进行系统的考查和检验的过程。美国天体物理学家卡尔·萨根说，科学不仅是知识的载体，更是一种思维方式。不同寻常的事物需要有不同寻常的证据。科学家要以怀疑的态度、以充分理解人是可能犯错误的思想去研究世界上的事物，并以怀疑的态度对待权威的结论，否则我们将可能被政治的或宗教的骗子笼络。

2. 科学怀疑主义视方法比结论更重要

在哲学怀疑主义基础上产生的科学怀疑主义，并不否认人对自然界的认识能力，而是认为从经验出发，对实在的观察和研究将能够达到对真理的认识，而科学方法是达到这一目的的最重要途径。科学怀疑主义是一种方法，而非观点、立场，其工具是体现在科学方法中的怀疑主义思维方式。科学怀疑主义视方法比任何结论更为重要，主张在科学研究中证实与证伪的重要性，拒绝一切信仰的或轶事性质的证据。一种实验结果在没有经过独立和重复证实之前，不能被接受为科学成果或科学理论。

怀疑主义的希腊语是 skeptomai，意思是“探求”“思索”。在科学中，怀疑论涉及强调对知识的严谨、细密和审慎态度，是关于人类知识的有限性和正确对待这种有限性的理论体系，以及通过一系列质疑和持续的实验而获得知识的方法。美国科学史学者、《怀疑论者》杂志主编迈克尔·舍默说，科学怀疑主义不是一种观点，而是一种方法或程序。

美国社会学家罗伯特·莫顿曾提出著名的“莫顿规范”（Mertonian Norm），这是莫顿关于科学研究的方法和理论。根据这些规则：①科学家提出的理论必须经过普遍的、非个人标准的评价和验证，验证的标准超越一切种族、阶级、性别、民族和宗教信仰。②一切观念必须经过严格的、有组织的集体检查和验证。莫顿的科学研究规范常常被人们称为怀疑主义方法论。

3. 科学怀疑主义是运用理性和批判思维的过程

科学怀疑主义是运用理性和批判思维的过程，以便确认事物或事件的真实性和正确性，也是追寻支撑科学结论证据的过程。摈弃一切超自然的、未经证实或不能被证实的东西，从而避免偏见或先入之见进入结论的可能性。人们往往自我欺骗，或者被他人欺骗，这种情况往往是由于过分相信自己的感觉或记忆。但怀疑主义者对以眼见事物作为对实在的证据采取非常谨慎的态度。他们认为，观察是容易出现错误的，记忆是不可靠的。事件的原委即使是来自值得信赖的人，但作为证据其本身是不可信赖的。甚至是众多轶事的集合也不能为我们提供关于事件可靠的真实性。怀疑主义者对人们总是倾向于记忆那些能够支持他们偏爱的结论的证据，保持清醒的认识。

4. 怀疑主义激励科学发现的航程不断前行

科学方法虽然是经过精选的，但不能永远排除对它们的怀疑。科学研究中观察和对观察的描述、抽象和归纳，其中往往存在不同程度的错误或瑕疵。在研究工作中自始至终对它们进行不断地纠正和修改，体现了科学家的智慧和才能。坚持对每一项科学研究内容的表述——不论是事实还是假说——进行反复的验证，不会对科学家的个人诚信有所损毁，而是对人类理性和感知能力的一种怀疑。这种谨慎甚至怀疑的态度是一切科学研究不可缺少的。在没有经过实验证实之前，一切理论表述都不过是假说而已。因此，任何知识都必须经过验证，清除一切怀疑，才能被接受为真实的知识。是否可以说，科学方法就是逐渐消除怀疑的手段？虽然这并不完全正确，但怀疑消除得越是彻底，验证的过程就越是成功。而且在科学研究中，对事实或假说的表述坚持不断的怀疑态度，实际上是科学发现的一种真正工具。持续的怀疑是通向新的事实和新的经验的途径，在新的事实和新的经验启示下，被怀疑的命题将逐渐获得或大或小的可信度，直至它们或者被确认或者被否定。

科学怀疑主义是一切科学研究的组成部分。这种持续不断的怀疑过程是激励以反复的实验进行科学研究的动力。科学对自然界的探索是无止境的，面对人类尚未进入的新的领域，我们目前的知识可能需要经历彻底的改造和修正。在一切科学领域，科学家必将面临新的和不可预测的自然现象，对事物本质特征的终极概括与归纳是不可能的。所谓终极性与科学充满变易和严格的批判精神格格不入，它与科学发现的逻辑是不相容的。这一逻辑植根于一种理论前提：未知领域的性质和结构将与已知世界不同。充满活力的科学发现精神总是希望发现与我们预料中不同的事实：如果没有这种思想准备，新的世界的发现将永远是一种偶然事件。现代科学对未知世界的探索具有系统性和目的性，是在方法论基础上有计划的“战役”。对未知领域有目的的探索将发现无边无际新的事实，这些新的事实必将改变以往的理论架构。然而科学发现的航程只有在怀疑主义的激励下才能不断前行，没有怀疑主义的推动，科学发现的航程既不能启动也难以持续前行。

5. 知识的相对真实和对知识的怀疑是并存的

科学怀疑主义是科学方法和科学态度的另一种称谓。科学态度是以对一切终极性持怀疑态度为导向、以科学发现激情为动力。科学发现中的所谓确凿性，指的是迄今所建立的理论是确凿无误的，这种思想将永远不可能是绝对的和无条件的，而是在实验过程中表现的不同程度的相对性。一切科学信念总是伴随某种限定条件，即科学信念只认同当前的可靠性。科学信念是在积累的事实证据前提下确认理论的正确性，但只承认当前证据的可靠性不会影响我们继续探索的科学精神。世界上没有足够聪明的人能够预测未来将发现的科学成果。

我们为人类迄今在科学上所取得的成就感到自豪，这不是过分的乐观态度。但必须认识到，这些成就犹如我们无知的汪洋大海中的一座小岛！科学是我们扩大和延伸知识边界的事业，知识边界这一术语的意义在于：它暗示我们当前的知识不是永久性的；我们期待今天的科学信念如果不能被明天的信念所取代，至少要被改变或修正。因此，知识的相对确凿和对它们的怀疑是并存的。科学一方面是值得信赖的，另一方面又是被怀疑的。今天我们的一系列信念是经过证实或可以被证实的，它们是可被信赖的。但是相对于人类未来洞察力的提高和经验更加丰富，今天的信念最终将可能处于被怀疑的状态中。

6. 不可知论

（1）人类对终极实在的无知是不可回避的事实

对于科学怀疑主义，怀疑是用以达到知识的确实性的方法或工具。这是笛卡尔毫无保留地为获得一切信念确实性而努力的目标，以便回驳一切可能的批评。在科学方法中，怀疑意味着不相信知识的终极性，这种否定态度是对持续不断的验证、追寻和发现行为的鞭策，而发现建立在真实和与时俱进的知识的基础之上。因此，对科学怀疑主义和科学方法而言，怀疑是为信念的真实性服务的。

不可知论认为，人类不能获得绝对确凿的知识。对于不可知论者，怀疑不是获得真实知识的方法——不论是绝对知识或相对知识。不可知论坚持一种极端信念：人类将永远不能走出不确定性知识的牢笼。不可知论以一种哲学形态出现于思想史上，它倡扬的观点是，怀疑是人类最高智慧的组成部分。为没有歧义地表述这种怀疑主义，托马斯·赫胥黎创造了“不可知论”（agnosticism）一词。他说：“我偶然想到，教会史上的诺斯替教徒（gnostic）宣称，他们知道我所不知道（ignorant）的东西。”因此，赫胥黎造出 agnosticism 一词作为 gnostic 的反义词。不可知论的原意是告诫人们必须对事物的内在本质搁置判断，因为人类关于终极实在的无知是不可回避的事实；一切关于终极实在的表述，不论这些表述是如何真实和确凿，都是不能令人信服的。这里所谓终极实在也就是康德所谓物自体。

（2）当今的科学理论可能被未来的理论取代

不可知论认同科学怀疑主义放弃对一切知识终极性的认知，科学必须满足于知识的相对真实性，这些相对真实的知识将可能在未来被修正或者被新知识取代。这一系列事实一再遏制人们轻易宣称知识的永恒确凿性。不可知论者并不轻视科学，他们只是驳斥独断论者的断言：科学方法和科学成果能够消除人们对终极实在的无知。独断论者不可能预见在百年或千年之后，我们的后代在新的事实证据面前所拥有的科学信念。如果设想自然界将永远不会背离当前流行的各种科学假说或理论，这将是一种可悲的谬见。宇宙的大量奥秘依然未经探查，我们的智慧探查的结果表明，宇宙的奥秘是深不可测的，未来世界将在今天光辉的科学成就上洒下怀疑的重重阴影。如果说知识意味着对人类关于宇宙奥秘无知状态的全面遏制，那么，其胜利之日将标志着时间的终结。

需要付出无边无际探索努力的科学研究，其目的希望得到确凿的知识（不容置疑的知识）。然而这一期望将被无限期地迁延。因此，如果说科学真理能够为不可知论者提出的问题提供解决的方法，这种观点不能让他们保持沉默。科学为人们提供的信念，是有积累的大量证据、经过严肃认真的实验所形成的真理的支撑的。但这种信念所依的也只是暂时而非永恒的真理。那么，是否存在一种让人们放心而不用担心最终失望的永恒真理呢？只有这种终极真理才能驳倒不可知论者的怀疑。

（3）所谓绝对真理只是宗教或形而上学信仰的真理

有如上述，即使科学所支持的信念也不能代表永恒的或绝对的真理。但这种绝对或永恒真理只能是宗教或形而上学所推许的真理。在人类历史上，声称所谓信念的终极确凿性（final certainty）是代表宗教教义或形而上学体系的。

不可知论者并不蔑视宗教信仰或者形而上学思辨，他们关注的仅仅是人们相信的绝对和永恒真理。他们希望了解宗教教徒和形而上哲学家信仰的基础是什么。不可知论者认为，在历史上，许多宗教和形而上学信仰，虽然它们相互排斥，但它们都是终极真理和永恒真理的维护者。不论宗教的基础是天启、直觉或者理性，历史事实是，同样的基础可以用来支撑不同甚至相互对立的信念。不同教派之间的分歧不可调和，斗争非常激烈，但它们的教义都包含天启真理。爱默生说，先知的话，就是经典中的律令，不可违背。然而不同教派的先知们，他们的箴言却是异议纷呈，莫衷一是。人世间的各种圣典也往往相互排斥。以天启的名义，相互矛盾的教义却祭出同样神圣的造物主和救世主。在支持相互排斥的信仰前提下，人们造出不朽的理性和永远正确的权威。不可知论者坚持真理需要普遍性的标准，但不同教派有不同的绝对真理。从历史上考察，不同的形而上学理论之间的斗争与不同教派之间的冲突，同样臭名昭著。

科学不能成为人类命运的唯一裁判者，由科学方法规范的信念只能局限于某一特定领域。对宗教和形而上学的审视中，人们发现很难理解它们关于整个宇宙的科学知识意味着什么！然而他们关注的恰恰只是宗教和形而上学问题。在这种情况下，在其经年累月的争斗中，科学却成为多余的东西。人类不可能将其理性和想象力去理解整个宇宙，但这却是宗教和形而上学各种信条和理论所表达的内容。不可知论者并不忽视宗教和形而上学在人类文明中的地位，也不想贬低它们的重要性。但不可知论者认为，它们的思辨、对种种概念的实验，以及它们的成功，赖于其表现出的坚持性和讨好那些依归它们的人。总之，它们所占有的真理是假说性的，而非绝对的。

不可知论者怀疑宗教和形而上学所宣扬的所谓绝对真理。他们断言，这种非科学的信仰已经失去其本身的价值力量，因为它们充斥着许多自相矛盾的信念。不可知论者并不完全否定非科学信念，包括宗教和形而上学信念，认为它们有假说的价值。但他们强调的是，谁能知道在未来的两千年或三千年，宗教和形而上学领域将发展到何种状态？

对于这种历史事实，不可知论者提出下面一些与此相关（也许不相关）的问题：为什么许多提出所谓终极真理的哲学家们却相互排斥？为什么对于一些基本问题提出截然相反的解决方法，其中哪一种是终极真理？如果只有某一种形而上信念是确凿无疑的，那么，是什么使它不能被人们普遍接受？哲学家们之间常常观点分歧，理论纷呈，这种现象应如何解释？哲学家们的分歧提示不可知论者，因为他们所追求的不同目标阻断了他们通往真理的道路。对绝对确凿性的追求必须排除一切怀疑；这不是一种教条，而是从人类信念的历史交替中得出的结论。这一历史事实足以成为不可知论者拒绝任何形而上信念的所谓正确性。

（4）科学中的永恒真理将永远伴随着被怀疑的阴影

不可知论者的历史论点所产生的后果并非完全是负面的。不可知论者从这种论点出发：怀疑所谓绝对真实的知识。他们认为，人类只能有相对真实的知识，这种相对真实的知识是科学提供的。科学知识至少具有暂时的确凿性，它们是人类共同经验和艰辛积累的事实证实的知识，代表着人类的科学发现和研究成果，但它们尚处于有限的而非终极的状态。因此，科学信念的暂时确凿性能否成为永恒的确凿性，将永远被怀疑：在未来，它们的确凿性将随着科学实验的精确性和科学发现的增多，而有所增大或减少。

我们无法保证我们的科学信念不能发生彻底的改变。所以，我们当前的知识或科学信念既有确凿的部分，也有非确凿的成分。从假说的角度，它们是真实的；但从绝对的角度，它们是值得怀疑的。如果当前得到的证据或将要得到的证据可以证实它们，我们承认它们是真实的。于是，科学信念的真实性在于：第一，是它们的近期条件的有效性；第二，是它们的终极条件的有效性。终极条件只能在无限迁延的未来才能得到满足，因此，科学信念的终极条件有效性，将自然伴随着被怀疑的阴影。

科学不能成为广袤宇宙的裁判者——科学不能解开整个宇宙的一切奥秘。因此，以科学方法为基础的信念只能局限于某些特定领域。在对宗教和形而上学思辨的审视中，人们发现难以理解所谓关于整个宇宙的科学认知的意义。但真实的情况是，宗教人士和形而上学者们所关心的只是宗教和形而上学问题，而科学只是他们经年累月争斗和倾轧中的口头禅。人类只能对广袤宇宙的某些具体和特定方面进行探索，人类理性和想象力不能预见和认识整个宇宙的奥秘。但宗教人士和形而上学者所创制的许多教条和理论，却展现出这种勃勃雄心。不可知论者并不忽视宗教人士和形而上学者在人类文明中的地位，也不想贬低他们的重要性。不可知论者认为，宗教人士和形而上学者的思辨、对种种概念的实验以及他们的成功，仅仅赖于他们所表现的对其信念的忠诚和讨好那些归依他们的人。

（5）不存在一切时代、一切社会环境中都适用的理论

宗教信念、形而上学思辨和概念假想，代表人类理性和想象力的一种有限性状态，因为它们毕竟是在某种社会环境和文化条件下的产物。约翰·杜威称其为“历史相对性”（historic relativity）。根据历史相对性观点，不论是宗教还是形而上学，都不能离开决定人的愿望和价值观的特定时代、特定地域社会力量的相互关联和制约。这种观点揭露了混淆假说性真理和绝对真理的谬见，这种谬见来自人们观念的虚妄性。人类社会的各种理论都带有特定时代和特定地域的印记。直至今天，人们没有发现不可改变的或在一切时代和一切地域都是正确的理论的任何证据——即使是提出理论的人鼓吹是普遍适用的理论。

被宣称在一种社会环境中普遍适用的理论，也往往在相同的另一人类文化和文明发展中失去现实的适用性和影响力。在变动的社会条件下，理论的不断变化是司空见惯的现象。设想当今提出作为具有普遍性的理论将不再发展和改进的观点，显然是缺乏远见的。

不可知论者一贯强调，人类理性和想象力中的理想规则，与能被观察、实验和描述的事实或事件的真实世界之间的二元性。但他们怀疑任何宗教天启和形而上学识见能够把握关于理想规则的终极知识，而排除一切其他非理想的社会存在。他们认为，绝对真理或绝对确凿性，其本身就是一种理想，然而理想的真正到来却是遥遥无期的。在我们讨论不可知论的辩证论之后，这一点将会更加清楚。

（6）不可知论的辩证论

辩证论是不可知论者批判形而上绝对真理的有力武器。辩证论以人类理性的力量展现了对立的形而上信念同样具有说服力。辩证论在康德哲学中发挥着重要作用。《纯粹理性批判》最后一部分的标题是“辩证论”。在这里，康德描述了什么是二律背反。二律背反是关于事物终极本质相互排斥的一组命题，理性能够论证它们同样都是正确的。康德认为当理性企图对物自体有所认识时，必然陷入难以自解的矛盾。他举出四组二律背反：①世界在时间和空间上是有限的；世界在时间和空间上是无限的。②世界上一切都是单一构成的；世界上一切都是复杂的，可分割的。③世界上存在自由；世界上不存在自由，一切都是必然的。④世界有始因；世界无始因。康德认为二律背反证明了人的认识能力是有限的，事物的本质是无法认识的，从而作为他的不可知论的证据。同时也表明他对形而上绝对真理的怀疑态度，这正是康德希望达到的目的。

康德讨论的二律背反，如果没有掌握哲学中的一些基本知识，对许多人可能会影响其充分理解其中的真正意义。这里以简单的形式说明二律背反的一个例子，以表明假说真理和绝对真理之间的不同，这一问题对不可知论者非常重要。下面简要讨论一例二律背反：世界有始因；世界无始因。

因果关系必须满足两个基本条件：①直接前提；②久远发端。用因果关系解释一个事件时，首先要表明该事件的近因和过去发生的系列事件的最终结果。比如，一个人被倒下的大树打倒，我们可以说这一不幸事件的直接后果来自树的倒下。但树为什么倒下？我们必须寻找先前的事件。如果是暴风吹倒大树，那么，引起暴风的原因是什么？这也要弄清其先前事件的结果。从近因到远因，最终确定该事件发生的因果链。

然而，因果关系的绝对化，肯定或否定世界有一个绝对的第一原因（始因），我们将面临一种二律背反的局面。因为因果关系的绝对化必将破坏因果关系中两种要素之一。一种无因的开始或无始的系列事件，就是康德识辨的二律背反。这是我们面临的一种严重困境，因为不论是前者或是后者，与每一事件都有一种原因的原则相矛盾。一方面，如果我们认为世界肯定有第一原因，那么，这个第一原因却没有前提。但没有任何前提的东西必将被排除在因果原则之外。因此，在对绝对原因的解释中，我们就会得出关于因果关系原则的一种荒谬观点。

世界具有绝对始因的概念将派生出对一切事物必有前提这一因果原则的怀疑。另一方面，宣称每一种原因肯定有一种结果，而且认为在一个因果系列中不存在第一原因，因为不论是什么作为第一，都意味着有一个先决条件产生了这个第一——这种解释同样是荒谬的。因为在这种情况下，不存在事物的真正初始，原因和结果的链条向相反的方向无限延伸，但对链条的始源依然没有得到令人满意的解释。如果认为世界是有始因的，即像因果关系原则所规定的那样；那么，世界的真正始因必定是人们想象的结果。然而这是一种伴随结果（consequences）而非前提（antecedents）的开始。但这仅仅是开始而不是由先前条件决定的开始，这与真正意义的因果关系原则是不同的。因此，世界根本没有始因的臆说是人类面临的困境的一个方面。要回避这一困境而假定始因是人们臆造的，则是困境的另一个方面——相对和绝对因果关系概念之间的区别是显著的：对于前者，因果关系中因与果是互补的；对于后者，它们却是相互排斥的。

在科学研究中，对原因的探究只限于某些特定事件，前提和始因都可作为假说而被确立。在形而上学领域，主题是世界形成的起因，对无数的前提和无条件所限的起因，两者之一做出果断的选择。这种二者择一的观念是一种悖论。从绝对意义上的因果概念，不仅将得出相反的结论，而且每一种结论都与普遍性的因果关系原则相矛盾。世界是否有第一原因？提出这样的问题是完全正常的，但我们却不能给出一个绝对的答案。

不可知论是一种对人有获得绝对知识的能力持怀疑态度的理论。康德是一位真正的不可知论者，他对不可知论的深刻论述表明，不是人的心灵放弃对绝对知识的需求，而是要对这种知识的性质做出异常的结论。这就是怀疑主义的辩证论和康德著名的二律背反理论的实质。康德对因果关系的论述，仅仅是他对待形而上学众多问题的方法中的一个例子。

7. 怀疑主义的价值：挑战独断论

历史的和辩证的观点都昭示人们：怀疑主义对于科学研究的重要意义，怀疑主义不允许不经验证的假说关闭追寻与其不符的证据的大门。这一原则必须延伸至包括一切人类信念领域。最可靠的知识如严密的科学知识，也不排除未来对业已建立的各种假说和理论的修正或否定。世界上没有足够聪明的人，能够预言自然界在未来将展示何种我们不曾经历的探索和研究领域。对于当今知识现状的怀疑是科学诚信观念不可缺少的内涵。持续不断的怀疑能够使我们的知识趋于更加可靠的状态。知识的可靠性（也称假说性真理）是相对的，但它是人类坚持不懈探索而积累的结果。世界上没有通往真理的康庄大道，只有荆棘丛生和必须艰辛跋涉的曲径。在人类知识发展的任何阶段，都不会排除怀疑的荫翳。

在逻辑的意义上，科学怀疑主义和哲学怀疑主义虽然有所不同，但它们是不能完全分离的，两者你中有我，我中有你。以持续不断地对知识的怀疑取代知识的终极确凿性，运用这种思维方法所获得的知识，我们称为假说性真理。不可知论者的自我抑制和谦逊态度，否认知识的终极确凿性，同时否认绝对真理（categorical truth）的可能性。这种对待真理的态度，实际上是将人们信念的相对可靠性和发展中的人类智慧，置于实验的基础之上。实际上，科学怀疑主义质疑的不是人类信念的可靠性，而是质疑关于这些信念的所谓无懈可击的论点。科学怀疑主义反对的是独断论对这些信念不置任何怀疑的轻率态度。作为批判的一种手段的怀疑，能够将这些信念从停滞不前和腐朽状态中拯救出来。独断论也许是最顽固的思维方法，独断论的轻信态度必将使人们的信念趋向越来越固化的状态。不论是科学的、宗教的或形而上学的知识，其真实性不在于任何固定不变的和终极的确凿性，而在于对它们持续不断地修正和完善。世界上的一切事物时刻都在变易，其中包括人们的不同信念。在这个变动不居的世界里，人类知识的终极确凿性，也许永远是理想中的确凿性。

第18章

科学哲学

一、哲学与科学

在古代希腊早期，哲学不是关于某一种主题的学科，哲学家是一些爱智慧的人，而不是研究某一种学问的人。有理由相信，至柏拉图和亚里士多德的时代，哲学所涉及的范围已经不包括数学。虽然柏拉图认为数学知识对哲学研究非常重要，但这两位古代哲学家不是数学家——这一事实足以说明上述情况。大约在希腊文明中心向罗马转移过程中，“科学”一词开始进入欧洲文化的词汇。这一术语的运用显然标志着其研究主题和研究方法都有别于哲学。学术的复兴和人们的注意力向自然界的转移，是对“科学”一词运用的增多和科学从哲学中分离的原因。但这种分离的过程却是漫长的，直至17世纪，牛顿的巨著依然名为《自然哲学的数学原理》，这里的自然哲学指的是物理学。

历史事实表明，哲学逐渐失去其知识主体的地位，其失去的地位由科学所替代。在数学、物理学、生物学、心理学、伦理学、美学、神学等成为独立学科后，曾经代表知识总体的哲学却逐渐成了知识的残余。哲学曾经是知识的灿烂光辉，几乎走向自弃的边缘；而科学却替代了哲学不得不放弃的地位，成为知识的宠儿。

科学代表精确的知识——经过证实的结论，也扮演着推动知识进步的角色；哲学的结论却是推测和不确切的概念，且不能推动知识的进步。科学运用的是抵制模糊思维的数学方法；哲学运用的是冥思和想象，这种方法缺乏精确性，是导致歧义、模糊和朦胧概念的成因。科学将其探讨的一切概念付诸实验予以证实，拒绝一切不适当的假说；哲学却在运用纯粹理性中前行，而无视与逻辑相悖谬的感性证据所导致的后果。最终哲学与诗和神话同类，使哲学成为充斥想象和个人情感的东西。科学在其发展的历史进程中，始终通过群体合作的努力，展现知识进步的进程；而哲学却深陷各种对立观念学派之间持久论战的泥潭。因此，科学与哲学的区别在于科学概念的清晰性、确实性和推动知识进步的历史事实。通过对科学与哲学上述区别的分析，科学替代哲学成为真实知识的代表是不难理解的。

20 世纪 30 年代，一些哲学家甚至科学家，试图从科学的侵蚀中拯救哲学，对科学和哲学的研究主题和研究方法进行区分。如有学者提出科学是对事实的描述，而哲学是对价值的解释，主张科学和哲学是互补的而不是对立的。以卡尔纳普、维特根斯坦等为代表的逻辑实证主义（又称逻辑经验主义）者提出，科学是对经验事实的描述和解释，而哲学的主题是对命题的澄清。因此，哲学家的工作不是讨论经验事实的世界，而是对命题的逻辑分析，其目的在于判断这些命题的意义是什么。他们认为，欧洲传统哲学提出的大部分形而上学命题已被证明是伪命题（pseudo-propositions）；那些有内容的认识论和伦理学命题可归于心理学和社会学，那些没有内容的命题则属于伪命题。

逻辑实证主义曾在科学和哲学之间造成一种对立局面，但实际上该学派中的许多人是科学家，他们在科学研究中遇到一些逻辑分析的困难问题，认识到科学和哲学研究者需要协调合作。虽然科学和哲学的区别是明显的，即一个科学命题不是一个哲学命题，但科学家常常要从哲学（逻辑）的角度思考问题，而哲学也必须将经验的命题用于其研究工作中。

二、科学哲学的诞生

20 世纪 30 年代，一种被称为“科学哲学”（The Philosophy of Science）的学科在欧美应时诞生。科学哲学的诞生大致有以下几种原因：首先，人们认识到科学与哲学之间出现的对立，但又必须调和这种对立的局面；其次，科学本身出现的某些不协调因素，从而迫使科学家们认识到自我批判的需要——他们认识到许多科学问题需要从哲学的角度进行思考。同时，科学哲学的问世体现了科学以其知识权威的姿态为一切个体生命立法的使命感。

科学哲学的第一次国际大会于 1935 年 9 月在巴黎召开，大会提出每年召开一次国际大会。自此，实际上所有世界著名高等院校都开设了科学哲学课程。学术界著名人士如爱因斯坦、爱丁顿、詹姆斯·金斯、海森堡、庞加莱、怀特海、罗素、普朗克等都为这门新学科撰写论文。

在当时的情况下，不可能为科学哲学设定其涉及的确切范围，只能提出当时讨论的一些问题。这些问题既不是严格意义上的科学问题，也不是传统哲学的常规内容。下面是《科学哲学》学刊第一期列出的科学哲学研究的内容，这些内容仅仅是刊物编辑提出的试探性议题：①对意义、定义、符号的分析和研究；②对假说——公理、公设、原理的研究；③对科学方法的研究；④对理论原理的性质与形成的研究；⑤对科学结构及其分类的研究；⑥对不同背景下科学哲学的功能与重要性的研究。第一次科学哲学国际大会从以下议题分为不同的讨论主题：科学的共性；逻辑与数学；伪命题；归纳法；概率；语义学；心理学与社会学；逻辑史；逻辑与群论。

三、关于科学概念的不同理论

西方科学和技术建立在派系林立的哲学思想的基础之上，我们不可只重视科学技术而忽视产生和培育它的土壤——哲学思想。科学哲学直接以现代科学为研究对象，研究科学认识论发展的过程，探讨科学方法，因此又称科学方法论。科学哲学试图探索科学理论的结构，科学发现和证明的逻辑，故而又称为“科学逻辑学”。但科学哲学探讨的最重要问题是，科学或科学的概念究竟是什么？

20世纪初，科学家和哲学家们展开关于科学理论结构的争论。一般而言，所有那些试图表述科学的逻辑结构问题的学者，几乎都认为科学的使命是建构一些符号体系，这些符号体系是代表某一有关科学学科主题所涉及的各种事件。但对科学符号的界定方式和它们在符号体系内的作用却存在不同的观点。例如，科学符号的功能是描述还是解释？它们是由物质的运作、逻辑结构，抑或是常规所限定？它们是类似原子的东西，只是一些概念性的用于科学研究的方便手段，还是实际存在的事件？要回答科学逻辑的问题，必须对上述问题进行探讨，它们都是科学哲学所关注的问题。

这里分别论述的只是对这些理论的客观表述，而不意味着对它们的褒扬或批判。这些理论是科学哲学诞生以来出现的几种具有代表性的关于科学这一概念的观点。

1. 实证主义理论

（1）严格经验论（Strict Empiricism）

严格经验论认为，科学的全部使命是描述性的；因而描述科学代表成熟阶段的科学，科学永远不会超越描述的性质。这种观点表明，严格经验论是严格遵循实证主义的理论原则。

严格经验论的代表人物是约翰·穆勒、德国物理学家欧内斯特·马赫（Ernst Mach，1836—1916）和英国数学家卡尔·皮尔逊（Kael Pearson，1857—1936）。皮尔逊最受欢迎的著作是《科学的规范》（*The Gramma of Science*），也是科学哲学的经典之作。皮尔逊说，科学的任务在于持久和艰苦地对各种事实进行细致分类，在于对各种事实之间的关系进行比较，并借助有节制的想象最终形成简洁的陈述，概括广泛的事实序列。这样的陈述也称公式，公式也被称作科学定律。定律的发现，其要旨在于用简洁的语言陈述定律的内核。对任何事实进行分类，必须运用科学的方法，充分认识各种事实之间的相互关系，描述它们的先后次序，这样的人是一位科学家。宇宙间的每一当前或以往的现象、当今或过去生命的每一个方面，都应对它们与其他现象的相互关系进行观察和分类。这样，科学的使命就完成了。这一使命运用的基本工具是概念，运用概念思维对认知进行分类，分析和简化认知内容的不同特点，从而形成关于认知内容属性和特征的一般观点。皮尔逊说，对一种认知对象的概念，只是联结当前感知印象与储存或记忆中印象的一种方便工具。实际上，一切科学研究都是在这种简洁精神的激励下进行 r 。科学探求的是对事件的简洁描述，是心灵对宇宙万物的概括。皮尔逊以赞赏的态度引证德国物理学家古斯塔夫·基尔霍夫对力学的定义是：力学是运动科学，我们将其研究对象界定为以最简洁的方式对自然界各种运动进行全面的描述。

可是如何解释像原子、分子、粒子、几何平面等这样一些概念呢？科学研究包括这些内容，一切科学的逻辑必须对它们进行解释，皮尔逊对此的回答是清楚的。在以简洁的方式表述各种现象之间关系和序列概念过程中，我们常常将感性认识材料离析为众多要素，这些要素自身不能形成不同的感性认识；我们不能用这些感性认识直接证实我们构建的概念。就是说，我们不能或者至少在当前不能宣称这些要素具有客观实在性。因此，物理学家将我们称为材料的众多感性认识，称为分子和原子要素，讨论这些要素的运动状态。但它们从未成为而且也许永远不能成为直接的感性认识。没有物理学家看到或感知到一个原子的存在。

但是在科学中却有这样一类表述它们的符号。这些符号的功能是什么？皮尔逊对此的回答也是清楚的：符号的功能不是解释，因为在科学中没有解释；引力定律是对宇宙中物质的每一个粒子，在其他众多粒子中如何变更其运动的简洁描述。这一定律不是告诉我们粒子为什么如此运动，它不是告诉我们为什么将地球描述为沿一定轨道绕太阳旋转。这些定律纯粹是描述，它们从来不解释我们所感知的惯例和常规，甚至对力学和因果关系进行解释，也不是绝对必需的。这是关于如何对这一定律、对业已观察到的东西的概括和描述，这是无法解释的常规。对于科学，那些引起或迫使某种系列感性认识产生的原因，是没有意义的——我们对引起或迫使任何别的东西产生的原因，没有任何经验。然而，用原因标志一种常规形成的一个阶段，却是一种清晰和有价值的感性认识，它将原因这一概念完全融入感性认识的领域，使我们能够运用理性去获得知识。

因此，上述这些概念在科学中都是描述而不是解释。原子和分子是理性的概念，科学家们借助它们对各种现象进行分类，从而对它们之间序列的关系进行简洁的表述。几何学的基本概念只是一些观念的符号，这些符号能使我们形成一种近似的但不是绝对的对我们感性认识的分析。它们是我们描述、分类从而形成感知空间的各种感知方式的特征。因此，这些想象的符号只是用来作为对实体的分类手段。

由此，我们不能将作为简化手段的符号归属任何存在的现象，它们只是一些用以分类的感性认识的标记。总之，上述观点显然属于实证主义的理论范畴。该理论清楚表明，科学家讨论的问题属于感性认识的领域。根据这种理论，科学的任务只是对实在现象的分类、排列和相互关系的认识。科学不是解释，而是描述。

（2）操作论（Operationalism）

实证主义的一种新的形式是美国物理学家珀西・布里奇曼的理论。珀西・布里奇曼（Percy Bridgman，1882—1961）是对材料在高压下进行实验研究的先驱，他凭借此项研究获得 1946 年诺贝尔物理学奖。布里奇曼还以其对科学哲学的贡献著称。他的哲学观点与马赫、皮尔逊和维也纳逻辑实证主义学派有密切关联。他认为测量是相对的，概念也是相对的，在貌似精确的数学方程式背后，隐藏着大量粗糙的观察和近似的词语解释（显然这也是查尔斯・皮尔斯的观点）。所以，科学概念不过是相应的一套操作的同义语。他关于科学的操作论观点集中反映在《现代物理学的逻辑》一书中。

布里奇曼的出发点是承认两种事实：在经验领域出现的不连续性和纯粹经验主义的必要性。布里奇曼说，我们关于经验相对性的第一教训，是对过去经验的强化和强调，这就是当实验进入一个新的领域，我们必须准备新的事实，一种与我们以前的经验完全不同性质的事实。因此，如果我们发现以中等规模的一般经验对象界定的概念，当扩展到宇宙现象规模时，或者需要用显微镜观察的现象时，这些概念是不适用的，或者说它们是没有意义的。当我们的实验接近可达到的极限时，概念将失去其本身的特性。例如，热量不能用于分子，也不能用于空间和时间，而引力定律则可运用于微小物体；电的定律和用米尺确定长度的一些原理不能用于宇宙现象。但由于物理学的进步在于从已知领域扩展至未知的领域，如果我们没有改变原有的概念以便适应可能出现的新问题，我们必将遭到不同程度的思想冲击。

要确认的第二个事实是，在物理学研究中，必须有一种经验主义的态度。布里奇曼说，在确定新经验用于研究的可能性时，没有先验的原则，只有经验才是决定经验的价值的原则和标准。这实际上意味着，我们必须放弃这样的观念：大自然的一切都包含在某种公理或定律中，不论这种公理或定律是简单的或复杂的。同时，这也意味着，作为探索经验的唯一工具——概念，其本身必须是用经验主义的方法予以界定。概念只能在实验的范围内确立，在没有进行实验的领域产生的概念是没有意义的。严格地说，在我们没有接触的领域，不能做出任何表述；在必须做出表述时，我们提出的往往是一种传统化的推测。我们必须充分认识到，这种推测的空泛性和随意性，其价值必须在未来的实验中得到证实。

面对这种情况，对概念的界定，最可靠的方法是采取操作的理论，概念必须在对有关事物的发现过程中确立。我们以长度概念为例：我们称一种物体的长度意味着什么？如果能够说出一种物体的长度，我们显然知道其长度意味着什么。测量出一种物体的长度，必须完成某些物理学操作过程。当测量长度的操作完成后，长度的概念随之确定；就是说，长度的概念所涉及的不过是确立长度的一系列操作而已；这一概念是与一系列操作相对应的同义语。布里奇曼进一步举例说，“长度”一词的意义同测量的某一具体对象，如一座房子、一辆车的长度和从地球到月亮的距离等，它们是不同的长度概念。如果说在上述每一例子中，长度意味着相同的东西，其结果必将导致混乱。因为在这些例子中使用的操作方法是不同的，而且将在一种领域使用的操作方法用于另一种领域，一般而言是没有意义的。

布里奇曼说，如果我们将原来确立的概念用来处理另一个领域的现象，其结果可能在操作过程中遭遇物理学的困境。因而原来的操作方法必然由别的方法所代替。但我们必须认识到，在改变操作方法过程中，实际上也改变了概念。当我们发现一系列新的现象，就要采取下列工作程序：开始用陈旧的观念，直到使我们遭遇困境；在困境面前，我们将试图找到某种常规办法。在这种情况下，麻烦又出现了，正如一只试图逃出迷宫的老鼠到处碰撞。此后，我们将制定一套规则，在操作的某一阶段改变方法，开始新的操作过程，用试错的方法发现适宜的途径。

这里描述的显然是实证主义的观点。这种观点认为，根据材料确立的概念是在操作过程中确立的。当科学家们试图探索比较晦暗的对象时，他们必须审慎前行。由于概念是在操作过程中形成的，我们的一切知识必然不可避免地与操作方法的选择相关联。因此，我们不能将在一个领域确立的概念强加于另一个领域；这一观点所表达的谨慎态度显然是实证主义的特征。另外，我们所谓的大量伪概念（pseudo-concepts），严格地说是因为它们是没有意义的。如果一个问题具有意义，必须可从中发现经过操作给出的答案；许多没有经过操作过程得出的答案是没有意义的。例如，有人问一个星球是静态的或者不是静态的，这样的问题是没有意义的。

皮尔逊和布里奇曼都坚持事实的重要性。对于皮尔逊，事实只是获得即可；但对于布里奇曼，它们必须是在操作中产生的。对于这两位科学家，符号只是对事实的分类和描述的工具。皮尔逊认为，这种情况甚至涉及模糊的概念——原子。概念的确立必须从经验论出发，概念必须用于其适用的领域。当它们被用于新的领域，就必须对其进行重新界定。

2. 变异实证主义（Modified Positivisms），其中有构成论、常规论和逻辑实证主义

（1）构成论（Constructionalism）

构成论可以用来描述许多理论的特征。这里用构成论作为下面理论的标题也许不太恰当，因为它与皮尔逊所表述的实证主义类型的差别不是十分明显。这两种理论的共同特点是，不同程度有意识地承认知识产生差异的道理和更为纯粹的实证主义都认为，在科学活动中，认知者（科学家）能做比记录感性认识过程更多的工作。就是说，认知者在这一过程中必然是主动行为者，在其试图记录感性认识时，会不由自主地改变其本来的角色。因此，表述的过程通常必然涉及建构——这一术语在此描述的是思维活动的多样性，例如，对感性认识的抽象、概括、联想、拓展和理想化。这种设想的理由是，在科学研究中，上述思维活动要比单纯的分类和描述具有更重要的意义。于是，科学的任务不只是分类和描述的过程。

构成论的代表人物有伯特兰·罗素和欧内斯特·霍布森（Ernst Hobson，1856—1933）。霍布森是英国数学家、剑桥大学教授（1910—1931）。虽然霍布森说他采纳的是与皮尔逊相似的观点，但二者却有显著的不同。其重要区别在于霍布森认为，思维活动的重要

特征是构建概念架构（conceptual scheme），而不仅仅是分类。思维活动具有对感性材料进行建构、抽象、综合、选择和理想化等多种功能。规律不是被发现的，而是思维活动所建构的。霍布森在《自然科学领域》（1923）中说，科学规律的发现，更准确地说是建构，涉及思维的综合活动；思维是在建构中展现其自身。在这一过程中，感性印象只用作加工的材料和思维过程的起点。某些科学概念没有直接对应的感性认识，这些概念是由科学家想象力的建构而成的。至少在目前，它们必须被视为纯粹的概念要素。实际上，它们是作为构建独立的概念架构需要的辅助者，为思维对物体或物质事件提供一种充分的再现方法。

霍布森与皮尔逊观点的不同还在于他的概念架构的再现功能。霍布森不同意皮尔逊将科学视为仅仅是对客观现象的描述。建立一种概念架构的可能性有实践经验作为其基本条件，而思维的建构与综合功能也是重要因素。科学理论的固有功能即概念架构，是为在有限范围内实际观察的自然现象提供概念再现的手段，这就是对自然现象在感性印象中的序列和规律性，进行概念的再现和表述。但概念架构的功能要比仅仅以符号对观察现象的描述宽泛得多。在设想中，概念架构还可用于预见不同环境中被观察的对象，或在某种情况下，从实验或观察导向理论的形成。一种概念架构有效性的范围和价值，必须通过其实际达到的成功率予以判定。然而，霍布森不是一位实在论者，他对怀特海坚持的分子和电子都是自然界客体的观点，表示强烈的反对态度。霍布森说，无论如何，分子和电子是概念，它们是科学理论中的概念。科学理论必须是在逻辑上具有一惯性和能够胜任对概念的再现。

霍布森的观点可被称为变异实证主义，它坚持感性认识仅仅是知识的材料。感性认识必须由具有主动性的心灵进行加工，从而成为理想化的符号体系。许多这种符号体系业已失去其与产生它们的感性认识的对应关系。因此，作为整体的符号体系没有直接的再现价值，它们不再是描述性质的，但它们具有内在的相容性、相对的简洁性和预见性的价值。科学的任务就是构建这种符号体系。

（2）常规论（Conventionalism）

常规论可被认为是一种更极端的构成论。这一理论与构成论的区别在于，它更加强调认知活动的重要性。如果说科学概念仅仅是对感性认识提供的材料进行建构而成，那么这些概念仍然与其材料相关联。它们是经过描述而产生，抽象和理想化是实现这一转换的方法和必经途径。但当人们追溯其来源的路径时，可以发现概念所涉及的本源——现实事件。因此可以说，科学概念依然与事件相关联。然而在常规论的理论中，这种联系几乎完全消失，即概念似乎不是从事件抽象、概括而来，而是科学家的创造。但这也不完全正确，常规论者不是唯名论者，他们认为，这种特殊的科学符号源自感性材料，但其意义却是缜密的心灵活动赋予的，由此产生的符号系统不能被称为是正确的或者错误的，而必须以在使用时是否方便作为评价它们的标准，因此彰显了心灵活动的重要性及其所涉及的范围。

常规论的主要代表是德国物理学家汉斯·费英格（Hans Vaihinger，1852—1933）和亨利·庞加莱（法国数学家、物理学家、天文学家法兰西科学院院士、院长）。庞加莱在《科学的基础》（1921）中说，在科学中不仅能够通过描述和概括发现来自经验的定理，而且定理也来自想象的概念——假说。假说可被证实或证伪，但他认为，假说的称谓是错误的，将它们称作被伪装的定义或常规更恰当。最好的例子可从几何学和力学原理中找到，它们像一些定理，因为它们有经验作为基础，但不同之处在于，它们不是在事实材料的规范下形成的。几何学产生过程中，经验充当不可缺少的角色，但由此做出几何学是一种实验科学的结论，那将是错误的。假如它是实验科学，那么，几何学将是对固体运动进行研究的学科；但实际上，几何学并不涉及自然界的各种固态物体，而是关于观念的或想象中的固体的学科，而且仅仅是关于一种被简化的和非常模糊的意象中的自然固体的学科。实验引导我们进行这种选择而非强加于我们。数学原理同样不对这些事实进行描述，而是对理想化的本质（如绝对的孤立体）的描述。

然而，如果这些原理的意义和其中的真理不是完全由事实所决定，那么它们是由什么决定的？庞加莱的回答是明确的：它们是由方便程度决定的，即各种原理的界定前提是使它们在运用时最方便。几何学中的各种公理就是一些常规，是我们从一切可能选择的常规中进行选择的结果。因此，公理是严格的真理，即使实验原则是决定对公理是否采纳的标准，也仅仅是一种近似的估量而已。换言之，几何学中的公理只是一些伪装的定义。同样的情况也适用于力学原理，这些原理是遵循实验原则归纳而来的，但这些原理是我们心灵赋予它们一种绝对的价值。

不幸的是，庞加莱没有精确地告诉我们，常规意味着什么。也许一种方便的符号可能是有用的，庞加莱可能是要告诉我们，一种有用的科学原理可以使我们有先见之明。因此可以得出结论，几何学和力学中的原理是为了使用的方便，因为它们能让我们做出预见，这些预见可在以后进行验证。如果这是对庞加莱的正确解释，那么，在这一方面，他的观点与霍布森的观点相差无几。但庞加莱不会同意霍布森将这种原理称为正确或错误的。如果要问它们是正确的或者错误的，正如问十进制是正确或错误的一样是荒唐的。庞加莱的意思是，不能说各种定义是正确或是错误的，它们只是方便而已。

庞加莱的基本观点归纳如下：在科学中可以发现一种特殊的符号体系称为常规，它们不是皮尔逊所谓的分类，也不是霍布森提出的抽象；相反，它们是来自科学家精心的创造过程，几乎完全摆脱了它们所依的事实。于是，与严格实证主义理论相反，这些符号的意义主要是由认知活动所决定，只有在偶然情况下由事实决定。然而，创造活动是在明确的目的的情况下进行；这样产生的符号必然对科学研究具有方便的特征，即它们必须具有有效的预见性。因此，处于这一阶段的符号，基本上是没有意义的——科学家的思维活动赋予它们以预见性。创造性认知过程正是这些意义（公理）产生的过程。这些符号一旦以这种方式被界定后，不能以经验论观点判定其正确或是错误的，而是成为科学家实践中的方便工具。科学的事实（常规）只是一种从不成熟的事实（材料）转化为方便的语言。

（3）逻辑实证主义（Logic Positivism）

在常规论和构成论的背景下，逻辑实证主义可能给人一种奇异的印象，但这种理论却与变异实证主义似有一种亲缘关系。它对欧内斯特·马赫强调的每一种关于科学的表述，都应建立在经验和观察基础上。

20世纪20年代，维也纳学派的形成，标志着逻辑实证主义的诞生。逻辑实证主义的思想来源于休谟、孔德、马赫等的经验主义、实证主义，罗素与维特根斯坦等的逻辑原子主义与数理逻辑学说。逻辑实证主义将以往的一切哲学都称为形而上学而加以拒斥，认为一般所说的哲学基本问题，既不能用经验证实，又不能用逻辑推演，无法判断其真假，只能是伪命题，而加以摈弃；认为哲学的唯一任务是用逻辑的分析方法去澄清各种概念、命题有无意义，以可证实性作为认识论的核心问题；提出证实原则，以物理主义达到科学的统一。

逻辑实证主义的代表人物有莫里茨·施利克、维特根斯坦和鲁道夫·卡尔纳普。从卡尔纳普的著作中可以发现逻辑实证主义关于科学的解释。卡尔纳普在《科学的统一性》(1934)中说，科学是一个以直接经验为基础并以实验验证所控制的表述体系，而验证建立在常规定则基础上。这一术语包括基本的规则和定律，以及科学家经验的直接记录，其中蕴含的是科学研究实际程序的简洁化。不论在日常生活中或实验室里，一切经验、感性认识、情感和思维等，似乎都首先被记录为“草案”，为后来定则的形成提供原料。由此可见，一种草拟的表述形式所描述的就是皮尔逊所称的感性印象(感性认识)，也是我们在讨论中的事实。

卡尔纳普说，科学研究是通过实验、观察，通过对经验材料的分类和对一般原理的经验内容进行组构。或者说是建立具有科学性表述的形式，可以不考虑其内容，只关注某些特定概念之间的逻辑关系。就是说，每一种科学表述，既可以考虑其物质方面，即物体和事件；也可只考虑其形式，即语言形式。逻辑和数学是对科学表述的形态、样式的分析。这种表述只对同义反复、分析命题的形式进行验证，就是说，它们没有内容，没有对事件形态的产生与否显示任何信息。

从形式上关注一个命题，就是从语言学的角度关注命题。卡尔纳普说，我们从形式上关注一种语言的表达方式，就不涉及意义。一种语言就是这种语言话语规则体系。这种话语体系中包括两类规则，我们称其为构成规则和转换规则。一种语言体系的构成规则规定该体系中句子如何以不同符号构成，转换规则规定某些句子如何被转换成另一些句子。就是说，我们如何从某些句子推知另一些句子。任何一种语言体系的句子，或者一组构成规则和转换规则，其中必有关于正确与错误句子的区分，但我们却不能在句法中界定正确与错误，因为一个句子是正确或错误的，一般有赖于该句子的句法形式，但也与经验有关，即与语言学之外的某些因素有关。

以上是对卡尔纳普观点的一种解释，从中可以见出卡尔纳普似与更为传统的实证主义者如霍布森和皮尔逊有相当的紧密关系。卡尔纳普的形式句子（只有形式，不涉及意义）是只从语言学角度界定的一些符号。但语言本身是一种认知手段和方法，是一种规则体系，通过这种规则体系，符号方法才能形成并进行转换。因此可以说，形式符号的意义与正确是由认知方法（认知活动）而不是由已知事实所决定。卡尔纳普的观点代表一种极端的变异实证主义。

3. 科学实在论（Scientific Realism）

科学实在论的代表人物有路德维希·普朗克、波兰—法国化学家、科学哲学家埃米尔·梅耶松（Emile Meyerson，1859—1933）、英国数学家和哲学家阿尔弗雷德·怀特海（Alfred Whitehead，1861—1947）和德国物理学家伯恩哈特·巴芬克（Bernhard Bavïnk，1879—1949）。一切实证主义者，包括严格和变异类型的实证主义者，都被巴芬克称作“假说恐惧症患者”（hypothesophobia）。纯粹的实证主义明确拒绝一切形式的假说和推理，只承认对事物的分类概念。欧内斯特·马赫希望原子最终从热学中消失。变异实证主义勉强接受原子、分子等的存在，但坚持它们只是一些概念。因此，这些不同形态的实证主义者，分别被称作构成论者、常规论者和虚构论者。他们中最典型的是汉斯·费英格。

德国哲学家汉斯·费英格于1911年出版《仿佛哲学》（*Die Philosophie des Als Ob*）。这种哲学观点认为，人类永远不会真正了解宇宙深层的潜在现实，因而我们自己虚构一系列思想体系，并相信宇宙似乎就像我们设想的样子。费英格说，人类为在非理性、无秩序的世界生存，甘于接受虚构与谎言。为了生存，人类必须为现实的各种现象创立各种虚构的解释，而忽视与逻辑相矛盾的现象。他从物理学中举出一些例子如质子、电子波等，他说，这些都是虚构的东西。这些现象不是直接观察的结果，但科学家却假设它们是实际存在的，并用许多观察结果来解释这些假说，从而创造新的更理想的构造之物。在宗教方面，基督教徒深信仿佛造物主是存在的，以便从造物主那里得到想象中的救助和心理上的安抚。

费英格说，有几位前辈对他影响很大，尤其是杰米里·边沁。但他对边沁并不太了解，直至其生命的最后岁月才知道边沁的著作《虚构理论》。费英格在其著作的英文版前言里，表述了他关于虚构原理的观点，这就是将一种与实在相悖谬、不真实或不正确的理论看作是理性的，这种观点是没有价值的。费英格的仿佛哲学显然是接受了康德将人类知识局限于现象而不可能达到物自体的理论，被认为是以实用主义的观点发展了康德主义。

科学实在论坚持的观点是，包括费英格在内的实证主义者的理论是不可信的。巴芬克的言论清楚地表达了科学实在论的立场，他在《自然科学》中说，与对假说的过度批评相反，我们所表述的真理，正是通过“解释性假说和推理”的方法而形成的，这是科学对知识最真实和最宝贵的贡献。图像、模型等不仅作为工作的助手，实际上它们正是使整个研究工作有效开展的最重要材料。巴芬克说，原子与炮弹或者沙粒，以及水的波浪和山峰一样，都是真实的事物。理性迫使今天的物理学和化学认识到原子和分子是真实的存在，这是不可怀疑的事实。今天的物理学转向讨论这样的问题：什么是原子？没有人再问：在哪些方面事物仿佛是原子组成的？

巴芬克提出下面两种重要理论，从而发展了他的观点。首先，一类理论是对从经验获得的感性认识进行改造和提升，可被称为精炼（elaboration）法。它们的特点是其中没有假说的成分，它们来自经验事实。如果将这类理论理解为由大量规律性逻辑程序构成的关于因果关系的严谨体系，在物理学中的例子比比皆是。即使那些并非实证主义者的哲学家也不会反对这种观点。另一类理论可被称作解释性的，关于原子的理论就属于这种理论。这类理论的特点是，其假说是在各种事实的同一性和逻辑关系基础上形成。一种物理学假说是对各种事件存在状态的综合与推理过程中形成。潜在于某些现象背后的存在是科学家经验的物质基础；从已知的事件状态和业已形成的定律对事实领域各种现象从质量和数量上进行归纳，这是一种纯粹由推理方法得到的推论。但物体的分子、光波、力场及其张量，都是与岩石和树木、植物细胞或者恒星相同的实在之物。

巴芬克的以上表述让我们相信，他不仅对假说坚持实在论，而且对感性认识的理想化甚至对各种概念本身同样坚持实在论的观点。例如，他在对常规论的批评中说，所谓理想化不可能是心灵某些任意性活动的结果。世界的如此构成可被我们以理性概念和理性判断逐渐认识其近似的实在状态，理性判断能够为我们呈现实在事物发展的近似路径。甚至一些概念如植物和动物、栎树或海岸，都是我们的命名或创意，以便使我们更加容易理解它们。在人类拥有概念思维能力之前的漫长时期，它们早已是客观实在对我们施加其影响。

巴芬克的这些话表明，对于实在论者，认识活动就是发现或探索活动，而不是构成的过程或常规的规范。当我们用显微镜观察细胞时，我们往往不是直接看到细胞，但没有人怀疑显微镜下的景象与实在是相似的。一切对自然的研究有赖于观察手段的拓展。因此，理论就像显微镜，是探索自然的仪器。于是，心灵活动也需要建立和运用理论，对心灵活动的结果必须予以正确的解释：它不是创造，而是探索；其结果不是发明，而是一种事实。

四、结语

当代科学哲学的特点是不同学派之间喋喋不休的争论。其中最激烈的争论是实证主义和实在论之间的观点分歧。极端实证主义与温和的实证主义之间的分歧，不会趋向激烈，因为它们之间的分歧相对较小。这里没有讨论科学概念的理性主义理论，但这并不令人感到意外：科学显然是以经验为主导的事业，科学精神和科学方法都属于理性的范畴。因此，如果说科学哲学中的构成论和常规论都属于现代科学的理性主义范畴，并不完全是错误的。这些理论都否认科学需要某种先验概念。然而重要的是，在这些理论中，认知活动的功能基本上具有一种先验的本质，认知活动——抽象、定义、对感性认识的理想化，以及语言学的创生——其本质都不是由事实所决定，它们的意义是由心灵所赋予，它们是认知活动培育的方法和手段。于是，这些理论本身不是先验的，但它们却意味着人生来就有抽象、创造和运用符号的能力，这些能力不是事实的组成部分，而是认知者所固有的一部分。它们对知识赋予其最终的形式，正如传统的先验概念所发挥的作用一样。

五、科学发现

科学的核心问题是科学发现。今天，现实中流行的所谓科学发现的秘密，充分体现了这一问题的意义。科学家完成的科学发现，以及这些发现对科学方法发展的推动力量，被认为是不容怀疑的事实。然而，发现行为发生的条件和所依据的原则，以及与此相关的科学家的个人品格——所有这些或者被认为是难以解释的，或者被认为是神秘的问题。这就是科学家的创造能力。

科学发现通常是指发现假说，而不是发现事实。当然这不是说科学家并不着力去发现事实。科学中事实的发现一般有两种情况：假说形成之前和在此之后。第一种情况是，发现的原因主要在于事实，而不在于科学家。由于事实是明显的，或者由于其不同寻常的特征，或者由于某种偶然的因素，而引起科学家的注意。但第二种情况，事实是在某种理论的指导下被发现；或者由于科学家通过不受约束的创造性想象活动，并预见一种明显的结果。此后，他开始转向对这一领域的观察，并达到他所预见的结果。在这种情况下，事实的发现是科学家理论思维的结果，否则事实可能不会被发现。因此，问题的关键在于探索假说和理论来指导观察。科学研究的秘密不在于如何发现明显的事实，而在于如何去发现现象背后隐秘的事实。

1. 科学发现行为

科学发现行为的创造性特点及其与想象的密切关系，已是被广泛承认的事实。普朗克在《科学向何处去？》中说，科学家在从事科学研究过程中，首先要发挥其想象力。科学研究的第一步必须将一系列实验结果在一种定理的规范下进行整理。就是说，科学家必须根据计划，也就是通过想象构建的假说开展研究工作。当他发现一种计划不能达到原来预想的结果时，就会放弃它而试图采用另一种计划。这就意味着他的想象必须始终以事实的重要性为依据，而事实是以实验所提供的结果作为取舍的标准。英国物理学家约翰·廷德尔的《论科学想象》是科学发现方面的经典论述。

另一种值得注意的科学发现行为的特点，是在一种特殊环境下发生的，科学家的发现“灵感”在瞬间自发形成，在科学史上有许多例子。阿基米德在洗澡时发现引力原理；牛顿看到苹果从树上落下发现引力原理；瓦特看到火炉上茶壶盖的掀动而发现蒸汽发动机原理；高斯在早晨七点起床前发现归纳法则等。

德国物理学家、生物学家赫尔曼·赫尔姆霍茨告诉我们他自己一种很有启发性的科学发现方法。他说，灵感常常悄悄进入一个人的思维。开始，人们往往没有认识到它的意义，有时只在偶然情况下使我们认识到，它在何时、何种条件下发生。在另外一些情况下，它可能突然来临。就我的经验而言，它从来不会在大脑疲倦的时候或者坐在写字台前时来临。我必须在此之前把问题从各种角度反复思考，如果没有这样一个长时间思考的先期工作过程，灵感是不可能到来的，而它常常是在清晨醒来之际出现。

然而不幸的是，尽管人们认识到上述解释科学发现行为产生的些许特征，但其复杂性及其所涉及的难以解释的因素，至今依然令人迷惑不解，这就是美国数学家罗伯特·卡迈克尔在《发现的逻辑》中称为心灵的最高级运行秘密。创造性或称创造天才的本质似乎是无法解释的。20 世纪以来的研究成果对此有一般性的结论，这些结论确实对这一问题的研究有所启示。下面从心理和逻辑两个方面进行讨论，前者是发现行为的一般背景和相关的情感因素；后者则试图表明发现行为所依据的原则。

2. 科学发现心理学

英国社会心理学家格拉汉姆·沃拉斯（Graham Wallas，1858—1932）是最早提出科学发现过程规则的学者之一。他在《思维方法论》(1926)中将发现行为分为四个阶段：准备、孕育、发现和验证。第一阶段是一个对问题进行艰难、系统，但没有效果的分析过程。这一阶段涉及发现者的知识和教育素质；收集事实、对事实进行组构，熟悉它们的性质，并以严谨的分析态度对它们进行分类和拓展。这是一个艰辛而工作似乎没有进展希望的阶段。第二阶段基本上是一个消极的时间段。其中对任何问题都不自觉地产生一种放弃有意识思考的心理状态。这就是：或者有意识地去思考别的问题，或者从一切正在思考的问题中解脱出来。例如，许多科学家以阅读侦探小说而自娱，有的则在散步或网球等运动中放松自己。第三阶段发现者处于自由想象的状态。某种观念的出现通常是在霎时之间，这种观念在意识中完全没有先例，但有理由相信，这是一系列具有成效的联想的最终结果。这一发现产生的直接前提常常是审慎而反复思考、分析的结果。威廉·詹姆斯在《心理学原理》(1904)中说，心灵中的每一明确意象总是像沉浸于自由流淌的水中，与其相近或遥远意念之间的关系相继出现在意识中。最后阶段严格地说不属于发现行为的一部分，是检验观念和使其更加精确的过程。虽然问题得到解决，但对问题的逻辑表述将是一项艰巨的工作。

美国心理学家罗伯特·伍德沃思在《动力心理学》(1918)中强调创造性因素在科学发现行为中的作用。他说，即使是一个普通人的认知反应能力也不完全是被动的。老师传授的观念不是原封不动地被我们接受，而是被我们改造或发展了的东西。这些在学习中对所获得知识的反应与我们在日常生活中对环境的反应是一样的。科学发现行为中出现的新的反应，是由新的条件所提供的要素而形成的。人们不能在发现行为中归纳出某些规则，但可以提供解决问题的一些指导原则。例如，科学家应对事物中隐藏的可能性随时保持一种有准备的心态，从以往经验中归纳、综合，以及坚持认真观察。

3. 相关性与规律

20 世纪 20 年代，科学哲学界似乎形成一种共识：以事件（event）作为科学研究的基本内涵也许是最适宜的。“事件”的优越性在于这一词语的高度抽象性。人们提出的几乎所有事物都是一种事件——时间、空间、关系和数量，以及各种事物、过程、物质和心灵方面发生的各种事件。因此，已知的知识可被描述为各种事件的集合体。不同事件之间承载着不同的关系——空间、时间、因果、相似与差异，以及量的均衡与非均衡关系等。这些关系决定不同事件的联结或分离，相互容纳或相互排斥，相互依存或各自独立，单体事件或群体事件，或者有机整体事件等。

自然界不同事物和事件之间总是呈现大致的同一性、重复着相关性和秩序的复现性特征。用符号表述这种重复的相关性就是规律（law）。一般而言，任何一种事件都与另一种事件相关联。春天的到来与知更鸟的出现相关联，月亮周围出现环带是暴风雨来临的先兆，大象的巨大体型一定有巨大的重量，一个三角形的角是相同的，必定有相同的边长，等等。换句话说，各种事件总是趋向于群体状态，这种群体状态总是重复出现，它们具有某种共同特征。因此，我们往往可以从一种事件推想另一种事件。

不同事件之间的相关性结构就是空间和时间的结构，因此，各种规律的这种特征是由时空关系的特征决定的。发生在相同或不同时间的不同事件，它们可能处于相同或不同的空间区域。怀特海说：“规律的概念，即关于某种规则性、持续性以及复现性概念，是推动人类走向技术、方法、学术以及思辨的欲望一个重要成分。没有事物性质的某种稳定的东西，便谈不上任何知识、任何有用的方法以及任何理智的目的。”（怀特海:《观念的历险》，麦克米兰出版公司，1933，第113页。）他又说:“自然的秩序表现了实在事物的特性。这些实在事物共同构成了自然中的万千存在物。一旦我们理解了这些实在物的本质，我们就理解了它们相互之间的关系。于是，它们各种不同的特性中存在着共同的成分，因此，在它们相互的关系中必然存在着相互的共同特性。换言之，自然物不同特性中的某种部分相同的模式，导致了它们相互关系中某种部分相同的模式，它们相互关系中模式的这种共同特性便是规律。”（同上书，第116页。）

4. 威廉·惠威尔论科学发现

弗朗西斯·培根和牛顿都曾提出科学发现的方法，如所谓新方法和推理规则，目的在于从观察和实验的各种现象形成某些命题。但威廉·惠威尔显然是要建立一种科学发现的理论，他关注的是对科学家心理结构的描述。例如，他认为只有那些有天资的科学家才具备对科学发现至关重要的新颖高妙的思维（happy thoughts）。他的这种观点是试图将这种高妙的思维纳入知识体系的构成要素。惠威尔说，科学家新颖的思维是科学发现的根本要素，但我们却无法追寻这种思维的由来和起因。一些人类智力的优越性往往超越定理和规则，但不存在引致发现必然产生的定理和规则。一种能够通过传授和学习而来的“发现的艺术”是不存在的；高妙的思维建立在已知事实基础之上，但要建立获得这种思维的方法是不可能的。由此看来，高妙的思维就成为一种偶然的东西；然而，科学发现绝不是偶然性的结果，高妙的思维不可能是一种不着边际的猜想。只有那些有准备的心灵才能获得发现的成果。智力的先前储备而非单一的事实才是成功发现的主要和唯一因素，事实只是发现机制发挥作用的诱因。只有激发装满子弹、炮弹和处于瞄准状态的枪炮，才能击中目的物。

然而有了新颖的思维当然还不是发现的完成。科学发现的第二种要素是惠威尔所称的综合——用一般概念对一组事实进行综合。但不是只要综合就可能产生新的东西，综合只是在新的视野下审视先前已知的事实；更具体地说，综合是从事实和观念两个方面将各种事实联结起来，综合是科学发现中的一种延伸过程。综合一方面是通过系统的观察对事实进行分类、测量和实验；另一方面，通过对定义和定理的描述对观念进行分类，而定义和定理将蕴含在观念中，这是事实和观念相互作用的过程。

发现的最后部分是对综合结果的验证。验证过程最重要的是，综合的结果必须能够对研究的事实和数据进行完满的解释。验证还涉及综合结果的预见力、简洁性和一致性。所谓一致性指理论的更高层次的普遍性，亦即广泛的适应性。

20 世纪早期，将科学发现视为一种不可分析的、与科学家天资相关的创造活动的观点，得到比较广泛的承认。当然也并非没有异议。不同观点强调的是，科学发现是一种持续的过程，就是说，科学发现的过程还包括推理过程，通过推理将获得新的见识，而新的见识也将得到进一步的完善。

5. 科学发现的逻辑

如同前提中不包含结论，事实中不包含对自身的解释性假说。在演绎逻辑中存在一个重要问题：根据演绎逻辑得出的结论，如何能够既是新的又是正确的。就是说，如果一种理论看起来是新的，它不可能包含在前提里；但如果它是正确的，那么它必定包含在前提里，因为它不是一种新的东西。为避免这种困境，通常的办法是拒绝各种演绎结论能够得出新的结果的观点。然而，由归纳而获得的成果却是前所未知的新的发现，但人们却不能认为，新的发现与归纳所依的事实有着必然的相关性。因此，不能将归纳发现视为与计算机运作相同的过程；人们不能设想解释性的假说就是从相关事实中提炼出来的。

如果说事实中包含其自身的解释性假说，这种观点显然不无道理。假说不可能纯粹是心灵创造活动的产物，假说不能是无源之水、无本之木。相反，假说至少在三个方面由事实所决定。首先，如果没有事实，就不会有假说；不同的事实必然有不同的假说。其次，假说是建立在广泛事实基础之上；某种意义上，每一种假说都可能是在相似性基础上形成；再次，解释假说的符号体系必须同时是解释相关事实的符号体系。

但这些不同的关系都不足以排除其他所有可供选择的假说，而只确立一种假说的正确性。因此，不是任何假说都能被证实来自事实，而应该说，事实提供的或多或少的暗示，给予假说的形成一种可能性，即事实并不蕴含某种假说，它们对假说的形成只有启示作用。在整个科学研究过程中，假说的功能是从事实中发现研究者所需的解释性概念。假说是预见的工具，它们是将从自然界积累的知识与想象对各种可能性的展望相结合的工具，从而用来预见未被探知的自然现象的特征。未被探知的自然现象不可能与已知的自现象完全相同，因此，已知的自然现象不能蕴含未知自然现象的全部内容。但同样不可能的是，未被探知的自然现象与已知的自然现象完全不同。这两种事实告诉我们，预见性只有具备廷德耳（英国物理学家）所说的有准备的想象才是可能的，这就是建立在努力占有决定创造性洞见的一切相关事实基础上的想象。

科学发现的逻辑只有在有限的意义上才是可能的，它不能提供预见的方法和规则，但它确实能够为创造形成有准备的想象的条件。这种有准备的心灵是科学发现所具有的重要特征。当人们认识到科学发现的逻辑原则，就会更好地认识到科学发现行为所具有的双重性——其一是它有助于形成对研究课题的系统描述；其二是有许多方面依然处于神秘和不能预知的状态。

对科学发现行为最好的分析方法，是科学哲学中经常讨论的对抽象法和假说法两者的区分。英国物理学家、科学哲学家赫伯特·丁格尔在《科学与人类经验》(1931)中就科学发现提出了自己的见解。他说，抽象是探索许多不同观察对象所具有的共同性质的方法：这种方法是牛顿和爱因斯坦工作的重要特征。例如，牛顿为我们建立了运动规律，如今，运动不再是一种经验。我们所观察的是运动的物体，而运动却是一种抽象的结果，是一切物体所具有的特性；但它们在规模、形态、效能等方面都可能不同。运动定律表达的是这种共同性质，因此，它们是联结大量具有共同性质物体的一种理性方法。假说有相同的目的，但达到目的的途径是不同的。假说是联结不同经验的方式，不是直接探索不同经验本身的共同性质，而是创设一种想象的实体或过程或观念，借助它们表述不同的经验。总之，假说是对观察内容增添某些东西，再把它们联结起来；抽象则是将观察内容减少某些东西而达到同样的目的。

这里表述的对抽象与假说的区分，无疑对科学的逻辑十分重要。但作为对科学研究的一般理论解释，还需要对其进行完善和提高。在科学研究中，抽象只是完成同一功能的几种过程之一。抽象与分类是相互关联的。但不同事实之间的秩序和关系的建立同样是两种重要过程。如果说分类是达到抽象的一种方法，那么秩序的建立是构筑连续性的过程，关系的建立则是形成复杂性的过程。对于实证主义者而言，科学研究中有两种方法——描述是基本的方法，而假说则是危险的，必须不惜任何代价避免使用这种方法。然而对于变异实证主义者和实在论者，上述观点是错误的。他们认为通过正确的思维活动，这两种方法的结合能够创生新的概念。在这一方面，巴芬克选择的词语是精炼来描述这种方法。伯特兰·罗素对此的描述是逻辑构成。构成法所强调的是分类、秩序的建立和关系的构筑之间的相互关联，因此应将这种构成法称作抽象法。

上述两种方法不应二者择一，只有将两者结合起来才是正确的科学研究方法。一般认为，构成法是建立假说的准备阶段，这也意味着假说法是构成法的必然结果，两者都是为想象的形成做准备，是想象进入未知领域的准备阶段。

归根结底，上述方法都建立在相似性基础之上；我们能够预见未知现象，只是因为预先知道未知现象的实例。一种未知现象的实例意味着一种概念，可以通过实验验证它与已知的一致性或相似性。于是，先前正确的预见就成为新的预见的基础。但未知现象的实例本身不能提供这种基础，因为我们不能设想各处的自然现象都是相似的。自然界的同一性被认为是预见未来的基础，但这并不意味着自然界的事物处处都是相似的，而只是其“结构”的重复性和普遍性。不同事件的结构具有恒定不变的性质，而不是其内涵都是相似的。因此，相似性原则只允许我们推断当前已知和未知之间、过去已知与未知之间的相似性。这就意味着预见原则的范围是非常有限的，对未知领域的预见只是建立在已知的一般性结构特征的基础上，而不能预见未知事物具体的内容。这种局限性告诉我们，从严格意义上讲，不存在科学发现的逻辑。

主要参考书目

J. Burgess, *Introduction of the History of Philosophy*. New York: The Maple Press Company, 1939.

F. Mayer, *A History of Modern Philosophy.* New York: American Book Company, 1951.

James Bonar, *Philosophy and Political Economy in Some of Their Historical Relations.* New York: The Macmillan Company, 1922.

J. G. Hibben, *Philosophy of the Enlightenment.* New York: Charles Scribner's Sons, 1910.

A. K. Rogers, *English and American Philosophy Since 1800.* New York: The Macmillan Company, 1933.

G. S Teegmuller, *Sir Francis Bacon: The First Modern Mind.* New York: Doubleday Company, 1937.

N. P. Stallknecht, *Studies in the Philosophy of Creation.* Princeton: Princeton University Press, 1934.

C. R. Morris, *Locke, Berkeley and Hume,* New York: Oxford University Press, 1946.

W. T. Fontaine, *Giordano Bruno,* Philadelphia: University of

Pennsylvania Press, 1939.

D. Dryer, *Kant's Solution for Verification in Metaphysics.* Toronto: University of Toronto Press, 1966.

E. Caird, *Critical Philosophy of Immanuel Kant.* New York: Oxford University Press, 1940.

F. Paulsen, *Immanuel Kant: His Life and Doctrine.* New York: Charles Scribner's Sons, 1938.

O. K. Smith, *A Commentary to Kant's Critique of Pure Reason.* New York: The Macmillan Company, 1938.

R. L. Douglas, *Leonardo da Vinci.* Chicago: University of Chicago Press, 1944.

S. Lamprecht, *The Moral and Political Philosophy of John Locke.* New York: Columbia University Press, 1940.

V. Marcu, *Accent on Power: The Life and Times of Machiavelli.* New York: Rinehart Company, 1939.

D. E. Muir, *Machiavelli and His Times.* New York: E. P. Dutton Company, 1936.

M. Praz, *Machiavelli and the Elizabethans.* New York: Oxford University Press, 1928.

N. A. Kubitz, *Development of John Mill's System of Logic.* Urbana: University of Illinois Press, 1932.

G. Morlan, *American's Heritage from John Stuart Mill.* New York: Columbia University Press, 1936.

H. F. Stewart, *Secret of Pascal.* New York: The Macmillan Company, 1941.

I. W. Allen, *History of Political Thought in the Sixteenth Century.* London: Methuen Company, 1941.

C. Beard, *Reformation of the Sixteenth Century in Its Relation to Modern Thought and Knowledge.* New York: Charles Scribner's Sons, 1937.

H. Boehmer, *Road to Reformation.* Philadelphia: Muehlenberg Press, 1946.

I. A. Fisher, *Renaissance, Reformation and Reason.* Boston: Houghton Mifflin Company, 1935.

E. M. Hulme, *The Renaissance, the Protestant Revolution and the Catholic Reformation in Continental Europe.* New York: Appleton-Century-Crofts, 1941.

H .Walker, *John Calvin: Organizer of Reformed Protestantism.* New York: Charles Scribner's Sons, 1936.

James Charpentier, *Rousseau, the Child of Nature.* New York: Dial Press, 1931.

H. Hoffding, *Rousseau and His Philosophy.* New Haven: Yale University Press, 1930.

James Morley, *Rousseau and His Era.* New York: The Macmillan Company, 1933.

E. H. Wright, *The Meaning of Rousseau.* New York: Oxford University Press,1939.

W. Wallace, *Life of Schopenhauer.* New York: Charles Scribner's Sons, 1932.

A. N. Whitehead, *Adventures of Ideas.* The Macmillan Company,

1933.

P. A. Schilpp, ed., *The Philosophy of Alfred North Whitehead.* Chicago: Northwestern University Press, 1941.

E. W. Hall, *Modern Science and Human Values: A Study in the History of Ideas.* New York: D. Van Nostrand Company, 1956.

O. P. Wiener and Aaron Noland, ed., *Roots of Scientific Thought: A Cultural Perspective.* New York: Basic Books, Inc. 1957.

D. Waligorski and T. Hone, ed., *Anglo-American Liberalism: A Reading in Normative Political Economy.* Chicago: Nelson-Hall, 1981.

I. Berlin, *Four Essays on Liberty.* New York: Oxford University Press, 1969.

M. Cranston, *Freedom: A New Analysis.* London: Longmans, Green and Co. Ltd, 1953.

R. Ahrendorf, *Class and Class Conflict in Industrial Society.* Stanford: Stanford University Preee, 1959.

P. Hazard, *European Thought in the Eighteenth Century.* London: Hollis Cater, 1954.

S. J. Lowi, *The End of Liberalism.* New York: W. W. Norton, 1969.

C. B. Macpherson, *The Political Theory of Possessive Individualism,* New York: Oxford University Press, 1962.

A. P. Woodhouse, ed., *Puritanism and Liberty.* Chicago: University of Chicago Press, 1951.

T. H. Gaster, *The New Golden Bough: A New Abridgment of Sir James George Frazer's Classic Work.* New Jersey: S. G. Phillips Inc. 1959.

E. Molina, *Existentialism as Philosophy.* New Jersey: Prentice-Hall, Inc. 1962.

K. Merton, *Science, Technology and Society in Seventeenth Century England.* New York: Howard Fertig, 1970.

B. K. Mees and J. R. Baker, *The Path of Science.* New York: Wiley Sons, Inc. 1946.

A. C. Benjamin, *An Introduction to the Philosophy of Science.* New York: The Macmillan Company, 1937.

B. Russell, *The Scientific Outlook.* London: Allen and Unwin, 1931.

C. Bavink, *The Natural Sciences.* New York: Century, 1932.

F. J. Sheen, *Philosophy of Science.* Milwaukee: Bruce, 1934.

C. D. Broad, *Scientific Thought.* New York: Harcourt, Bruce,1923, introd.

A. C. Benjamin, *The Logical Structure of Science.* London: KeganPaul, 1936.

C. K. Ogden and I. A. Richards, *Mesning of Meaning.* New York: Harcourt Brace, 3rd ed., 1930.

A. S. Eddington, *New Pathways in Science.* New York: The Macmillan Company, 1935.

A. Wolf, *Essentials of Scientific Method.* New York: Century, 1933.

W. S. Jevons, *Principles of Science.* London: The Macmillan Company, 1927.

R. H. Dotterer, *Philosophy by Way of the Sciences.* New York: The Macmillan Company, 1929.

P. W. Bridgman, *Logic of Modern Physics.* London: The Macmillan

Company, 1927.

—*Nature of Physical Theory,* Princeton: Princeton University Press, 1936.

E. Meyerson, *Identity and Reality.* New York: Century, 1932.

R. D. Carmichael, *Logic of Scentific Discovery.* Chicago: Open Court, 1930.

J. M. Montmasson, *Invention and the Unconscious.* New York: Harcourt, Brace, 1932.

C. Spearman, *Creative Mind.* New York: Appleton, 1931.

G. Barry, *Scientific Habit of Thought.* New York: Columbia University Press, 1927.

A. D'Abro, *Evolution of Scientific Thought.* New York: Boni and Liveright, 1927.

K. Silberstein, *Causality.* London: The Macmillan Company, 1933.

J. M. Keynes, *Treatise on Probability.* New York: The Macmillan Company, 1929.

A. S. Eddington, *Science and the Unseen World.* London: Allen and Unwin, 1930.

J. Jeans, *The Mysterious Universe.* New York: The Macmillan Company, 1932.

J. Jeans, *New Background of Science.* New York: The Macmillan Company, 1933.